JUS ECCLESIASTICUM

Beiträge zum evangelischen Kirchenrecht
und zum Staatskirchenrecht
Band 120

Elias Bornemann

Die religiös-weltanschauliche Neutralität des Staates

Mohr Siebeck

Elias Bornemann, geboren 1989; Studium der Rechtswissenschaften in Hamburg (Bucerius Law School) und Tel Aviv; Rechtsreferendariat am Hanseatischen Oberlandesgericht; 2019 Promotion.
orcid.org/0000-0002-3737-7288

ISBN 978-3-16-159238-6 / eISBN 978-3-16-159239-3
DOI 10.1628/978-3-16-159239-3

ISSN 0449-4393 (Jus Ecclesiasticum)

Die Deutsche Nationalbibliothek verzeichnet diese Publikation in der Deutschen Nationalbibliographie; detaillierte bibliographische Daten sind über *http://dnb.dnb.de* abrufbar.

Das Buch wurde von Laupp & Göbel aus der Schrift Stempel Garamond gesetzt, auf alterungsbeständiges Werkdruckpapier gedruckt und von der Buchbinderei Spinner in Ottersweier gebunden.

Printed in Germany.

Vorwort

Diese Arbeit wurde im Sommertrimester 2019 an der Bucerius Law School – Hochschule für Rechtswissenschaft – als Dissertation angenommen; das Rigorosum fand am 13. November 2019 statt. Rechtsprechung und Literatur befinden sich auf dem Stand von Januar 2020.

Am Anfang dieser Arbeit stand der Wunsch, ein vertieftes Verständnis davon zu gewinnen, wie das Verhältnis von Recht und Religion in der Bundesrepublik Deutschland funktioniert. Dass das vorliegende Buch dann in dieser Form entstehen und erscheinen konnte, ist der Unterstützung und Förderung vieler Personen und Institutionen zu verdanken. An erster Stelle danke ich Herrn Professor Dr. Christian Bumke, der diese Arbeit betreut und in zweifacher Weise besonders geprägt hat: Zum einen auf Grundlagenebene, denn von ihm und an seinem Beispiel habe ich viel über das Recht und über gutes wissenschaftliches Arbeiten lernen dürfen. Zum anderen formte er den Entstehungsprozess der Arbeit – durch gewährten Freiraum, der ein selbstzweckhaftes Suchen nach Antworten ermöglichte, durch geduldige Richtungsweisung, wenn ich in dieser Freiheit auf Abwege geriet, und durch hilfreiche Anleitung, wo zwar fruchtbarer, aber unbekannter Boden betreten wurde. Dank gilt auch Herrn Professor Dr. Mehrdad Payandeh für die Mühen mit dem Zweitgutachten und die klugen Hinweise und Anregungen, die zur Verbesserung der Veröffentlichung beigetragen haben. Herrn Professor Dr. Heinrich de Wall und den Mitherausgebern der Schriftenreihe Jus Ecclesiasticum danke ich für die Ehre, in diese Reihe aufgenommen zu werden, die mich in den letzten Jahren begleitet hat. Der Evangelischen Kirche Deutschland danke ich für die Unterstützung der Schriftenreihe, von der auch dieses Buch profitieren durfte. Der Johanna und Fritz Buch Gedächtnis-Stiftung danke ich dafür, die Drucklegung der Arbeit großzügig bezuschusst zu haben.

Ein Projekt wie diese Dissertation lebt aber auch gerade von jenen Umständen, die keinen unmittelbaren Ausdruck auf den bzw. durch die Seiten des Buches gefunden haben. Ein besonderer Dank gilt Frau Professor Dr. Birgit Weitemeyer, die mir während der Promotion nicht nur eine Anstellung gab, sondern auch viele Türen öffnete. Ihr und meinen Kolleginnen und Kollegen vom Institut für Stiftungsrecht und das Recht der Non-Profit-Organisationen sowie vom Lehrstuhl für Steuerrecht danke ich zudem herzlich dafür, die arbeitsreiche Zeit menschlich wertvoll gemacht zu haben. Weiterhin danke ich der Studienstiftung des deutschen Volkes für ihre großzügige Förderung, die es mir erlaubt hat, mich dem komplexen Thema dieser Arbeit so intensiv zuzuwenden. In all dieser Dankbarkeit gebührt der größte Dank jedoch meiner Mutter Annette

Dobroschke, die durch ihre selbstlose Unterstützung in entbehrungsreichen Jahren meinen Bildungsweg überhaupt erst möglich gemacht hat.

Die Zeit der Promotion fiel für mich zusammen mit meinem großen Glück: Meiner Frau Linda und unseren Kindern Mathilda und Josua, neben denen alles andere nicht mehr so groß und wichtig wirkt. Dafür, dass sie Teil und Grund dieses Glücks ist, danke ich meiner Frau ebenso von Herzen wie für ihren Rückhalt, ihre Geduld, ihr Verständnis und ihren Zuspruch. Ihr ist dieses Buch in Liebe gewidmet.

Hamburg, im Winter 2020 Elias Bornemann

Inhaltsübersicht

Inhaltsverzeichnis

»Was Neutralität in diesem Sinne exakt verlangt und ob und wie sie gewährleistet werden kann, ist eine der tiefsten Fragen der politischen Philosophie und Grundrechtstheorie und -dogmatik.«

Martin Borowski

»Alle Juristen haben eine Rechtsphilosophie, nur die meisten wissen es nicht, und die Folgen sind verheerend. So verheerend allerdings auch wieder nicht, denn sonst würde unser Rechtssystem nicht funktionieren. Aber daß es Funktionsstörungen gibt, liegt auf der Hand. Sie greifen am tiefsten, wo, wie es in den letzten Jahren besonders im Bereich der Verfassungsinterpretation, aber auch in anderen Bereichen sichtbar geworden ist, der gesellschaftliche Grundkonsens zerbricht, von dem die Funktionsfähigkeit aller Rechtsdogmatik abhängt. In diesen Bereichen ist die Theoriebedürftigkeit der Praxis am größten und also auch die Praxisrelevanz der Theorie. Gerade in ihnen aber vermag die Rechtstheorie, wenn sie nicht für Weltanschauungen operieren will, die wissenschaftlich ungedeckt sind, einstweilen nicht mehr zu bieten als Kritik.«

Ralf Dreier

Kapitel 1

Grundlegung

A. Einleitung

Im deutschen Verfassungsrecht findet derzeit ein Streit über eine inhaltliche Neuausrichtung statt, der nur selten wahrgenommen wird; jedenfalls werden seine Tiefe und Komplexität vielfach unterschätzt. Gerungen wird um nichts weniger als das zukünftige Verhältnis des Staates zur Religion. Schauplatz dieser Auseinandersetzung ist ein scheinbar vertrauter Verfassungsgrundsatz: Die religiös-weltanschauliche Neutralität des Staates.[1]

Die Ausgangsbedingungen dieses Konflikts gliedern sich folgendermaßen auf: Das deutsche Religionsrecht hat seine Wurzeln in einer Gesellschaftsordnung, in der es als Selbstverständlichkeit angesehen wurde, gleichzeitig Bürger und evangelischer bzw. katholischer Christ zu sein.[2] Im Verlauf der bundesdeutschen Geschichte hat sich diese Selbstverständlichkeit relativiert; nur noch knapp mehr als die Hälfte der Bevölkerung gehört einer der christlichen Großkirchen an.[3] Anders als teilweise erwartet,[4] hat diese Entwicklung allerdings nicht zu einem allgemeinen Bedeutungsverlust des Religiösen in der Öffentlichkeit geführt,

[1] In der öffentlichen Wahrnehmung ist dieser Begriff mittlerweile untrennbar mit der Verhältnisbestimmung von Staat und Religionen bzw. Weltanschauungen verbunden. Als Schöpfung des Bundesverfassungsgerichts ist die religiös-weltanschauliche Neutralität selbstverständlich ein Topos in Rechtsprechung und Rechtswissenschaft (siehe hierzu jeweils unten, 2. Kapitel, A. und 3. Kapitel), aber auch Gesetzgebung (vgl. etwa LT-Drs. 17/3774 – Gesetzentwurf: Gesetz zur Stärkung religiöser und weltanschaulicher Neutralität der Justiz des Landes Nordrhein-Westfalen) und Regierung (beispielhaft *Angela Merkel*, Rede bei der Internationalen Parlamentarierkonferenz zur Religionsfreiheit am Mittwoch, den 14. September 2016) beziehen sich regelmäßig auf diesen Rechtsbegriff. Ausgehend von seiner festen Verankerung im rechtlichen Diskurs hat sich die Verwendung des Begriffs auch in verschiedenen Nachbardisziplinen verbreitet, vgl. beispielhaft für die Politikwissenschaft *Bielefeldt*, Menschenrechte in der Einwanderungsgesellschaft, 2007, S. 75 ff.; für die politische Philosophie *Habermas*, Ein Bewußtsein von dem, was fehlt, in: Reder/Schmidt (Hrsg.), Ein Bewußtsein von dem, was fehlt, 2008, S. 26, 32 f.; und für die evangelische Theologie *Polke*, Öffentliche Religion in der Demokratie, 2009, S. 67 ff.

[2] Hierzu etwa *Sacksofsky*, Religiöse Freiheit als Gefahr?, VVDStRL 68 (2009), 7, 12. Eingehend zu den soziologischen und religionspolitischen Ausgangsbedingungen des deutschen Religionsverfassungsrechts unten, 2. Kapitel, A.

[3] Vgl. die Mitgliederstatistiken der jeweiligen Kirchen: *Deutsche Bischofskonferenz*, Katholische Kirche in Deutschland – Zahlen und Fakten 2017/18, S. 6; *Evangelische Kirche in Deutschland*, Gezählt 2018 – Zahlen und Fakten zum kirchlichen Leben, S. 4.

[4] Der sozialwissenschaftlichen »Säkularisierungsthese« zufolge sollte die gesellschaftliche und politische Relevanz von Religionen im Wege zunehmender Modernisierung immer weiter abnehmen und allenfalls eine rein private Bedeutung verbleiben, siehe hierzu m. w. N. nur *Seeger*, Europäische Integration und Säkularisierung von Staat und Politik, 2008, S. 19 ff.

sondern Religion ist – je nach Perspektive: wieder oder weiterhin[5] – ein gesellschaftliches Thema ersten Ranges. Der Präponderanzverlust der christlichen Großkirchen ist nämlich keine Geschichte religiöser Gleichgültigkeit, sondern ein Ergebnis bewusster Pluralisierung. Deutschland war in religiös-weltanschaulicher Hinsicht noch nie so bunt wie heute. Der gesellschaftliche Raum neben dem evangelischen und katholischen Christentum wird nun in der Tat teilweise durch einen desinteressierten Agnostizismus gefüllt, aber eben auch durch ein gewachsenes Judentum, orthodoxe, orientalische und unierte Kirchen sowie christliche Freikirchen, durch Hinduismus, Buddhismus und Yezidentum, durch sogenannte neue religiöse Bewegungen und einen reflektierten Atheismus. Das bedeutendste Phänomen in der religionssoziologischen Entwicklung ist freilich das Anwachsen des Islam von einer »Gastarbeiterreligion« zu einer Glaubensrichtung mit über 5 Millionen Anhängern in Deutschland.[6]

Der vielleicht gravierendste Nebeneffekt dieser religiös-weltanschaulichen Pluralisierung besteht darin, dass sich gesellschaftliche Gewissheiten und Standards im Umgang mit Religion auflösen. Vieles, was in Zeiten religiös-weltanschaulicher Homogenität selbstverständlich, überschau- und kontrollierbar erschien, ist nun ambivalent und konfliktbeladen. So tritt Religion heutzutage auf dreierlei Weise öffentlich als Problemfeld in Erscheinung. Zunächst wird Religion als gelebtes Bekenntnis wahrgenommen. Dieser Umstand ist für sich genommen natürlich keine neue Entwicklung und nicht unbedingt problematisch. Allerdings ist das Bekenntnis vorrangig eine individuell-persönliche Angelegenheit und als solche weitgehend nicht-öffentlich. Die Aufmerksamkeit der Öffentlichkeit erlangt ein Bekenntnis nur bei werbend-missionarischer Tätigkeit oder im eben Konfliktfall, das heißt wenn religiöse Gruppen um gesellschaftliche Anerkennung kämpfen oder aufgrund ihrer sozialen Nonkonformität auffallen. In einer religiös-weltanschaulich heterogenen Gesellschaftsordnung sind diese Konflikterlebnisse häufiger und intensiver als in einer Sozialstruktur, die allein durch die Großkirchen dominiert worden war, und dies ist der Grund, warum Religion vermehrt als Konfliktbereich wahrgenommen wird. Zweitens wird Religion als zu bewahrende Ressource kultureller Identität sichtbar. Die insofern spürbaren Spannungen sind besonders plakativ bei Gruppen »besorgter« oder »patriotischer« Bürger, die ein sogenanntes christliches Abendland

---

[5] Insbesondere der Gedanke einer »Wiederkehr« des Religiösen hatte Anfang dieses Jahrtausends Konjunktur und schlug sich bereits in den Titeln vieler Publikationen nieder, vgl. nur *Riesebrodt*, Die Rückkehr der Religionen, 2. Aufl. 2001; *Küenzlen*, Die Wiederkehr der Religion, 2003; *Graf*, Die Wiederkehr der Götter, 2007; *Körtner*, Wiederkehr der Religion?, 2006; *Faber/Hager* (Hrsg.), Rückkehr der Religion oder säkulare Kultur?, 2008; skeptisch diesbezüglich *Schnädelbach*, Religion in der modernen Welt, 2. Aufl. 2009, S. 128 ff. Demgegenüber wird teilweise betont, dass Religion nie aus dem gesellschaftlichen Leben verschwunden sei, neu sei allenfalls die Form der Aufmerksamkeit, die diesem Thema derzeit zukomme, so etwa *Reder*, Religion in säkularer Gesellschaft, 2. Aufl. 2014, S. 25.

[6] Statt vieler *Kaufmann*, Kirchen, Religion und sozialer Wandel in Deutschland, in: Ebner/Kraneis u. a. (Hrsg.), Staat und Religion, 2014, S. 7, 13. Für eine aktuelle und umfassende statistische Auswertung siehe z. B. die Veröffentlichungen des *Religionswissenschaftlichen Medien- und Informationsdienstes e. V.* unter www.remid.de.

zu verteidigen suchen, und auf der Gegenseite bei manchen Einwanderern, die religiöse Bräuche gegebenenfalls weniger aus einer lebendigen Glaubensüberzeugung heraus, sondern mehr als Zeichen der kulturellen Verbundenheit in der Diaspora praktizieren.[7] Als drittes tritt Religion heute als Ursache oder zumindest als Projektionsfläche von Angst in Erscheinung. Wenngleich die Sorge um religiösen Fanatismus spätestens seit dem Dreißigjährigen Krieg fest im europäischen Bewusstsein verankert ist,[8] wird sie in der jüngeren Wahrnehmung häufig mit den Terroranschlägen vom 11. September 2001 in Verbindung gebracht.[9] Weltliche Herrschaftsansprüche religiöser Gruppen und ihr Zerstörungspotenzial stehen uns heute anders und intensiver vor Augen als noch im 20. Jahrhundert.[10] Die Befürchtungen in der Gesellschaft gehen allerdings über das Thema religiöser Gewalt hinaus. Im religiös-weltanschaulichen Pluralismus wächst auch die Sorge, der Meinungshoheit eines nicht geteilten Bekenntnisses unterworfen zu werden. Symptomatisch ist insofern eine feinere gesellschaftliche Sensibilität dafür, woher bestimmte Ordnungsvorstellungen kommen und inwiefern sie gesamtgesellschaftliche Verbindlichkeit beanspruchen dürfen.[11]

Wo sich die gesellschaftlichen Rahmenbedingungen derart verschieben, da kann es sein, dass die bisherigen Arrangements im Umgang mit Religion an Überzeugungskraft und Akzeptabilität verlieren.[12] Es wird hinterfragt, inwiefern sich neue gesellschaftliche Problemkonstellationen mit dem hergebrachten Instrumentarium bedienen lassen und ob der gesellschaftliche Status quo nicht neu ausgehandelt werden müsse. Ein besonderer Fokus liegt bei solchen Fragestellungen naturgemäß auf dem Recht als Mittel gesellschaftlicher Selbstorganisation und Konfliktbewältigung. Die entsprechenden Debatten werden einerseits rechtspolitisch de lege ferenda, andererseits aber auch rechtswissenschaftlich de

---

[7] Siehe hierzu *Rohe*, Der Islam in Deutschland, 2016, S. 88 f. m. w. N. Insgesamt zum Wachsen des »kulturellen Bewusstseins der eigenen Religion im Lichte der Religion des Anderen« *Nolte*, Religion und Bürgergesellschaft, 2009, S. 21.

[8] *MacCulloch*, Die Reformation, 2010, S. 859 ff. Näher zudem unten, 2. Kapitel, A. II. 2.

[9] *Casanova*, Europas Angst vor der Religion, 2009, S. 23 f. Beispielhaft *Dreier* (Hrsg.), Säkularisierung und Sakralität, 2013, S. 4; *Nolte*, Religion als zivilgesellschaftliche Ressource, in: Arens (Hrsg.), Integration durch Religion?, 2014, S. 133, 146.

[10] Differenziert zu verschiedenen »fundamentalistischen Virulenzphasen« im 20. Jahrhundert *Fischer*, Die Zukunft einer Provokation: Religion im liberalen Staat, 2009, S. 70.

[11] Rechtsordnungs- und gesellschaftsübergreifend besonders illustrativ wie lehrreich ist in dieser Hinsicht die Auseinandersetzung in der U.S.-amerikanischen Öffentlichkeit darüber, ob die kreationistische Theorie des »Intelligent Design« im Biologieunterricht staatlicher Schulen unterrichtet werden darf. Einen guten Überblick über die Problematik gibt *Greenawalt*, Establishing Religious Ideas: Evolution, Creationism, and Intelligent Design, Notre Dame Journal of Law, Ethics & Public Policy 17 (2003), 321 ff.

Zur politisch-philosophischen Diskussion über die Legitimität potenziell religiös konnotierter Ordnungsvorstellungen im öffentlichen Raum siehe unten, 2. Kapitel, B. Für ein prägnantes Beispiel aus der rechtswissenschaftlichen Diskussion vgl. das Konzept der Begründungsneutralität von *Huster*, näher unten, 3. Kapitel F.

[12] *Willems*, Religionsfreiheit und Religionspolitik im Zeitalter religiöser und kultureller Pluralität, in: Bogner/Heimbach-Steins (Hrsg.), Freiheit – Gleichheit – Religion, 2012, S. 131, 147; ähnliche Anklänge bei *Koenig*, Religiöse Pluralität und Demokratie in Europa, in: Meyer (Hrsg.), Recht, Religion, Politik, 2007, S. 167 ff.

lege lata geführt, und zwar nicht nur in Aufsätzen und Kommentaren, sondern auch in der praktischen Rechtsanwendung vor Gericht. Dabei ergeben sich aus der Perspektive des Verfassungsrechts komplexe Fragestellungen: Welche nichtverfügbaren Rahmenbedingungen sind durch das Grundgesetz vorgegeben und inwieweit bestehen Räume für eine Neuausrichtung bzw. zumindest für Anpassungen im Umgang des Staates mit Religion? Welche Konzepte einer religionsverfassungsrechtlichen Ordnung lassen sich im Diskurs erkennen und inwieweit bewegen sie sich im Rahmen der Verfassung? Welches Potenzial offenbart sich und inwiefern bestehen Leistungsgrenzen?

Die vorliegende Arbeit möchte Antworten auf diese Fragen finden. Um eine möglichst ganzheitliche Sichtweise zu entwickeln, führt sie zunächst in die historischen Zusammenhänge der aktuellen verfassungsrechtlichen Debatten. Dort wird sich unter anderem zeigen, dass der heutige Streit um eine Neuausrichtung im Religionsverfassungsrecht keine erstmalige Erscheinung ist; tatsächlich haben in diesem Rechtsgebiet schon mehrfach inhaltliche Neuaushandlungen stattgefunden. Als nächstes führt die Arbeit in politisch-philosophische Erwägungen, denn in dieser Nachbardisziplin wird derzeit ebenfalls vertieft über das Verhältnis von Staat und Religion nachgedacht. Darüber hinaus wird sich diese Arbeit mit rechtstheoretischen Vorfragen und dogmatischen Zusammenhängen auseinandersetzen, um so einen Verständnisrahmen für ihr Thema abzustecken. Und auf diese Weise vorbereitet wird die Arbeit schließlich zum Schauplatz des Streits um eine Neuausrichtung des Religionsverfassungsrechts führen, zum rechtswissenschaftlichen Diskurs über die religiös-weltanschauliche Neutralität des Staates.

B. Der religionsverfassungsrechtliche Hintergrund

Wie zentral die Rolle dieses Rechtsbegriffs ist und wieso der hier gewählte Zugang sinnvoll sein mag, erschließt sich nur, wenn die religiös-weltanschauliche Neutralität vor ihrem verfassungsrechtlichen Hintergrund beleuchtet wird. Was für den unvoreingenommenen Beobachter wie ein selbsterklärendes Postulat moderner Staatlichkeit wirken mag, ist nämlich tief eingebettet in die spezifischen Eigenheiten des deutschen Religionsverfassungsrechts.[13]

---

[13] Der Begriff »Religionsverfassungsrecht« wird hier und im Folgenden verwendet, um die Gesamtheit der verfassungsrechtlichen Normen mit religiös-weltanschaulichem Bezug zu beschreiben. Dadurch soll hervorgehoben werden, dass es dabei um das verfassungsrechtliche Verhältnis des Staates auch zu solchen Religionen geht, die nicht kirchlich organisiert sind. Eine Stellungnahme zu der verfassungstheoretischen Grundsatzdiskussion über »Religionsverfassungsrecht« und »Staatskirchenrecht« soll damit nicht verbunden sein.

Zur Erklärung: Um diese beiden Termini wurde insbesondere seit den 1990er Jahren eine der vielen Auseinandersetzungen um die angemessene Wahl von Begrifflichkeiten geführt, die diesem Rechtsgebiet zu eigen sind. Hintergrund dieser Debatte sind unterschiedliche verfassungstheoretische Vorverständnisse. So bevorzugen diejenigen den Begriff des »Staatskirchenrechts«, welche die Religionsgesellschaften als eine eigene, vom Bürger zu unterscheidende Instanz mit Verfassungsrelevanz ansehen. So sei insbesondere durch Art. 140 GG i. V. m. Art. 137,

Um das weite Feld der denkbaren bzw. der – rechtsvergleichend betrachtet – real existierenden religionsverfassungsrechtlichen Konzepte zu strukturieren, wird klassischerweise eine Dreiteilung vorgenommen.[14] Sofern das Verfas-

---

138 und 141 WRV die selbständige gesellschaftliche Bedeutung der Religionsgesellschaften verfassungsrechtlich anerkannt worden und dieser Umstand könne durch die Bezeichnung als »Staatskirchenrecht« begrifflich am besten abgebildet werden. Demgegenüber verstehen die Befürworter des Begriffs »Religionsverfassungsrecht« die Religionsgesellschaften als Ausdruck der individuellen Religionsfreiheit der Bürger und beziehen daher auch die Normen der WRV auf die grundrechtlichen Regelungen, sodass es der Betonung der institutionellen Seite nicht mehr bedarf; vgl. zu beiden Positionen m. w. N. *Grzeszick*, Verfassungstheoretische Grundlagen des Verhältnisses von Staat und Religion, in: Heinig/Walter (Hrsg.), Staatskirchenrecht oder Religionsverfassungsrecht?, 2007, S. 131, 132 ff.; jeweils überblicksartig zur Diskussion im Ganzen und als Darstellung ihrer Entwicklung über die Jahre hinweg *Hollerbach*, Staatskirchenrecht oder Religionsrecht?, in: Aymans/Geringer (Hrsg.), FS Schmitz, 1994, S. 869 ff.; *Czermak*, »Religions(verfassungs)recht« oder »Staatskirchenrecht«?, NVwZ 1999, 743 f.; *Hense*, Staatskirchenrecht oder Religionsverfassungsrecht, in: Haratsch/Janz u. a. (Hrsg.), Religion und Weltanschauung im säkularen Staat, 2001, S. 9 ff.; *Korioth*, Vom institutionellen Staatskirchenrecht zum grundrechtlichen Religionsverfassungsrecht?, in: Brenner/Huber u. a. (Hrsg.), FS Badura, 2004, S. 727 ff.; zu den älteren Vorschlägen, den Begriff »Staatskirchenrecht« aufzugeben m. w. N. *Kupke*, Die Entwicklung des deutschen »Religionsverfassungsrechts« nach der Wiedervereinigung, 2004, S. 30 ff. Aus neuerer Zeit gegen diese »Dichotomie von institutionell und individualrechtlich« insgesamt *Schuppert*, Governance of diversity, 2017, S. 195 ff.

Bisweilen werden diese verfassungstheoretischen Implikationen der Begriffsverwendung jedoch nicht aufgearbeitet und trotzdem zwischen »Religionsverfassungsrecht« und »Staatskirchenrecht« differenziert. In diesem Fall unterscheidet sich die Begriffswahl je nach dem Umfang des in Bezug genommenen Normenmaterials. Mit »Staatskirchenrecht« werden dann die über Art. 140 GG inkorporierten Bestimmungen der WRV beschrieben, während das »Religionsverfassungsrecht« zudem die Religionsfreiheit nach Art. 4 GG umfasst; siehe die Darstellung bei *Waldhoff*, Neue Religionskonflikte und staatliche Neutralität, 2010, S. 9 Fn. 1. Vom »Religionsverfassungsrecht« ist wiederum das »Religionsrecht« zu unterscheiden, welches sowohl die verfassungsrechtlichen als auch die einfachgesetzlichen Regelungen beinhaltet, vgl. *Unruh*, in: v. Mangoldt/Klein/Starck, Art. 140 GG Rn. 15.

Darüber hinaus werden die Begriffe manchmal synonym verwendet – so explizit bei *Waldhoff*, Neue Religionskonflikte und staatliche Neutralität, 2010, S. 9 Fn. 1. Oder es wird einer der Begriffe aus Gründen vorgezogen, die nicht verfassungstheoretischer Natur sind, z. B. (wie in dieser Arbeit) um die Inbezugnahme von Religionsgemeinschaften auszudrücken, die nicht kirchlich organisiert sind; so auch *Morlok*, in: Dreier, Art. 140 GG Rn. 26. In diesem Sinne wäre es vor dem Hintergrund der verfassungsrechtlichen Gleichstellung von Religionen und Weltanschauungen gemäß Art. 4 Abs. 1, 140 GG i. V. m. 137 Abs. 7 WRV zwar nur konsequent, dann sogar vom »Religions- und Weltanschauungsverfassungsrecht« zu sprechen (wie es z. B. *Czermak* mit dem Titel seines Lehrbuchs tut), doch soll sich hier – nicht zuletzt um der besseren Lesbarkeit Willen – innerhalb der gängigen Terminologie bewegt werden (so selbst *Czermak*, »Religions(verfassungs)recht« oder »Staatskirchenrecht«?, NVwZ 1999, 743, 744). Vereinzelte Stimmen schlagen hingegen vor, »Weltanschauungsrecht« als alleinstehenden Oberbegriff zu verwenden, vgl. *Neumann/Schmidt-Salomon*, Was ist »Weltanschauungsrecht«, in: Neumann/Czermak u. a. (Hrsg.), Aktuellen Entwicklungen im Weltanschauungsrecht, 2019, S. 13, 15 ff.

[14] Vgl. *von Campenhausen/de Wall*, Staatskirchenrecht, 4. Aufl. 2006, S. 338 ff.; *Unruh*, Religionsverfassungsrecht, 4. Aufl. 2018, S. 341 ff. Diese klassische Dreiteilung ist insbesondere von *Gerhard Robbers*, der von deutscher Seite bedeutendsten Figur der religionsverfassungsrechtlichen Rechtsvergleichung, in verschiedener Hinsicht kritisiert worden. Vor allem sei sie zu statisch und verdecke die Tatsache, dass in Europa »eine graduelle, vorsichtige Entstaatlichung von Staatskirchen einerseits und eine zunehmende Kooperationsbereitschaft der Trennungssysteme andererseits« beobachtet werden könne; so *Robbers*, Das Verhältnis von Staat und Kirche in rechtsvergleichender Sicht, in: Brugger/Huster (Hrsg.), Der Streit um das Kreuz in der Schule, 1998, S. 59, 61 f.; siehe zudem *Robbers*, Das Verhältnis von Staat und Kirche in Europa,

sungsrecht funktionelle oder institutionelle Verbindungen zwischen dem Staat und einer bestimmten Religion bzw. Religionsgemeinschaft vorsieht, wird von einem Staatskirchensystem gesprochen.[15] Ein Beispiel für ein westliches Staatskirchensystem bietet England, wo die anglikanische Church of England seit 1534 offizielle Staatskirche ist und es zu zahlreichen wechselseitigen Einflüssen von Staat und Religion kommt.[16] So ist die englische Königin zugleich Kirchenoberhaupt und »Defender of the Faith«, womit die Berechtigung zur Ernennung von Bischöfen (auf Vorschlag des Premierministers) einhergeht. Kirchengesetze der anglikanischen Generalsynode bedürfen der Zustimmung der Monarchin und

---

ZevKR 42 (1997), 122, 127; weiterhin *Robbers*, Staat und Religion, VVDStRL 59 (2000), 231, 232, 243 f.; speziell zur staatlichen Förderung von kirchlichen Institutionen auch in Trennungssystemen bereits *Robbers*, Förderung der Kirchen durch den Staat, in: Listl/Pirson (Hrsg.), HdbStKirchR Bd. I, 2. Aufl. 1994, S. 867, 872 f.; ähnlich bereits schon *Schlaich*, Radikale Trennung und Pluralismus (1975), in: Mikat (Hrsg.), Kirche und Staat in der neueren Entwicklung, 1980, S. 427, 449. Dass es dadurch eine Entwicklung der verschiedenen Systeme auf eine gemeinsame Mitte hin gebe – so *Robbers'* sogenannte Konvergenzthese – ist jedoch nicht unumstritten. So wird bisweilen zugestanden, dass es infolge einer stärkeren Akzentuierung der Religionsfreiheit in unterschiedlichen Ländern zu den beobachteten Tendenzen komme. Diese seien und blieben jedoch lediglich systemimmanente Entwicklungen, die nicht zu einer Überwindung der staatskirchen- oder trennungssystemischen Grundausrichtung führten, vgl. *von Campenhausen*, Die Trennung von Staat und Kirche in Deutschland und das kirchliche Selbstbestimmungsrecht, ZevKR 47 (2002), 359, 364 ff.; *Mückl*, Europäisierung des Staatskirchenrechts, 2005, S. 391 f.; *de Wall*, Neue Entwicklungen im Europäischen Staatskirchenrecht, ZevKR 47 (2002), 205, 207.

Vor dem Hintergrund dieser Schwächen der klassischen Dreiteilung und in Anbetracht der fortbestehenden inhaltlichen Streitigkeiten wurde in jüngerer Vergangenheit als Alternative ein grundrechtszentriertes Zwei-Ebenen Modell vorgeschlagen, um die verschiedenen religionsverfassungsrechtlichen Systeme zu beschreiben. Demzufolge stehe auf der unteren Ebene der Schutz der individuellen, kollektiven sowie korporativen Religionsfreiheit, wobei geltend gemacht wird, dass auf dieser grundsätzlichen Ebene zumindest zwischen den EU-Mitgliedstaaten keine Unterschiede bestünden. Auf der zweiten Ebene des Modells werden die konkreten Ausprägungen der Religionsfreiheit mit den je nach Land unterschiedlichen Förderungen und Restriktionen betrachtet. Es sei dieser Bereich, wo sich die Wesensunterschiede der verschiedenen religionsverfassungsrechtlichen Systeme zeigen, so *Triebel*, Das europäische Religionsrecht, 2005, S. 198 ff., hierauf aufbauend *Unruh*, Religionsverfassungsrecht, 4. Aufl. 2018, S. 345.

Trotz der kritisierten Verallgemeinerungen und Vereinfachungen, die der klassischen Dreiteilung immanent sind, soll diese Schematisierung religionsverfassungsrechtlicher Systeme im Folgenden verwendet werden. Es wird sich zeigen, dass die besonderen Eigenheiten des deutschen Religionsverfassungsrechts nur vor dem Hintergrund ihrer historischen Entstehungsgeschichte verstanden werden können, und insbesondere für diese geschichtliche Perspektive wird die Unterscheidung zwischen Staatskirchen-, Trennungs- und Kooperationssystem eine hilfreiche Funktion haben. Wenn darauf aufbauend die modernen Ausformungen des Religionsverfassungsrechts untersucht werden, wird jedoch nochmals auf die Schwächen der klassischen Dreiteilung zurückzukommen sein, vgl. unten, 3. Kapitel, A. II. 1.

[15] In Europa haben neben England, dessen Modell sogleich näher dargestellt wird, Dänemark, Finnland, Griechenland, Schottland sowie einige Kantone der Schweiz ein Staatskirchensystem implementiert; in Schweden ist die evangelisch-lutherische Kirche erst seit dem Jahr 2000 nicht mehr Staatskirche, vgl. *Czermak*, Religions- und Weltanschauungsrecht, 2008, S. 256; sowie *Unruh*, Religionsverfassungsrecht, 4. Aufl. 2018, S. 342 f.

[16] Siehe hierzu *Doe/Nicholson*, Das Verhältnis von Gesellschaft, Staat und Kirche in Großbritannien, in: Kämper/Schlagheck (Hrsg.), Zwischen nationaler Identität und europäischer Harmonisierung, 2002, S. 59, 63; *McClean*, State and Church in the United Kingdom, in: Robbers (Hrsg.), State and Church in the European Union, 2. Aufl. 2005, S. 553 ff., insb. S. 560 f.; besonders ausführlich *Mückl*, Europäisierung des Staatskirchenrechts, 2005, S. 92 ff.

des Parlaments, wodurch sie den gleichen rechtlichen Status wie Parlamentsgesetze erlangen – das »law of the church« wird Bestandteil des »law of the land«, was auch bedeutet, dass die Kirchengerichte der Rechtskontrolle staatlicher Gerichte unterstehen. Darüber hinaus sind 26 Sitze des Oberhauses Bischöfen der anglikanischen Kirche vorbehalten und nicht zuletzt zeigt sich der Staatskirchencharakter an der Nationalhymne, die ein gesungenes Gebet um Segen für das Staatsoberhaupt ist.

Das Gegenteil dieser institutionell-funktionellen Verbindung des Staates mit einer Religionsgemeinschaft ist die Verdrängung religiöser Bezüge aus dem öffentlichen Bereich ins Private. Ein solches sogenanntes Trennungssystem[17] kann historisch zum einen aus einer religionskritischen Tendenz entstanden sein, mit dem Ziel, den Staat gegenüber einer als negativ wahrgenommenen Einflussnahme von Religionen und Weltanschauungen abzuschotten. Ein Beispiel für ein solches etatistisches Trennungssystem ist die französische Laïcité.[18] Zum anderen kann das Motiv für ein Trennungssystem in einer gegenteiligen, nämlich religionsfreundlichen Absicht zu finden sein. So war in den U.S.A. die Trennung zwischen Staat und Religion eine Reaktion der immigrierten christlichen Denominationen auf die in ihren Heimatländern erlebte religiöse Unterdrückung durch die Mehrheits- bzw. Staatsreligion und hatte die Sicherung religiöser Freiheit zum Ziel.[19]

Zwischen der staatlichen Identifikation mit einer bestimmten Religion auf der einen Seite und der strikten Trennung von Staat und Religion auf der anderen Seite liegt das weite Feld der sogenannten Kooperationssysteme, in denen es zu punktuellen Berührungen von Staat und Religion kommt, die jeweils sehr unterschiedliche Ausformungen annehmen können.[20]

---

[17] Neben den gleich erwähnten Modellen Frankreichs und der U.S.A. sind die Religionsverfassungen der Niederlande sowie – zumindest bei formaler Betrachtung – der Republik Irland Beispiele für ein Trennungssystem, vgl. *Unruh*, Religionsverfassungsrecht, 4. Aufl. 2018, S. 342. Das religionsverfassungsrechtliche Modell der Türkei ist hingegen kein Trennungssystem, obwohl es als Laizismus bezeichnet wird; vielmehr ist es ein vom Präsidium für religiöse Angelegenheiten »staatlich verwalteter Islam«, so *Böckenförde*, Der säkularisierte Staat, in: ders., Der säkularisierte Staat, 2007, S. 11, 15; vertiefend *Perçin*, Die Kompatibilität des säkularen Staates mit dem Islam, 2013, S. 234 ff., 318 f.

[18] Näher *von Campenhausen/de Wall*, Staatskirchenrecht, 4. Aufl. 2006, S. 345 ff.

[19] Vertiefend zum Religionsverfassungsrecht der U.S.A. m. w. N. *Heun*, Die Trennung von Staat und Kirche in den Vereinigten Staaten von Amerika, in: Kästner/Nörr u. a. (Hrsg.), FS Heckel, 1999, S. 341 ff. sowie *von Campenhausen/de Wall*, Staatskirchenrecht, 4. Aufl. 2006, S. 347 ff.; darüber hinaus speziell zum Terminus der »Wall of Separation«, mit dem das US-amerikanische Trennungssystem heute vorrangig identifiziert wird, und zur diesbezüglichen Rechtsprechung *Walter*, Die »wall of separation between church and state« in den Vereinigten Staaten von Amerika, in: Grabenwarter/Lüdecke (Hrsg.), Standpunkte im Kirchen und Staatskirchenrecht, 2002, S. 235 ff. Für eine ausführliche und gegenüberstellende Darstellung der historischen Entwicklung des etatistischen Trennungsmodells Frankreichs und des liberalen Trennungsmodells der U.S.A. siehe *Walter*, Religionsverfassungsrecht in vergleichender und internationaler Perspektive, 2006, S. 69 ff.

[20] In Europa sind die Religionsverfassungen von z. B. Belgien, Italien, Luxemburg, Österreich, Portugal und Spanien zu den Kooperationsmodellen zu zählen, *Unruh*, Religionsverfassungsrecht, 4. Aufl. 2018, S. 343; zu den Details vergleiche die einzelnen Länderberichte in *Robbers* (Hrsg.), State and Church in the European Union, 2005.

Unabhängig davon, welches der drei Grundmodelle verfolgt wird, unterscheiden sich religionsverfassungsrechtliche Systeme zusätzlich darin, wie detailliert die verfassungsrechtlichen Vorgaben sind. So könnte sich – wie in Frankreich der Fall[21] – auf Ebene des Verfassungsrechts darauf beschränkt werden, Religionsfreiheit zu gewähren, religiöse Diskriminierung zu verbieten und die Entscheidung zugunsten eines der Grundmodelle zu fällen. Als Folge der eigentümlichen Entwicklung des deutschen Religionsverfassungsrechts, die eine Abfolge verschiedener Kompromisse zwischen zahlreichen Interessenlagern ist,[22] wurde im Grundgesetz hingegen ein Religionsverfassungsrecht geformt, das eine Vielzahl an Ge- und Verboten sowie Strukturvorgaben enthält und damit im europäischen Vergleich wohl am »regelungsintensivsten« ist.[23] So finden sich neben der Religions- und Weltanschauungsfreiheit des Art. 4 Abs. 1, 2 GG weitere freiheitsrechtliche Gewährleistungen der Weimarer Reichsverfassung, die über Art. 140 GG inkorporiert und damit »vollgültiges Verfassungsrecht« worden sind,[24] nämlich Art. 136 Abs. 3 WRV (Keine Pflicht zur Offenbarung des religiösen Bekenntnisses), Art. 136 Abs. 4 WRV (Verbot staatlichen Zwangs zu kirchlichen Handlungen und Feierlichkeiten, zur Teilnahme an religiösen Übungen oder zur Benutzung einer religiösen Eidesform), Art. 137 Abs. 2 WRV (Freiheit der Vereinigung zu Religionsgesellschaften) sowie Art. 137 Abs. 3 WRV (Selbstverwaltungsfreiheit der Religionsgesellschaften). Weiterhin enthält das Grundgesetz mit Art. 3 Abs. 3, Art. 33 Abs. 3 und Art. 140 GG i. V. m. 136 Abs. 1, 2 WRV mehrere gleichheitsrechtliche Bestimmungen, die an der Religionszugehörigkeit anknüpfen und Diskriminierung im Allgemeinen oder speziell im Hinblick auf bürgerliche und staatsbürgerliche Rechte sowie Zulassung zu öffentlichen Ämtern verbieten.

Neben diesen freiheits- und gleichheitsrechtlichen Regelungen bestehen mehrere Bestimmungen, aus denen der Charakter des deutschen Religionsverfassungsrechts als ein Kooperationssystem deutlich wird. Dass die Bundesrepublik kein Staatskirchensystem verfolgt, wird in Art. 140 GG i. V. m. Art. 137 Abs. 1 WRV explizit erklärt und nach heute herrschendem Verständnis auch

---

[21] Vgl. den heutigen Article 1 der Constitution française du 4 octobre 1958 sowie die in der préambule in Bezug genommenen Article 10 der Déclaration des droits de l'homme et du citoyen de 1789 und préambule der Constitution du 27 octobre 1946. Vertiefend z. B. *Ungern-Sternberg*, Religionsfreiheit in Europa, 2008, S. 89 ff.

[22] Näher zu den historischen Grundlagen des deutschen Religionsverfassungsrechts die umfassenden Darstellungen von *Heckel*, Vom Religionskonflikt zur Ausgleichsordnung, 2007 und *Link*, Kirchliche Rechtsgeschichte, 3. Aufl. 2017. Für überblicksartige Darstellungen siehe *Korioth*, Die Entwicklung des Staatskirchenrechts in Deutschland seit der Reformation, in: Heinig/Walter (Hrsg.), Staatskirchenrecht oder Religionsverfassungsrecht?, 2007, S. 39 ff.; *Pirson*, Die geschichtlichen Wurzeln des deutschen Staatskirchenrechts, in: Listl/Pirson (Hrsg.), HdbStKirchR Bd. I, 2. Aufl. 1994, S. 3 ff. und *Walter*, Religionsverfassungsrecht in vergleichender und internationaler Perspektive, 2006, S. 96 ff. Speziell im Hinblick auf die religiös-weltanschauliche Neutralität siehe unten, 2. Kapitel, A.

[23] *Preuß*, in: AK-GG, Art. 140 GG Rn. 10a; nach *Kästner/Droege*, in: Stern/Becker, Art. 4 GG Rn. 254 »sieht sich die spezifische deutsche Rechtslage im Vergleich der verschiedenen in Europa vorhandenen Modelle einem gewissen Rechtfertigungsdruck ausgesetzt«.

[24] BVerfGE 19, 206, 219.

nicht durch den Gottesbezug in der Präambel oder die religiöse Beteuerungsformel im Amtseid des Bundespräsidenten und der Bundesregierung (Art. 56 S. 1 GG und Art. 64 Abs. 2 GG) konterkariert.[25] Gleichzeitig sieht das Grundgesetz mehrere Berührungspunkte von Staat und Religion vor, womit deutlich wird, dass aus der Absage an ein Staatskirchentum kein Trennungssystem folgt. Nach Art. 7 Abs. 3 GG ist Religionsunterricht ordentliches Lehrfach an öffentlichen Schulen und wird in Übereinstimmung mit den Grundsätzen der jeweiligen Religionsgemeinschaft erteilt. Art. 7 Abs. 5 GG sieht bekenntnis- oder weltanschaulich gebundene Schulen als öffentliche Schulen vor und gewährt die Möglichkeit der Gründung einer privaten Bekenntnis- oder Weltanschauungsschule (an welcher der öffentlichen Schulpflicht nachgekommen werden kann), wenn eine öffentliche Schule dieser Art in der Gemeinde nicht besteht. Weiterhin wird Religions- und Weltanschauungsgesellschaften nach Art. 140 GG i. V. m. Art. 137 Abs. 5–7 WRV ermöglicht, den Status einer Körperschaft des öffentlichen Rechts zu erlangen (bzw. zu behalten) und von ihren Mitgliedern Steuern zu erheben. Art. 140 GG i. V. m. Art. 141 WRV bestimmt darüber hinaus, dass Religionsgesellschaften im Bedarfsfall in öffentlichen Anstalten zuzulassen sind, um dort Gottesdienste und Seelsorge anzubieten. Umstritten bleibt, ob es sich beim Schutz von Sonn- und Feiertagen nach Art. 140 GG i. V. m. Art. 139 WRV um eine Form der Kooperation des Staates mit dem Christentum (bzw. den christlichen Kirchen) handelt oder ob die Vorschrift jeglichen religiösen Bezug verloren hat.[26] Jedenfalls sofern darin die Verwirklichung eines »Nebeneinander

---

[25] Dazu, dass die Nominatio Dei in der Präambel aufgrund ihrer begrifflichen Offenheit, die auch andere theistische Religionen einbeziehen könne, und gerade auch vor dem Hintergrund von Art. 140 GG i. V. m. Art. 137 Abs. 1 WRV keine normative Festlegung auf das Christentum als Staatsreligion bedeute, statt vieler *Ennuschat*, »Gott« und Grundgesetz, NJW 1998, 953, 954 f. sowie den Bericht der gemeinsamen Verfassungskommission von Bundestag und Bundesrat nach der Wiedervereinigung, BT-Drs. 12/6000, S. 100; für eine dezidiert christliche Wertung hingegen *Hillgruber*, Staat und Religion, 2007, S. 56 f.; umfassend zur Debatte über die Gottesnennung *Vogt*, Der Gottesbezug in der Präambel des Grundgesetzes, 2007, S. 183 ff.

Die Diskussion zur Nominatio Dei in der Präambel lässt sich aufgrund der gleichlautenden Begriffsverwendung (»Gott«, ohne weitere Zusätze) auf den Gottesbezug in den Eidesformeln übertragen. Letzterer wird vergleichsweise wenig kontrovers diskutiert. Dies hat seinen Grund in der nach Art. 56 S. 2 GG gewährten Möglichkeit des Eidespflichtigen, auf die religiöse Beteuerung zu verzichten. Zwar ist es auch hier nicht ohne »Pikanterie«, dass die religiöse Eidesformel als Regel und der Verzicht hierauf als Ausnahme formuliert ist, jedoch lässt sich die Vorschrift im Ergebnis so verstehen, dass den Amtsträgern die Freiheit gegeben wird, ihren Amtseid um eine Bezugnahme auf ein eigenes religiöses Bekenntnis zu erweitern oder eben nicht, so *Herzog*, in: Maunz/Dürig, Art. 56 GG Rn. 22; zustimmend *Fritz*, in: Bonner Kommentar, Art. 56 GG Rn. 28 f.

Wenngleich diese Gottesbezüge des Grundgesetzes somit jedenfalls nicht als ein Bekenntnis des Staates zum Christentum im Sinne einer Staatsreligion zu verstehen sind, bleiben die weiteren Implikationen der Gottesnennungen fortwährend umstritten, siehe hierzu die unterschiedlichen Bezugnahmen unten im 3. Kapitel, insbesondere in Abschnitt E. I.

[26] Im letzteren Sinne (und gerade im Hinblick auf die religiös-weltanschauliche Neutralität) m. w. N. *von Campenhausen/de Wall*, Staatskirchenrecht, 4. Aufl. 2006, S. 329 ff.; a. A. *Mosbacher*, Sonntagsschutz und Ladenschluß, 2007, S. 324 ff., der den Sonntagsschutz als subjektives Recht sieht, auf das sich neben natürlichen Personen alle Religionsgesellschaften berufen können, die den Sonntag zu rituellen Zwecken nutzen.

von sozialpolitischen und religiösen Motiven« gesehen wird,[27] handelt es sich bei dem Sonn- und Feiertagsschutz (auch) um ein kooperatives Element des deutschen Religionsverfassungsrechts.

Allein die Feststellung, dass ein Kooperationssystem vorliegt, verschafft für die religionsverfassungsrechtliche Beurteilung konkreter Sachverhalte allerdings kaum einen Erkenntnisgewinn. Mit dem Staatskirchen- und dem Trennungssystem sind lediglich die äußersten Punkte der Skala religionsverfassungsrechtlicher Modelle eliminiert – der dazwischenliegende Bereich verschiedener denkbarer Kooperationssysteme bleibt weit. Anders formuliert: Die Tatsache, dass Berührungen von Staat und Religion nicht pauschal verboten sind, aber auch keine Identifikation des Staates mit einer bestimmten Religion besteht, beantwortet noch nicht die Frage, welches Verhalten dem Staat im Einzelfall verfassungsrechtlich erlaubt, ge- oder verboten ist.[28] In der Regelungsdichte des Grundgesetzes sind zwar – etwa mit dem Religionsunterricht oder dem Körperschaftsstatus – auch ausgewählte Einzelfragen behandelt. Viel größer ist jedoch die Zahl der Fälle, für die das Grundgesetz keine explizite Handlungsanweisung bereithält. Die weiterführende Frage ist daher schon immer gewesen: Sind durch das deutsche Verfassungsrecht bestimmte Entscheidungen auch für nicht explizit geregelte Einzelfälle vorgegeben, weil dem Grundgesetz eine umfassende Vorstellung vom Verhältnis des Staates zur Religion zugrunde liegt? Im Lichte der gesellschaftlichen Veränderungen der letzten Jahrzehnte wurde die Frage zunehmend drängend.

Diese Frage nach einem umfassenden Ordnungssystem, so zeigt ein Blick in die wissenschaftliche Literatur und die einschlägige Rechtsprechung, führt direkt zu dem Thema dieser Arbeit. Denn im deutschen Religionsverfassungsrecht[29] ist

---

[27] *De Wall*, Zum subjektiven Recht der Kirchen auf den Sonntagsschutz, NVwZ 2000, 857, 860; *Ehlers*, in: Sachs, Art. 140 GG, Art. 139 WRV Rn. 1; siehe auch BVerfGE 125, 39, 81.

[28] Zu dieser Kategorisierung verfassungsrechtlicher Handlungsanweisungen *Koller*, Theorie des Rechts, 2. Aufl. 1997, S. 66. Aufgrund seiner Ambivalenzen ist es nicht untypisch für das deutsche Religionsverfassungsrecht, dass im Kern einer praktischen Rechtsfrage die Unterscheidung zwischen Gebotenem, Erlaubtem und Verbotenem steht. Beispielhaft zur praktischen Anwendung dieser Unterscheidung bezogen auf die Zulässigkeit theologischer Fakultäten an staatlichen Hochschulen BVerfGE 122, 89, 110; Näheres fallorientiert m. w. N. bei *Bäcker*, Theologische Fakultäten und das Neutralitätsgebot, Der Staat 48 (2009), 327, 328 ff. Natürlich ließe sich eine noch feingliedrigere Unterscheidung vornehmen. So differenziert etwa *Cornils* innerhalb des Erlaubten zwischen Maßnahmen, die weder ge- noch verboten sind und solchen, die »in spezifischer Weise erlaubt« sind und für die daher ein »Ausgestaltungsvorbehalt« besteht, vgl. *Cornils*, Die Ausgestaltung der Grundrechte, 2005, S. 13, näher zum Ausgestaltungsvorbehalt S. 663. Für die im Weiteren verfolgten Zwecke ist aber die einfache Dreiteilung ausreichend.

[29] Der Fokus dieser Arbeit liegt bewusst auf dem nationalen Verfassungsrecht, ohne dass Bezüge zum Recht der Europäischen Union hergestellt werden müssen. Dies hat seinen Grund darin, dass der EU derzeit die Regelungskompetenz für Religionsverfassungsrecht nicht ausdrücklich zugewiesen ist, was allerdings aufgrund des Grundsatzes der begrenzten Einzelermächtigung aus Art. 5 EUV und Art. 13 EUV für eine hoheitliche Vereinheitlichung religionsrechtlicher Regelungen erforderlich wäre. Stattdessen ist die EU nach Art. 4 Abs. 2 S. 1 EUV dazu verpflichtet, die nationale Identität der Mitgliedstaaten zu achten, wozu auch die jeweilige religionsverfassungsrechtliche Grundausrichtung gehört (näher *Unruh*, Religionsverfassungsrecht, 4. Aufl. 2018, S. 352 ff.; *Mückl*, Europäisierung des Staatskirchenrechts, 2005, S. 415;

die Verhältnisbestimmung des Staates zur Religion untrennbar verbunden mit, ja sie geht auf in dem Begriff der »religiös-weltanschaulichen Neutralität des Staates«.[30]

---

für die Bundesrepublik ebenfalls bejahend, insgesamt aber einschränkend *Waldhoff*, Staatskirchenrecht oder Religionsverfassungsrecht – Einwirkungen des Völker- und Europarechts, in: Heinig/Walter (Hrsg.), Staatskirchenrecht oder Religionsverfassungsrecht?, 2007, S. 251, 276 m. w. N.). Als Folge dieses Achtungsgebots ist zudem in Art. 17 AEUV explizit bestimmt, dass die EU den jeweiligen Status von Religions- und Weltanschauungsgemeinschaften in den Mitgliedstaaten achten und nicht beeinträchtigen wird. Darüber hinaus hat von deutscher Seite das Bundesverfassungsgericht in seinem Lissabon-Urteil betont, dass eine Übertragung der Regelungskompetenz für das Verhältnis des Staates zu den Religions- und Weltanschauungsgemeinschaften nicht mit dem Demokratieprinzip vereinbar ist (BVerfGE 123, 267, 358).

Wenn und soweit dennoch von einem »europäischen Religions(verfassungsrecht)recht« gesprochen wird (vgl. etwa *Robbers*, Staat und Religion, VVDStRL 59 (2000), 231, 257 f.; sowie *von Campenhausen/de Wall*, Staatskirchenrecht, 4. Aufl. 2006, S. 367), sind drei Umstände zu betonen. Erstens: Naturgemäß kann und darf die Europäische Union ihr eigenes Verhältnis zu Religionen und Weltanschauungen regeln, also etwa das Binnenrecht ihrer eigenen Institutionen religionsrechtlich ausformen. Sofern hierfür nach verallgemeinerungsfähigen Strukturen gesucht wird, haben diese jedoch keine Auswirkungen auf das nationale Religionsverfassungsrecht (zum Binnenrecht *Weber*, Religionsrecht und Religionspolitik der EU, NVwZ 2011, 1485, 1486; *Kästner/Droege*, in: Stern/Becker, Art. 4 GG Rn. 302 m. w. N.). Zweitens: Europäische Bestimmungen des Fachrechts, die aufgrund der Sachzusammenhänge geeignet sind, auf nationaler Ebene in religiös-weltanschauliche Belange einzugreifen (wie etwa arbeitsrechtliche Vorschriften, die auch kirchliche Betriebe betreffen), dürfen aufgrund der fehlenden religionsverfassungsrechtlichen Regelungskompetenz und des Achtungsgebots nicht die Schwelle zur religionsverfassungsrechtlichen Identitätsbildung überschreiten (besonders präzise und problembewusst ist diesbezüglich die Darstellung bei *Walter*, Religionsverfassungsrecht in vergleichender und internationaler Perspektive, 2006, S. 411 ff.) und lange Zeit war auch nicht ersichtlich, dass irgendwo die Gefahr dazu bestand (*Waldhoff*, Neue Religionskonflikte und staatliche Neutralität, 2010, S. 59 f.; *Weber*, Religionsrecht und Religionspolitik der EU, NVwZ 2011, 1485, 1491). Allerdings könnten sich nun im Bereich des kirchlichen Arbeitsrechts grundsätzliche Konflikte ergeben, weil die aktuelle Rechtsprechung des Europäischen Gerichtshofs das Selbstbestimmungsrecht der Religionsgemeinschaften restriktiver handhabt, als es das Bundesverfassungsgericht bisher tat (hierzu *Payandeh*, Grenzen des Selbstbestimmungsrechts von Religionsgemeinschaften, JuS 2018, 593, 595; *Schneedorf*, Diskriminierungsschutz nach dem EuGH – Bröckelt das Fundament des kirchlichen Arbeitsrechts?, NJW 2019, 177, 180 f.). Drittens: Auch durch den europäischen Grundrechtsschutz ist keine Verformung des nationalen Religionsverfassungsrechts zu erwarten. Gemäß Art. 6 EUV setzt sich dieser Grundrechtsschutz aus der Charta der Grundrechte der Europäischen Union sowie (als »allgemeine Grundsätze«) der Europäischen Menschenrechtskonvention und den »gemeinsamen Verfassungsüberlieferungen der Mitgliedstaaten« zusammen. Ausweislich von Art. 6 Abs. 1 UAbs. 2 EUV führt die Grundrechte-Charta jedoch nicht zu einer Kompetenzerweiterung der EU, die Europäische Menschenrechtskonvention findet im deutschen Religionsverfassungsrecht ohnehin Beachtung und das, was den Mitgliedstaaten an Verfassungsüberlieferungen gemeinsam ist, kann den deutschen Regelungen nicht entgegenstehen (insgesamt und ausführlich zu diesen Punkten im Hinblick auf das Religionsverfassungsrecht *Mückl*, Europäisierung des Staatskirchenrechts, 2005, S. 427 ff.; speziell zu den Schwierigkeiten bei der Bestimmung der »gemeinsamen Verfassungsüberlieferungen« und den bloß rudimentären Vorgaben, welche die deutsche religiös-weltanschauliche Neutralität nicht beeinflussen können, S. 440 f.). Für die hiesige Untersuchung der religiös-weltanschaulichen Neutralität mit ihren Wurzeln, Facetten und Konsequenzen, ihrer theoretischen Ausformung und ihrer praktischen Anwendung kann daher das Europarecht und die Rechtsprechung des Europäischen Gerichtshofs – zumindest nach derzeitigem Stand – vernachlässigt werden.

[30] Versteht man die religiös-weltanschauliche Neutralität des Staates in diesem Sinne, dann geht ihre Bedeutung weit über die eines allgemeinen freiheitsrechtlichen Grundsatzes oder eines generellen säkularen Staatsprinzips hinaus. Daher droht die besondere verfassungsrecht-

C. Bedeutsamkeit und Brisanz des »Schlüsselbegriffs« Neutralität

In seinem Gutachten zum 68. Deutschen Juristentag schreibt *Christian Waldhoff*: »Die religiös-weltanschauliche Neutralität des Staates wirkt wie eine das gesamte Religionsrecht beherrschende Übernorm«.[31] Gemünzt auf das Thema staatlich zu bewältigender Konfliktsituationen fährt er fort festzustellen: »Die religiös-weltanschauliche Neutralität des Staates erscheint in der aktuellen verfassungsrechtlichen Diskussion als *das* zentrale Argument bei der Lösung religionsrechtlicher Konflikte«.[32] Es wird schnell deutlich: Die Bedeutsamkeit dieses Verfassungsgrundsatzes ist nicht zu überschätzen.

In dem soeben zitierten Satz droht allerdings die Bezugnahme auf die »aktuelle« verfassungsrechtliche Diskussion einen Aspekt zu verwischen, der für ein tiefergehendes Verständnis der Brisanz dieses Themas entscheidend ist. Der Satz kann nämlich dahingehend verstanden werden, dass die Zentralität der religiös-weltanschaulichen Neutralität eine Entwicklung der jüngeren Vergangenheit ist, so als wäre der Neutralitätsbegriff früher für religionsrechtliche Konflikte weniger bedeutsam gewesen. Das Gegenteil ist der Fall. Bereits Anfang der 1970er Jahre erklärte *Klaus Schlaich* in seiner Habilitationsschrift »Neutralität als verfassungsrechtliches Prinzip« – der ersten monografischen Behandlung des Neutralitätsgrundsatzes – die religiös-weltanschauliche Neutralität zum »Schlüsselbegriff« des Religionsverfassungsrechts.[33] Seitdem stand die grundlegende Bedeutung der religiös-weltanschaulichen Neutralität des Staates nie ernsthaft in Frage.[34] Sie ist »überkommener Zentralbegriff der Staatstheorie und des Ver-

---

liche Bedeutung, die in der Bundesrepublik Deutschland mit diesem Begriff verbunden ist, zu verwischen, wenn Neutralität als ein »allen [europäischen] staatskirchenrechtlichen Systemen gemeinsame[s] Strukturprinzip« beschrieben wird, so etwa *Mückl*, Europäisierung des Staatskirchenrechts, 2005, S. 399 ff., 415; oder ähnlich *Kästner/Droege*, in: Stern/Becker, Art. 4 GG Rn. 301. Gleichwohl ist es richtig, dass Neutralität des Staates in Fragen von Religion und Weltanschauung ein wichtiger, z. T. sogar zentraler Gedanke in anderen europäischen Rechtsordnungen ist; eingehend z. B. zum Schweizer Recht *Engi*, Die religiöse und ethische Neutralität des Staates, 2017, S. 139 ff. Darüber hinaus hat auch der Europäische Gerichtshof für Menschenrechte in den 1990er Jahren begonnen, bei religionsrechtlichen Fragestellungen die Neutralität des Staates besonders zu betonen, vgl. beispielhaft EGMR, Urt. v. 24.5.1993 – 14307/88, *Kokkinakis v. Griechenland*, Rn. 16; sowie EGMR, NVwZ 2005, 1389. Wenn im Folgenden die religiös-weltanschauliche Neutralität in ihrer spezifisch deutschen Herleitung und Bedeutung untersucht wird, dann mögen Bezugnahmen auf andere europäische Regelungsregime punktuell bereichern; es darf jedoch keine Gleichordnung angenommen werden.

[31] *Waldhoff*, Neue Religionskonflikte und staatliche Neutralität, 2010, S. 42.

[32] *Waldhoff*, Neue Religionskonflikte und staatliche Neutralität, 2010, S. 43 (Hervorhebung im Original); zustimmend *Unruh*, Religionsverfassungsrecht, 4. Aufl. 2018, S. 65; ähnlich *Gusy*, Kopftuch – Laizismus – Neutralität, KritV 87 (2004), 153, 161.

[33] *Schlaich*, Neutralität als verfassungsrechtliches Prinzip, 1972, S. 129; näher zur dogmatischen Natur von »Schlüsselbegriffen« *Denninger*, Verfassungsrechtliche Schlüsselbegriffe, in: Broda/Deutsch u. a. (Hrsg.), FS Wassermann, 1985, S. 279, 288 ff.

[34] Selbst die Vertreter der Literatur, die sich für eine Beendigung der Verwendung des Neutralitätsgrundsatzes einsetzen, weil sie ihm keinen weiterführenden Gehalt entnehmen, sind im Grunde eine Gegenbewegung gegen die als derzeit vorherrschend anerkannte Verwendung des Neutralitätsbegriffs und bezweifeln seine zentrale Stellung nicht, vgl. unten, 3. Kapitel, G.

fassungsrechts auf dem Gebiet der Religion«[35] sowie »Ausgangspunkt jeglicher Betrachtung des Verhältnisses von Staat und Religion nicht nur im Verwaltungsrecht«.[36]

Wenn die religiös-weltanschauliche Neutralität in der verfassungsrechtlichen Diskussion dennoch als gegenwärtig außerordentlich präsent wahrgenommen wird, dann liegt dies also nicht daran, dass sich Rang oder Relevanz des Neutralitätsgrundsatzes geändert haben, sondern es hat seinen Grund in dem Zusammenspiel zweier Umstände, die sich in ihrer Wirkung potenzieren. Da ist zunächst die bereits benannte fortschreitende religiös-weltanschauliche Pluralisierung der Gesellschaft, die zu einer Zunahme und Verschärfung entsprechender rechtlicher Konflikte und damit zu einer quantitativen und qualitativen Relevanzsteigerung des Neutralitätsbegriffs führt und vermutlich weiterhin führen wird.[37] Doch das allein bedingt noch nicht die besondere Brisanz dieses Rechtsbegriffs. Hinzu kommt der Umstand, dass der zentralen religionsverfassungsrechtlichen Stellung und der zunehmenden rechtspraktischen Bedeutung des Neutralitätsgebots eine verblüffende Unklarheit gegenübersteht, was genau sich inhaltlich dahinter verbirgt. Der Grundsatz der religiös-weltanschaulichen Neutralität des Staates gilt als »hochgradig klärungsbedürftig«,[38] es heißt, er sei »vieldeutig und unscharf«[39] und »so sehr [er] in seiner Allgemeinheit Anerkennung findet, so gering und unsicher ist der Konsens über die konkreten Folgen für die staatlichen Agenden in den unterschiedlichen Tätigkeitsfeldern.«[40]

Diese Unklarheit über den genauen Gehalt des Neutralitätsgebots hat mehrere Wurzeln. Zunächst wird die religiös-weltanschauliche Neutralität des Staates nicht im Grundgesetz genannt, sondern sie ist eine Entwicklung des Bundesverfassungsgerichts.[41] Eine direkte inhaltliche Rückkoppelung an den Verfassungstext und spezifische Erwägungen des Verfassungsgesetzgebers ist daher nicht möglich. Auch die einzelnen religionsverfassungsrechtlichen Bestimmungen des

---

[35] *Morlok*, Neutralität des Staates und religiöser Radikalismus, in: Masing/Jouanjan (Hrsg.), Weltanschauliche Neutralität, Meinungsfreiheit, Sicherungsverwahrung, 2013, S. 3.

[36] *Brenner*, Staat und Religion, VVDStRL 59 (2000), 264, 270.

[37] Ähnlich *Huster*, Die ethische Neutralität des Staates, 2002, S. 42.

[38] *Heinig*, Verschärfung oder Abschied von der Neutralität, JZ 2009, 1136; zustimmend *Unruh*, in: v. Mangoldt/Klein/Starck, Art. 140 GG Rn. 19. Ähnlich in der Formulierung *Rathke*, Öffentliches Schulwesen und religiöse Vielfalt, 2005, S. 23; sowie zuvor *Huster*, Die ethische Neutralität des Staates, 2002, S. 2 und S. 12; ganz aktuell z. B. *de Wall*, Neutralität in der Schule, in: Weilert/Hildmann (Hrsg.), Religion in der Schule, 2018, S. 141, 148.

[39] *Muckel*, in: Berliner Kommentar, Art. 140 GG Rn. 31.

[40] *Pirson*, Religiöse Neutralität in der staatlichen Sozialhilfe, in: Ruland/Maydell u. a. (Hrsg.), FS Zacher, 1998, 743. Insofern sind die Unsicherheiten nicht geringer als vor über 40 Jahren, vgl. etwa *Obermayer*, Staat und Religion, 1977, S. 9: »Die Tragweite der staatlichen Bekenntnisneutralität, die auch das Verständnis des Selbstbestimmungsrechts der Religionsgemeinschaften beeinflußt, ist das wohl umstrittenste Problem des gegenwärtigen Religionsrechts.«; sowie *Meyer-Scheu*, Grundgesetz und Parität von Kirchen und Religionsgemeinschaften, 1970, S. 241: »weder hinsichtlich ihrer normativen Begründung noch im Hinblick auf ihre inhaltliche Bestimmung hinreichend geklärt«.

[41] So zuerst in BVerfGE 12, 1, 5 verwendet. Näher zur Entstehung des Rechtsbegriffs unten, 2. Kapitel, A.

Grundgesetzes führen, wie bereits gesehen, bei der Frage nach einem Gesamtsystem, mit dem sich das Verhältnis von Staat und Religion beschreiben ließe, nur begrenzt weiter. Hinzu kommt das Erschwernis, dass die religionsverfassungsrechtlichen Normen einer Zeit entstammen, in der alleine die großen christlichen Religionsgemeinschaften gesamtgesellschaftliche Prägekraft besaßen, mit der Folge, dass die Vorschriften in gewisser Hinsicht auf die christlichen Großkirchen zugeschnitten sind und daher gerade bei Fragen, die aus religiös-weltanschaulicher Pluralisierung resultieren, nur bedingt weiterhelfen.[42] Und zuletzt folgt der fehlende Konsens über den Gehalt des Neutralitätsgebots aus der bereits erwähnten Offenheit des deutschen Religionsverfassungsrechts. Anders als im Fall von England, Frankreich oder den U.S.A. liegt dem deutschen Verfassungsrecht keine Grundsatzentscheidung zugunsten eines klar abgrenzbaren Modells zugrunde, das eindeutige theoretische Anknüpfungspunkte für das Verhältnis von Staat und Religion bieten könnte.[43] Das ›weder-noch‹ der beidseitigen Absage an sowohl ein Staatskirchen- als auch ein Trennungssystem resultiert in einer »Ambivalenz des Neutralitätsverständnisses« im deutschen Religionsverfassungsrecht; insgesamt, so schrieb *Schlaich*, erlaubt es »der positivrechtliche Befund des Grundgesetzes [...] kaum, von ›der Neutralität‹ des Staates zu sprechen, um aus ihr als solcher konkrete Rechtsfolgen abzuleiten.«[44]

Die Tatsache, dass aus dem Grundgesetz wenig Definitives über einen Verfassungsgrundsatz gewonnen werden kann, muss nicht zwangsweise zu Unklarheit und fehlendem Konsens führen. So wird z. B. auch das Verhältnismäßigkeitsprinzip im Grundgesetz nicht erwähnt und dennoch ist heute ein vergleichsweise

[42] Vgl. *Waldhoff*, Neue Religionskonflikte und staatliche Neutralität, 2010, S. 10; zum Zuschnitt zudem *von Campenhausen*, Zum Stand des Staatskirchenrechts in Deutschland, BayVBl. 1999, 65, 69 m. w. N.

[43] *Schlaich*, Neutralität als verfassungsrechtliches Prinzip, 1972, S. 193, mit Verweis auf die historischen Hintergründe der Entscheidung, keine grundsätzliche Neuregelung des Religionsverfassungsrechts vorzunehmen, wodurch eine klarere Zuordnung erfolgt wäre. Vgl. auch *Kästner*, in: Bonner Kommentar, Art. 140 GG Rn. 105. *Von Campenhausen* sieht in der besonderen »Ausfüllungsbedürftigkeit des Staatskirchenrechts« hingegen gerade eine Entscheidung sowie gleichzeitig eine Bedingung für Neutralität, vgl. *von Campenhausen*, Der heutige Verfassungsstaat und die Religion, in: Listl/Pirson (Hrsg.), HdbStKirchR Bd. I, 2. Aufl. 1994, S. 47, 49.

Damit soll nicht gesagt sein, dass andere Rechtsordnungen durch rechtliche Fragen mit Bezug zu Religionen und Weltanschauungen nicht herausgefordert seien. Tatsächlich ist der Terminus »Neutrality« z. B. in religionsverfassungsrechtlichen Entscheidungen des U.S.-amerikanischen Supreme Court von Relevanz und teilweise zeigen sich dort bei seiner Verwendung deutliche Parallelen zu Problemen des deutschen Verfassungsrechts, vor allem in Form einer ungesicherten Begriffsdefinition, die zu inhaltlichen Missverständnissen oder willkürlicher Handhabung führt, vgl. hierzu *Laycock*, Formal, Substantive and Disaggregated Neutrality Towards Religion, DePaul Law Review 39 (1990), 993, 994 sowie 1008 ff. Dennoch soll erneut betont werden, dass ausländische Diskurse über religiöse Neutralität des Staates nicht leichtfertig mit der deutschen Debatte gleichgesetzt werden dürfen – zu groß sind die Differenzen in der konkreten religionsverfassungsrechtlichen Ausgestaltung und den historischen Hintergründen; zudem ist die religiös-weltanschauliche Neutralität als Rechtsbegriff im deutschen Verfassungsrecht von viel zentralerer Bedeutung als z. B. in den U.S.A., vgl. hierzu vor allem unten, 2. Kapitel, A.

[44] *Schlaich*, Neutralität als verfassungsrechtliches Prinzip, 1972, 193 f.

sicherer Umgang mit ihm möglich, weil sich in Rechtsprechung und Wissenschaft eine weitgehend stabile Dogmatik herausgebildet hat.[45] Nur ist dies im Hinblick auf das Neutralitätsgebot gerade nicht geschehen. In der Rechtsprechung des Bundesverfassungsgerichts hat die religiös-weltanschauliche Neutralität – obwohl sie regelmäßig als Argumentationstopos Verwendung findet – keine klaren Konturen erhalten; in der Regel wird der Inhalt des Neutralitätsgebots nicht weiter bestimmt und für die konkrete Fallbearbeitung wird z. B. auf eine Abwägung zwischen positiver und negativer Religionsfreiheit ausgewichen.[46] In der rechtswissenschaftlichen Diskussion ist die dogmatische Aufbereitung der religiös-weltanschaulichen Neutralität zwar weiter vorangeschritten, jedoch stehen sich dort eine Vielzahl von Neutralitätsverständnissen gegenüber, ohne dass ein klar abgrenzbares, herrschendes Konzept erkennbar wird.[47] Wenn überhaupt, dann hat sich die Debatte im Wege der zunehmenden Pluralisierung zusätzlich aufgeheizt. Sie wird bisweilen mit einer scharfen Überspitzung der gegnerischen Position geführt[48] und ist von einem Misstrauen bezüglich der wissenschaftlichen Unabhängigkeit und Redlichkeit des Gegenübers geprägt;[49] die »jeweiligen Positionen [haben sich] verfestigt, gar verhärtet«.[50] Allerdings – und dies ist auch rechtsstaatlich ein nicht zu vernachlässigender Umstand – wird diese Debatte nicht immer offen geführt. Oftmals stehen unterschiedliche Verständnisse unter derselben Überschrift der religiös-weltanschaulichen Neutralität unaufgelöst nebeneinander. Es wird derselbe Begriff verwendet, aber es wird nicht immer dasselbe gemeint.[51]

---

[45] Siehe etwa *Bumke*, Der Grundrechtsvorbehalt, 1998, S. 40 f., 111 ff., 124 ff., 144 ff.; sowie *Bumke*, Der Grundsatz der Verhältnismäßigkeit, in: Hoffmann-Riem (Hrsg.), Innovationen im Recht, 2016, S. 117, 124 ff.; außerdem *Schlink*, Der Grundsatz der Verhältnismäßigkeit, in: Badura/Dreier (Hrsg.), Festschrift 50 Jahre Bundesverfassungsgericht, Bd. 2, 2001, S. 445 ff.; sowie der Sammelband von *Jestaedt/Lepsius* (Hrsg.), Verhältnismäßigkeit, 2016.

[46] *Dreier*, Staat ohne Gott, 2018, S. 136; *Möllers*, Religiöse Freiheit als Gefahr?, VVDStRL 68 (2009), 47, 57; *Huster*, Die ethische Neutralität des Staates, 2002, S. 13 f.

[47] Repräsentativ für viele: *Unruh*, Religionsverfassungsrecht, 4. Aufl. 2018, S. 65: »im Hinblick auf seine Herleitung und seinen dogmatischen Gehalt jedoch umstritten«; *Muckel*, in: Berliner Kommentar, Art. 140 GG Rn. 33: »das rechtliche Verständnis von staatlicher Neutralität [befindet sich] derzeit im Fluss«; *Pottmeyer*, Religiöse Kleidung in der öffentlichen Schule in Deutschland und England, 2011, S. 38: »weder durch eine einhellig anerkannte Lehrmeinung noch durch die Rechtsprechung des BVerfG eindeutig geklärt«.

[48] Vgl. die Analyse bei *Rathke*, Öffentliches Schulwesen und religiöse Vielfalt, 2005, S. 303; siehe auch unten, 3. Kapitel, A. I.

[49] Siehe den Vorwurf bei *Huster*, Erwiderung – Neutralität ohne Inhalt?, JZ 2010, 354, 357; aus der Beobachterperspektive *Muckel*, Religiöse Freiheit und staatliche Letztentscheidung, 1997, S. 75; besonders scharf *Renck*, Probleme des Thüringer Staatskirchenrechts, ThürVBl. 1996, 73, 74 Fn. 10, demzufolge das Religionsrecht den Boden rechtswissenschaftlicher Redlichkeit verlassen habe und »zu einer eher esoterischen Disziplin geraten ist, die weithin in den Händen von Eingeweihten liegt, denen das Hemd ihrer Konfession immer noch näher war und ist als der Rock des Gemeinwesens«.

[50] *Holzke*, Die »Neutralität« des Staates in Fragen der Religion und Weltanschauung, NVwZ 2002, 903, 904.

[51] Eingehend hierzu im Hinblick auf die wissenschaftliche Diskussion unten, 3. Kapitel. Das aktuellste und plastischste Beispiel aus der Rechtsprechung des Bundesverfassungsgericht ist die zweite »Kopftuchentscheidung«, BVerfGE 138, 296 ff.; näher hierzu unten, 4. Kapitel, B.

Um es vor diesem Hintergrund zu pointieren: Die religiös-weltanschauliche Neutralität des Staates war und ist der Rechtsbegriff, an und in dem sich entscheidet, welche verfassungsrechtlichen Vorgaben für das Verhältnis der Bundesrepublik Deutschland zu Religionen und Weltanschauungen bestehen. Trotz oder gerade wegen dieser maßgeblichen Bedeutung hat sich in den bald 60 Jahren seit seiner erstmaligen Verwendung durch das Bundesverfassungsgericht kein einheitliches Verständnis herausgebildet. Dies konnte in Kauf genommen werden, solange die deutsche Gesellschaft ein religiös-weltanschaulich weitgehend homogenes Umfeld bildete – es kam nur selten zu religiös konnotierten Konflikten, und wenn, dann waren sie entweder von geringer juristischer Komplexität oder sie wurden von der politischen Öffentlichkeit nicht als besonders kontrovers angesehen.[52] Durch die religionssoziologischen Veränderungen der letzten Jahrzehnte hat sich dies grundlegend gewandelt.[53]

Und hier zeigt sich nun die Brisanz dieses Themas in ihrer ganzen Tiefe. Dadurch, dass das Neutralitätsgebot die Funktion eines Schlüsselbegriffs in einem gesellschaftlich hoch relevanten und gleichzeitig hoch umstrittenen Rechtsbereich einnimmt, ohne eine gesicherte, belastbare Substanz zu haben, wird dieser Rechtsbegriff gefährlich. Bereits unter weniger kontroversen Bedingungen hatte *Schlaich* darauf hingewiesen, dass der »Pauschalbegriff« der Neutralität durch die Wahl eines bestimmten geschichtsphilosophischen, staatstheoretischen o. ä. Vorverständnisses in die eine oder andere Richtung aufgeladen werden könne. Die Gefährlichkeit der religiös-weltanschaulichen Neutralität des Staates als Verfassungsbegriff liegt in der Möglichkeit der »Selbstermächtigung« des Interpreten. Indem bestimmte Wertungen in den Begriff der Neutralität hineingelegt werden, kann der Bereich des verfassungsrechtlich Ge- bzw. Verbotenen variiert und dadurch der Bereich des Erlaubten modifiziert werden. Der Interpret kann auf verfassungsrechtlicher Ebene Entscheidungen vorwegnehmen, die eigentlich dem demokratischen Gesetzgeber vorbehalten sind, oder dem Gesetzgeber Spielräume eröffnen, die eigentlich von der Verfassung verschlossen wurden.[54]

---

[52] Siehe hierzu unten, 2. Kapitel, A. III.

[53] Deutlich zum Bedeutungszuwachs des Neutralitätsgebots im Lichte zunehmender Pluralisierung zuletzt ebenso *Dreier*, Staat ohne Gott, 2018, S. 101.

[54] *Schlaich*, Neutralität als verfassungsrechtliches Prinzip, 1972, S. 147; zustimmend *Jurina*, Der Rechtsstatus der Kirchen und Religionsgemeinschaften im Bereich ihrer eigenen Angelegenheiten, 1972, S. 79; *Trapp*, Religiöse Neutralität und Rundfunkfreiheit, 2013, S. 82; ähnlich auch *Kleine*, Institutionalisierte Verfassungswidrigkeiten im Verhältnis von Staat und Kirchen unter dem Grundgesetz, 1993, S. 129; siehe darüber hinaus die diesbezüglich grundlegende Kritik an der Praxis der Rechtsprechung bei *Heinig*, Verschärfung oder Abschied von der Neutralität, JZ 2009, 1136, 1140.

D. Desiderat, Forschungsziel und Gang der Untersuchung

In Anbetracht der Bedeutsamkeit und Brisanz des religionsverfassungsrechtlichen Neutralitätsgebots überrascht es, welch »stiefmütterliche« Behandlung ihm in der rechtswissenschaftlichen Literatur widerfahren ist.[55] Mit dieser Feststellung kann vor dem Hintergrund der zentralen Rolle, die das Neutralitätsgebot in der religionsverfassungsrechtlichen Diskussion einnimmt, natürlich nicht gemeint sein, dass das Neutralitätsgebot nur zurückhaltende Verwendung fände. Woran es nicht mangelt, sind juristische Stellungnahmen zu den einzelnen Sachverhalten, in denen das Verhältnis von Staat und Religion zum Tragen kommt, und selbstverständlich wird in diesen Zusammenhängen regelmäßig auf das Neutralitätsgebot rekurriert, teilweise ist die religiös-weltanschauliche Neutralität gar das tragende Argument für die Verteidigung der jeweiligen Position. Nur wird dabei der Bedeutungsgehalt des Neutralitätsgebots typischerweise als gesetzt dargestellt und eine Auseinandersetzung mit gegenteiligen Ansichten erfolgt allenfalls oberflächlich. So enthalten selbst monografische Abhandlungen zu religionsverfassungsrechtlichen Themen in der Regel allenfalls kursorische Darstellungen der verschiedenen Neutralitätskonzepte, um im Folgenden mit einigen Argumenten das präferierte Verständnis zu identifizieren, mithilfe dessen anschließend die Aufarbeitung des Hauptthemas erfolgt. Das »stiefmütterliche« seiner wissenschaftlichen Behandlung liegt darin, dass sich nicht auf eine umfassende und vor allem selbstzweckhafte Beschäftigung mit dem Neutralitätsgebot eingelassen wird.[56] Eine seltene Ausnahme in dieser Hinsicht stellt *Stefan Husters* Habilitationsschrift »Die ethische Neutralität des Staates« aus dem Jahr 2002 dar.[57] Sie ist nach *Schlaichs* Arbeit aus dem Jahr 1972 die einzige umfassende monographische Behandlung des religionsverfassungsrechtlichen Neutralitätsgebots.[58] Allerdings bleibt auch *Husters* ohne Zweifel komplexe Auseinandersetzung mit dem Neutralitätsgebot und der hierzu bestehenden Literatur vorrangig eine Darstellung sowie Abgrenzung der eigenen Position, die neben die anderen Verständnisse tritt.[59] Woran es weiterhin

---

[55] So *Czermak*, Religions- und Weltanschauungsrecht, 2008, S. 85, der bereits zuvor an verschiedenen Stellen deutlich hierauf hingewiesen hatte: »Eines der am wenigsten erforschten [Prinzipien] des Verfassungsrechts«, so *Czermak*, Das System der Religionsverfassung des Grundgesetzes, KJ 33 (2000), 229, 233; siehe auch *Czermak*, Zur Unzulässigkeit des Kreuzes in der Schule aus verfassungsrechtlicher Sicht, in: Brugger/Huster (Hrsg.), Der Streit um das Kreuz in der Schule, 1998, S. 13, 16; sowie *Czermak*, Das bayerische Kruzifix-Gesetz und die Entscheidung des BayVerfGH vom 1.8.1997, DÖV 1998, 107, 113 Fn. 53; zustimmend *Huster*, Die ethische Neutralität des Staates, 2002, S. 42.

[56] In diesem Sinne versteht es z. B. *Baldus* als geboten, dass das »Argument« der religiös-weltanschaulichen Neutralität »viel stärker als bisher einer rechtsdogmatischen Tiefenanalyse« unterzogen wird, siehe *Baldus*, Die religiös-weltanschauliche Neutralität des Staates, in: Anter/Frick (Hrsg.), Politik, Recht und Religion, 2019, S. 219, 227.

[57] Eine zweite Auflage mit einer neuen Einleitung erschien im Jahr 2017.

[58] Hinzu kommt noch die vergleichsweise überschaubare Arbeit von *Busse*, Das Prinzip staatlicher Neutralität und die Freiheit der Religionsausübung, 2013, die aber insbesondere bei dogmatischen Fragestellungen Zurückhaltung bewahrt.

[59] Näher hierzu unten, 3. Kapitel, F.

fehlt, ist eine umfängliche, systematische Auswertung und Gegenüberstellung dieser Einzelmeinungen.[60]

Tatsächlich dürfte dies der entscheidende Schwachpunkt der Diskussion über die religiös-weltanschauliche Neutralität des Staates sein: Sie wurde bisher nicht strukturiert aufgearbeitet. Die nachteilhaften Folgen dieser Schwäche zeigen sich zum einen dann, wenn unbewusst verschiedene Neutralitätskonzepte zugrunde gelegt werden und deswegen aneinander vorbeigesprochen wird. Zum anderen offenbart sich dieser Schwachpunkt in einem noch zu geringen Reflexionsgrad, mit dem über ein rechtes Verständnis von religiös-weltanschaulicher Neutralität diskutiert wird. Denn erst wenn ein umfängliches Bewusstsein für die im Diskurs vorgebrachten Argumente besteht, kann produktiv darüber gestritten werden, welche Argumente inhaltlich überzeugend und im rechtlichen Diskurs zulässig sind. Erst wenn eine Wahrnehmung dafür geschaffen wurde, welche Implikationen bestimmte Konzepte haben, können neue Vorschläge auch dann dogmatisch verortet werden, wenn nicht all ihre Facetten explizit gemacht sind. Und erst wenn eine Sensibilisierung für die Auswirkungen der jeweiligen Ansätze erfolgt ist, kann bewusst darüber diskutiert werden, bis wohin verfassungsrechtliche Vorgaben bestehen und ab wann sich der Interpret unzulässig selbst ermächtigt.

Diesem Mangel einer strukturierten Aufarbeitung der Diskussion soll mit der vorliegenden Arbeit begegnet werden, indem die verschiedenen Neutralitätsverständnisse und vor allem die sie tragenden Argumente, ihre Prämissen und Konsequenzen transparent gemacht werden. Forschungsziel ist somit in erster Linie eine Selbstaufklärung der Rechtswissenschaft über die unterschiedlichen Dimensionen der Diskussion zur religiös-weltanschaulichen Neutralität des Staates. Hierfür bedarf es umfassender Annäherungen und Analysen, die sich nicht lediglich auf das unmittelbar Juristische beschränken können. Wie bereits angedeutet, ist das deutsche Religionsverfassungsrecht und damit auch sein Neutralitätsgrundsatz eine historische Besonderheit, die sich daher nur vor dem Hintergrund der geschichtlichen Zusammenhänge erfassen lässt. Dementsprechend beginnt diese Arbeit mit einem Überblick über die Entstehung und die Rezeption der religiös-weltanschaulichen Neutralität als Rechtsbegriff.

Im Anschluss an diese historischen Annäherungen wird die aktuelle Diskussion um das Verhältnis von Politik und Religion in der politischen Philosophie in den Blick genommen. Zwar darf die dortige Debatte über »Religion in der politischen Öffentlichkeit« nicht leichtfertig mit dem juristischen Diskurs gleichgesetzt werden, doch scheint eine nähere Betrachtung in zweifacher Hinsicht aufschlussreich. Zunächst bestehen deutliche Parallelen zwischen der rechtswissenschaftlichen und der politisch-philosophischen Debatte, was daran liegt, dass sie beide Ausdrucksformen des gesamtgesellschaftlichen Nachdenkens über den öffentlichen Umgang mit Religionen und Weltanschauungen sind und insofern Argumentationsstrukturen und Motivationslagen teilen. Speziell im Hinblick auf

[60] Zu dieser Problematik in Bezug auf die Frage nach dem Neutralitätsgrundsatz und das Religionsverfassungsrecht insgesamt *Walter*, Einleitung, in: Heinig/Walter (Hrsg.), Staatskirchenrecht oder Religionsverfassungsrecht?, 2007, S. 1, 3.

die kritische Reflexion der Argumentationsstrukturen hat die politische Philosophie allerdings einen doppelten Vorteil gegenüber der Rechtswissenschaft. So sind die inhaltlichen Standpunkte im politisch-philosophischen Diskurs klarer ausdifferenziert und außerdem wurde der Diskurs – anders als in der Rechtswissenschaft – in den letzten Jahren mehrfach umfänglich aufgearbeitet und strukturiert. Von daher empfiehlt es sich für die Rechtswissenschaft, an den Erkenntnissen der politischen Philosophie anzuknüpfen, um bestimmte Muster im parallel verlaufenden Diskurs der eigenen Disziplin klarer sehen und bewerten zu können. Teilweise haben sich die rechtswissenschaftliche und die politisch-philosophische Diskussion allerdings nicht bloß aufgrund der gemeinsamen Fragestellung parallel entwickelt, sondern auch, weil von rechtswissenschaftlicher Seite bewusst auf politisch-philosophisches Gedankengut Bezug genommen wurde. Dies ist der zweite Grund, warum sich dieser interdisziplinäre Ansatz empfiehlt. Wo die politische Philosophie den geistigen Nährboden für juristische Positionen liefert (das prominenteste Beispiel ist *Husters* Ansatz der »ethischen Neutralität«,[61] der maßgeblich auf dem politischen Liberalismus *John Rawls'* aufbaut) lassen sich die Meinungen präziser nachvollziehen und einordnen, wenn ein Bewusstsein für die zugrundeliegende Debatte der Nachbardisziplin besteht.

Neben diese historischen und politisch-philosophischen Annäherungen werden als Drittes rechtswissenschaftliche Vorüberlegungen hinzutreten. Um die verschiedenen Meinungen zur religiös-weltanschaulichen Neutralität angemessen erfassen und bewerten zu können, wird es sich als hilfreich erweisen, vorab einige Fixpunkte für die Analyse zu schaffen und auf bestimmte dogmatische Zusammenhänge vorzubereiten. Auf dieser Grundlage kann sich sodann der juristischen Diskussion im Detail zugewendet werden. Dabei wird sich die Eigenheit der religiös-weltanschaulichen Neutralität als eines Rechtsgrundsatzes zeigen, der vom Bundesverfassungsgericht entwickelt und anschließend von der rechtswissenschaftlichen Literatur in vielfältiger Weise rezipiert wurde. Während die Verfassungsrechtsprechung selbst nur wenig zur inhaltlichen Ausgestaltung des Neutralitätsgebots beitrug,[62] wurden Formulierungen und Wertungen des Gerichts durch die Wissenschaft aufgegriffen, ergänzt oder abgelehnt, inhaltlich ausgefüllt und in Relation gesetzt, theoretisch untermauert oder hinterfragt. Die hierdurch entstandene Bandbreite denkmöglicher Neutralitätskonzepte soll nachvollzogen und strukturiert werden, wobei aufbauend auf den Vorüberlegungen die weiterführenden dogmatischen und praktischen Konsequenzen verdeutlicht werden. Dabei ist zu beachten, dass das Religionsverfassungsrecht und mit ihm die religiös-weltanschauliche Neutralität des Staates in ganz unterschiedliche Rechtsbereiche hineinstrahlen,[63] im Hinblick auf deren Vielfältigkeit es nicht

---

[61] Eingehend hierzu unten, 3. Kapitel, F.

[62] Vgl. hierzu erneut *Huster*, Die ethische Neutralität des Staates, 2002, S. 13; *Möllers*, Religiöse Freiheit als Gefahr?, VVDStRL 68 (2009), 47, 57; *Dreier*, Staat ohne Gott, 2018, S. 136.

[63] Zunächst sind Thematiken mit unmittelbarem religiösem Bezug betroffen: Zuvorderst das Grundrecht der Glaubens- und Religionsfreiheit, aber auch das Organisationsrecht für Religionsgemeinschaften, Religionsunterricht, theologische Fakultäten an staatlichen Universitäten und das Sonn- und Feiertagsrecht. Weiterhin kann der Neutralitätsgrundsatz Auswirkungen

das Ziel dieser Arbeit sein kann, neben einer abstrakten Analyse des Neutralitätsgebots zudem die Konsequenzen für einzelne Anwendungsfälle im Detail aufzuzeigen. Gleichzeitig werden sich gelegentliche Bezüge zum Fachrecht und zu konkreten Fallgestaltungen nicht vermeiden lassen, denn die religionsverfassungsrechtliche Debatte über Inhalt und Bedeutung des Neutralitätsgrundsatzes wird vor allem fallorientiert geführt.[64] Ihren Abschluss wird diese Arbeit darin finden, dass die Konsequenzen der Ergebnisse reflektiert werden und ein Ausblick auf die künftige Relevanz der religiös-weltanschaulichen Neutralität des Staates unternommen wird.

---

auf Fragen der Schulpflicht, des Arbeitsrechts, der rechtlichen Fassung von Ehe und Familie sowie auf das Strafrecht haben. Darüber hinaus lassen sich die Wirkungen des Religionsverfassungsrechts bis in das Sozial-, das Bau-, und das Immissionsschutzrecht verfolgen; betroffen sind zudem das Wehrrecht, das Strafprozess- und Strafvollzugsrecht, das Tierschutz-, Namens-, sowie das Steuer- und Abgabenrecht, vgl. die Aufarbeitung bzw. Auflistung bei *Waldhoff*, Neue Religionskonflikte und staatliche Neutralität, 2010, S. 66ff. sowie S. 11 Fn. 12; dazu, dass insbesondere Generalklauseln Einfallstore für religionsverfassungsrechtliche Wertungen sind, *Kästner/Droege*, in: Stern/Becker, Art. 4 GG Rn. 179.

[64] *Heinig*, Verschärfung oder Abschied von der Neutralität, JZ 2009, 1136.

Kapitel 2

Annäherungen an die religiös-weltanschauliche Neutralität des Staates

A. Historische Annäherungen: Entstehung und Rezeption der religiös-weltanschaulichen Neutralität als Rechtsbegriff

I. Der Rechtsbegriff als historisch gewachsene Erscheinung

»Die religiös-weltanschauliche Neutralität wird im Grundgesetz nicht erwähnt« – nicht selten dient diese Feststellung als Einleitung einer näheren Darstellung des Neutralitätsgrundsatzes[1] und auch in dieser Arbeit wurde bereits auf diesen Umstand hingewiesen. Weitere Konsequenzen werden daraus in der Regel jedoch nicht abgeleitet und so darf man sich fragen, was genau mit dieser Erkenntnis eigentlich gewonnen sei. Wäre es besonders umstritten, ob die Bundesrepublik Deutschland überhaupt ein religiös-weltanschaulich neutraler Staat ist, könnte solch ein Verweis auf den Mangel einer expliziten verfassungsrechtlichen Grundlage als Argument gegen eine Neutralitätspflicht verstanden werden. Doch während sein Inhalt diskutabel ist, besteht hinsichtlich der prinzipiellen Geltung des Neutralitätsgrundsatzes weitgehende Einigkeit in Rechtsprechung und Wissenschaft[2] – die Rechtslage wäre also nicht gravierend anders, wenn seine Geltung ausdrücklich in der Verfassung verankert wäre und auch der inhaltlichen Ausfüllung wäre durch einen entsprechenden, gemäß des Duktus des Grundgesetzes wahrscheinlich kurzen und feststellenden Satz nicht geholfen.[3] In den meisten Fällen lässt sich der Hinweis auf die mangelnde wortwörtliche Erwähnung daher als bloße Feststellung und Überleitung zur Diskussion über eine anderweitige

---

[1] Statt vieler *Böckenförde*, Kreuze (Kruzifixe) in Gerichtssälen?, ZevKR 20 (1975), 119, 129; *Magen*, in: Umbach/Clemens, Art. 140 GG Rn. 26; *Pottmeyer*, Religiöse Kleidung in der öffentlichen Schule in Deutschland und England, 2011, S. 37 f.; *Wiedemann*, Der Streit um das Schulkreuz in Deutschland und Italien, 2012, S. 92.

[2] Näher unten, 3. Kapitel.

[3] A. A. ohne nähere Erklärung *Mückl*, in: Bonner Kommentar, Art. 4 GG Rn. 151: »Den Begriff selbst enthält das Grundgesetz indes nicht, so daß ihm [...] eine nur geringe Aussagekraft attestiert worden ist.«; sowie *Fritsche*, Der Kulturbegriff im Religionsverfassungsrecht, 2015, S. 158: »eine am Wortlaut orientierte Herangehensweise ist bereits durch die fehlende textliche Verankerung im Grundgesetz nicht aussichtsreich«. Irritierend auch *Palm*, Berechtigung und Aktualität des Böckenförde-Diktums, 2013, S. 88, die theoretische Vorverständnisse für die inhaltliche Ausfüllung des Neutralitätsgebots nur deswegen als erforderlich sieht, weil das Gebot nicht ausdrücklich normiert ist. Zur Bedeutung von Vorverständnissen siehe unten, 2. Kapitel, C. I. 1.

normative Anknüpfung verstehen.[4] *Einen* tieferen Aussagegehalt hat diese Feststellung der mangelnden Normierung allerdings: Sie erklärt, warum die wissenschaftliche Aufarbeitung des Neutralitätsgrundsatzes erst in den 1960er Jahren beginnt, nämlich nachdem er zum ersten Mal vom Bundesverfassungsgericht verwendet wurde. Der Verfassungstext ist für die Rechtswissenschaft ein Imperativ, der ihr aufträgt, die vorgefundenen Rechtsbegriffe dogmatisch zu füllen und zu verbinden. Dieser Imperativ fehlte zunächst und selbst als das Bundesverfassungsgericht den Neutralitätsgrundsatz »entwickelt« hatte, wurde er in den ersten Jahren nicht als besonders dringend empfunden.[5]

Die fehlende verfassungstextliche Verankerung der religiös-weltanschaulichen Neutralität bedeutet jedoch nicht, dass sich der Umgang der Rechtswissenschaft mit diesem Rechtsbegriff gänzlich freistehend entwickelte. Zum einen ist die Verwendung von »Neutralität« als Rechtsbegriff kein auf das Religionsverfassungsrecht beschränktes Phänomen. Erstmalig wurde der Begriff im völkerrechtlichen Kontext gebraucht,[6] heute wird zudem von der Neutralität der Richter und des Beamtentums, von der wirtschaftspolitischen Neutralität des Grundgesetzes, der Neutralität des Rechnungshofes und der Bundesbank, der parteipolitischen Neutralität des Staates im Wahlkampf sowie seiner Neutralität im Arbeitskampf und Vergaberecht gesprochen;[7] neuerdings auch von dem »Gebot der Medienneutralität«.[8] Zwar können diese verschiedenen Neutralitätsbegriffe je nach Rechtsbereich sehr unterschiedliche Bedeutungsgehalte aufweisen, weswegen sie nicht ohne Weiteres gleichgesetzt werden sollten.[9] Der religionsverfassungsrechtliche Neutralitätsbegriff steht aber jedenfalls in einer gewissen Nähebeziehung zu der Begriffsverwendung in solchen Bereichen, in denen Wertvorstellungen zentral sind. *Schlaich* sprach davon, dass die religiös-weltanschauliche Neutralität des Staates »eingebettet [liegt] in die allgemeine Neutralität des Staates gegenüber der Pluralität der Wertvorstellung seiner Bürger, der der neutrale Staat möglichst

---

[4] Hierzu näher unten, 2. Kapitel, C. I. 3. a).

[5] Vgl. *Schlaich*, Neutralität als verfassungsrechtliches Prinzip, 1972, S. 11 f.

[6] *Polke*, Öffentliche Religion in der Demokratie, 2009, S. 61, vgl. weiterhin zur Neutralität im Völkerrecht *Schweitzer*, Neutralität – Völkerrechtliche Begriffsbildung und Ausgestaltung, in: Brunner/Conze u. a. (Hrsg.), Geschichtliche Grundbegriffe, 1978, S. 317 ff.

[7] Vgl. die Auflistung bei *Huster*, Die ethische Neutralität des Staates, 2002, S. 31 m. w. N.; darüber hinaus zur Neutralität gegenüber politischen Organisationen ohne Parteienstatus *Wahnschaffe*, Zur Neutralitätspflicht staatlicher Hoheitsträger gegenüber Organisationen ohne Parteienstatus, NVwZ 2016, 1767 ff.

[8] Vgl. *Faust*, Digitale Wirtschaft – Analoges Recht, 2016, S. 3.

[9] Zu den unterschiedlichen Gehalten der Neutralitätsbegriffe bereits *Böckenförde*, Kreuze (Kruzifixe) in Gerichtssälen?, ZevKR 20 (1975), 119, 129. Ein besonders plastisches Beispiel liefert die Arbeit von *Lipphardt*, Die Gleichheit der politischen Parteien vor der öffentlichen Gewalt, 1975, der auf S. 38 ff. ausführlich untersucht, inwiefern staatskirchenrechtliche Grundsätze wie Neutralität, Toleranz und Parität das »Prinzip der gleichen Chance« und damit die parteipolitische Neutralität des Grundgesetzes geprägt haben bzw. inwiefern sich Dogmatik übertragen lässt. Dabei werden zwar zum Teil starke Parallelen herausgearbeitet, es wird aber auch deutlich, dass es sich in den verschiedenen Rechtsgebieten um jeweils verselbständigte Grundsätze mit eigener Bedeutung handelt. Zur Kritik an *Schlaich* und auch *C. Schmitt* wegen zu leichtfertiger Gleichsetzung unterschiedlicher Neutralitätsbegriffe *Huster*, Die ethische Neutralität des Staates, 2002, S. 31 f.

weitgehend Rechnung zu tragen hat«,[10] und dieser Gedanke liegt auch dem Ansatz *Husters* zugrunde, der von einer »ethischen Neutralität« spricht.[11] Da Religion ein Kulturphänomen ist (freilich ohne sich darauf reduzieren zu lassen) und z. B. zwischen Kunst und Religion eine enge Wechselbeziehung besteht,[12] zeigen sich die Parallelen in der Begriffsverwendung besonders bei Fragen mit Kulturbezug.[13] Dies führt dazu, dass die Verhältnisse des Staates zu Religion und zu Kultur bisweilen zusammen behandelt werden,[14] wobei – wie sich zeigen wird – teilweise die Grenze zwischen den Untersuchungsgegenständen zu verwischen droht.[15]

Die Tatsache, dass das religionsverfassungsrechtliche Neutralitätsgebot keine freistehende Entwicklung ist, zeigt sich zum anderen vor dem Hintergrund der verschiedenen historischen Entwicklungen und Diskurse um das Verhältnis von Staat und Religion, die im Begriff der Neutralität zusammentrafen, aufgehen und zum Teil fortwirken.[16] Zwar ist es eine allgemein geteilte Einsicht, dass die Kenntnis der Geschichte eine entscheidende Voraussetzung für das Verstehen der Gegenwart ist – auf die vielschichtige und umkämpfte Verwendung des Neutralitätsgrundsatzes trifft diese Weisheit allerdings in ganz besonderer Form zu.[17] Und so soll an dieser Stelle ein zumindest etwas mehr als kursorischer Überblick über die Entwicklungsschritte der religiös-weltanschaulichen Neutralität als Rechtsbegriff gegeben werden.

---

[10] *Schlaich*, Neutralität als verfassungsrechtliches Prinzip, 1972, S. 133. Ähnlich und explizit auf den Bereich der Kunst übertragend *Borowski*, Die Glaubens- und Gewissensfreiheit des Grundgesetzes, 2006, S. 265 Fn. 403.

[11] Ausführlich unten, 3. Kapitel, F.

[12] Hierzu *Brenner*, Staat und Religion, VVDStRL 59 (2000), 264, 296; *Heckel*, Kontinuität und Wandlung des deutschen Staatskirchenrechts unter den Herausforderungen der Moderne, ZevKR 44 (1999), 340, 380 ff. m. w. N. zur Verfassungsrechtsprechung.

[13] *Wilms*, Selbstverständnis und Definitionsmacht bei Grundrechten, in: Ziemske/Langheid u. a. (Hrsg.), FS Kriele, 1997, S. 341, 342 f. weist zudem auf strukturelle Parallelen bei der inhaltlichen Ausformung der Grundrechte hin, insbesondere der Schutzbereichsbestimmung.

[14] So formuliert *Huster* die Grundsätze seiner ethischen Neutralität zunächst im Hinblick auf eine »typisch« religionsverfassungsrechtliche Fragestellung – dem Kreuz in einer öffentlichen Schule – und später anhand staatlicher Kunstförderung, siehe *Huster*, Die ethische Neutralität des Staates, 2002, S. 127 ff., 436 ff. Die verknüpfende Behandlung von Religion und Kultur zeigt sich zudem insbesondere bei vielen Arbeiten von *Arnd Uhle*, insbesondere bereits im Titel von *Uhle*, Staat – Kirche – Kultur, 2004, aber auch bei anderen Autoren, vgl. nur *Gullo*, Religions- und Ethikunterricht im Kulturstaat, 2003; *Droege*, Staatsleistungen an Religionsgemeinschaften im säkularen Kultur- und Sozialstaat, 2004; *Fritsche*, Der Kulturbegriff im Religionsverfassungsrecht, 2015. Ausführlich zu den Verknüpfungen von Religionsfreiheit und Kulturverfassungsrecht *Heckel*, Vom Religionskonflikt zur Ausgleichsordnung, 2007, S. 72 ff.

[15] Siehe hierzu unten, 3. Kapitel, E.

[16] Zur gleichen Einschätzung im Hinblick auf das deutsche Religionsverfassungsrecht insgesamt kommt *Korioth*, Die Entwicklung des Staatskirchenrechts in Deutschland seit der Reformation, in: Heinig/Walter (Hrsg.), Staatskirchenrecht oder Religionsverfassungsrecht?, 2007, S. 39, 40.

[17] Ähnlich *Heinig*, Prekäre Ordnungen, 2018, S. 2.

II. Entwicklungsschritte vor dem Grundgesetz

1. Grundvoraussetzungen staatlicher Neutralität

Auch wenn der Bedeutungsgehalt des Wortes »Neutralität« in vielerlei Hinsicht diskussionswürdig ist, werden zwei Umstände begriffslogisch in jedem Fall vorausgesetzt: Eine gewisse Eigenständigkeit gegenüber dem Gegenstand, zu dem sich neutral verhalten werden soll, sowie eine Pluralität an Entscheidungsoptionen.[18] Beides sind Umstände, die über den Verlauf der Menschheitsgeschichte für das Verhältnis von Staat und Religion keine Selbstverständlichkeit waren. Die erste Voraussetzung für staatliche Neutralität in religiös-weltanschaulichen Belangen liegt also in einer Eigenständigkeit des Staates gegenüber der Religion – ein kultureller Entwicklungsschritt, der heute gemeinhin als »Säkularisation« bezeichnet wird. Über die genaue Definition dieses Begriffs besteht zwar ebenfalls viel Uneinigkeit,[19] der kleinste gemeinsame Nenner besteht aber jedenfalls darin, Säkularisation als eine grundlegende Differenzierung zwischen geistlicher und weltlicher Macht zu verstehen.[20] Geschichtlich lässt sich für den Bereich der Westkirche diese »prinzipielle Säkularisation« im Investiturstreit von 1076 bis 1122 sehen, durch welchen die Einheit von Papsttum und Kaisertum aufgehoben und somit die Grundvoraussetzung einer solchen Trennung von Religion und Politik geschaffen wurde.[21] An der zweiten Voraussetzung für Neutralität – einer Pluralität an Entscheidungsoptionen – fehlte es jedoch noch für einige Jahrhunderte. In der geistig-kulturellen Realität des mittelalterlichen Europas stand es außer Frage, dass es einen Gott gibt – die atheistische Option bestand noch nicht[22] – und jenseits der katholischen Heilslehre gab es keine religiöse Alternative. Erst die Reformation etablierte ab dem 16. Jahrhundert eine Pluralität, die es gedanklich überhaupt möglich machte, sich für das eine oder das andere Bekenntnis zu entscheiden.[23]

---

[18] Ähnlich *Huster*, Die ethische Neutralität des Staates, 2002, S. 31.

[19] Siehe hierzu das umfassende Werk *Charles Taylors* zur Säkularisation, der drei unterschiedliche Grundformen von Säkularisation identifiziert, *Taylor*, A secular age, 2008, S. 1 ff.; demgegenüber identifiziert *Joas*, Die säkulare Option, DZPhil 57 (2009), 293 ff. in Auseinandersetzung mit *Taylor* acht Formen von Säkularisierung.

[20] Diese Definition entspricht in ihrer Begrenzung auf das Verhältnis von Staat und Religion der Basisdefinition von *Lübbe*, Säkularisierung, 1965, S. 23, welcher Säkularisation als den »Entzug oder die Entlassung einer Sache, eines Territoriums oder einer Institution aus kirchlich-geistlicher Observanz oder Herrschaft« beschreibt. *Horst Dreier* z. B. fasst den Begriff restriktiver und zählt zu der Staats- und verfassungsrechtlichen Bedeutung von Säkularisierung neben der Trennung von staatlicher und kirchlicher Gewalt »den Prozeß der Durchsetzung der Religions- und Weltanschauungsfreiheit, die Abkopplung der Autorität des Rechts von der Autorität eines bestimmten Glaubens«, vgl. *Dreier*, Säkularisierung und Sakralität, 2013, S. 14 f. m. w. N. Umfassend zur »Begriffs- und Sachgeschichte« der Säkularisierung *Droege*, Staatsleistungen an Religionsgemeinschaften im säkularen Kultur- und Sozialstaat, 2004, S. 115 ff.

[21] *Böckenförde*, Die Entstehung des Staates als Vorgang der Säkularisation (1967), in: ders., Der säkularisierte Staat, 2007, S. 43, 46; siehe auch *Hillgruber*, Staat und Religion, DVBl 1999, 1155, 1161 f.; vertiefend zur Ideengeschichte der Trennung von Staat und Kirche *Heckel*, Die Kirchen unter dem Grundgesetz, VVDStRL 26 (1968), 5, 26 ff.

[22] Vgl. die tiefgehende Darstellung bei *Taylor*, A secular age, 2008, S. 25 ff.

[23] Auch schon vor der Herausbildung der evangelischen Bekenntnisse hatte es in der katholischen Kirche immer wieder gewisse Reformbewegungen bis hin zu spalterischen Tendenzen

2. *Die »Säkularisationsthese«*

An der religiösen Pluralisierung durch die Reformation setzt eine Interpretation der Geschichte an, die wesentlich von *Carl Schmitt* geprägt wurde,[24] ihre Fortführung und prominenteste Darstellung bei *Ernst-Wolfgang Böckenförde* gefunden hat[25] und die noch heute das Verständnis von Ursprung und Zielsetzung staatlicher Neutralität beeinflusst.[26] Im Angesicht der konfessionellen Auseinandersetzungen hätten viele Staaten – so die sogenannte Säkularisationsthese[27] – auf die Beantwortung der Frage nach religiöser Wahrheit und auf die Identifikation mit einem der beiden (bzw. später drei)[28] Bekenntnisse verzichtet, um ein friedliches Miteinander der Konfessionen zu ermöglichen,[29] und gegebenenfalls auch, um nicht selber zwischen den Parteien zerrieben zu werden.[30] Der Staat habe sich über die Konfliktparteien und das thematische »Streitgebiet«[31] erhoben, um so seine Ordnungsfunktion zu erfüllen. Diese Reaktion sei die Geburtsstunde des modernen und neutralen, des »sich rein weltlich und politisch aufbauende[n] und legitimierende[n] Staat[es]«.[32]

Eine so begründete Neutralität kann zwei unterschiedliche Formen annehmen. Um sie zu beschreiben, wählte *Schmitt* Begrifflichkeiten, welche die heutige Diskussion um die religiös-weltanschauliche Neutralität weiterhin prägen,[33] wenn auch mit etwas anderer Schwerpunktsetzung.[34] So könne der Staat auf

---

gegeben, unter denen die Waldenser und die Lollarden zu den einflussreichsten gehörten. Allerdings blieben diese Reformbewegungen im Ergebnis eine innerkirchliche Erscheinung und erlangten nie den Status eines alternativen Bekenntnisses. Etwas Anderes ließe sich allenfalls über die Hussiten sagen, die jedoch weitgehend auf den böhmischen Raum beschränkt blieben und zumindest insofern keine ernsthafte politische bzw. geistliche Konkurrenz zur katholischen Kirche darstellten. Insgesamt zu den früheren Reformbewegungen in der katholischen Kirche *MacCulloch*, Die Reformation, 2010, S. 64 ff.

[24] Maßgeblich *C. Schmitt*, Das Zeitalter der Neutralisierungen und Entpolitisierungen, in: ders., Der Begriff des Politischen, 1963, S. 79 ff.

[25] *Böckenförde*, Die Entstehung des Staates als Vorgang der Säkularisation (1967), in: ders., Der säkularisierte Staat, 2007, S. 43 ff.; sowie *Böckenförde*, Das Grundrecht der Gewissensfreiheit, VVDStRL 28 (1970), 33, 36 ff. Hieran anschließend z. B. *Schlink*, Zwischen Säkularisation und Multikulturalität, in: Stober (Hrsg.), FS Roellecke, 1997, S. 301, 306 ff.; *Depenheuer*, Wahrheit oder Frieden?, in: Marré/Schümmelfelder u. a. (Hrsg.), Essener Gespräche zum Thema Staat und Kirche (33), 1999, S. 5, 18 ff.

[26] Vgl. nur die ausführlichen Literaturangaben bei *Huster*, Die ethische Neutralität des Staates, 2002, S. 48 Fn. 6.

[27] Zu dieser Begrifflichkeit *Dreier*, Kanonistik und Konfessionalisierung, JZ 2002, 1, 6.

[28] Drei Bekenntnisse, nachdem durch den Westfälischen Frieden von 1648 auf protestantischer Seite zum lutherischen das reformierte Bekenntnis hinzugetreten war. Näher zum geschichtlichen Hintergrund *MacCulloch*, Die Reformation, 2010, S. 459 ff.

[29] *Böckenförde*, Der säkularisierte Staat, in: ders., Der säkularisierte Staat, 2007, S. 11; *Heckel*, Vom Religionskonflikt zur Ausgleichsordnung, 2007, S. 13 ff.

[30] So *Schlaich*, Neutralität als verfassungsrechtliches Prinzip, 1972, S. 28 f.

[31] *C. Schmitt*, Das Zeitalter der Neutralisierungen und Entpolitisierungen, in: ders., Der Begriff des Politischen, 1963, S. 79, 88.

[32] *Böckenförde*, Die Entstehung des Staates als Vorgang der Säkularisation (1967), in: ders., Der säkularisierte Staat, 2007, S. 43, 55.

[33] Hierzu unten, 3. Kapitel, A.

[34] A. A. wohl *Nolte*, Das Kreuz mit dem Kreuz, JöR 48 (2000), 87, 106.

Pluralität einerseits in Form einer »negativen« Neutralität reagieren, das heißt insbesondere einer »Neutralität im Sinne der Nichtintervention, der Uninteressiertheit, des laisser passer, der passiven Toleranz« und einer strengen Gleichbehandlung.[35] Für religiösen Pluralismus würde das bedeuten, dass sich der Staat dem Konflikt entzieht, indem er sich jeglicher Entscheidungen mit religiösem Bezug enthält und sich ausschließlich darauf begrenzt, Gleichstellung zu gewährleisten. Andererseits könne der Staat in Form einer »positiven« Neutralität reagieren, womit *Schmitt* ein »zu einer Entscheidung hinführende[s]« Neutralitätsverständnis meinte. Das bedeutet, dass der Staat in eine die Pluralität aktiv mitgestaltende Rolle berufen ist, wovon auch ein Handeln zur Vermeidung von »Zersplitterung und Aufteilung des Staates« umfasst sein kann.[36]

Wenn Ursprung und Zielsetzung staatlicher Neutralität in religiös-weltanschaulichen Fragen im Sinne der Säkularisationsthese interpretiert werden, wird das Verständnis von Neutralität in spezifischer Weise vorgeprägt. Zunächst ist Neutralität in diesem Fall kein Selbstzweck, sondern sie ist ein Produkt politischer Klugheit; Neutralität ist nicht Ausdruck einer inhaltlichen Grundüberzeugung, sondern sie ist (lediglich) ein Mittel der staatlichen Selbstbehauptung und Friedenssicherung.[37] Darüber hinaus verschiebt sich der Gehalt des Neutralitätsverständnisses je nachdem, mit welchem Akzent die Interpretation versehen wird. Ist dieser Akt politscher Klugheit eher davon geprägt, dass sich der Staat einer Identifikation entzieht – liegt also ein Fall negativer Neutralität im Schmitt'schen Sinne vor – dann wird diese Neutralitätsvorstellung eine laizistische Prägung haben. Ist das Neutralitätsverständnis hingegen von dem Bild eines sich gegenüber religiöser Pluralität behauptenden Staates beeinflusst, dann wird es zu einer positiven Neutralität im Schmitt'schen Sinne tendieren und eine etatistische Prägung aufweisen.[38]

3. Das Gegenkonzept der »Konfessionalisierung«

Tatsächlich sind die Entwicklungsschritte einer staatlichen Neutralität in religiösen Fragen deutlich differenzierter, als es die Säkularisationsthese erscheinen

---

[35] *C. Schmitt*, Übersicht über die verschiedenen Bedeutungen und Funktionen des Begriffs der innerpolitischen Neutralität des Staates, Corolarium 1, in: ders., Der Begriff des Politischen, 1963, S. 97 ff.

[36] *C. Schmitt*, Übersicht über die verschiedenen Bedeutungen und Funktionen des Begriffs der innerpolitischen Neutralität des Staates, Corolarium 1, in: ders., Der Begriff des Politischen, 1963, S. 97, 100 f.; ähnlich die Gegenüberstellung bei *Herzog*, Formen staatlicher Gesetzgebung in weltanschaulich umstrittenen Bereichen, in: Spanner/Lerche u. a. (Hrsg.), FG Maunz, 1971, S. 145, 146 ff.

[37] Vgl. *Huster*, Die ethische Neutralität des Staates, 2002, S. 47 ff.

[38] Ohne bereits an dieser Stelle zu sehr auf die gegenwärtige Diskussion zu blicken: Die Rhetorik, die dieser Gegenüberstellung des sich vorsichtig zurückhaltenden und des souverän intervenierenden Staates zugrunde liegt, findet sich auch heute. Ein jüngeres medienwirksames Beispiel ist der Gastbeitrag von *Di Fabio*, Begegnung mit dem Absoluten, FAZ vom 22.12.2016, S. 6, wo gefordert wird, dass sich der demokratische Rechtsstaat, um »auch unter steigendem Druck von innen und außen stabil bleiben« zu können, entschiedener gegen Religionsbekundungen im öffentlich-rechtlichen Raum – in diesem Fall ging es um das Kopftuch einer Richterin – verwehren müsse.

lässt, weswegen diese von juristischer,[39] geschichtswissenschaftlicher[40] sowie von sozialwissenschaftlicher Seite[41] scharfe Kritik erfahren hat. Es ist zwar richtig, dass die religiöse Pluralisierung eine entscheidende Voraussetzung für die religiös-weltanschauliche Neutralität des Staates darstellt und dass die Konfessionskriege – genauer genommen die Friedenschlüsse von 1555 (Augsburger Reichs- und Religionsfrieden) und 1648 (Westfälischer Frieden) – zumindest auf Ebene des Heiligen Römischen Reiches Deutscher Nation zu einer »überkonfessionelle[n] Koexistenzordnung zwischen den beiden großen Konfessionsblöcken« führten.[42] Nur bedeutete das gerade kein »Herausheben« der Staaten aus den religiösen Konflikten mittels religiöser Enthaltsamkeit. Auch die von *Schmitt* angeführte Selbstbekundung *Friedrich des Großen*: »je suis neutre entre Rome et Genève«[43] kann nicht darüber hinwegtäuschen, dass allenfalls einzelne Monarchen neutral waren – die europäischen Staaten waren es jedenfalls nicht.[44] Statt einer Überwindung des Konflikts durch einen Rückzug des Staates aus religiösen Angelegenheiten, war infolge der Glaubensspaltung eine dezidierte Konfessionalisierung der Einzelstaaten zu beobachten. Das vom Landesherrn mit Wirkung für sein Territorium gewählte Bekenntnis (»cuius regio, eius religio«)[45] wurde insbesondere vom 16. bis zum 18 Jahrhundert kompromisslos sowie mit großer Intoleranz verfolgt und manifestierte sich in tiefgehenden Verzahnungen von staatlicher Gewalt und Kirche. Diese waren auf protestantischer Seite besonders deutlich, wo es zu »einer Re-Sakralisierung des protestantischen Fürstentums, zur Verwandlung des Landesherrn in einen Amtmann Gottvaters« kam,[46] indem der evangelische Landesherr zunächst die Funktion eines (Not-)Bischofs einnahm und später das Summepiscopat, das heißt das landesherrliche Kirchenregiment, erhielt. Auf katholischer Seite waren die Verzahnungen mangels offiziellen kirchlichen Amts zwar weniger evident, aber auch hier übte der Landesherr entscheidende Kontrolle über religiöse Angelegenheiten aus indem er geistliche Ämter besetzte

---

39 »Entstehungsmythos kontinentaleuropäischer Staatlichkeit«, so *Huster*, Die ethische Neutralität des Staates, 2002, S. 10; siehe weiterhin *Möllers*, Staat als Argument, 2000, S. 214 ff.; *Dreier*, Kanonistik und Konfessionalisierung, JZ 2002, 1, 6 ff.; *Heinig*, Verschärfung oder Abschied von der Neutralität, JZ 2009, 1136; *Waldhoff*, Die Zukunft des Staatskirchenrechts, in: Kämper/Thönnes (Hrsg.), Essener Gespräche zum Thema Staat und Kirche (42), 2008, S. 55, 77.

40 *Reinhard*, Geschichte der Staatsgewalt, 3. Aufl. 2002, S. 270; *Cavanaugh*, The Myth of Religious Violence, 2009, S. 123.

41 *Casanova*, Europas Angst vor der Religion, 2009, S. 8 f.

42 *Heckel*, Das Säkularisierungsproblem in der Entwicklung des deutschen Staatskirchenrechts, in: Dilcher/Staff (Hrsg.), Christentum und modernes Recht, 1984, S. 35, 50; nahezu Wortgleich bereits *Heckel*, Korollarien zur Säkularisierung, 1981, S. 50; eingehend zum Augsburger Religionsfrieden *El Idrissi*, Der juridische Umgang mit religiöser Freiheit, 2018, S. 33 ff.

43 *C. Schmitt*, Übersicht über die verschiedenen Bedeutungen und Funktionen des Begriffs der innerpolitischen Neutralität des Staates, Corolarium 1, in: ders., Der Begriff des Politischen, 1963, S. 97 ff.

44 Speziell zur Einordnung der Aussage Friedrich des Großen *Steiger*, Zur innenpolitischen Neutralität des Staates, in: Kaulbach/Krawietz u. a. (Hrsg.), FS Schelsky, 1978, S. 659, 663.

45 Näher zu diesem Grundsatz *MacCulloch*, Die Reformation, 2010, S. 228 f.; sowie *Mikat*, Das Verhältnis von Kirche und Staat im Lande Nordrhein-Westfalen in Geschichte und Gegenwart, 1966, S. 8.

46 *Reinhard*, Geschichte der Staatsgewalt, 3. Aufl. 2002, S. 267.

und beaufsichtigte.[47] Aber nicht nur die staatliche Gewalt wirkte in den kirchlichen Raum hinein, sondern es kam auch gegenläufig zu Verknüpfungen. Der Glaube wurde Staatsräson und das Verständnis eines guten Gläubigen wurde mit dem eines guten Staatsbürgers parallelisiert, etwa indem sich das konfessionelle Bekenntnis als Zugangsvoraussetzung zu öffentlichen Ämtern etablierte. Insgesamt lässt sich für die frühneuzeitliche Epoche feststellen, dass »die Staatsgewalt sich nicht durch Distanzierung von der Religion, sondern eher durch verschärfte Identifikation mit einer bestimmten Glaubensrichtung ge- und verstärkt hat.«[48]

Für die Säkularisationsthese bedeutet dies, dass sie nicht den Status einer geschichtswissenschaftlich unangezweifelten Autorität beanspruchen kann, wobei zumindest ihren prägenden Autoren attestiert werden darf, dass sie sich durchaus bewusst waren, dass es zunächst zu konfessionellen Festlegungen der Einzelstaaten kam.[49] Stattdessen dürfte die Säkularisationsthese die Rolle eines staats- bzw. verfassungstheoretischen Erklärungsmodells einnehmen, zumal sie inhaltlich deutliche Parallelen zu den Staatstheorien von *Thomas Hobbes* und *Jean Bodin* aufweist.[50] Insofern mag sie als Narrativ zur inhaltlichen Ausfüllung der religiös-weltanschaulichen Neutralität des Staates durchaus eine dogmatische Funktion erfüllen, im Rahmen einer historischen Auslegung können ihr jedoch keine geschichtswissenschaftlich zwingenden Gehalte entnommen werden.[51]

4. *Das 19. Jahrhundert und Weimar*

Die wesentlichen Weichenstellungen für das Religionsverfassungsrecht der Bundesrepublik Deutschland erfolgten im 19. Jahrhundert und gipfelten in der Weimarer Nationalversammlung. Der geistige Nährboden war bereits durch die Aufklärung und die ersten Verfestigungen einer individuellen Glaubens- und Gewissensfreiheit gelegt worden, so z. B. in den §§ 2–6 von Teil II Titel 11 des Allgemeinen Preußischen Landrechts von 1794.[52] Für die rechtspolitische Ent-

---

[47] *Dreier*, Kanonistik und Konfessionalisierung, JZ 2002, 1, 9.

[48] So und zum Ganzen ausführlich *Dreier*, Kanonistik und Konfessionalisierung, JZ 2002, 1, 6 ff. m. w. N.

[49] *Carl Schmitt* verortete die Entwicklung zum religionsneutralen Staat erst im 19. Jahrhundert, vgl. *C. Schmitt*, Das Zeitalter der Neutralisierungen und Entpolitisierungen, in: ders., Der Begriff des Politischen, 1963, S. 79, 89 (wobei diese Einschätzung nach den heutigen Verständnissen immer noch eine Überdehnung des Begriffs »Neutralität« darstellt, siehe hierzu im Folgenden); *Böckenförde* betont die noch im 19. Jahrhundert fortwährenden Versuche von staatlicher Seite, eine Trennung von der Religion zu vermeiden, vgl. *Böckenförde*, Die Entstehung des Staates als Vorgang der Säkularisation (1967), in: ders., Der säkularisierte Staat, 2007, S. 43, 66 f.; zur Bewertung der Kritik an *Böckenfördes* Grundthese vgl. zudem *Augsberg*, Die Entstehung des neutralen Staates als Vorgang der Säkularisation, ZevKR 53 (2008), 445, 447; sowie insgesamt eingehend *Hillgruber*, Staat und Religion, 2007, S. 7 ff., insb. 16 ff.

[50] Vgl. *Dreier*, Kanonistik und Konfessionalisierung, JZ 2002, 1, 11.

[51] Ähnlich *Huster*, Die ethische Neutralität des Staates, 2002, S. 51 f., der im Übrigen in der Befriedungsfunktion i. S. d. Säkularisationsthese eine bedeutende Aufgabe staatlicher Neutralität sieht, vgl. S. 80, 91.

[52] Näher *Borowski*, Die Glaubens- und Gewissensfreiheit des Grundgesetzes, 2006, S. 18 ff.; sowie *Korioth*, Die Entwicklung des Staatskirchenrechts in Deutschland seit der Reformation, in: Heinig/Walter (Hrsg.), Staatskirchenrecht oder Religionsverfassungsrecht?, 2007, S. 39, 44 ff., in Fn. 13 auch mit Hinweisen zur Rechtslage in Bayern.

wicklung waren sodann zwei Ereignisse zu Beginn des 19. Jahrhunderts maßgeblich: Der Reichsdeputationshauptbeschluss von 1803 und der Wiener Kongress von 1815.[53] Diese beiden Ereignisse bedingten zum einen eine territoriale Neuordnung, durch welche die bis dahin weitgehend fortbestehende konfessionelle Geschlossenheit der Einzelstaaten verloren ging. Zum anderen ermöglichte die strukturelle Entflechtung von Kirche und Staat durch den Reichsdeputationshauptbeschluss ein neues Autonomiedenken der Kirchen.[54]

Durch die territoriale Neuordnung sahen sich die einzelnen Staaten nicht mehr bloß auf zwischenstaatlicher, sondern auch auf innenpolitischer Ebene einem religiösen Pluralismus gegenüber. Als Reaktion hierauf lässt sich eine Entwicklung beobachten, die durchaus als eine gewisse Neutralisierung des Staates in religiösen Fragen beschrieben werden kann.[55] So wurden die unterschiedlichen Konfessionen geduldet, individuelle Religionsfreiheit wurde gewährleistet und teilweise wurde recht zügig eine förmliche Gleichbehandlung der christlichen Kirchen festgeschrieben.[56] In diesem Sinne entwickelte sich eine »konfessionelle Neutralität« als staatsrechtliche Vorstellung, die sich sogar soweit verfestigte, dass *Gerhard Anschütz* feststellte, dass es eine der »obersten Pflichten« des preußischen Staates sei, »die Neutralität in Glaubensstreitigkeiten« zu bewahren.[57]

---

[53] Vgl. hierzu und ausführlich zum Folgenden insgesamt *Walter*, Religionsverfassungsrecht in vergleichender und internationaler Perspektive, 2006, S. 97 ff.

[54] Näher *de Wall*, Die Entwicklung des Staatskirchenrechts nach der Säkularisation von 1803, in: Decot (Hrsg.), Kontinuität und Innovation um 1803, 2005, S. 5, 8 ff.; speziell im Hinblick auf die evangelischen Kirchen, deren Autonomiestreben unter dem fortwirkenden landesherrlichen Regiment weniger offensiv als das der katholischen Kirche war, die aber dennoch Verselbständigungstendenzen zeigten, *von Campenhausen*, Staatskirchenrecht, 3. Aufl. 1996, S. 36.

[55] Es erscheint sinnvoll, dies nicht als einen (verspäteten) tatsächlichen Vollzug der Säkularisationsthese zu verstehen. Nicht die staatliche Bewältigung eines anderweitig nicht zu lösenden existenziellen Konflikts scheint historisch der Anlass für diese innerstaatlichen Neutralisierungstendenzen gewesen zu sein – insbesondere spricht hiergegen, dass es gerade keine großen konfessionellen Konflikte (mehr) gab und dass jedenfalls mit den evangelischen Kirchen bis 1918 enge staatliche Bindungen fortbestanden. Stattdessen lassen sich diese Neutralisierungstendenzen besser als eine denklogische Konsequenz der sich fortentwickelnden Glaubensfreiheit beschreiben. In diese Richtung etwa *Morlok*, in: Dreier, Art. 4 GG Rn. 2, ähnlich Rn. 161.

[56] So bestimmte z. B. das Württembergische Religionsedikt vom 15. Oktober 1806, dass »jede christlichen Kirche, sie gehöre zu den beyden protestantischen oder zur katholischen Confession«, gleichen Anspruch auf königlichen Schutz hat und dass Zugang zu Staatsämtern unabhängig vom Glaubensbekenntnis gewährt wird, siehe den Abdruck bei *Huber/Huber*, Staat und Kirche im 19. und 20. Jahrhundert, Bd. 1, 1973, S. 72 f.

[57] *Anschütz*, Die Verfassungs-Urkunde für den Preußischen Staat, Bd. 1, 1912, S. 280. Zu den Grundlagen dieses Verständnisses staatlicher Neutralität in der Diskussion über das Verhältnis von Staat und Kirche im späten 18. Jahrhundert *Hahn*, Staat und Kirche im deutschen Naturrecht, 2012, S. 266 ff.

Gänzlich lösen von einem religiösen Bekenntnis konnte sich der preußische Staat jedoch nicht. So bestimmte Art. 14 der revidierten Verfassung von 1850, dass die »christliche Religion [...] bei denjenigen Einrichtungen des Staats, welche mit der Religionsübung im Zusammenhange stehen, [...] zu Grunde gelegt« wird. Diese Festsetzung befindet sich auf einer Linie mit z. B. *Friedrich Julius Stahl*, der im Vorlauf der Verabschiedung der preußischen Verfassung die These vertrat, dass der konstitutionelle Staat notwendigerweise christlicher Staat sein müsse, siehe *Stahl*, Der christliche Staat und sein Verhältnis zu Deismus und Judenthum, 1847, S. 6.

Diese Form konfessioneller Neutralität bedeutete jedoch nicht, dass der Staat generell auf Distanz zum religiösen Leben seiner Bürgerinnen ging. Anders als die individuelle Glaubensfreiheit unterlag die kollektive Glaubensfreiheit und mit ihr das Selbstbestimmungsrecht der Kirchen weiterhin gravierenden Restriktionen, die ihren Grund in dem traditionellen obrigkeitsstaatlichen Misstrauen gegenüber Zusammenschlüssen der Bürger hatte.[58] So war z. B. nach dem Allgemeinen Preußischen Landrecht der Zusammenschluss zu einer Religionsgesellschaft von einer staatlichen Genehmigung abhängig (§§ 10f. II 11 ALR). Einmal gegründet, waren diese Gesellschaften darauf verpflichtet, ihren Mitgliedern »Treue gegen den Staat« zu lehren (§ 13 II 11 ALR), sie waren hinsichtlich ihrer Religionsausübung und Vermögensverwendung der Aufsicht des Staates unterworfen (§§ 32f., 161 II 11 ALR) und ihnen waren hinsichtlich ihrer Binnenorganisation detaillierte Vorgaben gemacht (§§ 113ff. II 11 ALR). In der ersten Hälfte des 19. Jahrhunderts wuchs allerdings insbesondere auf katholischer Seite Widerstand gegen die Hoheit des Staates über die Kirche und dieser Widerstand trat in den Beratungen der Paulskirchenversammlung offen hervor.[59] Anhand der Fragen nach dem »ob« und »wie« eines kirchlichen Selbstbestimmungsrechts entfaltete sich dort zum ersten Mal eine grundsätzliche staatsrechtliche Diskussion über das Verhältnis von Staat und Kirche. Dabei erinnert die katholische Forderung nach nicht bloß individueller – und damit gewissermaßen »halber« – Religionsfreiheit in ihrer Motivation und Konzeption an das US-amerikanische Trennungsmodell: Kirche und Staat sollten getrennt sein, um so die Freiheit der Kirche sicherzustellen.[60] Für die katholische Kirche war zusätzlich maßgebend, dass sie nach ihrem Selbstverständnis keine dem Staat untergeordnete Institution mit rein geistlicher Funktion, sondern eine dem Staat mindestens gleichgeordnete Instanz »erster Ordnung« (societas perfecta) mit eigenem weltlichen Gestaltungsauftrag

---

Allerdings bestanden schon im Rahmen der preußischen Gesetzgebung Zweifel, was diese Festsetzung in Anbetracht der konfessionellen Pluralität tatsächlich bedeuten könne, vgl. die Darstellung bei *Schlaich*, Neutralität als verfassungsrechtliches Prinzip, 1972, S. 132. Konkret in Bezug auf *Stahl* und das Christentum des »christlichen Staates« schrieb *Paul Hinschius*, dass »ein solches Christentum eine Abstraktion ohne alle Realität ist, weil sie von den historischen Erscheinungsformen des Christentums in den verschiedenen Ausgestaltungen absieht. Dieses Christentum müsste der Staat erst erfinden.«, *Hinschius*, Staat und Kirche, in: Marquardsen (Hrsg.), Marquardsen's Handbuch des oeffentlichen Rechts, 1883, S. 189, 241. Welchen Gehalt diese Erfindung am Ende hatte, beschreibt *Böckenförde*, Die Entstehung des Staates als Vorgang der Säkularisation (1967), in: ders., Der säkularisierte Staat, 2007, S. 43, 66: »Das Ergebnis waren Surrogate: das Königtum von Gottes Gnaden, der Bund von Thron und Altar, die heilige Allianz ... Das Christentum wurde zum Dekor für höchst weltliche Geschäfte, eingesetzt zur Stabilisierung von Machtlagen und zur Sanktion zeitbedingter politisch-sozialer Verhältnisse, um sie gegenüber einem verändernden Zugriff zu konservieren. Auch hier hat Marx die prinzipielle Seite des Vorgangs klar erkannt: ›Der sogenannte christliche Staat ist die christliche Verneinung des Staats, aber keineswegs die staatliche Verwirklichung des Christentums.‹«.

[58] *Walter*, Religionsverfassungsrecht in vergleichender und internationaler Perspektive, 2006, S. 104ff., mit näheren Ausführungen auch zur Rechtslage in Bayern.

[59] Eingehend hierzu und zum Folgenden *Walter*, Religionsverfassungsrecht in vergleichender und internationaler Perspektive, 2006, S. 107ff.

[60] Näher zum Trennungsgedanken auf katholischer Seite *Heckel*, Staat Kirche Kunst, 1968, S. 196f.

ist.[61] Dieser Anspruch musste wiederum mit den liberalistischen Bestrebungen des 19. Jahrhunderts in Konflikt geraten, die zwar die Forderung nach Freiheit von der obrigkeitsstaatlichen Kontrolle mittragen konnten, jedoch dem kirchlichen Machtanspruch mit Skepsis begegneten.[62] Die Ausgliederung der Kirche aus der staatlichen Ordnung konnte aus Sicht der Liberalen nur hinnehmbar sein, wenn die Kirche weiterhin der allgemeinen Rechtsordnung unterworfen blieb.

Nachdem das kirchliche Selbstbestimmungsrecht in § 147 Abs. 1 der Paulskirchenverfassung erstmals in einem deutschen Verfassungsdokument Erwähnung gefunden hatte, gelangte es in Preußen am 5. Dezember 1848 in der von *Friedrich Wilhelm IV.* oktroyierten Verfassung auch zu praktischer Wirksamkeit; in die revidierte Verfassung vom 31. Januar 1850 wurde es wortgleich übernommen. Dieses Selbstbestimmungsrecht war jedoch, wie *Christian Walter* formuliert, von einem »doppelten Kompromisscharakter« geprägt.[63] Zum einen stellte es einen Kompromiss zwischen obrigkeitsstaatlichem Hoheitsanspruch und kirchlichem Autonomiestreben dar, denn einerseits wurde das Selbstverwaltungsrecht in Art. 15 PrVerf schrankenlos gewährleistet und in Art. 18 PrVerf den Kirchen die Hoheit über die Besetzung kirchlicher Stellen nochmals speziell zugesichert, andererseits blieb der Erhalt von Korporationsrechten von staatlicher Verleihung abhängig (Art. 13 PrVerf)[64] und das landesherrliche Kirchenregiment wurde zwar beschränkt, aber nicht abgeschafft (Art. 17, 18 PrVerf). Die Autonomie der Kirchen wurde also gestärkt, aus dem staatlichen Machtgebilde wurden sie jedoch nicht ausgegliedert.

Das kirchliche Selbstbestimmungsrecht der preußischen Verfassung war zum anderen insofern ein Kompromiss, als dass keine klare Entscheidung hinsicht-

---

[61] *Korioth*, Die Entwicklung des Staatskirchenrechts in Deutschland seit der Reformation, in: Heinig/Walter (Hrsg.), Staatskirchenrecht oder Religionsverfassungsrecht?, 2007, S. 39, 60.

[62] Diese ambivalente Haltung zum Selbstbestimmungsrecht lässt sich besonders gut anhand einer Äußerung *Theodor Mommsens* aus dem Jahr 1849 illustrieren: »Man zittert, wenn man erwägt was Deutschland von der Pfaffenherrschaft früher gelitten hat, und was es wieder erleiden kann, wenn der Papst frei die Bischöfe ernennt und Verordnungen erläßt ohne daß die Regierung die Bischöfe zu bestätigen und die Verordnungen zu revidiren das Recht hat, wenn die Bischöfe die katholisch-theologischen Facultäten der Universität besetzen und in den Seminaren die künftigen Pfarrer sich zurecht machen, wenn dann die Pfarrer von den Bischöfen ernannt werden dazu, um das arme gute Volk in Pfaffenfurcht und Dummheit zu erhalten, wenn Klöster neu gegründet und zur Belehrung von Andersgläubigen Jesuiten und andere brauchbare Leute aus der Fremde verschrieben werden. Wir wollen gewiß jetzt noch nicht rufen: ›Polizei hilf, der Jesuit kommt!‹ wir hoffen vielmehr, daß er, wenn er kommt, von selbst wieder abzieht, hier nichts für ihn zu machen ist. […] Wir vertrauen auch auf den gesunden Verstand der deutschen Nation, welche nicht darum die Scheuklappen des Polizeistaats abgeschüttelt hat, um sich vom Pfaffenthum gar die Augen verbinden zu lassen. Sollte es aber wirklich so weit kommen, so wird man den Satz aufheben müssen, daß jede Religionsgesellschaft ihre Angelegenheiten selbständig ordnet und verwaltet; denn dieses Geschenk der Freiheit darf nicht benutzt werden, um dem freien Bürger wieder das Pfaffenjoch aufzulegen.«, *Mommsen*, Die Grundrechte des deutschen Volkes, 1969, S. 41.

[63] *Walter*, Religionsverfassungsrecht in vergleichender und internationaler Perspektive, 2006, S. 115 ff., in Anlehnung an Formulierungen *Ernst Rudolf Hubers* und *Alexander Hollerbachs*, vgl. S. 115 Fn. 84.

[64] Die »Korporationsrechte« erschöpften sich in der privatrechtlichen Rechtsfähigkeit, wobei die Rechtsfähigkeit der großen christlichen Kirchen vorausgesetzt wurde, vgl. *Korioth*, Die Entwicklung des Staatskirchenrechts in Deutschland seit der Reformation, in: Heinig/Walter (Hrsg.), Staatskirchenrecht oder Religionsverfassungsrecht?, 2007, S. 39, 51.

lich der Unterordnung der kirchlichen Selbstbestimmung unter die staatliche Rechtsordnung getroffen wurde. Anders als in § 147 Abs. 1 der Paulskirchenverfassung war das Selbstbestimmungsrecht der Kirchen in Preußen nicht explizit den Staatsgesetzen unterstellt und blieb daher kompatibel mit dem katholischen Verständnis, wonach die Kirche eine dem Staat gleichgeordnete und eigenständige öffentliche Gewalt sei. Gleichzeitig konnte das Selbstbestimmungsrecht im Sinne der Liberalen so interpretiert werden, dass es lediglich einen grundrechtlich geschützten Freiraum innerhalb der staatlichen Rechtsordnung zusichere.[65]

Die Unabgeschlossenheit der Frage nach dem Verhältnis von Staat und Kirche trat ab 1871 im Kulturkampf zwischen *Bismarck* und der katholischen Kirche unter *Papst Pius IX* offen zutage.[66] Insbesondere mit dem »Gesetz über die Vorbildung und Anstellung der Geistlichen« schuf Preußen Regelungen, die tief in die kirchliche Strukturorganisation eingriffen.[67] Der Papst reagierte hierauf indem er in seiner Enzyklika an die preußische Bischofskonferenz derartige Gesetze »gegen die Rechte der Kirche« für ungültig erklärte, »da sie der göttlichen Einrichtung der Kirche ganz und gar widerstreiten.«[68] Das preußische Gesetz stand allerdings nicht nur in Widerspruch zum katholischen Selbstverständnis, sondern auch zum verfassungsrechtlich garantierten Selbstbestimmungsrecht der Kirchen. Um diesen Konflikt zu beseitigen, wurde in Art. 15 der preußischen Verfassung zunächst eine weitreichende Gesetzesbindung der Kirchen eingefügt,[69] später wurde das Selbstbestimmungsrecht ganz aus der Verfassung gestrichen.[70] Erst als von katholischer Seite der Machtanspruch über den Staat aufgegeben wurde[71] und wiederum das Deutsche Reich seine antikirchli-

---

[65] *Walter*, Religionsverfassungsrecht in vergleichender und internationaler Perspektive, 2006, S. 116. Zum katholischen Verständnis *Anschütz*, Die Verfassungs-Urkunde für den Preußischen Staat, Bd. 1, 1912, S. 287f. Dies soll allerdings nicht darüber hinwegtäuschen, dass auch die Paulskirchenverfassung Kompromisscharakter hatte und sich einer eindeutigen Stellungnahme enthielt. So hielt es der Vorsitzende des Verfassungsausschusses *Georg Beseler* für »verwegen, wenn man in einer Zeit, die politisch von Grund aus aufgewühlt ist, auch noch fordern wolle, die Grenzscheide zwischen der Kirche und dem Staat festzustellen.«, vgl. *Beseler*, Redebeitrag, in: Wigard (Hrsg.), Stenographischer Bericht über die Verhandlungen der deutschen constitierenden Nationalversammlung Bd. 3, 1848, S. 1951, 1952.

[66] Eingehend zum Kulturkampf *Morsey*, Der Kulturkampf, in: Marré/Schümmelfelder u. a. (Hrsg.), Essener Gespräche zum Thema Staat und Kirche (34), 2000, S. 5ff.; *Heckel*, Kulturkampfaspekte, in: Schwab/Giesen u. a. (Hrsg.), FS Mikat, 1989, S. 545ff.; sowie *Heinig*, Prekäre Ordnungen, 2018, S. 29ff.

[67] Siehe den Abdruck bei *Huber/Huber*, Staat und Kirche im 19. und 20. Jahrhundert, Bd. 2, 1976, S. 594ff. Gleichwohl hatten nicht alle »kirchenkritischen« Gesetze dieser Zeit negative Auswirkungen auf das Selbstbestimmungsrecht, vgl. die eingehende Auseinandersetzung bei *Walter*, Religionsverfassungsrecht in vergleichender und internationaler Perspektive, 2006, S. 118ff.

[68] Enzyklika vom 5. Februar 1875, siehe den Abdruck bei *Huber/Huber*, Staat und Kirche im 19. und 20. Jahrhundert, Bd. 2, 1976, S. 651, 652.

[69] Das Gesetz betreffend die Abänderung der Art. 15 und 18 der Verfassungsurkunde vom 5. April 1873, siehe den Abdruck bei *Huber/Huber*, Staat und Kirche im 19. und 20. Jahrhundert, Bd. 2, 1976, S. 593.

[70] Gesetz vom 18. Juni 1875, siehe den Abdruck bei *Huber/Huber*, Staat und Kirche im 19. und 20. Jahrhundert, Bd. 2, 1976, S. 661.

[71] Diese Aufgabe eines Machtanspruchs *über* den Staat bedeutete freilich keine umfassende Unterordnung *unter* den Staat. Die katholische Kirche hielt daran fest, dass Kirche und Staat

chen Maßnahmen einstellte, kam die Auseinandersetzung zwischen Staat und Kirche mit dem Ergebnis zur Ruhe, dass das kirchliche Selbstbestimmungsrecht zwar bestehen sollte, jedoch stärker als bisher den allgemeinen Gesetzen unterstellt wurde.[72] Die Kirchen blieben also zu einem gewissen Grad autonom, waren aber weiterhin nicht ganz aus der staatlichen Hoheit entlassen – insofern verharrte das Selbstbestimmungsrecht weiterhin im Status eines Kompromisses. Hinsichtlich der Frage, ob die kirchliche Freiheit den staatlichen Gesetzen untergeordnet sei, hatte sich nun jedoch das liberale Verständnis durchgesetzt.[73]

Dieser so gefundene Status quo wurde in der Weimarer Reichsverfassung fortgeführt indem Art. 137 Abs. 2 und 3 WRV bestimmten, dass das Vereinigungsrecht für Religionsgesellschaften ohne Beschränkungen gewährleistet wird und sie ihre Angelegenheiten selbständig ordnen und verwalten, allerdings »innerhalb der Schranken des für alle geltenden Gesetzes«. Gleichzeitig stellte die neue Verfassung eine Zäsur gegenüber den Verflechtungen von Staat und Kirche im Kaiserreich dar,[74] insbesondere weil das landesherrliche Kirchenregiment endgültig abgeschafft und durch Art. 137 Abs. 1 WRV betont wurde, dass keine Staatskirche besteht.

Allerdings war auch durch diese Anpassungen die Frage nach dem Verhältnis von Staat und Kirchen nicht endgültig geklärt; stattdessen verlagerte sich die Debatte von dem kirchlichen Selbstbestimmungsrecht auf einen anderen Topos: Den Status als Körperschaft des öffentlichen Rechts. Bereits dessen Einrichtung in Art. 137 Abs. 5 WRV war Ergebnis eines Kompromisses. Von linker Seite war gefordert worden, die Absage an ein Staatskirchensystem mit aller Strenge in Form eines laizistischen Systems französischer Prägung umzusetzen; auf Seiten der großen christlichen Kirchen bestand hingegen das Bestreben, den Körperschaftsstatus nicht nur zu institutionalisieren, sondern sogar alleine der katholischen und den evangelischen Landeskirchen vorzubehalten. In der Konsequenz einigte sich die Weimarer Nationalversammlung darauf, den Körperschaftsstatus in die Verfassung aufzunehmen, aber auch für andere Religionsgemeinschaften zugänglich zu machen.[75]

zumindest gleichrangige Mächte seien, die zueinander in einer Beziehung der Koordination stehen, vgl. die Enzyklika »Immortale Dei« von *Papst Leo XIII* vom 1. November 1885: »Was also irgendwie in den menschlichen Dingen heilig ist, was immer auf das Heil der Seelen oder auf die Verehrung Gottes Bezug hat, sei es seiner Natur nach oder wegen des Zweckes, auf den es hin geordnet ist: dies alles untersteht der Macht und dem Urteil der Kirche. Alles Übrige aber, was in dem Bereich des bürgerlichen und staatlichen Lebens fällt, das untersteht von Rechts wegen der staatlichen Gewalt.«, zit. nach *Mikat*, Das Verhältnis von Kirche und Staat nach der Lehre der katholischen Kirche, in: Listl/Pirson (Hrsg.), HdbStKirchR Bd. I, 2. Aufl. 1994, S. 111, 133.

[72] *Landau*, Die Entstehung des neueren Staatskirchenrechts in der deutschen Rechtswissenschaft der zweiten Hälfte des 19. Jahrhunderts, in: Schieder (Hrsg.), Religion und Gesellschaft im 19. Jahrhundert, 1993, S. 29, 39 ff.

[73] Ähnlich *Walter*, Religionsverfassungsrecht in vergleichender und internationaler Perspektive, 2006, S. 121.

[74] *Korioth*, Die Entwicklung des Staatskirchenrechts in Deutschland seit der Reformation, in: Heinig/Walter (Hrsg.), Staatskirchenrecht oder Religionsverfassungsrecht?, 2007, S. 39, 54.

[75] Ausführlich zum Körperschaftsstatus in den Verhandlungen zur Weimarer Reichsverfassung bereits *Ebers*, Staat und Kirche im neuen Deutschland, 1930, S. 108 ff.; aus heutiger

Noch kontroverser als seine prinzipielle Einrichtung war die Frage, welche religionsverfassungsrechtliche Wertung mit dem Status der Körperschaft des öffentlichen Rechts ausgedrückt werden sollte. Im Rahmen der Nationalversammlung waren verschiedene Interpretationen vorgebracht worden, in denen auch der Streit um die Rangordnung zwischen Kirche und Staat immer noch mitschwang. So wurde der Körperschaftsstatus teilweise als Form der Ausübung staatlicher Gewalt durch die Kirchen verstanden, teilweise hingegen als Mittel der Staatsaufsicht über Religionsgemeinschaften, teilweise wurde in ihm vor allem das sozialpolitische Eingeständnis der besonderen gesellschaftlichen Bedeutung der Kirchen gesehen.[76] Eine Auflösung hat diese Debatte nicht erfahren, vielmehr wurde die materielle Bedeutung des Körperschaftsstatus bewusst offengelassen.[77] Auf diese Weise konnte der Körperschaftsstatus in der politisch instabilen Geburtsstunde der Weimarer Republik eine integrative Funktion erfüllen – oder zumindest wurden die politischen Gräben nicht zusätzlich vertieft. Die verschiedenen Staatsverständnisse, die aufeinandertrafen – ob nun das einer pluralistischen Demokratie, das einer sozialistischen Republik oder das eines Kaiserreichs von Gottes Gnaden –, sie alle trugen jeweils unterschiedliche Vorstellungen über das Verhältnis von Staat und Kirche in sich und sie alle konnten sich in der Interpretationsoffenheit des Körperschaftsstatus wiederfinden. Wie zuvor im Hinblick auf das kirchliche Selbstbestimmungsrecht, war damit ein eindeutiges Bekenntnis zugunsten eines klar abgrenzbaren religionsverfassungsrechtlichen Systems vermieden worden.[78] Die ab 1933 fortschreitende gesellschaftliche Gleichschaltung unter den Nationalsozialisten ließ allerdings zu wenig Zeit für Rechtswissenschaft und Staatspraxis, um in diesen verfassungsrechtlichen Offenheiten ein festes Anwendungsmodell zu entwickeln.[79]

Zeit *Heinig*, Öffentlich-rechtliche Religionsgesellschaften, 2003, S. 103 ff.; *Kirchhof*, Die Kirchen und Religionsgemeinschaften als Körperschaften des öffentlichen Rechts, in: Listl/Pirson (Hrsg.), HdbStKirchR Bd. I, 2. Aufl. 1994, S. 651, 661 ff.; *Magen*, Körperschaftsstatus und Religionsfreiheit, 2004, S. 156 ff.; sowie *Wittekind*, Welche Religionsgemeinschaften sollen Körperschaften öffentlichen Rechts sein?, in: Brakelmann/Friedrich u. a. (Hrsg.), Auf dem Weg zum Grundgesetz, 1999, S. 77 ff.

[76] *Cavuldak*, Gemeinwohl und Seelenheil, 2015, S. 212 ff.; sowie *Walter*, Religionsverfassungsrecht in vergleichender und internationaler Perspektive, 2006, S. 122 f. m. w. N.

[77] Vgl. etwa folgende Äußerung des mit dem Entwurf der Reichsverfassung beauftragten *Hugo Preuß*: »Nach dem verschiedentlich geäußerten Wunsche, daß die Regierung eine authentische Definition des Begriffs der öffentlich-rechtlichen Körperschaft geben möchte, habe ich vorhin den Vertreter des Reichsjustizministeriums als der hierfür berufenen Stelle gefragt, ob er eine solche Erklärung abgeben wolle. Er hat mir aber kurz und bündig geantwortet: Ich werde mich hüten. Das kann ich ihm auch vollständig nachfühlen, gerade weil ich persönlich mich auch einmal mit dem Wesen der Korporationen beschäftigt habe und die Fülle der auf diesem Gebiet vorhandenen Meinungsverschiedenheiten kenne.«, vgl. *Preuß*, Wortmeldung, in: Verhandlungen der verfassungsgebenden Nationalversammlung Bd. 336, 1920, S. 198. Interessanterweise äußerte *Preuß* im Folgenden rechtstheoretische Bedenken, einen so »schwankenden« Begriff in die Verfassung aufzunehmen.

[78] In diesem Sinne ebenfalls *Trapp*, Religiöse Neutralität und Rundfunkfreiheit, 2013, S. 49.

[79] *Korioth*, in: Maunz/Dürig, Art. 140 GG Rn. 5; zur Lage der Kirchen im Nationalsozialismus *von Campenhausen/de Wall*, Staatskirchenrecht, 4. Aufl. 2006, S. 34 ff.

III. Entwicklungsschritte unter dem Grundgesetz

1. Die Ausgangsbedingungen

Auch bei der Erarbeitung des Bonner Grundgesetzes war darauf verzichtet worden, ein klar abgrenzbares religionsverfassungsrechtliches System zu implementieren. Der Herrenchiemseer Verfassungsentwurf hatte aus föderalistischen Erwägungen keine religionsverfassungsrechtlichen Ordnungselemente enthalten, die über die Gewährung von Religionsfreiheit hinausgingen. Später fiel die Entscheidung dann doch zugunsten einer Regelung auf Ebene des Grundgesetzes, allerdings gingen auch dieses Mal die Vorstellungen über das Verhältnis von Staat und Religion weit auseinander und es fehlte nicht zuletzt der zeitliche Freiraum, um eine grundsätzliche Neuordnung zu überdenken, sodass mangels eines alternativen, mehrheitsfähigen Konzepts wesentliche religionsverfassungsrechtliche Bestimmungen der Weimarer Verfassung über Art. 140 in das Grundgesetz inkorporiert wurden.[80]

Auf diese Weise blieb der verfassungsrechtliche Rahmen für das Verhältnis von Staat und Religion weitgehend erhalten, er traf jedoch auf eine gewandelte Wahrnehmung in der Gesellschaft. Nachdem staatliche Institutionen durch ihre Teilhabe am nationalsozialistischen Terror moralisch diskreditiert worden waren, erschienen die Kirchen – trotz ihres eigenen fundamentalen Versagens[81] – als taugliche Anknüpfungspunkte für eine moralische Rückkopplung staatlichen und gesellschaftlichen Handelns.[82] Im Lichte der Machtergreifung der Nationalsozialisten hatten die Anhänger der Bekennenden Kirche in der sogenannten Barmer Theologischen Erklärung betont, es sei eine wesentliche Aufgabe der christlichen Kirche, dass diese »an Gottes Reich, an Gottes Gebot

[80] *Doemming/Füsslein/Matz*, Entstehungsgeschichte der Artikel des Grundgesetzes, JöR 1 (1951), 1, 899ff.; zur Deutung *Hollerbach*, Die verfassungsrechtlichen Grundlagen des Staatskirchenrechts, in: Friesenhahn/Scheuner (Hrsg.), HdbStKirchR Bd. I, 1974, S. 215, 227ff.; *Heinig*, Öffentlich-rechtliche Religionsgesellschaften, 2003, S. 113ff.; sowie pointierter *Hufen*, Entstehung und Entwicklung der Grundrechte, NJW 1999, 1504, 1505ff.

[81] Vgl. hierzu als zeitgenössisches Dokument aus der evangelischen Binnenperspektive das ca. 1941 verfasste stellvertretende Schuldbekenntnis Pastor *Dietrich Bonhoeffers*: Die Kirche »war stumm, wo sie hätte schreien müssen, weil das Blut der Unschuldigen zum Himmel schrie. [...] Die Kirche bekennt, die willkürliche Anwendung brutaler Gewalt, das leibliche und seelische Leiden unzähliger Unschuldiger, Unterdrückung, Haß und Mord gesehen zu haben, ohne ihre Stimme für sie zu erheben, ohne Wege gefunden zu haben, ihnen zu Hilfe zu eilen. Sie ist schuldig geworden am Leben der schwächsten und wehrlosesten Brüder Jesu Christi.«, abgedruckt in *Bonhoeffer*, Ethik, 2. Aufl. 1998, S. 129f.

[82] Vgl. *Jeand'Heur/Korioth*, Grundzüge des Staatskirchenrechts, 2000, S. 49f.; *Maier*, Staat und Kirche in der Bundesrepublik Deutschland, in: Listl/Pirson (Hrsg.), HdbStKirchR Bd. I, 2. Aufl. 1994, S. 85, 86ff.; *Roellecke*, Staatsrechtslehre und Politische Situation der Bundesrepublik im Spiegel der Schriften von Konrad Hesse und Günter Dürig, Der Staat 26 (1987), 95, 100. Angelegt war dies z. B. bereits in den einleitenden Worten der »Grundsätze für die Neuordnung« des Kreisauer Kreises vom 9. August 1943: »Die Regierung des Deutschen Reiches sieht im Christentum die Grundlage für die Überwindung von Haß und Lüge, für den Neuaufbau der europäischen Völkergemeinschaft. Der Ausgangspunkt liegt in der verpflichtenden Besinnung des Menschen auf die göttliche Ordnung, die sein inneres und äußeres Dasein trägt.«, zit. nach *Philippi*, Die Genese des »Kreisauer Kreises«, 2013, S. 322.

und Gerechtigkeit und damit an die Verantwortung der Regierenden und Regierten« erinnert.[83] Der in dieser Aussage verankerte Gedanke einer Verantwortung der staatlichen Macht, die über das positive Recht hinausreicht, wurde nun im Grundgesetz in dem Gottesbezug der Präambel aufgegriffen.[84] Verfassungsrang hatte die gesellschaftsstabilisierende Sonderstellung, die den Kirchen nach dem Krieg attestiert wurde, dadurch zwar nicht erlangt; in den Anfangsjahren der Bundesrepublik entwickelten sich in der Rechtswissenschaft jedoch Bestrebungen, gerade dieses Ziel zu erreichen.[85]

2. *Die Koordinationslehre*

Im Hinblick auf den religionsverfassungsrechtlichen Normenbestand des Grundgesetzes, der sich über Art. 140 GG zu einem wesentlichen Teil mit dem der Weimarer Reichsverfassung deckt, formulierte *Rudolf Smend* 1952: »Aber wenn zwei Grundgesetze dasselbe sagen, so ist es nicht dasselbe.«[86] Mit dieser Feststellung ermöglichte *Smend* eine Loslösung des Verfassungstextes von seinem historischen Kontext und schuf damit die denklogische Basis für eine Neubewertung des religionsverfassungsrechtlichen Systems. Auf dieser Grundlage etablierte sich ein Verfassungsverständnis, das von einer Gleichordnung von Staat und Kirche ausging. Statt eines bipolaren Systems, in dem sich Staat und Gesellschaft gegenüberstehen (wobei die Kirchen einen Teil der Gesellschaft darstellen),[87] gelte für die Bundesrepublik ein System, in dem der Staat und die großen Kirchen gleichermaßen der Gesellschaft als Ordnungsmacht gegenübertreten. Zwischen Kirche und Staat bestehe, wie *Paul Mikat* formulierte, »ein System der Zuordnung (Koordination) zweier voneinander unabhängiger, in ihrem

[83] Fünfte These der Theologischen Erklärung zur gegenwärtigen Lage der Deutschen Evangelischen Kirche, abgedruckt in *Honecker*, Die Barmer Theologische Erklärung und ihre Wirkungsgeschichte, 1995, S. 35 ff.

[84] Zu diesem teleologischen Hintergrund der Nominatio Dei statt vieler *Herdegen*, in: Maunz/Dürig, Präambel Rn. 30; umfassend zum historischen Entwicklungsprozess *Vogt*, Der Gottesbezug in der Präambel des Grundgesetzes, 2007, S. 155 ff.

[85] Umfassende Aufarbeitungen der wissenschaftlichen Diskussion finden sich bei *Bock*, Das für alle geltende Gesetz und die kirchliche Selbstbestimmung, 1996, S. 74 ff. und *Borggreve*, Wissenschaftliche Positionen zum Staatskirchenrecht in der frühen Bundesrepublik Deutschland (1949–1969), 2015. Die folgende Aufgliederung der Koordinationslehre und der Gegenbewegungen orientiert sich an *Walter*, Religionsverfassungsrecht in vergleichender und internationaler Perspektive, 2006, S. 188 ff. Ähnlich ist auch die Untergliederung von *Preuß*, in: AK-GG, Art. 140 GG Rn. 11 ff., der zwischen der koordinationsrechtlichen, der etatistischen sowie einer verbandspluralistischen Konzeption unterscheidet, wobei letztere der grundrechtlich ausgerichteten Interpretation des Religionsverfassungsrechts entspricht; zudem erkennt *Preuß* »ansatzweise [...] eine leistungsstaatliche Konzeption«, siehe Rn. 14.

[86] *Smend*, Staat und Kirche nach dem Bonner Grundgesetz, ZevKR 1 (1951), 4. *Czermak*, Religions- und Weltanschauungsrecht, 2008, S. 46 f., wies jedoch darauf hin, dass *Smends* Beitrag zwar gemeinhin als »Initialzündung« des Bedeutungswandels gesehen wird, allerdings noch einige Einschränkungen enthielt, sodass die »folgende regelrecht klerikale Entwicklung keineswegs schon vorweggenommen« war.

[87] Zu dieser Systematisierung *Böckenförde*, Die Bedeutung der Unterscheidung von Staat und Gesellschaft im demokratischen Sozialstaat der Gegenwart, in: Böckenförde/Hoppe (Hrsg.), FG Hefermehl, 1972, S. 11 ff.

Bereich selbständiger Gemeinwesen, die ihre jeweilige Höchstzuständigkeit in dem ihnen zugewiesenen Raum gegenseitig anerkennen«.[88]

Diese als »Koordinationslehre« bezeichnete Neubewertung des Religionsverfassungsrechts war folglich eine Abkehr von der spätestens mit dem Kulturkampf errungenen prinzipiellen Unterordnung der kirchlichen unter die staatliche Macht. Einen radikalen Bruch mit der Vergangenheit stellte sie gleichwohl nicht dar, denn genau genommen war das Verständnis einer Gleichordnung von Staat und Kirche ja niemals wirklich überwunden worden. In der staatsrechtlichen Praxis wurde zwar staatliche Kirchenhoheit ausgeübt, innerhalb der katholischen Kirche gehörte jedoch die Gleichordnung von Kirche und Staat wie gehabt zum Selbstverständnis; auch in der Rechtswissenschaft war diese These – zwar vereinzelt, aber wiederholt – vertreten worden[89] und der prinzipiellen Möglichkeit einer solchen Interpretation der Verfassung war durch die kompromisshaft-offene Verfassungsgebung nie eine entschiedene Absage erteilt worden. Insbesondere im öffentlich-rechtlichen Körperschaftsstatus für Religionsgemeinschaften, dessen Bedeutung in Weimar nicht abschließend geklärt worden war und der nun für die Bundesrepublik übernommen wurde, war die Möglichkeit einer Neudeutung angelegt.[90] In diesem Sinne war es eine durchaus naheliegende Konsequenz, dass der Körperschaftsstatus in den Anfängen der Bundesrepublik als argumentativer Ansatzpunkt für die Koordinationslehre diente, um den Großkirchen eine Sonderstellung zu bestätigen. Besonders illustrativ ist insofern die Tagung der Vereinigung der Deutschen Staatsrechtslehrer des Jahres 1952, auf welcher die »Gegenwartslage des Staatskirchenrechts« thematisiert und wo in den Vorträgen beider Berichterstatter der kirchliche Körperschaftsstatus überpositiv aufgeladen wurde.[91] So formulierte *Werner Weber*, die verfassungsrechtlich vorgesehene Selbständigkeit der Kirchen sei »nicht mehr ausgesparte Autonomie, sondern von anderer Art« und die Kirchen hätten einen »öffentlich-rechtlichen Status von außerordentlicher Dichte« inne, wobei ihre Qualifikation als Körperschaften des öffentlichen Rechts »eine sehr komplexe, wenn auch mehr deklaratorische als konstitutive Aussage« darstelle.[92] *Hans Peters* pointierte diesen Gedanken anschließend und stellte fest: »Die öffentlich-rechtliche Rechtsstellung *verleiht* der Staat der Kirche nicht, sondern er findet

---

[88] *Mikat*, Kirchen und Religionsgemeinschaften, in: Bettermann/Nipperdey u. a. (Hrsg.), Die Grundrechte, Bd. 4.1, 1960, S. 111, 145.

[89] Siehe etwa *Liermann*, Das evangelische Konkordat, AöR 52 (1927), 381, 395 (»dem Staate ebenbürtige Stellung«); *Schoen*, Die Rechtsgrundlagen der Verträge zwischen Staat und Kirche und der Verträge der Kirchen untereinander, AöR 60 (1932), 317, 355 (»Daher erkennt der Staat auch die evangelischen Landeskirchen als ihm gleichstehende Vertragsgegner an«).

[90] Ähnlich *Walter*, Religionsverfassungsrecht in vergleichender und internationaler Perspektive, 2006, S. 189.

[91] Zum rechtspolitisch wegweisenden Charakter der Staatsrechtslehrertagungen *Voßkuhle*, Die politischen Dimensionen der Staatsrechtslehre, in: Schulze-Fielitz (Hrsg.), Staatsrechtslehre als Wissenschaft, 2007, S. 135, 142 f. m. w. N.

[92] *W. Weber*, Die Gegenwartslage des Staatskirchenrechts, VVDStRL 11 (1952), 153, 169.

sie vor und erkennt sie an.«[93] In der darauffolgenden Aussprache wehrte sich allein *Wilhelm Merk* dagegen, die Kirchen als unabhängige Gewalt neben dem Staat zu verstehen, und verwies darauf, dass die Herrschaftsgewalt des Staates dadurch zum Ausdruck komme, dass es der Staat sei, der die »Anerkennung« des öffentlich-rechtlichen Status bewirkt.[94] Die anderen Diskutanten hingegen schienen schon vollends bei einem Verständnis angekommen, wonach alles, »was auch nur im entferntesten eine Überordnung des Staates über die Kirche erkennen ließe, [...] ja längst der Vergangenheit an[gehört]«.[95] War aber der institutionelle Sonderstatus der Kirchen erst einmal auf diese Art begründet und mit Inhalt gefüllt, lag es nicht mehr fern, hieraus eine Kompetenzgrenze des Staates abzuleiten, und so kam *Konrad Hesse* nur wenig später zu dem Ergebnis, der Staat könne »nicht mehr einseitig gegen den Willen der Kirchen Recht setzen, das sie in Ausübung ihrer kirchlichen Gewalt Beschränkungen unterwirft.«[96]

Diese theoretische Ausformung des Religionsverfassungsrechts blieb nicht ohne Entsprechung in der Rechtspraxis. Auf politischer Ebene stechen insbesondere die älteren Staatskirchenverträge hervor, mittels derer der Staat und die evangelischen Kirchen ihr Miteinander – auch begrifflich ist an einer Parallele schlecht vorbeizukommen – koordinierten.[97] Die inhaltliche Nähe zur Koordinationslehre erweist sich allerdings nicht bereits darin, dass anstelle von einseitig-hoheitlichen Handlungsformen wie Gesetzen oder Verwaltungsakten die bilateral-kooperative Form des Vertrags gewählt wurde, um einen gesellschaftlichen Bereich zu organisieren. Verträge sind als mögliche Handlungsform des Staates (auch über den religiösen Bereich hinaus) anerkannt – und zwar auch dort, wo der Staat in hoheitlicher Funktion auftritt (vgl. §§ 54 S. 2 VwVfG);[98] darüber hinaus kann das kooperative Austarieren eines gesellschaftlichen Regelungsbereichs aus einer Governanceperspektive (und zwar insbesondere auch im religiösen Bereich) durchaus sinnvoll erscheinen.[99] Wie sehr die Staatskirchenverträge in einem koordinationsrechtlich geprägten Verständnis des Religions-

---

[93] *Peters*, Die Gegenwartslage des Staatskirchenrechts, VVDStRL 11 (1952), 177, 187 (Hervorhebung im Original); ähnlich deutlich *Beulke*, Bonner Grundgesetz und die Parität der Kirchen, ZevKR 6 (1957/58), 127, 131; für eine weitere Einordnung siehe *Geiger*, Die Rechtsprechung des Bundesverfassungsgerichts zum kirchlichen Selbstbestimmungsrecht, ZevKR 26 (1981), 156, 159ff.

[94] *Merk*, Diskussionsbeitrag, VVDStRL 11 (1952), 232, 234.

[95] So *Giese*, Diskussionsbeitrag, VVDStRL 11 (1952), 229, 230.

[96] *Hesse*, Der Rechtsschutz durch staatliche Gerichte im kirchlichen Bereich, 1956, S. 62.

[97] Pointiert *Czermak*, Religions- und Weltanschauungsrecht, 2008, S. 46f. Die Konkordate mit der katholischen Kirche sind anders zu beurteilen, da sie als völkerrechtliche Verträge mit dem Heiligen Stuhl als selbständigem Völkerrechtssubjekt verstanden werden. Zur insofern bestehenden Diskussion vgl. *Unruh*, Religionsverfassungsrecht, 4. Aufl. 2018, S. 223ff.

[98] In diesem Fall freilich erst seit 1977 kodifiziert. Zur generellen Anerkennung vertragsförmigen Handelns des Staates und speziell zum Verwaltungsvertrag (auch in Subordinationsverhältnissen) siehe nur *Gurlit*, Begriff, Bedeutung und Arten des Verwaltungsvertrages, in: Ehlers/Pünder (Hrsg.), Allgemeines Verwaltungsrecht, 15. Aufl. 2016, 731, 736ff.

[99] Speziell im Hinblick auf die Koordination von Staat und Religionsgesellschaften *Schuppert*, Governance of diversity, 2017, S. 238; insgesamt zu den Vorteilen einer »Kooperationalisierung der Rechtsetzung« *Schuppert*, Governance und Rechtsetzung, 2011, S. 56ff.

verfassungsrechts verankert waren, offenbart sich vielmehr in aller Deutlichkeit in dem konkreten Wortlaut der Vereinbarungen. So wurde z. B. in der Präambel des Vertrags der evangelischen Landeskirchen in Niedersachsen mit dem Lande Niedersachsen vom 19. März 1955 (Loccumer Vertrag) von der »gemeinsamen Verantwortung für den evangelischen Teil der niedersächsischen Bevölkerung« gesprochen und an späterer Stelle die »Übereinstimmung über den Öffentlichkeitsauftrag der Kirchen und ihre Eigenständigkeit« betont.[100] Dieses Vertragswerk entfaltete eine Vorbildfunktion für die Staatskirchenverträge der weiteren Bundesländer und eine gewisse Abkehr von diesem koordinationsrechtlichen Verständnis lässt sich erst nach der deutschen Wiedervereinigung in den Verträgen derjenigen Bundesländer erkennen, die ehemals der DDR angehörten.[101]

Nicht nur die Politik verstand das Verhältnis des Staates zu den christlichen Großkirchen im Sinne der Koordinationslehre, sondern auch weite Teile der Rechtsprechung bis hin zum Bundesgerichtshof. Dieser bekannte sich wiederholt zur Koordinationslehre, indem er die Gesetzesbindung nach Art. 140 GG i. V. m. Art. 137 Abs. 3 WRV inhaltlich nahezu entleerte[102] und die Gleichordnung von Staat und Kirche betonte.[103] Besonders deutlich erklärte der 3. Zivilsenat im Jahr 1961 seine Lesart des Religionsverfassungsrechts in einem Urteil über den Rechtsweg für kirchenrechtliche Ansprüche: »Das Grundgesetz geht von der grundsätzlichen Gleichordnung von Staat und Kirche als eigenständigen Gewalten aus. Die Kirchen sind der staatlichen Hoheitsgewalt grundsätzlich nicht mehr unterworfen und regeln ihre Angelegenheiten selbständig und in eigener Verantwortung.«[104]

---

[100] Die letzte Formulierung ist Teil der sogenannten Loccumer Formel. Zur staatstheoretischen Deutung des Vertrags aus damaliger Zeit siehe *Scheuner*, Die staatskirchenrechtliche Tragweite des niedersächsischen Kirchenvertrages von Kloster Loccum, ZevKR 6 (1957/58), 1, 19 ff.

[101] Besonders hervorzuheben ist insofern der Staatskirchenvertrag von Mecklenburg-Vorpommern (Güstrower Vertrag), in dessen Präambel vom »Bewusstsein der Unterschiedlichkeit des geistlichen Auftrages der Kirchen und der weltlichen Aufgaben des Staates« und »der Überzeugung, dass die Trennung von Staat und Kirche gleichermaßen Distanz und Kooperation gebietet« gesprochen wird. Vgl. zu der Entwicklung der Staatskirchenverträge insgesamt *von Campenhausen/de Wall*, Staatskirchenrecht, 4. Aufl. 2006, S. 45 ff.; speziell zur Zeit nach der Wiedervereinigung *Schier*, Die Bestandskraft staatskirchenrechtlicher Verträge, 2009, S. 24 ff. Zur fortwährenden Unsicherheit über die konkrete Rechtsnatur der der Staatskirchenverträge zudem *Unruh*, Religionsverfassungsrecht, 4. Aufl. 2018, S. 226 f.

[102] Nur durch ein längeres Zitat können die verschiedenen Restriktionen hinreichend zur Geltung gebracht werden: »Mit diesem ›für alle geltenden Gesetz‹ [...] ist nicht jede staatliche Vorschrift gemeint, die mit dem Anspruch auf Allgemeinverbindlichkeit auftritt, sondern es ist darunter, um eine Formulierung von Heckel (VerwArch 37 [1932], 282) zu verwenden, ›jedes für die Gesamtnation als politische, Kultur- und Rechtsgemeinschaft unentbehrliche Gesetz, aber auch nur ein solches Gesetz‹ zu verstehen. Das bedeutet, daß heute alle, aber auch nur diejenigen Normen, die sich als Ausprägungen und Regelungen grundsätzlicher, für unseren sozialen Rechtsstaat unabdingbarer Postulate darstellen, die kirchliche Autonomie ›einengen‹. Das sind aber Sätze, die entweder *jedes* Recht, auch das kirchliche Recht mit Notwendigkeit enthält, oder die vom kirchlichen Recht stillschweigend oder ausdrücklich bejaht und in Bezug genommen werden.«, BGHZ 22, 383, 387 f. (Hervorhebung im Original).

[103] Explizit zum »Koordinationsverhältnis« zwischen Kirche und Staat siehe etwa BGHZ 46, 96, 101.

[104] BGHZ 34, 372, 373.

Heutzutage, da religiöser Pluralismus vielfach als Selbstverständlichkeit verstanden wird, muss noch auf einen weiteren Umstand hingewiesen werden, um den Inhalt und die Wirkung der Koordinationslehre adäquat zu beschreiben: Das proklamierte bzw. praktizierte Koordinationsverhältnis bestand lediglich zwischen dem Staat und den großen christlichen Kirchen; die privatrechtlich organisierten und selbst die anderen öffentlich-rechtlich korporierten Religions- und Weltanschauungsgemeinschaften blieben insoweit außen vor.[105] Es entwickelte sich ein System abgestufter Gleichbehandlung, das in dieser Form nicht im Verfassungstext fußte, sondern zum einen historisch zu erklären ist: Bis ins Deutsche Kaiserreich war diese Abstufung zwischen den Religionsgesellschaften gängige Praxis und ausschließlich die katholische bzw. die evangelischen Kirchen religiöse Partner des Staates gewesen.[106] Zum anderen lagen die Gründe in der staatstheoretischen Herleitung der Koordinationslehre, die wesentlich durch die kirchlichen Lehren geprägt war:[107] Für die katholische Denktradition war weiterhin die Zweischwerterlehre und das Selbstverständnis der Weltkirche als Societas Perfecta maßgeblich, die evangelische Seite betonte einen (nicht zuletzt aus ihrer Größe folgenden) besonderen Öffentlichkeitsauftrag.[108] Beide Ansätze ließen sich nicht auf die kleineren Religionsgesellschaften übertragen. Diese seien, so formulierte *Hesse* mit der evangelischen Begründungslinie, keine »Mitträger und verantwortliche Ordnungsmacht innerhalb der öffentlichen Ordnung wie die großen Kirchen« und daher sei »ihre Gewalt für das staatliche Recht nicht eigene Gewalt, sondern Verbandsgewalt wie jede andere«.[109]

3. Die Gegenbewegungen in der Rechtswissenschaft

Die Koordinationslehre war ein entschiedenes Gegenmodell zu dem System der staatlichen Hoheit über die Kirchen, wie es noch wenige Jahrzehnte zuvor etwa in Form des landesherrlichen Kirchenregiments bestanden hatte; teilweise deuteten sich in der Rechtswissenschaft sogar Ansätze an, die über eine Gleich-

---

[105] *Czermak*, Religions- und Weltanschauungsrecht, 2008, S. 47; als historische Quelle vgl. nur *W. Weber*, Die Gegenwartslage des Staatskirchenrechts, VVDStRL 11 (1952), 153, 171.

[106] *Heckel*, Die religionsrechtliche Parität, in: Listl/Pirson (Hrsg.), HdbStKirchR Bd. I, 2. Aufl. 1994, S. 589, 604, zum Stufensystem vor 1919 siehe S. 602f.

[107] Im Hinblick auf die Praxis der Staatskirchenverträge schrieb *Schlaich*: »Die Lehre von der Koordination von Staat und Kirche ist im eigentlichen Sinne eine kirchenrechtlich (!) begründete staatskirchenrechtliche (!) Lehre: Der Kirche als Institution in der Welt wurde – nach ihrem theologischen Verständnis – ein dem Staate gleichgeordneter und gleichrangiger Status angetragen, sodaß Recht zwischen diesen beiden Größen nur im Wege des Vertrages geschaffen werden kann«, *Schlaich*, Neutralität als verfassungsrechtliches Prinzip, 1972, S. 191. Beispielhaft für eine Herleitung der juristischen Sonderstellung der Kirchen aus ihrem theologischen Selbstverständnis *W. Weber*, Die Gegenwartslage des Staatskirchenrechts, VVDStRL 11 (1952), 153, 174.

[108] Zur katholischen Seite *Jeand'Heur/Korioth*, Grundzüge des Staatskirchenrechts, 2000, S. 50f.; *Mikat*, Das Verhältnis von Kirche und Staat nach der Lehre der katholischen Kirche, in: Listl/Pirson (Hrsg.), HdbStKirchR Bd. I, 2. Aufl. 1994, S. 111, 127ff. Für die evangelische Seite umfassend zum Öffentlichkeitsauftrag *Huber*, Kirche und Öffentlichkeit, 1973, S. 31ff., 511ff., 579ff., 616ff.; sowie überblicksartig *Kleine*, Institutionalisierte Verfassungswidrigkeiten im Verhältnis von Staat und Kirchen unter dem Grundgesetz, 1993, S. 62ff.

[109] *Hesse*, Der Rechtsschutz durch staatliche Gerichte im kirchlichen Bereich, 1956, S. 80.

ordnung von Staat und Kirche hinausgingen und eine »theokratische Tendenz« aufwiesen.[110] Mit dieser einseitig kirchenfreundlichen Ausrichtung blieb die Koordinationslehre ihrerseits wiederum nicht lange ohne Gegenreaktion. War sie noch in den 1950er Jahren weitgehend unangefochten gewesen,[111] so begannen sich spätestens Anfang der 1960er Jahre Gegenbewegungen zu formieren, deren Prägung historisch betrachtet zum Teil nicht unbekannt war und deren Auswirkungen auch in der heutigen Diskussion noch erkennbar sind.

a) Die etatistische Gegenbewegung

Die Machtfülle des Staates war durch die Koordinationslehre nicht unerheblich beschnitten worden, wogegen sich am prominentesten zunächst *Herbert Krüger* und *Helmut Quaritsch* wandten. Ihnen ging es zwar nicht um die Rückkehr zu einem System der staatlichen Kirchenhoheit wie im 19. Jahrhundert, jedoch sollte der staatliche Machtanspruch, der durch die restriktive Interpretation der Gesetzesbindung nach Art. 140 GG i. V. m. Art. 137 Abs. 3 WRV untergraben worden war, wiederhergestellt werden.[112] Die Souveränität des Staates – auch über die Kirchen – wurde als zentrales Moment von Staatlichkeit herausgearbeitet, wobei auf Seiten *Krügers* insbesondere seine »Allgemeine Staatslehre«[113] von 1964 und auf Seiten *Quaritschs* ein Aufsatz aus dem Jahr 1962 besondere Prägekraft entfalteten. Dort brachte letzterer seine Kritik an der gewandelten Interpretation des Religionsverfassungsrechts auf die Formel: »Wäre die Lehre von Koordination und Partnerschaft rechtlich zutreffend und faktisch verwirklicht, so bedeutete dies nicht nur eine Wandlung des Staates, sondern das Ende des Staates.«[114]

Dieses etatistisch geprägte Verständnis fand in den 1960er Jahren wachsende Zustimmung.[115] Spätestens mit der Tagung der Vereinigung der Deutschen

---

[110] Näher *Czermak*, Religions- und Weltanschauungsrecht, 2008, S. 48 f. So schrieb z. B. *Wilhelm Wertenbruch* 1958 in seiner Habilitationsschrift im Hinblick auf den Gottesbezug in der Präambel, dass damit »der Verfassungsgesetzgeber das Volk im Namen der an Gott glaubenden Mehrheit des Volkes unter Gott gestellt« habe, was auch bedeute, dass »*Gott* verfassungsrechtlich als der *Herr* anerkannt ist«, *Wertenbruch*, Grundgesetz und Menschenwürde, 1958, S. 156 (Hervorhebungen im Original).

[111] Zu den Entwicklungen der 1950 Jahren siehe den Beitrag von *Heinig*, Die Göttinger Wissenschaft vom Staatskirchenrecht 1945–1969 – Von der Koordinationslehre zu freien Kirchen unter dem Grundgesetz, in: ders., Die Verfassung der Religion, 2014, S. 425 ff., der zwar einen bewussten Fokus auf die evangelischen Wissenschaftler aus Göttingen legt, jedoch auch darüber hinaus umfangreiche Nachweise enthält. Ohne die räumliche Fokussierung und inhaltlich pointierter nun auch *Heinig*, Prekäre Ordnungen, 2018, S. 61.

[112] So bereits im Hinblick auf die Notwendigkeit einer Letztentscheidungsbefugnis *Krüger*, Rezension zu Hesse, Konrad: Der Rechtsschutz durch staatliche Gerichte im kirchlichen Bereich, ZevKR 6 (1957/58), 72, 76; zum Ganzen *Walter*, Religionsverfassungsrecht in vergleichender und internationaler Perspektive, 2006, 191 f.

[113] Zur Souveränität des Staates über die Kirchen *Krüger*, Allgemeine Staatslehre, 2. Aufl. 1966, S. 865. Neben dieser etatistischen Ausrichtung wies *Krügers* Ansatz aber auch deutliche liberale Züge auf, vgl. S. 181. Zur liberalen Gegenbewegung siehe sogleich, 2. Kapitel, A. III. 3. b).

[114] *Quaritsch*, Kirchen und Staat (Teil 1), Der Staat 1 (1962), 175 ff. und für das Zitat *Quaritsch*, Kirchen und Staat (Teil 2), Der Staat 1 (1962), 289, 298.

[115] Vgl. z. B. die Beiträge von *Fuß*, Kirche und Staat unter dem Grundgesetz, DÖV 1961, 734 ff.; *Zippelius*, Kirche und Staat und die Einheit der Staatsgewalt, ZevKR 9 (1962/63), 42 ff.; *Obermayer*, Staatskirchenrecht im Wandel, DÖV 1967, 9 ff.

Staatsrechtslehrer von 1967 lässt sich erkennen, dass es zu einer Wende in der Interpretation des Religionsverfassungsrechts gekommen war. Bereits der Titel der Tagung – »Die Kirchen unter dem Grundgesetz« – stellte eine Absage an die Gleichordnung der Koordinationslehre dar und der Mitbericht von *Alexander Hollerbach* liest sich wie eine systematische Abrechnung mit den Grundlagen der Koordinationslehre. »Angelpunkt« des freiheitlichen Verfassungsstaates sei »die auctoritas, die ›Hoheit‹ der Verfassung« und »auch die religiösen Gemeinschaften [stehen] als Lebensverbände *im* Gemeinwesen *unter* der Autorität der Verfassung.« Dementsprechend seien die Kirchen auch nicht »*aus sich* Institutionen des öffentlichen *Rechts*«, vielmehr sei der öffentlich-rechtliche Status »ein verliehener Status, und zwar ein spezifizierter, innerhalb von ultra-vires-Grenzen limitierter Status, kein universaler publizistischer Gesamtstatus.«[116]

b) Die liberale Gegenbewegung

Die Koordinationslehre erfuhr auch von einer weiteren Seite Kritik. In dem Gefüge zwischen Staat, Kirchen und Bürgern hatte sich die etatistische Gegenbewegung auf den Staat und die Kirchen fokussiert und dabei die Souveränität des einen gegen die Machtansprüche der anderen zu verteidigen versucht. Für eine im Liberalismus verankerte Gegenbewegung hingegen stand der einzelne Bürger im Fokus, dessen Religionsfreiheit nicht durch einen privilegierten Status der Kirchen untergraben werden dürfe. Dieser Ansatz hat seinen bekanntesten Ausdruck in *Erwin Fischers* Buch »Trennung von Staat und Kirche – die Gefährdung der Religionsfreiheit in der Bundesrepublik« gefunden, welches 1964 in erster Auflage erschien. Über die Auslegung von Gesetzen schrieb *Fischer*:

> »Soweit eine Auslegung erforderlich ist, muß der Interpret von dem Vorrang der Religionsfreiheit ausgehen, da sie nicht eine Funktion des Verhältnisses von Staat und Kirche ist, sondern umgekehrt diese Beziehungen von dem Ausmaß der Religionsfreiheit abhängen. Der Religionsfreiheit kommt als einer elementaren Grundentscheidung primäre Bedeutung zu, dem Verhältnis von Staat und Kirche lediglich sekundäre, weil es durch jene bedingt ist.«[117]

Diese »elementare Grundentscheidung« der Religionsfreiheit müsse denklogisch zu einem Trennungssystem führen, weil die Religionsfreiheit nur auf diese Weise umfassend gewährleistet werden könne, und sie sei dementsprechend gefährdet, wenn sich Staat und Religion verbinden, wozu diese aber prinzipiell neigten – die Offenbarungsreligionen wegen ihres naturgemäßen Absolutheitsanspruchs und der Staat aus eigenen machtpolitischen Erwägungen. Vor diesem gedanklichen Hintergrund wandte sich *Fischer* deutlich gegen eine institutionelle Gleichordnung der Kirchen mit dem Staat im Sinne der Koordinationslehre, er forderte eine strikte Gleichbehandlung der Religions- und Weltanschauungsgemeinschaften und er bewertete z. B. die Festsetzung von Religionsunterricht als

---

[116] *Hollerbach*, Die Kirchen unter dem Grundgesetz, VVDStRL 26 (1968), 57, 59 f., 86 [Hervorhebungen im Original], zudem kritisch zur Rechtsprechung des BGH auf S. 73 f.

[117] *Fischer*, Trennung von Staat und Kirche, 1964, S. 33.

ordentliches Lehrfach als »Durchbrechung« der (abgesehen vom System der Kirchensteuer) ansonsten vom Grundgesetz vorgesehenen Trennung von Staat und Kirche.[118]

In all dem war *Fischers* Buch – zumindest für die Ohren der damaligen Zeit – von einem scharfen kulturkämpferischen Ton geprägt (der Autor selbst bezeichnete die Erstauflage später als »Kampfschrift«[119]), weswegen es vielfach als laizistische Gesinnungsschrift verworfen wurde, die mit den verfassungsrechtlichen Grundlagen der Bundesrepublik Deutschland nicht in Einklang zu bringen sei,[120] und auch sonst entfaltete die liberale Gegenbewegung innerhalb der rechtswissenschaftlichen Diskussion nur begrenzte Wirkung. Auf gesellschaftlich-politischer Ebene hingegen waren ihre Thesen durchaus präsent, wie sich z. B. an dem Kirchenpapier der FDP »Freie Kirche im freien Staat« von 1974 zeigt, in welchem unter anderem die Abschaffung des öffentlich-rechtlichen Körperschaftsstatus für Religionsgemeinschaften sowie ein Ende der Kirchenverträge gefordert wurden.[121]

c) Die neue Entwicklung: Eine grundrechtlich ausgerichtete Interpretation des Religionsverfassungsrechts[122]

Wohlwollender als die liberale Gegenbewegung wurde in der rechtswissenschaftlichen Diskussion ein anderer Denkansatz aufgenommen, der ebenfalls einen grundrechtlichen Ausgangspunkt hatte, damit aber in eine etwas andere Richtung zielte.[123] *Martin Heckel* hatte sich auf der Staatsrechtslehrertagung von 1967 deutlich gegen »überholte, den Blick verstellende Leitbilder« im Religionsverfassungsrecht gewandt, die historisch bedingt und nun zu überwinden seien. Zu diesen Leitbildern gehörten eine »falsche Einheitsvorstellung« und ein »Institutionendenken«, die in der Pluralität geistig-religiösen Lebens keine Entspre-

---

[118] *Fischer*, Trennung von Staat und Kirche, 1964, zur Notwendigkeit eines Trennungssystems insb. S. 31 ff. und 141 ff., zur Gefahr des Absolutheitsanspruchs S. 15 ff., gegen die Koordinationslehre insb. S. 159 ff., zur Gleichbehandlung der Bekenntnisse S. 73 ff., 187 ff., 205 ff., zur Durchbrechung des Trennungssystems S. 227.

[119] *Fischer*, Trennung von Staat und Kirche, 3. Aufl. 1984, S. 11; hierzu, sowie allgemein zur liberalen Gegenbewegung, *Walter*, Religionsverfassungsrecht in vergleichender und internationaler Perspektive, 2006, S. 192 f.

[120] Beispielhaft *Grundmann*, Laizistische Tendenzen im deutschen Staatskirchenrecht?, in: Aland/Schneemelcher (Hrsg.), FS Kunst, 1967, S. 126 ff.; *Heckel*, Die Kirchen unter dem Grundgesetz, VVDStRL 26 (1968), 5, 29 f.; *Hesse*, Freie Kirche im demokratischen Gemeinwesen, ZevKR 11 (1964/65), 337, 340 Fn. 12, 355 Fn. 53; *Hollerbach*, Trennung von Staat und Kirche?, Hochland 58 (1965/66), 63, 66; *Quaritsch*, Neues und Altes über das Verhältnis von Kirchen und Staat, Der Staat 5 (1966), 451, 454 Fn. 16.

[121] These 2 und These 7 des Kirchenpapiers, abgedruckt bei *Esch*, »Freie Kirche im freien Staat«, 2011, S. 580; zur historischen Einordnung der Thesen siehe insbesondere S. 13 ff.

[122] Nach einer bestimmten Begriffsverwendung würde es sich hierbei um einen Pleonasmus handeln; nach der hier zugrunde gelegten, sehr allgemeinen Verwendung des Begriffs »Religionsverfassungsrecht« besteht aber keine Sinndoppelung, siehe hierzu oben 1. Kapitel, B. Fn. 13.

[123] Insgesamt zur Unterscheidung zwischen den verschiedenen Gegenbewegungen, die oftmals verwischt wird, *Walter*, Religionsverfassungsrecht in vergleichender und internationaler Perspektive, 2006, S. 192 ff., speziell zu den unterschiedlichen zugrundeliegenden Grundrechtsverständnissen S. 194 f.

chung fänden. Das Religionsverfassungsrecht sei in seiner bisherigen Fixierung auf Staat und Kirche davon geprägt, dass entweder ein Gegeneinander oder ein Miteinander dieser Institutionen proklamiert wird, was »den Menschen aus den Augen zu verlieren« drohe.[124]

Die damit geforderte Abkehr von einer institutionell ausgerichteten Interpretation des Religionsverfassungsrechts hatte sich bereits zwei Jahre zuvor in einem Aufsatz von *Konrad Hesse* gefunden,[125] in welchem dieser von seinen koordinationsrechtlichen Thesen abrückte. Die besondere rechtliche Stellung der Kirchen wurde nicht mehr mit ihrem Wesen als Kirche oder mit einem überpositiven Öffentlichkeitsauftrag begründet, sondern damit, dass sie Ausdrucksform der verfassungsrechtlich garantierten Religionsfreiheit sei.[126] Mit dieser Schwerpunktsetzung unterschied sich die grundrechtliche Interpretation gleichzeitig vom liberalen Verständnis, denn die Verbindungen von Staat und Religionsgemeinschaften wurden nicht als Durchbrechung eines Trennungssystems und als Gefährdung der Religionsfreiheit, sondern gerade als deren Bestätigung und als ein Weg ihrer Verwirklichung gesehen. Die grundrechtliche Herleitung der Besonderheiten des Religionsverfassungsrechts war somit eine im Grundsatz neue Entwicklung und dennoch fanden sich in diesem (jedenfalls damals)[127] deutlich strukturkonservativen Bereich der Rechtswissenschaften bereits in den späten 1960er und frühen 1970er Jahren einige Stimmen, die in diese Richtung geprägt waren.[128]

4. Die Herausbildung der religiös-weltanschaulichen Neutralität als Rechtsbegriff

In diese Gemengelage aus Koordinationslehre, etatistischer und liberaler Gegenbewegung sowie dem Neuansatz einer grundrechtlich ausgerichteten Interpretation des Religionsverfassungsrechts fiel die Geburtsstunde der religiös-weltanschaulichen Neutralität des Staates als Rechtsbegriff. Die Rede davon, dass sich der Staat in diversen Rechtsbereichen und eben auch im Hinblick auf die

---

[124] *Heckel*, Die Kirchen unter dem Grundgesetz, VVDStRL 26 (1968), 5, 9ff.

[125] *Hesse*, Freie Kirche im demokratischen Gemeinwesen, ZevKR 11 (1964/65), 337, 360f.

[126] Weil eine solche Sichtweise die Diskussion über das Verhältnis von Staat und Kirche auf eine verbandsrechtliche Ebene verlagert, auf der die Kirchen der Sache nach »normale« Verbände sind, die aber im geistlichen Bereich (allerdings auch nur hier) aufgrund der Verbindung zur Religionsfreiheit einen besonderen Status haben, wird dieser grundrechtliche Interpretationsansatz auch teilweise als »verbandspluralistische Konzeption« bezeichnet, so z.B. *Preuß*, in: AK-GG, Art. 140 GG Rn. 13.

[127] Dazu, dass sich die Staatsrechtslehrergemeinde in den letzten Jahren »nicht mehr im Grundton als dezidiert konservativ« versteht, *Wittreck*, Perspektiven der Religionsfreiheit in Deutschland, in: Ebner/Kraneis u. a. (Hrsg.), Staat und Religion, 2014, S. 73, 86.

[128] Speziell zu dem Beitrag *Hesses*, dem Neuen dieses Ansatzes und zur Rezeption *Walter*, Religionsverfassungsrecht in vergleichender und internationaler Perspektive, 2006, S. 194ff. m. w. N.; weiterhin zu dieser (neben Kooperations- und Koordinationslehre) »dritte[n] Grundrichtung in der Interpretation des Staatskirchenrechts unter dem Grundgesetz« *Korioth*, Die Entwicklung der Rechtsformen von Religionsgemeinschaften in Deutschland im 19. und 20. Jahrhundert, in: Kippenberg/Schuppert (Hrsg.), Die verrechtlichte Religion, 2005, S. 109, 131.

verschiedenen Bekenntnisse neutral verhalten solle, war über den Verlauf der Zeit im politischen und rechtswissenschaftlichen Diskurs bereits wiederholt und mit unterschiedlicher Schwerpunktsetzung aufgetaucht.[129] Ein eigenständiger Bestandteil der Verfassungsrealität der Bundesrepublik Deutschland wurde die religiös-weltanschauliche Neutralität allerdings erst durch die Rechtsprechung des Bundesverfassungsgerichts. So wurde der Begriff erstmalig in einem Urteil aus dem Jahr 1960 verwendet, als das Gericht Schwierigkeiten im Hinblick auf die Bestimmung des Schutzbereichs von Art. 4 Abs. 1 und 2 GG unter anderem darauf zurückführte, dass »der weltanschaulich neutrale Staat den Inhalt dieser Freiheit nicht näher bestimmen [kann und darf], weil er den Glauben oder Unglauben seiner Bürger nicht bewerten darf«.[130] Auch wenn hierin bereits eine normative Aussage enthalten war, behielt der Neutralitätsbegriff des Religionsverfassungsrechts in Rechtsprechung und Wissenschaft vorerst noch eine »mehr begleitende, beschreibende oder allenfalls auch programmatisch-integrierende Funktion.«[131] Dies änderte sich mit den Urteilen des Bundesverfassungsgerichts zur Kirchensteuer aus dem Jahr 1965. In ihnen wird gemeinhin eine Aufwertung der religiös-weltanschaulichen Neutralität hin zu einem Rechtsbegriff gesehen, mit dem eigenständige Gehalte verknüpft sind.[132] So urteilte das Gericht, dass »aus dieser Pflicht zur religiösen und konfessionellen Neutralität *folgt*, daß der Staat einer Religionsgesellschaft keine Hoheitsbefugnisse gegenüber Personen verleihen darf, die ihr nicht angehören.«[133]

Mit dieser Verwendung der religiös-weltanschaulichen Neutralität war eine aufsehenerregende Grundsatzentscheidung im Hinblick auf den Streit um das Verhältnis von Staat und Religion verbunden. Anders als der Bundesgerichtshof hatte sich das Bundesverfassungsgericht der Koordinationslehre nicht angeschlossen und in dieser Frage lange Zeit Zurückhaltung bewahrt. Indem das Gericht nun erklärte, dass die religiös-weltanschaulichen Neutralität den Staat darin begrenze, welche Kompetenzen er verleihen dürfe, wurde nicht nur Neutralität zu einem zentralen religionsverfassungsrechtlichen Maßstab bestimmt, sondern gleichzeitig auch betont, dass dieser rechtliche Maßstab genauso über den Kirchen stehe und Auswirkungen auf die ihnen verliehenen – und gerade nicht vorgefundenen – Kompetenzen habe. Die religiös-weltanschauliche Neutralität war ein Mittel »zur Geltendmachung der Staatlichkeit des Staates auch

---

[129] Vgl. hierzu die vorherigen Abschnitte, 2. Kapitel, A. I. und II.

[130] BVerfGE 12, 1, 4.

[131] *Schlaich*, Zur weltanschaulichen und konfessionellen Neutralität des Staates, in: Marré/Stüting (Hrsg.), Essener Gespräche zum Thema Staat und Kirche (4), 2. Aufl. 1973, S. 9, 13; ebenso *Nolte*, Das Kreuz mit dem Kreuz, JöR 48 (2000), 87, 110.

[132] *Schlaich*, Neutralität als verfassungsrechtliches Prinzip, 1972, S. 12; *Böckenförde*, Kreuze (Kruzifixe) in Gerichtssälen?, ZevKR 20 (1975), 119, 128, sprach von einer Anerkennung als »tragendes Verfassungsprinzip«, nachdem das Bundesverfassungsgericht die religiös-weltanschauliche Neutralität des Staates »schon früher als Interpretationsmaxime herangezogen hatte«; gegen eine dogmatische Verselbständigung des Neutralitätsgebots in der Rechtsprechung des Bundesverfassungsgerichts hingegen *Möllers*, Religiöse Freiheit als Gefahr?, VVDStRL 68 (2009), 47, 57.

[133] BVerfGE 19, 206, 216 (Hervorhebung vom Verfasser).

gegenüber den Kirchen«[134] und somit eine Zurückweisung der Koordinationslehre.[135]

5. Die »ruhigen« 1970er und 1980er Jahre

Auch wenn damit der Koordinationslehre von verfassungsgerichtlicher Seite Einhalt geboten worden war, blieb die Frage nach dem genauen Inhalt der Beziehung von Staat und Religion weiterhin ungeklärt. Im Hinblick auf den Neutralitätsbegriff konstatierte *Schlaich* schon 1972: »Alle möglichen Verengungen und Ideologisierungstendenzen segeln unter der Flagge der Neutralität.«[136] Insbesondere die kirchennahe Seite befürchtete, dass nun etatistische Bestrebungen das Vakuum, das von der Koordinationslehre hinterlassen worden war, unter dem Deckmantel der religiös-weltanschaulichen Neutralität durch ein religionsfeindliches Trennungsmodell füllen und die Kirchen aus ihrer öffentlichen Rolle verdrängen würden.[137] Die prinzipielle Frontstellung zwischen Positionen, die den Kirchen einen institutionell verfestigten Öffentlichkeitsauftrag zusprachen, und jenen, die sich dagegen wandten, blieb also bestehen.

Der grundrechtlich ausgerichtete religionsverfassungsrechtliche Interpretationsansatz – die Alternative zu dieser binären Option – konnte zwar an Zustimmung dazugewinnen, endgültig durchsetzen konnte er sich aber noch nicht. *Schlaich* beobachtete zwar insgesamt einen »Gang vom Institutionellen zum Personalen«, der eben auch einen Wandel »von einer abstrakt-institutionellen Sicht des Verhältnisses von Staat und Kirche zu einer stärker von personalen Elementen bestimmten Haltung« umfasse.[138] Gleichzeitig existierten jedoch gewichtige Vorbehalte gegen diese Interpretation des Religionsverfassungsrechts, insbesondere von kirchlicher Seite. Der Umschwung von der Koordinationslehre, der zufolge die großen Kirchen dem Staat gleichgeordnete Institutionen waren, hin zu einem Verständnis, nach dem die Kirchen nur »einer unter vielen« innerhalb

---

[134] *Schlaich*, Neutralität als verfassungsrechtliches Prinzip, 1972, S. 22.

[135] *Borowski*, Die Glaubens- und Gewissensfreiheit des Grundgesetzes, 2006, S. 272; ebenso *Preuß*, in: AK-GG, Art. 140 GG Rn. 12. Zu den dennoch fortbestehenden koordinationsrechtlichen Positionierungen in der Rechtswissenschaft *Kästner*, Staatliche Justizhoheit und religiöse Freiheit, 1991, S. 84 f. und *Muckel*, Religiöse Freiheit und staatliche Letztentscheidung, 1997, S. 77 Fn. 46, jeweils m. w. N.

[136] *Schlaich*, Neutralität als verfassungsrechtliches Prinzip, 1972, S. 130.

[137] Beispielhaft *Häberle*, Anmerkung zu BVerfGE 19, 129, DVBl 1966, 216, 218 (»Aufgabe der Lehre von der ›Freien Kirche im demokratischen Gemeinwesen‹ (Hesse) wird es sein, offene oder versteckte etatistische Strömungen aufzufangen und nachabsolutistisches Trennungsdenken abzuwehren«); *von Campenhausen*, Grundgesetz und Kirche, BayVBl. 1968, 221, 224 (»Den Vertretern der neuen […] Richtung ist gemeinsam ein abstrakt-egalitärer, etatistischer Ansatz und eine Neutralitätsvorstellung, welche die Möglichkeit einer völligen Bereichsscheidung von Staat und Kirche zur Voraussetzung haben«); mit Blick auf den Kampf um Begriffe *Scherer*, Religion als anthropologisches Phänomen in ihrer Bedeutung für Staat und Gesellschaft, in: Krautscheidt/Marré (Hrsg.), Essener Gespräche zum Thema Staat und Kirche (2), 1969, S. 12, 30 (»Daher muss man sich fragen, ob die Rede von der weltanschaulichen Neutralität des Staates nicht sehr häufig nur die Verschleierung einer sehr eindeutigen Stellungnahme ist.«).

[138] *Schlaich*, Neutralität als verfassungsrechtliches Prinzip, 1972, S. 188 f.

der Verbändelandschaft sind,[139] war schwer hinzunehmen. In der Retrospektive auf die damalige rechtswissenschaftliche Debatte kann daher nicht von einem Erfolg des grundrechtsorientierten Ansatzes gesprochen werden.[140]

Vor dem Hintergrund dieser fortbestehenden Offenheiten und Unklarheiten liegt die Vermutung nahe, dass die Debatte um das Verhältnis von Staat und Religion – nun unter der Überschrift der religiös-weltanschaulichen Neutralität – mit ungebrochener Dynamik fortgeführt wurde. Doch das Gegenteil war der Fall: In den 1970er und 1980er Jahren kam es zu einer »erstaunliche[n] publizistische[n] Ruhe«.[141] Das religionsverfassungsrechtliche Feld hatte sich vorerst entspannt. Dieser historisch außergewöhnliche Zustand lässt sich nur verstehen, wenn die religionsverfassungsrechtliche Diskussion auch im Lichte der religionssoziologischen Rahmenbedingungen gedeutet wird. Zum Zeitpunkt der Volkszählung von 1961 waren noch 94,6 % der bundesdeutschen Bevölkerung Mitglied einer der großen christlichen Kirchen; gemeinschaftslos waren lediglich 2,8 % und zu nichtchristlichen Religionsgemeinschaften bekannten sich gar nur 0,3 % der Bevölkerung.[142] Wenn also in der rechtswissenschaftlichen Diskussion Anfang der 1960er Jahre mit der Option einer Kirchendistanz bzw. eines religiösen Pluralismus argumentiert wurde, dann gab es dazu noch keine statistisch greifbare Entsprechung in der Gesellschaft. Fast jeder Mensch, der Bürger der Bundesrepublik Deutschland war, war auch Mitglied einer der großen christlichen Kirchen. Bei einer solch homogenen Gesellschaftsstruktur war es durchaus logisch, dass die individualrechtliche Ebene weniger brisant war als die institutionelle.[143] Nicht die Frage, wie mit dem einzelnen Gläubigen umzugehen sei, war politisch und rechtswissenschaftlich drängend – die entscheidende Frage war immer noch (wie in den Jahrhunderten zuvor), wie der Staat Institutionen begegnen soll, die für sich in Anspruch nehmen konnten, zusammengenommen nicht nur einen Ausschnitt, sondern fast das gesamte Staatsvolk zu repräsentieren.

Im Verlauf der 1960er Jahren kam es jedoch zu drei Entwicklungen, vor deren Hintergrund sich die plötzliche Ruhe in der religionsverfassungsrechtlichen Diskussion erklären lässt. Zunächst ist die bereits beschriebene Absage an die Koordinationslehre durch das Bundesverfassungsgericht zu nennen. Mit ihr hatte der Staat gegenüber den Kirchen Stellung bezogen und seinen weltlichen Hoheitsanspruch erklärt. Das Besondere war nun, dass dieser Machtanspruch des Staates nicht in gleicher Weise wie früher kulturkämpferische Gegenreaktionen hervorrief, sondern mit einem gewissen Nachgeben von kirchlicher Seite

---

[139] Deutlich in diese Richtung etwa *Mahrenholz*, Die Kirchen in der Gesellschaft der Bundesrepublik, 1969, S. 30 ff.

[140] Eingehend *Walter*, Religionsverfassungsrecht in vergleichender und internationaler Perspektive, 2006, S. 195 ff. m. w. N.

[141] *Walter*, Religionsverfassungsrecht in vergleichender und internationaler Perspektive, 2006, S. 197.

[142] *Statistisches Bundesamt*, Statistisches Jahrbuch für die Bundesrepublik Deutschland 1967, S. 42; hierzu auch *Hollerbach*, Die Kirchen unter dem Grundgesetz, VVDStRL 26 (1968), 57, 65 f.

[143] Ähnlich *Walter*, Religionsverfassungsrecht in vergleichender und internationaler Perspektive, 2006, S. 197.

zusammenfiel. Besonders hervorzuheben ist insofern die katholische Erklärung über die Religionsfreiheit »Dignitas Humanae«, die vom Zweiten Vatikanischen Konzil formuliert und durch *Papst Paul VI.* am 7. Dezember 1965 verkündet worden war. Mit ihr erkannte die katholische Kirche die Religionsfreiheit endgültig an und entsagte damit der Zielvorstellung eines katholischen Staates.[144] Neben der Machterklärung des Staates und dem Nachgeben der Kirchen ist der dritte maßgebliche Umstand die veränderte religionssoziologische Gesellschaftsstruktur: Im letzten Drittel des 20. Jahrhunderts war der Rückhalt der Kirchen in der Gesellschaft nicht mehr ungebrochen. Schon Ende der 1960er Jahre wurden von der religiösen Verhaltensforschung »Phänomene der Abständigkeit und des Abfalls breiter Bevölkerungskreise von Kirche und Religion« beobachtet,[145] allerdings noch bei weitgehendem Fortbestehen der formellen Kirchenmitgliedschaft. Anfang der 1970er Jahre begann diese Entkirchlichung der Gesellschaft offener zutage zu treten. Zwar waren zum Zeitpunkt der Volkszählung von 1970 immer noch ca. 93 %[146] der Bevölkerung Mitglieder der katholischen oder evangelischer Kirchen und bis 1987 sank dieser Anteil lediglich auf 84,5 %[147] – der in den Volkskirchen organisierte Teil der Bevölkerung blieb also durchaus erheblich. Besser als an diesen relativen Zahlen lässt sich der gesellschaftliche Umschwung allerdings an den absoluten Zahlen der Kirchenaustritte ablesen: Während von 1953 bis 1967 jährlich zwischen knapp 50.000 und gut 60.000 Kirchenaustritte zu verzeichnen waren, stiegt diese Zahl Ende der 1960er Jahre schlagartig an. 1970 wurden gut 272.000 Kirchenaustritte registriert, 1974 sogar fast 300.000; in den Folgejahren bis 1990 lagen die Austrittszahlen zwischen 150.000 und 240.000 pro Jahr.[148] Nimmt man nun diese drei Umstände zusammen, lässt sich erkennen, warum die Diskussion um das verfassungsmäßige Ver-

---

[144] Vgl. *Böckenförde*, Einleitung zur Textausgabe der »Erklärung über die Religionsfreiheit«, in: Gabriel/Spiess u. a. (Hrsg.), Die Anerkennung der Religionsfreiheit auf dem Zweiten Vatikanischen Konzil, 2013, S. 170, 175; die Erklärung selbst ist abgedruckt auf S. 15 ff. Zum Geisteswandel, der dieser »kopernikanische[n] Wende« der katholischen Kirche zugrunde liegt, vgl. *Isensee*, Die katholische Kritik an den Menschenrechten, in: Böckenförde/Spaemann (Hrsg.), Menschenrechte und Menschenwürde, 1987, S. 138 ff.; zu den Auswirkungen auf das Verhältnis vom Staat und Kirche auch *Mikat*, Kirche und Staat in nachkonziliarer Sicht, in: Listl (Hrsg.), Paul Mikat – Religionsrechtliche Schriften, 1974, S. 217, 228 ff., speziell im Hinblick auf das Verhältnis der Kirche zum religiös-weltanschaulich neutralen Staat S. 231 ff.; sowie *Listl*, Die Lehre der Kirche über das Verhältnis von Kirche und Staat, in: Listl/Schmitz (Hrsg.), HdbKathKR, 2. Aufl. 1999, S. 1239, 1250 ff.

[145] *Maier*, Kirche – Staat – Gesellschaft, in: Krautscheidt/Marré (Hrsg.), Essener Gespräche zum Thema Staat und Kirche (1), 1969, S. 12, 27; insofern zustimmend *Hollerbach*, Die Kirchen unter dem Grundgesetz, VVDStRL 26 (1968), 57, 63 ff., der hierin einen »Gesundschrumpfungsprozeß« sah.

[146] *Statistisches Bundesamt*, Statistisches Jahrbuch für die Bundesrepublik Deutschland 1972, S. 36. Eine exakte Angabe ist nicht möglich, da bei den Daten der Volkszählung von 1970 (anders als bei den Zählungen von 1961 und 1987) die Mitglieder der evangelischen Freikirchen zusammen mit den evangelischen Landeskirchen angegeben wurden.

[147] *Statistisches Bundesamt*, Statistisches Jahrbuch für die Bundesrepublik Deutschland 1989, S. 54.

[148] Vgl. hierzu die Statistiken der *Forschungsgruppe Weltanschauungen in Deutschland*, Kirchenaustritte evangelische und katholische Kirche.

hältnis von Staat und Religion nicht mehr so intensiv geführt wurde: Es erschien weniger brisant. Der Staat hatte den weltlichen Machtanspruch der Kirchen zurückgewiesen, was diese im Kern hingenommen hatten – und auch darüber hinaus wirkten die Kirchen mit ihrem erodierenden gesellschaftlichen Fundament nicht mehr in gleicher Weise wie eine Bedrohung staatlicher Souveränität oder bürgerlicher Freiheit. Die sozialphilosophische »Säkularisierungsthese«,[149] der zufolge die gesellschaftliche und politische Relevanz von Religionen im Wege zunehmender Modernisierung immer weiter abnehmen und allenfalls eine rein private Bedeutung verbleiben würde, schien sich zu bewahrheiten.[150]

Das alles bedeutet freilich nicht, dass die religionsverfassungsrechtliche Debatte komplett zum Erliegen kam. So beschrieb *Michael Stolleis* die 1970er und 1980er Jahre als eine Phase der »ruhigen Fortentwicklung und rechtlichen Präzisierung der Positionen«.[151] Dass die Kirchen dabei zumindest noch vorübergehend eine wesentliche gesellschaftliche Bedeutung hatten, wurde nicht nur durch die trotz allem hohen Mitgliedszahlen verdeutlicht, sondern war staatlicherseits durchaus anerkannt. Die Kirchen blieben ein geschätztes Gegenüber, wie z. B. an der fortwährenden Praxis der Staatskirchenverträge abgelesen werden konnte.[152]

Es wurde also weiterhin über das verfassungsrechtliche Verhältnis von Staat und Religion diskutiert, nur nicht mehr mit der gleichen existenziellen Schärfe wie früher. Zudem erfolgte der Diskus zum einen unter Ausblendung dessen, dass durch die zunehmende Entkirchlichung der atheistische bzw. agnostische Teil der Gesellschaft mit seinen eigenen antireligiösen und weltanschaulichen Ansprüchen zunahm. Zum anderen wurde vernachlässigt, dass in der Bundesrepublik Deutschland die Anfänge eines umfangreicheren religiösen Pluralismus zu erkennen waren. Insbesondere durch die Anwerbung von zumeist muslimischen Gastarbeitern aus der Türkei, Marokko, Tunesien und Jugoslawien gab es in Deutschland mittlerweile eine statistisch signifikante nichtchristliche Religion.[153]

---

[149] Nicht zu verwechseln mit der o. g. »Säkularisationsthese« *Carl Schmitts*, der zufolge der modernde Staat dadurch entstanden sei, dass sich die weltliche Ordnungsmacht über das »Streitgebiet« der Religion erhob, vgl. oben, 2. Kapitel, A. II. 2.

[150] Exemplarisch *Berger*, Zur Dialektik von Religion und Gesellschaft, 1973, S. 101; umfassend *Seeger*, Europäische Integration und Säkularisierung von Staat und Politik, 2008, S. 19 ff.; für einen interdisziplinären Überblick zur internationalen Literatur *Stolzenberg*, The Return of Religion: The Rise, Decline, and Possible Resurrection of Legal Secularism, in: Sarat/Ewick (Hrsg.), The handbook of law and society, 2015, S. 274, 275.

[151] *Stolleis*, Eine neue Bilanz des Staatskirchenrechts, ZevKR 41 (1996), 435, 436; zustimmend *Walter*, Religionsverfassungsrecht in vergleichender und internationaler Perspektive, 2006, S. 198.

[152] Speziell zu den religionsverfassungsrechtlichen Verträgen von 1945–1990 *Unruh*, Religionsverfassungsrecht, 4. Aufl. 2018, S. 212 f.

[153] Bei den Volkszählungen von 1961 und 1970 wurden neben den evangelischen Kirchen und der katholischen Kirche als drittes die jüdischen Religionsgemeinschaften eigenständig erfasst, jedoch entfielen auf sie 0,0 % bzw. 0,1 % der Bevölkerung, vgl. die Gegenüberstellung in *Statistisches Bundesamt*, Statistisches Jahrbuch für die Bundesrepublik Deutschland 1972, S. 36. Bei der Volkszählung von 1987 wurden mit 2,7 % nur noch die islamischen Religionsgemeinschaften neben den Volkskirchen angegeben, siehe *Statistisches Bundesamt*, Statistisches Jahrbuch für die Bundesrepublik Deutschland 1989, S. 54. Zur Entwicklung des Islam in Deutschland infolge der Gastarbeiteranwerbung *Rohe*, Der Islam in Deutschland, 2016, S. 67 ff.

Vor dem Hintergrund dieser argumentativen Schwunglosigkeit und Ausblendungen lässt sich auch eine spitzere Einordnung der religionsverfassungsrechtlichen Debatte vornehmen: So beschrieb *Michael Brenner* auf der Staatsrechtslehrertagung 1999 diese besonderen Jahrzehnte als Zeit »relativer und nur selten gestörter Ruhe, in denen es sich der Staat und die etablierten Religionen unter dem weiten und bequemen Baldachin des Grundgesetzes doch relativ gemütlich gemacht haben«.[154]

6. Der vermeintliche »gravierende Einschnitt« der Schulkreuzentscheidung

Wie sehr die Diskussion über das Verhältnis von Staat und Religion auf das Verhältnis des Staates zu den Volkskirchen reduziert blieb, lässt sich noch 1994 in der zweiten Auflage des Handbuchs des Staatskirchenrechts der Bundesrepublik Deutschland erkennen. Obgleich die »religiös-weltanschauliche Neutralität« nun schon seit Jahrzehnten ein in diesem Wortlaut feststehender Terminus war, wurde dort stattdessen wiederholt von »konfessioneller Neutralität« gesprochen.[155] Selbst der Beitrag *Martin Heckels* zur religionsrechtlichen Parität, also der »Gleichberechtigung der (höchst verschiedenen) Religionsgemeinschaften im Staat«,[156] ist davon geprägt, dass die großen christlichen Kirchen gegenüber christlichen Freikirchen und Sekten und allenfalls noch gegenüber dem Atheismus abgegrenzt werden, von den weiteren Religionen fand nicht einmal der Islam Erwähnung.

Ganz unbemerkt verliefen die gesellschaftlichen Veränderungen natürlich nicht. Im Verlauf der Jahre waren immer wieder religionsverfassungsrechtliche Fragestellungen auch jenseits der Volkskirchen Gegenstand höchstrichterlicher Rechtsprechung[157] und in der Wissenschaft wurde der gesellschaftliche Wandel ebenfalls beobachtet und religionsverfassungsrechtlich reflektiert.[158] Speziell im Hinblick auf die religiös-weltanschauliche Neutralität als Rechtsbegriff fragte *Heinhard Steiger* bereits 1989 auf der Staatsrechtslehrertagung: »Können wir diesen Begriff von Neutralität, wie wir ihn in der Bundesrepublik entwickelt

---

[154] *Brenner*, Staat und Religion, VVDStRL 59 (2000), 264, 265.

[155] *Von Campenhausen*, Der heutige Verfassungsstaat und die Religion, in: Listl/Pirson (Hrsg.), HdbStKirchR Bd. I, 2. Aufl. 1994, S. 47, 78; *Heckel*, Das Gleichbehandlungsgebot im Hinblick auf die Religion, in: Listl/Pirson (Hrsg.), HdbStKirchR Bd. I, 2. Aufl. 1994, S. 623, 633. Gegen die Bezeichnung als »konfessionelle Neutralität« aber bereits *Böckenförde*, Kreuze (Kruzifixe) in Gerichtssälen?, ZevKR 20 (1975), 119, 130, der die Vermeidung einer Stellungnahme zwischen den beiden Konfessionen im Preußen des 19. Jahrhundert als konfessionelle Neutralität bezeichnete, um zu betonen, dass die Weimarer Republik und jedenfalls »der Staat des Grundgesetzes [...] nicht mehr nur bekenntnisneutral, d. h. christlich-paritätisch und im übrigen tolerant, sondern religionsneutral« ist.

[156] *Heckel*, Die religionsrechtliche Parität, in: Listl/Pirson (Hrsg.), HdbStKirchR Bd. I, 2. Aufl. 1994, S. 589.

[157] Aus der Rechtsprechung des Bundesverfassungsgerichts mit Bezug zur religiös-weltanschaulichen Neutralität des Staates vgl. z. B. BVerfGE 19, 1. (Neuapostoliker); BVerfGE 23, 127 (Zeugen Jehovas); BVerfGE 32, 98 (evangelischer Brüderverein); BVerfGE 35, 366 (jüdischer Beschwerdeführer); BVerfG NJW 1989, 3269 (neue religiöse Bewegungen).

[158] Beispielhaft und eingehend etwa *Weber*, Gelöste und ungelöste Probleme des Staatskirchenrechts, NJW 1983, 2541 ff.

haben […], noch so aufrecht erhalten, im Angesicht von Bewegungen religiöser Überzeugungen, die auf einem anderen Boden stehen als die bei uns bisher vorhandenen, – ich nenne den ›Islam‹ als Stichwort mit seinen fundamentalistischen Ansprüchen.«[159] Dieses prinzipielle Bewusstsein für die gesellschaftlichen Veränderungen genügte jedoch noch nicht, um die religionsverfassungsrechtliche Diskussion aus ihrer bequemen Ruhe der letzten Jahrzehnte zu bringen und den »ungebrochenen Konsens«[160] von Bundesverfassungsgericht und herrschender Lehre zu gefährden. Es bedurfte eines besonderen Ereignisses, das als Katalysator diente, um die Debatte auf ihr heutiges Niveau zu heben.

Dieses Ereignis war der Beschluss des Ersten Senats des Bundesverfassungsgerichts vom 16. Mai 1995,[161] mit dem eine bayerische Vorschrift, nach der in Unterrichtsräumen einer staatlichen Pflichtschule ein Kreuz anzubringen sei, für verfassungswidrig erklärt wurde. Die traditionalistischen Strömungen im Staatsrecht nahmen den Beschluss als Bruch mit der hergebrachten Offenheit des Staates für religiöses Leben wahr und empfanden ihn daher als »gravierenden Einschnitt« in der religionsverfassungsrechtlichen Entwicklung.[162] Tatsächlich befand sich die Entscheidung jedoch weitgehend auf Linie dessen, was das Bundesverfassungsgericht bereits 1975 in seinen Schulentscheidungen[163] festgestellt hatte, nur konnte im Fall des Schulkreuzes kein vergleichbarer Ausgleich zwischen den betroffenen Interessen gefunden werden, weil das Gericht das Kreuz nicht lediglich kulturell deuten wollte bzw. konnte.[164] Die Wahrnehmung der Entscheidung als »Einschnitt« hing also vor allem mit dem Ergebnis zusammen und nicht mit seiner Herleitung; neu waren nicht die rechtlichen Grundlagen der Entscheidung, sondern dass sich diese Grundlagen erstmalig einseitig zulasten der Mehrheitsreligion auswirkten. Die psychologische Brisanz des Beschlusses scheint insofern größer gewesen zu sein als seine juristische Innovation.[165] Diese

---

[159] *Steiger*, Diskussionsbeitrag, VVDStRL 48 (1990), 132, 134.

[160] *Groh*, Bundesverfassungsgericht und Religion, in: Anter/Frick (Hrsg.), Politik, Recht und Religion, 2019, S. 159.

[161] BVerfGE 93, 1 ff.

[162] *Müller-Volbehr*, Staatskirchenrecht an der Jahrtausendwende, ZevKR 44 (1999), 385, 400; zur Diskussion insgesamt siehe nur *Nolte*, Das Kreuz mit dem Kreuz, JöR 48 (2000), 87, 89 ff., eine gründliche Bibliographie der wissenschaftlichen Reaktionen in den ersten vier Jahren nach der Entscheidung findet sich dort in Fn. 8.

[163] BVerfGE 41, 29; 41, 65; 41, 88.

[164] Für die Anknüpfung an den Schulentscheidungen und zur Deutung des Kreuzes vgl. BVerfGE 93, 1, 23 f. Auf die Kontinuität in der Rechtsprechungslinie wies insb. *Czermak* wiederholt hin, siehe *Czermak*, Der Kruzifix-Beschluß zwischen Neutralität und Glaubensförderung sowie als Spielball der Emotionen, ZRP 1996, 201, 203 m. w. N.; weiterhin *Czermak*, Zur Unzulässigkeit des Kreuzes in der Schule aus verfassungsrechtlicher Sicht, in: Brugger/Huster (Hrsg.), Der Streit um das Kreuz in der Schule, 1998, S. 13, 38 f.; *Czermak*, Öffentliche Schule, Religion und Weltanschauung in Geschichte und Gegenwart der Bundesrepublik Deutschland, in: Muckel (Hrsg.), FS Rüfner, 2003, S. 79, 89.

[165] Dass Konfliktlagen ggf. nur einseitig zulasten einer Seite aufgelöst werden können, lässt sich als generelles Kennzeichen moderner religionsrechtlicher Konflikte beschreiben. Siehe hierzu unten, 3. Kapitel, C. Eine andere Deutung klingt hingegen bei *Petersen*, Verhältnismäßigkeit als Rationalitätskontrolle, 2015, S. 159 ff. an, der die Schulkreuzentscheidung als »Ausreißer in der Abwägungssystematik des Verfassungsgerichts« charakterisiert.

Einordnung darf allerdings nicht darüber hinwegtäuschen, dass die Schulkreuzentscheidung auf einer differenzierteren Ebene durchaus als ein historischer Fixpunkt für die Entwicklung der Dogmatik des Neutralitätsgebots gesehen werden kann. Zum einen war ungewohnt, wie stark das Bundesverfassungsgericht grundrechtlich argumentierte, wenn es um die religiös-weltanschauliche Neutralität ging. Weil das Neutralitätsgebot auf diese Weise stark über Art. 4 GG definiert wurde, kam *Christian Walter* zu der Einschätzung, dass die »grundrechtliche Orientierung des Verfassungsrechts« – die sich ja im Religionsverfassungsrecht noch nicht hatte durchsetzen können, obwohl sie bereits seit den 1960er Jahren vertreten wurde[166] – durch diese Entscheidung nun endgültig vom Bundesverfassungsgericht aufgegriffen worden sei, womit sie gleichzeitig »die Höhen der Theorie [verlassen] und in die Niederungen der forensischen Praxis hinabsteig[en]« musste.[167] Zum anderen war die Schulkreuzentscheidung zukunftsweisend, weil sie in diesen »Niederungen der forensischen Praxis« eine Vielzahl neuer Fragen aufwarf und offenließ, die nun rechtswissenschaftlich zu bearbeiten waren: Wo verläuft bei staatlichen Maßnahmen die Grenze zwischen (religiös-weltanschaulich neutralem) Kulturgut und (tendenziösem) Glaubensakt? Inwieweit wird der Gesetzgeber durch die religiös-weltanschauliche Neutralität gebunden? Muss Religion weitgehend aus dem öffentlichen Raum verbannt werden – und falls nicht: Was sind in einer religiös-weltanschaulich pluralistischen Gesellschaft die verfassungsrechtlichen Vorgaben für die Integration der Religionen und Weltanschauungen?[168] All dies sind Fragen, die die moderne religionsverfassungsrechtliche Debatte seither beherrschen.

IV. Erkenntnisse

Auch wenn die Schulkreuzentscheidung – so betrachtet – tatsächlich einen gravierenden Einschnitt darstellt und die Diskussion um die religiös-weltanschauliche Neutralität seither eine andere ist, darf das nicht darüber hinwegtäuschen, dass das Recht – und insbesondere das Verfassungsrecht – keine bloße Erscheinung des gegenwärtigen Augenblicks ist. Gesellschaftliche Strukturen und Überzeugungen mögen sich ändern und neue Fallgestaltungen können entstehen, aber das Recht ist – bei all seiner Dynamik – seinem Wesen nach auf Kontinuität ausgelegt. Rechtssätze werden kodifiziert, um ihnen dauerhafte Geltung zu verleihen, und Gerichte ordnen ihre Entscheidungen in eine Linie vorheriger Entscheidungen ein, obwohl diese von ganz anderen Personen zu ganz anderen Zeiten gefällt worden sind. Und selbst wenn sich das gesetzte Recht verändert lassen sich übergreifende Verständnisse identifizieren, etwa in Form bestimmter »Schulen« oder Denkströmungen.

---

[166] Siehe oben, 2. Kapitel, A. III. 3. c).

[167] *Walter*, Religionsverfassungsrecht in vergleichender und internationaler Perspektive, 2006, S. 199.

[168] Siehe hierfür *Brugger/Huster*, Einleitung, in: Brugger/Huster (Hrsg.), Der Streit um das Kreuz in der Schule, 1998, S. 7, 8; sowie die weiteren Beiträge in dem Sammelband.

Ein Bewusstsein für die Entwicklungsschritte des Religionsverfassungsrechts und die Geschichte der religiös-weltanschaulichen Neutralität als Rechtsbegriff hilft nicht nur z. B. dabei, ältere Gerichtsentscheidungen besser einordnen zu können. Es hilft auch dabei, die heutige Diskussion um das Neutralitätsgebot – trotz der veränderten gesellschaftlichen Rahmenbedingungen – präziser zu erfassen. Die Wahrnehmung für gewisse Argumentationsstrukturen wird geschärft, wenn sich vor Augen geführt wird, dass die Verortung des deutschen Religionsverfassungsrechts zwischen Staatskirchentum und Trennungssystem einen tieferen Aussagewert hat: Das Grundgesetz befindet sich hier in einem Spannungsfeld, das sich nicht ohne Weiteres auflösen lässt. Der Überblick über die Geschichte hat gezeigt, welche unterschiedlichen Kräfte am Werk waren und auf die Standortbestimmung des Religionsverfassungsrechts einwirkten. So finden sich auf der einen Seite die Tendenzen einer gegenseitigen Vereinnahmung von Staat und Religion aufgrund von politischem Kalkül bzw. kirchlichem Machtanspruch, wobei beides durchaus mit Gemeinwohlvorstellungen verbunden sein kann. Auf der anderen Seite stehen die Befürworter einer Trennung von Staat und Religion, entweder mit etatistischer Motivation, also um den weltlichen Machtanspruch des Staates zu verteidigen, oder aus liberaler Überzeugung, wobei diese wiederum zwei Facetten aufweist. Sie kann entweder einen religionskritischen Einschlag haben und eine Verbannung des Religiösen ins Private fordern, um so die bürgerliche Freiheit gegen weltanschauliche Fremdbestimmung zu verteidigen. Oder die liberale Überzeugung entsteht gerade aus bewusster Religiosität und setzt sich dafür ein, die Glaubensüberzeugung vor Fehldeutungen und machtpolitischem Missbrauch durch weltliche Autoritäten zu schützen.

Weiterhin wird vor dem historischen Hintergrund an die traditionsreiche Prägekraft der christlichen Volkskirchen erinnert. Zwar ist ihre gesamtgesellschaftliche Relevanz heute nicht mehr so unhinterfragbar wie vor einigen Jahrzehnten, doch darf dieser Umstand nicht darüber hinwegtäuschen, wie zentral sie für den Prozess der Ausformung des modernen Religionsrechts waren. Über Jahrhunderte hinweg waren die großen christlichen Kirchen die Gegenüber des Staates in religionsrechtlichen Angelegenheiten, bis dahin, dass selbst auf dem Boden des Grundgesetzes durch den Bundesgerichtshof höchstrichterlich vertreten worden war, die Kirchen seien dem Staat gleichgeordnete Institutionen. Die Verwobenheit der Geschichte des deutschen Religionsverfassungsrechts mit den christlichen Volkskirchen hat ein gedankliches Erbe erzeugt, dessen man sich bewusst sein muss, um mit ihm – in welchem Sinne auch immer – reflektiert umgehen zu können.

Noch ein weiterer Wesenszug wurde durch die historischen Ausführungen deutlich: Das Verhältnis von Staat und Kirche in Deutschland ist eine lange Geschichte von Kompromissen und Fragen, die bewusst offengelassen wurden, um in dieser Unbestimmtheit gegensätzliche Verständnisse integrieren zu können. Erinnert sei insbesondere an die Frage nach dem Inhalt des kirchlichen Selbstbestimmungsrechts im Kaiserreich und an die Verunsicherung über die genaue Bedeutung des Körperschaftsstatus in der Weimarer Republik. Die Offenheit des Begriffs der religiös-weltanschaulichen Neutralität, in dem sich ganz verschiedene Verständnisse wiederfinden, ist also nicht ungewöhnlich. Es scheint vielmehr ein typisches Phänomen im Religionsverfassungsrecht zu sein, dass veränderte gesellschaftliche Verhältnisse zu Debatten über eine Neuausrichtung des Verhältnisses von Staat und Religion führen und dass diese Debatten anhand von solchen unbestimmten Rechtsbegriffen geführt werden.

All dies soll zeigen und dafür sensibilisieren, dass die religiös-weltanschauliche Neutralität des Staates als Rechtsbegriff eine historisch gewachsene Erscheinung ist. Wenn heute anhand des Neutralitätsgebots über das Verhältnis des Staates zu Religionen und Weltanschauungen diskutiert wird, dann handelt es sich dabei nicht um eine neue Diskussion – weder der Sache nach, noch was die Strukturen und zugrundeliegenden Positionen angeht. Viele der heute relevanten Interessenlagen, Argumentationsmuster und Lösungsansätze waren schon vorhanden. Unter den veränderten religionssoziologischen Rahmenbedingungen erscheinen sie nun in einem neuen Gewand, wobei auch ihre Unterschiede offener Zutage treten.[169]

B. Politisch-philosophische Annäherungen: Die aktuelle Diskussion um Religion in der politischen Öffentlichkeit

I. Interdisziplinäre Vorbemerkungen

In welchem Umfang sich Religionen und Weltanschauungen öffentlich entfalten dürfen, ist nicht ausschließlich ein Thema der Staatsrechtswissenschaft, sondern unter anderem auch der politischen Philosophie.[170] Die dortige Debatte kreist um zwei separate Themenfelder. Zum einen wird danach gefragt, was die Wesensmerkmale von Religion sind und ob es in Anbetracht dieser Merkmale gerechtfertigt ist, dass Religionen staatlicherseits besonderen Schutz – insbesondere durch ein spezielles Grundrecht der Religionsfreiheit – erfahren.[171] Aus rechtlicher Perspektive kann zwar die erste Teilfrage (Wesensmerkmale von Religion) von Interesse sein, insbesondere wenn darüber zu entscheiden ist, ob in einem bestimmten Fall der Schutzbereich der Religionsfreiheit eröffnet ist. Im Staat des Grundgesetzes ist die zweite Teilfrage (Rechtfertigung besonderen Schutzes) für Juristinnen und Juristen hingegen irrelevant, da die grundsätzliche Frage nach Religionsfreiheit durch Art. 4 Abs. 1 und 2 GG beantwortet ist.[172]

---

[169] Ähnlich für die Diskussion seit der Schulkreuzentscheidung *Huster*, Die ethische Neutralität des Staates, 2002, S. 29.

[170] Weiterhin betrifft diese Frage naturgemäß vor allem die religiösen Wissenschaften. Für ein aktuelles Beispiel einer umfassenden Aufarbeitung aus der evangelischen Theologie siehe *Polke*, Öffentliche Religion in der Demokratie, 2009, der es unternimmt, »Elemente einer theologischen Theorie von weltanschaulicher Neutralität« zu entwickeln, vgl. S. 143 ff.

[171] Beispielhaft *Dworkin*, Religion without god, 2013, S. 105 ff.; *Leiter*, Why Tolerate Religion?, 2014, S. 54 ff.; *Sullivan*, The Impossibility of Religious Freedom, 2011, S. 89 ff. Eine eingehende Strukturierung und Analyse der Diskussion findet sich bei *Wahedi*, Abstraction from the Religious Dimension, Buffalo Human Rights Law Review 24 (2017–2018), 1 ff.

[172] Im Rahmen der Vorgaben des Art. 79 GG ist zwar eine Verfassungsänderung denkbar, dies ist jedoch eine politische und eben keine rechtliche Entscheidung. Die juristische Erörte-

Von bedeutend höherer juristischer Relevanz ist demgegenüber das zweite religionsbezogene Themenfeld, das in der politischen Philosophie unter der Überschrift von »Religion in der politischen Öffentlichkeit« diskutiert wird. Diese Debatte über das grundsätzliche Verhältnis von politischer Entscheidungsfindung und Religion weist deutliche Parallelen zur juristischen Diskussion über die religiös-weltanschauliche Neutralität auf, wobei die politisch-philosophische Debatte an einigen Stellen klarer ausdifferenziert ist und teilweise sogar – wie sich zeigen wird – den geistigen Nährboden für juristische Konzepte liefert.[173] Aufgrund dieser Parallelen und Verbindungen ist ein Bewusstsein für die Argumentationsstrukturen in der politischen Philosophie hilfreich für ein vertieftes Verständnis der Begründungen von juristischen Neutralitätsverständnissen, weswegen im Folgenden ein Überblick über die Diskussion bzgl. Religion in der politischen Öffentlichkeit gegeben werden soll. Gerade weil dieser Überblick dazu dienen soll, den juristischen Diskurs transparenter zu machen, erscheint es sinnvoll, die Darstellung nicht an den Einzelmeinungen bestimmter Autoren auszurichten, sondern vorrangig anhand der verwendeten Argumenttypen zu gliedern. Abgesehen davon, dass diese Arbeit für eine umfassende Wiedergabe der komplexen politisch-philosophischen Debatte der falsche Ort wäre, ist es für die juristische Arbeit ohnehin zielführender, die tragenden Argumentationsmuster zu strukturieren und nur gegebenenfalls anhand spezieller Stellungnahmen zu exemplifizieren. Auf diese Weise lassen sich in der späteren Aufarbeitung des juristischen Diskurses die dort auftauchenden Argumenttypen einfacher identifizieren, gewichten und mit Gegenargumenten verbinden.

Um die Struktur der verschiedenen Argumentarten zu verdeutlichen, wird sich im Folgenden an die Gliederung von *Martin Breul* angelehnt, wonach die in der politisch-philosophischen Diskussion vorgebrachten Argumente in vier Typen unterteilt werden können.[174] Der erste Argumenttyp sind *konsequentialistische Argumente*, mittels derer die gesellschaftlich positiven bzw. negativen Folgen von Religion hervorgehoben werden. Daneben werden *ethische Argumente* vorgebracht, welche die Frage betreffen, inwiefern es moralisch vertretbar ist, Einflussfaktoren religiös-weltanschaulicher Art in den politischen Diskurs

---

rung des Verhältnisses von Staat und Religion endet auf der Ebene des aktuell geltenden Grundgesetzes; vgl. etwa *Kingreen*, Vorrang und Vorbehalt der Verfassung, in: Isensee/Kirchhof (Hrsg.), HStR Bd. XII, 3. Aufl. 2014, S. 293, 294 ff.

[173] Ebenso *Dreier*, Staat ohne Gott, 2018, S. 103.

[174] *Breul*, Religion in der politischen Öffentlichkeit, 2015, S. 24 ff. Ein alternatives Systematisierungsmodell findet sich bei *Cavuldak*, Gemeinwohl und Seelenheil, 2015, S. 442 ff., der zwischen einem »philosophisch-epistemischen Argument«, einem »pragmatischen Friedensargument«, einem »normativ-menschenrechtlichen Argument« sowie einem »religiösen Argument« differenziert. Auch *Grotefeld*, Religiöse Überzeugungen im liberalen Staat, 2006, S. 34 ff. untersucht die Argumente, mit denen eine Selbstbeschränkung der Religionen im öffentlichen Diskurs gefordert wird, wobei er weniger auf die verschiedenen Argumenttypen, dafür mehr auf weitere Aspekte wie Kontexte und Adressaten eingeht. Einen weniger strukturierten, aber dennoch pointierten Überblick über die verschiedenen Positionen bieten *Boettcher/Harmon*, Introduction: Religion and the public sphere, Philosophy & Social Criticism 35 (2009), 5 ff.

einzubringen bzw. sie auszuschließen.[175] Darüber hinaus werden *politische Argumente* verwendet, mit denen – etwa unter Zugrundelegung demokratietheoretischer Überlegungen – vom Wesen der Staatlichkeit her argumentiert wird. Der vierte Argumenttyp sind die *epistemologischen Argumente*, die mit dem liberalen Legitimitätsprinzip in Verbindung stehen. Dessen zugrundeliegende Annahme ist, dass staatliche Machtausübung, um legitim zu sein, die Zustimmung aller Bürger erhalten können müsse, weswegen die Machtausübung auf nachvollziehbare Gründe zu stützen sei. Die Darstellung der verschiedenen Argumenttypen wird verdeutlichen, dass die politisch-philosophische Diskussion an einem argumentativen Patt angekommen ist: Gründe für und Gründe gegen eine Beschränkung religiös-weltanschaulicher Einflüsse stehen sich unauflösbar gegenüber. In letzter Zeit wurden daher verschiedene Versuche unternommen, die verhärteten Fronten aufzuweichen und die Diskussion konstruktiv weiterzuentwickeln, wobei der einflussreichste Versuch Kontinentaleuropas von *Jürgen Habermas* formuliert wurde. Dieser Ansatz soll zum Abschluss der folgenden Darstellung präsentiert werden, da er ebenfalls in der juristischen Debatte um das Neutralitätsgebot punktuell in Bezug genommen wird und weil er Möglichkeiten zur Überwindung der bestehenden Differenzen illustriert.

Bevor die Details der politisch-philosophischen Diskussion nachgezeichnet werden sollen, muss ihre Grundfrage verdeutlicht werden, was ebenfalls der Interdisziplinarität dieses Abschnitts geschuldet ist. Die juristische und die politisch-philosophische Debatte dürfen nämlich trotz ihrer Parallelen nicht unüberlegt gleichgesetzt werden. Während die – deutsche – juristische Debatte um die religiös-weltanschauliche Neutralität des Staates im Kern der Frage nachgeht, was dem Staat in religiös-weltanschaulichen Kontexten (verfassungs-)rechtlich geboten, erlaubt oder verboten ist, wird in der – vornehmlich angloamerikanisch geprägten[176] – politisch-philosophischen Debatte um Religion in der politischen Öffentlichkeit ein anderer Schwerpunkt gesetzt. Dort wird die gesellschaftliche Rolle von Religionen und Weltanschauungen vor allem im Hinblick auf die Frage behandelt, ob und inwieweit religiös-weltanschauliche Überzeugungen eine zulässige Argumentationsgrundlage in öffentlichen Diskursen zu politischen Fragestellungen bieten, wobei »Zulässigkeit« nicht im juristisch-zwingenden Sinne zu verstehen ist, sondern zunächst eine moralische Wertung darstellt.[177] Die politischen Fragestellungen, die insofern von besonderem Inter-

[175] Zu den verschiedenen Bedeutungsdimensionen und inhaltlichen Differenzierungen bei der Verwendung der Begriffe Ethik und Moral vgl. die umfassenden Aufarbeitungen bei *Vöneky*, Recht, Moral und Ethik, 2010, S. 24 ff.; sowie *Graf*, Ethik und Moral im Grundgesetz, 2017, S. 34 ff., speziell zur Unterscheidung dieser beiden Kategorien S. 56 ff.; aus genuin philosophischer Perspektive etwa *Dworkin*, Gerechtigkeit für Igel, 2014, S. 33 ff. Für die hier verfolgten Zwecke genügt allerdings ein einfaches Begriffsverständnis, sodass die Begriffe synonym im Sinne sittlicher Gebotenheit verwendet werden.

[176] Hierzu *Breul*, Religion in der politischen Öffentlichkeit, 2015, S. 26; sowie *Grotefeld*, Religiöse Überzeugungen im liberalen Staat, 2006, S. 11.

[177] Das schließt jedoch nicht aus, dass auch im politisch-philosophischen Diskurs zwangsbewehrte Mechanismen zur verbindlichen Durchsetzung dieser moralischen Wertungen angedacht werden, siehe etwa *Habermas*, Religion in der Öffentlichkeit, in: ders., Zwischen Naturalismus

esse sind, betreffen freiheitsbeschränkende Maßnahmen des Staates. Zusammengefasst lautet die Grundfrage der politisch-philosophischen Diskussion daher: Ist es moralisch zulässig, im öffentlichen Diskurs mit religiösen Argumenten potenziell freiheitsbeschränkende Maßnahmen zu fordern?[178] In Einzelfällen wird diese Grundfrage allerdings weiter gefasst. So wird sie teilweise nicht auf Religionen beschränkt, sondern auch nach der argumentativen Zulässigkeit von umfassenden säkularen Weltbildern gefragt; in anderen Fällen geht es nicht bloß darum, ob religiöse Argumente auszuschließen sind, sondern sogar darum, ob Religion bereits keine motivationale Grundlage für eine dem äußeren Anschein nach säkulare Argumentation sein darf. Für das hier verfolgte Anliegen, die grundlegenden Argumentationsmuster des politisch-philosophischen Diskurses aufzuzeigen, haben diese Abweichungen in der Grundfrage allerdings keine Konsequenzen, weswegen sie allenfalls unkommentiert zur Kenntnis genommen werden sollen.

II. Argumenttypen im Diskurs der politischen Philosophie

1. Konsequentialistische Argumente

Der erste Typ von Argumenten, mittels derer über die Rolle von religiösen Standpunkten in öffentlichen Diskursen gestritten wird, lässt sich als »konsequentialistisch« beschreiben, da auf die gesellschaftlichen Auswirkungen von Religion verwiesen wird. Von Seiten derer, die Religion aus dem öffentlichen Diskurs ausschließen wollen (exklusivistische Position), wird Religion als eine Gefahr für den gesellschaftlichen Zusammenhalt dargestellt, wohingegen diejenigen, die für die Zulässigkeit religiöser Meinungen eintreten (inklusivistische Position), positive Wirkungen betonen oder zumindest erklären, Religion sei nicht gefährlicher als andere gesellschaftliche Phänomene.[179] Beide Seiten treffen sich in ihrer Argumentationsführung darin, dass sie die positiven bzw. negativen Auswirkungen von Religion auf einer geschichtlichen und einer strukturellen Ebene behandeln. Aufgrund dieser verhältnismäßig klar abgesteckten Felder bietet sich eine kontradiktorische Darstellung der Argumentationsführung an, wobei die exklusivistische Position mit ihrer Forderung eines Ausschlusses zuerst vorgestellt werden soll. Im Gegenzug soll die Verteidigung der inklusivistischen Position gehört werden, die sich allerdings nicht darauf beschränkt, die Argumente der Exklusi-

---

und Religion, 2005, S. 119, 137. Vertiefend zur Frage der moralischen Verbindlichkeit *Boettcher*, The Moral Status of Public Reason, The Journal of Political Philosophy 20 (2012), 156 ff.

[178] Vgl. *Breul*, Religion in der politischen Öffentlichkeit, 2015, S. 14; ebenso *Grotefeld*, Religiöse Überzeugungen im liberalen Staat, 2006, S. 11. *Cavuldak*, Gemeinwohl und Seelenheil, 2015, S. 16 f. fasst die entscheidende Frage hingegen weiter. Für ihn geht es darum, »ob und inwiefern die religiösen Belange bei der demokratischen Suche nach dem Gemeinwohl berücksichtigt werden dürfen und wenn nicht, warum?«.

[179] Die Bezeichnung als exklusivistische bzw. inklusivistische Position ist angelehnt an *Winandy*, Normativität im Konflikt, 2014, S. 301 ff., sie ist aber auch darüber hinaus gängig, ohne dass eine Ursprungsquelle ersichtlich ist. Für den englischsprachigen Raum vgl. etwa *Perry*, Under God?, 2003, S. X der Einleitung.

visten zu entkräften, sondern eigene, positive Begründungen für eine Inbezugnahme religiöser Standpunkte formuliert, weswegen abschließend noch einmal die exklusivistischen Gegenargumente zur Sprache kommen sollen.

a) Die Argumente der exklusivistischen Position

Auf der geschichtlichen Ebene weist die Argumentationsweise der exklusivistischen Position nicht selten Bezüge zu der (bereits aus den historischen Annäherungen bekannten)[180] Säkularisationsthese auf, der zufolge moderne Staatlichkeit eine Antwort auf das Konfliktpotenzial der Religionen sei.[181] Gleichwohl beschränken sich die geschichtlichen Anklänge nicht auf die zentraleuropäischen Konfessionskriege des 17. Jahrhunderts, sondern betreffen ganz unterschiedliche Beispiele wie Hexenverbrennungen, Kreuzzüge und Zwangsmissionierung in Kolonien sowie moderne Erscheinungen religiöser Gewalt wie im Nordirlandkonflikt oder Bosnienkrieg und natürlich den islamistischen Terrorismus sowie darüber hinaus etwa religiös begründete Homophobie.[182] All dies dient als Beleg für eine Gefährlichkeit, die im Wesen der Religionen verankert sei und die nicht als motivationale Ressource politischer Entscheidungen dienen dürfe. Mit dieser geschichtlichen Beweisführung geht eine strukturelle Analyse von Religion einher, die ebenfalls das Ziel verfolgt, das grundsätzliche Gefahrenpotenzial religiöser Überzeugungen darzulegen. Als entscheidendes Merkmal von Religionen wird angesehen, dass sie in irgendeiner Form eine besondere geistliche Wahrheit und eine tiefere Einsicht darin, wie Menschen gut leben, für sich in Anspruch nehmen. Daraus folge ein Absolutheitsanspruch der Religionen, der sich zum einen darauf beziehe, alleiniger Inhaber der richtigen Weltsicht zu sein, und der zum anderen eine umfängliche Vereinnahmung der Gläubigen zur Folge habe.[183] Dieser doppelförmige Absolutheitsanspruch sei gepaart mit einem Gefühl der Überlegenheit gegenüber anderen Religionen, Weltanschauungen oder areligiösen Lebensweisen. Damit gehe zudem eine Tendenz zur Kompromisslosigkeit einher, die *Richard Rorty* zum Ausdruck brachte, als er von Religion als »con-

---

[180] Siehe oben, 2. Kapitel, A. II. 2.

[181] Dahingehend *Habermas*, Religion in der Öffentlichkeit der »postsäkularen« Gesellschaft, in: ders., Nachmetaphysisches Denken II, 2012, 308, 315; *Rawls*, Politischer Liberalismus, 1998, S. 21; *Schmidt*, Vernünftiger Pluralismus – gerechtfertigte Überzeugungen, in: Schmidt/Lutz-Bachmann (Hrsg.), Religion und Kulturkritik, 2006, S. 35; *Schwarzschild*, Religion and Public Debate in a Liberal Society, San Diego Law Review 30 (1993), 903, 904 ff.; *Taylor*, Drei Formen des Säkularismus, in: Kallscheuer/Brague (Hrsg.), Das Europa der Religionen, 1996, S. 217, 219.

[182] Beispielhaft zu dieser Argumentation und mit jeweils unterschiedlicher Schwerpunktsetzung *Hitchens*, God is not great, 2009, S. 15 ff.; *May*, Religion und die Zukunft der Demokratie, 2008, S. 179 ff.; *Rawls*, Über meine Religion, in: Nagel (Hrsg.), John Rawls – Über Sünde, Glaube und Religion, 2010, S. 301, 306 f.; *Rorty*, Religion in the Public Square, Journal of Religious Ethics 31 (2003), 141 ff.; *Schieder*, Sind Religionen gefährlich?, 2. Aufl. 2011, S. 53 ff.; *Taylor*, Die Bedeutung des Säkularismus, in: Forst/Hartmann u. a. (Hrsg.), Sozialphilosophie und Kritik, 2009, S. 672, 680, 694 f.

[183] Vgl. *Audi*, Democratic authority and the separation of church and state, 2011, S. 42, 71; *Audi*, Religious commitment and secular reason, 2000, S. 68 f.; 100 ff.; *Hitchens*, God is not great, 2009, S. 10.

versation stopper« sprach[184] – sobald auf den Willen einer Gottheit bezuggenommen wird, gebe es nur noch ein »dafür« oder »dagegen« und jegliche weitere inhaltliche Auseinandersetzung komme zum Erliegen. *Robert Audi* betont diese strukturelle Ausrichtung von Religion ebenfalls, wobei er die Gefahr der Übergriffigkeit deutlicher hervorhebt, wenn er feststellt: »Religious people often tend to be, in a way that is rare in secular matters, highly and stubbornly passionate about the importance of everyone's acting in accordance with religious reasons«.[185] Noch deutlicher wird der Ägyptologe und Kulturtheoretiker *Jan Assmann*, der (in Abgrenzung zu polytheistischen Religionen) den monotheistischen Religionen mit ihrer »mosaischen Unterscheidung« zwischen wahr und falsch besondere Gewaltpotenziale attestiert.[186] In Anbetracht dieser Gefahren sei es moralisch nicht vertretbar, so die Schlussfolgerung der exklusivistischen Position, religiöse Standpunkte überhaupt in öffentliche Diskurse einzubringen.

b) Die Verteidigung der inklusivistischen Position

Die inklusivistische Position begegnet dieser Kritik religiöser Standpunkte auf der historischen Ebene zunächst damit, dass auf zivilisatorische Errungenschaften hingewiesen wird, die maßgeblich durch religiöse Überzeugungen motiviert gewesen seien – im anglo-amerikanischen Raum sind das Verbot der Sklaverei und die Bürgerrechtsbewegung die prominentesten und am meisten genannten Beispiele.[187] Damit wird zum einen versucht, zu widerlegen, dass Religion per se eine Gefährlichkeit anhängt, aufgrund derer sie aus dem politischen Kontext ausgeklammert werden solle, und sie wird als eine positive Ressource ethischer Aufmerksamkeit dargestellt. Zum anderen schwingt darin der Vorwurf mit, dass sich die exklusivistische Position widersprüchlich verhalte, wenn sie auf der einen Seite z. B. Gleichberechtigung als eine moralische Forderung dekla-

---

[184] *Rorty*, Religion As Conversation-stopper, in: ders., Philosophy and Social Hope, 3. Aufl. 1999, S. 168, 171. *Rorty* hat seitdem eingestanden, dass seine Äußerungen »hasty and insufficiently thoughtful« waren und eine differenziertere Position eingenommen, vgl. *Rorty*, Religion in the Public Square, Journal of Religious Ethics 31 (2003), 141, 148 f. sowie sogleich, 2. Kapitel, B. II. 1. d).

[185] *Audi*, Religious commitment and secular reason, 2000, S. 102.

[186] *Assmann*, Die mosaische Unterscheidung oder der Preis des Monotheismus, 2008, S. 28 ff.; relativierend aber *Assmann*, Monotheismus und die Sprache der Gewalt, in: Walter (Hrsg.), Das Gewaltpotential des Monotheismus und der dreieine Gott, 2005, S. 18, 38: »Für uns heute, die wir in einer anderen Zeit leben, ist es wichtig, sich klarzumachen, daß die Gewalt dem Monotheismus nicht als eine notwendige Konsequenz eingeschrieben ist.«; im Ergebnis der These des besonderen Gewaltpotenzials monotheistischer Religionen zustimmend *Schnädelbach*, Religion in der modernen Welt, 2. Aufl. 2009, S. 90 ff.; ähnlich auch *Sloterdijk*, Gottes Eifer, 2007, S. 44 ff.; kritisch hingegen *Schieder*, Sind Religionen gefährlich?, 2. Aufl. 2011, S. 105 ff.

[187] Beispielhaft *Keller*, The Reason for God, 2008, S. 62 ff.; sowie *Wolterstorff*, Why We Should Reject What Liberalism Tells Us about Speaking and Acting in Public for Religious Reasons, in: Weithman (Hrsg.), Religion and contemporary liberalism, 1997, S. 162, 167. Gegen den »Mythos« der grundsätzlichen Gewaltgeneigtheit von Religionen ebenfalls *Cavanaugh*, The Myth of Religious Violence, 2009, S. 6 und passim; auf Grundlage zahlreicher internationaler Fallstudien verschiedener Religionen *Weingardt*, Religion Macht Frieden, 2007, S. 409; in Bezug hierauf *Schieder*, Sind Religionen gefährlich?, 2. Aufl. 2011, S. 92 ff.

riert und auf der anderen Seite Freiheitskämpferinnen, die hierfür aus religiösen Motiven und mit religiösen Argumenten eintraten, im Ergebnis als unmoralisch disqualifiziert.[188] Darüber hinaus wird auf historischer Ebene vorgebracht, dass Religion keineswegs als einzige oder zumindest als besonders gefährliche Quelle für Gewalt stilisiert werden könne, da es gerade atheistische und antireligiöse Bewegungen waren, die die Menschheit im 20. Jahrhundert auf bisher unerreichte Gipfel von Hass, Zerstörung und Vernichtung führten.[189] Von daher sei es unangemessen, religiöse Standpunkte aus dem öffentlichen Diskurs auszuschließen, säkulare Standpunkte aber zuzulassen.

Diese Argumentationsweise der inklusivistischen Position, sowohl die positiven Aspekte von Religion hervorzuheben als auch eine Benachteiligung gegenüber säkularen Standpunkten zu beanstanden, findet sich auch auf derjenigen Ebene, wo die strukturellen Eigenschaften von Religion thematisiert werden. So wird dem Vorwurf, Religionen würden zu Überheblichkeit und Kompromisslosigkeit tendieren, mit Verweisen auf ein besonderes Friedens- und Toleranzpotenzial begegnet, das den religiösen Schriften entnommen werden könne.[190] Teilweise wird von der inklusivistischen Position aber auch eingestanden, dass Religionen aufgrund ihres Glaubens an bestimmte letzte Wahrheiten ein Potenzial zu inhaltlicher Kompromisslosigkeit innewohne. Gleichzeitig wird aber darauf verwiesen, dass dies kein Alleinstellungsmerkmal religiöser Überzeugungen sei, sondern säkulare Ideologien, naturwissenschaftliche Theorien und philosophische Konzepte gleichermaßen »conversation-stopper« sein könnten.[191]

Zwei besondere Argumente sind noch zu nennen, mit denen von inklusivistischer Seite gegen einen Ausschluss religiöser Standpunkte aus dem öffentlichen Diskurs politischer Fragen eingetreten wird. Das erste Argument setzt dort an, wo die Säkularisation der Politik als Reaktion auf religiöse Intoleranz und weltliche Machtansprüche der Kirchen gedeutet wird. Während dies in der Vergangenheit der Fall gewesen sein mag, so wird argumentiert, hätten sich die christlichen Kirchen spätestens mit dem Zweiten Vatikanischen Konzil mit der Religionsfreiheit und der weltlichen Macht des Staates arrangiert. Folglich könne eine strukturelle Gefahr der Kirchen nicht mehr angenommen werden und es

---

[188] Vertiefend m. w. N. *Breul*, Religion in der politischen Öffentlichkeit, 2015, S. 37 Fn. 61.

[189] Deutlich etwa *Casanova*, Europas Angst vor der Religion, 2009, S. 14 f.; *Taylor*, Die Bedeutung des Säkularismus, in: Forst/Hartmann u. a. (Hrsg.), Sozialphilosophie und Kritik, 2009, S. 672, 694 f.; *Wolterstorff*, Why We Should Reject What Liberalism Tells Us about Speaking and Acting in Public for Religious Reasons, in: Weithman (Hrsg.), Religion and contemporary liberalism, 1997, S. 162, 167; dagegen *Hitchens*, God is not great, 2009, S. 229 ff.

[190] Typischerweise wird dann auf das christliche Gebot der Nächstenliebe (vgl. etwa Mk 12, 31; Gal 5, 14) oder für den Islam auf in Sure 10, 99 hingewiesen, wo es heißt: »Und wenn Dein Herr gewollt hätte, so würden alle auf der Erde gläubig werden. Willst Du etwa die Leute zwingen, gläubig zu werden?«. Beispielhaft für die christliche Seite *Keller*, The Reason for God, 2008, S. 56 ff. Zu Sure 10, 99 sowie weiteren »Freiheitspotentialen« im Koran *Cavuldak*, Gemeinwohl und Seelenheil, 2015, S. 556 ff.

[191] *Wolterstorff*, An Engagement with Rorty, Journal of Religious Ethics 31 (2003), 129, 131 ff.; ebenso *Stout*, Democracy and Tradition, 2009, S. 85 ff.

fehle damit an einem Grund dafür, religiöse Standpunkte auszuklammern.[192] Mit einem zweiten Argument wird versucht, die historisch unleugbare Tatsache religiös motivierter und gerechtfertigter Gewalt zu entschärfen. Der Gedanke ist alt: Bereits *Jean-Jacques Rousseau* hatte – obwohl er im Christentum mit seinem Wahrheitsanspruch eine Gefahr für den staatlichen Machtanspruch sah – festgestellt, dass es nicht die religiöse Lehre an sich sei, die zu Gewalt führt: »Untersuchen Sie alle vorigen Kriege, welche man Religionskriege nennt, und Sie werden nicht einen finden, welcher seinen Ursprung nicht am Hof oder in dem Interesse der Großen gehabt hätte.«[193] Auf dieser Linie befinden sich auch viele zeitgenössische Untersuchungen, denen zufolge religiöse Gewalt selten wirklich religiös motiviert, sondern in der Regel von politischen Machtinteressen gelenkt sei.[194] Vor diesem Hintergrund wird argumentiert, dass es sich bei den dokumentierten Fällen religiöser Gewalt lediglich um Instrumentalisierungen handele und daher nicht darauf geschlossen werden könne, dass Religionen wesensgemäß gefährlich seien.[195]

c) Die Antworten der exklusivistischen Position

Der inklusivistischen Position gelingt es also, der exklusivistischen Position Beispiele historischer und struktureller Art entgegenzusetzen, die für gesellschaftlich positive Wirkungen von Religion sprechen; darüber hinaus werden einige grundsätzliche Punkte formuliert, die einem Ausschluss speziell religiöser Standpunkte aus dem öffentlichen Diskurs entgegenstehen. Dennoch wird das argumentative Gleichgewicht durch die Verteidigung der inklusivistischen Position nicht einseitig zugunsten einer pro-religiösen Bewertung verschoben, denn die Argumente der inklusivistischen Position sehen sich ihrerseits Vorbehalten gegenübergestellt. Wenn von inklusivistischer Seite angeführt wird, dass die gesellschaftliche Gefährlichkeit der Kirchen durch die Anerkennung der weltlichen Macht des Staates und der Religionsfreiheit beseitigt sei, ist dies ein Argument, das sich eben speziell auf die christlichen Großkirchen Zentraleuropas bezieht. Viele andere Religionsgesellschaften haben diese Schritte (noch) nicht vollzogen, wobei oftmals insbesondere auf den Islam rekurriert wird, dem

---

[192] Zu dieser wohl eher kontinentaleuropäischen Argumentation *Böckenförde*, Der säkularisierte Staat, in: ders., Der säkularisierte Staat, 2007, S. 11, 17f.; sowie *Cavuldak*, Gemeinwohl und Seelenheil, 2015, S. 477f. Für die U.S.A. betont *Schwarzschild*, Religion and Public Debate in a Liberal Society, San Diego Law Review 30 (1993), 903, 910ff. die Ausdifferenzierung der Gesellschaft in eine Vielzahl von religiösen und weltanschaulichen Gruppen, die es verhindere, dass eine bestimmte Gruppe zu einer dominierenden und somit gefährlichen Macht anwachsen könne.

[193] *Rousseau*, Brief an Christophe de Beaumont, in: Ritter (Hrsg.), Jean-Jacques Rousseau – Schriften, Bd. 1, 1978, S. 497, 558.

[194] Speziell mit Fokus auf modernem Terrorismus *Pape*, Dying to win, 2006, S. 27 und passim; »im Wesentlichen« zustimmend *Juergensmeyer*, Die Globalisierung religiöser Gewalt, S. 398; *Kippenberg*, Gewalt als Gottesdienst, 2008, S. 23, 198ff.; *Schieder*, Sind Religionen gefährlich?, 2. Aufl. 2011, S. 86, der Religionen allerdings gleichzeitig als »Brandbeschleuniger« bezeichnet, vgl. S. 89.

[195] *Cavuldak*, Gemeinwohl und Seelenheil, 2015, S. 478ff.

die Trennung von Staat und Religion wesensfremd sei.[196] Genauso wenig führt der Verweis auf Friedens- und Toleranzgebote in heiligen Schriften oder Lehrmeinungen weiter, denn es finden sich regelmäßig auch andere Passagen oder Lehren, die sich zugunsten von Gewalt und Intoleranz deuten lassen.[197] Und sofern eine solche Deutung von religiöser Seite als eine Fehlinterpretation dessen, was »eigentlich gemeint« sei, oder gar als bewusster Missbrauch der Religion dargestellt wird, bestätigt dies im Ergebnis sogar die Vermutung, dass Religionen gefährlich sind. Im Hinblick auf die gesellschaftlichen Konsequenzen ist es irrelevant, ob Gewalt und Intoleranz in einer Religion selbst veranlagt sind oder ob ihre Gefährlichkeit darin wurzelt, dass sie missbrauchsanfällig ist und auf diese Weise Kontrolle über Menschen zu zerstörerischen Zwecken ermöglicht.[198]

d) Beurteilung der konsequentialistischen Argumente

Bereits losgelöst von der konkreten Argumentationsführung bestehen Zweifel grundsätzlicher Art, ob konsequentialistische Argumente eine taugliche Basis darstellen, um über die Zulässigkeit bestimmter Positionen zu urteilen. Dieser Argumenttyp basiert auf der Prämisse, dass es unmoralisch sei, auf Grundlage gesellschaftsschädlicher Überzeugungen am öffentlichen Diskurs teilzunehmen, weswegen diese Überzeugungen von vornherein auszuschließen seien. Dieser prinzipielle Ausschluss aus dem öffentlichen Diskurs ist aber insbesondere in einem freiheitlich-demokratischen Gemeinwesen problematisch und es bleibt fraglich, warum es nicht ausreichen solle, gesellschaftsschädliche Standpunkte erst im Rahmen des öffentlichen Diskurses als solche zu identifizieren und nicht bereits auf vorgelagerter Ebene »auszusortieren«.[199] Doch selbst wenn konsequentialistische Argumente grundsätzlich als taugliche Entscheidungsgrundlage gesehen werden, lässt sich mit ihnen die Frage nach der Diskurszulässigkeit religiöser Positionen nicht abschließend beantworten. Die Gegenüberstellung der inklusivistischen und der exklusivistischen Position hat gezeigt, dass Religionen sowohl gesellschaftsdienliche als auch gesellschaftsschädliche Eigenschaften

[196] So etwa *Böckenförde*, Der säkularisierte Staat, in: ders., Der säkularisierte Staat, 2007, S. 11, 18; eingehend zur Frage der Trennung von Staat und Religion im Islam *Bielefeldt*, Muslime im säkularen Rechtsstaat, 2003, S. 59 ff., der differenzierend von einer »faktischen Anerkennung des säkularen Rechtsstaats« durch den Islam spricht (S. 75); ebenfalls umfassend zur innerreligiösen Diskussion m. w. N. *Cavuldak*, Gemeinwohl und Seelenheil, 2015, S. 543 ff.; außerdem eingehend und differenzierend *Rohe*, Das islamische Recht, 3. Aufl. 2011, S. 244 ff., der zu dem Ergebnis kommt, dass »sich Befürworter wie Gegner demokratischer rechtsstaatlicher Strukturen auf Argumente aus dem hochkomplexen Geflecht von Normen und Interpretationsregeln des Islam stützen« könnten (S. 250 f.).

[197] *Rorty*, Religion in the Public Square, Journal of Religious Ethics 31 (2003), 141, 143 ff.

[198] *Cavanaugh*, The Myth of Religious Violence, 2009, S. 54 ff. ist z. B. jedoch der Meinung, dass säkulare Überzeugungen (etwa patriotischer Art) motivationale Ressourcen bergen, die denen von Religion gleichstehen und die ähnlich missbrauchsanfällig sind, weswegen hierin kein Grund bestehe, gerade Religion politisch zu sanktionieren. Hinzu komme, dass es bereits an einem gefestigten Konsens darüber fehle, wie Religion zu definieren ist, sodass die Grenze zwischen Religionen und säkularen Überzeugungen fließend sei, vgl. S. 101 ff.

[199] Eingehend zur Kritik an konsequentialistischen Argumenten *Breul*, Religion in der politischen Öffentlichkeit, 2015, S. 42 ff.

attestiert werden können und dass sich für beides Beispiele in Vergangenheit und Gegenwart finden lassen.[200]

Die Ambivalenz der gesellschaftlichen Auswirkungen von Religion führt zu der Frage, ob konsequentialistischen Argumenten überhaupt ein Gewicht beigemessen werden kann oder ob sich die positiven wie negativen Auswirkungen von Religion im Ergebnis neutralisieren. Das Ringen um eine Antwort auf diese Frage kommt in einem Beitrag von *Richard Rorty* besonders anschaulich zur Geltung, in welchem sich der Autor mit Kritik von *Nicholas Wolterstorff* und *Jeffrey Stout* an seiner exklusivistischen Position auseinandersetzte.[201] *Rorty* gestand ein, dass auch säkulare Ansichten »conversation-stopper« sein könnten und auch, dass es religiöse Gebote gebe, denen ein beträchtliches gesellschaftsförderliches Potenzial innewohnt; gleichzeitig stieß sich *Rorty* an einigen religiösen Standpunkten, die nach seinem utilitaristischen Verständnis gesellschaftsschädlich seien und die er daher aus dem öffentlichen Diskurs ausgeklammert sehen wollte. Da *Rorty* jedoch keine trennscharfe Regel zu formulieren vermochte, anhand derer zwischen gesellschaftsförderlichen (und daher im Diskurs zulässigen) und gesellschaftsschädlichen (und daher auszuschließenden) religiösen Ansichten unterschieden werden könne, sprach er sich trotz seiner inhaltlichen Zugeständnisse weiterhin dafür aus, religiöse Standpunkte insgesamt als unzulässig anzusehen. Den für ihn entscheidenden Punkt formulierte *Rorty* folgendermaßen: »The extent of my agreement with Wolterstorff on philosophical questions leads me to think that my deepest disagreement with him is on empirical matters. We disagree about how much harm is being done in our own day by ecclesiastical organizations.«[202] Damit setzt *Rorty* an einem Argument an, das er schon einige Absätze zuvor geäußert hatte: Seculars »grant that ecclesiastical organizations have sometimes been on the right side, but we think that the occasional Gustavo Guttierez or Martin Luther King does not compensate for the ubiquitous Joseph Ratzingers and Jerry Falwells.«[203]

Hier zeigt sich das Kernproblem der konsequentialistischen Argumente. Wenn sowohl das negative als auch das positive Potenzial von Religion anerkannt wird, dann kann anhand von konsequentialistischen Argumenten nur dann über die Diskurszulässigkeit religiöser Positionen entschieden werden, wenn klar ist, welche Konsequenzen von Religion *wahrscheinlicher* sind. Dies ist jedoch Empirie ohne Zahlen und eine Schätzung ohne Maßstab. Über den Verlauf der Menschheitsgeschichte und über die verschiedenen Religionen mit ihren vielzäh-

---

200 Dieses Urteil der »Ambivalenz des Religiösen« wird heute weithin geteilt, vgl. die Gegenüberstellung der Beiträge in den Sammelbänden *Oberdorfer/Waldmann* (Hrsg.), Die Ambivalenz des Religiösen, 2008; *Hempelmann/Kandel*, Religionen und Gewalt, 2006; *Hildebrandt/Brocker* (Hrsg.), Unfriedliche Religionen?, 2005 und *Brocker/Hildebrandt* (Hrsg.), Friedensstiftende Religionen?, 2008; vgl. zudem mit Blick auf die Geschichte *Borgolte*, Wie Europa seine Vielfalt fand, in: Joas/Wiegandt (Hrsg.), Die kulturellen Werte Europas, 2005, S. 117, 147.

201 *Rorty*, Religion in the Public Square, Journal of Religious Ethics 31 (2003), 141 ff. sowie zum Folgenden.

202 *Rorty*, Religion in the Public Square, Journal of Religious Ethics 31 (2003), 141, 145.

203 *Rorty*, Religion in the Public Square, Journal of Religious Ethics 31 (2003), 141, 142.

ligen Untergliederungen hinweg: Welche Beispiele religiöser Motivation sind in die Gleichung einzubeziehen? Sind nur die positiven und negativen Konsequenzen von Religion miteinander zu vergleichen oder sind sie auch im Verhältnis zu den positiven und negativen Beispielen säkularer Überzeugungen zu gewichten? Und woran entscheidet sich überhaupt, was positive oder negative Konsequenzen für eine Gesellschaft sind, also wodurch wird etwa die utilitaristische Betrachtungsweise *Rorty's* legitimiert? Mit diesen Anfragen soll nicht gesagt sein, dass konsequentialistische Argumente keine bereichernde Funktion in einer Diskussion über die gesellschaftliche Rolle von Religion haben können. Vielmehr soll mit dieser Darstellung darauf hingewiesen werden, dass – von der Warte der politischen Philosophie aus betrachtet – konsequentialistische Argumente für sich stehend keine tauglichen Anknüpfungspunkte sind, um normative Forderungen bezüglich der Diskurszulässigkeit religiöser Standpunkte abzuleiten. Weder die inklusivistische noch die exklusivistische Position kann für sich ein eindeutiges argumentatives Übergewicht in Anspruch nehmen und es bedürfte somit weiterer Prämissen, um den bestehenden Dissens aufzulösen, jedoch sind diese Prämissen nicht in dem Argumenttyp selbst angelegt.[204]

2. *Ethische Argumente*

Neben den konsequentialistischen Argumenten findet sich die Gruppe der ethischen Argumente. Im Fokus steht hier das öffentliche Debattieren auf Grundlage religiöser Überzeugungen an sich, also die Frage, ob es bereits losgelöst von etwaigen negativen Konsequenzen unmoralisch sei, einen religiösen Standpunkt auf politischer Ebene zu vertreten oder – von der Gegenseite betrachtet – ob es nicht vielmehr unmoralisch sei, einen Ausschluss religiöser Überzeugungen zu fordern. Dabei verläuft die ethische Argumentationslinie zweigeteilt: Den Hauptstrang bilden die allgemeinen ethischen Argumente, mit denen die exklusivistische und die inklusivistische Position ihren jeweiligen Ansatz vertreten. Daneben besteht eine Sonderform ethischer Argumente, mit denen von exklusivistischer Seite versucht wird, aus der religiösen Binnenperspektive heraus moralische Gründe für eine diskursive Selbstbeschränkung zu formulieren.

a) Das allgemeine ethische Argument der exklusivistischen Position

Die allgemeine ethische Argumentation der exklusivistischen Position lässt sich schnell nachvollziehen: In ihrem Kern steht die Überzeugung, dass ein moralischer Umgang unter Bürgern darin bestehe, einander als Freie und Gleiche zu begegnen. Wenn ich aber mein Gegenüber als mir gleich und ebenso frei ansehe, dann dürfe ich nicht verlangen, dass sie den Vorstellungen einer umfassenden Lehre unterworfen wird, die sie nicht teilt, weil ich eine solche Verpflichtung für mich ebenso nicht wollen würde. Aus diesem Grund sei es unmoralisch, wenn sich im politischen Diskurs auf solche Positionen berufen wird, deren Grundlagen – wie z. B. im Fall von religiösen Standpunkten – nur von ausgewählten

---

[204] Ähnlich *Breul*, Religion in der politischen Öffentlichkeit, 2015, S. 44 f.

Personen geteilt werden; vielmehr sei ein Begründungsansatz zu wählen, der von allen betroffenen Personen angenommen werden könne.[205] *Lawcrence Solum* fasst diesen Ansatz zusammen: »The principle of respect for citizens as free and equal does mean that we should give our fellow citizens the sort of reasons that they could reasonably accept.«[206]

b) Argumentvarianten der inklusivistischen Position

Für die inklusivistische Position lassen sich mit *Breul* drei unterschiedliche Spielarten ethischer Argumente erkennen, auf Grundlage derer im Gegenzug die Ausschlussforderung als unmoralisch bewertet wird, wobei die ersten zwei Spielarten eine Verkehrung der exklusivistischen Argumentation darstellen.[207] So wird zunächst vorgebracht, dass gläubigen Bürgerinnen eine unzumutbare Spaltung ihres Bewusstseins abverlangt werde, wenn sie nicht auch ihre politische Meinungsbildung und -äußerung an ihren Glaubensüberzeugungen ausrichten dürfen – gerade diese Freiheitsbeschränkung widerspreche einer gegenseitigen Anerkennung als Freie und Gleiche. Einer der Hauptvertreter dieser Position ist *Wolterstorff*, der die Selbstwahrnehmung der Gläubigen mit den Worten beschreibt: »Their religion is not, for them, about *something other* than their social and political existence, it is *also* about their social and political existence«.[208] *Michael Perry* pointiert das Dilemma der Gläubigen, für die ihre Überzeugungen identitätsstiftende Kraft besitzen: »To ›bracket‹ such convictions is therefore to bracket – to annihilate – essential aspects of one's very self. To participate in politics [...] with such convictions bracketed is not to participate as the self one is but as some one – or rather, some thing – else.«[209] Eine Spaltung der Persönlichkeit in einen privaten Teil, innerhalb dessen das Leben ganz nach den religiösen Überzeugungen ausgerichtet werden dürfe, und einen öffentlichen Teil, in dem die eigene religiöse Existenz verleugnet oder zumindest ignoriert werden müsse, könne unter Mitbürgern nicht verlangt werden, weshalb religiöse Standpunkte auch im öffentlichen Diskurs zuzulassen seien.[210]

Auch die zweite inklusivistische Spielart ethischer Argumente weist darauf hin, dass bestimmte Zulassungsbedingungen religiöse Bürgerinnen besonders schwer träfen. Allerdings wird in diesem Fall nicht dahingehend argumentiert,

---

[205] *Audi*, The Place of Religious Argument in a Free and Democratic Society, San Diego Law Review 30 (1993), 677, 690; weiterhin *Audi*, Religious commitment and secular reason, 2000, S. 87; ebenso z. B. *Boettcher*, The Moral Status of Public Reason, The Journal of Political Philosophy 20 (2012), 156, 168 ff.; lediglich mit Begrenzung auf öffentliche Einrichtungen *Solum*, Faith and Justice, DePaul Law Review 39 (1990), 1083, 1090.

[206] *Solum*, Constructing an Ideal of Public Reason, San Diego Law Review 30 (1993), 729, 736.

[207] Vgl. *Breul*, Religion in der politischen Öffentlichkeit, 2015, S. 46 ff.

[208] *Wolterstorff*, The Role of Religion in Decision and Discussion of Political Issues, in: Audi/Wolterstorff (Hrsg.), Religion in the Public Square, 1997, S. 67, 105.

[209] *Perry*, Morality, politics and law, 1988, S. 181 f.; weiterhin *Perry*, Under God?, 2003, S. 79.

[210] In diesem Sinne ebenfalls *Eberle*, Religious Conviction in Liberal Politics, 2002, S. 142 ff.; *Habermas*, Glauben und Wissen, 2001, S. 21 f.; *McConnell*, Five Reasons to Reject the Claim That Religious Arguments Should Be Excluded from Democratic Deliberation, Utah Law Review 1999, 639, 655 f.; *Yates*, Rawls and Habermas on religion in the public sphere, Philosophy & Social Criticism 33 (2007), 880, 882 ff.

dass eine absolute Belastungsgrenze überschritten werde, sondern es wird ein Vergleich mit nichtreligiösen Diskursteilnehmern vorgenommen.[211] So wird bemängelt, dass die Beschränkungsforderung der exklusivistischen Position zu einer strukturellen Ungleichbehandlung religiöser Standpunkte gegenüber säkularen Überzeugungen führe. Während z. B. eine philosophische Theorie wie der Utilitarismus ungehindert Eingang in den politischen Diskurs finden dürfe, würden religiös gegründete Vorstellungen einer guten Gesellschaftsordnung von vornherein ausgeklammert.[212] Die Benachteiligung speziell religiöser Überzeugungen bestünde selbst dann fort, wenn die Ausschlussforderung in einem weiten Sinne verstanden wird und nicht bloß religiöse, sondern auch andere umfassende Überzeugungen als diskursunzulässig angesehen werden. Dies habe seinen Grund darin, dass religiös fundierte Standpunkte regelmäßig eindeutig als solche zu erkennen seien, während dies auf andere Überzeugungen weniger stark zutreffe. Ob ein inhaltlicher Standpunkt ein Ausschnitt aus z. B. einer umfassenden utilitaristischen oder nationalistischen Weltsicht ist oder bloß zufällige Überschneidungen bestehen, könne oftmals nicht eindeutig nachvollzogen werden; anderes gelte aber für religiöse Argumente, die durch ihren transzendenten Bezug leicht zu identifizieren seien.[213] Im Gegensatz zu säkularen Diskursteilnehmern würden religiöse Bürgerinnen daher vor die Wahl gestellt, entweder auf andere inhaltliche Standpunkte bzw. zumindest andere Begründungsansätze auszuweichen oder ganz auf eine Teilnahme am politischen Diskurs zu verzichten. Somit seien die kognitiven Lasten der Diskursorganisation bzw. die prinzipiellen Zugangsmöglichkeiten durch die Ausschlussforderung der exklusivistischen Position asymmetrisch zuungunsten religiöser Bürger verteilt, was ebenfalls einer Behandlung als Freie und Gleiche widerspreche.[214]

Die dritte inklusivistische Spielart ethischer Argumente zielt in eine ganz andere Richtung als die vorherigen gegenläufigen Argumentvarianten pro- und contra-religiöser Art, denn mit ihr wird nicht versucht darzulegen, dass ein Diskursausschluss religiöser Überzeugungen unmoralisch sei, sondern die zugrundeliegende Annahme ist, dass ein Ausschluss schlichtweg nicht umgesetzt werden könne. Die Ausschlussforderung der exklusivistischen Position überschätze die reflexiven Kompetenzen der Bürger. Selbst wenn nicht unmittelbar religiös argumentiert wird, ließe sich nicht verhindern, dass die religiöse Motivation gläubiger Bürgerinnen dennoch sublimiert fortwirkt. *Greenawalt* formuliert:

»Most people would be hard put to *try* to carry out a program of excluding their deepest religious convictions from their political judgments. They could not disentangle what they

[211] Mit dieser Differenzierung ebenfalls *Schmidt*, Vernünftiger Pluralismus – gerechtfertigte Überzeugungen, in: Schmidt/Lutz-Bachmann (Hrsg.), Religion und Kulturkritik, 2006, S. 35, 38 f.

[212] So in Kritik an *Audi* etwa *Weithman*, Religion and the obligations of citizenship, 2006, S. 164 f.

[213] *Wolterstorff*, The Role of Religion in Decision and Discussion of Political Issues, in: Audi/Wolterstorff (Hrsg.), Religion in the Public Square, 1997, S. 67, 105; ebenso bereits *Greenawalt*, On Public Reason, Chicago-Kent Law Review 69 (1993–1994), 669, 688.

[214] Zusammenfassend und vertiefend m. w. N. *Breul*, Religion in der politischen Öffentlichkeit, 2015, S. 50 ff.

believe because of underlying religious convictions from what they *would* believe if they relied only on premises of liberal democracy and shared techniques of understanding. The difficulty of this task is a strong reason not to suggest that citizens must try to perform it.«[215]

Zu einem ethischen Argument wird dieses Vorbringen in Verbindung mit dem Grundsatz »ultra posse nemo obligatur« – es wäre unmoralisch, von religiösen Bürgern etwas zu verlangen, zu dem sie bereits im Ansatz nicht fähig sind.[216] *Perry* führt den Gedanken der unausweichlichen Beeinflussung noch einen Schritt weiter und entwickelt ihn zu einem Gleichheitsargument fort: »Because of the role that religious arguments about the human conduct inevitably play in the political process, it is important that such arguments, no less than secular moral arguments, be presented in – so that they can be tested in – public political debate.«[217] Demnach würden religiöse Standpunkte durch einen (vermeintlichen) Ausschluss aus dem Diskurs nicht benachteiligt, sondern sogar unverhältnismäßig geschützt werden, weil sie in ihrer unterschwelligen Form einer kritischen Überprüfung weniger gut zugänglich seien. Dieses Argument der Unumgänglichkeit der Beeinflussung hat von exklusivistischer Seite bisher nicht viel Beachtung und Kritik erfahren,[218] was mit seiner sehr speziellen Ausrichtung zusammenhängen dürfte: Das Argument funktioniert ausschließlich dann, wenn von exklusivistischer Seite nicht nur der Ausschluss religiöser Argumente verlangt wird, sondern wenn darüber hinaus gefordert wird, dass Religion keine motivationale Grundlage für öffentlich vertretene politische Ansichten sein dürfe. Umgekehrt formuliert: Solange von exklusivistischer Seite lediglich gefordert wird, dass im öffentlichen Diskurs ausschließlich säkulare Begründungen vorgebracht werden dürfen (ganz gleich, ob sie subjektiv durch individuelle Sympathie, Machtkalkül, ein philosophisches Weltbild oder einen religiösen Glauben motiviert sind), fehlt dieser dritten inklusivistischen Spielart die notwendige ethische Verankerung, weil nichts Unmögliches verlangt wird. Gerade hierauf beschränken sich jedoch die meisten exklusivistischen Positionen.[219]

---

[215] *Greenawalt*, On Religion and Politics in Liberal Democracies, in: Schmidt (Hrsg.), Religion in der pluralistischen Öffentlichkeit, 2008, S. 51, 62 f. (Hervorhebungen im Original); weiterhin *Boettcher/Harmon*, Introduction: Religion and the public sphere, Philosophy & Social Criticism 35 (2009), 5, 9 f. m. w. N. Zur Unausweichlichkeit der Beeinflussung politischer Prozesse durch religiöse Standpunkte aus Sicht der pluralistischen Demokratietheorie *Bornemann*, Religiöse Pluralität und demokratischer Rechtsstaat, in: Grundmann/Thiessen (Hrsg.), Religiöse Werte im Recht, 2017, S. 87 ff.

[216] Näher *Breul*, Religion in der politischen Öffentlichkeit, 2015, S. 53 f.

[217] *Perry*, Religion in Politics, 1997, S. 61; ähnlich *Stout*, Religious Reasons in Political Argument, in: Cuneo (Hrsg.), Religion in the liberal polity, 2005, S. 157, 170.

[218] Zur mangelnden Beachtung dieser Argumentationslinie *Breul*, Religion in der politischen Öffentlichkeit, 2015, S. 56 Fn. 117.

[219] So fordert zum Beispiel *Rawls*, Politischer Liberalismus, 1998, S. 219 ff. die religiösen Bürger einer Gesellschaft sogar dazu auf, die allgemeinen Grundsätze einer gerechten Ordnung nicht allein aus säkularen Gründen zu unterstützen, sondern sie sich in Form eines »überlappenden Konsens« speziell auch mithilfe von Gründen anzueignen, die ihren religiösen Lehren entstammen.

c) Sonderform: Theologische Argumente

Neben diesen allgemeinen ethischen Argumenten bestehen Ansätze, die auf Grundlage theologischer Annahmen fordern, dass religiöse Bürger darauf verzichten sollten, religiöse Standpunkte in den politischen Diskurs einzubringen. Ein beispielhafter Versuch einer solchen theologischen Herleitung wurde von *Audi* unternommen, der im Sinne der großen theistischen Religionen davon ausgeht, dass ein Gott allwissend, allmächtig und grundsätzlich menschenfreundlich sei. Ein solcher Gott müsse aufgrund seiner Menschenfreundlichkeit an einem gelingenden Zusammenleben der Menschen interessiert sein, weswegen er ob seiner Allmacht jedenfalls die grundlegenden moralischen Wertungen so konzipiert haben würde, dass sie auch von nicht-gläubigen Menschen erkannt werden können.[220] Wenn es aber möglich sei, für göttliche Gebote säkulare Begründungen zu geben, dann sei es religiösen Bürgerinnen zumutbar, im öffentlichen Diskurs diese säkularen Begründungen vorzubringen, und eine entsprechende Beschränkungsforderung eben nicht unmoralisch. Vielmehr noch: Wenn sich für eine moralische Regel ausschließlich eine religiöse Erklärung geben lässt, obwohl göttlich gestiftete Moral doch auch säkular zugänglich sein müsse, dann sollten religiöse Bürger ganz darauf verzichten, diese Regel öffentlich zu unterstützen, weil sie offenbar fehlerhaft ist.[221] Zum selben Ergebnis kommt auch *Perry*, wenngleich auf einem anderen, gewissermaßen meta-theologischen Weg. Vor dem Hintergrund der faktischen Pluralität innerreligiöser Deutungsansätze verlangt *Perry* von gläubigen Bürgerinnen, dass sie religiös begründeten Geboten zumindest für den öffentlichen Diskurs mit einer gewissen Skepsis begegnen. Allein der Verweis auf »den« Willen Gottes genüge nicht, um die Allgemeinverbindlichkeit einer Norm zu begründen, wenn selbst innerhalb eines Bekenntnisses umstritten sei, was der göttliche Wille bezüglich einer bestimmten ethischen Fragestellung ist. Es gehöre daher zu einem reflektierten Umgang mit religiösen Deutungen, wenn der eigenen Interpretation – trotz persönlicher Überzeugung von ihrer Richtigkeit – Fehlbarkeit unterstellt wird, weswegen religiöse Standpunkte im öffentlichen Diskurs stets (auch) durch säkulare Argumente begründet werden müssten.[222]

Diese theologischen Argumentationslinien sind natürlich nicht frei von Kritik. So wird gegen *Audis* Ansatz vorgebracht, dass er die kognitiven Fähigkeiten des Menschen überschätze und deshalb aus seiner Prämisse, dass religiöse Gebote nur wahr sein könnten, wenn sie sich durch säkulare Gründe stützen lassen, keine Aussage über die Diskurszulässigkeit bestimmter Standpunkte gezo-

---

[220] *Audi*, Religious commitment and secular reason, 2000, S. 124 ff.; ebenso *Audi*, Democratic authority and the separation of church and state, 2011, S. 25 ff. und *Audi*, Secular and Religious Foundations of Normative Standards: Liberalism, Naturalism, and Rationalism in Political Philosophy, in: Siep/Gutmann u. a. (Hrsg.), Von der religiösen zur säkularen Begründung staatlicher Normen, 2012, S. 33, 45 ff.

[221] *Audi*, Religious commitment and secular reason, 2000, S. 130.

[222] *Perry*, Under God?, 2003, S. 55 ff.; pointiert bereits *Perry*, Christians, the Bible and Same-Sex Unions: An Argument for Political Self-Restraint, Wake Forest Law Review 36 (2001), 449, 463.

gen werden könne. Das Stützen durch säkulare Gründe setze nämlich nicht nur voraus, dass die säkularen Gründe existieren, sondern auch, dass sie erkannt werden. Zumindest manche Menschen seien jedoch nicht fähig, alternative säkulare Gründe für ihre religiösen Standpunkte zu erkennen und zu formulieren, selbst wenn es sie gibt. Wenn es aber sein kann, dass existente Gründe nicht gefunden werden, dann könne aus einem Nicht-Auffinden eben nicht der Schluss gezogen werden, dass an der göttlichen Wahrheit des Standpunktes gezweifelt werden muss. Von daher könne von gläubigen Bürgerinnen – zumindest auf Grundlage von *Audis* Argumentation – nicht verlangt werden, auf das Einbringen religiös fundierter Standpunkte zu verzichten, wenn sie nicht über säkulare Begründungen verfügen, denn sie dürften weiterhin auf die göttliche Verbindlichkeit der Forderung vertrauen.[223] Gegen *Perrys* Argumentationslinie wird zudem angeführt, dass ein solch reflektiert-ironischer Umgang mit Geboten, die subjektiv als absolute Wahrheiten erlebt werden, nur bei wenigen Menschen vorausgesetzt werden könne. Vielmehr werde von manchen Gläubigen die Anfechtung der eigenen Interpretation oder – im Sinne *Audis* – das Fehlen einer säkularen Begründung sogar als eine Prüfung der eigenen Standfestigkeit im Glauben verstanden, auf die mit besonderer Vehemenz zu reagieren sei.[224] Jenseits dieser spezifischen Kritikpunkte besteht darüber hinaus ein grundlegendes Problem dieser Argumentationslinien aufgrund ihrer wesensgemäßen Abhängigkeit von theologischen Annahmen. Während *Audi* voraussetzt, dass es unbestrittene Eigenschaften Gottes gibt, basiert *Perrys* Argumentation im Gegenteil auf der Annahme einer grundsätzlichen inneren Gespaltenheit der Theologie – beides dürfte (insbesondere im Lichte der praktischen religiösen Vielfalt) eine unterkomplexe Betrachtungsweise theologischer Diskurse darstellen.[225]

d) Beurteilung der ethischen Argumente

Auch die ethischen Argumente scheinen nicht geeignet, um allein auf Grundlage von ihnen zu einer Entscheidung hinsichtlich der Diskurszulässigkeit religiöser Standpunkte zu kommen. Der exklusivistischen Forderung, im politischen Diskurs müssten sich die Bürger als Freie und Gleiche begegnen, stehen auf inklusivistischer Seite das Argument der unzumutbaren Bewusstseinsspaltung und das Argument der asymmetrischen Lastenverteilung gegenüber. Beiden Seiten gelingt es, moralische Begründungen zu entwickeln, die in sich schlüssig sind – es »herrscht ein vernünftiger Dissens zwischen für sich genommen plausiblen, sich jedoch wechselseitig ausschließenden Argumenten.«[226] Die theologische Argumentationslinie hingegen leidet an theoretischen wie praktischen Schwächen, die verhindern, dass sich eine stabile Entscheidungsgrundlage finden lässt. Lediglich das inklusivistische Argument der Unumgänglichkeit der Beeinflussung kann für

[223] Zu dieser Argumentationslinie eingehend *Eberle*, Religious Conviction in Liberal Politics, 2002, S. 294 ff.

[224] Vgl. *Eberle*, Religious Conviction in Liberal Politics, 2002, S. 328 f.

[225] Ähnlich *Breul*, Religion in der politischen Öffentlichkeit, 2015, S. 68.

[226] *Breul*, Religion in der politischen Öffentlichkeit, 2015, S. 57.

sich in Anspruch nehmen, sowohl plausibel als auch ohne gleichrangiges Gegenargument von exklusivistischer Seite zu sein. Dies liegt allerdings an der sehr speziellen Ausrichtung dieser Ansicht, die von Voraussetzungen ausgeht, die sich in der politisch-philosophischen Debatte selten finden lassen.

3. *Politische Argumente*

Die dritte Argumentkategorie steht in einem gewissen Näheverhältnis zu den konsequentialistischen Argumenten, da im Kern um die gesellschaftlichen Wirkungen von Religion gestritten wird; allerdings ist dieser Argumenttyp so spezialisiert und ausdifferenziert, dass er eine eigene Diskussionsebene darstellt. Bei diesen politischen Argumenten stehen die Grundlagen eines stabilen modernen Staates im Fokus. So wird von exklusivistischer Seite vorgebracht, dass ein solcher Staat nur weltbildunabhängig konstruiert sein könne und daher auch sein öffentlicher Diskurs ohne religiöse Referenzen zu führen sei. Die inklusivistische Seite bezweifelt hingegen, dass eine weltbildunabhängige Fundierung des Staates möglich ist, und betont im Gegenteil die Notwendigkeit einer Rückkopplung des Staates an religiöse Überzeugungen.

a) Die Argumente der exklusivistischen Position

Die einflussreichste Forderung des Ausschlusses religiöser Argumente aus dem öffentlichen Diskurs auf Basis politischer Argumente wurde von *John Rawls* formuliert.[227] Seine Ausgangsfrage war, wie »eine gerechte und stabile Gesellschaft von freien und gleichen Bürgern dauerhaft bestehen [könne], wenn diese durch ihre vernünftigen, religiösen, philosophischen und moralischen Lehren einschneidend voneinander getrennt sind.«[228] *Rawls* befürchtete also, dass die Pluralität der Weltbilder zu einer gesellschaftlichen Desintegration führt, die eine Gefahr für das staatliche Zusammenleben darstellt. Die Lösung für dieses Stabilitätsproblem fand *Rawls* in seinem »politischen Liberalismus« als einer »freistehenden« Gerechtigkeitskonzeption, das heißt in einem Ordnungsentwurf, der unabhängig von umfassenden religiösen oder philosophischen Lehren Bestand habe.[229] Diese Losgelöstheit sei möglich, weil der Inhalt der Gerechtigkeitskonzeption auf säkulare Weise »in Begriffen gewisser grundlegender Ideen ausgedrückt wird, die als Bestandteil der öffentlichen politischen Kultur einer demokratischen Gesellschaft angesehen werden.«[230] Zu diesen grundlegenden

---

[227] Eine hilfreiche Darstellung und Kritik der Positionen *Rawls'*, die tiefer geht als an dieser Stelle möglich, findet sich zum Beispiel bei *Greenawalt*, On Public Reason, Chicago-Kent Law Review 69 (1993–1994), 669, 671 ff. Für eine umfangreiche Darstellung ähnlicher Ansätze, die auf politischen Argumenten fußen, siehe *Grotefeld*, Religiöse Überzeugungen im liberalen Staat, 2006, S. 33 ff.

[228] *Rawls*, Politischer Liberalismus, 1998, S. 35, 67. Zu beachten ist, dass das Komma nach dem Wort »vernünftigen« fehlerhaft gesetzt ist. Aus der englischsprachigen Originalfassung ergibt sich, dass »vernünftig« als Attribut für die angesprochenen »religiösen, philosophischen und moralischen Lehren« gemeint ist und *Rawls* nicht von einer vierten Gruppe, den »vernünftigen Lehren«, sprach, vgl. *Rawls*, Political Liberalism, 2005, S. XXV.

[229] *Rawls*, Politischer Liberalismus, 1998, S. 75.

[230] *Rawls*, Politischer Liberalismus, 1998, S. 79.

Ideen gehörten etwa die bereits aus den ethischen Argumenten bekannte Idee der Freiheit und Gleichheit aller Bürger, weiterhin die Idee eines jeder Person innewohnenden Gerechtigkeitssinns und die Idee einer »wohlgeordneten Gesellschaft«.[231]

Mit dieser freistehenden Konzeption zeichnete *Rawls* gewissermaßen die politisch-theoretischen Grundlagen der Säkularisationsthese nach, die, wie bereits dargestellt,[232] in den historischen Details differenzierungsbedürftig, jedoch jedenfalls als Sozialnarrativ sehr wirkmächtig ist. Wenn *Jürgen Habermas* über die Verfassungsrevolutionen des 18. Jahrhunderts in Frankreich und den U.S.A. sagt, dass durch sie

> »die legitimierende Autorität von Gott auf die menschliche Vernunft umgepolt [wurde], so daß der Appell an ein natürliches, allen Menschen gemeinsames Vermögen genügen konnte, um auch ein konfessionell gespaltenes oder pluralistisches Gemeinwesen über die Grenzen einzelner Religionsgemeinschaften hinweg zusammenzuhalten«,[233]

dann trifft dies mit der Grundannahme des politischen Arguments von *Rawls* zusammen: Die Säkularität des Staates sei notwendige Voraussetzung der gesellschaftlichen Integration einer pluralistischen Gemeinschaft. Mit seiner freistehenden Gerechtigkeitskonzeption formulierte *Rawls* die entsprechenden sozialen Spielregeln, zu denen eben auch die Forderung gegenüber religiösen Bürgerinnen gehört, sich im öffentlichen Diskurs nicht auf religiöse Lehren zu berufen, um den gesellschaftlichen Zusammenhalt nicht zu gefährden.[234]

Neben diesem gesamtgesellschaftlich ausgerichteten Argument wird von exklusivistischer Seite ein politisches Argument vorgebracht, das auf die Sicherung individueller Freiheit ausgerichtet ist. Prominent begründete *Rawls* die Trennung des staatlichen Bereichs von der Religion folgendermaßen: »Sie schützt die Religion vor dem Staat und den Staat vor der Religion; sie schützt die Bürger vor ihren Kirchen und die Bürger voreinander.«[235] Auch dieser Begründungsansatz ist bereits aus den historischen Annäherungen bekannt, wo er zum einen von Kirchenseite gegen eine übermäßige Inanspruchnahme durch den Staat und zum anderen von liberaler Seite gegen eine übermäßige kirchliche Machtausübung vorgebracht wurde.

b) Die Argumente der inklusivistischen Position

Dem Stabilitäts- und dem Freiheitsargument der exklusivistischen Position begegnen die Vertreter der inklusivistischen Seite auf vielfältige Weise. Zunächst

---

[231] Vgl. *Rawls*, Politischer Liberalismus, 1998, S. 81 ff.

[232] Siehe oben, 2. Kapitel, A. II. 2.

[233] *Habermas*, Politik und Religion, in: Graf/Meier (Hrsg.), Politik und Religion, 2013, S. 287, 295.

[234] *Rawls*, Politischer Liberalismus, 1998, S. 312 ff.; ähnlich z. B. *Solum*, Faith and Justice, DePaul Law Review 39 (1990), 1083, 1095 ff.

[235] *Rawls*, Nochmals: Die Idee der öffentlichen Vernunft, in: ders., Das Recht der Völker, 2002, S. 165, 204; im Ergebnis ähnlich *Böckenförde*, Die Entstehung des Staates als Vorgang der Säkularisation (1967), in: ders., Der säkularisierte Staat, 2007, S. 43, 65; sowie *Habermas*, Einleitung, in: ders., Zwischen Naturalismus und Religion, 2005, S. 7, 8 f.

wird auf grundsätzlicher Ebene angezweifelt, dass eine politische Ordnung ganz ohne religiös-weltanschauliche Anknüpfungen möglich ist. So wird speziell an *Rawls* »freistehender« Konzeption kritisiert, dass die politische Herleitung der Gesellschaftsordnung bloß vermeintlich (hier wird auch in der politischen Philosophie der für den juristischen Diskurs zentrale Begriff verwendet) »neutral« und unbedingt sei. Eigentlich beruhe sie auf bestimmten anthropologischen Grundannahmen, die absolut gesetzt werden, wie z. B. dem Gerechtigkeitssinn, der einem jedem Menschen innewohne.[236] Gleichzeitig übersehe diese Konzeption, dass gesellschaftliche Diskurse in bestimmte historische und soziale Kontexte eingebettet sind, und betone mit der Freiheit und Gleichheit der Bürger selektiv einzelne Werte, während andere Werte ausgeblendet würden, obwohl sie ebenfalls für eine Gesellschaft von zentraler Bedeutung sein könnten.[237] Dies führe dazu, dass die diskursiven Rahmenbedingungen dieser doch eigentlich unabhängigen Konzeption bereits im Ansatz in eine bestimmte kulturell-philosophische Richtung verschoben würden.[238] Im Kern sei dies jedoch kein Fehler der Ausgestaltung der Rawl'schen Gerechtigkeitskonzeption, vielmehr scheitere das Anliegen einer neutralen Gesellschaftsordnung bereits an den praktischen Rahmenbedingungen. So wird teilweise auf die historischen Prägungen kulturell-religiöser Art hingewiesen, die jedem Gemeinwesen zu eigen seien,[239] teilweise wird vorgebracht, dass es in der gesellschaftlichen Realität unmöglich sei, trennscharf zwischen privaten Diskursen (in denen Religion unweigerlich eine wesentliche Rolle spielen dürfe) und der religionsfreien politischen Öffentlichkeit zu unterscheiden.[240] In jedem Fall könne jegliches Postulat von Neutralität nur eine Illusion sein.[241]

Neben dieser grundsätzlichen Kritik formuliert die inklusivistische Seite auch spezifische Antworten auf das Stabilitäts- und das Freiheitsargument der Exklusivisten. Ein Stabilitätsgewinn durch den Ausschluss religiöser Standpunkte könne nicht erwartet werden, da das Konfliktpotenzial religiöser Standpunkte nicht höher sei als dasjenige mancher säkularer Standpunkte.[242] Im Gegenteil

---

[236] *Habermas*, Reconciliation Through the Public Use of Reason, The Journal of Philosophy 92 (1995), 109, 119; dagegen wiederum *Rawls*, Political Liberalism – Reply to Habermas, The Journal of Philosophy 92 (1995), 132 ff. Grundsätzlich kritisch bzgl. absolut gesetzter Prinzipien speziell beim frühen *Rawls* siehe *Taylor*, Die Bedeutung des Säkularismus, in: Forst/Hartmann u. a. (Hrsg.), Sozialphilosophie und Kritik, 2009, S. 672, 673 f.

[237] Zu den historischen und sozialen Kontexten *Wolterstorff*, The Role of Religion in Decision and Discussion of Political Issues, in: Audi/Wolterstorff (Hrsg.), Religion in the Public Square, 1997, S. 67, 97 ff.; speziell zum Vergleich der in Bezug genommenen Werte *Gray*, Rawls and the Problem of Honour, Philosophia 40 (2012), 213, 218 ff.; ähnlich auch *Taylor*, Drei Formen des Säkularismus, in: Kallscheuer/Brague (Hrsg.), Das Europa der Religionen, 1996, S. 217, 241.

[238] Vgl. *Breul*, Religion in der politischen Öffentlichkeit, 2015, S. 74 f.; sowie *Yates*, Rawls and Habermas on religion in the public sphere, Philosophy & Social Criticism 33 (2007), 880, 885 ff. m. w. N.

[239] Eingehend zu diesem Aspekt *Bader*, Secularism or democracy?, 2007, S. 82 ff.; 153 ff.

[240] *Perry*, Religion in Politics, 1997, S. 61.

[241] *Thiemann*, Religion in Public Life, 1996, S. 74 ff.

[242] *Perry*, Under God?, 2003, S. 48 f.

würde gerade der geforderte Ausschluss die gesellschaftliche Stabilität gefährden, wenn religiöse Gruppen vergrämt werden, weil sie sich nicht mehr politisch repräsentiert sehen.[243] Ebenso müsse der Staat sich und seine Bürger nicht vor Religion bzw. speziell dem Christentum schützen, denn historisch betrachtet sei die christliche Religion nicht Gefährder der Freiheitsrechte und des demokratischen Verfassungsstaats, sondern ihr eigentlicher Ursprung,[244] was sich auch heute noch daran erkennen lasse, dass die weit überwiegende Zahl der demokratischen Rechtsstaaten einen lateinchristlichen Hintergrund habe.[245]

c) Beurteilung der politischen Argumente

Wie bereits die konsequentialistischen und die ethischen Argumente weisen auch die politischen Argumente nicht eindeutig auf eine Lösung hin. Zwar wird der inklusivistischen Gegenargumentation bisweilen vorgeworfen, die theoretischen Details der exklusivistisch-politischen Argumente unterkomplex zu behandeln oder schlichtweg falsch zu verstehen.[246] Aber auch wenn nicht jede Kritik der Inklusivisten inhaltlich berechtigt sein mag, gelingt es der exklusivistischen Position gleichwohl nicht, die Herleitung und Anwendung ihrer Maßstäbe letztgültig zu begründen – sie scheinen weiterhin willkürlich und speziell zuungunsten religiöser Ansichten gesetzt.[247] Der einseitig negativen Sichtweise, die der Beschränkungsforderung zugrunde liegt, steht allerdings eine ebenso einseitig positive Sichtweise auf inklusivistischer Seite gegenüber. Wie schon bei den konsequentialistischen Argumenten gesehen, lassen sich durchaus verschiedene Gesichtspunkte für ein besonderes Gefahrenpotenzial religiöser Standpunkte anführen und auch die These vom Christentum als Nährboden demokratischer Rechtsstaatlichkeit hat gewisse Einschränkungen bis hin zu deutlicher Kritik erfahren.[248] Im Ergebnis relativieren sich also auch die politischen Argumente der beiden Standpunkte gegenseitig.

---

[243] *Cavuldak*, Gemeinwohl und Seelenheil, 2015, S. 473 ff. m. w. N., besonders deutlich S. 481.

[244] In diesem Sinne prominent *Stein*, Himmlische Quellen und irdisches Recht, 2007, S. 62 ff. und passim; weiterhin *Kallscheuer*, Die Trennung von Politik und Religion und ihre »Globalisierung« in der Moderne, APuZ 42–43 / 2002, 3; sowie *Wolterstorff*, Why We Should Reject What Liberalism Tells Us about Speaking and Acting in Public for Religious Reasons, in: Weithman (Hrsg.), Religion and contemporary liberalism, 1997, S. 162, 179. Zu einem ähnlichen Ergebnis, nur auf geradezu gegenteiligem Weg, kommt *Schwarzschild*, Religion and Public Debate in a Liberal Society, San Diego Law Review 30 (1993), 903, 907 ff., der in der säkularen Staatsordnung keine Verwirklichung christlicher Prädispositionen, sondern eine Gegenreaktion der Aufklärung sieht, die aber bei keiner anderer Religion vergleichbar drastisch ausgefallen wäre.

[245] Hierzu *Schmidt*, Demokratietheorien, 5. Aufl. 2010, S. 422 f. m. w. N.; zu einem ähnlichen, aber differenzierteren Ergebnis kommt *Toft*, God's century, 2011, S. 82 ff., welche die Rolle religiöser Politiker bei Demokratisierungsprozessen untersucht.

[246] So etwa *Bielefeldt*, Muslime im säkularen Rechtsstaat, 2003, S. 19 ff. oder *Rawls*, Political Liberalism – Reply to Habermas, The Journal of Philosophy 92 (1995), 132, 135.

[247] Zu beiden Punkten *Breul*, Religion in der politischen Öffentlichkeit, 2015, S. 79.

[248] Zur »kulturalistischen Vereinnahmung der Säkularität« durch das Christentum *Bielefeldt*, Muslime im säkularen Rechtsstaat, 2003, S. 48 ff.; insb. kritisch ab S. 53; differenzierend im Hinblick auf historische innerchristliche Selbstverständigungsdebatten und ihren Bezug zur politischen Entwicklung *Münkler*, Heil, Herrschaft, Bürgerschaft: Das Christentum im politischen

4. Epistemologische Argumente

Von den bisher vorgestellten Argumenttypen ist somit keiner geeignet, um die Frage nach der Zulässigkeit von Religion im öffentlichen Diskurs abschließend zu beantworten, weil bei jedem Typ sowohl die exklusivistische als auch die inklusivistische Position deutliche Schwachstellen aufweisen. Besonders plastisch hat sich dies bei den konsequentialistischen Argumenten gezeigt, wo bereits die jeweilige Grundannahme – dass Religion gesellschaftsfördernd bzw. -schädlich sei – durch strukturelle oder historische Beispiele der Gegenseite angezweifelt werden kann. Komplexer ist die Lage bei den ethischen und politischen Argumenttypen. Auch hier stehen sich Gründe für einen Ausschluss und Gründe für die Zulässigkeit religiöser Standpunkte gegenüber, allerdings schwingt bei diesen beiden Argumenttypen noch eine tiefere Frage mit, die möglicherweise den Schlüssel für das Zulässigkeitsproblem darstellt. Abstrahiert von den jeweiligen inhaltlichen Detailfragen zeichnet sich folgendes Bild: Die ethischen Argumente führen zu einem »vernünftigen Dissens«, weil mit moralischen Gründen gleichermaßen schlüssig begründet werden kann, dass die Zulässigkeitsfrage zuungunsten säkularer bzw. zuungunsten religiöser Bürger aufzulösen sei. Ähnliches ist bei den politischen Argumenten zu beobachten, wo Exklusivisten und Inklusivisten die gleichen Ziele im Blick haben – gesellschaftliche Stabilität und individuelle Freiheitssicherung –, wo aber unklar bleibt, welche Seite – die Religiösen oder die Säkularen – die Kosten hierfür zu tragen habe. Im ausgeglichenen Gegeneinander der verschiedenen Argumente zeigt sich, dass weder der ethische noch der politische Argumenttyp aus sich selbst in der Lage ist, die entstandene Spannungslage aufzulösen. Die tiefere Frage, die bei diesen Argumenttypen mitschwingt, ist daher, ob es einen vorgelagerten Grund gibt, anhand dessen auf nicht-willkürliche Weise entschieden werden kann, zu wessen Lasten die Zulässigkeitsfrage entschieden werden darf. Die Tiefe dieser Frage besteht darin, dass es nicht lediglich darum geht, ob religiöse Standpunkte anders behandelt werden sollten, sondern ganz grundlegend, inwiefern religiöse Standpunkte etwas anderes *sind*.

Denken der frühen Neuzeit, in: Schröder/Zachhuber (Hrsg.), Was hat uns das Christentum gebracht?, 2005, S. 117 ff.; sowie bereits *Marsch*, Theologiegeschichte demokratischen Denkens, in: Marsch (Hrsg.), Die Freiheit planen, 1971, S. 129, 136 ff.; eine umfassende Aufbereitung der Diskussion um die demokratische Bedeutung des Christentums findet sich zudem bei *Cavuldak*, Gemeinwohl und Seelenheil, 2015, S. 505 ff. Ganz allgemein gegen Religion als unersetzliche Grundlage der Demokratie *Stout*, Democracy and Tradition, 2009, S. 10.

Eine neuere empirische Untersuchung zu der Rolle von Religionen in Demokratisierungsprozessen wurde unternommen von *Toft*, God's century, 2011, S. 82 ff. Sie kommt zu dem differenzierten Ergebnis, dass sich in 39 Ländern religiöse Politiker in Machtposition gegen eine Demokratisierung gestellt und in 70 Ländern religiöse Politiker maßgeblich fördernd für einen Demokratisierungsprozess gewirkt hätten. Die weit überwiegende Zahl der religiösen Demokratieförderer gehöre der katholischen Kirche an, wobei Beispiele für Demokratieförderung in allen großen Weltreligionen gefunden werden können. Ähnlich in der Einschätzung bereits *Casanova*, Chancen und Gefahren öffentlicher Religion, in: Kallscheuer/Brague (Hrsg.), Das Europa der Religionen, 1996, S. 181, 192 ff.

Diese Überlegungen führen zu dem vierten Argumenttyp, der an den erkenntnistheoretischen Besonderheiten von religiösen Standpunkten ansetzt. Diese epistemologischen Argumente bilden zwar einerseits eine eigene Kategorie, andererseits bieten sie gleichzeitig inhaltlichen Rückhalt für die ethischen und zum Teil auch für die politischen Argumente der exklusivistischen Position. Sie sind »qualitativ die Spitze der Argumente für eine Beschränkungsforderung«[249] und die »wichtigste[n] und am häufigsten angeführte[n] Argument[e] für die Restriktion religiöser und anderer Überzeugungen«.[250]

a) Die Argumente der exklusivistischen Position

Die Grundannahme der epistemologischen Argumente von exklusivistischer Seite ist, dass religiöse Überzeugungen (und – je nach Weite des exklusivistischen Verständnisses – ebenso umfassende nichtreligiöse Weltanschauungen) für Außenstehende, das heißt für Anders- wie Nichtgläubige, nicht zugänglich seien. Ihnen sei naturgemäß eine Dimension zu eigen, die sich nur demjenigen erschließt, der selbst glaubt; Glauben und Wissen seien also im Kierkegaard'schen Sinne grundsätzlich voneinander getrennt, sodass Glaube nicht mit dem Verstand erfasst, sondern allein durch den »Sprung« in die Glaubensexistenz erfahren werden könne.[251]

Diese erkenntnistheoretische Annahme wird zu einem Argument gegen die Zulässigkeit religiöser Positionen im öffentlichen Diskurs, wenn sie mit der Frage der Legitimität politischer Machtausübung verbunden wird. Am prominentesten ist dies wiederum bei *Rawls* geschehen, dessen liberalem Legitimitätsprinzip zufolge eine allgemeinverbindliche Norm mit Gründen gerechtfertigt können werden müsse, die für alle Betroffenen nachvollziehbar sind und daher zumindest potenziell allgemeine Zustimmung erlangen können. Dementsprechend dürften im politischen Diskurs auch nur solche Begründungen vorgebracht werden, für die eine solche allgemeine Zustimmung zumindest möglich erscheint.[252] Eine ähnliche Forderung reziproker Rechtfertigung formuliert *Audi*, der einen Rollentausch als Legitimitätstest vorschlägt: Religiöse Bürgerinnen dürften im öffentlichen Diskurs nur solche Gründe vorbringen, die sie auch in der Rolle eines nichtreligiösen Gegenübers als rational anerkennen könnten.[253] Und auch *Rortys* Urteil von Religion als »conversation stopper« enthält diese epistemische Wertung, dass religiöse Bürgerinnen mit der Bezugnahme auf Glaubenssätze den

---

[249] *Breul*, Religion in der politischen Öffentlichkeit, 2015, S. 81; ähnlich *Cavuldak*, Gemeinwohl und Seelenheil, 2015, S. 18 f.

[250] *Grotefeld*, Religiöse Überzeugungen im liberalen Staat, 2006, S. 34.

[251] Vgl. *Kierkegaard*, Philosophische Brosamen und Unwissenschaftliche Nachschrift, 4. Aufl. 2005, S. 522.

[252] *Rawls*, Politischer Liberalismus, 1998, S. 317.

[253] *Audi*, Democratic authority and the separation of church and state, 2011, S. 88; *Audi*, Natural Reason, Religious Conviction, and the Justification of Coercion in Democratic Societies, Journal of Law, Philosophy and Culture IV (2009), 1, 4, zu den Unterschieden zu *Rawls* Konzeption siehe S. 5; *Audi*, Religious commitment and secular reason, 2000, S. 87; *Audi*, Wolterstorff on Religion, Politics, and the Liberal State, in: Audi/Wolterstorff (Hrsg.), Religion in the Public Square, 1997, S. 121, 134.

gesamtgesellschaftlichen Diskursrahmen verlassen und die politische Erörterung auf eine Ebene verlagern würden, auf die ihnen nur andere Glaubensgenossen folgen könnten, sodass für alle anderen Diskursteilnehmerinnen die inhaltliche Auseinandersetzung beendet sei.[254]

Die politischen und ethischen Argumente der exklusivistischen Position werden durch diese epistemische Grundannahme insofern unterstützt, als dass sie eine Letztbegründung für die Wesensverschiedenheit religiöser Standpunkte bietet. Wenn im Rahmen der ethischen Argumentation danach gefragt wird, ob der vernünftige Dissens zulasten oder zugunsten religiöser Bürgerinnen aufzulösen sei, dann lässt sich unter diesen erkenntnistheoretischen Voraussetzungen für die erstgenannte Lösung eintreten. Von nichtreligiösen Bürgern zu fordern, dass sie sich religiös begründeten Gesetzen unterwerfen, sei nicht deswegen unmoralisch, weil die nicht-religiösen Bürger diese Begründung nicht teilen, sondern weil sie die Begründung nicht teilen *können*. Religiösen Bürgerinnen hingegen stehe die geteilte Diskursebene der säkularen Vernunft ungehindert offen, sodass es vergleichsweise weniger einschneidend sei, den Dissens zu ihren Lasten aufzulösen.[255] Auf die politischen Argumente der Exklusivisten wiederum wirkt sich dieses epistemische Verständnis aus, weil auf diese Weise begründet werden kann, warum religiöse Standpunkte in besonderer Weise eine Herausforderung für den gesellschaftlichen Zusammenhalt darstellen und wieso die staatliche Integration gerade durch säkulare Gründe erfolgen müsse.[256]

b) Inklusivistische Kritik an der exklusivistischen Argumentation

Anders als bei den anderen Argumentvarianten ist es der inklusivistischen Seite auf der epistemologischen Ebene nicht möglich, positiv Argumente für die Inbezugnahme von religiösen Standpunkten zu formulieren, sodass ausschließlich eine kritische Überprüfung der exklusivistischen Argumentation unternommen wird. So bringt *Eberle* vor, dass aus der epistemologisch untermauerten Forderung nach rationaler Rechtfertigung nicht automatisch gefolgert werden könne, dass religiöse Standpunkte überhaupt nicht öffentlich geäußert werden dürften. Um dies zu erklären, unterscheidet er zwischen dem »principle of pursuit« – dem moralischen Gebot, eine Norm mit allgemein zugänglichen Gründen zu rechtfertigen – und der »doctrine of restraint«, der zufolge eine Norm nicht unter-

---

[254] *Rorty*, Religion As Conversation-stopper, in: ders., Philosophy and Social Hope, 3. Aufl. 1999, S. 168, 171.

[255] In der politisch-philosophischen Diskussion verbinden sich die epistemologischen Voraussetzungen und die ethische Argumentation oft automatisch und unauffällig. So spricht auch *Solum* in der Passage, die bei der Darstellung der ethischen Argumente zitiert wurde (2. Kapitel, B. II. 2. a), davon, dass es moralisch geboten sei, den anderen Diskursteilnehmern solche Gründe zu geben, »that they *could* reasonably accept«, *Solum*, Constructing an Ideal of Public Reason, San Diego Law Review 30 (1993), 729, 736 (Hervorhebung vom Verfasser). Im Rahmen dieser politisch-philosophischen Annäherungen wurden die ethische und die epistemologische Argumentation dennoch bewusst voneinander getrennt, um zu verdeutlichen, dass es sich um unterschiedliche Begründungsebenen handelt.

[256] Zu der Basisfunktion epistemologischer Annahmen für andere Argumentvarianten vgl. *Breul*, Religion in der politischen Öffentlichkeit, 2015, S. 81, 96.

stützt werden dürfe, wenn für sie keine allgemein zugängliche Rechtfertigung gefunden werden kann.[257] *Eberle* zufolge dürften diese beiden Prinzipien nicht gleichgesetzt werden und es sei auch kein Grund ersichtlich, warum aus dem »principle of pursuit« zwingend die »doctrine of restraint« folge.[258] Dementsprechend sei es religiösen Bürgern zu gestatten, auch solche Positionen öffentlich zu vertreten, für die sie nur religiöse Begründungen bieten können.[259]

Eberles Argumentation verdeutlicht, dass der epistemologisch begründeten Beschränkungsforderung zwei gedankliche Schritte zugrunde liegen; im Ergebnis führt diese Erkenntnis jedoch lediglich zurück zu dem ethischen Argumenttyp und damit zu der Frage, ob bereits das Vorbringen von Gründen, die das Erfordernis der Reziprozität nicht erfüllen, unmoralisch sei.[260] Zielführender mag daher Kritik sein, die an der epistemologischen Herangehensweise selbst ansetzt. So greifen z. B. *Wolterstorff* und *Taylor* die vernunfttheoretische Grundannahme der Exklusivisten an, die in einer universalen Vernunft bestehe, welche losgelöst von historischen oder kulturellen Umständen die Menschen zu bestimmten Schlüssen führen könne. Hierbei handele es sich um eine Fehlannahme, da Rationalität in ihrer konkreten Gestalt immer in bestimmte (mitunter sogar religiöse oder weltanschauliche) Kontexte eingebettet und zudem individuell unterschiedlich ausgeprägt sei.[261] Dieser Kritik wird jedoch wiederum entgegengehalten, dass sie den eigentlichen Kern des exklusivistischen Arguments verkenne: Gefordert sei nicht die Möglichkeit eines *tatsächlichen* inhaltlichen Konsenses, sondern die *hypothetische* Zustimmungsfähigkeit der in den Diskurs eingebrachten Begründungen.[262] Diese hypothetische Zustimmungsfähigkeit sei bei säkularen Gründen gegeben, weil sie nur an die Vernunft appellieren, wohingegen Gründe, die auf umfassenden religiösen (oder gegebenenfalls weltanschaulichen) Lehren basieren, nur innerhalb des jeweiligen Weltbildes Anerkennung finden könnten.

An dieser Gegenkritik der exklusivistischen Seite wird deutlich, dass dem epistemologischen Argument der Exklusivisten ein streng dualistisches Verständnis zugrunde liegt: Religiöse Standpunkte seien rational nicht zugänglich,

---

[257] *Eberle*, Religious Conviction in Liberal Politics, 2002, S. 68 ff.

[258] *Eberle*, Religious Conviction in Liberal Politics, 2002, S. 150 f.

[259] *Eberle*, Religious Conviction in Liberal Politics, 2002, S. 187 ff.

[260] Vertiefend zur Kritik an *Eberles* Position *Breul*, Öffentliche Gründe und die »Doktrin der Selbstbeschränkung«, in: Appel/Guanzini u. a. (Hrsg.), Europa mit oder ohne Religion?, 2014, S. 57, 63 ff.

[261] *Wolterstorff*, The Paradoxical Role of Coercion in the Theory of Political Liberalism, Journal of Law, Philosophy and Culture I (2007), 135, 155 ff.; und *Taylor*, Die Bedeutung des Säkularismus, in: Forst/Hartmann u. a. (Hrsg.), Sozialphilosophie und Kritik, 2009, S. 672, 673 ff. Ähnlich auch *McConnell*, Five Reasons to Reject the Claim That Religious Arguments Should Be Excluded from Democratic Deliberation, Utah Law Review 1999, 639, 651 ff.; sowie *Ratzinger*, Was die Welt zusammenhält, in: Schuller (Hrsg.), Dialektik der Säkularisierung, 8. Aufl. 2011, S. 39, 55.

[262] Hierzu *Breul*, Religion in der politischen Öffentlichkeit, 2015, S. 94 m. w. N.; kritisch zur hypothetischen Zustimmung als Legitimitätsmaßstab wiederum *Grotefeld*, Religiöse Überzeugungen im liberalen Staat, 2006, S. 268 ff.

weil sie immer auf die Existenz einer Gottheit oder einen anderen Glaubenssatz ausgerichtet seien, also einen Umstand, der nicht bewiesen, sondern nur geglaubt werden könne, womit jedoch das Feld rationaler Erkenntnis verlassen werde.[263] Säkulare Gründe hingegen seien prinzipiell mit dem Verstand erfassbar und hätten losgelöst von einer bestimmten Religion oder Weltanschauung Bestand. An diesem dualistischen Verständnis setzt nun wiederum die vielleicht gewichtigste Kritik der inklusivistischen Position an. So wird gegen die Bewertung religiöser Standpunkte als »rational nicht zugänglich« vorgebracht, dass dadurch ein zu großes Gewicht auf ihre Letztbegründung gelegt werde. Es sei zwar richtig, dass religiöse Standpunkte ihren Wahrheitsanspruch in letzter Instanz etwa auf »den Willen Gottes« und damit einen Glaubensinhalt zurückführen; das bedeute jedoch nicht, dass sich religiöse Standpunkte ausschließlich von diesem Glaubenssatz her verstehen ließen und ihre Bedeutung ansonsten verschlossen bleibe. Insbesondere religiöse Positionen von politischer Bedeutung seien oftmals mit Gehalten versehen, die auch von nicht- oder andersgläubigen Personen erfasst werden könnten.[264] Darüber hinaus seien Religionen auch in sich – vor allem durch eine theologisch-wissenschaftliche Durchdringung – an vernünftige Maßstäbe gebunden. Ursprung, Inhalt und Zusammenhang verschiedener religiöser Positionen ließen sich somit weitgehend herleiten, verstehen und auf argumentative Konsistenz überprüfen, ohne dass es erforderlich sei, die Grundannahme der Existenz eines bestimmten Gottes zu teilen.[265]

Die inklusivistische Seite wendet sich jedoch nicht nur dagegen, religiöse Standpunkte pauschal als irrational zu kategorisieren, sondern auch dagegen, säkulare Standpunkte als vollumfänglich rational gerechtfertigt anzusehen. So schreibt *Charles Taylor*:

»Denken wir an einige maßgebliche Aussagen der modernen politischen Moral wie z. B. jene, die den Menschen als solchen bestimmte Rechte – etwa das Recht auf Leben – zuschreiben. Mit Bezug auf solche Aussagen kann ich nicht erkennen, inwiefern die Tatsache, dass wir begehrende, genießende und leidensfähige Wesen sind, oder die Einsicht, dass wir vernünftige und handelnde Wesen sind, eine sicherere Basis für dieses Recht abgeben als das Faktum, dass wir zum Bilde Gottes geschaffen wurden. Freilich, dass wir lei-

---

263 Vertiefend hierzu *Habermas*, Religion in der Öffentlichkeit, in: ders., Zwischen Naturalismus und Religion, 2005, S. 119, 135.

264 *Cavuldak*, Gemeinwohl und Seelenheil, 2015, S. 449; *Taylor*, Diskussion, in: Mendieta/VanAntwerpen (Hrsg.), Religion und Öffentlichkeit, 2012, S. 89, 92 f. Im Ergebnis gelangt auch *Habermas* zu dieser Einschätzung, wobei dieser eine vorherige Übersetzung für erforderlich hält; siehe hierzu näher die anschließende Darstellung sogleich, 2. Kapitel, B. III. Anders jedoch (speziell auch mit Bezug zu dem von *Habermas* aufgegriffenen Beispiel der Gottesebenbildlichkeit des Menschen) etwa *Rippe*, Pluralismus, ETHICA 4 (1996), 289, 307 f.

265 *Grotefeld*, Selbstbeschränkung als Bürgerpflicht?, in: Bondolfi/Grotefeld (Hrsg.), Ethik und Gesetzgebung, 2000, S. 65, 71 f.; sowie *Willems*, Religion als Privatsache?, in: Minkenberg/Willems (Hrsg.), Politik und Religion, 2003, S. 88, 95 f. m. w. N. Ein Beispiel für eine Untersuchung des Christentums auf vernünftige Gehalte im Sinne kantischer Philosophie bietet *Wimmer*, Kann Religion vernünftig sein?, in: Nagl-Docekal/Langthaler (Hrsg.), Recht – Geschichte – Religion, 2004, S. 173 ff., zu den vernünftigen Gehalten siehe S. 177 ff., zu den vernunftübersteigenden Gehalten S. 183 ff.

densfähige Wesen sind, ist eine jener unbezweifelbaren Grundaussagen [...], während die Behauptung, dass wir Geschöpfe Gottes sind, nicht zu diesen Aussagen gehört. Weniger sicher ist jedoch, welche normativen Folgerungen sich aus der ersten Aussage ergeben.«[266]

Anders ausgedrückt: Wenn mit der Beschränkungsforderung verlangt wird, dass für eine politische Forderung keine religiösen, sondern ausschließlich säkulare Gründe gegeben werden, dann werde das Rechtfertigungsproblem erkenntnistheoretisch lediglich auf eine höhere Ebene verlagert, da eine wirklich freistehende moralische Letztbegründung in keinem Fall möglich sei.[267]

Mit diesen beiden Argumentationssträngen wird die dualistische Sichtweise auf religiöse und säkulare Standpunkte angegriffen. Weder seien religiöse Gründe gänzlich irrational, noch seien säkulare Gründe umfänglich rational. Das epistemologische Argument sei somit nicht geeignet, eine schwächere Legitimationsfähigkeit religiöser Gründe und damit die Beschränkungsforderung der Exklusivisten hinreichend zu begründen.

c) Beurteilung der epistemologischen Argumente

Wie bereits einleitend beschrieben, wird der epistemologische Argumentationsansatz als konstruktivster und elaboriertester Beitrag gesehen und im Rahmen dieser kurzen Einführung konnte zumindest angedeutet werden, worin seine Stärke zu liegen scheint: Mit der erkenntnistheoretischen Herangehensweise wird auf grundlegende Art herausgearbeitet, was religiöse Standpunkte von anderen unterscheidet und dass es in Anbetracht dieser Verschiedenheit naheliegt, sie im öffentlichen Diskurs anders zu behandeln. Es wurde jedoch ebenfalls deutlich, dass die epistemologisch begründete Wesensverschiedenheit religiöser Standpunkte nicht unweigerlich eine *bestimmte* Umgangsform bedingt. Auch vor dem Hintergrund einer epistemologischen Begründung wird die Beschränkungsforderung der Exklusivisten teilweise als zu weitreichend gesehen und eine Instrumentalisierung zu antireligiösen Zwecken für möglich gehalten. Jedenfalls ein streng dualistisches Verständnis, welches Religion mit Irrationalität und

[266] *Taylor*, Die Bedeutung des Säkularismus, in: Forst/Hartmann u. a. (Hrsg.), Sozialphilosophie und Kritik, 2009, S. 672, 684; ähnlich *Cooke*, Violating Neutrality?, in: Calhoun/Mendieta u. a. (Hrsg.), Habermas and Religion, 2013, S. 249, 254 ff. *Grotefeld*, Selbstbeschränkung als Bürgerpflicht?, in: Bondolfi/Grotefeld (Hrsg.), Ethik und Gesetzgebung, 2000, S. 65, 82 hingegen sieht das Problem darin, dass keine absoluten Maßstäbe gefunden werden können, anhand der die verschiedenen Werte im Verhältnis zueinander gewichtet werden.

[267] Dagegen beispielhaft *Dworkin*, Gerechtigkeit für Igel, 2014, S. 26, der von einer »metaphysischen Unabhängigkeit der Werte« ausgeht. Wenn *Dworkin* weiter erklärt, dass es »objektive ethische Wahrheiten« (S. 96) gibt und diese im Folgenden über das Prinzip menschlicher Würde inhaltlich zu bestimmen versucht (S. 347 und passim), dann sieht er sich damit wiederum der Kritik gegenübergestellt, dass er sich mit seinem Ansatz bloß auf dem gedanklichen Nährboden einer humanistischen Sichtweise befinde, die nicht natürlich oder zwingend sei; hierzu etwa aus der populärwissenschaftlichen Literatur *Harari*, Homo Deus, 2017, S. 141 ff., 301 ff.

Diese Frage nach moralischer Wahrheit ist eines der tiefsten philosophischen Probleme, das hier nicht weiter aufgearbeitet werden kann und soll, da die grundlegenden Argumentationslinien, um die es hier vorrangig geht, bereits ausreichend deutlich wurden. Für einen Überblick über die Diskursebenen siehe stattdessen wiederum *Dworkin*, Gerechtigkeit für Igel, 2014, S. 47 ff.

Säkularismus mit Rationalität gleichsetzt, sieht sich dem Vorwurf ausgesetzt, eine unterkomplexe und einseitige Betrachtungsweise zu sein. Gleichzeitig lässt sich aber auch ein Risiko erahnen, das in der inklusivistischen Verteidigung veranlagt ist: Je mehr darauf hingewiesen wird, dass Religionen weitreichende rationale Gehalte hätten, und je mehr darauf bestanden wird, dass säkulare Standpunkte nicht rational letztbegründet seien, desto mehr wird Gefahr gelaufen, den besonderen Eigenwert von Religion zu untergraben. Es fehlt nicht viel und Religion erscheint nur noch als eine Meinung wie jede andere. Vor diesem Hintergrund ist ein differenziertes Urteil über die epistemologische Argumentation angemessen: Dieser Argumenttyp bereichert und verdichtet die politisch-philosophische Diskussion, aber auch mit ihm ist die Frage der Diskurszulässigkeit religiös begründeter Standpunkte nicht abschließend zu klären.[268]

5. Zwischenergebnis: Argumentatives Patt

Insbesondere der letztgenannte Argumenttyp verdeutlicht im Aufeinandertreffen der erkenntnistheoretischen Annahmen und Bewertungen, wie vielschichtig die Aufgabenstellung ist, die der politisch-philosophischen Debatte zugrunde liegt: Gefordert wird, Religion als gesellschaftliches Phänomen nicht zu banalisieren, sondern in ihrer Besonderheit anzuerkennen und darauf angemessen zu reagieren, also religiöse Standpunkte weder über Gebühr zu privilegieren noch zu benachteiligen. Wie problematisch die Parameter dieser Aufgabenstellung allerdings sind, hat sich bei jedem der vorgestellten Argumenttypen gezeigt. Ist Religion gefährlich oder im Gegenteil notwendige Voraussetzung für gesellschaftliche Integration? Ist es überhaupt möglich, Religion unvoreingenommen zu begegnen, und selbst wenn ja, wie kann dies praktisch umgesetzt werden, wenn scheinbar jegliches Entgegenkommen gegenüber Religion eine Benachteiligung säkularer Bürgerinnen darstellt, denen die religiöse Dimension nicht offensteht, und wenn jede Abschottung gegenüber Religion einem politischen Ausschluss religiöser Bürger gleichkommt, weil sie in einem identitätsbildenden Teil ihrer Existenz betroffen sind? Und wo verläuft überhaupt die Grenze zwischen religiösem Glauben und säkularem Wissen? Bei all diesen Fragen haben sich die Fronten verhärtet; die politisch-philosophische Diskussion ist an einem argumentativen Patt angelangt.[269]

III. Habermas' Versuch der Überwindung des argumentativen Patts

Einer der am meisten beachteten Versuche, diese argumentative Pattsituation zu überwinden und zwischen den Seiten zu vermitteln,[270] wurde in den ersten Jahren des neuen Jahrtausends von *Jürgen Habermas* formuliert. Auch wenn er selbst erklärte, keinen »Sinneswandel« im Hinblick auf die Bedeutung und Rele-

---

[268] Ähnlich *Breul*, Religion in der politischen Öffentlichkeit, 2015, S. 102.

[269] Ebenso *Breul*, Religion in der politischen Öffentlichkeit, 2015, S. 100 ff.

[270] Explizit zu dieser Zielsetzung *Habermas*, Religion in der Öffentlichkeit, in: ders., Zwischen Naturalismus und Religion, 2005, S. 119, 124.

vanz von Religion erlebt zu haben,[271] lässt sich doch zumindest eine gewisse werkgeschichtliche Entwicklung beobachten, zu deren Beginn *Habermas* der Säkularisierungsthese im Sinne einer zwangsläufigen, fortschreitenden Abnahme der Religiosität nahestand[272] und an deren vorläufigem Ende die »postsäkulare Gesellschaft« steht.[273] Diesen Begriff prägte *Habermas* im Rahmen seiner Rede zur Annahme des Friedenspreis des Deutschen Buchhandels, die er nur wenige Tage nach den Terroranschlägen vom 11. September 2001 hielt,[274] und seitdem ist dieser Terminus wegweisend für seine weitere Auseinandersetzung mit der politischen Ausgestaltung eines modernen, pluralistischen Gemeinwesens.[275] Mit der Begriffswahl wollte *Habermas* zunächst die soziologische Erkenntnis ausdrücken, dass moderne Gesellschaften »mit dem Fortbestehen religiöser Gemeinschaften und der fortbestehenden Relevanz der verschiedenen religiösen Überlieferungen rechnen müssen, auch wenn sie selbst weitgehend säkularisiert sind«,[276] womit er der Säkularisierungsthese bis auf Weiteres eine Absage erteilte. In der Forderung, mit der fortbestehenden Relevanz der Religion zu rechnen, liegt zudem ein weiterführender Imperativ. Für *Habermas* ging es nicht bloß darum, diesen Zustand anzuerkennen, vielmehr entstünden aus diesem Zustand besondere Notwendigkeiten, auf die mit einer konkreten Gesellschaftspraxis reagiert werden müsse.

1. *Habermas' Konzept von Religion in der politischen Öffentlichkeit*

Habermas entwickelt sein vermittelndes Konzept von Religion in der politischen Öffentlichkeit, indem er verschiedene Argumente von exklusivistischer wie inklusivistischer Seite aufgreift und miteinander verbindet. So teilt er zunächst die in den konsequentialistischen und politischen Argumenten ausgedrückte Einschätzung der Exklusivisten, dass der weltliche Gestaltungswille, der insbesondere fundamentalistisch-religiösen Gruppen zu eigen sei, eine politische Herausforderung darstelle. Gleichwohl sieht *Habermas* hierin nicht die vorrangige

---

[271] *Habermas*, Einleitung, in: ders., Kritik der Vernunft, 2009, S. 9, 32; ähnlich *McCarthy*, The Burdens of Modernized Faith and Postmetaphysical Reason in Habermas's »Unfinished Project of Enlightenment«, in: Calhoun/Mendieta u. a. (Hrsg.), Habermas and Religion, 2013, S. 115 ff.

[272] Vgl. insbesondere *Habermas*, Theorie des kommunikativen Handelns, Bd. 2, 1995, S. 118 ff. Nicht zu verwechseln mit der Säkularisationsthese, die in den historischen Annäherungen behandelt wurde.

[273] Eingehend zur Entwicklung des religionsbezogenen Denkens bei *Habermas* siehe zuletzt *Mendieta*, Religion in Habermas's Work, in: Calhoun/Mendieta u. a. (Hrsg.), Habermas and Religion, 2013, S. 391 ff.; sowie *Müller-Doohm*, Jürgen Habermas, 2014, S. 510 ff. Für umfassende, aber etwas ältere Darstellungen vgl. zudem *Cooke*, Die Stellung der Religion bei Jürgen Habermas, in: Dethloff/Nagl u. a. (Hrsg.), Religion, Moderne, Postmoderne, 2002, S. 99 ff.; sowie *Maly*, Die Rolle der Religion in der postsäkularen Gesellschaft, Theologie und Philosophie 80 (2005), 546 ff.

[274] *Habermas*, Glauben und Wissen, 2001, S. 13.

[275] Dabei geht *Habermas* davon aus, dass sein Modell im internationalen Vergleich »am besten zur politischen Kultur in Deutschland passt«, so *Habermas*, Die öffentliche Stimme der Religion, Blätter für deutsche und internationale Politik 2007, 1441, 1446.

[276] *Habermas*, Ein neues Interesse der Philosophie an Religion, in: ders., Nachmetaphysisches Denken II, 2012, S. 96, 101.

Gefahr für moderne Gesellschaften, da den religiösen Herrschaftsansprüchen mit den machtpolitischen Mitteln des Staates hinreichend begegnet werden könne.[277] Die eigentliche Gefahr für den gesellschaftlichen Zusammenhalt der postsäkularen Gesellschaft bestehe im Konflikt der religiösen Orthodoxien mit ihrem säkularen Gegenstück, nämlich einem vernunftgläubigen Naturalismus, der sich gegenüber religiösen Lebensentwürfen überlegen gibt. Wenn hier keine Selbstreflexion stattfinde, werde die Gesellschaft zwischen diesen beiden Tendenzen mit ihren jeweiligen Wahrheitsansprüchen polarisiert und in sich entfremdet.[278]

Habermas reagiert auf diese drohende Desintegration, indem er im Grundsatz weiterhin an dem epistemisch begründeten liberalen Legitimitätsprinzip festhält und betont, dass in der politischen Öffentlichkeit säkulare Begründungen erforderlich seien, weil nur diese allgemein nachvollzogen werden könnten.[279] Für die konkrete Ausgestaltung dieser Forderung differenziert *Habermas* jedoch zwischen zwei Bereichen der politischen Öffentlichkeit. Im Bereich der formellen Öffentlichkeit – *Habermas* spricht von »Parlamenten, Gerichten, Ministerien und Verwaltungen«[280] – gelte die Ausschlussforderung im strengen Sinne; religiöse Begründungen oder Stellungnahmen seien keinesfalls zu gestatten.[281] Auch im Rahmen der informellen Öffentlichkeit, also dem vorinstitutionellen Kontext der politischen Meinungsbildung, würden religiöse Standpunkte keine taugliche Begründung darstellen, sondern sie müssten in säkulare Sprache übersetzt werden.[282] Der entscheidende Unterschied zu der herkömmlichen Linie der Exklusivisten ist nun, dass *Habermas* aus diesem Erfordernis einer säkularen Begründung nicht auch für die informelle Öffentlichkeit den Schluss zieht, dass religiöse Stellungnahmen bereits nicht vorgebracht werden dürfen; er differenziert also (wie z. B. auch *Eberle* bei seiner epistemologischen Gegenkritik) zwischen dem säkularen Begründungserfordernis und der Beschränkungsforderung. In Auseinandersetzung mit den ethischen Argumenten von *Wolterstorff* und *Weithman* sowie vor dem Hintergrund von Überlegungen zur Religionsfreiheit kommt *Habermas* zu dem Ergebnis, dass es ungerecht und letztlich auch unmöglich sei, »von *allen* Gläubigen [zu] erwarten, dass sie ihre politischen Stellungnahmen

---

[277] Zu beiden Punkten *Habermas*, Ein Bewußtsein von dem, was fehlt, in: Reder/Schmidt (Hrsg.), Ein Bewußtsein von dem, was fehlt, 2008, S. 26, 32.

[278] *Habermas*, Einleitung, in: ders., Zwischen Naturalismus und Religion, 2005, S. 7, 8; deutlich ebenfalls *Habermas*, Religion in der Öffentlichkeit, in: ders., Zwischen Naturalismus und Religion, 2005, S. 119, 147, 151; ähnlich zu diesem Gegeneinander z. B. *Juergensmeyer*, Die Globalisierung religiöser Gewalt, S. 40 ff.

[279] *Habermas*, Ein Bewußtsein von dem, was fehlt, in: Reder/Schmidt (Hrsg.), Ein Bewußtsein von dem, was fehlt, 2008, S. 26, 33; ähnlich Bereits das »Diskursprinzip D« bei *Habermas*, Faktizität und Geltung, 5. Aufl. 2014, S. 138.

[280] *Habermas*, Religion in der Öffentlichkeit, in: ders., Zwischen Naturalismus und Religion, 2005, S. 119, 136.

[281] *Habermas* möchte diese moralische Forderung sogar staatsrechtlich umsetzen und spricht sich dafür aus, dass in Parlamenten Bezugnahmen auf religiöse Standpunkte aus den Protokollen zu streichen seien, vgl. *Habermas*, Religion in der Öffentlichkeit, in: ders., Zwischen Naturalismus und Religion, 2005, S. 119, 137, deutlich ebenfalls S. 140.

[282] *Habermas*, Religion in der Öffentlichkeit, in: ders., Zwischen Naturalismus und Religion, 2005, S. 119, 136 ff.

auch unabhängig von ihren religiösen oder weltanschaulichen Überzeugungen begründen sollen.«[283] Die postsäkulare Gesellschaft müsse es daher ertragen, wenn Gläubige ihre religiösen Begründungen unübersetzt in den öffentlichen Diskurs einbringen. Und mehr noch: Für die weiterhin erforderliche Übersetzung in säkulare Sprache formuliert *Habermas* folgenden Anspruch:

»Diese Übersetzungsarbeit muss freilich als eine kooperative Aufgabe, an der sich auch nicht-religiöse Bürger beteiligen, verstanden werden, wenn die religiösen Mitbürger, die zur Teilnahme fähig und bereit sind, nicht auf asymmetrische Weise belastet werden sollen. Die religiösen Bürger dürfen sich nur unter dem Übersetzungsvorbehalt in ihrer eigenen Sprache äußern; diese Bürde wird durch die normative Erwartung ausgeglichen, dass sich die säkularen Staatsbürger für einen möglichen Wahrheitsgehalt religiöser Beiträge öffnen und auf Dialoge einlassen, aus denen die religiösen Gründe möglicherweise in der verwandelten Gestalt allgemein zugänglicher Argumente hervorgehen.«[284]

Durch diese kooperative Übersetzungsarbeit wird die religiöse Seite also weniger stark einseitig belastet, als es andere exklusivistische Positionen verlangen. Trotzdem bleiben säkulare Standpunkte bessergestellt, da für ihre Argumente keine Anpassung verlangt wird. *Habermas* erkennt diesbezüglich an, dass es für religiöse Bürgerinnen eine intellektuelle und emotionale Herausforderung darstellen könne, die eigenen Glaubenssätze trotz persönlicher Überzeugung von deren Wahrheit allenfalls in profanisierter Form zu politischer Gestalt bringen zu können.[285] Eine bloß einseitige Belastung sei dies jedoch nicht, da dieser Herausforderung auf säkularer Seite ein »komplementärer Lernprozess« gegenüberstehe, der »nicht weniger anspruchsvoll ist als die Anpassung des religiösen Bewusstseins«. Wo die postsäkulare Gesellschaft anerkennen müsse, dass religiöse Überzeugungen nicht durch die säkulare Vernunft ersetzt werden, wo religiöse Standpunkte im öffentlichen Diskurs geäußert werden dürfen und wo die säkulare Seite herausgefordert sei, an deren Übersetzung mitzuwirken, um den tieferen Gehalt der religiösen Position herauszuarbeiten und säkular fruchtbar zu machen – wo all das passiert, da müsse sich ein säkulares Weltbild nicht weniger reflexiv zum eigenen Richtigkeitsanspruch verhalten, als es Religionen müssten, wenn sie sich dem Erfordernis einer säkularen Begründung unterwerfen.[286]

Habermas versucht also das Gegeneinander von religiösem Glauben und säkularer Vernunft dadurch zu überwinden, dass er von beiden Seiten weitreichende Eingeständnisse verlangt. Von den religiösen Bürgern fordert er im Hinblick auf die Politik, dass sie sich mit ihren Wahrheitsansprüchen in das weltanschaulich-plurale Miteinander einfügen und die säkulare Begründungs-

[283] *Habermas*, Religion in der Öffentlichkeit, in: ders., Zwischen Naturalismus und Religion, 2005, S. 119, 133 (Hervorhebung im Original); ähnlich *Habermas*, Ein Bewußtsein von dem, was fehlt, in: Reder/Schmidt (Hrsg.), Ein Bewußtsein von dem, was fehlt, 2008, S. 26, 33 f.

[284] *Habermas*, Religion in der Öffentlichkeit, in: ders., Zwischen Naturalismus und Religion, 2005, S. 119, 137 f.

[285] *Habermas*, Religion in der Öffentlichkeit, in: ders., Zwischen Naturalismus und Religion, 2005, S. 119, 142 ff.

[286] *Habermas*, Religion in der Öffentlichkeit, in: ders., Zwischen Naturalismus und Religion, 2005, S. 119, 146.

ebene – das heißt naturwissenschaftliches Wissen und profane Moral – als legitim und maßgeblich anerkennen.[287] Von säkularen Bürgerinnen fordert er wiederum, dass sie Religionen nicht als ein »gewissermaßen archaisches, aus vormodernen Gesellschaften in die Gegenwart hineinreichendes Relikt« betrachten, weil sie dann »die Religionsfreiheit nur als kulturellen Naturschutz für aussterbende Arten verstehen« würden.[288] Vielmehr solle Glaubensüberzeugungen ein »epistemischer Status« zugestanden werden, der »nicht schlechthin irrational ist«,[289] und erwartet werden, dass »religiöse Äußerungen zur Klärung kontroverser Grundsatzfragen einen sinnvollen Beitrag leisten können.«[290] *Habermas*, der sich selbst als »religiös unmusikalisch« bezeichnet,[291] brachte den geforderten Bewusstseinswandel zu praktischer Anschauung, indem er religiösen Überzeugungen sinnvolle Gehalte in einer Weise attestierte, die nochmals ein längeres Zitat lohnenswert machen:

»Im Gegensatz zur ethischen Enthaltsamkeit eines nachmetaphysischen Denkens, dem sich jeder generell verbindliche Begriff vom guten und exemplarischen Leben entzieht, sind in heiligen Schriften und religiösen Überlieferungen Intuitionen von Verfehlung und Erlösung, vom rettenden Ausgang aus einem als heillos erfahrenen Leben artikuliert, über Jahrtausende hinweg subtil ausbuchstabiert und hermeneutisch wachgehalten worden. Deshalb kann im Gemeindeleben der Religionsgemeinschaften, sofern sie nur Dogmatismus und Gewissenszwang vermeiden, etwas intakt bleiben, was andernorts verloren gegangen ist und mit dem professionellen Wissen von Experten allein auch nicht wieder hergestellt werden kann – ich meine hinreichend differenzierte Ausdrucksmöglichkeiten und Sensibilitäten für verfehltes Leben, für gesellschaftliche Pathologien, für das Misslingen individueller Lebensentwürfe und die Deformation entstellter Lebenszusammenhänge.«[292]

[287] Konkret hierzu *Habermas*, Glauben und Wissen, 2001, S. 14; sowie *Habermas*, Religion in der Öffentlichkeit, in: ders., Zwischen Naturalismus und Religion, 2005, S. 119, 143; und *Habermas*, Ein Bewußtsein von dem, was fehlt, in: Reder/Schmidt (Hrsg.), Ein Bewußtsein von dem, was fehlt, 2008, S. 26, 27.

[288] *Habermas*, Religion in der Öffentlichkeit, in: ders., Zwischen Naturalismus und Religion, 2005, S. 119, 145.

[289] *Habermas*, Vorpolitische Grundlagen des demokratischen Rechtsstaates?, in: Schuller (Hrsg.), Dialektik der Säkularisierung, 8. Aufl. 2011, S. 15, 35; ähnlich *Habermas*, Religion in der Öffentlichkeit, in: ders., Zwischen Naturalismus und Religion, 2005, S. 119, 145.

[290] *Habermas*, Ein Bewußtsein von dem, was fehlt, in: Reder/Schmidt (Hrsg.), Ein Bewußtsein von dem, was fehlt, 2008, S. 26, 34.

[291] Vgl. *Schuller*, Vorwort, in: Schuller (Hrsg.), Dialektik der Säkularisierung, 8. Aufl. 2011, S. 7, 10. Verschriftlicht findet sich diese Selbstbeschreibung mittelbar bei *Habermas*, Glauben und Wissen, 2001, S. 30; *Habermas*, Kulturelle Gleichbehandlung – und die Grenzen des Postmodernen Liberalismus, in: ders., Zwischen Naturalismus und Religion, 2005, S. 279, 321; sowie *Habermas*, Vorpolitische Grundlagen des demokratischen Rechtsstaates?, in: Schuller (Hrsg.), Dialektik der Säkularisierung, 8. Aufl. 2011, S. 15, 35. Die Formulierung ist angelehnt an die Selbstbeschreibung *Max Webers*: »Denn ich bin zwar religiös absolut ›unmusikalisch‹ und habe weder Bedürfnis noch Fähigkeit irgendwelche seelischen ›Bauwerke‹ religiösen Charakters in mir zu errichten – das geht einfach nicht, resp. ich lehne es ab. Aber ich bin[,] nach genauer Prüfung, weder antireligiös noch irreligiös«, *Weber*, Brief an Ferdinand Tönnies vom 19. Februar 1909, in: Lepsius/Mommsen (Hrsg.), Max Weber Gesamtausgabe Abt. II Bd. 6, 1994, S. 63, 65.

[292] *Habermas*, Vorpolitische Grundlagen des demokratischen Rechtsstaates?, in: Schuller (Hrsg.), Dialektik der Säkularisierung, 8. Aufl. 2011, S. 15, 31; dieser Gedanke religiöser Artikulationspotenziale findet sich in ähnlicher Form z. B. bei *Weithman*, Religion and the obligations of citizenship, 2006, S. 52.

Dies führt nun wieder zurück zu der kooperativen Aufgabe, die religiöse Sprache zu übersetzen, wenn die in den religiösen Überlieferungen gespeicherten »Intuitionen« zu politischer Geltung kommen sollen. *Habermas* macht keine näheren Angaben zum konkreten Übersetzungsprozess, doch nennt er das Konzept der Menschenwürde als ein Beispiel für eine gelungene Übertragung, die den religiösen Sinn der Gottesebenbildlichkeit in säkulare Sprache transformiert habe, ohne dabei den tieferen Gehalt zu verlieren.[293] *Habermas* betont, dass die Anerkennung rationaler Gehalte im Religiösen sowie die Mitarbeit an deren Übersetzung schon entstehungsgeschichtlich betrachtet für die säkulare Vernunft – konkret: die Philosophie – keine abwegige Forderung sei; nicht nur, weil das postmetaphysische Denken immer noch sein metaphysisches Erbe verwalte, sondern auch, weil die rationale Ausdifferenzierung der Weltreligionen und die antike Philosophie einen gemeinsamen Ursprung in der Achsenzeit hätten,[294] auf den eine Phase der gegenseitigen Beeinflussung gefolgt sei. Vor diesem Hintergrund sei eine aufgeschlossene Begegnung mit der Religion nicht nur möglich, sondern auch eine Chance für die säkulare Vernunft zu tieferem Selbstverständnis.[295]

Auf Basis der grundsätzlichen Anerkennung der epistemologisch hergeleiteten Forderung einer säkularen Begründung entwickelt *Habermas* seine Position somit von einem ethisch-normativen Ausgangspunkt aus, indem er das Argument der Inklusivisten aufgreift, dem zufolge die Beschränkungsforderung religiöse Bürger in eine existentielle Zwangslage bringe. Seinen Lösungsvorschlag, dass religiöse Positionen zumindest im Rahmen der informellen Öffentlichkeit geäußert und anschließend kollektiv übersetzt werden sollten, untermauert *Habermas* anschließend durch den Hinweis auf potenzielle rationale Gehalte religiöser Überzeugungen, die nicht verlorengehen sollten. Damit greift er die epistemologische Gegenkritik der Inklusivisten auf, die sich gegen den Vorwurf der Irrationalität wehrt; außerdem klingt etwas von den konsequentialistischen und politischen Argumenten der Inklusivisten an, wenn gesellschaftsförderliche Ressourcen von Religion in Aussicht gestellt werden. Diese Argumentebene wird von *Habermas* vollends eingenommen, wo er die Einbeziehung religiöser Standpunkte unter dezidiert funktionalen Gesichtspunkten betrachtet. Im Lichte einer »entgleisenden Modernisierung«, die sich z. B. an den Fortschritten der

293 *Habermas*, Vorpolitische Grundlagen des demokratischen Rechtsstaates?, in: Schuller (Hrsg.), Dialektik der Säkularisierung, 8. Aufl. 2011, S. 15, 32; vertiefend zu Verbindungen zwischen dem Gedankens der Gottesebenbildlichkeit und dem Konzept der Menschenwürde *Stein*, Himmlische Quellen und irdisches Recht, 2007, S. 298 ff. sowie *Barth*, Religion in der Moderne, 2003, S. 345.

294 Der Begriff der Achsenzeit geht zurück auf *Jaspers*, Vom Ursprung und Ziel der Geschichte, 1949, S. 19 ff. und beschreibt die Zeit von 800 bis 200 v. Chr., in welcher in mehreren voneinander getrennten Kulturräumen wesentliche technische und philosophische Fortschritte gemacht wurden. Eingehend zur Entwicklung und gegenseitigen Beeinflussung der Weltbilder nun *Habermas*, Auch eine Geschichte der Philosophie, Bd. 1, 2019, S. 175 ff.

295 *Habermas*, Ein Bewußtsein von dem, was fehlt, in: Reder/Schmidt (Hrsg.), Ein Bewußtsein von dem, was fehlt, 2008, S. 26, 29; *Habermas*, Religion in der Öffentlichkeit, in: ders., Zwischen Naturalismus und Religion, 2005, S. 119, 148 f.

Biotechnologie oder einer entfesselten Ökonomie zeige,[296] liege es »auch im eigenen Interesse des Verfassungsstaates, mit allen den kulturellen Quellen schonend umzugehen, aus denen sich das Normbewusstsein und die Solidarität von Bürgern speist.«[297]

2. *Kritiklinien*

Wie bei einem Kompromissvorschlag zu erwarten, sieht sich *Habermas* mit seinem Versuch der Überwindung des argumentativen Patts Kritik von beiden widerstreitenden Parteien gegenüber. Von exklusivistischer Seite wird bemängelt, dass die Inbezugnahme religiöser Standpunkte nicht nur sinnlos sei, sondern auch säkulare Bürger über Gebühr beanspruche;[298] von inklusivistischer Seite wird wiederum vorgebracht, dass *Habermas'* Vorschlag gläubige Bürgerinnen immer noch asymmetrisch belaste, da von Religiösen letztlich doch eine epistemische Unterordnung, von Säkularen hingegen nur eine interessierte Offenheit gefordert sei[299] und da der Bereich der formellen Öffentlichkeit religiöser Rede weiterhin verschlossen bleibe.[300]

Ein anderer Kritikstrang setzt an der funktionalen Betrachtungsweise an, die *Habermas* verwendet, wenn er Religion als Moralressource aktivieren will. Kritisiert wird, dass Religion – und mit ihr ihre Anhänger – nicht um ihrer Selbst Willen beachtet und respektiert, sondern lediglich für profane Zwecke instrumentalisiert werde.[301] *Habermas* verteidigt sich gegen diesen Vorwurf mit dem Hinweis, dass funktionalistische Beurteilungen im Rahmen politischer Philosophie durchaus angebracht seien, da »aus der Sicht der Legitimationsbedürfnisse des demokratischen Rechtsstaats argumentiert« werde.[302] Fraglich bleibt dabei, wie sich die

---

[296] *Habermas*, Die Grenze zwischen Glauben und Wissen, in: Nagl-Docekal/Langthaler (Hrsg.), Recht – Geschichte – Religion, 2004, S. 141, 157; mit Fokus auf eine – ökonomisch untermauerte – Individualisierung *Habermas*, Reply to My Critics, in: Calhoun/Mendieta u. a. (Hrsg.), Habermas and Religion, 2013, S. 347, 354 ff.; ähnlich für das Einbeziehen religiöser Positionen, um die Schwächen einer ökonomisierten Weltsicht zu heilen, etwa *Sandel*, Was man für Geld nicht kaufen kann, 2012, S. 21 f.

[297] *Habermas*, Vorpolitische Grundlagen des demokratischen Rechtsstaates?, in: Schuller (Hrsg.), Dialektik der Säkularisierung, 8. Aufl. 2011, S. 15, 32 f.; ebenfalls zu funktionalen Gründen *Habermas*, Religion in der Öffentlichkeit, in: ders., Zwischen Naturalismus und Religion, 2005, S. 119, 136 f.; zur Problemanalyse ähnlich *Habermas*, Einleitung, in: ders., Zwischen Naturalismus und Religion, 2005, S. 7, 9; vertiefend zur Religion als Quelle gesellschaftlicher Moral *Fritsch*, Sources of Morality in Habermas's Recent Work on Religion and Freedom, in: Calhoun/Mendieta u. a. (Hrsg.), Habermas and Religion, 2013, S. 277 ff.

[298] Beispielhaft *Lafont*, Religion and the Public Sphere, in: Calhoun/Mendieta u. a. (Hrsg.), Habermas and Religion, 2013, S. 230, 238 f.

[299] *Wolterstorff*, An Engagement with Jürgen Habermas on Postmetaphysical Philosophy, Religion, and Political Dialogue, in: Calhoun/Mendieta u. a. (Hrsg.), Habermas and Religion, 2013, S. 92, 102.

[300] *Yates*, Rawls and Habermas on religion in the public sphere, Philosophy & Social Criticism 33 (2007), 880, 885.

[301] *Reder*, Wie weit können Glaube und Vernunft unterschieden werden?, in: Reder/Schmidt (Hrsg.), Ein Bewußtsein von dem, was fehlt, 2008, S. 51, 54 f.; ähnlich gegen das »funktionale Verständnis von Religion« *Schnädelbach*, Religion in der modernen Welt, 2. Aufl. 2009, S. 135.

[302] *Habermas*, Eine Replik, in: Reder/Schmidt (Hrsg.), Ein Bewußtsein von dem, was fehlt, 2008, S. 94, 99.

Rolle der Religion in der politischen Öffentlichkeit verändern würde, wenn eines Tages ihre als wertvoll anerkannten Intuitionen und motivationalen Inhalte endgültig durch die säkulare Vernunft übersetzt sein sollten. Für den religiösen Rezipienten, der davon überzeugt ist, dass allein sein Glaube den letzten Schlüssel zu den tiefsten Sinn- und Heilsgehalten der menschlichen Existenz bereithält, mag dies eine absurde Überlegung sein – für *Habermas* scheint es jedoch eine reale Möglichkeit darzustellen, dass die gesellschaftsdienlichen Gehalte der Religion ganz in die säkulare Philosophie überführt werden und Religionsgemeinschaften anschließend an öffentlicher Relevanz verlieren.[303] Was würde in diesem Fall aus dem ethisch legitimierten Anliegen gläubiger Bürgerinnen werden, ihre politischen Standpunkte religiös begründen zu dürfen? Unklar bleibt, ob *Habermas* auch in diesem Fall säkulare Bürger zur kooperativen Übersetzungsarbeit verpflichten würde, obgleich kein gesellschaftlicher Gewinn mehr zu erwarten wäre.

Die wahrscheinlich folgenschwerste Kritik setzt an dem Verfahren der kooperativen Übersetzung religiöser Gehalte an. *Habermas*' Vorschlag basiert auf der Annahme, dass Religionen ein gewisses rationales Potenzial zu eigen ist, gleichzeitig wird jedoch betont, dass religiöse Sprache unzugänglich und daher übersetzungsbedürftig sei, womit eine grundsätzliche Grenze zwischen Glauben und Wissen konstatiert wird. Hier lebt die epistemologische Gegenkritik der Inklusivisten fort, die zwar zugestehen, dass es religiöse Gehalte gibt, die sich nur dem Gläubigen erschließen, die dabei jedoch hervorheben, dass aus diesem Umstand nicht auf eine prinzipielle Unzugänglichkeit religiöser Positionen geschlossen werden dürfe – vielmehr gebe es auch Elemente religiöser Überzeugungen, die unmittelbar nachvollzogen werden könnten.[304] Noch gewichtiger ist die sprachanalytische Anfrage, inwiefern eine Übersetzung überhaupt stattfinden könne, wenn religiöse Sprache der säkularen Vernunft im Grundsatz verschlossen bleibt und kein gemeinsamer Nenner besteht, von dem aus eine Verständigung über Inhalte möglich ist.[305] *Habermas* beschreibt den Prozess der Aneignung religiö-

---

[303] Vgl. bereits *Habermas*, Motive nachmetaphysischen Denkens, in: ders., Nachmetaphysisches Denken, 1989, S. 35, 60: »*Solange* die religiöse Sprache inspirierende, ja unaufgebbare semantische Gehalte mit sich führt, die sich der Ausdruckskraft einer philosophischen Sprache (*vorerst?*) entziehen und der Übersetzung in begründete Diskurse noch harren, wird Philosophie auch in ihrer nachmetaphysischen Gestalt Religion weder ersetzen noch verdrängen können« (Hervorhebungen vom Verfasser); und weiterhin *Habermas*, Religion in der Öffentlichkeit, in: ders., Zwischen Naturalismus und Religion, 2005, S. 119, 149: Weltreligionen haben einen Platz in der Moderne, weil »ihr kognitiver Gehalt *noch nicht* abgegolten ist.« (Hervorhebung vom Verfasser); sowie *Habermas*, Reply to My Critics, in: Calhoun/Mendieta u. a. (Hrsg.), Habermas and Religion, 2013, S. 347, 348: »For me, whether religious communities will remain viable in the future is an open question«.

[304] Speziell im Hinblick auf *Habermas*' Vorschlag *Breul*, Religion in der politischen Öffentlichkeit, 2015, S. 157 f., vertiefend 179 ff.; differenzierend *Cavuldak*, Gemeinwohl und Seelenheil, 2015, S. 449 f.; allgemein vgl. oben, 2. Kapitel, B. II. 4. b).

[305] Eingehend *Breul*, Religion in der politischen Öffentlichkeit, 2015, S. 169 ff.; siehe auch *Audi*, Democratic authority and the separation of church and state, 2011, S. 88 f.; ebenfalls kritisch zur Vorstellung einer Übersetzung *McCarthy*, The Burdens of Modernized Faith and Postmetaphysical Reason in Habermas's »Unfinished Project of Enlightenment«, in: Calhoun/Mendieta u. a. (Hrsg.), Habermas and Religion, 2013, S. 115, 126 ff.

ser Gehalte durch die philosophische Vernunft mit dem Bild, dass die Vernunft »den opaken Kern der religiösen Erfahrung [umkreise], wenn sie auf die Eigenart der religiösen Rede und den Eigensinn des Glaubens reflektiert.«[306] Wie genau dies praktisch aussehen kann, wird jedoch nicht deutlich. Daran schließt sich auch ein weiterer Punkt der Kritik an: Nicht nur bleibe der Prozess der Übersetzung nebulös, sondern *Habermas* gelinge es auch nicht, jenseits der Menschenwürde Beispiele für eine gelungene Übersetzung religiöser Konzepte anzuführen.[307]

3. Einordnungen

Auch wenn *Habermas*' Vorschlag viel Aufsehen erregt hat und kontrovers diskutiert wird, darf seine unmittelbar praktische Bedeutung nicht überschätzt werden. Zum einen besteht trotz allem noch eine weitreichende Deckungsgleichheit mit der exklusivistischen Beschränkungsforderung, da religiöse Gründe im Rahmen der formellen Öffentlichkeit überhaupt nicht zugelassen werden und auch in der informellen Öffentlichkeit im Ergebnis an dem Erfordernis einer säkularen Begründung festgehalten wird. Zum anderen ist *Habermas*' Ansatz von gravierenden Unklarheiten geprägt, weil nicht deutlich wird, wie die kooperative Übersetzung tatsächlich funktionieren solle, und weil abgesehen von der Menschenwürde keine Beispiele für eine gelungene Übersetzung religiöser Gehalte gegeben werden. *Habermas* scheint diese theoretischen Schwächen seiner Konzeption einzugestehen, wenn er betont, sie sei »not yet sufficiently developed«.[308]

Der unmittelbare Gewinn dieses Kompromissvorschlags liegt auf einer anderen Ebene. *Habermas* gelingt es, grundlegende Defizite der politisch-philosophischen Diskussion zu erspüren und die gegenläufigen Argumente in einer Weise miteinander zu verbinden, die zu einem Entgegenkommen anregt. So weist *Habermas* mit seinen Forderungen darauf hin, dass beide Seiten im Grunde von der eigenen Überlegenheit ausgehen. Die religiöse Seite beruft sich auf eine moralische Superiorität, die strukturell veranlagt sei und sich in der Geschichte offenbare (konsequentialistische Argumentationslinie) und aufgrund derer sie sich als notwendige Grundbedingung staatlichen Zusammenlebens betrachtet (politische Argumentationslinie). Dieses Überlegenheitsgefühl religiöser Standpunkte wird im Diskurs als so weitgehend wahrgenommen, dass die exklusivistische Seite hierauf sogar ihre gegenläufigen konsequentialistischen und politischen Argumente aufbaut: Weil Religionen jeweils für sich in Anspruch nähmen, als einzige über die Erkenntnis guten menschlichen Zusammenlebens zu verfügen, sei ihnen ein Absolutheitsanspruch zu eigen, der sich als »conversation stopper« äußere und sie im demokratischen Rechtsstaat politisch disqualifiziere. Ein ähnliches Gefühl der Überlegenheit – welches jedoch seltener artikuliert wird – besteht aber auch

---

[306] *Habermas*, Religion in der Öffentlichkeit, in: ders., Zwischen Naturalismus und Religion, 2005, S. 119, 150 (das hier scheinbar fehlende Verb fehlt auch im Original).

[307] *Breul*, Religion in der politischen Öffentlichkeit, 2015, S. 137f.

[308] *Habermas*, Reply to My Critics, in: Calhoun/Mendieta u. a. (Hrsg.), Habermas and Religion, 2013, S. 347.

auf säkularer Seite. Dieses Überlegenheitsgefühl hat *Taylor* beschrieben, um zu erklären, warum sich säkulare Bürger bisweilen schwer mit einer Form von Neutralität des öffentlichen Raums tun, die nicht einseitig säkular ist, sondern religiös-weltanschaulichen Pluralismus ermöglicht:

»Die Vorstellung, die staatliche Neutralität sei im Grunde eine Antwort auf die Vielgestaltigkeit, kann sich bei ›säkular‹ eingestellten Bewohnern des Westens nur schwer durchsetzen. Diese Leute bleiben in seltsamer Weise auf die Religion fixiert, die ihnen als etwas Absonderliches und vielleicht sogar Bedrohliches erscheint. Diese Einstellung zehrt von all den einstigen und gegenwärtigen Konflikten zwischen liberalen Staaten und der Religion, aber außerdem auch von einer spezifisch erkenntnistheoretischen Unterscheidung. Das religiös geprägte Denken sei irgendwie weniger *rational* als rein ›säkulare‹ Überlegungen. Diese Einstellung hat einen politischen Grund (Religion als Bedrohung), aber auch einen erkenntnistheoretischen (Religion als fehlerhafte Denkweise).«[309]

Habermas gelingt es, die Überlegenheitsgefühle der religiösen und der säkularen Seite zu artikulieren und in Verhältnis zueinander zu setzen – und zwar in der Hoffnung, einen Dialog mit gegenseitigen Eingeständnissen zu initiieren. Über die konkreten Forderungen und die praktische Umsetzung mag weiterhin zu streiten sein. Allerdings hat *Habermas* durch seine Beschreibung der Religion möglicherweise die Prämissen der zukünftigen politisch-philosophischen Debatte verschoben. Indem er den Religionen rationale Gehalte und einen gesellschaftlichen Mehrwert zuerkennt, der über das bloß Karitative hinausgeht, und gleichzeitig keine Statuseinebnung vornimmt, also die speziellen (auch epistemologischen) Eigenarten des Religiösen anerkennt und nicht ohne Weiteres mit säkularen Überzeugungen gleichsetzt, bietet *Habermas* eine Gesprächsbasis an, auf der sich Religiöse und Säkulare treffen könnten.

IV. Zwischenfazit

Zum Abschluss dieses interdisziplinären Zwischenspiels und im Hinblick auf die sich nun anschließenden rechtswissenschaftlichen Annäherungen muss noch einmal betont werden, dass die politisch-philosophische Diskussion über »Religion in der politischen Öffentlichkeit« nicht mit der juristischen Debatte über die religiös-weltanschauliche Neutralität des Staates gleichgesetzt werden darf.[310] Die politische Philosophie streitet über eine vorrangig moralische Frage, nicht über die Auslegung einer Verfassung, und es geht um das Einbringen von religiösen Standpunkten in den öffentlichen Diskurs, nicht darum, was dem Staat geboten, erlaubt oder verboten ist. Gleichwohl hat die politisch-philosophische Diskussion zum einen direkte Relevanz für die juristische Debatte, zum anderen ist sie ein plastisches Anschauungsmodell für die zugrundeliegenden Interessenlagen. Wie sich bei der näheren Betrachtung der juristischen Debatte zeigen wird, werden dort Bestandteile der Diskussion um Religion in der politi-

---

[309] *Taylor*, Die Bedeutung des Säkularismus, in: Forst/Hartmann u. a. (Hrsg.), Sozialphilosophie und Kritik, 2009, S. 672, 680 (Hervorhebung im Original).

[310] So etwa auch *Heckel*, Vom Religionskonflikt zur Ausgleichsordnung, 2007, S. 48.

schen Öffentlichkeit mitunter ganz bewusst in Bezug genommen und an vielen Stellen ähneln sich die Argumentationsstrukturen. Auch in der Rechtswissenschaft wird darüber gestritten, auf welchem Weg ein Ausgleich zwischen den oft konträren Interessen von gläubigen und nichtgläubigen Bürgerinnen möglich ist, ohne zu diskriminieren, es wird danach gefragt, inwieweit Religion eine sinnvolle und vielleicht sogar notwendige gesellschaftliche Ressource ist, und es wird überlegt, welche Konsequenzen aus der epistemologischen Sonderstellung religiöser Überzeugungen erwachsen. Der vorangegangene Überblick über die politisch-philosophische Diskussion soll helfen, die Ursprünge, die Stärken und die Schwächen der jeweiligen Argumentationsfiguren zu verdeutlichen, denn die Vergegenwärtigung dieser Hintergründe ermöglicht einen bewussteren Umgang mit den Positionen der juristischen Debatte. Die wertvollste Einsicht besteht dabei wohl darin, dass die Konfliktlage zwischen der inklusivistischen und exklusivistischen Position rational nicht endgültig aufgelöst werden kann. Aus rechtswissenschaftlicher Perspektive folgt aus dieser Einsicht nämlich zweierlei: Zunächst mahnt diese Erkenntnis zu einer vorsichtigen Skepsis gegenüber solchen Interpretationen des Religionsverfassungsrechts, die einen außerjuristischen Bezugspunkt des Rechts identifiziert haben wollen – sei er nun konsequentialistischer, ethischer, politischer oder epistemologischer Art –, mittels dessen ein makelloser Interessenausgleich möglich sei. Die zweite Folge ist weniger praktischer und mehr grundsätzlicher Natur. Das Recht und mit ihm die Rechtswissenschaft sind auf das Erfassen und Lösen von Fällen ausgerichtet. Wo aber Religion und Weltanschauung schwer zu fassen sind und die Lösung von Konflikten manchmal unbefriedigend bleibt, kann dies – auch das wird sich bei der Untersuchung der rechtswissenschaftlichen Diskussion wiederfinden lassen – zu Frustration oder gar Resignation führen. Die Beschäftigung mit der politischen Philosophie hat nun veranschaulicht, dass die unaufgelösten Spannungen im Verhältnis von Staat und Religion etwas sind, womit auch andere Disziplinen ringen. Fortwährende Unabgeschlossenheit scheint vor diesem Hintergrund kein Fehler im wissenschaftlichen Diskurs zu sein, sondern ein Umstand, der dem Thema geschuldet ist. Es mag hilfreich sein, sich diese Einsicht zu bewahren, wenn die juristische Diskussion über die religiös-weltanschauliche Neutralität des Staates näher beleuchtet wird.

C. Rechtswissenschaftliche Annäherungen: Analytische Fixpunkte und dogmatische Vorüberlegungen

Der rechtswissenschaftliche Diskurs zeichnet sich – so wurde bereits angedeutet – dadurch aus, dass sich aus den vielzähligen Meinungsäußerungen mehrere, zum Teil sehr konträre Verständnisse von religiös-weltanschaulicher Neutralität herausarbeiten lassen. Diese Vielfalt und Gegensätzlichkeit kann nun, in Kenntnis der geschichtlichen Zusammenhänge und der Argumentvarianten der politischen Philosophie, qualifiziert nachvollzogen werden. Doch bevor die einzelnen Neutralitätsverständnisse vorgestellt werden, sollen vorab einige analytische

Fixpunkte geschaffen werden, anhand derer eine vertiefende Einordnung und Bewertung der verschiedenen Ansätze möglich ist; außerdem soll in bestimmte grundlegende Fragen dogmatischer Art eingeführt werden, von denen alle Neutralitätskonzepte im Hintergrund begleitet werden.

I. Analytische Fixpunkte

Der Einstieg in die rechtswissenschaftliche Debatte über das Neutralitätsgebot ist diffizil, weil entscheidende Umstände des Diskurses erst aus dem Gesamtkontext heraus erkannt werden können. Auf diese Umstände soll hier vorab hingewiesen werden, sodass sie – gewissermaßen »vor die Klammer gezogen« – als diskursive Rahmenbedingungen der darauffolgenden Analyse der verschiedenen Neutralitätskonzepte vorausgesetzt werden können. Aus diesen Rahmenbedingungen wird sich gleichzeitig in nochmals zugespitzter Form die Frage ergeben, was die vorliegende Arbeit leisten kann und will, und diese Zielbestimmung wird dann wiederum zu der Überlegung führen, mit welchen Mitteln das angestrebte Ziel erreicht werden kann. Dies werden die analytischen Fixpunkte sein, welche die weiteren Darstellungen anleiten sollen.

1. Diskursive Rahmenbedingungen der Analyse

Wenn die religiös-weltanschauliche Neutralität als ein juristisches Argument verwendet wird, ist dies nicht selten gleichzeitig Ausdruck einer Entwicklung, welche über das Religionsverfassungsrecht hinausgeht und die gesamte Rechtsordnung umfasst. So lässt sich allgemein beobachten, dass die Setzung und Anwendung des »einfachen« Rechts zunehmend mit verfassungsrechtlichen Wertungen durchdrungen und eine verfassungsrechtliche Vorentscheidung genuin einfachrechtlicher Fragestellungen postuliert wird.[311] Diese »Konstitutionalisierung« der Rechtsordnung offenbart sich insbesondere bei der juristischen Aufarbeitung gesellschaftlich brisanter Fragen. Schnell wird die Ebene des einfachen Rechts verlassen und die Fallfrage in das Verfassungsrecht verlagert, entweder in der Hoffnung, hier allgemeinverbindliche Lösungen zu finden,[312] oder um sich durch das Berufen auf eine höhere Instanz gegen Kritik zu immunisieren.[313] Aus welchem Grund auch immer: Einmal auf der Ebene des Verfassungsrechts angelangt, wird häufig eine Rhetorik verwendet, die eine umfängliche verfassungsrechtliche Vorentscheidung der Fragestellung suggeriert[314] und dabei

---

[311] *Schuppert/Bumke*, Die Konstitutionalisierung der Rechtsordnung, 2000, S. 25 und passim.

[312] Hierhingehend *Morlok*, Reflexionsdefizite in der deutschen Staatsrechtslehre, in: Schulze-Fielitz (Hrsg.), Staatsrechtslehre als Wissenschaft, 2007, S. 49, 59.

[313] Für diese Deutung *Voßkuhle*, Die politischen Dimensionen der Staatsrechtslehre, in: Schulze-Fielitz (Hrsg.), Staatsrechtslehre als Wissenschaft, 2007, S. 135, 136.

[314] Zur »Verfassungsrhetorik« *Schuppert/Bumke*, Die Konstitutionalisierung der Rechtsordnung, 2000, S. 75; zur »Suggestion« der Alternativlosigkeit der Entscheidung *Beck*, Die Suggestion einzig richtiger Entscheidungen im Recht, in: Schuhr (Hrsg.), Rechtssicherheit durch Rechtswissenschaft, 2014, S. 11 ff.; zur »Fiktion« der einzig richtigen Entscheidung *Siedenburg*, Die kommunikative Kraft der richterlichen Begründung, 2016, S. 294 ff.

selten kenntlich macht, auf welchen Prämissen diese Verfassungsinterpretation beruht – ersteres wiederum aus ehrlicher Überzeugung von der methodischen und inhaltlichen Richtigkeit der eigenen Position oder aber aus argumentativem Kalkül,[315] letzteres vielleicht auch, um dem Verdacht zu entgehen, »die Wertungen des Grundgesetzes durch meta-verfassungsrechtliche Überzeugungen überspielen zu wollen.«[316]

Nur wenige Phänomene sind in vergleichbarer Weise geneigt, gesellschaftlich brisante Fragen hervorzubringen, wie Religionen und Weltanschauungen, und so verwundert es nicht, dass der Konstitutionalisierungsprozess auch das Religionsrecht erfasst. Das Besondere an diesem Rechtsgebiet ist unter anderem, dass einige sehr spezifische Themen explizit durch das Grundgesetz angesprochen und geregelt werden. So lassen sich die Fragen, ob an öffentlichen Schulen Religionsunterricht erteilt werden kann und ob ein Lehrer hierzu gegen seinen Willen verpflichtet werden darf, direkt und eindeutig über Art. 7 Abs. 3 GG beantworten. Besonders stechen jedoch die schwierigen Fälle hervor, für die den verfassungsrechtlichen Bestimmungen nicht ohne Weiteres ein Ergebnis entnommen werden kann, wie etwa bei der Frage, ob eine Lehrerin im Unterricht ein Kopftuch tragen darf. In solchen brisanten Fällen, bei denen es an einer expliziten Stellungnahme des Grundgesetzes mangelt, wird die religiös-weltanschauliche Neutralität nicht selten als Lückenfüller eingesetzt, der eine direkte verfassungsrechtliche Rückkopplung ermöglichen soll. In der Konsequenz lesen sich viele wissenschaftliche Stellungnahmen zu religionsrechtlichen Streitfragen so, als wäre dem Staat aufgrund seiner religiös-weltanschaulichen Neutralität ein einziges und eindeutiges Ergebnis vorgegeben.

In den rechtstheoretischen Grundsatzstreit, ob und inwieweit es tatsächlich eine *einzige* richtige Antwort auf schwierige Rechtsfragen gibt, muss an dieser Stelle nicht eingestiegen werden,[317] denn für die hier verfolgten Zwecke genügt es schon, zu erkennen, dass das Postulat religiös-weltanschaulicher Neutralität in der Realität jedenfalls nicht zu *eindeutigen* Ergebnissen führt. So verdeutlicht z. B. die Debatte über das Kopftuch der Lehrerin, wie weitgehender Einigkeit darüber, dass der Staat zu religiös-weltanschaulicher Neutralität verpflichtet ist, eine Vielfalt an Deutungen gegenüberstehen kann, was diese Neutralitätspflicht praktisch verlangt. Das ganze Spektrum möglicher Deutungen von Neutralität zeigt sich im internationalen Vergleich: Das laizistische Frankreich – bisweilen

---

[315] Was keineswegs automatisch auf unlautere Motive des Interpreten hindeuten muss – für *Beck*, Die Suggestion einzig richtiger Entscheidungen im Recht, in: Schuhr (Hrsg.), Rechtssicherheit durch Rechtswissenschaft, 2014, S. 11, 17, hat die Darstellung der Entscheidung als alternativlos eine das Sozialgefüge stabilisierende Funktion. Aus rechtsstaatlichen Gesichtspunkten kritisch hingegen *Hoffmann-Riem*, Innovation und Recht – Recht und Innovation, 2016, S. 101.

[316] *Voßkuhle*, Die Staatstheorie des Bundesverfassungsgerichts, in: Voßkuhle/Bumke u. a. (Hrsg.), Verabschiedung und Wiederentdeckung des Staates im Spannungsfeld der Disziplinen, 2013, S. 371, 373.

[317] Für einen aktuellen und pointierten Überblick m. w. N. siehe nur *Payandeh*, Judikative Rechtserzeugung, 2017, S. 26.

als Musterland staatlicher Neutralität in religiösen Fragen stilisiert[318] – verbietet nicht nur Lehrerinnen das Tragen von Kopftüchern, sondern auch Schülerinnen.[319] In England hingegen wird versucht, ein möglichst neutrales Umfeld gerade dadurch herzustellen, dass die Lehrerschaft berechtigt und ermutigt wird, die Pluralität der Lebensentwürfe durch Kleidungsstücke und Symbole der eigenen Glaubensüberzeugung in den staatlichen Unterricht hineinzutragen.[320] Der französische und der englische Ansatz sind geradezu konträr und doch ist es möglich, beide als Ausdruck staatlicher Neutralität zu beschreiben. Darin offenbart sich die erste von drei Herausforderungen, die mit der religiös-weltanschaulichen Neutralität als Rechtsbegriff verbunden ist: »Neutralität« ist ein ausgesprochen deutungsoffener Begriff, sodass die begriffsjuristische Hoffnung, bereits aus der Institutsbezeichnung belastbare Vorgaben deduzieren zu können, enttäuscht werden muss.[321] Wo die Inhalte der religiös-weltanschaulichen Neutralität erst näher bestimmt werden müssen, offenbart sich sogleich die zweite Herausforderung, die diesem Rechtsbegriff zu eigen ist: Juristische Interpretationsarbeit ist im deutschen Religionsverfassungsrecht außerordentlich komplex. Zum einen bietet das Grundgesetz mit seinen vielzähligen religionsverfassungsrechtlichen Regelungen ein breites Feld möglicher gesetzlicher Ansatzpunkte. Zum anderen zeichnet sich dieser Rechtsbereich dadurch aus, dass unterschiedliche historische, politische, philosophische, staats-, verfassungs- und grundrechtstheoretische Erwägungen (die Übergänge sind jeweils fließend) das Gesetzesverständnis beeinflussen können und damit konträre inhaltliche Schwerpunktsetzungen möglich sind.[322] Die-

---

[318] Zur oftmaligen Gleichsetzung von Neutralität mit der Laïcité in der französischen Literatur *Mückl*, Europäisierung des Staatskirchenrechts, 2005, S. 153 ff.; als aktuelles Beispiel siehe *Steinberg*, Religiöse Symbole im säkularen Staat, Der Staat 56 (2017), 157, 190.

[319] Für eine Darstellung der französischen Gesetzeslage *Ganz*, Das Tragen religiöser Symbole und Kleidung in der öffentlichen Schule in Deutschland, Frankreich und England, 2009, S. 109 ff. sowie *Ziegler*, Das Kopftuchverbot in Deutschland und Frankreich, 2011, S. 60 f.

[320] *Pottmeyer*, Religiöse Kleidung in der öffentlichen Schule in Deutschland und England, 2011, S. 298.

[321] Deutlich z. B. *Schlaich*, Neutralität als verfassungsrechtliches Prinzip, 1972, S. 7 (»geringe inhaltliche Substanz«) und S. 40 (»gibt wenig her«); *Böckenförde*, Kreuze (Kruzifixe) in Gerichtssälen?, ZevKR 20 (1975), 119, 129 (»nicht inhaltsleer, aber doch mehrdeutig«); *Huster*, Die ethische Neutralität des Staates, 2002, S. 92 (»zu abstrakt und zu künstlich«). Anders jedoch *Janz/Rademacher*, Islam und Religionsfreiheit, NVwZ 1999, 706, die davon ausgehen, dass Neutralität schon »vom Wortsinn her« eine strikte Trennung nahelegt. Insofern kritisch etwa *Weiler*, Freiheit zur und Freiheit von der Religionsausübung: Das europäische Modell, in: Grundmann/Thiessen (Hrsg.), Religiöse Werte im Recht, 2017, S. 101, 107 f. Auch *Czermak*, Religions- und Weltanschauungsrecht, 2008, S. 85 f. bezeichnet den Begriff als »im Kern [...] durchaus klar« und alltagstauglich, muss aber gleichzeitig die Pluralität der Ergebnisse bei der inhaltlichen Ausfüllung anerkennen.

[322] Bereits *Schlaich*, Neutralität als verfassungsrechtliches Prinzip, 1972, S. 236 erkannte diese Pfadabhängigkeit und betonte: »Neutralitätsargumente reflektieren ein bestimmtes Staats- bzw. Verfassungsverständnis.«; zustimmend *Meyer-Teschendorf*, Staat und Kirche im pluralistischen Gemeinwesen, 1979, S. 147; ähnlich pointiert aus jüngerer Vergangenheit z. B. *Renck*, Institutionell garantierter Bekenntnisunterricht?, ZRP 2003, 137; *Rathke*, Öffentliches Schulwesen und religiöse Vielfalt, 2005, S. 27, 61 ff., 298; sowie vor allem *Huster*, Die ethische Neutralität des Staates, 2002, S. 43 ff. und passim. Eindrücklich auf abstrakterer Ebene zur Grundrechtsinterpretation allgemein *Bumke*, Ausgestaltung von Grundrechten, 2009, 10 ff.

ser Punkt leitet nahtlos über zur dritten und letzten Herausforderung, die mit dem Neutralitätsgebot verknüpft ist: Obwohl die Einflussmöglichkeiten theoretischer Vorverständnisse und außerjuridischen Wissens in der allgemeinen Selbstreflexion der Rechtswissenschaft weithin anerkannt sind,[323] werden diese Faktoren im Religionsverfassungsrecht besonders skeptisch beäugt. Im Rahmen der historischen Annäherungen hatte sich bereits gezeigt, dass die rechtliche Auslotung des Verhältnisses von Staat und Kirche in der Vergangenheit regelmäßig mit der Sorge verbunden war, dass die jeweilige »Gegenseite« durch die Prägung bestimmter Begriffe ein religionsfreundliches bzw. -feindliches Verständnis durchsetzen könne. Diese Sorge, dass jemand seinen (Un-)Glauben unter dem Deckmantel der Verfassungsinterpretation zur Staatsdoktrin erheben könnte, findet sich auch heute.[324] Es ist eben jene Sorge vor der »Selbstermächtigung des Interpreten«, die zu Beginn dieser Arbeit beschrieben wurde,[325] und die heute beispielsweise in Warnungen mitschwingt, das Neutralitätsgebot außer-verfassungsrechtlich zu bestimmen und dann als Mittel der Verfassungsinterpretation zu verwenden.[326]

---

[323] Deutlich in neuerer Zeit etwa *Hoffmann-Riem*, »Außerjuridisches« Wissen, Alltagstheorien und Heristiken im Verwaltungsrecht, Die Verwaltung 49 (2016), 1 ff.; *Schulze-Fielitz*, Staatsrechtslehre als Wissenschaft, in: Schulze-Fielitz (Hrsg.), Staatsrechtslehre als Wissenschaft, 2007, S. 11, 27; sowie *Gusy*, Brauchen wir eine juristische Staatslehre?, JöR 55 (2007), 41, 56 ff.; ebenso deutlich *Hesse*, Grundzüge des Verfassungsrechts der Bundesrepublik Deutschland, 20. Aufl. 1999, S. 25; allgemeiner zum Vorverständnis bereits *Esser*, Vorverständnis und Methodenwahl in der Rechtsfindung, 1970, S. 133 ff.

[324] Plastisch die gegenseitigen Vorwürfe bei *Huster*, Erwiderung – Neutralität ohne Inhalt?, JZ 2010, 354, 357 und *Heinig*, Schlusswort – Verschleierte Neutralität, JZ 2010, 357, 358. Die Vermutung, dass religionsverfassungsrechtliche Interpretationsarbeit durch den religiös-weltanschaulichen Standpunk der Interpretin zumindest mitbeeinflusst wird, findet sich zu allen Zeiten: Vgl. z. B. bereits *Laun*, Der Staatsrechtslehrer und die Politik, AöR 43 (1922), 145, 162: »Der Jurist, mag er noch so sehr ›Positivist‹ sein, schöpft die Beantwortung der Rechtsfragen nicht bloß aus Gesetz und Logik, sondern auch aus seinem metaphysischen Glauben.«; weiterhin *Bethge*, Rezension zu Dieter Lorenz: Das Drittsendungsrecht der Kirchen, DVBl 1989, 579, demzufolge unter dem Grundgesetz zu erkennen sei, »daß auf seiten der berufsmäßigen Exegeten nicht selten in einzigartiger Weise juristische, intellektuelle und glaubensorientierte Deutungsmuster in eins fließen.«; aus neuerer Zeit z. B. *Möllers*, Religiöse Freiheit als Gefahr?, VVDStRL 68 (2009), 47, 49: »Staatstheorie schlägt hier [im Religionsrecht] nicht selten in Weltanschauung um, wissenschaftliche Erkenntnis in ein Bekenntnis«. Besonders interessant sind zu diesem Thema die Selbstreflexionen von *Böckenförde*, Als Christ im Amt eines Verfassungsrichters (1999), in: Böckenförde, Kirche und christlicher Glaube in den Herausforderungen der Zeit, 2004, S. 415 ff.

[325] Siehe oben, 1. Kapitel, C.

[326] Beispielhaft, jeweils mit unterschiedlichen Schwerpunktsetzungen: *Brenner*, Staat und Religion, VVDStRL 59 (2000), 264, 271 (es scheine sich der »Bedeutungsgehalt dieser Maxime zunehmend zu verflüchtigen und in nebulös-schillernde, sozialwissenschaftlich und rechtstheoretisch aufgeladene Erwägungen zu sublimieren«); *Unruh*, in: v. Mangoldt/Klein/Starck, Art. 140 GG Rn. 21 (»Das Postulat eines vorverfassungsrechtlichen normativen Grundsatzes der religiös-weltanschaulichen Neutralität ist daher zu vermeiden«); *Geis*, Zur Zulässigkeit des Kreuzes in der Schule aus verfassungsrechtlicher Sicht, in: Brugger/Huster (Hrsg.), Der Streit um das Kreuz in der Schule, 1998, S. 41, 56 (»Es wäre methodisch und inhaltlich fehlerhaft, erst die Neutralität aus dem konkreten Normenbestand herauszuabstrahieren, den Begriff dann inhaltlich mit weiteren Versatzstücken etwa aus der Allgemeinen Staatslehre, insbesondere aus der kryptohegelianischen Ecke, anzufüllen und dann in einem ›rollback‹ Art. 4 GG von der Warte eines so verselbständigten Neutralitätsverständnisses umzuinterpretieren.«); *Heinig*, Ver-

Gleichzeitig besteht aus Sorge vor gesetzgeberischer und administrativer Beliebigkeit nur wenig Bereitschaft, den Konstitutionalisierungsprozess abzubrechen, den vermeintlich festen Boden verfassungsrechtlicher Bindungen zu verlassen und die praktischen Fallfragen auf die Ebene des einfachen Rechts zurückzuverlagern.[327]

Es wurden also drei Herausforderungen erkannt, welche die Debatte um das Neutralitätsgebot prägen. Erstens: Neutralität ist ein ausgesprochen deutungsoffener Begriff. Zweitens: Die verfassungsrechtlichen Anknüpfungspunkte für die Inhaltsbestimmung des Begriffs und die Einflussmöglichkeiten historischer, politischer, philosophischer, staats-, verfassungs- und grundrechtstheoretischer Erwägungen sind vielfältig. Drittens: Es besteht eine verbreitete Sorge davor, dass die Verfassungsinterpretation durch unlautere Motive gelenkt wird. Diese drei Umstände führen zusammengenommen dazu, dass im Religionsverfassungsrecht unter demselben Rechtsbegriff teilweise sehr unterschiedliche Rechtsverständnisse formuliert werden, wobei die jeweils tragenden Einflüsse und die daraus resultierenden Gegensätze oft implizit bleiben.

2. *Konsequenzen für die folgende Untersuchung*

Es lassen sich verschiedene Möglichkeiten denken, wie ein Beitrag zur rechtswissenschaftlichen Debatte um das Neutralitätsgebot mit diesen diskursiven Rahmenbedingungen umgehen kann. So könnte der Versuch unternommen werden, sich im Spannungsfeld der verschiedenen Interpretationsansätze zu positionieren, indem ein eigenes Neutralitätskonzept formuliert und verteidigt wird. Diesen Weg haben *Schlaich* und *Huster* beschritten. Ebenso gut könnte die Auseinandersetzung mit den Herausforderungen, die den Diskurs um das Neutralitätsgebot prägen, vermieden werden, indem sich ausschließlich auf die Rechtspraxis fokussiert wird. In der Rechtsordnung des Grundgesetzes gilt die

---

schärfung oder Abschied von der Neutralität, JZ 2009, 1136, 1140 (die religiös-weltanschauliche Neutralität »läuft stets Gefahr, in methodisch unhaltbarer Weise geschichtsphilosophisch oder staatstheoretisch aufgeladen zu werden«); *Hillgruber*, Staat und Religion, 2007, S. 49 (»besteht die Gefahr, dass sich das postulierte Prinzip verselbständigt und schließlich nicht mehr in die ihm zugrundeliegenden Einzelaussagen der Verfassung interpretiert werden, sondern aus dem Prinzip selbst in einer Art von Begriffsjurisprudenz weitere Rechtsfolgen deduziert werden, die sich aus der Verfassung gerade nicht ergeben.«); *Korioth*, in: Maunz/Dürig, Art. 140 GG Rn. 29 (»unzulässiger Weg, das geltende Recht an vorausgesetzten vorverfassungsrechtlichen Prinzipien zu messen«); *Mückl*, in: Bonner Kommentar, Art. 4 GG Rn. 151 (es bestehe »kein dem GG voraus liegender Neutralitätsbegriff«); ähnlich *Mückl*, Grundlagen des Staatskirchenrechts, in: Isensee/Kirchhof (Hrsg.), HStR Bd. VII, 3. Aufl. 2009, S. 711, 753; *Uhle*, Freiheitlicher Verfassungsstaat und kulturelle Identität, 2004, S. 459 f.; sowie *Waldhoff*, Neue Religionskonflikte und staatliche Neutralität, 2010, S. 45 (»keine Meta- oder Übernorm, die sogar der Verfassung vorgelagert wäre und der für die Auslegung und Anwendung der Verfassung Leitlinien entnommen werden könnten«).

[327] Explizit wird diese Sorge freilich selten gemacht. Ein rares Beispiel ist *Fischer*, Religionspolitische Governance im weltanschaulich neutralen Verfassungsstaat, in: Voßkuhle/Bumke u. a. (Hrsg.), Verabschiedung und Wiederentdeckung des Staates im Spannungsfeld der Disziplinen, 2013, S. 125, 138 f. In der Konsequenz führt dies dazu, dass insbesondere die Frage, welche Rolle Religion in der staatlich organisierten Öffentlichkeit konkret einnehmen darf, derzeit nicht durch das Parlament, sondern durch Gerichte entschieden wird; vgl. hierzu *Wittreck*, Der Islam im deutschen Verfassungsstaat, in: Volker (Hrsg.), Religion unter Verdacht, 2015, S. 31, 35.

religiös-weltanschauliche Neutralität praktisch in der Form, die ihr durch die Fachgerichte und letztverbindlich durch das Bundesverfassungsgericht gegeben wird.[328] Insofern könnte sich z. B. darauf beschränkt werden, die höchstrichterliche Rechtsprechung nachzuvollziehen.[329]

Diese Arbeit beschreitet einen dritten Weg. Ihr Ziel soll es sein, den drei Herausforderungen, die den rechtswissenschaftlichen Diskurs prägen, konstruktiv zu begegnen. So soll die erste Herausforderung – die Deutungsoffenheit des Neutralitätsbegriffs – dadurch abgemildert werden, dass das Spektrum der vertretenen Neutralitätskonzepte erarbeitet und geordnet wird. Wenn deutlich wird, was alles mit dem Begriff der religiös-weltanschaulichen Neutralität ausgedrückt wird, und wenn in der Folge einzelne Positionen präziser zugeordnet werden können, dann verliert die Deutungsoffenheit an Irritationspotenzial. Obwohl das Neutralitätsgebot ein Produkt der Verfassungsrechtsprechung ist, wird der Schwerpunkt der Strukturierung der Meinungslandschaft auf dem Diskurs in der Wissenschaft liegen; Äußerungen der Rechtsprechung werden in dieser Arbeit nur punktuell in Bezug gesetzt. Dies hat seinen Grund darin, dass die Neutralitätskonzepte in der Wissenschaft vielfältiger und differenzierter sind, sodass sie das Meinungsspektrum farbenreicher abbilden.[330]

Auch der zweiten Herausforderung soll begegnet werden, also der unklaren verfassungstextlichen und theoretischen Anbindung des Neutralitätsgebots. Zu diesem Zweck werden bei der Darstellung der verschiedenen Neutralitätskonzepte deren theoretischen Hintergründe und Einflüsse explizit gemacht und insbesondere die Verwurzelung in historischen Entwicklungen bzw. politisch-philosophischen Erwägungen herausgearbeitet; außerdem werden die verfassungstextlichen Bezugspunkte kenntlich gemacht.

Am Voraussetzungsvollsten ist der Umgang mit der dritten Herausforderung, das heißt der Sorge vor unzulässiger Beeinflussung juristischer Wertungen durch außerverfassungsrechtliche Einflüsse, insbesondere theoretische Vorverständnisse. Hierfür muss geklärt werden, wann eine solche Beeinflussung die Grenze zur Unzulässigkeit überschreitet. Es offenbart sich eine Spannungslage: Gänzlich ausschließen lassen sich außerrechtliche Einflüsse nicht, vielmehr ist ein theoriegeleitetes Gesamtverständnis sogar erforderlich, um auch in schwierigen, nicht explizit geregelten Fällen zu nachvollziehbaren und kohärenten Ergebnissen

[328] Zu dieser praktischen Bedeutung statt vieler *Voßkuhle*, in: v. Mangoldt/Klein/Starck, Art. 93 Rn. 33; *Schlaich/Korioth*, Das Bundesverfassungsgericht, 10. Aufl. 2015, S. 31 ff.

[329] Diesen Weg beschreitet *Busse*, Das Prinzip staatlicher Neutralität und die Freiheit der Religionsausübung, 2013, S. 26 und passim. Kritisch zu diesem Vorgehen bereits *Huster*, Die ethische Neutralität des Staates, 2002, S. 43.

[330] Dieser Umstand hat wiederum seinen Grund in den funktionalen Unterschieden von Rechtsprechung und Wissenschaft sowie konkret in dem souveränen, ungebundenen Umgang des Bundesverfassungsgerichts mit (staats-)theoretischen Konzepten. Vertiefend hierzu *Voßkuhle*, Die Staatstheorie des Bundesverfassungsgerichts, in: Voßkuhle/Bumke u. a. (Hrsg.), Verabschiedung und Wiederentdeckung des Staates im Spannungsfeld der Disziplinen, 2013, S. 371 ff., 382. Speziell zur eher oberflächlichen Verwendungspraxis des Neutralitätsgebots in der Verfassungsrechtsprechung *Dreier*, Staat ohne Gott, 2018, S. 136; *Huster*, Die ethische Neutralität des Staates, 2002, S. 13 f.; *Möllers*, Religiöse Freiheit als Gefahr?, VVDStRL 68 (2009), 47, 57.

zu kommen. Gleichzeitig sollen die außerrechtlichen Einflüsse aber auch nicht zu einer juristisch-qualitativen Verflachung und letztlich zu interpretatorischer Beliebigkeit führen, weil die expliziten Verfassungsvorgaben vernachlässigt werden. Als Ausgangspunkt, um mit dieser Spannungslage umzugehen, wird in dieser Arbeit die folgende Formel *Christian Bumkes* dienen:

»Das positive Recht begrenzt zwar einerseits den Raum theoretischer Konstruktionen, andererseits gewinnt das Recht seine konkrete inhaltliche Gestalt erst mit Hilfe der Theorie. Gute Theorien scheitern nicht am positiven Recht, sondern bilden den Schlüssel für dessen Verständnis.«[331]

Wenn im nächsten Kapitel die unterschiedlichen Neutralitätskonzepte vorgestellt werden, dann wird im Sinne dieser Formel davon ausgegangen, dass für die inhaltliche Ausfüllung des Neutralitätsgebots theoretische Vorverständnisse benötigt werden und gleichzeitig die Theorie die gesetzlichen Vorgaben nicht überlagern und diesen widersprechen darf.[332] Qualitätsmaßstab soll ein »verfassungsgemäßes Neutralitätskonzept« sein, welches sich dadurch auszeichnet, dass es trotz bzw. gerade wegen seiner theoretischen Fundierung jederzeit in gewinnbringender Weise auf den Verfassungstext rückführbar ist.[333] Besteht eine solche Bindung an den Verfassungstext nicht, wird dies als Fall einer unzulässigen Selbstermächtigung des Interpreten gewertet. Besteht sie doch, ist das jeweilige Neutralitätskonzept als prinzipiell zulässige Deutung des Verfassungstextes anzuerkennen.

Das folgende Kapitel soll den drei Herausforderungen des religionsverfassungsrechtlichen Diskurses also dadurch begegnen, dass die unterschiedlichen Neutralitätskonzepte vorgestellt werden, wobei ein Fokus auf der verfassungstextlichen und theoretischen Anbindung liegen wird sowie der Frage, ob sich die verschiedenen Ansichten im Rahmen eines »verfassungsmäßigen Neutralitätskonzepts« bewegen. Dabei ist es allerdings nicht unwahrscheinlich, dass mehrere der vorgestellten Neutralitätskonzepte diesen Qualitätstest bestehen werden, also mehrere verfassungsgemäße Neutralitätskonzepte denkbar sind, ohne dass über die »Richtigkeit« ihrer Antworten auf schwierige Rechtsfragen verlässlich geurteilt werden kann.[334] Gibt es dann eine Möglichkeit, auf produktive Weise weiter zwischen den verschiedenen Meinungen zu differenzieren? Als Antwort

---

[331] *Bumke*, Rechtsdogmatik, 2017, S. 140.

[332] Insofern könnte in ähnlicher Weise auch an die Überlegungen von *Ralf Poscher* zu den Grundlagen hermeneutischer Rechtsarbeit angeknüpft und danach gefragt werden, ob sich ein Neutralitätskonzept im Rahmen dessen bewegt, was mit dem Verfassungstext gemeint sein kann, vgl. *Poscher*, Hermeneutics, jurisprudence and law, in: Malpas/Gander (Hrsg.), The routledge companion to hermeneutics, 2015, S. 451, 458; sowie *Poscher*, The hermeneutic character of legal construction, in: Glanert/Girard (Hrsg.), Law's hermeneutics, 2017, S. 207, 212 ff.

[333] Ähnlich im Hinblick auf das Neutralitätsgebot z. B. *Heinig*, Schlusswort – Verschleierte Neutralität, JZ 2010, 357, 358; *Meyer-Teschendorf*, Religionsfreiheit in der Staatsschule, ZevKR 23 (1978), 202, 213; *Schaefer*, Die religiöse Neutralität des Staates im öffentlichen Raum, in: VerwArch 103 (2012), S. 136, 150; ebenfalls vergleichbar wohl auch *Böckenförde*, »Kopftuchstreit« auf dem richtigen Weg?, NJW 2001, 723, 726.

[334] Vgl. insofern *Bumke*, Rechtsdogmatik, 2017, S. 134 m. w. N., auch zur gegenteiligen Sichtweise.

auf diese Frage und mit Blick auf die hier angestrebte umfassende Selbstaufklärung der Rechtswissenschaft über einen ihrer kontroversesten Diskurse soll ein weiterführender Qualitätsmaßstab angeboten werden. Dieser Qualitätsmaßstab besteht in der inhaltlichen Konsistenz und der Zuverlässigkeit der Neutralitätskonzepte; betroffen sind damit insbesondere die Widerspruchsfreiheit, die Folgerichtigkeit, die Anschlussfähigkeit und die Erklärungsmacht der Gedankengebilde.[335] In der folgenden Untersuchung sollen diese Kriterien zusätzlich zum Kriterium der Verfassungsmäßigkeit angewendet werden, um zu einem vertieften Verständnis der Einzelmeinungen zu kommen.

Speziell bezüglich der Kriterien der Verfassungsmäßigkeit und der Erklärungsmacht bestehen jedoch noch Anwendungshürden. Um diese beiden Kriterien für eine Analyse von Neutralitätskonzepten operabel zu machen, bedarf es weiterer Vorüberlegungen, denn sowohl die verfassungsrechtlichen Anknüpfungspunkte als auch die praktischen Anwendungsfelder der religiös-weltanschaulichen Neutralität sind sehr vielfältig. Soll es genügen, dass *irgendeine* verfassungstextliche Anbindung besteht oder sind zusätzliche Qualitätsanforderung an die Inbezugnahme des positiven Religionsverfassungsrechts sinnvoll? Und wie kann die Erklärungsmacht trotz des breiten Spektrums potenzieller Fallgestaltungen sinnvoll überprüft werden? Diesen beiden Fragen soll hier zur Vorbereitung der darauffolgenden Analyse nachgegangen werden.

3. Kernbestandteile eines verfassungsgebundenen Neutralitätskonzepts

a) Problematik und Herleitung der grundgesetzlichen Anknüpfung

Der Verfassungstext hat nach der hier zugrunde gelegten Formel von *Bumke* die Aufgabe, die Bandbreite theoretischer Vorverständnisse zu begrenzen und ihre Leistungsfähigkeit für die Verfassungsinterpretation zu kontrollieren. Dies führt erneut zu dem Umstand, dass das Neutralitätsgebot im Grundgesetz nicht genannt wird und es daher keine eindeutige gesetzliche Grundlage hat. Das bedeutet, dass der Verfassungstext weder durch Wortlaut noch durch Systematik nahelegen kann, welche Verfassungsnormen für die Inhaltsbestimmung der religiös-weltanschaulichen Neutralität relevant sind. Es muss daher auf anderem Wege bestimmt werden, anhand welcher Normen über die Verfassungsmäßigkeit eines Neutralitätskonzepts geurteilt werden kann. In der Literatur wird insofern nicht selten eine wesensgemäße und vorrangige Verbindung des Neutralitätsgebots zu Art. 4 Abs. 1 und 2 GG hervorgehoben und auch einige neuere Entscheidungen des Bundesverfassungsgerichts legen einen besonderen Fokus auf das Verhältnis zu Art. 4 GG.[336] Begründet wird diese Anbindung damit, dass religiös-weltanschauliche Neutralität die notwendige Voraussetzung für Reli-

---

[335] Hierzu *Bumke*, Rechtsdogmatik, 2017, S. 107.

[336] Vgl. BVerfGE 93, 1, 16 (»Aus der Glaubensfreiheit des Art. 4 Abs. 1 GG folgt [...] der Grundsatz staatlicher Neutralität gegenüber den unterschiedlichen Religionen und Bekenntnissen«); sowie ebenso BVerfGE 102, 370, 383. Siehe hierzu *Magen*, in: Umbach/Clemens, Art. 140 GG Rn. 26; sowie *Wiedemann*, Der Streit um das Schulkreuz in Deutschland und Italien, 2012, S. 92ff.

gionsfreiheit sei und umgekehrt Religionsfreiheit zu religiös-weltanschaulicher Neutralität führe.[337]

Im Hinblick auf die spezielle Funktion, die dem Rechtsbegriff der religiös-weltanschaulichen Neutralität im deutschen Religionsverfassungsrecht zukommt, wäre es jedoch verfehlt, die Inhaltsbestimmung des Neutralitätsgebots ausschließlich an der Religionsfreiheit auszurichten. So ist es zwar zutreffend, dass Religionsfreiheit eine bestimmte Form staatlicher Neutralität unbedingt voraussetzt und bewirkt, nämlich eine Beschränkung des Staates auf das irdische Wohl – nur der Staat, der sich nicht als Garant für das Seelenheil seiner Bürger sieht, kann ihnen echte Religionsfreiheit gewähren. Allerdings lassen sich mit einem solch basalen Neutralitätsverständnis auch Staatskirchensysteme wie das System Englands beschreiben, wo kein Zweifel daran besteht, dass Religionsfreiheit gewährleistet wird.[338] Wenn die religiös-weltanschauliche Neutralität hingegen als Begriff verwendet werden soll, mit dem die spezifische Ordnung des Grundgesetzes für das Verhältnis von Staat und Religionen und Weltanschauungen beschrieben wird, dann kommt der Religionsfreiheit insofern sicherlich eine wichtige, allerdings keine abschließende Rolle zu. Ein verfassungsgebundenes Neutralitätskonzept muss auch die anderen Bestimmungen in Bezug nehmen, die Teil der religionsverfassungsrechtlichen Verhältnisbestimmung sind.[339] Insofern war es zwar durchaus konsequent, dass das Bundesverfassungsgericht das Neutralitätsgebot ursprünglich nicht nur in Art. 4 GG verankerte, sondern aus

---

[337] So *Morlok*, in: Dreier, Art. 4 GG Rn. 2, in Rn. 161 wird die religiös-weltanschauliche Neutralität des Staates zudem als »notwendige Folge der Gewährleistung individueller Freiheit durch Art. 4 GG« bezeichnet. Ähnlich in der Formulierung *Hofmann*, in: Schmidt-Bleibtreu/Hofmann/Henneke, Art. 4 GG Rn. 1; sowie bereits *Scheuner*, Die Religionsfreiheit im Grundgesetz, DÖV 1967, 585, 588. Ebenfalls für Art. 4 GG als vorrangige Grundlage des Neutralitätsgebots; *Korioth*, in: Maunz/Dürig, Art. 140 GG Rn. 31; sowie *Unruh*, Religionsverfassungsrecht, 4. Aufl. 2018, 65; wohl auch *Wolff*, in: Hömig/Wolff, Art. 140 GG Rn. 9; anders hingegen z. B. *Gullo*, Religions- und Ethikunterricht im Kulturstaat, 2003, S. 26, der das Neutralitätsgebot vorrangig in den Gleichheitsrechten verankert sieht. Die Aussagen des Bundesverfassungsgerichts, die eine enge Bindung des Neutralitätsgebots an Art. 4 GG feststellen, enthalten sich näherer Begründungen.

[338] *Ungern-Sternberg*, Religionsfreiheit in Europa, 2008, S. 151 ff.; *Mückl*, Europäisierung des Staatskirchenrechts, 2005, S. 83; *Vosgerau*, Freiheit des Glaubens und Systematik des Grundgesetzes, 2007, S. 205; *Doe/Nicholson*, Das Verhältnis von Gesellschaft, Staat und Kirche in Großbritannien, in: Kämper/Schlagheck (Hrsg.), Zwischen nationaler Identität und europäischer Harmonisierung, 2002, S. 59, 61 ff., sind zwar durchaus kritisch hinsichtlich der rechtlichen Ungleichheiten zwischen den Bekenntnissen, die früher noch ausgeprägter waren, jedoch relativiert sich ihre Kritik im Hinblick auf die praktische Handhabung in heutiger Zeit, vgl. S. 71 ff.

[339] Insofern ist es zwar methodisch irritierend, aber im Ergebnis doch haltbar, wenn in den meisten Fällen, in denen das Neutralitätsgebot bereits aus Art. 4 GG hergeleitet wurde, selbiges zusätzlich auf weitere Normen des Religionsverfassungsrechts gestützt wird, vgl. *Morlok*, in: Dreier, Art. 4 GG Rn. 161 (»Die staatliche Neutralität ergibt sich auch aus [...]«); *Korioth*, in: Maunz/Dürig, Art. 140 GG Rn. 31 (»Aus Art. 4 Abs. 1 und 2 GG, flankiert durch [...]«); BVerfGE 93, 1, 17 (»Dieses Gebot findet seine Grundlage nicht nur in Art. 4 Abs. 1 GG, sondern auch in [...]«). Hingegen hält *Germann*, in: BeckOK GG, Art. 4 GG Rn. 85 das Neutralitätsgebot zwar auch in anderen Normen des Religionsverfassungsrechts bestätigt, doch bedürfe es zu seiner Konturierung lediglich des »freiheits- und gleichheitsrechtlichen Schemas« der Religions- und Weltanschauungsfreiheit.

einer »Zusammenschau« mit Art. 3 Abs. 3, 33 Abs. 3 sowie Art. 140 GG i. V. m. Art. 136 Abs. 1 und 4 sowie Art. 137 Abs. 1 WRV entwickelte[340] und später noch weitere Normen des Religionsverfassungsrechts hinzuzog.[341] Doch warum das Gericht speziell diese und nicht noch weitere oder vielmehr alle Bestimmungen des Religionsverfassungsrechts als gesetzliche Grundlage des Neutralitätsgebots benannte, wird nicht deutlich.[342] Wenn die religiös-weltanschauliche Neutralität des Staates als »Schlüsselbegriff« oder »Übernorm« des Religionsverfassungsrechts verstanden wird, dann muss sie in ihrer theoriegebundenen inhaltlichen Ausgestaltung auch dem gesamten Religionsverfassungsrecht Genüge tun. Für die Analysen dieser Arbeit gilt daher: Ein verfassungsgebundenes Neutralitätskonzept muss alle Normen in sich aufnehmen, mittels derer der Staat bei Fragen von Religion und Weltanschauung positioniert wird.[343]

b) Systematik der gesetzlichen Bezugspunkte des Neutralitätsgrundsatzes

Diese Antwort auf die Frage nach der grundgesetzlichen Anknüpfung wirft jedoch wieder neue Probleme auf. Das Grundgesetz enthält insgesamt – also in seinem Kerntext und in den inkorporierten Artikeln der Weimarer Reichsverfassung – 19 Vorgaben, die Auswirkungen auf den Umgang mit Religionen und Weltanschauungen bzw. ihren Anhängern haben; hinzu kommen noch der Gottesbezug der Präambel und die religiösen Beteuerungsformeln im Amtseid des Bundespräsidenten und der Mitglieder der Bundesregierung. Zudem sind diese Vorgaben teilweise sehr allgemein, wie z. B. die Religionsfreiheit aus Art. 4 Abs. 1 und 2 GG oder das Diskriminierungsverbot aus Art. 3 Abs. 3 GG, bisweilen sind sie aber auch sehr spezifisch, wie etwa die Möglichkeit der Errichtung von Bekenntnis- und Weltanschauungsschulen nach Art. 7 Abs. 5 GG. Vor diesem Hintergrund ist fraglich, was genau mit der Forderung gemeint sein kann, dass ein umfassendes Neutralitätsverständnis solch vielfältigen Vorgaben Genüge tut und sie in sich aufnimmt.

Zur besseren Handhabe des religionsverfassungsrechtlichen Normenmaterials bietet es sich an, die Vorgaben des Grundgesetzes nach bestimmten Typen zu systematisieren, und tatsächlich lassen sich in Anlehnung an die Untersuchung *Schlaichs* vier grundlegende Dimensionen erkennen.[344] Für sich steht das Verbot

---

[340] BVerfGE 19, 206, 216.

[341] So das Selbstverwaltungsrecht der Religionsgesellschaften aus Art. 140 GG i. V. m. Art. 137 Abs. 3 WRV, siehe BVerfGE 30, 415, 422.

[342] Insofern ebenfalls kritisch *Huster*, Die ethische Neutralität des Staates, 2002, S. 43; hingegen scheint *Schlaich*, Zur weltanschaulichen und konfessionellen Neutralität des Staates, in: Marré/Stüting (Hrsg.), Essener Gespräche zum Thema Staat und Kirche (4), 2. Aufl. 1973, S. 9, 38 f. den Grund für die nicht vollständige Auflistung der religionsverfassungsrechtlichen Artikel in einer differenzierten, abgestuften Regelungsdichte des Verhältnisses von Staat und Kirchen zu sehen.

[343] Im Ergebnis ebenso *Scheuner*, Das System der Beziehungen von Staat und Kirchen im Grundgesetz, in: Friesenhahn/Scheuner (Hrsg.), HdbStKirchR Bd. I, 1974, S. 5, 61; *Thiel*, Der Erziehungsauftrag des Staates in der Schule, 2000, S. 93.

[344] Vgl. *Schlaich*, Neutralität als verfassungsrechtliches Prinzip, 1972, S. 24; ähnliche Unterteilungen finden sich bei *Brugger*, Trennung, Gleichheit, Nähe, in: Reuter/Kippenberg (Hrsg.),

der Staatskirche aus Art. 140 GG i. V. m. Art. 137 Abs. 1 WRV, womit Religionen und Weltanschauungen auf Abstand gehalten werden und die Unabhängigkeit des Staates gewährleistet, also ein *religionsdistanziertes Moment* etabliert wird. Gleichzeitig findet sich in den religionsverfassungsrechtlichen Freiheitsrechten individueller und kollektiv-institutioneller Art ein *antistaatliches Moment*, welches Religionen und Weltanschauungen vor Übergriffen des Staates schützt.[345] Daneben besteht mit den verschiedenen Geboten der Gleichbehandlung ein *gleichheitliches Moment*[346] und zuletzt formen die Bestimmungen, mit denen der Staat für religiöse Bezüge geöffnet wird, ein *religionsnahes Moment*.[347]

c) *Historisch-systematische Korrelationen und Spannungen*

Bei dieser Systematisierung der gesetzlichen Bezugspunkte des Neutralitätsgrundsatzes fällt auf, wie stark die einzelnen Momente mit einzelnen Positionen korrespondieren, die aus den historischen Annäherungen bekannt sind: Die etatistische und die liberale Position finden sich im *religionsdistanzierten Moment* wieder. Die Position, welche Kirche und Religion außer Reichweite staatlicher Machtansprüche verortet sehen möchte, spiegelt sich im *antistaatlichen Moment*, wohingegen die Position, welche die besondere Bedeutung von Kirche und Religion für Staat und Gesellschaft betont, im *religionsnahen Moment* Entsprechung findet. Die immerwährende Frage nach Gleichheit und Ungleichheit der

---

Religionskonflikte im Verfassungsstaat, 2010, S. 119, 121; und *Wiedemann*, Der Streit um das Schulkreuz in Deutschland und Italien, 2012, S. 96ff., wobei letzterer an der Rechtsprechung des Bundesverfassungsgerichts ansetzt. Bezeichnenderweise identifizieren *Czermak/Hilgendorf*, Religions- und Weltanschauungsrecht, 2. Aufl. 2018, S. 79 nur drei »Kategorien«, in denen sich das Religionsverfassungsrecht zusammenfassen lasse, nämlich »Freiheit, Gleichheit und Trennung«; den hier im Folgenden als »religionsnah« bezeichneten Regelungen des Grundgesetzes wird kein gleichrangiger Status zugesprochen, sondern sie gelten als nachgelagerte »Sonderregelungen«, vgl. S. 84f. Näher unten, 3. Kapitel A. I. 4.

[345] Zu den individuellen Freiheitsrechten des Religionsverfassungsrechts zählen neben der Religionsfreiheit aus Art. 4 Abs. 1 und 2 GG das Verbot, Lehrer gegen ihren Willen zum Religionsunterricht zu zwingen (Art. 7 Abs. 3 S. 2 GG), die Freiheit, die eigene religiöse Überzeugung nicht offenbaren zu müssen (Art. 136 Abs. 3 WRV), das Verbot von Zwang zur Ausführung von bzw. zur Teilnahme an religiösen Handlungen (Art. 136 Abs. 4 WRV) und das Verbot, bei Gottesdiensten und Seelsorge in öffentlichen Anstalten Zwang auszuüben (Art. 141 Hs. 2 WRV). Zu den kollektiv-institutionellen Freiheitsrechten gehören neben Art. 4 Abs. 1 und 2 GG in seiner kollektiven Dimension die religiöse Vereinigungsfreiheit nach Art. 137 Abs. 2 WRV, das kirchliche Selbstverwaltungsrecht (Art. 137 Abs. 3) und die Sicherung des Eigentums der Religionsgesellschaften (Art. 138 Abs. 2 WRV).

[346] Neben das Diskriminierungsverbot aus Art. 3 Abs. 3 S. 1 GG treten die speziellen Diskriminierungsverbote der Art. 33 Abs. 3 GG und 136 Abs. 2 WRV, welche die Unabhängigkeit bürgerlicher und staatsbürgerlicher Rechte sowie des Zugangs zu öffentlichen Ämtern vom religiösen Bekenntnis gewährleisten.

[347] Hierzu gehören die Festschreibung von Religionsunterricht als ordentlichem Lehrfach in öffentlichen Schulen (Art. 7 Abs. 3 S. 1 und 2 GG), die Möglichkeit von Bekenntnis- und Weltanschauungsschulen (Art. 7 Abs. 5 GG), die Möglichkeit des öffentlich-rechtlichen Körperschaftsstatus mit der Möglichkeit der Steuererhebung (Art. 137 Abs. 5 bis 7 WRV) sowie der Anspruch auf Zugang zu öffentlichen Anstalten zum Zweck von Gottesdienst und Seelsorge (Art. 141 Hs. 1 WRV). Je nach Verständnis, lassen sich außerdem noch die Möglichkeit der religiösen Eidesformel (Art. 56 S. 1 und 64 Abs. 2 GG) sowie der Sonntagsschutz (Art. 139 WRV) hierzu zählen.

Bekenntnisse, Religionen und Weltanschauungen schwingt im *gleichheitlichen Moment* mit.

Diese Verbindungen zur Geschichte betonen nicht nur erneut, dass das deutsche Religionsverfassungsrecht ein historisch gewachsenes Kompromissmodell ist, sondern sie verdeutlichen auch die grundsätzliche Problematik, die mit seiner Interpretation verbunden ist. Das *religionsdistanzierte Moment* steht wesensgemäß in Spannung zum *religionsnahen Moment*, gleichzeitig kann dem *religionsdistanzierten Moment* ein gewisser etatistischer Gehalt entnommen werden, womit sich ein Konflikt zum *antistaatlichen Moment* andeutet. Darüber hinaus zwingen das *religionsdistanzierte* wie auch das *religionsnahe Moment* zu Positionierungen, die besonders anfällig für Probleme mit dem *gleichheitlichen Moment* sind. Es wird deutlich, dass die verschiedenen Momente erst zueinander in Beziehung gesetzt werden müssen, bevor sie sich operationalisieren lassen. Diese Verhältnisbestimmung ist die Kernfunktion eines theoriegebundenen, verfassungsgemäßen Neutralitätsverständnisses.

Anders ausgedrückt und um im Wortlaut der Formel zu bleiben, die als Ausgangspunkt für den Ausgleich zwischen Theoriebindung und positivem Recht gewählt wurde: Die vielzähligen und vielfältigen Normen des Religionsverfassungsrechts und die vier Momente, in denen sie sich systematisieren lassen, müssen mithilfe eines notwendigerweise theoriegebundenen Neutralitätsverständnisses gewichtet, abgegrenzt und verbunden werden, um zu konkreter inhaltlicher Gestalt zu kommen und über ihren singulären Anwendungsbereich hinaus verstanden werden zu können. Damit es sich jedoch um ein verfassungsgebundenes Neutralitätskonzept handelt, muss es sich innerhalb des Raumes bewegen, den das positive Recht absteckt, und dafür die verschiedenen Momente des Religionsverfassungsrechts widerspiegeln.

4. Die praktischen Anwendungsfelder des Neutralitätsgrundsatzes

Das letzte Kriterium, das verwendet werden soll, um die Qualität der verschiedenen Neutralitätskonzepte zu beurteilen, ist ihre Erklärungsmacht. Mit diesem Kriterium wird danach gefragt, wie leistungsfähig ein Konzept im Belastungstest der Rechtspraxis ist. Ein Bewusstsein für die praktischen Anwendungsfelder ist daher unerlässlich, um die Erklärungsmacht eines juristischen Konzepts beurteilen zu können. Die Herausforderung im Fall des Neutralitätsgebots besteht insofern darin, dass die Frage nach dem Verhältnis von Staat und Religionen bzw. Weltanschauungen in ganz verschiedenartigen Bereichen des Lebens zum Tragen kommt: Schule, Steuern, Arbeitsrecht, Tierschutz – um nur einige Felder anzudeuten. Das bedeutet zunächst, dass es faktisch nahezu unmöglich und methodisch wenig zielführend ist, die praktische Bedeutung der religiös-weltanschaulichen Neutralität für alle denkbaren Bereiche einzeln durchzuexerzieren. Auf einer tieferliegenden Ebene geht mit dieser Vielfalt der Anwendungsfelder zudem die Gefahr einher, dass sich die Inbezugnahme der Praxis entweder im Einzelfall verliert oder blind wird für kontextuelle Differenzierungen. Gerade die Bedeutung solcher Differenzierungen darf aber bei einem so facettenreichen Thema wie dem Verhältnis von Staat und Religionen bzw. Weltanschauungen nicht unterschätzt werden. Wenn ein Verfassungsgrundsatz von seiner Historie, seinem Normenfundament und seinen Wirkdimensionen her so vielschichtig ist wie die religiös-weltanschauliche Neutralität, mag es naheliegen, dass diesem Grundsatz je nach Kontext ein spezifizierter Aussagegehalt beigemessen wird – vielleicht hat Neutralität in unterschiedlichen Situationen eine unterschiedliche Bedeutung.[348] Unabhängig davon, ob solche Differenzierungen tatsächlich notwendig oder sinnvoll sind, muss sich eine aufmerksame Analyse jedenfalls eine gewisse Sensibilität für diese Möglichkeit bewahren.

Mit Blick auf die praktischen Anwendungsfelder des Neutralitätsgebots gilt es also, eine Überforderung durch den Detailreichtum der Einzelfälle zu vermeiden, ohne dass in das andere Extrem ausgeschlagen wird und essenzielle Unterscheidungen durch pauschale Verallgemeinerungen retuschiert werden. Wie schon bei den vielfältigen verfassungsrechtlichen Anknüpfungspunkten der religiös-weltanschaulichen Neutralität, bietet sich daher auch hier eine Systematisierung in Fallgruppen an.

a) Systematik der praktischen Anwendungsfelder

In den von Rechtsprechung und Wissenschaft behandelten Fällen zum Neutralitätsgrundsatz lassen sich vier Konfliktkonstellationen erkennen, die sich in struktureller Hinsicht voneinander unterscheiden, je nachdem welche Parteien und Interessen involviert sind. Die *erste* Konfliktkonstellation betrifft die Religionsfreiheit als klassisches Freiheitsgrundrecht. Hier geht es darum, inwieweit religiöse Überzeugungen situationsbezogene Ausnahmen vom staatlichen Anspruch auf Befolgung von Ver- und Geboten erforderlich machen, wie z. B. beim rituellen Schlachten von Tieren (Schächten) oder der Teilnahme am geschlechtergemischten Sportunterricht. Die *zweite* Konfliktkonstellation betrifft die Weltanschauungs- und Religionsgemeinschaften als Institutionen. Wiederkehrendes Thema ist die inhaltliche Abschichtung und kompetenzrechtliche Grenzziehung zwischen dem Hoheitsbereich des Staates und dem Bereich, welcher der Selbstorganisation der Weltanschauungs- und Religionsgemeinschaften vorbehalten bleibt, etwa bei Fragen des kirchlichen Arbeitsrechts oder der Kirchensteuer. Diese beiden ersten Konfliktsituationen haben gemein, dass sie im Grundsatz eine bilaterale Struktur aufweisen. Entscheidend ist jeweils die Frage, bis wohin der Hoheitsanspruch des Staates gegenüber einer Bürgerin oder einer religiösen Organisation reichen darf. Von der Beantwortung dieser Frage können zwar auch Dritte betroffen sein (etwa der Konkurrent bei einer wettbewerbsrechtlichen Frage oder die Arbeitnehmerin eines kirchlichen Arbeitgebers), dies aber regelmäßig nur mittelbar als Konsequenz der zuvor erfolgten Abgrenzung zwischen Staat und Bürgerin bzw. Institution.

Die beiden anderen Konfliktsituationen, in denen die religiös-weltanschauliche Neutralität zum Tragen kommt, sind multilateraler Natur. So betrifft die *dritte* Konfliktkonstellation Fälle, in denen eine Partei ihre positive Glaubens-

[348] Zur kontextuellen Differenzierung als methodischem Mittel *Lepsius*, Die maßstabsetzende Gewalt, in: Jestaedt/Lepsius u. a., Das entgrenzte Gericht, 2011, S. 159, 259 ff.

freiheit ausüben möchte und dadurch mit der negativen Glaubensfreiheit einer anderen Partei konfligiert. Der Staat wird als dritte Partei jedenfalls dann involviert, wenn die Glaubensausübung im Rahmen einer staatlichen Institution erfolgen soll – dann muss der Staat festlegen, inwieweit er Raum für die Ausübung der positiven Glaubensfreiheit gewähren möchte und ab welchem Punkt die negative Glaubensfreiheit der anderen Partei unbedingt zu schützen ist. In den prominenten Fallbeispielen ging es um Kreuze und gemeinsames Gebet in Schulen, Kopftücher von muslimischen Lehrerinnen sowie Kreuze in Gerichtssälen.[349] Die *vierte* Konstellation ist stark gleichheitsrechtlich geprägt: Bisher unberücksichtigt gebliebene Religionsgemeinschaften oder Einzelpersonen begehren gleichen Zugang zu staatlichen Förderungen oder Sondererlaubnissen, die anderen bereits gewährt werden, und es fragt sich, anhand welcher Kriterien der Staat Differenzierungen vornehmen darf. In diesen Fällen geht es z. B. um den öffentlich-rechtlichen Körperschaftsstatus oder die Vergabe staatlicher Mittel an Religions- und Weltanschauungsgemeinschaften.

Neben diesen vier Konfliktkonstellationen kann die religiös-weltanschauliche Neutralität noch an einer anderen, *fünften* Stelle zum Tragen kommen, nämlich bei ethisch relevanten Fragestellungen wie der Zulässigkeit von Schwangerschaftsabbrüchen oder gesellschaftsgestaltenden Praxen wie dem Sonntagsschutz. In beiden Fällen gibt es Positionen, die mit bestimmten Religionen oder Weltanschauungen kompatibler sind als mit anderen, und nicht zuletzt vor dem Hintergrund etwaiger (kulturell-)religiöser Wurzeln des deutschen Rechtsstaats wird gefragt, welcher Aussagegehalt insofern mit dem Neutralitätsgrundsatz verknüpft werden kann.

b) Systematisch-praktische Korrelationen

Verbindet man diese Unterteilung der Anwendungsfelder mit den unterschiedlichen Wirkdimensionen des Neutralitätsgrundsatzes, wie sie sich bei der Systematisierung der gesetzlichen Bezugspunkte gezeigt haben, dann zeichnet sich bereits auf dieser vorgelagerten und abstrakten Ebene der analytischen Fixpunkte ab, wo in der inhaltlichen Diskussion die Konfliktlinien verlaufen werden. So weisen die ersten beiden Konfliktkonstellationen – die Frage nach Befreiungen von Verhaltenspflichten bzw. Verboten und die Frage der Grenzziehung zum Hoheitsbereich religiöser oder weltanschaulicher Institutionen – eine besondere Nähe zum *antistaatlichen Moment* der religiös-weltanschaulichen Neutralität auf. Der entscheidende Streitpunkt wird hier sein, wie weitreichend der Staat durch den Neutralitätsgrundsatz auf eine respektvolle Distanz zu religiös-weltanschaulichen Eigendynamiken verpflichtet wird. Die vierte Konfliktsituation hingegen, die den gleichen Zugang zu staatlichen Förderungen und Sondererlaubnissen betrifft, ist wesensgemäß mit dem *gleicheitlichen Moment* verbunden.

[349] Die Fälle von Kreuzen in Schulen und Gerichten können auch zu der Konfliktkonstellation um die Religionsfreiheit als Freiheitsrecht gezählt werden, wenn das Kreuz als Ausdruck der positiven Religionsfreiheit christlicher Schülerinnen, Lehrer, Richterinnen etc. gedeutet wird.

Bei der fünften Fallgruppe, also den ethischen Fragen und gesellschaftsgestaltenden Praxen, muss wiederum ein Ausgleich zwischen dem *religionsdistanzierten* und dem *religionsnahen Moment* geschaffen werden. Mit ihrer Kernfrage, inwieweit religiöse Überzeugungen oder zumindest eine kulturell-religiöse Grundprägung für die staatliche Gestaltung des gesellschaftlichen Miteinanders relevant sein dürfen, hat diese Fallgruppe zudem eine besondere Nähe zu den Fragestellungen, die aus der politisch-philosophischen Diskussion bekannt sind; sofern dabei nur bestimmte Religionen bzw. Bekenntnisse in Frage stehen, ist zusätzlich das *gleichheitliche Moment* betroffen.

Diese Nähe zur politisch-philosophischen Diskussion prägt auch die dritte Fallgruppe – die konfligierende Religions- und Weltanschauungsfreiheit im öffentlichen Raum –, die auch im Hinblick auf die Wirkdimensionen der religiös-weltanschaulichen Neutralität eine Sonderrolle einnimmt. Bei dieser Fallgruppe kommen nämlich alle Facetten des Neutralitätsgrundsatzes zum Tragen: Zunächst ist das *antistaatliche Moment* betroffen, da es in diesen Fällen um die individuelle Ausübung der Religions- und Weltanschauungsfreiheit geht. Weil diese Ausübung im öffentlichen Raum stattfindet, wird die Frage relevant, inwieweit der religiös-weltanschaulich neutrale Staat hierfür offen ist, womit weiterhin das *religionsnahe* und das *religionsdistanzierte Moment* angesprochen sind. Darüber hinaus wird das *gleichheitliche Moment* relevant, weil sich in dieser multilateralen Konfliktsituation verschiedene (anti-)religiöse und weltanschauliche Positionen mit ihrem jeweiligen Achtungsanspruch gegenüberstehen und der Staat einen Ausgleich schaffen muss. Ohne damit inhaltlich etwas vorwegzunehmen: Diese Verknüpfung der praktischen Anwendungsfelder der religiös-weltanschaulichen Neutralität mit der Systematik ihrer gesetzlichen Bezugspunkte lässt bereits erkennen, warum die in der Öffentlichkeit am kontroversesten diskutierten Fälle – das Schulkreuz und das Kopftuch der Lehrerin – gerade dieser letztgenannten Konfliktgruppe entstammen.

II. Dogmatische Verortung und Dimensionen des Neutralitätsgrundsatzes

Eine letzte Perspektive fehlt noch für eine umfassende Analyse. Um Inhalt und Wirkung eines konkreten Neutralitätsverständnisses vollends zu erfassen, muss sichtbar gemacht werden, was bei seiner Anwendung in juristisch-dogmatischer Hinsicht passiert. Hierfür lohnt es sich ebenfalls, einige Fragestellungen vorab auf mittlerer Abstraktionsebene zu betrachten und bestimmte Kategorisierungen »vor die Klammer« zu ziehen, um im Bedarfsfall auf sie zurückgreifen zu können. Vor allem drei Fragen erweisen sich insofern als besonders relevant. Erstens: Auf welche Weise wird der Neutralitätsgrundsatz bei der Lösung von konkreten Fällen verwendet, das heißt, welche Struktur weist er auf bzw. welche Funktion kommt ihm zu? Zweitens: Wie verhält sich der Neutralitätsgrundsatz zu anderen Grundsätzen des Religionsverfassungsrechts? Und drittens: Welche Auswirkungen hat ein bestimmtes Verständnis von religiös-weltanschaulicher Neutralität auf die inhaltliche Ausgestaltung der religionsrechtlichen Freiheitsrechte sowie auf gleichheitsrechtliche Beurteilungen?

1. Normtheoretischer Charakter

In der bisherigen Darstellung wurde bewusst und in Anlehnung an die Begriffsbildung des Bundesverfassungsgerichts[350] vom »Neutralitätsgrundsatz« bzw. »-gebot« gesprochen und nicht vom »Neutralitätsprinzip«, was ebenfalls ein gängiger Terminus ist.[351] Zwar werden all diese Begriffe nicht selten synonym verwendet, ohne dass der Bezeichnung als »Prinzip« eine Bedeutung beigemessen wird, die über die Erkenntnis hinausgeht, dass es sich bei der religiös-weltanschaulichen Neutralität um eine wichtige und allgemeine Festsetzung des Verfassungsrechts handelt.[352] Manchmal wird die Betitelung als »Prinzip« jedoch bewusst gewählt, weil damit dogmatische Wertungen ausgedrückt werden, die hier nicht leichtfertig vorweggenommen oder suggeriert werden sollten.

Diese kurze terminologische Reflexion bildet den Einstieg in die Erläuterung der ersten Frage. Ausgangspunkt der vorliegenden Untersuchung zur religiös-weltanschaulichen Neutralität war die Feststellung, dass anhand dieses Begriffs das Verhältnis von Staat und Religionen bzw. Weltanschauungen bestimmt wird. Allerdings ist auch dann, wenn diese Verhältnisbestimmung vorgenommen wurde, noch nicht entschieden, wie dieses Verhältnis rechtstechnisch für die Lösung von Fällen eingesetzt wird. Aus sich heraus löst das Neutralitätsgebot keine Fälle. Das konkrete Ergebnis hängt vielmehr davon ab, wie der Grundsatz verwendet wird. Die insofern bestehenden Möglichkeiten lassen sich in verschiedener Weise ordnen, wobei sich eine strukturelle oder eine funktionale Perspektive anbieten.

Für die Einordnung einer Verfassungsvorgabe von ihrer Struktur her hat sich vor allem der bereits angedeutete Prinzipienbegriff etabliert und wenn in der rechtswissenschaftlichen Diskussion überhaupt versucht wird, das Neutralitätsgebot zu typisieren, dann werden Unterscheidungen normalerweise anhand dieses Rechtsbegriffs vorgenommen.[353] Zwar besteht auch im Hinblick auf das Wesen von Prinzipien und Regeln kein einheitliches Verständnis,[354] außerdem

---

[350] Vgl. die Nachweise bei *Huster*, Die ethische Neutralität des Staates, 2002, S. 13 Fn. 31.

[351] Am prominentesten insofern bei *Schlaich*, Neutralität als verfassungsrechtliches Prinzip, 1972.

[352] Ebenso die Feststellung bei *Huster*, Die ethische Neutralität des Staates, 2002, S. 38.

[353] Vgl. etwa *Heinig*, Verschärfung oder Abschied von der Neutralität, JZ 2009, 1136, 1140; *Huster*, Die ethische Neutralität des Staates, 2002, S. 39 f.; *Morlok*, in: Dreier, Art. 140 GG Rn. 32 f.

[354] Grundlegend für den deutschen Sprachraum *Esser*, Grundsatz und Norm, 1956; für den anglo-amerikanischen Raum *Dworkin*, Taking rights seriously, 2004, S. 22 ff., 81 ff.; zum Vergleich dieser beiden Ansätze *Pascua*, Die Grundlage rechtlicher Geltung von Prinzipien, in: Orsi/Seelmann u. a. (Hrsg.), Prinzipien des Rechts, 1996, S. 7 ff. sowie *Jakab*, Prinzipien, Rechtstheorie 37 (2006), 49, 56 ff. Den Ansatz *Dworkins* entwickelte *Robert Alexy* zur heute im deutschen Sprachraum wirkmächtigsten Prinzipientheorie fort, siehe *Alexy*, Zum Begriff des Rechtsprinzips, in: Krawietz/Opalek u. a. (Hrsg.), Argumentation und Hermeneutik in der Jurisprudenz, 1979, S. 59 ff.; *Alexy*, Theorie der Grundrechte, 1986, S. 71 ff.; *Alexy*, Rechtsregeln und Rechtsprinzipien, in: MacCormick/Panou u. a. (Hrsg.), Geltungs- und Erkenntnisbedingungen im modernen Rechtsdenken, 1985, S. 13 ff. Umfassend zum Vergleich der Ansätze *Dworkins* und *Alexys* siehe *Heinold*, Die Prinzipientheorie bei Ronald Dworkin und Robert Alexy, 2011. Ein weiterer komplexer prinzipientheoretischer Ansatz wurde formuliert von

wird z. B. kritisch hinterfragt, wie trennscharf diese Differenzierung[355] und wie groß der Mehrwert dieses Ansatzes für die Abwägung im Verfassungsrecht tatsächlich ist.[356] Zur Vorbereitung der Analyse der verschiedenen Neutralitätskonzepte ist es dennoch hilfreich, die Funktionsweise struktureller Zuschreibungen kurz anhand des Alexy'schen Prinzipienbegriffs zu illustrieren.[357] Das Neutralitätsgebot kann demnach entweder als Rechtsprinzip verstanden werden, das heißt, es wird davon ausgegangen, dass es einer Abwägung mit anderen Gütern von Verfassungsrang zugänglich ist. In diesem Fall wäre es ein Optimierungsgebot – Neutralität in religiös-weltanschaulichen Belangen wäre damit nicht absolut gefordert, sondern im höchsten Maß des rechtlich und tatsächlich Möglichen. Oder die religiös-weltanschauliche Neutralität kann doch strikt verstanden werden, sie ist dann eine Regel, mit der gerade nicht abgewogen werden kann. In diesem Fall ist bzw. handelt der Staat entweder neutral oder eben nicht und damit rechtswidrig, sofern sich keine verfassungsrechtliche Rechtfertigung annehmen lässt.[358]

Ebenfalls hilfreich mag eine Einordnung nach der Funktion sein, die dem Neutralitätsgrundsatz zugeschrieben wird.[359] Insofern lässt sich das Neutralitätsgebot entweder als Struktur- und Leitprinzip verstehen, vergleichbar etwa mit dem Rechtsstaats-, Demokratie und Sozialstaatsprinzip. In diesem Fall wäre es Teil der großen verfassungsrechtlichen Rahmenordnung, in die das einfache Recht und sonstige Maßnahmen des Staates sinnvoll eingefügt werden müssen.

Sieckmann, Regelmodelle und Prinzipienmodelle des Rechtssystems, 1990, S. 89 ff.; hierauf aufbauend *Sieckmann*, Recht als normatives System, 2009; speziell zur Abgrenzung dieses Ansatzes von dem *Alexys* siehe *Sieckmann*, Zur Prinzipientheorie Robert Alexys, in: Klatt (Hrsg.), Prinzipientheorie und Theorie der Abwägung, 2013, S. 271 ff. Als jüngsten komplexen und eigenständigen Ansatz *Reimer*, Verfassungsprinzipien, 2001.

[355] So z. B. *Röhl/Röhl*, Allgemeine Rechtslehre, 3. Aufl. 2008, S. 289; *Scherzberg*, Grundrechtsschutz und »Eingriffsintensität«, 1989, S. 171.

[356] Eingehend *Jestaedt*, Grundrechtsentfaltung im Gesetz, 1999, S. 229 ff.; zustimmend *Vesting*, Gegenstandsadäquate Rechtsgewinnungstheorie, Der Staat 41 (2002), 73, 88. Darüber hinaus findet sich eine umfassende Kritik z. B. bei *Peters*, Grundrechte als Regeln und Prinzipien, ZÖR 51 (1996), 159, 166 ff. sowie *Poscher*, Insights, Errors and Self-Misconceptions of the Theory of Principles, Ratio Juris 2009, 425 ff.

[357] Zum Folgenden speziell *Alexy*, Zum Begriff des Rechtsprinzips, in: Krawietz/Opalek u. a. (Hrsg.), Argumentation und Hermeneutik in der Jurisprudenz, 1979, S. 59, 80; *Alexy*, Theorie der Grundrechte, 1986, S. 75 ff., 100 ff.; *Alexy*, Rechtsregeln und Rechtsprinzipien, in: MacCormick/Panou u. a. (Hrsg.), Geltungs- und Erkenntnisbedingungen im modernen Rechtsdenken, 1985, S. 13, 19 ff.; zur Fortentwicklung siehe *Alexy*, Zur Struktur der Rechtsprinzipien, in: Schilcher/Koller u. a. (Hrsg.), Regeln, Prinzipien und Elemente in System des Rechts, 2000, S. 31 ff.; zur Kritik etwa *Borowski*, Grundrechte als Prinzipien, 2. Aufl. 2007, S. 91 ff.; ebenfalls kritisch, speziell zum Verständnis von Grundrechten als Optimierungsgeboten *Bumke*, Der Grundrechtsvorbehalt, 1998, S. 166 ff. m. w. N.; für einen Überblick über mögliche Charakteristika von Rechtsprinzipien nach anderen dogmatischen Verständnissen *Reimer*, Verfassungsprinzipien, 2001, S. 171.

[358] Die Unterscheidung lässt sich in ähnlicher Weise auch dann treffen, wenn Rechtsprinzipien über ihre Rechtsfolgenoffenheit definiert werden, vgl. hierzu *Reimer*, Verfassungsprinzipien, 2001, S. 179.

[359] Zu diesem Typisierungsansatz etwa *Schuppert/Bumke*, Die Konstitutionalisierung der Rechtsordnung, 2000, S. 39 ff.

Oder die Funktion des Neutralitätsgrundsatzes könnte als Abwägungsvorgabe – vergleichbar dem Verhältnismäßigkeitsgrundsatz – verstanden werden, der zufolge verfassungsrechtliche Konfliktlagen in einer bestimmten Weise aufzulösen sind.

Für die rechtstechnische Einordnung des Neutralitätsgebots ist zudem relevant, ob es nach dem jeweiligen Verständnis subjektivrechtlich bewährt ist oder ausschließlich einen objektivrechtlichen Verfassungsgrundsatz darstellt. Diese Frage mag auf der einen Seite als praktisch besonders relevant angesehen werden, da das Ergebnis für die Beschwerdebefugnis vor Gericht von Bedeutung ist. Auf der anderen Seite lässt sie sich diese Einordnung als überflüssiges Gedankenspiel beschreiben, weil die religiös-weltanschauliche Neutralität auch dann, wenn sie ausschließlich als objektiver Verfassungsgrundsatz verstanden wird, über ihren freiheits- und gleichheitsrechtlichen Gehalt[360] oder über die Allgemeine Handlungsfreiheit des Art. 2 Abs. 1 GG[361] subjektiv operationalisiert werden könne.

Bei aller Skepsis bezüglich der Notwendigkeit und Verlässlichkeit solcher Klassifizierungen darf jedoch nicht außer Acht gelassen werden, welche Bedeutung diesen Typisierungen für die Strukturierung nachvollziehbarer und vor allem replizierbarer Entscheidungen zukommt. Da Rechtsstreite im deutschen Verfassungsrecht in der Regel als Kollisionslagen abgebildet werden,[362] ist es für die juristische Aufbereitung eines Falls erforderlich, dass erkennbar gemacht wird, welche Rechte oder Grundsätze kollidieren und unter welchen Aspekten eine Gewichtung und Abwägung vorgenommen wird. Dass dabei die Ergebnisse (oder zumindest der Begründungsaufwand, der betrieben werden muss, um ein Ergebnis zu rechtfertigen) durchaus voneinander abweichen können, je nachdem, welche Zuweisungen dem Neutralitätsgrundsatz gemacht werden, lässt sich mittels der Konstellation der Schulkreuzentscheidung andeuten: Sofern ein Kreuz im Klassenzimmer einer staatlichen Schule nicht als Eingriff in die negative Religionsfreiheit der Schüler gesehen wird, lässt sich der praktische Konflikt nur dann juristisch handhabbar machen, wenn in dem Neutralitätsgrundsatz ein subjektives Recht mit eigenem Gehalt gesehen wird.[363] Wird das Neutralitätsge-

---

[360] Hierzu *Rathke*, Öffentliches Schulwesen und religiöse Vielfalt, 2005, S. 307 f.; *Magen*, in: Umbach/Clemens, Art. 140 GG Rn. 27; sowie *Giegerich*, Religionsfreiheit als Gleichheitsanspruch und Gleichheitsproblem, in: Grote/Marauhn (Hrsg.), Religionsfreiheit zwischen individueller Selbstbestimmung, Minderheitenschutz und Staatskirchenrecht, 2001, S. 241, 273.

[361] So etwa *Preuß*, in: AK-GG, Art. 4 GG Rn. 12, 23c; zu dieser Möglichkeit auch *Huster*, Die ethische Neutralität des Staates, 2002, S. 663 und dort Fn. 113; dagegen z. B. *Böckenförde*, Kreuze (Kruzifixe) in Gerichtssälen?, ZevKR 20 (1975), 119, 146 f.

[362] Näher z. B. *Lenz/Leydecker*, Kollidierendes Verfassungsrecht, DÖV 2005, 841 ff.; *Stern*, Die Grundrechtskollisionen (§ 82), in: Stern (Hrsg.), Das Staatsrecht der Bundesrepublik Deutschland, Bd. III/2, 1994, S. 602 ff.

[363] *Jestaedt*, Grundrechtsschutz vor staatlich aufgedrängter Ansicht, in: Isensee/Rees u. a. (Hrsg.), FS Listl, 1999, S. 259, 266 f.; hingegen sieht *Droege*, Staatsleistungen an Religionsgemeinschaften im säkularen Kultur- und Sozialstaat, 2004, S. 381 in der Charakterisierung als objektives Verfassungsrecht gerade einen Vorteil, weil es nicht auf einen – mitunter problematischen – Eingriff in eine Grundrechtsposition ankomme; zur Problematik aus jüngerer Zeit etwa *Muckel*, Anmerkung zu BVerfG, Beschl. v. 27.6.2017 – 2 BvR 1333/17, NVwZ 2017, 1132, 1133; *Röhrig*, Religiöse Symbole in staatlichen Einrichtungen als Grundrechtseingriffe, 2017, S. 161 ff.

bot hingegen ausschließlich als objektiver Verfassungsgrundsatz gesehen – etwa in der Funktion einer Abwägungsvorgabe –, dann lässt sich der Konflikt mit dem rechtlichen Instrumentarium der Verfassungsbeschwerde nicht greifen, weil es schlichtweg kein Recht gibt, das möglicherweise durch eine fehlerhafte Abwägung verletzt worden sein könnte. Aber auch wenn eine Abwägung vorgenommen werden kann, etwa weil die negative Religionsfreiheit als betroffen angesehen wird, hängt viel davon ab, ob das angewendete Neutralitätsverständnis die äußere Grenze der Abwägung darstellt oder durch gegenläufige Interessen von Verfassungsrang relativiert werden kann.

Schon an dieser Stelle sei darauf hingewiesen: Die meisten wissenschaftlichen Stellungnahmen zur religiös-weltanschaulichen Neutralität erreichen nicht die inhaltliche Dichte, mit der diese Fragen nach Struktur, Funktion oder subjektivrechtlichem Charakter bewusst und umfassend beantwortet werden können. Gerade deshalb lohnt es sich aber, diesen Frage zu stellen. Inwieweit und mit wieviel argumentativem Aufwand es einem Erklärungsansatz gelingt, das jeweilige religionsverfassungsrechtliche Verständnis in dogmatische Zusammenhänge einzuordnen und schlüssige Regeln für die Lösung praktischer Fälle bereitzustellen, ist Teil des juristischen Qualitätstests.

2. *Verhältnis zu anderen Grundsätzen des Religionsverfassungsrechts*

Ein Neutralitätskonzept muss auch folgende zweite Frage beantworten, um den spezifischen Wirkbereich des Verfassungsgrundsatzes zu bestimmen: Wie verhält sich die religiös-weltanschauliche Neutralität zu anderen Grundsätzen des Religionsverfassungsrechts?[364] Die Schwierigkeit dieser Frage besteht darin, dass die Ansichten im wissenschaftlichen Diskurs nicht nur hinsichtlich der Verhältnisbestimmung an sich, sondern bereits auf vorgelagerter Ebene hinsichtlich der Zusammensetzung des Kanons religionsverfassungsrechtlicher Grundsätze auseinandergehen. So finden sich ganz verschiedene Vorstellungen davon, welche Grundsätze das Religionsverfassungsrecht insgesamt prägen. Neben dem Neutralitätsgrundsatz ist das »Paritätsprinzip«[365] wohl noch am weitesten anerkannt, auch ein Tole-

---

[364] Diese Frage ebenfalls aufwerfend *Huster*, Die ethische Neutralität des Staates, 2002, S. 36f.; *Heinig*, Verschärfung oder Abschied von der Neutralität, JZ 2009, 1136.

[365] Umfassend, auch zu den historischen Ursprüngen, *Heckel*, Die religionsrechtliche Parität, in: Listl/Pirson (Hrsg.), HdbStKirchR Bd. I, 2. Aufl. 1994, S. 589ff.; siehe auch *Heinig*, Öffentlich-rechtliche Religionsgesellschaften, 2003, S. 180ff., für den der Paritätsgrundsatz in einem Interdependenzverhältnis zur religiös-weltanschaulichen Neutralität des Staates steht; sowie *Walter*, Die Verschiedenheit der Religionen und ihre gleiche Freiheit unter dem Grundgesetz, in: Mellinghoff/Palm (Hrsg.), Gleichheit im Verfassungsstaat, 2008, S. 113ff., für den der Neutralitätsgrundsatz ein »Gegenstück« zur Parität mit gleichen historischen Wurzeln ist (insb. S. 121ff.). Für *Schlaich*, Neutralität als verfassungsrechtliches Prinzip, 1972, S. 226ff. ist Parität insofern ein »selbständiges und konkretes Rechtsprinzip, als sie auch Ableitung und Ausfluß des Prinzips *Gerechtigkeit* ist« (S. 229, Hervorhebung im Original). Neutralität sei diesem umfassenden Prinzip funktionell zu- bzw. untergeordnet, denn Neutralität stelle »unter einem speziellen Blickwinkel die Frage, welcher Maßstab der Parität bei der vergleichenden Abwägung im Einzelfall gelten und erlaubt und zulässig sein soll.« (S. 230). Hingegen ist für *Kästner*, in: Bonner Kommentar, Art. 140 GG Rn. 126 das Paritätsgebot »notwendige Konsequenz« des Neutralitätsgebots; ähnlich *Morlok*, in: Dreier, Art. 4 GG Rn. 167 (unklar zum Verhältnis hinge-

ranzprinzip[366] wird des Öfteren erwähnt, darüber hinaus wird – in unterschiedlichen Zusammensetzungen – auch von einem Säkularitätsprinzip[367] (gegebenenfalls in Verbindung mit einem Grundsatz der Nichtidentifikation),[368] einem Grundsatz der Freiheit religiöser Betätigung[369] und einem Trennungsprinzip[370] gesprochen;

---

gen Rn. 133). Für *Mückl*, in: Bonner Kommentar, Art. 4 GG Rn. 154 wiederum ist der Paritätsgrundsatz »Konsequenz wie Ergänzung« des Neutralitätsgebots; ebenso *Kästner/Droege*, in: Stern/Becker, Art. 4 GG Rn. 178; *Korioth*, in: Maunz/Dürig, Art. 140 GG Rn. 32 betont hingegen nur den Ergänzungsaspekt; dem zustimmend *Fritsche*, Der Kulturbegriff im Religionsverfassungsrecht, 2015, S. 168. Hingegen hat sich nach *Magen*, in: Umbach/Clemens, Art. 140 GG Rn. 34 »das Paritätsprinzip – anders als das Neutralitätsgebot – nicht zu einem Verfassungssatz mit eigenem normativen Gehalt entwickelt« und für *Czermak*, Religions- und Weltanschauungsrecht, 2008, S. 90 wird kein inhaltlicher Unterschied zum Neutralitätsgrundsatz deutlich.

366 Mit einem Schwerpunkt auf der Rechtsprechung im Religionsverfassungsrecht *Debus*, Das Verfassungsprinzip der Toleranz, 1999; weiterhin *Volkmann*, Grund und Grenzen der Toleranz, Der Staat 39 (2000), 325; sowie *Ladeur/Augsberg*, Toleranz-Religion-Recht, 2007, S. 15 ff. Für *von Campenhausen*, Der heutige Verfassungsstaat und die Religion, in: Listl/Pirson (Hrsg.), HdbStKirchR Bd. I, 2. Aufl. 1994, S. 47, 62 ist Toleranz ein »Komplementärprinzip« zur Religionsfreiheit; für *Herzog*, in: Maunz/Dürig, Art. 4 GG Rn. 20 hingegen äußert sich die Neutralität des Staates in einer von Toleranz geprägten Haltung. Aus der Sicht von *Rollenfitsch*, Aktive Toleranz in der streitbaren Demokratie, in: Kästner/Nörr u. a. (Hrsg.), FS Heckel, 1999, S. 427, 430 f. soll sich sogar aus einer »Gesamtschau« religionsverfassungsrechtlicher Bestimmungen ein »Grundrecht auf Toleranz« ergeben; kritisch hingegen *Muckel*, in: Berliner Kommentar, Art. 140 GG Rn. 43, demzufolge zwar einzelne Grundrechte Folge des Toleranzgedankens sind, der aber neben Art. 4 Abs. 1 und 2 GG keinen Raum für ein weiteres Abwehrrecht sieht, ebenso *Muckel*, Religiöse Freiheit und staatliche Letztentscheidung, 1997, S. 118; dagegen ebenfalls *Schwarz*, Das christlich-abendländische Fundament des Grundgesetzes als Topos der Verfassungsinterpretation, in: Grote/Härtel u. a. (Hrsg.), FS Starck, 2007, S. 419, 428.

Heutzutage wird vielfach betont, dass Toleranz – im Gegensatz zu Neutralität – einen eigenen Standpunkt voraussetze, von dem aus einem anderen Standpunkt tolerant begegnet werden könne. Demzufolge könne der religiös-weltanschaulich neutrale Staat nicht gleichzeitig tolerant sein. Stattdessen sei Toleranz allenfalls eine Forderung, die an die Bürger gestellt werden kann und deren Einhaltung der Staat sicherzustellen habe. Aus den vielfältigen Meinungsäußerungen in diesem Sinne *Denninger*, Der Einzelne und das allgemeine Gesetz, KJ 28 (1995), 425, 428; *Fischer*, Religionspolitische Governance im weltanschaulich neutralen Verfassungsstaat, in: Voßkuhle/Bumke u. a. (Hrsg.), Verabschiedung und Wiederentdeckung des Staates im Spannungsfeld der Disziplinen, 2013, S. 125, 126 f.; *Geis*, Zur Zulässigkeit des Kreuzes in der Schule aus verfassungsrechtlicher Sicht, in: Brugger/Huster (Hrsg.), Der Streit um das Kreuz in der Schule, 1998, S. 41, 57; *Huster*, Die ethische Neutralität des Staates, 2002, S. 222 ff.; *Mager*, in: v. Münch/Kunig, Art. 4 GG Rn. 2; *Morlok*, Neutralität des Staates und religiöser Radikalismus, in: Masing/Jouanjan (Hrsg.), Weltanschauliche Neutralität, Meinungsfreiheit, Sicherungsverwahrung, 2013, S. 3, 8; außerdem bereits *Schlaich*, Neutralität als verfassungsrechtliches Prinzip, 1972, S. 254. Differenzierend und im Ergebnis Toleranz als Verfassungsvoraussetzung einordnend *Häberle*, Religionsfreiheit und Toleranz, Der Staat 57 (2018), 35, 64.

367 *Muckel*, in: Berliner Kommentar, Art. 140 GG Rn. 29; für *Mückl*, Grundlagen des Staatskirchenrechts, in: Isensee/Kirchhof (Hrsg.), HStR Bd. VII, 3. Aufl. 2009, S. 711, 753 ist die religiös-weltanschauliche Neutralität ein »zwangsläufiger Ausfluss« des Säkularitätsprinzips, für *Kästner*, in: Bonner Kommentar, Art. 140 GG Rn. 129 ist die Säkularität des Staates im Gegenteil eine Ausprägung des Neutralitätsgebots.

368 So *Kästner*, in: Bonner Kommentar, Art. 140 GG, Rn. 121 ff.

369 *Morlok*, in: Dreier, Art. 140 GG Rn. 33, der hierin ein Rechtsprinzip im Alexy'schen Sinne sieht; zustimmend *Korioth*, in: Maunz/Dürig, Art. 140 GG Rn. 29.

370 *Kästner*, in: Bonner Kommentar, Art. 140 GG Rn. 109 ff., der das Trennungsprinzip als Grundlage für das Neutralitäts- und Paritätsprinzip sieht (Rn. 112, 121); ähnlich *Magen*, in: Umbach/Clemens, Art. 140 GG Rn. 53; kritisch *Huster*, Die ethische Neutralität des Staates, 2002, S. 352 f.

teilweise finden sich noch buntere Darstellungen der tragenden Grundsätze des Religionsverfassungsrechts.[371]

Auch hinsichtlich dieser zweiten Frage ist nicht zu viel vorweggenommen, wenn bereits im Kontext dieser abstrakten theoretisch-analytischen Vorüberlegungen darauf hingewiesen wird, dass nur wenige Einzelmeinungen ein schlüssiges Gesamtkonzept formulieren. Darüber hinaus mag man sich ganz grundsätzlich auf den Standpunkt stellen, dass es sich bei dem Verhältnis des Neutralitätsgrundsatzes zu anderen Grundsätzen des Religionsverfassungsrechts um eine »in erster Linie terminologische Frage im Sinne der Zuordnung weithin unstreitiger Inhalte zu einzelnen Begriffen« handelt.[372] Insbesondere für die Rechtsprechung könnte diese Begriffsarbeit als nachrangig erscheinen, da die Gerichte mit der Entscheidung konkreter Fälle beauftragt sind und es nicht bedeutsam ist, ob das jeweilige Ergebnis mit einem einzelnen Begriff in Verbindung gebracht wird oder mit zwei Begriffen, die zusammengenommen dasselbe ausdrücken.

Im Rahmen einer wissenschaftlichen Aufarbeitung unterschiedlicher Neutralitätsbegriffe ist dennoch eine gewisse Sensibilisierung dafür hilfreich, dass im Religionsverfassungsrecht neben der religiös-weltanschaulichen Neutralität bisweilen auch auf andere Grundsätze bezuggenommen wird. Wo eine solche Bezugnahme stattfindet, wird nämlich das Verhältnis von Staat und Religion nicht allein durch den Neutralitätsgrundsatz determiniert, ihm kommt also keine singuläre und umfassende, sondern eher eine punktuell-spezifische Bedeutung zu. Umgekehrt bedeutet dies jedoch auch, dass je umfassender der Neutralitätsgrundsatz verstanden wird und je mehr er als zentraler Begriff für die Bestimmung des Verhältnisses von Staat und Religionen bzw. Weltanschauungen verwendet wird, desto weniger Raum besteht für die sinnvolle Verwendung anderer Grundsätze.

An dieser Frage nach dem Verhältnis des Neutralitätsgebots zu anderen Grundsätzen ist noch ein weiterer Aspekt interessant. Die Frage verdeutlicht eine grundlegende Dynamik des Religionsverfassungsrechts, die im bisherigen Verlauf der Untersuchung zwar bereits zu erkennen war, die jedoch noch nicht konkret benannt wurde: Bei der Verwendung der religiös-weltanschaulichen Neutralität des Staates (wie auch anderer religionsverfassungsrechtlicher Grundsätze) handelt es sich nicht um unmittelbare Verfassungsanwendung in dem Sinne, dass eine Verfassungsnorm direkt auf einen Sachverhalt angewendet wird. Stattdessen werden aus mehreren Verfassungsbestimmungen verschiedene normative Gehalte gewonnen und diese werden anschließend begrifflich integ-

---

[371] Siehe etwa die Auflistung religionsverfassungsrechtlicher Grundsätze bei *Ehlers*, in: Sachs, Art. 140 GG Rn. 9: »Vorrang des staat. Rechts, institutionelle Trennung von Staat und Kirche (Art. 137 I WRV), Bekenntnisneutralität, (d. h. Säkularität des Staates, Nichtidentifikation mit religiösen oder atheistischen Auffassungen sowie Bewertungsverbot), Religionsfreiheit, Gleichstellung aller Religionen und Weltanschauungen, Angebot der Erlangung eines ör Körperschaftsstatus sowie Kulturverantwortung des Staates (d. h. Verantwortung des Staates dafür, dass die Sinnfragen gestellt werden und die Religionsfreiheit reale Kraft entfalten kann)«.

[372] So *Kästner*, in: Bonner Kommentar, Art. 140 GG Rn. 106.

riert, um hierdurch für die Falllösung greifbar zu sein. Diese begriffliche Integration ist ein kontingentes Geschehen. Ob grundlegende Wertungen des Religionsverfassungsrechts in nur einem, in zwei oder in ganz verschiedenen Begriffen zusammengefasst werden, steht in der begriffsschöpferischen Freiheit des Interpreten. Aus diesem Grund kommt es in der religionsverfassungsrechtlichen Diskussion zu einer ungeordneten Pluralität der Begriffe, die nur dadurch beseitigt werden könnte, dass durch Druck von innen (etwa in Form einer strukturierten Aufarbeitung und Fortführung der Diskussion, die sich zu einer »herrschenden Meinung« fortentwickeln kann) oder außen (z. B. in Form einer stringenten, elaborierten Rechtsprechungslinie des Bundesverfassungsgerichts) ein Kanon der Begriffe festgesetzt wird. Da ein solcher jedoch bis auf weiteres nicht absehbar ist,[373] verbleibt die Frage nach dem Verhältnis des Neutralitätsgebots zu anderen religionsverfassungsrechtlichen Grundsätzen tatsächlich oftmals auf dem Niveau eines ungeordneten Streits um Begriffe, weswegen diese Frage im Folgenden auch nicht von zentraler Bedeutung sein kann. Dennoch kann es im Rahmen von Einzelmeinungen zu weichenstellenden Unterscheidungen kommen, wenn bestimmte Bedeutungsdimensionen speziell dem Neutralitätsgebot zugeschrieben werden oder gerade nicht. Wo dies der Fall ist, wird auf diese zweite Frage zurückzukommen sein.

3. Freiheits- und gleichheitsrechtliche Konsequenzen des Neutralitätsgrundsatzes

Auch wenn sich dahinter erhebliche inhaltliche Divergenzen verbergen, ist es nicht untypisch, wenn wissenschaftliche Erklärungsversuche zum Neutralitätsgrundsatz mit denselben, programmatisch gewordenen Aussagen des Bundesverfassungsgerichts eingeleitet werden. Besonders häufig ist zu lesen, dass der religiös-weltanschaulich neutrale Staat »den Glauben oder Unglauben seiner Bürger nicht bewerten« dürfe[374] und er »Heimstatt aller Staatsbürger« sei,[375] weswegen er sich auch nicht mit einem bestimmten religiösen Bekenntnis identifizieren solle.[376]

---

[373] Ein seltener Versuch einer strukturierten Aufarbeitung und Abgrenzung einiger religionsverfassungsrechtlicher Grundsätze findet sich bei *Schrooten*, Gleichheitssatz und Religionsgemeinschaften, 2015 S. 18 ff.

[374] Erstmalig BVerfGE 12, 1, 4; hieran anknüpfend z. B. *Badura*, Der Schutz von Religion und Weltanschauung durch das Grundgesetz, 1989, S. 80; *Heckel*, Das Gleichbehandlungsgebot im Hinblick auf die Religion, in: Listl/Pirson (Hrsg.), HdbStKirchR Bd. I, 2. Aufl. 1994, S. 623, 641; *Mückl*, in: Bonner Kommentar, Art. 4 GG Rn. 92.

[375] Erstmalig BVerfGE 19, 206, 216; in Bezug hierauf z. B. *Germann*, in: BeckOK GG, Art. 4 GG Rn. 79; *Kästner*, in: Bonner Kommentar, Art. 140 GG Rn. 122; *Morlok*, in: Dreier, Art. 4 GG Rn. 48; *Preuß*, in: AK-GG, Art. 140 GG Rn. 12. *Böckenförde*, Kreuze (Kruzifixe) in Gerichtssälen?, ZevKR 20 (1975), 119, 129 sah in diesem Gedanken gar den »Ursprung« der religiös-weltanschaulichen Neutralität.

[376] Erstmalig BVerfGE 30, 415, 422. Grundlegend für den Gedanken der Nichtidentifikation war das Werk von *Krüger*, Allgemeine Staatslehre, 2. Aufl. 1966, S. 160 ff.; und insb. 178 ff. (siehe hierzu auch unten, 3. Kapitel, A. I. 1.) Weiterhin zum Identifikationsverbot statt vieler *von Campenhausen/de Wall*, Staatskirchenrecht, 4. Aufl. 2006, S. 370; *Herzog*, in: Maunz/Dürig, Art. 4 GG Rn. 21, 74; *Mückl*, Grundlagen des Staatskirchenrechts, in: Isensee/Kirchhof (Hrsg.), HStR Bd. VII, 3. Aufl. 2009, S. 711, 754 f.

Unhinterfragt scheinen diese Formulierungen durch ihre intuitive Eingängigkeit zu bestechen, tatsächlich führen sie jedoch tiefer in zwei Spannungsfelder hinein, in denen sich der Neutralitätsgrundsatz befindet. Ein erstes Spannungsfeld war bereits aus sich heraus im Rahmen der vier Wirkdimensionen deutlich geworden: Das *religionsnahe* und das *religionsdistanzierte Moment* der religiös-weltanschaulichen Neutralität stehen in einem natürlichen Spannungsverhältnis zueinander, welches insbesondere bei der Frage nach Religion im öffentlichen Raum zum Tragen kommt und einen Ausgleich verlangt. Aber auch die *antistaatliche* und die *gleichheitliche Dimension* des Neutralitätsgebots führen zu weiteren Spannungslagen. Bei näherer Betrachtung zeigt sich, dass die Frage, auf welche Weise ein religiös-weltanschaulicher Staat die freiheits- und gleichheitsrechtlichen Bestimmungen des Religionsverfassungsrechts umsetzen kann, durchaus anspruchsvoll ist. Weil sich Neutralitätskonzepte auch hierzu positionieren müssen, lohnt es sich, vorab auch in diese Spannungsfelder einzuführen.

a) Freiheitsrechtliche Spannungen

Die Forderung, dass der Staat »den Glauben oder Unglauben seiner Bürger nicht bewerten« dürfe, droht mit der rechtsstaatlich unumgänglichen Tatsache zu konfligieren, dass der Staat auch im Hinblick auf Religionen und Weltanschauungen Wertungen bzw. wertende Interpretationen vornehmen muss.[377] Am plastischsten und gravierendsten kommt das »Bewertungsverbot« bei den religionsverfassungsrechtlichen Freiheitsrechten und dort am brisantesten im Kontext von Art. 4 Abs. 1 und 2 GG zum Tragen.

aa) Versuche der Begrenzung von Art. 4 Abs. 1 und 2 auf grundrechtsdogmatischer Ebene

Diese Brisanz hat einen komplexen Unterbau im rechtswissenschaftlichen Diskurs. So wird das schrankenlos gewährleistete Grundrecht auf Religionsfreiheit schon seit jeher von manchen als zu extensiv beurteilt[378] und diese Einschätzung gewinnt im Wege der zunehmenden religiösen Pluralisierung an Zustimmung.[379] Aus diesem Grund finden sich in der rechtswissenschaftlichen Literatur verschie-

---

[377] Auch wenn dieser Aspekt hier unter der Überschrift der »freiheitsrechtlichen Spannungen« angesprochen wird, ist er genau genommen nicht ausschließlich bei den Freiheitsrechten relevant, denn auch an anderen Stellen muss der Staat im Hinblick auf Religionen und Weltanschauungen Wertungen vornehmen. Ein Beispiel ist die Vergabe des öffentlich-rechtlichen Körperschaftsstatus, bei dem sich die Frage stellt, ob und inwieweit neben der »Gewähr der Dauer« andere Gesichtspunkte berücksichtigt werden dürfen, um zu entscheiden, ob eine Religions- oder Weltanschauungsgemeinschaft den Körperschaftsstatus erhalten darf. Beispielhaft im Hinblick auf Gemeinwohlkriterien, speziell in Auseinandersetzung mit dem Neutralitätsgebot *Magen*, Körperschaftsstatus und Religionsfreiheit, 2004, S. 172 ff.

[378] Vgl. etwa die historischen Darstellungen bei *Bock*, Religionsfreiheit zwischen Skylla und Charybdis, AöR 123 (1998), 444, 462 ff. m. w. N.

[379] Zu dieser Einschätzung *Classen*, Religionsfreiheit und Staatskirchenrecht in der Grundrechtsordnung, 2003, S. 41 f.; *Heinig*, Ordnung der Freiheit, in: ders., Die Verfassung der Religion, 2014, S. 3, 6; *Maurer*, Die Schranken der Religionsfreiheit, ZevKR 49 (2004), 311, 330 ff.; *Unruh*, Religionsverfassungsrecht, 4. Aufl. 2018, S. 58; *Walter*, Religionsverfassungsrecht in vergleichender und internationaler Perspektive, 2006, S. 494 f., 498.

dene Vorschläge, wie sich die Schutzwirkung auf grundrechtsdogmatischer Ebene begrenzen ließe, wobei zwei Ansätze besonders prominent sind. So wird zum einen unter Berufung auf den Wortlaut der Norm vorgeschlagen, Art. 4 Abs. 1 und 2 GG in Einzelgrundrechte zu »parzellieren«.[380] Während die Glaubensfreiheit aus Art. 4 Abs. 1 Var. 1 GG als Schutz des forum internum und die Bekenntnisfreiheit aus Art. 4 Abs. 1 Var. 3 GG als Freiheit zur religiösen Verkündigung zu verstehen sei, solle sich die Religionsausübungsfreiheit des Art. 4 Abs. 2 GG allein auf die Ausübung kultischer Handlungen beziehen.[381] Faktisch geht es hier um eine Schutzbereichsbegrenzung beim letztgenannten Aspekt, denn während das Haben und die missionarische bzw. unterweisende Verkündigung eines Glaubens umfänglich geschützt sein sollen, wird die praktische Anwendung von bzw. die konkrete Lebensausrichtung an Glaubensgeboten nur umfasst, sofern sie zur feierlichen gemeinschaftlichen Religionsausübung gehören.

Neben dieser Begrenzung des Schutzbereichs wird zum anderen eine Begrenzung der grundrechtlichen Schutzwirkung auf Schrankenebene vorgeschlagen, indem der Bezug auf die bürgerlichen und staatsbürgerlichen Pflichten aus Art. 136 Abs. 1 WRV über Art. 140 GG als einfacher Gesetzesvorbehalt auf die Religionsfreiheit des Grundgesetzes übertragen wird.[382] Allerdings konnten sich bisher beide Versuche, den Schutzumfang von Art. 4 Abs. 1 und 2 GG auf grundrechtsdogmatischer Ebene zu begrenzen, praktisch nicht durchsetzen. Während

---

[380] Begriffliche Anlehnung an *Heinig/Morlok*, Von Schafen und Kopftüchern, JZ 2003, 777, 780. So ebenfalls verwendet bei *Walter*, Religionsverfassungsrecht in vergleichender und internationaler Perspektive, 2006, S. 500f.

[381] Für eine Darstellung und kritische Auseinandersetzung siehe etwa *Vosgerau*, Freiheit des Glaubens und Systematik des Grundgesetzes, 2007, S. 99ff.

[382] *Muckel*, Religiöse Freiheit und staatliche Letztentscheidung, 1997, S. 224ff.; weiterhin *Muckel*, in: Berliner Kommentar, Art. 4 GG Rn. 52ff.; sowie *Muckel*, Religionsfreiheit gestern, heute, morgen, 2017, S. 23ff.; siehe auch *Bock*, Religionsfreiheit zwischen Skylla und Charybdis, AöR 123 (1998), 444, 464ff.; früher noch *von Campenhausen*, Religionsfreiheit, in: Isensee/Kirchhof (Hrsg.), HStR Bd. VI, 2. Aufl. 2001, S. 369, 421 (hingegen in deutlicher Abkehr hiervon nun *von Campenhausen*, Religionsfreiheit, in: Isensee/Kirchhof (Hrsg.), HStR Bd. VII, 3. Aufl. 2009, S. 597, 648f.); unter eingehender Inbezugnahme der Historie auch *Uhle*, Die Integration des Islam in das Staatskirchenrecht der Gegenwart, in: Heinig/Walter (Hrsg.), Staatskirchenrecht oder Religionsverfassungsrecht?, 2007, S. 299, 310ff.; weiterhin *Starck*, in: v. Mangoldt/Klein/Starck, Art. 4 Abs. 1, 2 GG Rn. 87ff. Umfassend hierzu in kritischer Auseinandersetzung *Borowski*, Die Glaubens- und Gewissensfreiheit des Grundgesetzes, 2006, S. 483ff. und *Misera-Lang*, Dogmatische Grundlagen der Einschränkbarkeit vorbehaltloser Freiheitsgrundrechte, 1999, S. 46ff.; mit Fokus auf der insoweit »relativ eindeutigen« Entstehungsgeschichte *Bumke*, Der Grundrechtsvorbehalt, 1998, S. 130ff.

Eine in der Begründung aus der Reihe fallende Ansicht findet sich bei *Mager*, in: v. Münch/Kunig, Art. 4 GG Rn. 37. Ihr zufolge sei Art. 136 Abs. 1 WRV »nicht als einfacher Gesetzesvorbehalt« zu verstehen, sondern in dieser Vorschrift sei der Neutralitätsgrundsatz verankert, demzufolge staatsbürgerliche Rechte und Pflichten »sowohl in ihrer Formulierung wie auch in ihrem Zweck und ihrer Wirkung religions- und weltanschauungsneutral sein müssen«. Gesetze, die diesen Anforderungen genügen, bedürften allgemeiner Anerkennung und ihre Befolgungsanordnung könne nicht vor dem Hintergrund von Art. 4 Abs. 1 und 2 GG eingeschränkt werden. Somit sei Art. 136 Abs. 1 WRV (doch) »taugliche Schranke der Glaubens- und Bekenntnisfreiheit«. Zur Problematik der damit im Ergebnis geforderten Wirkungsneutralität siehe sogleich und unten, 3. Kapitel, E. III.

der Parzellierungsansatz zwar in der rechtswissenschaftlichen Diskussion erhebliche Unterstützung erhalten hat,[383] hält das Bundesverfassungsgericht weiterhin daran fest, Art. 4 Abs. 1 und 2 GG als ein einheitliches Grundrecht der Religionsfreiheit zu verstehen.[384] Der Ansatz der Schrankenübertragung hingegen war zwar zwischenzeitlich durch den 3. Revisionssenat des Bundesverwaltungsgerichts in einer Entscheidung zum Schächten aufgegriffen worden,[385] allerdings geschah dies als der Tierschutz noch nicht von Verfassungsrang war und daher nicht wie heute über Art. 20a GG als kollidierendes Verfassungsrecht operationalisiert werden konnte. Es darf daher bezweifelt werden, ob diese Entscheidung unter den veränderten verfassungsrechtlichen Bedingungen ebenso formuliert worden wäre;[386] außerdem stehen diesem Ansatz gewichtige historische und teleologische Argumente gegenüber[387] und das Bundesverfassungsgericht hat sich auch dieser Auffassung fortwährend entgegengestellt.[388]

bb) Grundrechtsbegrenzung durch Interpretation

Eine Begrenzung des Schutzumfangs der Religionsfreiheit auf grundrechtsdogmatischer Ebene erscheint vor diesem Hintergrund derzeit praktisch wenig aussichtsreich. Eine andere Möglichkeit besteht jedoch darin, weichenstellende Unterscheidungen im Rahmen der Rechts- und Sachverhaltsinterpretation vorzunehmen. Dies ist nun der Punkt, an dem sich das potenzielle Konfliktfeld für den religiös-weltanschaulich neutralen Staat andeutet, der den Glauben

---

383 *Muckel*, Religiöse Freiheit und staatliche Letztentscheidung, 1997, S. 125 ff.; *Muckel*, in: Berliner Kommentar, Art. 4 GG Rn. 6; *Böckenförde*, Schutzbereich, Eingriff, verfassungsimmanente Schranken, Der Staat 42 (2003), 165, 181 ff.; *Fischer/Groß*, Die Schrankendogmatik der Religionsfreiheit, DÖV 2003, 932, 938 f.; *Hense*, Glockenläuten und Uhrenschlag, 1998, S. 196 ff., insb. 210 f.; *Kingreen/Poscher*, Grundrechte, 33. Aufl. 2017, S. 165; *Mückl*, in: Bonner Kommentar, Art. 4 GG Rn. 68 ff.; *Schoch*, Die Grundrechtsdogmatik vor den Herausforderungen einer multikonfessionellen Gesellschaft, in: Bohnert/Gramm u. a. (Hrsg.), FS Hollerbach, 2001, S. 149, 155 ff.

384 Grundlegend BVerfGE 24, 236, 245; zustimmend mit umfassender Behandlung des Themenkomplexes *Borowski*, Die Glaubens- und Gewissensfreiheit des Grundgesetzes, 2006, S. 373 ff. m. w. N.

385 BVerwGE 112, 227, 231 ff. Derselbe Senat argumentierte jedoch lediglich einen Monat später in der Rastafarianismus-Entscheidung auf der Linie der verfassungsrechtlichen Kollisionsdoktrin des Bundesverfassungsgerichts, vgl. BVerwGE 112, 314 ff., und auch der der 2. Senat folgte dem Ansatz der Schrankenübertragung in einem darauffolgenden Urteil zum Kopftuch einer Lehrerin nicht, siehe BVerwGE 116, 359, 360 f. Hierzu und zu der Leitfunktion der Rechtsprechung des Bundesverfassungsgerichts *Schmidt-Jortzig*, Bedingungen der Religionsfreiheit im toleranzverpflichteten Staat, in: Hoyer/Hattenhauer u. a. (Hrsg.), GS Eckert, 2008, S. 823, 829 und Fn. 26.

386 Näher *Walter*, Religionsverfassungsrecht in vergleichender und internationaler Perspektive, 2006, S. 513 ff.

387 Statt vieler *von Campenhausen/de Wall*, Staatskirchenrecht, 4. Aufl. 2006, S. 667 f.; *Hofmann*, in: Schmidt-Bleibtreu/Hofmann/Henneke, Art. 4 GG Rn. 7; *Maurer*, Die Schranken der Religionsfreiheit, ZevKR 49 (2004), 311, 325 ff.; *Vosgerau*, Freiheit des Glaubens und Systematik des Grundgesetzes, 2007, S. 21 ff. Differenzierend hinsichtlich der Historie sowie zusätzlich mit Bezug auf die Gesetzessystematik *Korioth*, in: Maunz/Dürig, Art. 136 WRV Rn. 51.

388 BVerfGE 44, 37, 49 f.; 52, 223, 246; 93, 1, 21; sowie deutlich BVerfGE 102, 370, 387 und BVerfGE 108, 282, 297.

oder Unglauben seiner Bürger nicht bewerten darf, der aber im Hinblick auf die Schutzwirkung der Religionsfreiheit unweigerlich – spätestens durch seine Gerichte – bei der rechtlichen Beurteilung von Sachverhalten mehrere wertende Interpretationen vornehmen muss. Zunächst muss entschieden werden, ob der grundrechtliche Schutzbereich für die in Frage stehende Überzeugung eröffnet ist, also ob es sich um eine »Religion« oder »Weltanschauung« im Sinne des Grundgesetzes handelt. Als nächstes muss entschieden werden, ob die konkret betroffene Handlung, Unterlassung, Symboldarstellung etc. dem eröffneten Schutzbereich zuzuordnen ist. Und sofern beide Entscheidungen positiv ausfallen, muss im Rahmen der abschließenden Abwägung mit etwaigen kollidierenden Verfassungsgütern beurteilt werden, wie gewichtig die fragliche religiöse Praxis ist und wie schwerwiegend in die religiöse Lebensgestaltung eingegriffen wurde. Jede dieser Entscheidungen ist eine taugliche Stellschraube, um den Schutzumfang der Religionsfreiheit zu begrenzen – sei es, indem eine Überzeugung bereits nicht als Religion klassifiziert wird, sei es, indem der religiöse Gehalt einer Handlung bezweifelt wird, oder sei es, indem eine Beeinträchtigung als verhältnismäßig angesehen wird –, und all diese Entscheidungen sind notwendigerweise mit gewissen Wertungen verbunden. Hier entsteht nun die Spannung zum »Bewertungsverbot« der religiös-weltanschaulichen Neutralität und es fragt sich, wo die Grenze zu einem nicht-neutralen Bewerten der Religion bzw. Weltanschauung verläuft.

cc) Zur »subjektiven« und »objektiven« Bestimmung des grundrechtlichen Schutzumfangs

Um diese Grenzziehung zu einer nicht-neutralen Bewertung von Religion oder Weltanschauung dogmatisch präziser erfassen zu können, muss näher in einen Streit der Grundrechtsinterpretation eingeführt werden.[389] So wird nicht selten vorgebracht, dass Divergenzen mit dem Neutralitätsgebot dadurch vermieden werden könnten, dass bei Interpretationen im religiös-weltanschaulichen Kontext das Selbstverständnis der jeweiligen Glaubensgemeinschaft bzw. des einzelnen Gläubigen als maßgeblich angesehen wird. Es dürfe nicht darauf ankommen, ob die in Frage stehende Überzeugung oder Glaubenspraxis einem staatlich definierten Muster von Religion entspreche, sondern es sei entscheidend, ob die Überzeugung nach der subjektiven Wahrnehmung der Gläubigen die verbindlichen und lebensgestaltenden Dimensionen einer Religion bzw. Weltanschauung annehme.[390] Demgegenüber wird von Vertretern einer »objektiven« Position betont, dass es sich bei der Religionsfreiheit um ein staatlich gewährtes Grundrecht handele, welches zudem nicht die grundrechtlichen Freiheiten anderer

---

[389] Im Folgenden liegt der Fokus auf der Interpretation von Art. 4 Abs. 1 und 2 GG. Für die dahinterstehende, allgemeine Diskussion über die subjektive Bestimmung des sachlichen Schutzbereichs von Freiheitsrechten vgl. *Morlok*, Selbstverständnis als Rechtskriterium, 1993.

[390] So etwa *Isak*, Das Selbstverständnis der Kirchen und Religionsgemeinschaften und seine Bedeutung für die Auslegung staatlichen Rechts, 1994, S. 287 f.; *Morlok*, in: Dreier, Art. 4 GG Rn. 60; *Dreier*, Staat ohne Gott, 2018, S. 123.

Personen überlagern dürfe, weswegen der Staat die »Kompetenz-Kompetenz« für die Begründung und Ausgestaltung der Religionsfreiheit nicht aus der Hand geben dürfe. Von daher müsse es dem Staat vorbehalten bleiben, darüber zu entscheiden, welche Überzeugungen und welche Inhalte dem Schutz von Art. 4 Abs. 1 und 2 GG unterstehen.[391]

Im Hinblick auf diese Unterscheidung zwischen einem subjektiven und einem objektiven Zugang der Inhaltsbestimmung der Religionsfreiheit hat *Christian Walter* darauf hingewiesen, dass »nicht um das Ob der Berücksichtigung des Selbstverständnisses, sondern um das Wie und den rechten Umfang« gestritten wird.[392] So wird natürlich von keiner Auffassung bestritten, dass die Entscheidung über grundrechtliche Kollisionsfälle bei staatlichen Gerichten liegen muss und nicht der Einschätzung religiöser Gruppen überlassen werden kann; gleichzeitig wird gemeinhin anerkannt, dass es dem religiös-weltanschaulich neutralen Staat nicht zustehe, bis ins letzte Detail zu regeln, welche Inhalte und Formen zu einer Religion oder Weltanschauung gehören, weswegen unumgänglich ein Freiraum für die Berücksichtigung des jeweiligen Selbstverständnisses verbleiben müsse.[393] Insofern ist das ebenfalls öfter verwendete Bild von der Religionsfreiheit als »Rahmenrecht« für ein weiterführendes Verständnis der Problematik zielführender als eine gegenüberstellende Unterscheidung zwischen subjektiven und objektiven Ansätzen.[394] Letztlich kommt beides zum Tragen: Der Staat entscheidet über die äußeren (»objektiven«) Grenzen des grundrechtlichen Schutzbereichs, innerhalb derer das (»subjektive«) religiöse Selbstverständnis maßgeblich ist.[395]

---

[391] *Hense*, Glockenläuten und Uhrenschlag, 1998, S. 201 f.; allgemein zum Grundproblem *Herzog*, in: Maunz/Dürig, Art. 4 GG Rn. 103 f.; weiterhin kritisch bzgl. der subjektiven Bestimmung *Höfling*, Offene Grundrechtsinterpretation, 1987, S. 24 ff.; *Muckel*, in: Berliner Kommentar, Art. 4 GG Rn. 6; *Mückl*, in: Bonner Kommentar, Art. 4 GG Rn. 84 ff. Zur Problemlage und Diskussion insgesamt eingehend *Morlok*, Selbstverständnis als Rechtskriterium, 1993, S. 80.

[392] *Walter*, Religionsverfassungsrecht in vergleichender und internationaler Perspektive, 2006, S. 507.

[393] Vgl. nur *Muckel*, Religiöse Freiheit und staatliche Letztentscheidung, 1997, S. 195; *Huster*, Die ethische Neutralität des Staates, 2002, S. 154 unterscheidet begrifflich zwischen »Interpretationskompetenz« und »Interpretationsmaßstab«.

[394] Begrifflich prägend wohl *Heckel*, Die religionsrechtliche Parität, in: Listl/Pirson (Hrsg.), HdbStKirchR Bd. I, 2. Aufl. 1994, S. 589, 606; siehe auch *Heckel*, Religionsfreiheit und Staatskirchenrecht in der Rechtsprechung des Bundesverfassungsgerichts, in: Badura/Dreier (Hrsg.), Festschrift 50 Jahre Bundesverfassungsgericht, Bd. 2, 2001, S. 379, 382; weiterhin *Kästner*, in: Bonner Kommentar, Art. 140 GG Rn. 130; *Kästner/Droege*, in: Stern/Becker, Art. 4 GG Rn. 118; *Starck*, in: v. Mangoldt/Klein/Starck, Art. 4 Abs. 1, 2 GG Rn. 52; ähnlich auch *Unruh*, in: v. Mangoldt/Klein/Starck, Art. 140 GG Rn. 8.

[395] Ähnlich *El Idrissi*, Der juridische Umgang mit religiöser Fremdheit, 2018, S. 81 ff. Diese Feststellung steht nicht in Widerspruch zu der Forderung *Morloks*, dass aufgrund der hohen Persönlichkeitsrelevanz der Freiheitsrechte »*alle* grundrechtlichen Schutzbereiche [...] grundsätzlich aus der Perspektive ihrer Inhaber« ausgelegt werden und die grundrechtlichen Tatbestandsumschreibungen lediglich formaler Natur sein sollten, *Morlok*, Selbstverständnis als Rechtskriterium, 1993, S. 393 ff., Zitat von S. 426 [Hervorhebung im Original]. Auch eine »formale« Tatbestandsumschreibung, die dem jeweiligen Selbstverständnis weitreichende Entfaltungsmöglichkeiten bietet, stellt eine inhaltliche Umgrenzung anhand objektiver Kriterien dar; vgl. nur den folgenden Abschnitt.

Vor diesem Hintergrund wird nun allerdings deutlich, dass sich der potenzielle Konflikt mit dem Neutralitätsgebot gerade nicht durch einen pauschalen Verweis auf das Selbstverständnis der Religions- und Weltanschauungsgemeinschaften lösen lässt. Die Frage bleibt, wie der Staat auf religiös-weltanschaulich neutrale Weise darüber entscheidet, was der Rahmen des Schutzbereiches ist, ob im konkreten Einzelfall eine Überzeugung und Glaubenspraxis in diesen Rahmen fällt und inwiefern Schutzbereichseingriffe durch kollidierendes Verfassungsrecht gerechtfertigt werden.

dd) Konsequenzen der religiös-weltanschaulichen Neutralität

Wenn nun nach den konkreten Konsequenzen der religiös-weltanschaulichen Neutralität im Rahmen der religionsverfassungsrechtlichen Freiheitsrechte gefragt ist, dann lassen sich diese am einfachsten bei der Schutzbereichsdefinition greifen. Um die Formulierung von *Walter* umzukehren: Es geht nicht darum, ob der Staat objektive Anforderungen stellen darf, sondern um das Wie und den rechten Umfang.[396] Minimale objektive Anforderungen gehen z.B. dahin, ein Mindestmaß gedanklicher Geschlossenheit und organisatorischer Verfestigung zu verlangen, um von einer Religion bzw. Weltanschauung auszugehen,[397] wobei dies gegebenenfalls durch ihre Anhänger zu plausibilisieren ist.[398] Ein besonders strenger Versuch, einen objektiven Rahmen zu ziehen, war die sogenannte Kulturvölkerformel des Bundesverfassungsgerichts, der zufolge nur eine solche Glaubensüberzeugung durch das Grundgesetz geschützt sein soll, »die sich bei den heutigen Kulturvölkern auf dem Boden gewisser übereinstimmender sittlicher Grundanschauungen im Lauf der geschichtlichen Entwicklung herausgebildet hat.«[399] Diese Schutzbereichsdefinition war bereits 1975 vom Bundesverfassungsgericht wieder aufgegeben worden und dennoch existieren auch heute noch entsprechende Anklänge in der Wissenschaft.[400] Zwischen diesen beiden Ansätzen finden sich noch weitere Versuche, den Schutzbereich der Religionsfreiheit

---

[396] So auch in umfassender Auseinandersetzung mit dem Neutralitätsgebot im Hinblick auf das religiöse Selbstverständnis *Isak*, Das Selbstverständnis der Kirchen und Religionsgemeinschaften und seine Bedeutung für die Auslegung staatlichen Rechts, 1994, S. 200ff.

[397] Vgl. etwa *von Campenhausen/de Wall*, Staatskirchenrecht, 4. Aufl. 2006, S. 56 m. w. N.

[398] Grundlegend zum Zusammenhang von subjektiver Schutzbereichsbestimmung, Plausibilität und »Darlegungslast« *Morlok*, Selbstverständnis als Rechtskriterium, 1993, S. 405; speziell mit Blick auf die Religionsfreiheit etwa *Heinig*, Öffentlich-rechtliche Religionsgesellschaften, 2003, S. 60ff.; zur Darlegungslast von Seiten der Rechtsprechung BVerwGE 94, 82, 87; zustimmend *Jarass*, in: Jarass/Pieroth, Art. 4 GG Rn. 12a; mit vertiefendem Blick auf die prozessuale Gestaltung *Isak*, Das Selbstverständnis der Kirchen und Religionsgemeinschaften und seine Bedeutung für die Auslegung staatlichen Rechts, 1994, S. 161ff.

[399] BVerfGE 12, 1, 4. Ironischerweise erfolgte die erstmalige Verwendung des Neutralitätsgrundsatzes durch das Bundesverfassungsgericht zwei Sätze später.

[400] Siehe etwa *Hillgruber*, Der deutsche Kulturstaat und der muslimische Kulturimport, JZ 1999, 538, 540; *Hofmann*, in: Schmidt-Bleibtreu/Hofmann/Henneke, Art. 4 GG Rn. 9. Im Ergebnis ähnlich *Starck*, in: v. Mangoldt/Klein/Starck, Art. 4 Abs. 1, 2 GG Rn. 60ff., der in einer subjektiv-historischen Auslegung des Religionsbegriffs nur solche religiösen »Ausübungsmodalitäten« geschützt sieht, die »den z.Z. der Entstehung des Grundgesetzes bekannten, in Deutschland praktizierten Religionen und Weltanschauungen vergleichbar sind«. Kritisch *Fritsche*, Der Kulturbegriff im Religionsverfassungsrecht, 2015, S. 87f.

zu begrenzen, etwa indem ein Mindestmaß an Vergemeinschaftung gefordert wird oder indem politische, wirtschaftliche bzw. sozialschädliche Praxen ausgenommen werden.[401]

Hinsichtlich der Fragen, wie der Staat konkret unter den Schutzbereich subsumieren und wie er etwaige Beeinträchtigungen in der Abwägung gewichten darf, ist die rechtswissenschaftliche Diskussion weniger griffig als bezüglich des Schutzbereichs der Religionsfreiheit.[402] Die Konsequenzen des Neutralitätsgebots sind jedoch dieselben: Die religiös-weltanschauliche Neutralität stellt eine Grenze dar, bis zu welcher der Staat »objektive« Anforderungen stellen darf und jenseits derer er es respektieren muss, wenn der einzelne Gläubige z. B. ein bestimmtes Verhalten als religiös geboten oder eine Beschränkung als besonders gravierend erachtet – und je nachdem, wie das Neutralitätsgebot verstanden wird, kann sich diese Grenze verschieben. Eine besondere Herausforderung – auch hierauf sei bereits an dieser Stelle hingewiesen – stellen insofern multipolare Konfliktsituationen dar, weil sie die Neutralitätsherausforderung gewissermaßen potenzieren. Es muss nämlich nicht nur beantwortet werden, inwieweit ein subjektives Verständnis zu beachten ist, sondern auch, wessen Verständnis maßgeblich sein soll. Praktisch zeigt sich dies besonders plastisch bei Konflikten um Symbole:[403] Inwieweit kann sich z. B. eine Muslima darauf berufen, dass nach ihrem Glauben das Tragen eines Kopftuchs zwingend vorgeschrieben ist, wenn es auch andere muslimische Lehrmeinungen gibt, die das Kopftuch nicht als unbedingt geboten verstehen? Und wessen Interpretation ist maßgeblich für die Frage, ob ein Kreuz an einer Schulwand ein religiöses Symbol ist oder bloß ein kulturelles? Auch hier zeigt sich bereits auf vorgelagerter, abstrakter Ebene, warum die Fälle um konfligierende Religions- und Weltanschauungsfreiheit im öffentlichen Raum intensiv umstritten sind.

ee) Zur drohenden Zirkularität

Wenn die Verwendung der religiös-weltanschaulichen Neutralität als Rechtsbegriff analysiert wird, dann sollte ein weiterer Umstand beachtet werden, der nicht direkt inhaltlicher, sondern allgemein reflexiver Natur ist. Der Neutralitätsgrundsatz führt nämlich auch deshalb im freiheitsrechtlichen Kontext zu gewissen Spannungen, weil mit ihm eine hohe Gefahr der Zirkularität verbunden ist. Die religiös-weltanschauliche Neutralität wird – nach mancher Auffassung: pri-

---

[401] Umfassend zu den Begrenzungsversuchen m. w. N. *Borowski*, Die Glaubens- und Gewissensfreiheit des Grundgesetzes, 2006, S. 413 ff.

[402] Hierzu *Borowski*, Die Glaubens- und Gewissensfreiheit des Grundgesetzes, 2006, S. 285, der im Folgenden eine nähere Untersuchung zur Berücksichtigung des Selbstverständnisses in der verfassungsrechtlichen Rechtfertigung unternimmt. Allgemein für eine vornehmlich subjektive Bestimmung des Schutzbereichs und eine objektive Bestimmung der freiheitsrechtlichen Schranken, wobei in Abwägungsfragen wiederum subjektive Bestimmungselemente an Gewicht gewinnen *Morlok*, Selbstverständnis als Rechtskriterium, 1993, S. 423.

[403] Zur besonderen Herausforderung der rechtlichen Interpretation religiöser Symbole umfassend *Vollrath*, Religiöse Symbole, 2006; sowie *Röhrig*, Religiöse Symbole in staatlichen Einrichtungen als Grundrechtseingriffe, 2017; zur Konfliktanfälligkeit ebenfalls *Borowski*, Die Glaubens- und Gewissensfreiheit des Grundgesetzes, 2006, S. 461 ff.

mär, nach der hier vertretenen Meinung: unter anderem – aus Art. 4 Abs. 1 und 2 gewonnen. Anschließend wird der Neutralitätsgrundsatz aber wiederum zur Interpretation des Schutzumfangs der Religions- und Weltanschauungsfreiheit verwendet, womit gleichzeitig darüber entschieden wird, welche Überzeugungen überhaupt als Religionen bzw. Weltanschauungen zu verstehen sind, gegenüber denen sich der Staat neutral zu verhalten zu habe.[404] Diese Zusammenhänge sind bei der Bewertung von Neutralitätsverständnissen im Blick zu behalten und es stellt ein dogmatisches Qualitätsmerkmal dar, wenn ein Erklärungsversuch zirkuläre Begründungen vermeiden kann.

b) Gleichheitsrechtliche Spannungen

Wenn religiös-weltanschauliche Neutralität zudem bedeutet, dass der Staat »Heimstatt aller Bürger« sein solle und sich nicht mit bestimmten Religionen oder Weltanschauungen identifizieren dürfe, dann führt dies auch auf gleichheitsrechtlicher Ebene zu Spannungen. Der Grund hierfür liegt darin, dass die Rechtsordnung ein werthaltiges Kulturprodukt ist und somit manche Religionen oder Weltanschauungen – bzw. präziser: manche Lehrmeinungen[405] – kompatibler mit den Ge- und Verboten des deutschen Rechts sind als andere.[406] Besonders plakativ sind die Beispiele von Kulten und Lehren, die Menschenopfer oder Ehrenmorde fordern, und die damit in eindeutigem Gegensatz zur deutschen Rechtsordnung stehen.[407] Von größerer praktischer Relevanz sind hingegen Regelungen zum Tierschutz, geschlechtergemischtem Sportunterricht oder zum

---

[404] Dieser Gedanke war bereits zu früh in der rechtswissenschaftlichen Diskussion um das Neutralitätsgebot präsent, wenngleich er nicht ganz so pointiert formuliert wurde, vgl. *Czermak*, Schule und Weltanschauungsfreiheit, 1972, S. 41; *Hesse*, Zur Frage der Vereinbarkeit eines Schulgebetes an öffentlichen Volksschulen mit Art. 4 I und II GG, ZevKR 25 (1980), 239, 247; *Scheuner*, Die Religionsfreiheit im Grundgesetz, DÖV 1967, 585, 588; in neuerer Zeit angedeutet bei z. B. *Kästner*, Hypertrophie des Grundrechts auf Religionsfreiheit, JZ 1998, 974, 977; *Reuter*, Säkularität und Religionsfreiheit, Leviathan 35 (2007), 178 ff., insb. S. 181; sowie *Schwarz*, Das christlich-abendländische Fundament des Grundgesetzes als Topos der Verfassungsinterpretation, in: Grote/Härtel u. a. (Hrsg.), FS Starck, 2007, S. 419, 423 f.; speziell zur religionswissenschaftlichen Seite zudem *Reuter*, Religion in der verrechtlichten Gesellschaft, 2014, S. 88.

[405] Aufgrund der inneren Ausdifferenzierung insbesondere der großen Weltreligionen lässt sich natürlich nicht von »dem Islam« oder »dem Christentum« sprechen, vgl. etwa *Schuppert*, Governance of diversity, 2017, S. 122 ff. So mag es vorkommen, dass bestimmte christliche Gruppierungen mehr Konflikte mit dem staatlichen Recht erleben als manche muslimische Gruppierungen. Selbst der Sonntagsschutz aus Art 140 GG i. V. m. Art. 139 WRV begünstigt nicht umfassend »die Christen«, was zum Beispiel an der christlichen Freikirche der Siebenten-Tags-Adventisten deutlich wird, die ihren Tag der Ruhe in Anlehnung an den jüdischen Sabbat am Samstag halten, vgl. *Huber*, Feiertagsschutz für Minderheiten, 2007, S. 28.

[406] *Heckel*, Gleichheit oder Privilegien?, 1993, S. 47 ff.; *Waldhoff*, Neue Religionskonflikte und staatliche Neutralität, 2010, S. 46 f. m. w. N.; ebenfalls, wenngleich jeweils vor etwas anderem Hintergrund, *Huster*, Die ethische Neutralität des Staates, 2002, S. 120 ff.; 407 ff.; sowie *Möllers*, Religiöse Freiheit als Gefahr?, VVDStRL 68 (2009), 47, 57. Zur Besorgnis aus muslimischer Perspektive *Aries*, Das Kreuz in der Schule aus islamischer Sicht, in: Brugger/Huster (Hrsg.), Der Streit um das Kreuz in der Schule, 1998, S. 191 ff.

[407] Vgl. etwa *Waldhoff*, Neue Religionskonflikte und staatliche Neutralität, 2010, S. 166; sowie *Hillgruber*, Staat und Religion, 2007, S. 53 f.

Verbot nicht konsentierter und medizinisch nicht indizierter Verstümmelungen, die – vorbehaltlich etwaiger Ausnahmeregelungen – nur manche Gruppen in ihrer religiös motivierten Lebensgestaltung beeinträchtigen. Weiterhin hat die Ausgestaltung des Sonn- und Feiertagsschutzes mit christlichen Überzeugungen mehr Deckungsgleichheit als mit anderen Bekenntnissen und auch die Erbrechtsordnung – obwohl selbst »nicht mehr religiös konnotiert«[408] – führt speziell für Muslime zu Herausforderungen.[409]

Im Hinblick auf die religiös-weltanschauliche Neutralität des Staates stellt sich somit Frage, wann die Grenze zu einer nicht-neutralen Privilegierung bestimmter Bekenntnisse überschritten wird, bzw. – um am Wortlaut des Art. 3 Abs. 3 GG anzusetzen – jemand wegen seines Glaubens benachteiligt oder bevorzugt wird. Insofern wird teilweise vertreten, dass es ausschließlich darauf ankomme, ob die Begründung der staatlichen Maßnahme religiös-weltanschaulich neutral erfolgt; etwaige Ungleichbehandlungen im Ergebnis seien dann unbeachtlich.[410] Andere Stimmen stellen hingegen darauf ab, ob die Auslegung bzw. Anwendung rechtlich neutral erfolgt, und in seltenen Fällen wird sogar Wirkungsneutralität verlangt, also ein gleich hohes bzw. gleich niedriges Maß der Beeinträchtigung.[411] *Martin Heckel* wiederum verlangt im Hinblick auf Religionen eine gleich*wertige* Behandlung, die sich in einer umstandsspezifischen Anwendung »formalparitätischer« (die Verschiedenheit der Religionen ausblendender) und »materialparitätischer« (die Verschiedenheit der Religionen bewusst einbeziehender) Maßstäbe äußert.[412] Erneut deutet sich auf vorgelagerter, abstrakter Ebene an, welcher Erklärungsbedarf an die religiös-weltanschauliche Neutralität herangetragen wird und wie divers die potenziellen Erklärungsmodelle sind. Ein überzeugendes Neutralitätskonzept muss an dieser Stelle in kohärenter Weise ein Instrumentarium anbieten, anhand dessen zwischen neutralitätsrelevanten und unbedenklichen Fallgestaltungen unterschieden werden kann.

III. Zwischenfazit

Das analytische Rüstzeug ist nun fertiggestellt: Die verschiedenen Neutralitätsverständnisse werden sich vor dem Hintergrund der bisherigen Ausführungen ihren historischen Wurzeln zuordnen lassen und die Argumente, mit denen sie verteidigt werden, können mit der politisch-philosophischen Diskussion verbunden werden. Im zurückliegenden Abschnitt wurden zudem analytische

---

[408] *Zimmermann*, Kulturelle Prägung des Erbrechts?, JZ 2016, 321, 331 f.

[409] Zum islamischen Erbrecht *Rohe*, Das islamische Recht, 3. Aufl. 2011, S. 99 ff. und speziell zum Konflikt mit der deutschen Rechtsordnung S. 364 f.

[410] Grundlegend *Huster*, Die ethische Neutralität des Staates, 2002, S. 80 ff.; 98 ff.; 633 ff.; näher hierzu unten, 3. Kapitel, F.

[411] Vgl. *Waldhoff*, Neue Religionskonflikte und staatliche Neutralität, 2010, S. 50 f. m. w. N.

[412] *Heckel*, Das Gleichbehandlungsgebot im Hinblick auf die Religion, in: Listl/Pirson (Hrsg.), HdbStKirchR Bd. I, 2. Aufl. 1994, S. 623, 628 ff.; *Heckel*, Art. 3 III GG, in: Maurer (Hrsg.), FS Dürig, 1990, S. 241, 244; zur Kritik *Borowski*, Die Glaubens- und Gewissensfreiheit des Grundgesetzes, 2006, S. 719 ff.

Fixpunkte formuliert, die es ermöglichen, kontextspezifisch die Art und Qualität der grundgesetzlichen Rückbindung und der inhaltlichen Ausgestaltung zu beurteilen; außerdem wurde geklärt, welche dogmatischen Parameter für eine wachsame Analyse im Blick behalten werden müssen. All dies schafft eine stabile Grundlage, um nun die vielfältigen Vorstellungen von religiös-weltanschaulicher Neutralität inhaltlich zu sezieren, das heißt, die tragenden Vorverständnisse und praktischen Konsequenzen offenzulegen.

Kapitel 3

Rechtswissenschaftliche Konzepte religiös-weltanschaulicher Neutralität des Staates

Das deutsche Religionsverfassungsrecht befindet sich, wie eingangs beschrieben,[1] zwischen den beiden religionsverfassungsrechtlichen Außenpolen – Trennungs- und Staatskirchensystem – und wird als Kooperationssystem bezeichnet, weil durch das Grundgesetz verschiedene Berührungen von Staat und Religion vorgesehen sind. Mit dieser Bezeichnung allein geht allerdings kein besonderer Erkenntnisgewinn für die Rechtsandwendung einher, da die Möglichkeiten zwischen den Außenpolen vielfältig und die positivrechtlichen Vorgaben der Verfassung sowohl fragmentarisch als auch ordnungsbedürftig sind. Vor dem Hintergrund der historischen und politisch-philosophischen Annäherungen sowie im Wissen um die analytischen Fixpunkte und dogmatischen Grundfragen aus dem Vorkapitel kann sich nun den rechtswissenschaftlichen Versuchen einer präzisen Standortbestimmung des deutschen Religionsverfassungsrechts zugewendet werden, die mit dem Rechtsbegriff der religiös-weltanschaulichen Neutralität verknüpft sind. Diese Versuche gehen in ihren Inhalten bisweilen stark auseinander und decken viel von dem Spektrum zwischen Trennungs- und Staatskirchensystem ab. Schon früh in der Entwicklung des Rechtsbegriffs hatte *Schlaich* festgestellt:

»Unter ›Neutralität‹ kehren in den literarischen Äußerungen alle Schattierungen des Verhältnisses von Staat und Kirche wieder: von der militant vertretenen Trennung über ein bloßes Verbot der Bevorzugung und Privilegierung bis zur Pflicht der positiven Religionspflege«.[2]

Heute ist das Meinungsbild sogar noch vielfältiger. Neben der klassischen (und bereits in sich selbst nicht ganz einheitlichen) Unterscheidung zwischen negativem und positivem Neutralitätsverständnis bestehen verschiedene vermittelnde Neutralitätskonzepte. Vornehmlich als Reaktion auf die gesellschaftliche Pluralisierung wurde die Meinungslandschaft noch weiter diversifiziert, weil mehrere Versuche unternommen wurden, den Grundsatz der religiös-weltanschaulichen Neutralität so zu bestimmen, dass die Privilegierung bestimmter Bekenntnisse mit ihm vereinbar ist. Im Jahr 2002 trat mit der Habilitationsschrift von *Stefan Huster* noch eine zusätzliche Ansicht hinzu, welche das Neutralitätsgebot in Anlehnung an den Politischen Liberalismus von *Rawls* als eine »ethische Neutralität« versteht, die durch neutrale Begründungen verwirklicht werde.

---

[1] Siehe oben, 1. Kapitel, B.

[2] *Schlaich*, Neutralität als verfassungsrechtliches Prinzip, 1972, S. 131.

Neben diesen Ansätzen zur inhaltlichen Ausgestaltung des Neutralitätsgrundsatzes bestehen Standpunkte, denen zufolge dem Neutralitätsgebot kein Gehalt zu Eigen sei, welcher über die einzelnen verfassungsrechtlichen Bestimmungen hinausgehe, weswegen der Rechtsbegriff entweder lediglich als heuristische Hilfe beizubehalten oder sogar gänzlich aufzugeben sei.

Im Folgenden werden die verschiedenen Neutralitätskonzepte näher vorgestellt, wobei dort, wo es weiterführt, Verbindungen zu den historischen und politisch-philosophischen Annäherungen herausgearbeitet werden. Wie bereits angedeutet wurde, haben viele der Konzepte nicht die inhaltliche Tiefe erreicht, um die Fragen zum normtheoretischen Charakter des Neutralitätsgrundsatzes, zu seinem Verhältnis zu anderen Grundsätzen des Religionsverfassungsrechts und zu den Gefahren freiheits- und gleichheitsrechtlicher Spannungen zu beantworten; wo jedoch solche Antworten gegeben werden, wird dieser Umstand besonders hervorgehoben. Ein spezieller Fokus wird darauf liegen, zu überprüfen, ob die jeweiligen Konzepte den Anforderungen an ein verfassungsgebundenes Neutralitätskonzept gerecht werden, weil sie die verschiedenen inhaltlichen Momente des Religionsverfassungsrechts in sich aufnehmen; außerdem soll hinterfragt werden, wie leistungsfähig die Ansätze in den fünf Konfliktkonstellationen sind, in denen die religiös-weltanschauliche Neutralität zum Tragen kommt.

A. Die klassische Unterscheidung zwischen negativer und positiver Neutralität

Wenn über die inhaltliche Ausgestaltung der religiös-weltanschaulichen Neutralität im Sinne des Grundgesetzes gestritten wird, dann wird klassischerweise zwischen »negativer« und »positiver« Neutralität unterschieden.[3] Mit dieser begrifflichen Strukturierung werden die verschiedenen Neutralitätsverständnisse in zwei Lager unterteilt: Jene (»positiven«) Neutralitätsverständnisse, denen zufolge Berührungen von Staat und Religion eine durch das Grundgesetz erwünschte oder gar geforderte Erscheinung seien, und solche (»negativen«) Neutralitäts-

[3] Vgl. etwa *Holzke*, Die »Neutralität« des Staates in Fragen der Religion und Weltanschauung, NVwZ 2002, 903, 906; *Vosgerau*, Freiheit des Glaubens und Systematik des Grundgesetzes, 2007, 108 ff.; *Kästner*, in: Bonner Kommentar, Art. 140 GG Rn. 123; *Pottmeyer*, Religiöse Kleidung in der öffentlichen Schule in Deutschland und England, 2011, S. 39 ff.; *Huster*, Gleichheit statt Freiheit, in: Heinig/Walter (Hrsg.), Religionsverfassungsrechtliche Spannungsfelder, 2015, S. 203, 219; grundlegend zur dualistischen Sichtweise auf Neutralitätsverständnisse *Schlaich*, Radikale Trennung und Pluralismus (1975), in: Mikat (Hrsg.), Kirche und Staat in der neueren Entwicklung, 1980, S. 427 ff.; anders in der Begriffsverwendung allerdings *Schlaich*, Zur weltanschaulichen und konfessionellen Neutralität des Staates, in: Marré/Stüting (Hrsg.), Essener Gespräche zum Thema Staat und Kirche (4), 2. Aufl. 1973, S. 9, 24 f. Teilweise wird auch zwischen distanzierender und offener Neutralität differenziert oder von ausgrenzender und hereinnehmender bzw. vorsorgender Neutralität gesprochen. Gravierende inhaltliche Unterschiede sind mit der abweichenden Begriffswahl jedoch nicht verbunden, vgl. die Auflistung bei *Czermak*, Religions- und Weltanschauungsrecht, 2008, S. 94; sowie darüber hinaus die Unterscheidung bei *Krings*, Von strikter Trennung zu wohlwollender Neutralität, ZevKR 45 (2000), 505 ff.

verständnisse, die in die Richtung eines Trennungssystems tendieren. Tatsächlich werden diese klassischen Neutralitätskonzepte – so wird sich zeigen – heute kaum noch in Reinform vertreten. Ihre Relevanz besteht vielmehr darin, dass sie den gedanklichen Ausgangspunkt für differenziertere Konzepte bilden.

I. Negative Neutralität

Es braucht eine gewisse Kontextualisierung, um aus dem Rauschen der religionsverfassungsrechtlichen Rhetorik die genauen Inhalte und Folgerungen der negativen Neutralitätsverständnisse herauszuhören. Der Grund für den erschwerten Zugang ist nicht etwa, dass es zu viele verschiedene Ansätze negativer Neutralität gäbe – tatsächlich ist trotz der jahrzehntelangen Diskussion die Zahl der Autoren, die sich dieser Interpretationsrichtung zurechnen lassen, überschaubar. Negative Neutralitätsverständnisse waren und sind in quantitativer Hinsicht Randerscheinungen.[4] Gerade hierin liegt aber der erste Grund dafür, warum es nicht so leicht ist, die Inhalte der negativen Neutralitätsverständnisse präzise zu greifen: Zwischen den wenigen Vertretern dieser Linie entstand kaum ein vertieftes Forschungsgespräch, aus dem sich ein geteiltes dogmatisches Verständnis hätte entwickeln können. Herleitung, Begriffsverwendung und Konsequenzen weichen mitunter deutlich voneinander ab. Ein klares Verständnis der negativen Neutralitätsansätze wird weiterhin dadurch erschwert, dass der religionsverfassungsrechtliche Diskurs bisweilen ideologisch und emotional stark aufgeladen war. Für die kirchennahen Rechtswissenschaftler, die im Religionsverfassungsrecht traditionell in der Mehrheit sind, stellte ein religionsdistanziertes Neutralitätsverständnis das natürliche Feindbild dar. Zwar trugen die Vertreter der negativen Neutralitätsverständnisse ihrerseits mit zum Teil offener Religions- und Kirchenfeindlichkeit wenig zur Entschärfung der Lage bei,[5] doch ist auffällig, wie oft von deren Seite vorgebracht wurde, von kirchennahen Autoren vorsätzlich missverstanden und zu Unrecht des Laizismus bezichtigt bzw. schlichtweg

---

[4] *Droege*, Atheismus im bundesdeutschen Religionsverfassungsrecht, in: Faber/Lanwerd (Hrsg.), Atheismus, 2006, S. 225 ff., mit Bezugnahme auf die drei Hauptvertreter der kirchenkritischen Linie *Fischer*, *Renck* und *Czermak* in Fn. 4; siehe auch *Wittreck*, Religionsverfassungsrecht als Kompass einer modernen Religionspolitik?, in: Bogner/Heimbach-Steins (Hrsg.), Freiheit – Gleichheit – Religion, 2012, S. 53, 65.

[5] Beispielhaft *Fischer*, der seine Schriften zwar nicht kirchenfeindlich verstanden wissen wollte (vgl. *Fischer*, Volkskirche ade!, 4. Aufl. 1993, S. 9), der allerdings im Sinne der konsequentialistischen Argumentationslinie der Exklusivisten das Christentum als Quelle von Gewalt und Unterdrückung deutete und zudem die Theologie als gänzlich unwissenschaftlich beschrieb, vgl. *Fischer*, Trennung von Staat und Kirche, 3. Aufl. 1984, S. 37 f.; 309, 313; insofern (vorsichtig) zustimmend *Renck*, Verfassungsprobleme der theologischen Fakultäten, NVwZ 1996, 333, 335; sowie *Renck*, Bekenntnisunterricht und Ethikunterricht, NVwZ 1999, 713, 714. Ironischerweise sah sich *Fischer* mit seiner Argumentationsführung seinerseits dem Vorwurf der Unwissenschaftlichkeit ausgesetzt, so zur ersten Auflage *Engelhardt*, Staat und Religion, Lutherische Monatshefte 4 (1965), 556, 557: »Mit Bedauern muß man daher feststellen, daß Fischer Urteile über Christentum und Neues Testament abgibt, die wissenschaftlich nicht hinreichend begründet sind«. Beachte darüber hinaus den teilweise sehr scharfen Ton, wie z. B. bei *Czermak*, Bewegung im Staatskirchenrecht, ZRP 1990, 475 ff.

ignoriert worden zu sein.[6] Auch hier zeigt sich: Oft droht im Religionsverfassungsrecht die Schärfe des Tons die Wahrnehmung der Inhalte zu verzerren. Hinzu tritt noch ein dritter Umstand, der es insbesondere aus heutiger Perspektive erschwert, negative Neutralitätsverständnisse angemessen zu erfassen, der jedoch vor dem Hintergrund der historischen Annäherungen abgemildert wird.

---

[6] Zum Vorwurf des Laizismus beispielhaft *Obermayer*, Staat und Religion, 1977, S. 11 (»Im übrigen steht hinter der These der religiösen Indifferenz des Staates nicht selten ein laizistischer Affekt, eine Gleichgültigkeit oder gar eine unmißverständliche Feindseligkeit gegenüber der Religion überhaupt oder zumindest gegenüber den christlichen Kirchen.«); ähnlich *Denninger*, Rezension zu E. Fischer, Trennung von Staat und Kirche, Theologica Practica 2 (1967), 168, 175; *Heckel*, Die Kirchen unter dem Grundgesetz, VVDStRL 26 (1968), 5, 29; *Hollerbach*, Trennung von Staat und Kirche?, Hochland 58 (1965/66), 63, 66; *Meyer-Teschendorf*, Der Körperschaftsstatus der Kirchen, in: Mikat (Hrsg.), Kirche und Staat in der neueren Entwicklung, 1980, S. 498, 517; *Schlaich*, Öffentlichkeit, nicht Privatisierung des kirchlichen Wirkens, RuG 1973, 138, 139; aus neuerer Zeit etwa *Heckel*, Schlußwort, JZ 2000, 563, 563 f.

Insbesondere diejenigen Autoren, die wiederholt kritisch zum Religionsverfassungsrecht publizierten, versuchten sich gegen diesen Vorwurf zu verteidigen, so *Fischer*, Trennung von Staat und Kirche, 3. Aufl. 1984, S. 39; *Fischer*, Volkskirche ade!, 4. Aufl. 1993, S. 932 f.; weiterhin *Renck*, Die Trennung von Staat und Kirche, BayVBl. 1988, 225, 228; sowie 230; *Renck*, Staatliche Religionsneutralität und Toleranz, JuS 1989, 451, 454; *Renck*, Res Sacra und Sachgebrauch, NVwZ 1990, 38, 40; *Renck*, Aktuelle Probleme der christlichen Gemeinschaftsschule, KJ 27 (1994), 488, 497 Fn. 65; *Renck*, Verfassungsprobleme der theologischen Fakultäten, NVwZ 1996, 333, 336; *Renck*, Zum rechtlichen Gehalt der Kruzifixdebatte, ZRP 1996, 16, 17; *Renck*, Bekenntnisfreiheit und Kirchenasyl, NJW 1997, 2089, 2090; *Renck*, Institutionell garantierter Bekenntnisunterricht?, ZRP 2003, 137, 138; sowie *Czermak*, Zur Unzulässigkeit des Kreuzes in der Schule aus verfassungsrechtlicher Sicht, in: Brugger/Huster (Hrsg.), Der Streit um das Kreuz in der Schule, 1998, S. 13, 18 f. sowie dort in Fn. 15 und 16; *Czermak*, Das System der Religionsverfassung des Grundgesetzes, KJ 33 (2000), 229, 247 Fn. 92; *Czermak*, Öffentliche Schule, Religion und Weltanschauung in Geschichte und Gegenwart der Bundesrepublik Deutschland, in: Muckel (Hrsg.), FS Rüfner, 2003, S. 79, 90 Fn. 50.

Öfter als über den Laizismusvorwurf oder falsche Wiedergabe der eigenen Position beschwerte sich *Czermak* darüber, dass die kritischen Stimmen (insbesondere die von *Renck* als »dem derzeitigen Hauptvertreter eines säkularen Religionsrechts«, vgl. *Czermak*, Rezension zu Listl/Pirson (Hrsg.), Handbuch des Staatskirchenrechts der Bundesrepublik Deutschland, 2. Aufl., Bd. I, KJ 28 (1995), 121, 123) kaum beachtet, ja bewusst ignoriert würden; so deutlich *Czermak*, Bewegung im Staatskirchenrecht, ZRP 1990, 475, 475 (»nahezu tabuisierte Gegenposition«), 478 (kritische Auseinandersetzung sei im universitären Umfeld »berufsschädlich«) und 479 (»selten zitiert«). Siehe weiterhin *Czermak*, Verfassungsbruch als Erziehungsmittel?, KJ 25 (1992), 46, 54; *Czermak*, Rezension zu Listl/Pirson (Hrsg.), Handbuch des Staatskirchenrechts der Bundesrepublik Deutschland, 2. Aufl., Bd. I, KJ 28 (1995), 121, 122; *Czermak*, Anmerkung zu BayVGH, Beschl. v. 6.7.1995 (Ethikunterricht), BayVBl. 1996, 406, 407; *Czermak*, Rezension zu Listl/Pirson (Hrsg.), Handbuch des Staatskirchenrechts der Bundesrepublik Deutschland, 2. Aufl., Bd. II, KJ 30 (1997), 120, 122 f.; *Czermak*, Zur Ethikunterricht-Entscheidung des Bundesverwaltungsgerichts vom 17.6.1998, DÖV 1999, 725, 727; *Czermak*, Religionsverfassungsrecht im Wandel, NVwZ 2000, 896; *Czermak*, Das System der Religionsverfassung des Grundgesetzes, KJ 33 (2000), 229, 235; sowie *Czermak*, Rechtsnatur und Legitimation der Verträge zwischen Staat und Religionsgemeinschaften, Der Staat 39 (2000), 69, 73. Im Ergebnis ähnlich *Heinig*, »Säkularismus« und »Laizismus« als Anfragen an das säkulare Religionsrecht in Deutschland, in: ders., Die Verfassung der Religion, 2014, S. 146, 155 (»Wer etwas anderes [als eine bloß wohlwollend-integrative Trennung] vertrat, war in der Fachcommunity isoliert«). Dagegen wies *Lecheler*, Die Rechtsstellung der Bekenntnisgemeinschaften im Schulrecht, BayVBl. 1994, 41, in Auseinandersetzung mit *Renck* darauf hin, dass dieser deswegen nicht am rechtswissenschaftlichen Diskurs teilnehme, weil er seine Thesen losgelöst von der allgemeinen Diskussion entwickele und auf Kritik von außen nicht eingehe.

Die Anfänge der negativen Neutralitätsverständnisse liegen in den 1960er Jahren, also zu einer Zeit, als die heutige Herausforderung religiös-weltanschaulicher Pluralisierung noch nicht im Fokus stand, sondern über die Koordinationslehre und damit um die prinzipielle Ordnung von Staat und Kirchen gestritten wurde. Vor allem ältere Positionen thematisieren daher ausschließlich die Frage der institutionellen Verbindungen von Staat und (Volks-)Kirchen und nehmen andere Thematiken nicht in den Blick.

In Kenntnis dieser Verständnishürden können nun die Störgeräusche ausgeblendet und die negativen Neutralitätsverständnisse so vorgestellt werden, dass sich Fehlinterpretationen vermeiden lassen. Dafür soll die Herangehensweise in zweierlei Weise angepasst werden: Zum einen bietet es sich an, personenbezogen vorzugehen, weil so der ersten Verständnishürde – der nicht aus sich ersichtlichen inhaltlichen Verdichtung der wenigen, dafür aber uneinheitlichen Einzelmeinungen – abgeholfen werden kann. In der Gegenüberstellung der jeweiligen Standpunkte lassen sich die entscheidenden Zusammenhänge und Entwicklungsschritte herausarbeiten, ohne dass es zu einer inhaltlichen Verkürzung dieser Meinungsgruppe kommt. Zum anderen soll eine vergleichsweise umfassende und detaillierte Darstellung dieser Neutralitätskonzepte unternommen werden, die bewusst nicht in Verhältnis zu der eher geringen Rezeption dieser Ansätze steht. Dies geschieht zunächst mit Blick auf die beiden weiteren Verständnishürden. Wenn ein Neutralitätsverständnis in der rechtswissenschaftlichen Literatur vergleichsweise wenig und möglicherweise entstellend rezipiert wird, dann sollte eine Monografie zum Neutralitätsgebot hier besonders sorgfältig und informativ ausgestaltet sein; und wo ein Neutralitätsverständnis nur mithilfe näherer Einordnungen angemessen verstanden werden kann, muss eine Monografie zum Neutralitätsgebot entsprechend Raum und Hilfestellung bieten. Die eingehende Auseinandersetzung mit den negativen Neutralitätsverständnissen dient jedoch nicht nur dem Verständnis dieser Ansätze, vielmehr ist sie ein sinnvoller Ausgangspunkt für die Aufarbeitung der weiteren Neutralitätsmodelle. Da die negative Neutralität auf der Skala der religionsverfassungsrechtlichen Ordnungen in der Nähe eines Trennungssystems steht, bildet dieser Ansatz gewissermaßen den äußeren Rand der möglichen Interpretationen des Grundgesetzes. Von hier aus und in Abgrenzung hierzu lassen sich die spezifischen Eigenarten der positiven Neutralität klarer erkennen. Doch nicht nur das: Aspekte negativer Neutralität wurden durch andere Neutralitätsverständnisse aufgegriffen, weswegen deren Inhalte erst vor dem Hintergrund der negativen Neutralität wirklich erfasst werden können.

1. Das »Prinzip der Nicht-Identifikation« Herbert Krügers als staatstheoretischer Ausgangspunkt

Die Ansätze einer negativen, distanzierenden Neutralität sind auf einem gedanklichen Nährboden gewachsen, den *Herbert Krüger* in seiner »Allgemeinen Staatslehre« in Form des »Prinzips der Nicht-Identifikation« geschaffen hatte.[7]

[7] Zu dieser Verbindung bereits *Schlaich*, Radikale Trennung und Pluralismus (1975), in: Mikat (Hrsg.), Kirche und Staat in der neueren Entwicklung, 1980, S. 427, 437; aus heutiger

Im Rahmen seiner umfassenden theoretischen Untersuchung hatte *Krüger* festgestellt, dass der zentrale »Wesenszug des Modernen Staates« die »Allgemeinheit« sei.[8] Da der Staat seinen Bürgern als Hoheitsgewalt gegenübertrete und gleichzeitig erst durch deren Handlungen entstehe, er also als Wechselbeziehung existiere, sei diese Allgemeinheit des Staates eine Forderung, die an beide Seiten gerichtet ist, das heißt an die Bürgerinnen und den Staat gleichermaßen. *Krüger* formulierte diesen Anspruch zunächst im Hinblick auf die Bürger und verlangte, dass sich Menschen, wenn sie in der Rolle als Staatsbürgerinnen handeln wollten, als »allgemeine« verstehen müssten.[9] Konkret bedeute das:

> »Nicht der Mensch in der Besonderheit seiner Religion, seines Standes, seiner Nation, seiner Rasse oder seines Geschlechts, sondern der Mensch in seiner allgemeinen Eigenschaft ist es, der als Subjekt den Staat denken und dadurch verwirklichen soll. Es ist hierbei der Mensch vorausgesetzt, der sich allen seinen Besonderheiten gegenüber freigemacht und eine allgemeine Seite entwickelt hat, die unter einem Gesichtspunkt und mit einem Ergebnis entwickelt wurde, die – anders als die Besonderheiten – jeder andere Mensch der Gruppe zu teilen vermag.«[10]

Auf Seiten des Staates sei das Äquivalent zu diesem staatsbürgerlichen Selbstverständnis als »allgemeine« das »Prinzip der Nicht-Identifikation«.[11] So wie der Staatsbürger seine individualisierenden Besonderheiten ablegen solle, so müsse der Staat dadurch »allgemein« sein, dass er alle individualisierenden Besonderheiten ignoriert. Für das hier relevante Thema bedeutet das: Der »Moderne Staat [kennt ...] als solcher keine Religion, keine Weltanschauung und keine ›Meinung‹.«[12]

Im Rahmen der historischen Annäherungen dieser Arbeit war *Krüger* bereits als Vertreter der etatistischen Gegenbewegung vorgestellt worden, welche die Hoheit des Staates gegenüber der Koordinationslehre zu verteidigen suchte.[13] Vor dem Hintergrund seiner Forderung nach Allgemeinheit und Nicht-Identifikation wird deutlich, dass *Krüger* die Hoheit des Staates durch die Betonung eines *religionsdistanzierten Moments* erreicht, welches der epistemologisch begründeten Beschränkungsforderung des Rawl'schen Politischen Liberalismus ähnelt: Bürgerinnen dürften sich an dem staatlichen Leben nur in einer Weise beteiligen, die von allen anderen Bürgern geteilt werden könne, womit das persönliche religiöse Bekenntnis ausgeschlossen sei, und der so geprägte Staat dürfe dem Volk nur in einer Weise begegnen, mittels derer er sich nicht mit einer bestimmten Religion identifiziert.

Dies führt zu der Frage, wie im pluralistischen Gemeinwesen die geforderte Allgemeinheit praktisch zu bestimmen sei und vor allem, was genau unter einer

---

Perspektive etwa *Pottmeyer*, Religiöse Kleidung in der öffentlichen Schule in Deutschland und England, 2011, S. 39; *Rathke*, Öffentliches Schulwesen und religiöse Vielfalt, 2005, S. 61 f.

[8] *Krüger*, Allgemeine Staatslehre, 2. Aufl. 1966, S. 92.

[9] *Krüger*, Allgemeine Staatslehre, 2. Aufl. 1966, S. 156.

[10] *Krüger*, Allgemeine Staatslehre, 2. Aufl. 1966, S. 160, ähnlich S. 247 f.

[11] *Krüger*, Allgemeine Staatslehre, 2. Aufl. 1966, S. 160 f.

[12] *Krüger*, Allgemeine Staatslehre, 2. Aufl. 1966, S. 179.

[13] Siehe oben, 2. Kapitel, A. III. 3. a).

unzulässigen Identifikation verstanden werden müsse. Im Hinblick auf Religion erklärte *Krüger*, dass sich der Staat nicht zu einem Glauben bekennen und bei seinem Handeln keine Glaubenslehre zugrunde legen dürfe (beispielhaft benannte *Krüger* die Ehegesetzgebung und die Beamtenanstellung). Weiterhin dürfe der Staat nicht um die religiöse Überzeugung seiner Bürgerinnen wissen und diese erst recht nicht zur Grundlage für Begünstigungen oder Benachteiligungen machen.[14] Doch nicht nur das: Für den Bereich der Kunstförderung hatte *Krüger* ausschließlich die einseitige Unterstützung einer bestimmten Kunstrichtung als unzulässige Identifikation betrachtet, eine allgemeine und gleichmäßige Kunstförderung durch den Staat hingegen für zulässig erachtet.[15] Im Hinblick auf Religionen erklärte Krüger jedoch, »daß der Staat weder ein einzelnes Bekenntnis noch ihre Gesamtheit fördern« dürfe.[16]

Trotz dieser Ausführungen wird in *Krügers* Staatslehre nicht ganz deutlich, wie weitreichend das so umrissene Identifikationsverbot praktisch zu verstehen ist.[17] *Schlaich* zumindest interpretierte es so, dass dem Staat jegliche positive Betätigung im Umfeld von Religion untersagt sei und merkte kritisch an:

> »Damit wird geleugnet, daß der freiheitliche Kulturstaat im Stande ist, mit den pluralistischen Größen und Vorstellungen neutral umzugehen, das heißt sie zu schützen und zu fördern, ohne sich zu ihnen zu bekennen oder andere Vorstellungen auszuschließen. Die Gleichsetzung von Betätigung und Identifikation geht von einer puristischen Allgemeinheit und Würde staatlichen Seins aus, die dem Staat des Grundgesetzes nicht zukommt.«[18]

Ob *Krüger* tatsächlich solch ein striktes Betätigungsverbot im Sinn hatte, kann durchaus bezweifelt werden. Seine Äußerungen lassen sich auch so verstehen, dass dem Staat nicht jegliche Interaktion mit Religionen und Weltanschauungsgemeinschaften untersagt sei, sondern nur diejenigen Kontakte, durch die Bekenntnisse speziell als solche und nicht bloß als gesellschaftliche Gruppierungen wie alle anderen adressiert werden.[19] In diese Richtung deuten Passagen eines Rechtsgutachtens über die Fortwirkung des Reichskonkordats von 1933, welches *Krüger* einige Jahre vor seiner »Staatslehre« verfasst hatte. Dort stellte er

---

[14] *Krüger*, Allgemeine Staatslehre, 2. Aufl. 1966, S. 49. Die geforderte Unkenntnis von der religiösen Überzeugung war vermutlich lediglich auf konkrete Einzelpersonen bezogen. Jedenfalls hatte *Krüger* es früher für möglich gehalten, dass der Staat durch Statistiken über die religiösen und weltanschaulichen Einstellungen seiner Bürger unterrichtet wird, vgl. *Krüger*, Rezension zu Hesse, Konrad: Der Rechtsschutz durch staatliche Gerichte im kirchlichen Bereich, ZevKR 6 (1957/58), 72, 75.

[15] *Krüger*, Allgemeine Staatslehre, 2. Aufl. 1966, S. 808.

[16] *Krüger*, Allgemeine Staatslehre, 2. Aufl. 1966, S. 49 (ähnlich S. 561); im Gegensatz zu dem hier – wie sich aus dem Kontext ergibt – bewusst weit gefassten Förderungsverbot hatte *Krüger* an früherer Stelle lediglich betont, dass eine Förderung durch Einsatz von Zwangsgewalt ausgeschlossen sei, vgl. *Krüger*, Rezension zu Hesse, Konrad: Der Rechtsschutz durch staatliche Gerichte im kirchlichen Bereich, ZevKR 6 (1957/58), 72, 75.

[17] Vgl. eingehend *Schlaich*, Neutralität als verfassungsrechtliches Prinzip, 1972, S. 236 ff.

[18] *Schlaich*, Neutralität als verfassungsrechtliches Prinzip, 1972, S. 241; ähnlich *Scheuner*, Das System der Beziehungen von Staat und Kirchen im Grundgesetz, in: Friesenhahn/Scheuner (Hrsg.), HdbStKirchR Bd. I, 1974, S. 5, 63.

[19] In diesem wohlwollenden Sinne *Böckenförde*, Das Grundrecht der Gewissensfreiheit, VVDStRL 28 (1970), 33, 55 f.

fest, dass der neue Staat des Grundgesetzes »gewiß nicht zu einem laizistischen Staat werden« würde und dass »auch in Zukunft Staat und Kirchen füreinander da sein werden«.[20] Die hiermit etwas kryptisch angedeutete Verbundenheit von Staat und Kirchen erklärte *Krüger* für den Fall der Errichtung von Bekenntnisschulen genauer: Der Staat dürfe seine Bürgerinnen und Kirchen gewähren lassen und sie sogar unterstützen, nur »nicht so sehr unter dem Gesichtspunkt der Pflege eines Bekenntnisses als der Anerkennung und Unterstützung des freien Wollens seiner Bürger in Angelegenheiten von öffentlicher Bedeutung.«[21]

Wie dem auch sei (dass die praktischen Konsequenzen des Prinzips der Nicht-Identifikation umfänglich greifbar werden, hatte *Krüger* aufgrund der Abstraktheit seiner Staatslehre wahrscheinlich ohnehin nicht erstrebt), der Grundgedanke, der für die Konzepte negativer Neutralität prägend sein würde, kommt hinreichend zum Ausdruck. Ein zentrales Wesensmerkmal moderner Staatlichkeit war für *Krüger* eine Bereichsscheidung, der zufolge Religion jedenfalls qua Religion keine relevante Größe für den Staat sei und daher nur außerhalb der Staatlichkeit zur Wirkung kommen dürfe. Etwaigen Einwänden kam *Krüger* mit einem Hinweis zuvor, der ebenfalls an die politisch-philosophische Diskussion erinnert. Der Ausschluss der Religion aus dem staatlichen Bereich müsse sich »keineswegs als Versetzung der Kirche in die Privatsphäre auswirken, jedenfalls dann nicht, wenn man die Gesellschaft und ihre großen Gebilde, an der Spitze die Kirchen, als Bereich des Öffentlichen versteht und behandelt.«[22] *Krüger* kannte also drei Wirkbereiche: Das Private, das Öffentliche und das Staatliche. Lediglich der letzte Bereich sei der Religion verschlossen – das aber absolut.

2. *Ältere Konzepte negativer Neutralität*

Erwin Fischer – ebenfalls bereits aus den historischen Annäherungen bekannt, in seinem Fall als Vertreter der liberalen Gegenbewegung gegen die Koordinationslehre – wandte diesen Gedanken einer strikten Trennung von Staat und Kirche als erstes und am prominentesten auf das deutsche Religionsverfassungsrecht an.[23]

---

[20] *Krüger*, Die Rechtswirkungen der strukturellen und geistigen Umgestaltung des Deutschen Staates nach 1945 auf das Reichskonkordat von 1933, in: Giese/Heydte (Hrsg.), Der Konkordatsprozeß, Teilband 3, 1958, S. 1052, 1087.

[21] *Krüger*, Die Rechtswirkungen der strukturellen und geistigen Umgestaltung des Deutschen Staates nach 1945 auf das Reichskonkordat von 1933, in: Giese/Heydte (Hrsg.), Der Konkordatsprozeß, Teilband 3, 1958, S. 1052, 1092.

[22] *Krüger*, Allgemeine Staatslehre, 2. Aufl. 1966, S. 49.

[23] *Fischer* hatte seinen Standpunkt maßgeblich in seinem 1964 erstmals veröffentlichten Buch »Trennung von Staat und Kirche« ausgearbeitet, welches 1971 und 1984 in revidierten Fassungen neu aufgelegt wurde und 1993 in vierter Auflage unter dem Titel »Volkskirche ade« erschien. Für diese vierte Auflage wurde das ursprüngliche Werk teilweise stark gekürzt und verändert, sodass es in weiten Teilen ein »vollständig neues Buch« ist, vgl. *Fischer*, Volkskirche ade!, 4. Aufl. 1993, S. 9. Dies hat zur Folge, dass *Fischers* Ansichten in der letzten Auflage weniger prägnant ausgearbeitet sind (hierzu *Dirksen*, Das deutsche Staatskirchenrecht, 2003, S. 41), weswegen im Folgenden auf Vorauflagen verwiesen werden wird, wenn Inhalte dort klarer werden.

Zur Rezeption *Fischers* über die Jahre vgl. folgende Beiträge, die freilich aus kirchengeneigter Feder stammen (wie bereits die meisten Veröffentlichungsmedien erahnen lassen) und über-

Ausgehend von Art. 4 GG als Freiheitsgrundrecht vertrat *Fischer* – teilweise unter direkter Bezugnahme auf *Krüger*[24] – die These, dass einzig durch eine »grundsätzliche Trennung von Staat und Kirche« die Religionsfreiheit und die hieraus erwachsende religiös-weltanschauliche Neutralität des Staates verwirklicht werden könne.[25] Wie *Krüger* forderte *Fischer* daher, dass die staatliche Sphäre von religiösen Einflüssen freizuhalten sei und der Staat der Religion indifferent gegenüberstehen solle,[26] mit der Folge, dass die Gesetzgebung ausschließlich auf wissenschaftlich fundierten bzw. logisch hergeleiteten Gründen basieren dürfe und staatliche Förderung zugunsten von Religionsgemeinschaften gänzlich ausgeschlossen sei;[27] selbst die staatliche Unterstützung von konfessionellen Krankenhäusern sei allenfalls dann zulässig, wenn das Betreiben eines solchen Krankenhauses nicht als Religionsausübung gewertet werde.[28] Wo das Grundgesetz dennoch Berührungen des Staates mit Religionen und Weltanschauungen vorsieht, handele es sich um »systemwidrige Abweichungen«, die restriktiv zu interpretieren seien und keine Indizwirkung hätten.[29] Weil sich die religiös-weltanschauliche Neutralität somit in einer scharfen Trennung von Staat und Religion verwirklichte, konnte *Fischer* die Antwort auf die Frage danach, was dem Staat im Hinblick auf Religion gebo-

---

wiegend kritisch ausfallen: *Hesse*, Freie Kirche im demokratischen Gemeinwesen, ZevKR 11 (1964/65), 337, 355 Fn. 53, 360 Fn. 60; *Engelhardt*, Staat und Religion, Lutherische Monatshefte 4 (1965), 556 ff.; *Hollerbach*, Trennung von Staat und Kirche?, Hochland 58 (1965/66), 63 ff.; *Scheuner*, Die Religionsfreiheit im Grundgesetz, DÖV 1967, 585, 588; *Denninger*, Rezension zu E. Fischer, Trennung von Staat und Kirche, Theologica Practica 2 (1967), 168 ff.; *Stolleis*, Rezension zu Fischer, Erwin, Trennung von Staat und Kirche, 2. Aufl., ZEE 17 (1973), 59 f.; *von Campenhausen*, Literaturübersicht zum Kirchenrecht und Staatskirchenrecht, in: Mikat (Hrsg.), Kirche und Staat in der neueren Entwicklung, 1980, S. 67, 81 ff.; *von Campenhausen*, Rezension zu Fischer, Trennung von Staat und Kirche, 3. Aufl., ZevKR 32 (1987), 237 ff.; *von Campenhausen*, Rezension zu Fischer, Volkskirche ade!, ZevKR 39 (1994), 367 ff. Dazu, dass *Fischers* Buch heute als »Klassiker« eines negativen Neutralitätsverständnis rezipiert wird, beispielhaft *Dirksen*, Das deutsche Staatskirchenrecht, 2003, S. 41; sowie *Holzke*, Die »Neutralität« des Staates in Fragen der Religion und Weltanschauung, NVwZ 2002, 903, 904 Fn. 5.

[24] Vgl. z. B. *Fischer*, Volkskirche ade!, 4. Aufl. 1993, S. 95. Deutliche Parallelen auch bei *Fischer*, Anmerkung zu BVerfG, Beschl. v. 17.7.1973 (Mit Kreuz ausgestatteter Gerichtssaal), NJW 1974, 1185, 1186; zur Nähe von *Fischer* zu *Krüger* siehe auch *Kleine*, Institutionalisierte Verfassungswidrigkeiten im Verhältnis von Staat und Kirchen unter dem Grundgesetz, 1993, S. 92.

[25] *Fischer*, Volkskirche ade!, 4. Aufl. 1993, S. 950 ff.; teilweise beschrieb *Fischer* auch die Religionsfreiheit, die Trennung von Staat und Kirche sowie die »autonome Stellung der Religions- und Weltanschauungsgemeinschaften« kumulativ als Grundlage der religiös-weltanschaulichen Neutralität, vgl. *Fischer*, Was das Grundgesetz nicht erlaubt, ist verfassungswidrig, RuG 1973, 142, 143.

[26] *Fischer*, Trennung von Staat und Kirche, 3. Aufl. 1984, S. 35 ff.; *Fischer*, Volkskirche ade!, 4. Aufl. 1993, S. 95, 122.

[27] *Fischer*, Trennung von Staat und Kirche, 1964, S. 265, 290; *Fischer*, Trennung von Staat und Kirche, 3. Aufl. 1984, S. 321 f.

[28] Vgl. *Fischer*, Das Bundesverfassungsgericht und das Gebot der Trennung von Staat und Kirche, KJ 22 (1989), 295, 304 ff.

[29] *Fischer*, Volkskirche ade!, 4. Aufl. 1993, S. 24; ähnlich *Fischer*, Teilnahme an konfessionsfremdem Religionsunterricht, NJW 1988, 879; sowie *Fischer*, Das Bundesverfassungsgericht und das Gebot der Trennung von Staat und Kirche, KJ 22 (1989), 295, 300 f.

ten, erlaubt und verboten ist, auf die Formel hinunterbrechen: »Was das Grundgesetz nicht [explizit] erlaubt, ist verfassungswidrig«.[30]

An der so definierten strikten Trennung zwischen Staat und Religion ansetzend, untersuchte *Fischer* die praktische Umsetzung der staatskirchenrechtlichen Beziehungen und identifizierte dabei vielfältige Verfassungsverstöße.[31] Lediglich Religionsunterricht und Kirchensteuer seien verfassungsrechtlich zulässige Berührungen von Staat und Kirche und selbst dort gebe es Probleme in der konkreten Umsetzung, etwa in der Ausgestaltung des Kirchenlohnsteuerabzugs durch den Arbeitgeber.[32] Vor dem Hintergrund des gesellschaftlichen Wandels ging *Fischer* später sogar dazu über, auch Religionsunterricht und die Kirchensteuer insgesamt als verfassungswidrig zu beurteilen, weil diese Institutionen trotz ihrer verfassungsrechtlichen Verankerung in eklatantem Gegensatz zu den sonstigen Verfassungsbestimmungen stünden.[33]

In einer weiteren Parallele zu *Krüger* wandte sich *Fischer* an seine Kritiker, um sich gegen den Vorwurf zu verteidigen, er wolle in Widerspruch zu den Wertungen des Grundgesetzes ein laizistisches Trennungssystem etablieren, eine agnostische Ideologie verwirklichen und das Christentum »reprivatisieren«. So betonte er, dass seine Position gerade nicht die eines religionsfeindlichen »Laizismus« sei, vielmehr fordere er »Laizität«, welche er mit dem strikten Ausschluss des Religiösen aus dem Bereich der Staatlichkeit gleichsetzte.[34] Wie *Krüger* unterschied *Fischer* dabei zwischen dem privaten, dem öffentlichen und dem staatlichen Raum[35] und wies wiederholt darauf hin, dass die Trennung von Staat und Religion nicht zu einer Verbannung der Religion in die Privatsphäre führe, da ihr auch der öffentliche Raum – etwa für »Prozessionen, Wallfahrten oder auch für das Gebet an Kultstätten, die sich in der Öffentlichkeit befinden«[36] – zur Verfügung stehe.[37]

---

[30] So schon der Titel seines Aufsatzes *Fischer*, Was das Grundgesetz nicht erlaubt, ist verfassungswidrig, RuG 1973, 142, weiterhin insb. 143.

[31] So etwa »Kreuze in vielen öffentlichen Gebäuden, vornehmlich in Gerichten und Schulen, dazu Schulgebete und Schulgottesdienste [...]. Beamtete Pfarrer in der Bundeswehr und im Strafvollzug. Unentgeltliche Dienstleistungen für die beiden christlichen Großkirchen durch Ausbildung der Pfarrer in theologischen Fakultäten oder Fachbereichen der Universitäten. Treueeid der Bischöfe bei Amtsübernahme.«, *Fischer*, Das Bundesverfassungsgericht und das Gebot der Trennung von Staat und Kirche, KJ 22 (1989), 295; siehe weiterhin deutlich *Fischer*, Volkskirche ade!, 4. Aufl. 1993, S. 125, 140, 150, 159.

[32] Speziell zum Religionsunterricht *Fischer*, Bekenntnis- oder Gemeinschaftsschule?, 1966, S. 64; zu beiden Themen *Fischer*, Trennung von Staat und Kirche, 3. Aufl. 1984, S. 216 ff.; 288 ff.

[33] Zum Religionsunterricht *Fischer*, Volkskirche ade!, 4. Aufl. 1993, S. 125; zur Kirchensteuer 153 ff., besonders deutlich S. 159.

[34] *Fischer*, Trennung von Staat und Kirche, 3. Aufl. 1984, S. 39; ähnlich *Fischer*, Volkskirche ade!, 4. Aufl. 1993, S. 92. Zur Genese und – »wenig trennscharfen« – Unterscheidung dieser Begriffe *Heinig*, »Säkularismus« und »Laizismus« als Anfragen an das säkulare Religionsrecht in Deutschland, in: ders., Die Verfassung der Religion, 2014, S. 146, 152.

[35] *Fischer*, Trennung von Staat und Kirche, 3. Aufl. 1984, S. 322.

[36] *Fischer*, Trennung von Staat und Kirche, 3. Aufl. 1984, S. 133.

[37] *Fischer*, Was das Grundgesetz nicht erlaubt, ist verfassungswidrig, RuG 1973, 142, 143; *Fischer*, Anmerkung zu BVerfG, Beschl. v. 17.7.1973 (Mit Kreuz ausgestatteter Gerichtssaal), NJW 1974, 1185, 1186; *Fischer*, Trennung von Staat und Kirche, 3. Aufl. 1984, S. 321 f.; *Fischer*, Volkskirche ade!, 4. Aufl. 1993, S. 97.

Was bei *Fischer* deutlicher wird als bei *Krüger* ist, wie strikt die Scheidung der Religion aus dem staatlichen Raum zu verstehen sei. *Fischer* ging es nicht bloß um ein Betätigungsverbot des Staates im Sinne einer aktiven Gestaltung, sondern tatsächlich um die vollkommene Religionsfreiheit des staatlichen Raums. Zum Thema von Religionsfreiheit in der Schule schrieb *Fischer*:

»Da die öffentliche Schule als Pflichtschule ›Staat‹ ist, darf sich die Religions- und Weltanschauungsfreiheit in der öffentlichen Schule überhaupt nicht entfalten. Die Schule ist daher auch nicht der Ort, wo [...] positive und negative Bekenntnisfreiheit aufeinanderstoßen könnten. [...] Denn der Freiraum [der Religionsfreiheit] ist der Privatsphäre, aber auch dem gesellschaftlichen und kirchlichen Bereich zugeordnet, während religiöse und weltanschauliche Vorstellungen im staatlichen Bereich – hier Schule – nichts zu suchen haben.«[38]

Wenngleich *Fischer* der lautstärkste und am meisten diskutierte Autor war, gab es in den 1960er und 1970er Jahren auch einige weitere Vertreter einer negativen Neutralität, von denen die am meisten rezipierten Autoren hier ebenfalls vorgestellt werden sollen, um Parallelen und Unterschiede in der Meinungslandschaft zu verdeutlichen. *Wolfgang Keim* entwickelte in seiner 1966 erschienenen und 1969 neu aufgelegten Monografie zu »Schule und Religion« unter direkter Bezugnahme auf *Krüger* und in Auseinandersetzung mit dem US-amerikanischen Trennungssystem ein »strenges Neutralitätsverständnis«, welches im Vergleich zu *Fischers* Ansatz einen stärkeren gleichheitsrechtlichen Einschlag hatte.[39] So kam auch *Keim* zu dem Ergebnis, dass selbst eine gleichmäßige Förderung der religiösen Bekenntnisse durch den Neutralitätsgrundsatz ausgeschlossen sei, jedoch nicht aufgrund eines prinzipiellen Berührungsverbots von Staat und Religion, sondern weil durch jegliche Förderung religiöser Bekenntnisse nichtreligiöse Bürgerinnen benachteiligt würden.[40] Im Hinblick auf dieses Neutralitätsverständnis überprüfte *Keim* das deutsche Religionsverfassungsrecht und insbesondere das Schul(verfassungs)recht, was ihn zu der Einschätzung brachte, dass sich der Staat dem Grundgesetz zufolge teilweise doch mit den Kirchen identifiziere und dadurch den Grundsatz der religiös-weltanschaulichen Neutralität »durchbreche«.[41] Diesen Widerspruch des positiven Verfassungsrechts mit dem zuvor ausformulierten Verfassungsgrundsatz der Neutralität löste *Keim* – anders als *Fischer* – nicht dadurch auf, Praktiken oder sogar Verfassungsbestimmungen für verfassungswidrig zu erklären, sondern indem er anerkannte, dass die Bundesrepublik kein laizistischer Staat sei. Der deutsche Staat wende sich den Kirchen zu, weil er in deren »Tätigkeit einen positiven Beitrag zur gesamten

[38] *Fischer*, Das Bundesverfassungsgericht und das Gebot der Trennung von Staat und Kirche, KJ 22 (1989), 295, 300; ähnlich bereits *Fischer*, Das Verhältnis von Staat und Kirche in der Rechtsprechung des Bundesverwaltungsgerichts, in: Bachof/Heigl u. a. (Hrsg.), FG Bundesverwaltungsgericht, 1978, S. 183, 194, 197.

[39] *Keim*, Schule und Religion, 2. Aufl. 1969, zu den Bezugnahmen auf *Krüger* explizit etwa S. 131 f.; 235, zum »strengen Neutralitätsverständnis« S. 133. Zu den logischen Inkongruenzen, die sich insbesondere durch die »amerikanische Brille« ergeben, *von Campenhausen*, Literaturübersicht zum Kirchenrecht und Staatskirchenrecht, in: Mikat (Hrsg.), Kirche und Staat in der neueren Entwicklung, 1980, S. 67, 107 ff.

[40] *Keim*, Schule und Religion, 2. Aufl. 1969, S. 129 f.

[41] *Keim*, Schule und Religion, 2. Aufl. 1969, S. 238 ff.

guten Ordnung erblickt«, sodass nach der Verfassungsrealität »Neutralität heute weniger denn je als Merkmal des Verhältnisses von Staat und Kirche erscheine«.[42] Die Spannungslage mit einzelnen Verfassungsbestimmungen und der Rechtsrealität wurde also zulasten des abstrakten Grundsatzes der Neutralität entschärft, was laut *Keim* jedoch hingenommen werden könne, weil nicht die logische Durchführung eines Prinzips, sondern die praktische Ordnung einer staatlichen Gemeinschaft Aufgabe der Verfassung sei.[43]

Friedrich von Zezschwitz wandte sich in drei Beiträgen zwischen 1966 und 1973 ebenfalls der Frage nach Religion in staatlichen Schulen zu, wobei ihm – wie *Fischer* – Art. 4 GG als Ausgangspunkt diente, seinem Neutralitätsverständnis aber auch – ähnlich *Keim* – starke gleichheitsrechtliche Tendenzen zugrunde lagen. Seine nach Zahl und Umfang begrenzten Stellungnahmen konnten nicht die Dichte eines geschlossenen Neutralitätskonzepts erreichen, stattdessen blieben seine konzeptionellen Aussagen auf zwei Linien beschränkt. Bezogen auf die Kompetenzen des Staates komme der Religionsfreiheit aus Art. 4 GG die Funktion einer Grundnorm zu, weil sie vorbehaltlos gewährleistet sei. Spezifischere Vorschriften, die wie der Religionsunterricht nach Art. 7 Abs. 3 GG die Kompetenzen des Staates in bestimmten religiösen Angelegenheiten erweitern, seien hingegen restriktiv auszulegende Ausnahmeregelungen,[44] die als »Durchbrechung« eine »Systemwidrigkeit für die staatliche Neutralität« darstellten.[45] Die zweite Ebene, die *von Zezschwitz* ansprach, sind staatliche Förderungen zugunsten von Religions- und Weltanschauungsgemeinschaften. Die Zulässigkeit solcher Förderungen sei keine Frage der grundsätzlichen Kompetenz, sondern der Gleichbehandlung. Es sei zu beachten, dass das Grundgesetz die Religion in Bezug auf Gleichbehandlung wiederholt nennt, nämlich in Art. 3 Abs. 3, Art. 33 Abs. 3 und Art. 140 GG i. V. m. Art. 136 Abs. 2 WRV. Dies spreche dafür, im Hinblick auf Religionen und Weltanschauungen einen besonders strengen Gleichheitsmaßstab anzusetzen.[46] Vor diesem Hintergrund sei die gleichmäßige Förderung von Religions- und Weltanschauungen der Verfassung nach zwar theoretisch zulässig, sie scheitere aber an den tatsächlichen Gegebenheiten. Die Förderung einer Seite beinhalte immer auch die Benachteiligung der anderen Seite und selbst eine paritätische Unterstützung komme nicht in Betracht, da dies wegen der Unterschiedlichkeit der Bekenntnisse – alleine schon der Größe nach – praktisch nicht umzusetzen sei.[47] Die Unmöglichkeit eines nach allen Sei-

---

[42] *Keim*, Schule und Religion, 2. Aufl. 1969, S. 145 ff.

[43] *Keim*, Schule und Religion, 2. Aufl. 1969, S. 147.

[44] *Von Zezschwitz*, Staatliche Neutralitätspflicht und Schulgebet, JZ 1966, 337, 340 Fn. 17; *von Zezschwitz*, Glaubensfreiheit und schulische Erziehung, JZ 1971, 11, 14.

[45] *Von Zezschwitz*, Staatliche Neutralitätspflicht und Schulgebet, JZ 1966, 337, 342; *von Zezschwitz*, Glaubensfreiheit und schulische Erziehung, JZ 1971, 11, 13.

[46] *Von Zezschwitz*, Staatliche Kirchenhoheit, religiöse und weltanschauliche Neutralität, Indifferenzgebot, Identifikationsverbot, RuG 1973, 134, 137; dieses Argument findet sich in ähnlicher Form bei *Huster*, Die ethische Neutralität des Staates, 2002, S. 219 ff.

[47] *Von Zezschwitz*, Staatliche Neutralitätspflicht und Schulgebet, JZ 1966, 337, 339 f.; *von Zezschwitz*, Staatliche Kirchenhoheit, religiöse und weltanschauliche Neutralität, Indifferenzgebot, Identifikationsverbot, RuG 1973, 134, 137.

ten neutralen Umgangs erlaube daher als einzigen Ausweg »die strikte Indifferenz des Staates in allen Glaubensdingen«.[48]

Im Rahmen seiner 1975 veröffentlichten Dissertation »Kirchen als Körperschaften des öffentlichen Rechts?« vertrat auch *Gerd Schmidt-Eichstaedt* ein negatives Neutralitätsverständnis, welches gleichermaßen auf Trennungs- und Gleichbehandlungsaspekten fußte. Angewendet auf das Thema seiner Arbeit kam *Schmidt-Eichstaedt* zu dem Ergebnis, dass der öffentlich-rechtliche Körperschaftsstatus für Religionsgemeinschaften in Widerspruch zu der Absage an das Staatskirchentum in Art. 137 Abs. 1 WRV stehe und zudem eine unzulässige Bevorzugung gläubiger Bürger darstelle. Insofern sei Art. 137 Abs. 5 WRV mit dem Neutralitätsgebot nicht zu vereinbaren und daher ein verfassungswidriger Verfassungsartikel.[49] Anders als die anderen Autoren entnahm *Schmidt-Eichstaedt* dem Neutralitätsgrundsatz jedoch kein grundsätzliches bzw. faktisches Kontakt- oder Förderungsverbot. Außerhalb einer institutionellen Verschmelzung sei eine neutrale Begünstigung religiöser Gemeinschaften möglich, solange die Förderung nicht über das hinausgehe, was auch nichtreligiösen Einrichtungen offensteht. So dürfe der Staat im Rahmen seiner allgemeinen Kulturförderung Kirchenbauten und im Rahmen seiner allgemeinen Sozialfürsorge kirchliche Sozialeinrichtungen unterstützen; genauso dürfe er Kirchenvertreter als Repräsentanten einer wichtigen gesellschaftlichen Gruppe anhören und ihre Stellungnahmen berücksichtigen.[50] Darüber hinaus teilte *Schmidt-Eichstaedt* auch nicht *Fischers* strenge Bereichsscheidung, der zufolge jegliche Form von Religiosität aus dem staatlichen Raum auszuschließen sei. In einem Exkurs zu Schule und Religion erklärte *Schmidt-Eichstaedt*, dass die religiös-weltanschauliche Neutralität ein Ausleben der Religionsfreiheit sogar im staatlich verwalteten Raum erlaube,

> »wenn der Staat davon absieht, seine Schulen einem bestimmten Bekenntnis zu verpflichten, wenn er seinen Bediensteten die Werbung für ihren individuellen Glauben in den staatlichen Einrichtungen untersagt und gleichzeitig von seinen Bürgern die Toleranz verlangt, von einem jeden in seinem Lebensbereich das Vorleben seines individuellen Glaubens oder Nichtglaubens als selbstverständlich hinzunehmen – und sei es auch als Lehrer in einer Schule.«[51]

3. *Jüngere Konzepte negativer Neutralität*

Die in den historischen Annäherungen beschriebene Ruhe, die ab Mitte der 1970er Jahre in der religionsverfassungsrechtlichen Diskussion einkehrte, hatte ihren Grund auch darin, dass in dieser Phase niemand lautstark für ein Konzept negativer Neutralität eintrat; *Fischer* war mit der dritten Auflage seines Buchs im Jahr

---

[48] *Von Zezschwitz*, Staatliche Kirchenhoheit, religiöse und weltanschauliche Neutralität, Indifferenzgebot, Identifikationsverbot, RuG 1973, 134, 137.

[49] *Schmidt-Eichstaedt*, Kirchen als Körperschaften des öffentlichen Rechts?, 1975, S. 100ff., insb. 101, 108, 116.

[50] *Schmidt-Eichstaedt*, Kirchen als Körperschaften des öffentlichen Rechts?, 1975, S. 110.

[51] *Schmidt-Eichstaedt*, Kirchen als Körperschaften des öffentlichen Rechts?, 1975, S. 111, wobei der Autor vorschlägt, das Lehrerkollegium möglichst plural und zwar proportional zu den Bekenntnissen der Schüler zu besetzen, was der heutigen Praxis in England ähnelt, vgl. oben, 2. Kapitel, C. I. 1.

1984 die einsame Stimme dieses Ansatzes. Als gegen Ende der 1980er Jahre die gesellschaftlichen Veränderungen deutlicher ins Blickfeld gerieten, als dann noch die Folgen der antireligiösen Politik des DDR-Sozialismus Teil der Religionssoziologie unter dem Grundgesetz wurden und spätestens als die Entscheidung des Bundesverfassungsgerichts zum Kreuz in der Schule dem religionsverfassungsrechtlichen Diskurs neue Brisanz gegeben hatte, waren auch Vertreter negativer Neutralitätskonzepte mit neuer Deutlichkeit zu hören. So fand die Dissertationsschrift von *Markus Kleine* »Institutionalisierte Verfassungswidrigkeiten im Verhältnis von Staat und Kirchen unter dem Grundgesetz« einige Beachtung.[52] Wie *Schmidt-Eichstaedt* wählte *Kleine* Art. 137 Abs. 1 WRV (»Es besteht keine Staatskirche«) als gesetzlichen Ausgangspunkt seiner religionsverfassungsrechtlichen Wertungen und verstand diese Vorschrift als »Absage an jede institutionelle Verbindung von Staat und Kirche«.[53] Aufgrund dieser »Weite des Regelungsbereichs« und der systematischen Stellung der Vorschrift am Beginn der inkorporierten Weimarer Kirchenrechtsartikel handele es sich bei Art. 137 Abs. 1 WRV um die Grundnorm des Religionsverfassungsrecht, von der Bestimmungen wie Art. 7 Abs. 3 GG und Art. 137 Abs. 5 und 6 WRV lediglich spezialgesetzliche Ausnahmeregelungen seien.[54] Auf diesem Normgefüge aufbauend entwickelte *Kleine* ein Neutralitätsverständnis, das sich in einer strikten institutionellen Trennung zwischen Staat und Kirche verwirklicht und das institutionelle Berührungen von Staat und Kirche nur dort erlaubt, wo sie explizit vom Grundgesetz vorgesehen sind.[55] Wie maßgeblich der Trennungsgedanke für das deutsche Religionsverfassungsrecht nach diesem Verständnis sei, zeigte sich an *Kleines* Bewertung des kirchlichen Besteuerungsrechts nach Art. 137 Abs. 6 WRV. In diesem Fall würden staatliche und kirchliche Gewalt in einer Art und Weise miteinander vermischt, die nicht mehr mit dem Trennungsgebot des Art. 137 Abs. 1 WRV in Einklang zu bringen sei, weswegen es sich bei dem Besteuerungsrecht um verfassungswidriges Verfassungsrecht handele.[56] Mit dieser strengen institutionellen Bereichsscheidung, die selbst vor dem Urteil der Verfassungswidrigkeit von Verfassungsbestimmungen nicht zurückschreckt, ähnelte *Kleines* Ansatz dem *Fischers*; jenseits dessen setzte sich bei *Kleine* jedoch der gleichheitsrechtliche Einschlag fort, der sich bereits bei *Keim*, *von Zezschwitz* und *Schmidt-Eichstaedt* angedeutet hatte. Sofern es nicht

[52] Statt vieler *Holzke*, Die »Neutralität« des Staates in Fragen der Religion und Weltanschauung, NVwZ 2002, 903, 904 Fn. 5; kritisch *Kästner*, in: Bonner Kommentar, Art. 140 GG Rn. 107; sowie *von Campenhausen*, Rezension zu Kleine, Markus: Institutionalisierte Verfassungswidrigkeiten im Verhältnis von Staat und Kirche unter dem Grundgesetz, ZevKR 43 (1998), 536 ff.; wohlwollend *Renck*, Rezension zu Markus Kleine, Institutionalisierte Verfassungswidrigkeiten im Verhältnis von Staat und Kirche unter dem Grundgesetz, BayVBl. 1995, 224.

[53] *Kleine*, Institutionalisierte Verfassungswidrigkeiten im Verhältnis von Staat und Kirchen unter dem Grundgesetz, 1993, S. 148 f.

[54] *Kleine*, Institutionalisierte Verfassungswidrigkeiten im Verhältnis von Staat und Kirchen unter dem Grundgesetz, 1993, S. 149, 151.

[55] *Kleine*, Institutionalisierte Verfassungswidrigkeiten im Verhältnis von Staat und Kirchen unter dem Grundgesetz, 1993, S. 228.

[56] *Kleine*, Institutionalisierte Verfassungswidrigkeiten im Verhältnis von Staat und Kirchen unter dem Grundgesetz, 1993, S. 212 ff.

zu institutionellen Verbindungen komme, sondern der Staat den Religionen und Weltanschauungen wie anderen gesellschaftlichen Gruppierungen begegne, seien Kooperationen in Beiräten und Vertretungen oder sogar staatliche Subventionen mit dem Neutralitätsgebot vereinbar, solange sie paritätisch erfolgen.[57]

Neben *Kleine* meldeten sich bis über die Jahrtausendwende hinaus noch weitere Vertreter negativer Neutralitätsverständnisse zu Wort, deren Äußerungen nach Substanz und Wirkung jedoch begrenzt blieben.[58] Die Zentralgestalt negativer Neutralitätsverständnisse dieser Phase war ein anderer Autor: *Ludwig Renck*, der in weit über 60 Einzelbeiträgen sein religionsverfassungsrechtliches Konzept ausformulierte und verteidigte.[59] Obwohl er selbst nur äußerst spo-

---

[57] *Kleine*, Institutionalisierte Verfassungswidrigkeiten im Verhältnis von Staat und Kirchen unter dem Grundgesetz, 1993, S. 152f.

[58] Hierzu gehört *Christian Sailer*, der ebenfalls davon ausging, dass die grundsätzliche Trennung von Staat und Kirchen nur durch ausdrückliche Bestimmungen des Grundgesetzes »durchbrochen« werden könne, wobei selbst die Legitimation grundgesetzlich vorgesehener Berührungspunkte aufgrund der gesellschaftlichen Veränderungen zweifelhaft sei, vgl. *Sailer*, Grenzen öffentlichrechtlicher Kirchenmacht, ZRP 1999, 455, 458; sowie *Sailer*, Die staatliche Finanzierung der Kirchen und das Grundgesetz, ZRP 2001, 80, 84f. Staatliche Unterstützung für kirchliche Organisationen betrachtete er – ähnlich wie *von Zezschwitz* – als mit der religiös-weltanschaulichen Neutralität nicht vereinbar, weil eine wirklich paritätische Förderung nicht möglich sei und es daher notwendigerweise zu »Wettbewerbsverzerrungen« komme; darüber hinaus verböten sich Subventionen, weil sie auch aus den Steuergeldern konfessionsloser Bürgerinnen stammten; *Sailer*, Die staatliche Finanzierung der Kirchen und das Grundgesetz, ZRP 2001, 80, 86f. Insofern weist *Heckel*, Schlußwort, JZ 2000, 563, 564, zurecht darauf hin, dass staatliche Förderungen grundsätzlich nicht dadurch unzulässig werden, dass nur ein Teil der Bevölkerung begünstigt wird.

Norbert Janz und *Sonja Rademacher*, Islam und Religionsfreiheit, NVwZ 1999, 706ff., verstanden die religiös-weltanschauliche Neutralität schon vom »Wortsinn« her in die Richtung einer »konsequenten organisatorischen Trennung von Staat und Kirche« (706), welcher das Grundgesetz jedoch vor dem Hintergrund etwa der invocatio dei der Präambel, des Sonntagsschutzes und des Religionsunterrichts nicht gerecht werde, und auch in der religionsrechtlichen Praxis werde der Grundsatz nicht konsequent umgesetzt, sondern es gäbe eine strukturelle Begünstigung des Christentums (707f.). Im Lichte der religiösen Pluralisierung der Gesellschaft verlange der – nicht weiter hergeleitete oder begründete – Paritätsgrundsatz, dass insbesondere der Islam die gleichen Begünstigungen wie das Christentum erhalten müsse (711). Da dies unweigerlichen zu gesellschaftlichen Konflikten führe, sei der einzig taugliche Ausweg eine »Rückbesinnung auf den Gehalt des Grundsatzes religiöser und weltanschaulicher Neutralität« (712), was im Ergebnis dazu führe, dass der staatliche Bereich frei von religiösen Positionierungen (auch symbolischer Natur wie etwa muslimischen Kopftüchern) zu halten sei (711ff.). In einer späteren Veröffentlichung vertrat *Rademacher* zwar die Auffassung, dass das Grundgesetz ein Konzept »offener und übergreifender« Neutralität verfolge, wozu auch der Auftrag gehöre, Religionsausübung zu fördern und zu schützen; allerdings beziehe sich diese Offenheit nur auf den gesellschaftlichen Bereich und nicht den staatlichen Bereich, der zumindest für die Religionsausübungsfreiheit der eigenen Beamten deutliche Restriktionen kenne; vgl. *Rademacher*, Das Kreuz mit dem Kopftuch, 2005, S. 19, 21, 27.

[59] Eine umfassende Bibliographie zu den Beiträgen *Rencks* lässt sich nicht finden; auch die thematisch begrenzte Literaturübersicht zu *Renck* bei *Dirksen*, Das deutsche Staatskirchenrecht, 2003, S. 41ff., bleibt trotz ihres Umfangs fragmentarisch. Diese Lücke soll im Hinblick auf das Neutralitätsgebot dadurch geschlossen werden, dass im Folgenden die diesbezüglichen Stellungnahmen *Rencks* umfänglich ausgewertet werden. Die vielfältigen Nachweise im Fußnotenapparat ermöglichen eine themenspezifische Zuordnung der Beiträge, zudem lassen sich Kontinuitäten und Fortentwicklungen in *Rencks* Ansatz über die insgesamt knapp 30 Jahre seiner publizistischen Tätigkeit verdeutlichen.

radisch auf andere Autoren verwies und seine Thesen vermeintlich selbständig entwickelte, sind die inhaltlichen und begrifflichen Parallelen insbesondere zu *Fischer* auffällig, jedoch ohne dass *Renck* ebenfalls dessen strenges Berührungsverbot teilte, welches auch die anderen Vertreter negativer Neutralitätsverständnisse nicht übernommen hatten.

Rencks herausgehobene Bedeutung lässt sich nicht allein aus der schieren Menge seiner Stellungnahmen erklären. Eine Schwachstelle der ohnehin schon kleinen Strömung der negativen Neutralität war bisher gewesen, dass sie sich zwar inhaltlich positioniert hatte, dabei jedoch keine wirklich diskursfähige Stimme hervorgebrachte, die in der juristischen Debatte Beachtung finden musste. Ihr prominentester Vertreter *Fischer* hatte zwar ein umfassendes und weitgehend kongruentes religionsverfassungsrechtliches Konzept konstruiert, allerdings hatte er es so brachial vorgebracht, dass er nicht nur in mitunter problematische Inhalte ausschlug (strenges Berührungsverbot, verfassungswidriges Verfassungsrecht), sondern insgesamt eher als zu vernachlässigender Fanatiker wahrgenommen wurde.[60] Die anderen Autoren, die für ein negatives Neutralitätsverständnis eintraten, argumentierten zwar überwiegend ausgeglichener, jedoch waren ihre Überlegungen entweder zu fallspezifisch oder zu undifferenziert, sodass sie ebenfalls nicht als wirklich beachtenswerte Gesprächspartner anerkannt werden konnten. *Renck* entwickelte nun über die Vielzahl seiner Beiträge ein vergleichsweise ausgereiftes Neutralitätsverständnis, wobei seine religionskritische Haltung zwar nicht verdeckt blieb,[61] jedoch ebenfalls ein feinfühliger Respekt für das Sakrale zu erkennen war.[62] So gestand *Theodor Maunz* in Auseinandersetzung mit *Renck* ein, dass es sich bei dessen Position um ein »denkmögliches, in sich widerspruchloses System« und ein »wohlformuliertes Programm« handele, wenngleich er mit Verweis auf die Rechtsrealität betonte, dass es dennoch nicht das geltende Recht sei.[63]

Soweit mit »geltendem« Recht das praktizierte Recht gemeint war, hätte *Renck* der Analyse von *Maunz* wohl zugestimmt. Nur meinte *Renck*, dass sich die gegenwärtige religionsrechtliche Praxis in Widerspruch zu dem befände, was in der Verfassung eigentlich vorgegeben sei, nämlich einem »republikanischen Staatskirchenrecht«,[64] in dessen Zentrum die »Bekenntnisfreiheit« des Art. 4 GG

---

[60] Vgl. die Nachweise oben, 3. Kapitel, A. I. in Fn. 6.

[61] Vgl. etwa die Passage zur »religiösen Sinnentleerung« bei *Renck*, Bestandsschutz für kirchliche Feiertage?, NVwZ 1993, 648, 649.

[62] Siehe etwa die konsequentialistische Argumentationsweise bei *Renck*, Zum rechtlichen Gehalt der Kruzifixdebatte, ZRP 1996, 16, 17 und 19; *Renck*, Der Bayerische Verfassungsgerichtshof und das Schulkreuz-Gesetz, NJW 1999, 994, 999.

[63] *Maunz*, Die Kooperation von Staat und Kirche, BayVBl. 1988, 231, 234; aus heutiger Zeit ähnlich z. B. *Janssen*, Aspekte des Status von Religionsgemeinschaften als Körperschaften des öffentlichen Rechts, 2017, S. 248.

[64] Zum republikanischen Staatskirchenrecht *Renck*, Die Trennung von Staat und Kirche, BayVBl. 1988, 225, 230; *Renck*, Staatskirchenrecht in den neuen Bundesländern, ThürVBl. 1994, 182, 185; *Renck*, Der Bayerische Verfassungsgerichtshof und das Schulkreuz-Gesetz, NJW 1999, 994, 999; *Renck*, Achristliches Schulrecht in Brandenburg?, LKV 2005, 297, 299; deutlich zur fehlenden Umsetzung *Renck*, Res Sacra und Sachgebrauch, NVwZ 1990, 38, 40 sowie *Renck*, Rechtsprobleme der Benutzung kirchlicher Friedhöfe, DÖV 1993, 517, 519, ähnlich 523.

stehe, deren Kehrseite wiederum die an den Staat gerichtete »Bekenntnisneutralität« sei.[65] Diese Bekenntnisneutralität habe drei Funktionen: Sie sichere den innerreligiösen Frieden, sie ermögliche religiöse Entfaltung, und – hier klingt *Krüger* an – sie verhindere eine einseitige Vereinnahmung des Staates, sodass sich alle Bürger mit ihm identifizieren können.[66] Folge der Bekenntnisneutralität sei eine generelle Inkompetenz des Staates in Bekenntnissachen, weiterhin Verbote der Intervention und der Identifikation, das Toleranzgebot sowie das Paritätsprinzip.[67]

Ausgehend von dem so hergeleiteten und inhaltlich ausgefüllten Neutralitätsgebot ähnelt die Argumentationsweise *Rencks* zunächst derjenigen der anderen Vertreter negativer Neutralität. Als zentrale Bestimmung des Religionsverfassungsrechts müsse die Neutralität konsequent umgesetzt werden, weswegen Trennung von Staat und Religion die Regel und die vom Grundgesetz vorgesehenen Berührungen lediglich eng auszulegende[68] Ausnahmen seien.[69] In Fort-

[65] Vgl. über die Jahre *Renck*, Die Trennung von Staat und Kirche, BayVBl. 1988, 225, 228; *Renck*, Rechtsfragen des Religionsunterrichts im bekenntnisneutralen Staat, DÖV 1994, 27, 30; *Renck*, Aktuelle Probleme der christlichen Gemeinschaftsschule, KJ 27 (1994), 488, 490, 497; *Renck*, Verfassungsprobleme der theologischen Fakultäten, NVwZ 1996, 333, 334; *Renck*, Überlegungen zum Rechtsgrund der res sacrae, BayVBl. 1996, 264, 267; *Renck*, Zum Stand des Bekenntnisverfassungsrechts in der Bundesrepublik, BayVBl. 1999, 70, 71, 73. In früheren Stellungnahmen *Rencks* zur religionsverfassungsrechtlichen Ordnung des Grundgesetzes wurde die zentrale Stellung des Neutralitätsgebots noch nicht in dieser Form herausgearbeitet, sondern stattdessen mit einem aus Art. 140 GG i. V. m. 137 Abs. 1 WRV abgeleiteten Trennungsgebot argumentiert, wobei die späteren gedanklichen Grundstrukturen (Regel-Ausnahmeprinzip etc.) bereits hier zu finden sind, vgl. *Renck*, Sonderurlaub für Veranstaltungen von Bekenntnisgemeinschaften, NVwZ 1987, 669, 670.

[66] *Renck*, Die Trennung von Staat und Kirche, BayVBl. 1988, 225, 228; *Renck*, Staatliche Religionsneutralität und Toleranz, JuS 1989, 451, 451, 453; *Renck*, Rechtsfragen des Religionsunterrichts im bekenntnisneutralen Staat, DÖV 1994, 27, 30. Der – durchaus religionsfreundliche – Aspekt der Freiheit zu religiöser Entfaltung war für *Renck* nicht nur ein Lippenbekenntnis: Für eine konsequente Anwendung vgl. etwa *Renck*, Staatliche und kirchliche Eheschließung, NJW 1996, 907f. Die »Sicherung des innerreligiösen Friedens« ist allerdings dort ein zweischneidiges Schwert, wo es – wie im Fall von Streitigkeiten zwischen Religionsgemeinschaften – gerade keinen Frieden gibt und dem religiös-weltanschaulich neutralen Staat die Kompetenz abgesprochen wird, in diesem Bereich Rechtsfrieden herzustellen; so jedoch *Renck*, Der Name der Kirche, NVwZ 2001, 859, 863 und *Renck*, Die Katholische Kirche und ihr Namensrecht, NJW 2005, 1470, 1471f.

[67] Vgl. *Renck*, Die Trennung von Staat und Kirche, BayVBl. 1988, 225, 226; *Renck*, Staatliche Religionsneutralität und Toleranz, JuS 1989, 451, 453; *Renck*, Bemerkungen zum Schulkreuzgesetz, BayVBl. 1996, 492; speziell zum Neutralitätsgebot als Basis für das Paritätsprinzip *Renck*, Die unvollkommene Parität, DÖV 2002, 56, 57. Noch sehr rudimentär, im Ansatz aber bereits ähnlich die frühe Bezugnahme auf das Neutralitätsgebot bei *Renck*, Anmerkung zu BVerfG, Beschl. v. 16.10.1979 (Schulgebet), BayVBl. 1980, 338. Darüber hinaus ergebe sich aus dem Neutralitätsgrundsatz der Imperativ, dass sich der Staat gegenüber kirchlicher Einflussnahme erwehren müsse, vgl. *Renck*, Die Rechtsstellung der Bekenntnisgemeinschaften im Schulrecht, BayVBl. 1994, 39, 40.

[68] Näher *Renck*, Zum Stand des Bekenntnisverfassungsrechts in der Bundesrepublik, BayVBl. 1999, 70, 74; großzügiger jedoch im Hinblick auf Art. 140 GG i. V. m. Art. 137 Abs. 3 WRV *Renck*, Bekenntnisfreiheit und kirchliche Friedhöfe, DÖV 1992, 485, 487; für ein Beispiel praktischer Anwendung dieser engen Auslegung vgl. *Renck*, Staatsleistungen an die Bekenntnisgemeinschaften, LKV 2005, 146ff. *Renck* betonte zudem, dass die Umsetzung dieser

führung der Rhetorik negativer Neutralitätsverständnisse sprach *Renck* davon, dass diese Ausnahmen das ansonsten geltende Neutralitätsgebot »durchbrechen«,[70] weswegen ihnen über ihren spezifischen Anwendungsbereich hinaus keine Indizwirkung zukomme und zu ihnen keine Analogien gebildet werden dürften.[71] Dieses »strikte Verständnis der Normenkonkurrenz« sah *Renck* historisch in der Kompromisshaftigkeit des Religionsverfassungsrechts verankert, außerdem sei es – auch hier ist *Krüger* deutlich mitzulesen – der »Evolution des Verfassungsrechts« gemäß; die konsequente Trennung sei eine »Folgerichtigkeit des modernen Staates«.[72] Resultat dieser Lesart der Verfassung sei, dass jegliche Verbindungen von Staat und Religion, die nicht explizit durch das Grundgesetz erlaubt worden waren, verfassungswidrig sind.[73] Sofern das Grundgesetz allerdings solche Ausnahmen von der strikten Trennung ausdrücklich vorsieht, seien

---

Ausnahmen möglichst schonend erfolgen müsse, hierzu *Renck*, Kirchensteuer und Kirchenaustritt, BayVBl. 2004, 132, 136.

[69] Beispielhaft *Renck*, Art. 141 GG und die neuen Bundesländer, ThürVBl. 1999, 149, 152. Weiterhin beschrieb *Renck* die grundgesetzlich vorgesehenen Berührungen von Staat und Religion – teilweise in nicht gekennzeichneter Fortführung der Begrifflichkeiten früherer Autoren – als »Sonderung« (*Renck*, Die Trennung von Staat und Kirche, BayVBl. 1988, 225, 226), »Regel-« oder »Systemwidrigkeiten« (*Renck*, Grundfragen des Rechts der res sacra, DÖV 1990, 333, 335; *Renck*, Probleme des Thüringer Staatskirchenrechts, ThürVBl. 1996, 73, 74), »verfassungsrechtliche Anomalien« (*Renck*, Res Sacra und Sachgebrauch, NVwZ 1990, 38, 40), »Fremdkörper« (*Renck*, Zur grundrechtlichen Bedeutung von Art. 7 III GG, NVwZ 1992, 1171, 1172), »Abweichungen« (*Renck*, Das Bundesverfassungsgericht und der Brandenburger Schulstreit, ZRP 2002, 316, 317) sowie in Auseinandersetzung mit dem Bundesverwaltungsgericht als etwas »Atypisches« (*Renck*, Bekenntnisunterricht und Ethikunterricht, NVwZ 1999, 713, 715).

[70] So z. B. *Renck*, Anmerkung zu VG Regensburg, Beschl. v. 1.3.1991 (Schulkreuz), BayVBl. 1991, 346, 347; *Renck*, Verfassungsprobleme des Ethikunterrichts, BayVBl. 1992, 519; *Renck*, Religionsunterricht in den neuen Bundesländern, LKV 1993, 88 f.; *Renck*, Privatschulen und Religionsunterricht, BayVBl. 1993, 169, 171; *Renck*, Der sogenannte Rang der Kirchenverträge, DÖV 1997, 929, 938; *Renck*, Bekenntnisunterricht und Ethikunterricht, NVwZ 1999, 713, 714 und *Renck*, Zur Auslegung von Art. 137 Abs. 2 BV, BayVBl. 2000, 305; teilweise sprach er auch davon, dass der Neutralitätsgrundsatz »eingeschränkt« wird, so etwa *Renck*, Probleme des Thüringer Staatskirchenrechts, ThürVBl. 1996, 73, 74.

[71] Etwa *Renck*, Staatskirchenrecht in den neuen Bundesländern, ThürVBl. 1994, 182, 183; *Renck*, Verfassungsprobleme der theologischen Fakultäten, NVwZ 1996, 333, 336; *Renck*, Zum Stand des Bekenntnisverfassungsrechts in der Bundesrepublik, BayVBl. 1999, 70, 73.

[72] *Renck*, Die Trennung von Staat und Kirche, BayVBl. 1988, 225, 229.

[73] Pointiert *Renck*, Zum Stand des Bekenntnisverfassungsrechts in der Bundesrepublik, BayVBl. 1999, 70, 73; beispielhaft verdeutlicht bereits bei *Renck*, Nochmals: Verfassungswidriger Ethikunterricht?, BayVBl. 1994, 432; *Renck*, Die Bischofsernennung in den Konkordaten, BayVBl. 1995, 682, 683 f.; *Renck*, Das Problem eines Grundrechts auf Bekenntnisunterricht, ThürVBl. 1997, 97; speziell zu kirchenvertraglichen Abreden, die nur insoweit zulässig seien, als sie verfassungsrechtlich vorgesehene »Gestaltungsmöglichkeiten« ausfüllen *Renck*, Bemerkungen zu den sog. Staatskirchenverträgen, ThürVBl. 1995, 31, 36 f. Anderes gelte jedoch, sofern nichtbenannte Ausnahmen zum Zeitpunkt des Inkrafttretens des Grundgesetzes bestanden. Weil die Verfassung Ausnahmen zulasse, müsse davon ausgegangen werden, dass die vorgefundenen Zustände fortbestehen sollten, ihr Umfang dürfe aber nicht erweitert werden, vgl. *Renck*, Überlegungen zum Rechtsgrund der res sacrae, BayVBl. 1996, 264, 267; *Renck*, Verfassungsprobleme der theologischen Fakultäten, NVwZ 1996, 333, 337 (wo *Renck* jedoch zumindest eine landesverfassungsrechtliche Grundlage fordert). Aus neuerer Zeit zum Erfordernis einer expliziten grundgesetzlichen Ermächtigung etwa *Renck*, Ethik- und staatlicher Bekenntnisunterricht in Berlin, LKV 2006, 210, 211.

diese zwar »systemwidrig«, jedoch ausnahmslos nicht verfassungswidrig, weil der souveräne Verfassungsgeber sich solche Durchbrechungen erlauben dürfe.[74]

Mit dieser Interpretation bewegte sich *Renck* – im Gegensatz zu *Fischer*, *Schmidt-Eichstaedt* und *Kleine* – zunächst im Rahmen des gesamten positiven Verfassungsrechts, was der Bewertung durch *Maunz* als »denkmögliches System« zuträglich gewesen sein dürfte. Vor dem Hintergrund der religionssoziologischen Gegebenheiten in Ostdeutschland ergänzte *Renck* jedoch später seine vorbehaltlose Unterordnung unter den Verfassungstext um rechtstheoretische Erwägungen, mittels derer die Wirksamkeit einiger Verfassungsbestimmungen relativiert werden sollte, ohne dass explizit von verfassungswidrigem Verfassungsrecht gesprochen wurde. So argumentierte *Renck*, dass die Durchbrechungen des Neutralitätsgrundsatzes einer besonderen Rechtfertigung bedürften, die sie bisher insbesondere in dem Volkskirchencharakter der beiden Großkirchen gefunden hätten. Wenn nun aber die Kirchen nicht mehr eine Mehrheit der Bevölkerung auf sich vereinigen würden, wie in den ostdeutschen Bundesländern der Fall, dann entfalle für einige Regelungen der hergebrachte Regelungssachverhalt. Im Rechtsquellenrecht sei anerkannt, dass eine Regelung außer Kraft trete, wenn ihr Regelungssachverhalt nicht mehr existiert, und weil dies im Verfassungsrecht nicht anders sein könne, würden zumindest in den ostdeutschen Bundesländern einige Verfassungsbestimmungen ihre Geltung verloren haben.[75] Konkret betreffe dies den Religionsunterricht nach Art. 7 Abs. 3 GG, weil es nicht gerechtfertigt werden könne, dass die Allgemeinheit die Kosten des Religionsunterrichts von Minderheiten trage; weiterhin sei die Grundlage für den öffentlichrechtlichen Körperschaftsstatus nach Art. 140 GG i. V. m. Art. 137 Abs. 5 WRV entfallen, womit gleichzeitig die Voraussetzung für das Besteuerungsrecht nach Art. 140 GG i. V. m. Art. 137 Abs. 6 aufgehoben sei.[76] Die Unwirksamkeit dieser Bestimmungen trete automatisch ein und sei durch das Bundesverfassungsgericht nur noch deklaratorisch festzustellen.[77] Im Ergebnis reduzierte *Renck* damit die Bedeutung der religionsverfassungsrechtlichen Bestimmungen abseits von Art. 3 und 4 GG auf die christlichen Großkirchen, weil er unterstellte, dass Körperschaftsstatus, Religionsunterricht usw. ohnehin nur für »Mehrheitsbekenntnisse«

---

[74] Beispielhaft *Renck*, Die Trennung von Staat und Kirche, BayVBl. 1988, 225, 229; *Renck*, Zur grundrechtlichen Bedeutung von Art. 7 III GG, NVwZ 1992, 1171, 1172; *Renck*, Rechtsfragen des Religionsunterrichts im bekenntnisneutralen Staat, DÖV 1994, 27, 30; in kritischer Auseinandersetzung mit dieser Sichtweise *Thiel*, Der Erziehungsauftrag des Staates in der Schule, 2000, S. 106 ff.

[75] *Renck*, Verfassungsprobleme der theologischen Fakultäten, NVwZ 1996, 333, 338; *Renck*, Probleme des Thüringer Staatskirchenrechts, ThürVBl. 1996, 73, 75; *Renck*, Art. 141 GG und die neuen Bundesländer, ThürVBl. 1999, 149, 150; zurückhaltend hingegen noch *Renck*, Probleme der Rechtsangleichung im Staatskirchenrecht, ThürVBl. 1992, 177 ff. sowie *Renck*, Rechtsfragen des Religionsunterrichts an den öffentlichen Schulen der neuen Bundesländer, ThürVBl. 1993, 102 ff.

[76] *Renck*, Staatskirchenrecht in den neuen Bundesländern, ThürVBl. 1994, 182, 183 ff.

[77] *Renck*, Zum Stand des Bekenntnisverfassungsrechts in der Bundesrepublik, BayVBl. 1999, 70, 75 f.; deutlich *Renck*, Staatliche Grundrechtsvorsorge und Bekenntnisunterricht, ZRP 1999, 137, 139. Zustimmend zum »Wegfall der Geschäftsgrundlage« *Sailer*, Grenzen öffentlichrechtlicher Kirchenmacht, ZRP 1999, 455, 458, der allerdings eine Verfassungsänderung für nötig hält.

in Frage kämen; zudem beruhte diese Interpretation auf mehreren nicht weiter begründeten Behauptungen über die Geltung und Rechtfertigung von Rechtsnormen. Vermutlich aufgrund dieser konzeptionellen Mängel wurde dieser Teil von *Rencks* religionsverfassungsrechtlichem Verständnis im rechtswissenschaftlichen Diskurs nicht nennenswert zur Kenntnis genommen und auch vom Autor selbst letztlich nicht weiterverfolgt.

Jenseits solcher Besonderheiten bewegte sich *Renck* bei seiner Bestimmung des Verhältnisses von Staat und Religion im Rahmen dessen, was schon andere Autoren vorgeschlagen hatten. An *Fischer* erinnert *Rencks* Unterscheidung zwischen religionsfeindlichem Laizismus und einer angeblichen Laizität des Grundgesetzes,[78] die sich dadurch verwirkliche, dass der staatliche Bereich »nicht der geeignete Ort für die religiös-weltanschauliche Selbstverwirklichung der Staatsbürger« sei, womit die Religion zwar aus der Staatlichkeit, jedoch nicht aus der Öffentlichkeit verwiesen werde.[79] Allerdings wich *Renck*, wie schon andere Autoren, von *Fischers* strengem Berührungsverbot ab. Solange es nicht zu institutionellen Verflechtungen komme, dürfe der Staat, ja müsse er sogar mit Religionsgesellschaften genauso zusammenarbeiten wie mit anderen gesellschaftlichen Gruppen,[80] wobei er – dort, wo es zutrifft – anerkennen dürfe, dass den Kirchen aufgrund ihres »statistischen Gewichts« eine besondere Relevanz zukomme. Wenn es zu solchen Kooperationen kommt, müsse allerdings ein strenger Paritätsmaßstab angelegt werden, das heißt, alle in Frage kommenden Gemeinschaften müssten dieselbe Form der Förderung oder zumindest Ausgleichszahlungen erhalten.[81]

---

[78] *Renck*, Rechtsfragen des Religionsunterrichts im bekenntnisneutralen Staat, DÖV 1994, 27; *Renck*, Zum Stand des Bekenntnisverfassungsrechts in der Bundesrepublik, BayVBl. 1999, 70, 77; *Renck*, Der Bayerische Verfassungsgerichtshof und das Schulkreuz-Gesetz, NJW 1999, 994, 995; *Renck*, Erwiderung: Bekenntnisunterricht – Ein Gebot der Bekenntnisfreiheit?, JZ 2000, 561, 562; *Renck*, Achristliches Schulrecht in Brandenburg?, LKV 2005, 297, 298.

[79] *Renck*, Staatliche Religionsneutralität und Toleranz, JuS 1989, 451, 454; weiterhin *Renck*, Religionsfreiheit und das Bildungsziel der Ehrfurcht vor Gott, NJW 1989, 2442, 2445; *Renck*, Verfassungsprobleme des Ethikunterrichts, BayVBl. 1992, 519, 521f.; *Renck*, Bemerkungen zu den sog. Staatskirchenverträgen, ThürVBl. 1995, 31, 33; *Renck*, Zum rechtlichen Gehalt der Kruzifixdebatte, ZRP 1996, 16, 17.

Vor diesem Hintergrund konnte *Renck* im Ergebnis auf die Unterscheidung zwischen positiver und negativer Religionsfreiheit verzichten, näher *Renck*, Positive und negative Bekenntnisfreiheit und Glaubens- oder Rechtsstaat, ZRP 1996, 205f.; ähnlich bereits, jedoch in den Formulierungen noch vorsichtiger *Renck*, Über positive und negative Bekenntnisfreiheit, NVwZ 1994, 544ff. Nicht abschließend geklärt blieb, auf welcher Grundlage sich konkret betroffene Personen gegen verfassungswidrige Neutralitätsverstöße wehren können sollten. Es scheint jedoch so, als ob *Renck* das Neutralitätsgebot als subjektivrechtlich bewährt ansah, vgl. insofern die Formulierung bei *Renck*, Das Schulkreuz und die Lehrer, NVwZ 2002, 955, 957.

[80] *Renck*, Die Trennung von Staat und Kirche, BayVBl. 1988, 225, 230; *Renck*, Staatliche Religionsneutralität und Toleranz, JuS 1989, 451, 453; *Renck*, Probleme des Thüringer Staatskirchenrechts, ThürVBl. 1996, 73; *Renck*, Die unvollkommene Parität, DÖV 2002, 56, 64f.; *Renck*, Bemerkungen zum Konkordat des Landes Brandenburg mit dem Hl. Stuhl, LKV 2004, 250, 253.

[81] *Renck*, Rechtsfragen des Religionsunterrichts im bekenntnisneutralen Staat, DÖV 1994, 27, 32; *Renck*, Verfassungsprobleme der theologischen Fakultäten, NVwZ 1996, 333, 334; *Renck*, Bekenntnisverfassungsrecht und kirchliches Drittsendungsrecht, NVwZ 2000, 868, 874; *Renck*, Kommunale Kirchenbaulastverträge und Wegfall der cura religionis, DÖV 2001, 103,

4. Neustrukturierung und Fortentwicklung bei Gerhard Czermak

Über die Jahrzehnte hinweg wiesen die verschiedenen Ansätze negativer Neutralität zum Teil erhebliche Differenzen auf, insbesondere was die normative Anknüpfung, die Beurteilung der Wirksamkeit bzw. Verfassungsmäßigkeit bestimmter Verfassungsregelungen und die Strenge des Berührungsverbots angeht. Aber auch die zentralen Parallelen der Ansätze wurden bereits deutlich: Eine strikte institutionelle Trennung von Staat und Religion, die allenfalls im Fall expliziter grundgesetzlicher Anordnung Verbindungen zulässt, und eine absolute Gleichbehandlung, wenngleich letztere je nach Ansicht unterschiedlich viel praktischen Anwendungsbereich erhielt. Doch selbst wo sich solche Parallelen abzeichneten, blieb die dogmatische Ausdifferenzierung der negativen Neutralität auf einem insgesamt eher niedrigen Niveau. Trennung und Gleichbehandlung wurden in der Regel wenig fassbar auf das Prinzip der Nicht-Identifikation zurückgeführt und in einem Neutralitätsbegriff vermengt, der seinerseits in zum Teil unklarer Verwandtschaft zu Prinzipien der Parität oder Toleranz belassen wurde. Weiterhin war es widersprüchlich, dass die religiös-weltanschauliche Neutralität zwar zum tragenden Pfeiler des Religionsverfassungsrechts erklärt, jedoch von der Verfassung selbst »durchbrochen« wurde. Den Vertretern der negativen Neutralität war es bisher nicht gelungen, eine wirklich kohärente religionsverfassungsrechtliche Dogmatik zu entwickeln, wofür das deutlichste Beispiel die verfassungstheoretisch problematischen Konzeptionen verfassungswidrigen Verfassungsrechts waren.[82] Dies änderte sich Anfang des neuen Jahrtausends durch die dogmatische Neustrukturierung von *Gerhard Czermak*, der oftmals in einer Reihe mit *Fischer* und *Renck* genannt wird,[83] wenngleich er durch seine Fortentwicklung dieses Verständnisses eigentlich (so wird sich zeigen) eine Zwischenstellung einnimmt.[84] Nicht trotz, sondern gerade wegen

---

104; *Renck*, Nochmals: Bestandsprobleme kommunaler Kirchenbaulastverträge, BayVBl. 2001, 513, 517f.; umfassend kritisch zum Ist-Zustand *Renck*, Die unvollkommene Parität, DÖV 2002, 56ff., insb. 66f.; deutlich auch *Renck*, Wissenschaftsfreiheit und theologische Fakultäten, in: Muckel (Hrsg.), FS Rüfner, 2003, S. 711, 725; *Renck*, Die Garantie der Staatsleistungen an die Kirchen und die Rechtsprechung des Bayerischen Verwaltungsgerichtshofs, BayVBl. 2006, 135, 137f.; *Renck*, Rechtsstellungsgesetze für Bekenntnisgemeinschaften, ZRP 2006, 87, 89; sowie ein letztes Mal *Renck*, Subventionierende gemeindliche Kirchenbaulasten, NVwZ 2007, 1383, 1385.

[82] Zur »Verfassungswidrigkeit von Verfassungsnormen wegen Widerspruchs zu Verfassungsnormen höheren Rangs« skeptisch bereits *Bachof*, Verfassungswidrige Verfassungsnormen?, 1951, S. 36ff.; speziell im Hinblick auf das Religionsverfassungsrecht *Kästner*, in: Bonner Kommentar, Art. 140 GG Rn. 107 und *Weber*, Die Religionsfreiheit im nationalen und internationalen Verständnis, ZevKR 45 (2000), 109, 132f. sowie BVerfGE 19, 206, 220 (»Einheit der Verfassung«).

[83] Als Vertreter eines negativen Neutralitätsverständnisses bezeichnet etwa bei *Vollrath*, Religiöse Symbole, 2006, S. 202f. sowie *Korioth*, in: Maunz/Dürig, Art. 140 GG Rn. 31 (mit der zumindest missverständlichen Unterstellung, es sei gefordert, dass der Staat »allen Religionen gegenüber völlige Gleichgültigkeit üben müsse«); als Teil der Trias atheistischer Autoren, die sich gegen die herrschende Interpretation des Religionsverfassungsrechts wenden, *Droege*, Atheismus im bundesdeutschen Religionsverfassungsrecht, in: Faber/Lanwerd (Hrsg.), Atheismus, 2006, S. 225ff. Fn. 4; ähnlich *Holzke*, Die »Neutralität« des Staates in Fragen der Religion und Weltanschauung, NVwZ 2002, 903, 904 Fn. 5; als Vertreter eines dem Grundgesetz vorgelagerten Neutralitätsbegriffs *Mückl*, in: Bonner Kommentar, Art. 4 GG Rn. 151.

[84] Richtig erkannt bei *Wiese*, Lehrerinnen mit Kopftuch, 2008, S. 149f.

dieser Zwischenstellung soll *Czermaks* religionsverfassungsrechtlicher Ansatz im Zusammenhang mit den negativen Neutralitätsverständnissen vorgestellt werden. Die Nähe zur negativen Neutralität wird *Czermak* nämlich nicht nur von außen zugeschrieben, sondern der Autor ordnet sich selbst durch viele Verweise und Bezugnahmen auf *Fischer* und insbesondere *Renck* in den Zusammenhang dieses Neutralitätsverständnisses ein; gleichzeitig überwindet er durch seine dogmatische Arbeit einen Kernaspekt negativer Neutralität. Insofern eignet sich *Czermaks* Ansatz in besonderer Weise, um die zentralen Eigenheiten negativer Neutralitätsverständnisse zur Geltung zu bringen, um zu verwandten Neutralitätsverständnissen überzuleiten und um dadurch den Blick über das gesamte religionsverfassungsrechtliche Spektrum zu ermöglichen.

Czermak weist in seiner Auseinandersetzung mit der religiös-weltanschaulichen Neutralität des Staates eine klare Entwicklungslinie auf. Bereits in seiner Dissertationsschrift zu »Schule und Weltanschauungsfreiheit« aus dem Jahr 1972 thematisierte er das Neutralitätsgebot und vertrat ein strenges, wenngleich noch etwas vages Neutralitätsverständnis.[85] Nach knapp 20 Jahren publizistischer Stille beteiligte sich *Czermak* neu am religionsverfassungsrechtlichen Diskus, wobei seine Wortmeldungen zunächst eher narrativ-begleitend als dogmatisch-konstruktiv waren. Das Neutralitätsgebot wurde recht unspezifisch im Sinne einer Nichtidentifikation verstanden, die jedoch Raum lässt für eine gleichmäßige Förderung von Religion, wobei diese Gleichmäßigkeit anhand allgemeiner gleichheitsrechtlicher Grundsätze und unabhängig vom Rechtsbegriff der religiös-weltanschaulichen Neutralität bestimmt wurde.[86] Gegen Ende der 1990er Jahre richtete *Czermak* seine Aufmerksamkeit zunehmend auf das Neutralitätsgebot, wobei er noch kein eigenes Konzept formulierte, sondern zunächst nur bemängelte, dass die genaue Bedeutung der religiös-weltanschaulichen Neutralität trotz ihrer Relevanz zu wenig erforscht sei, und mutmaßte, dass *Heckels* Rede von der »Äquidistanz« des Staates zu den Religionsgemeinschaften ein tauglicher Ansatzpunkt für eine nähere Inhaltsbestimmung sein könne.[87] Mit Beginn des neuen Jahrtausends wird *Czermak* jedoch selbst rechtsdogmatisch tätig. Wäh-

---

[85] *Czermak*, Schule und Weltanschauungsfreiheit, 1972, S. 36 ff.

[86] Vgl. *Czermak*, Verfassungsbruch als Erziehungsmittel?, KJ 25 (1992), 46, 62; *Czermak*, Der Kruzifix-Beschluß des Bundesverfassungsgerichts, seine Ursachen und seine Bedeutung, NJW 1995, 3348, 3351, 3353 Fn. 37; *Czermak*, Das Pflicht-Ersatzfach Ethikunterricht als Problem der Religionsfreiheit, des Elternrechts und der Gleichheitsrechte, NVwZ 1996, 450, 451; *Czermak*, Anmerkung zu BayVGH, Beschl. v. 6.7.1995 (Ethikunterricht), BayVBl. 1996, 406, 407 f. In seinem umfangreichen Beitrag zum Religionsverfassungsrecht aus dem Jahr 1993 wurde zwar festgestellt, dass die gegenwärtige Praxis jedenfalls nicht neutral sei, siehe *Czermak*, Zur Entwicklung und Gegenwartslage des sogenannten Staatskirchenrechts, in: Czermak (Hrsg.), Staat und Weltanschauung, 1993, S. 249 ff. sowie 335; als es aber um die Darstellung der religionsverfassungsrechtlichen Ordnung des Grundgesetzes ging, schrieb *Czermak* lediglich: »die Fragen der weltanschaulichen Neutralität des Staats können hier nicht näher abgehandelt werden« (S. 260).

[87] *Czermak*, Rezension zu Listl/Pirson (Hrsg.), Handbuch des Staatskirchenrechts der Bundesrepublik Deutschland, 2. Aufl., Bd. II, KJ 30 (1997), 120, 122; *Czermak*, Crux bavarica, KJ 30 (1997), 490, 492; *Czermak*, Das bayerische Kruzifix-Gesetz und die Entscheidung des BayVerfGH vom 1.8.1997, DÖV 1998, 107, 113 Fn. 53, die beiden letzten Stellungnahmen jeweils unter Bezugnahme auf *Heckel*, Das Kreuz im öffentlichen Raum, DVBl 1996, 453, 472.

rend die früheren Vertreter negativer Neutralitätsverständnisse den Neutralitätsgrundsatz aus dem Trennungsgebot (*Fischer*) bzw. das Trennungsgebot aus dem Neutralitätsgrundsatz (*Renck*) abgeleitet hatten, sieht *Czermak* beide Institute gleichermaßen und vor allem selbständig im Grundgesetz veranlagt. So betont er: »Neutralitätsgebot und Trennungsprinzip hängen zwar historisch und tatsächlich notwendig zusammen. Sie sind aber keineswegs identisch, obwohl beide Grundsätze gern verwechselt und als Synonyme behandelt, jedenfalls nicht klar auseinandergehalten werden.«[88]

Das Trennungsgebot ist für *Czermak* »eine für das ›Abendland‹ typische Entwicklung« und notwendige Konsequenz aus der Religionsfreiheit. Normativ verankert sei es in Art. 140 GG i. V. m. Art. 137 Abs. 1 WRV, wobei *Czermak* eingesteht, dass es hier »vom Wortlaut und der Entstehungsgeschichte her nur unsicheren Ausdruck« gefunden habe; es werde aber dadurch bekräftigt, dass dem Staat durch die Art. 3 Abs. 3, 33 Abs. 3 GG sowie Art. 140 GG i. V. m. Art. 136 Abs. 1–4, 137 Abs. 3 und 138 Abs. 1 WRV religiös-weltanschauliche »Abstinenz« auferlegt sei.[89] In Übereinstimmung mit den früheren Vertretern negativer Neutralitätsverständnisse versteht *Czermak* das Trennungsgebot als »Verbot einer organisatorisch-institutionellen Verbindung von Staat und (insbesondere) Kirchen«, das nur aufgrund expliziter verfassungsrechtlicher Anordnung »durchbrochen« werden könne.[90] Auf Basis dieses strikten Trennungsverständnisses

[88] *Czermak*, Zur Rede von der religiös-weltanschaulichen Neutralität des Staates, NVwZ 2003, 949, 950; deutlich differenzierend zwischen den beiden Grundsätzen bereits *Czermak*, Das System der Religionsverfassung des Grundgesetzes, KJ 33 (2000), 229, 233, 246; *Czermak*, Rechtsnatur und Legitimation der Verträge zwischen Staat und Religionsgemeinschaften, Der Staat 39 (2000), 69, 82; *Czermak*, Das Religionsverfassungsrecht im Spiegel der Tatsachen, ZRP 2001, 565. Bei genauer Lesart war die inhaltliche Unterscheidung zwischen dem Neutralitätsgebot und dem Trennungsprinzip bereits in *Czermaks* Dissertationsschrift veranlagt, vgl. *Czermak*, Schule und Weltanschauungsfreiheit, 1972, S. 38 ff.; jedenfalls aber bei *Czermak*, Rezension zu Listl/Pirson (Hrsg.), Handbuch des Staatskirchenrechts der Bundesrepublik Deutschland, 2. Aufl., Bd. II, KJ 30 (1997), 120, 122.

[89] *Czermak*, Das System der Religionsverfassung des Grundgesetzes, KJ 33 (2000), 229, 234; ähnlich *Czermak*, Kirchensteuerrecht in kritischer Sicht, KJ 39 (2006), 418, 421; aktuell *Czermak*, Das System des Weltanschauungsrechts im Grundgesetz, in: Neumann/Czermak u. a. (Hrsg.), Aktuelle Entwicklungen im Weltanschauungsrecht, 2019, S. 23, 37 f.

[90] *Czermak*, Das System der Religionsverfassung des Grundgesetzes, KJ 33 (2000), 229, 234 f.; ebenso *Czermak*, Zur Rede von der religiös-weltanschaulichen Neutralität des Staates, NVwZ 2003, 949, 950; ähnlich bereits *Czermak*, Zur Entwicklung und Gegenwartslage des sogenannten Staatskirchenrechts, in: Czermak (Hrsg.), Staat und Weltanschauung, 1993, S. 249, 265 f.; weniger streng hingegen noch *Czermak*, Schule und Weltanschauungsfreiheit, 1972, S. 42.

Anders als andere Vertreter negativer Neutralitätsverständnisse strebt *Czermak* nicht danach, die grundgesetzlich vorgesehenen Verbindungen von Staat und Religion bzw. Weltanschauung zu relativieren, wenngleich auch er ihnen »Legitimationszwänge« bescheidet, vgl. *Czermak*, Das System der Religionsverfassung des Grundgesetzes, KJ 33 (2000), 229, 238. Allerdings versucht er auf nicht ganz redliche Weise, die Wogen um das strikte Trennungsverständnis zu glätten. So schreibt er: »Es gibt m. W. keinen Autor, der eine völlige institutionelle Trennung von Staat und Religion zum geltenden Bundesverfassungsrecht erklärt, und auch ein ›prinzipienwidriges Verfassungsrecht‹ wäre bzw. ist vollgültiges Verfassungsrecht.«, *Czermak*, Zur Rede von der religiös-weltanschaulichen Neutralität des Staates, NVwZ 2003, 949, 951. In Fn. 22 merkt er zudem an: »Auch die Kritiker der bisherigen Handhabung des Religionsverfassungsrechts akzeptieren sämtliche bundesrechtlichen Vorschriften des einschlägigen umfangreigeht *Czermak* in seinem 2008 veröffentlichten und 2018 neu aufgelegten Lehrbuch auf den normtheoretischen Charakter des Trennungsgebots ein und betont, dass es sich nicht um ein Rechtsprinzip, sondern um ein »Rechtsgebot« handele, das den Staat innerhalb seines Geltungsbereichs strikt binde.[91]

Da *Czermak* den für negative Neutralitätsverständnisse typischen Trennungsaspekt in einem selbständigen Trennungsgebot verortet, kann er das Neutralitätsgebot nun ausschließlich im Sinne eines speziellen religionsverfassungsrechtlichen Gleichbehandlungsgebots verstehen. Die institutionell-organisatorischen Normen des Religionsverfassungsrechts waren bereits im Trennungsgebot aufgegangen, sodass *Czermak* das Neutralitätsgebot neben Art. 4 GG vor allem in den gleichheitsrechtlichen Bestimmungen des Grundgesetzes verankert sieht und feststellt: »Demnach ist religiös-weltanschauliche Neutralität im individuellen und kollektiven Religionsrecht nichts anderes als ein gewichtiger Teilaspekt des Gleichheitsgrundsatzes.«[92] Die zuvor schon von anderen Autoren und nun auch von *Czermak* dem Neutralitätsgrundsatz zugeschriebenen Funktionen von »Nichtidentifikation«,[93] »inhaltlicher Distanzierung«[94] und »Unparteilichkeit«[95] verwirkliche der Staat dadurch, dass er alle Religionen und Weltanschauungen formal gleich behandele.[96]

---

chen Normenkomplexes, von vereinzelten Autoren für ganz isolierte Ausnahmen abgesehen.«. Dies ist vor dem Hintergrund der zentralen Stellung von *Fischer* und *Renck*, in Anbetracht ihrer vielfältigen verfassungskritischen Standpunkte und im Lichte der zahlreichen Bezugnahmen *Czermaks* auf dieselben keine tragfähige Position. Ebenfalls entstellend die Aussage zum Trennungsgebot in *Czermak*, Religions- und Weltanschauungsrecht, 2008, S. 81: »Eine generelle thematische Ausklammerung des religiös-weltanschaulichen Bereichs aus der staatlichen Sphäre (rigider ›Laizismus‹) ist ohnehin weder tatsächlich möglich, noch ist erkennbar, dass sie in neuerer Zeit behauptet worden wäre«.

[91] *Czermak*, Religions- und Weltanschauungsrecht, 2008, S. 80f.; *Czermak/Hilgendorf*, Religions- und Weltanschauungsrecht, 2. Aufl 2018, S. 84. *Hilgendorf* ist in der Neuauflage (wie auch schon in der Erstauflage) für den strafrechtlichen Teil des Lehrbuchs verantwortlich, d. h. die dogmatischen Ausführungen zum Neutralitäts- und zum Trennungsgebot stammen nach wie vor von *Czermak*. Da insofern keine konzeptionellen Unterschiede zur Vorauflage bestehen, wird im Folgenden hauptsächlich die Erstauflage zitiert, die einen entscheidender Schritt in der hier vorgestellten Neustrukturierung und Fortentwicklung der negativen Neutralität darstellte.

[92] *Czermak*, Zur Rede von der religiös-weltanschaulichen Neutralität des Staates, NVwZ 2003, 949, 952; ähnlich *Czermak*, Öffentliche Schule, Religion und Weltanschauung in Geschichte und Gegenwart der Bundesrepublik Deutschland, in: Muckel (Hrsg.), FS Rüfner, 2003, S. 79, 90; *Czermak*, Religions- und Weltanschauungsrecht, 2008, S. 87.

[93] *Czermak*, Verfassungsbruch als Erziehungsmittel?, KJ 25 (1992), 46, 62; *Czermak*, Das System der Religionsverfassung des Grundgesetzes, KJ 33 (2000), 229, 246.

[94] *Czermak*, Das Religionsverfassungsrecht im Spiegel der Tatsachen, ZRP 2001, 565.

[95] *Czermak*, Zur Rede von der religiös-weltanschaulichen Neutralität des Staates, NVwZ 2003, 949, 950; *Czermak*, Religions- und Weltanschauungsrecht, 2008, S. 87, 90.

[96] Dazu, dass formelle Gleichheit gefordert sei, *Czermak*, Zur Unzulässigkeit des Kreuzes in der Schule aus verfassungsrechtlicher Sicht, in: Brugger/Huster (Hrsg.), Der Streit um das Kreuz in der Schule, 1998, S. 13, 18 Fn. 15; *Czermak*, Das System der Religionsverfassung des Grundgesetzes, KJ 33 (2000), 229, 247; *Czermak*, Das Religionsverfassungsrecht im Spiegel der Tatsachen, ZRP 2001, 565; *Czermak*, Öffentliche Schule, Religion und Weltanschauung in Geschichte und Gegenwart der Bundesrepublik Deutschland, in: Muckel (Hrsg.), FS Rüfner, 2003, S. 79, 109. Zu den unterschiedlichen Formen der Gleichbehandlung von Religionen und Weltanschauungen *Heckel*, Gleichheit oder Privilegien?, 1993, S. 80ff. und passim.; näher auch oben, 2. Kapitel, C. II. 3. b).

Indem *Czermak* die bisherigen Grundpositionen negativer Neutralitätsverständnisse in ein institutionelles Trennungsgebot und ein gleichheitsrechtliches Neutralitätsgebot zweiteilt, konstruiert er ein durchaus kohärentes dogmatisches Modell. Die vom Grundgesetz vorgesehenen institutionellen Verbindungen von Staat und Religion werden als singuläre Ausnahmen eines ansonsten streng geltenden Trennungsprinzips angesehen. Das Neutralitätsgebot, verstanden als Verpflichtung zu formaler Gleichbehandlung, stehe diesen institutionellen Verflechtungen nicht entgegen, solange diese für alle Religionen und Weltanschauungen gleichermaßen offen seien. Freiwillige Berührungen von Staat und Religionen, etwa Fördermaßnahmen auf kulturellem oder sozialem Gebiet, würden wiederum nicht mit dem Trennungsgebot konfligieren, solange es nicht zu institutionellen Verbindungen kommt, und auch hier bestünden im Hinblick auf das Neutralitätsgebot keine Vorbehalte, wenn keine Weltanschauung privilegiert wird.[97] Im Rahmen dieses insoweit schlüssigen Modells ist es *Czermak* zudem möglich, das Gewirr der vielfältigen religionsverfassungsrechtlichen Grundsätze aufzulösen, welches unter den früheren Vertretern negativer Neutralitätsverständnisse bestanden hatte. Anders als diese kann *Czermak* das Religionsverfassungsrecht allein mit dem Trennungs- und dem Neutralitätsgrundsatz ordnen, insbesondere weil das Prinzip der Nicht-Identifikation und das Paritätsprinzip gänzlich im Neutralitätsgrundsatz aufgehen und weil dessen strenger Gleichheitsmaßstab den Rückgriff auf ein Toleranzgebot (welches, so *Czermak*, »einen eigenen ideologischen Standpunkt« erfordern würde) von vornherein ausschließt.[98] Außerdem erlaubt diese Herangehensweise eine eindeutige Positionierung zum normtheoretischen Charakter des Neutralitätsgebots: Es sei ein objektives und nicht-abwägungsfähiges Rechtsgut, welches die äußerste Grenze staatlichen Handelns bilde und sich nicht »aufweichen« lasse.[99]

Czermaks Modell ist somit vergleichsweise kohärent und differenziert, allerdings ist es in dieser grundlegenden Form nicht besonders leistungsfähig. Dies liegt zum Teil an der Grundstruktur negativer Neutralitätsverständnisse, zum Teil aber auch an den Modifikationen, die *Czermak* vornimmt. Negative Neutralitätsverständnisse hatten traditionell eine sehr formelle Ausrichtung, das heißt, sie waren auf die strukturelle Abgrenzung von Staat und Religion fokussiert. Historisch lässt sich dieser Umstand durch den Ursprung der negativen Neutralitätsverständnisse im Widerstand gegen die Koordinationslehre erklären, er

---

[97] *Czermak*, Das Religionsverfassungsrecht im Spiegel der Tatsachen, ZRP 2001, 565; *Czermak*, Zur Rede von der religiös-weltanschaulichen Neutralität des Staates, NVwZ 2003, 949, 950f.; *Czermak*, Religions- und Weltanschauungsrecht, 2008, S. 81.

[98] Speziell zum Toleranzprinzip *Czermak*, Religions- und Weltanschauungsrecht, 2008, S. 84. Das Fehlen eines ideologischen Standpunkts des Grundgesetzes lässt sich natürlich nur behaupten, wenn das Grundgesetz gänzlich säkular verstanden wird, wofür insbesondere der Gottesbezug der Präambel relativiert werden muss; hierzu *Czermak*, »Gott« im Grundgesetz?, NJW 1999, 1300ff.; *Czermak*, Religions- und Weltanschauungsrecht, 2008, S. 88.

[99] *Czermak*, Religions- und Weltanschauungsrecht, 2008, S. 91f., 95; zum objektivrechtlichen Charakter bereits *Czermak*, Der Kruzifix-Beschluß des BVerfG – ein kulturwidriges Dokument?, ThürVBl. 1996, 241, 243; die strenge des Neutralitätsverständnisses war bereits angelegt bei *Czermak*, Schule und Weltanschauungsfreiheit, 1972, S. 38f.

ergibt sich aber auch sachlogisch aus der religionsdistanzierten Haltung. Wenn Religion gänzlich aus dem staatlichen Raum ausgeschlossen wird und erst recht, wenn im Sinne *Fischers* ein strenges Berührungsverbot deklariert wird, sind materielle Vorgaben für den Umgang des Staates mit Religionen nicht erforderlich. Mit anderen Worten: Wenn das Grundgesetz so interpretiert wird, dass es bereits im Ansatz nicht zu Berührungen von Staat und Religion kommen kann, dann muss der Verfassung auch keine Weisung entnommen werden, wie im Fall von Berührungen mit Religionen umzugehen sei. *Czermak* kann der Frage nach dem materiellen Gehalt des Neutralitätsgebots hingegen nicht mehr aus dem Weg gehen, denn zum einen vertritt er kein strenges Berührungsverbot und zum anderen macht es ihm sein Verständnis von Trennungs- und Neutralitätsgebot schwer, Religion kategorial aus dem staatlichen Bereich herauszuhalten. *Czermak* scheint z. B. die Entscheidung einer Lehrerin, im beruflichen Kontext aus Glaubensgründen ein Kopftuch zu tragen, nicht als eine institutionelle Verbindung von Staat und Religion zu bewerten, sondern lediglich als eine persönliche Glaubensäußerung im staatlichen Raum. Damit ist dieser Fall für *Czermak* keine Frage des Trennungs-, sondern eine Frage des Neutralitätsgebots.[100] Da er das Neutralitätsgebot aber nicht als eine grundsätzliche Verpflichtung zu Enthaltsamkeit in religiösen Dingen versteht, sondern als ein Gebot der Gleichbehandlung, muss sich *Czermak* der Frage stellen, wie Gleichbehandlung insgesamt, aber auch speziell im staatlichen Raum praktisch umzusetzen sei.

Zu Beginn dieses Abschnitts wurde angedeutet, dass *Czermak* nicht im strengen Sinne den Vertretern negativer Neutralitätsverständnisse zugerechnet werden kann und eher eine Zwischenstellung einnimmt. *Czermak* verankert die Distanz zum Religiösen, die für negative Neutralitätsverständnisse typisch ist, im Rahmen seiner Zweiteilung ausschließlich im institutionell-organisatorischen Trennungsgrundsatz. Hierin liegt der entscheidende Unterschied zu den Vertretern negativer Neutralitätsverständnisse: Nach *Czermaks* Konzept des Religionsverfassungsrechts begegne der Staat den Religionen und Weltanschauungen nicht insgesamt, sondern lediglich im Hinblick auf institutionalisierte Zusammenarbeit negativ-distanziert. Jenseits institutionalisierter Verbindungen gelte das Neutralitätsgebot, welches nun gerade nicht negativ, sondern allein gleichheitsrechtlich zu definieren sei. Um dieses gleichheitsrechtliche Neutralitätsgebot inhaltlich zu füllen, muss *Czermak* Elemente anderer Neutralitätsverständnisse in sein Modell integrieren. Da diese anderen Neutralitätsverständnisse später vertiefend vorgestellt werden, soll ihre Verwendung bei *Czermak* hier nur angedeutet werden. Grundsätzlich geht *Czermak* davon aus, dass Neutralität auf zwei Wegen umgesetzt werden könne: Entweder durch gleichmäßige Distanzierung oder durch gleichrangige Beachtung und Hereinnahme von Religionen und Weltanschauungen.[101] Welche Variante zulässig ist, bestimme sich nach dem Bereich staatlichen Wirkens.[102] Im

[100] *Czermak*, Kopftuch, Neutralität und Ideologie, NVwZ 2004, 943, 945 f.

[101] *Czermak*, Zur Rede von der religiös-weltanschaulichen Neutralität des Staates, NVwZ 2003, 949, 952; *Czermak*, Kopftuch, Neutralität und Ideologie, NVwZ 2004, 943, 945.

[102] Eingehend zum bereichsdifferenzierenden Neutralitätsmodell unten, 3. Kapitel, B.

»rein staatlichen Kernbereich«, zu dem *Czermak* insbesondere Polizei und Justiz zählt, dürfe nur die gleichmäßige Distanzierung zur Anwendung kommen, das heißt, jegliche religiösen Bezüge sollten um der angemessenen Darstellung der öffentlichen Gewalt Willen vermieden werden.[103] Jenseits dieses Kernbereichs der Staatlichkeit und insbesondere wo der Staat (wie in der Schule) in die Gesellschaft hineinwirkt, scheint *Czermak* kein konkretes Ergebnis durch das Grundgesetz vorgegeben zu sehen. Stattdessen müsse im jeweiligen Einzelfall entschieden werden, ob der staatliche Raum für Religionen und Weltanschauungen zu öffnen sei, also etwa in gleichberechtigter Erlaubnis für gläubige Lehrerinnen und Lehrer, sich gemäß ihrem Bekenntnis zu kleiden. Diese Entscheidung sei in das freie Ermessen des Gesetzgebers gestellt, der Staat sei folglich nicht prinzipiell verschlossen, aber auch nicht prinzipiell offen für religiöse Gehalte (auch insofern war *Czermak* trotz seiner Abweichungen von strengen negativen Neutralitätsverständnissen keinesfalls ein Vertreter positiver Neutralität).[104] Darüber hinaus erkennt *Czermak*, dass die religiös-weltanschauliche Neutralität des Staates für ethische Fragestellungen von Relevanz sein könne. Für diesen Bereich greift *Czermak* auf das Neutralitätsverständnis von *Stefan Huster* zurück,[105] welches in engem Verhältnis zum liberalen Legitimitätsprinzip von *Rawls* steht und demzufolge sich staatliche Gleichbehandlung in einer neutralen Begründung hoheitlicher Regelungen verwirkliche.[106] Indem *Czermak* somit zum einen zwischen den Anwendungsbereichen des Neutralitätsgebots differenziert und zum anderen das Modell der Begründungsneutralität integriert, wird sein religiös-weltanschauliches Gleichheitskonzept durchaus komplex. Gerade in dieser Komplexität sieht *Czermak* die Rechtfertigung dafür, die religiös-weltanschauliche Neutralität als speziellen Rechtsbegriff zu verwenden und nicht lediglich mit einem unspezifischen Gleichheitsbegriff zu arbeiten.[107]

---

[103] *Czermak*, Religions- und Weltanschauungsrecht, 2008, S. 95; dieser »rein staatliche Kernbereich« ähnelt der religionsfreien »formellen Öffentlichkeit« im Habermas'schen Sinne, vgl. oben, 2. Kapitel, B. 1.

[104] Deutlich zur ungebundenen Einzelfallentscheidung *Czermak*, Kopftuch, Neutralität und Ideologie, NVwZ 2004, 943, 945 f.; ähnlich bereits *Czermak*, Das Religionsverfassungsrecht im Spiegel der Tatsachen, ZRP 2001, 565 und *Czermak*, Zur Rede von der religiös-weltanschaulichen Neutralität des Staates, NVwZ 2003, 949, 952; unentschieden hingegen der Hinweis bei *Czermak*, Religions- und Weltanschauungsrecht, 2008, S. 95: »Soweit der Staat auch mit gesellschaftlichem Bezug agiert, *muss bzw. darf* er Religion und Weltanschauung positiv berücksichtigen« (Hervorhebungen vom Verfasser).

[105] Näher hierzu unten, 3. Kapitel, F.

[106] *Czermak*, Zur Rede von der religiös-weltanschaulichen Neutralität des Staates, NVwZ 2003, 949, 951, 953; *Czermak*, Religions- und Weltanschauungsrecht, 2008, S. 38, 91 ff.; weiterhin zum »von Huster entwickelten Neutralitätsliberalismus als innere Basis des GG« *Czermak*, Öffentliche Schule, Religion und Weltanschauung in Geschichte und Gegenwart der Bundesrepublik Deutschland, in: Muckel (Hrsg.), FS Rüfner, 2003, S. 79, 90.

[107] Hierzu *Czermak*, Zur Rede von der religiös-weltanschaulichen Neutralität des Staates, NVwZ 2003, 949, 952, in Auseinandersetzung mit einer Meinung, welche ein Aufgeben der Verwendung des Neutralitätsgebots als Rechtsbegriff forderte, weil hierdurch kein Mehrwert gegenüber den allgemeinen Regelungen des Grundgesetzes generiert werde, näher hierzu unten, 3. Kapitel, G.

5. Einordnungen und Analyse

Im Rahmen der bisherigen Ausführungen zur negativen Neutralität wurden bereits dort, wo es möglich war, Hinweise zu den dogmatischen Verortungen gegeben, die aus den analytischen Rahmenbedingungen bekannt sind, insbesondere was den normtheoretischen Charakter und das Verhältnis des Neutralitätsgebots zu anderen Grundsätzen des Religionsverfassungsrechts angeht. Im Folgenden soll im Sinne der »vor die Klammer gezogenen« analytischen Fixpunkte zusätzlich untersucht werden, inwieweit ein negatives Neutralitätsverständnis ein »verfassungsgebundenes Konzept« darstellt und wie leistungsfähig ein solches Verständnis im Hinblick auf die praktischen Anwendungsfelder des Neutralitätsgrundsatzes ist. Diese vertiefende Analyse erfordert allerdings zunächst einige Einordnungen. Die vorangegangenen Ausführungen haben gezeigt, dass es kein einheitliches negatives Neutralitätsverständnis gibt, sondern dass unter dieser Überschrift verschiedene religionsverfassungsrechtliche Konzepte zusammengefasst sind. Die Unterschiede bestehen zum einen in der verfassungsrechtlichen Konstruktion des Neutralitätsgebots: Manche Ansichten nehmen Art. 4 GG als Ausgangspunkt, andere Art. 140 GG i. V. m. Art. 137 Abs. 1 WRV, teilweise werden religionsverfassungsrechtliche Normen als verfassungswidrig angesehen und *Czermak* begrenzt die Bedeutung des Neutralitätsgebots auf gleichheitsrechtliche Aspekte. Zum anderen divergieren die Meinungen vor allem darin, wie weitreichend die staatliche Enthaltsamkeit bei Sachverhalten mit religiösem Bezug formuliert wird. Insofern besteht eine große Spannweite der Verständnisse. Sie reicht von Ansichten, die ein strenges Berührungsverbot deklarieren (gegebenenfalls *Krüger*, jedenfalls *Fischer*), über Positionen, die eine Bereichsscheidung vornehmen und immerhin Berührungen außerhalb des staatlichen Raums für zulässig erachten (*Kleine*, *Renck*), wobei manche dies wiederum aus Gesichtspunkten der Gleichheit für praktisch unmöglich halten (*Keim, von Zezschwitz*), bis hin zu Auffassungen, die selbst im staatlichen Raum (zumindest in bestimmten Teilen) Berührungen von Staat und Religion zulassen wollen (insoweit bereits *Schmidt-Eichstaedt*, weiterhin *Czermak*).

Im Lichte dieser Unterschiede lassen sich aber auch die verbindenden Elemente der negativen Neutralitätsverständnisse erkennen: Eine strikte institutionelle Trennung von Staat und Religionen bzw. Weltanschauungen, die nur im Rahmen der (eng auszulegenden) grundgesetzlichen Anordnungen durchbrochen wird, und – sofern kein generelles Berührungsverbot angenommen wird – ein strenges, wenngleich oft noch vage bleibendes Gleichbehandlungsgebot, welches die Inbezugnahme von Religion weitgehend ausschließt. Diese beiden Elemente kulminieren in einer Grundhaltung, welche die verschiedenen negativen Neutralitätsverständnisse zusätzlich verbindet und die durch die konsequentialistischen, politischen, ethischen und epistemologischen Argumente einiger Autoren weiter untermauert wird (insbesondere: Religion als Quelle gesellschaftlichen Unfriedens und der moderne Staat als dessen teuer erkämpfte Überwindung; Öffnung für Religion als Benachteiligung unreligiöser Bürgerinnen; Religion als nicht gemeinhin zugängliche Erkenntnis- und Begründungsdimension).[108] Es wird eine Grunddistanz des Staates zur Religion angenommen, die über die Frage institutioneller Verbindungen hinausreicht; der Kontakt des Staates mit Weltanschauungen wird als Ausnahme, nicht als Regel angesehen.

a) Zur Verfassungsbindung

Die vorliegende Arbeit basiert auf der Prämisse, dass die religiös-weltanschauliche Neutralität des Staates der Schlüsselbegriff des gesamten deutschen Religionsverfassungsrechts ist. Im Rahmen der analytischen Fixpunkte wurde zudem der Standpunkt entwickelt, dass ein verfassungsgebundenes Neutralitätskonzept auf einem staats- oder verfassungstheoretischen Grundverständnis basieren darf bzw. sogar muss – allerdings muss ein Konzept, um als verfassungsgebunden gelten zu können, das gesamte relevante Normenmaterial in sich aufnehmen und zum Ausgleich bringen. Diejenigen Neutralitätskonzepte, die mit dem Urteil verfassungswidrigen Verfassungsrechts operieren (*Fischer*, *Schmidt-Eichstaedt*, *Kleine* und in Ansätzen *Renck*), bestehen diesen Test insoweit nicht. *Czermaks* Ansatz wiederum versteht das Neutralitätsgebot lediglich als Teilaspekt des Religionsverfassungsrechts neben dem Trennungsgebot; dementsprechend wird nur ein Teil des religionsverfassungsrechtlichen Normenmaterials in Bezug genommen. Abstrahiert man aber von den Einzelheiten der Konzepte und konzentriert sich auf die verbindenden Elemente, zeigt sich, dass sich die Grundidee der negativen Neutralität durchaus im Rahmen eines verfassungsgebundenen Neutralitätskonzepts bewegt. Auch wenn in den Einzeldarstellungen nicht die Gesamtheit der vielfältigen Bestimmungen des Grundgesetzes explizit genannt werden, so finden sich doch alle vier religionsverfassungsrechtlichen Momente wieder: Das *religionsdistanzierte Moment* aus Art. 140 GG i. V. m. Art. 137 Abs. 1 WRV bzw. das *antistaatliche Moment* der religionsverfassungsrechtlichen Freiheitsrechte (insbesondere Art. 4 Abs. 1 und 2 GG) wird zum zentralen Anknüpfungspunkt des Neutralitätsgebots bestimmt und zusätzlich um das *gleichheitliche Moment* als weiteres Wesensmerkmal der grundgesetzlichen Religionsordnung ergänzt. Das *religionsnahe Moment* der verschiedenen verfassungsgemäß vorgesehenen Verbindungen von Staat und Religion wird ebenfalls – wenngleich lediglich als eng auszulegende Besonderheit – beachtet.[109] Während also alle Aspekte

[108] Beispielhaft *Krüger*, Allgemeine Staatslehre, 2. Aufl. 1966, S. 92; *von Zezschwitz*, Staatliche Neutralitätspflicht und Schulgebet, JZ 1966, 337, 339 f.; *Fischer*, Trennung von Staat und Kirche, 3. Aufl. 1984, S. 37 f.; 309, 313; *Renck*, Die Trennung von Staat und Kirche, BayVBl. 1988, 225, 229; *Renck*, Verfassungsprobleme der theologischen Fakultäten, NVwZ 1996, 333, 335; *Czermak*, Bewegung im Staatskirchenrecht, ZRP 1990, 475, 477; zu einzelnen Argumenten bereits oben, 2. Kapitel, B. II.

[109] Sofern im Hinblick auf die religionsnahen Momente von »Durchbrechungen« des Neutralitätsgebots gesprochen wird, werden die entsprechenden Vorschriften bei semantischer Betrachtungsweise gerade nicht Teil des Neutralitätsverständnisses; bei logischer Betrachtungsweise stellen sie allerdings einen negativen Bestandteil des Neutralitätskonzeptes dar, sodass insofern kein Widerspruch besteht. Weiterhin sei hier angemerkt, dass sich die Bezeichnung als »Durchbrechung« wie auch die Einordnung als »systemfremde Ausnahme« stärker verbreitet haben als die hier beschriebenen Neutralitätsverständnisse. Auch wenn dieses Vokabular in der Regel mit einem eher distanzierten Neutralitätskonzept korrespondiert (vgl. aus heutiger Zeit

des Religionsverfassungsrechts vorhanden sind, erfolgt der konkrete Ausgleich zwischen den verschiedenen (zum Teil in Spannung zueinander stehenden)[110] Momenten naturgemäß durch das zugrunde gelegte staats- und verfassungstheoretische Vorverständnis.[111] Im Rahmen der negativen Neutralität bedeutet dies, dass die religionsverfassungsrechtlichen Momente vor dem Hintergrund eines staatstheoretischen Vorverständnisses gewichtet werden, demzufolge zwischen Staat und Religion eine sichere Distanz bestehen müsse. Dementsprechend werden mit dem *religionsdistanzierten* und dem *antistaatlichen Moment* diejenigen Aspekte betont, die zu einer Isolierung des Religiösen führen, wohingegen das *religionsnahe Moment* gering bewertet wird.

---

etwa *Jarass*, in: Jarass/Pieroth, Art. 7 GG Rn. 10; *Thiel*, in: Sachs, Art. 7 GG Rn. 43), können sich dahinter sehr differenzierte Deutungsvarianten entfalten, die nicht automatisch mit einem negativen Neutralitätsverständnis deckungsgleich sind; vgl. etwa *Weber*, Grundprobleme des Staatskirchenrechts, 1970, S. 68 f. (näher hierzu sogleich).

[110] Hierzu oben, 2. Kapitel, C. I. 3. c).

[111] Auch Vertreter negativer Neutralitätsverständnisse gestehen dies ein, so etwa *Kleine*, Institutionalisierte Verfassungswidrigkeiten im Verhältnis von Staat und Kirchen unter dem Grundgesetz, 1993, S. 95; *Renck* hingegen meinte, auch uneindeutige Verfassungsregelungen allein durch eine »objektiv gesetzestreue und nicht subjektiv interessenorientierte« Auslegung zur richtigen Geltung bringen zu können, so *Renck*, Patronate der öffentlichen Hand, DÖV 2003, 526, 529.

Besonders deutlich zeigt sich die Prägung durch theoretische Vorverständnisse, wenn das Prinzip der Nicht-Identifikation und das Trennungsprinzip herangezogen werden, um das Neutralitätsgebot inhaltlich zu bestimmen. Sowohl das Prinzip der Nicht-Identifikation wie auch das Trennungsprinzip sind ebenfalls nicht explizit im Grundgesetz angeführt, geschweige denn gewichtet. Das Prinzip der Nicht-Identifikation basiert, wie gezeigt, letztlich auf einer historisch hergeleiteten staatstheoretischen Grundthese *Krügers*. Das Trennungsprinzip wiederum ergibt sich weder unmittelbar aus dem Verbot der Staatskirche nach Art. 140 GG i. V. m. Art. 137 Abs. 1 WRV, denn gleichberechtigte institutionelle (und weniger noch: nicht-institutionelle) Verbindungen machen noch keine Staatskirche, noch ergibt sich das Trennungsprinzip zwingend aus den religiösen Freiheitsrechten, denn selbst in Staatskirchensystemen kann es Religionsfreiheit geben, hierzu etwa *Starck*, Staat und Religion, JZ 2000, 1, 7; im Ergebnis auch *Listl/Hollerbach*, Grundmodelle einer möglichen Zuordnung von Kirche und Staat, in: Listl/Schmitz (Hrsg.), HdbKathKR, 2. Aufl. 1999, S. 1256, 1262 f. (wenngleich in Widerspruch zu S. 1261). Vor diesem Hintergrund verlieren dann auch jene nur scheinbar systematischen Argumente an Überzeugungskraft, denen zufolge das Trennungsgebot oder das Identifikationsverbot aufgrund ihrer Allgemeinheit die Regel seien und die (explizit!) im Grundgesetz vorgesehenen Berührungen von Staat und Religion aufgrund ihrer Spezialität bloß singuläre Ausnahmen darstellten (so etwa *Rathke*, Öffentliches Schulwesen und religiöse Vielfalt, 2005, S. 302 f.; *Kleine*, Institutionalisierte Verfassungswidrigkeiten im Verhältnis von Staat und Kirchen unter dem Grundgesetz, 1993, S. 148 ff.). Die ergebnisbestimmende Kraft des leitendenden Vorverständnisses ist hier evident. Erneut: Mit dieser Hervorhebung der Beeinflussung durch Vorverständnisse soll nicht die grundsätzliche rechtsstaatliche Bedeutung methodensauberen juristischen Arbeitens angezweifelt werden. Nur zeigt die Vielfalt der schlüssig begründeten Neutralitätskonzepte, dass innerhalb eines methodisch erarbeiteten Rahmens das theoretische Vorverständnis über die konkrete Ausgestaltung entscheidet. Dies ist nach dem hier zugrunde gelegten Verständnis verfassungsgebundener Konzepte kein Makel, sondern eine Selbstverständlichkeit, mit der jedoch offen umgegangen werden sollte.

b) Zur Leistungsfähigkeit

Nach dem hier zugrunde gelegten Verständnis von Verfassungsbindung bestehen also keine Vorbehalte gegenüber negativen Neutralitätskonzepten (abgesehen von den einzelnen Herleitungen verfassungswidrigen Verfassungsrechts). Anders sieht es jedoch auf der Ebene der Leistungsfähigkeit aus. Von den fünf Konfliktsituationen, in denen die religiös-weltanschauliche Neutralität zum Tragen kommt, können mehrere mit negativen Neutralitätsverständnissen nur schlecht oder überhaupt nicht erfasst werden. Die Ansätze negativer Neutralität sind traditionell auf das Institutionelle, das heißt die räumlich-kompetenzrechtliche Abgrenzung des Staates von Religionen und Weltanschauungen fokussiert. Vor diesem Hintergrund könnte vermutet werden, dass negative Neutralitätskonzepte besonders geeignet seien, um die Fallgruppe der Konflikte um *institutionelle Abgrenzung* zu bewältigen. Soweit es um ein Hineinreichen des Religiösen in den staatlichen Raum geht (etwa im Rahmen der Kirchensteuererhebung), ist dies durchaus zutreffend – der religiöse Einfluss wird auf ein Minimum reduziert. In der Praxis sind jedoch nicht nur solche Konstellationen relevant, sondern auch jene, in denen die gegenläufige Frage zum Tragen kommt, nämlich inwieweit der Staat in den religiösen Raum hineinwirken darf. Folgt aber aus einem strikten Trennungsdenken nun, dass der Staat den nichtstaatlichen, religionsnahen Bereich überhaupt nicht regulieren darf? Selbstverständlich beziehen Vertreter negativer Neutralität auch z. B. zu Themen aus dem kirchlichen Arbeitsrecht Stellung und sind insoweit in der Regel kritisch bezüglich der weitgehenden kirchlichen Freiheiten,[112] nur lässt sich diese kritische Haltung nicht mit einem negativen Neutralitätsverständnis begründen. Die Antwort auf die Frage, wie eine religiös-weltanschaulich neutrale Grenze zwischen dem staatlichen Hoheitsanspruch und dem Selbstverwaltungsrecht der Religionsgesellschaften zu ziehen sei, kann nicht mit einem auf den Staat fokussierten, institutionellen Trennungsgebot und strenger Gleichbehandlung gefunden werden. Ähnlich ist die Lage bei den Konflikten, in denen es um die *Religionsfreiheit als Freiheitsecht*, also insbesondere Ausnahmen von staatlichen Ge- und Verboten geht. Auch hier sind die negativen Neutralitätskonzepte auf eine Verteidigung der Bürgerinnen gegen Maßnahmen ausgerichtet, in denen sich staatliche Macht mit religiösen Inhalten verbindet. In der Rechtspraxis sind heute jedoch vor allem die gegenteiligen Fälle relevant, in denen religiöse Bürger Schutz vor säkularen Maßnahmen des Staates suchen.[113] Negative Neutralitätsverständnisse können nicht erklären, ob der Staat die religiös-weltanschauliche Neutralität verletzt, wenn er gläubigen Bürgerinnen das rituelle Schächten verbietet und sie zu geschlechtergemischtem Schwimmunterricht oder zu schulischem Sexualkundeunterricht zwingt. Hinsichtlich der dritten Fallgruppe – der *konfligierenden Religionsfreiheit im staatlichen Raum* – muss zwischen den verschiedenen negativen

---

[112] Beispielhaft *Czermak*, Bewegung im Staatskirchenrecht, ZRP 1990, 475, 477; *Czermak*, Religions- und Weltanschauungsrecht, 2008, S. 238.

[113] Ebenso *Huster*, Der Grundsatz der religiös-weltanschaulichen Neutralität des Staates, 2004, S. 9.

Neutralitätskonzepten unterschieden werden. Sofern eine strikte Bereichsscheidung vertreten wird, der zufolge der Staat »keine Situationen schaffen [dürfe], in denen es zum Konflikt der positiven mit der negativen Religionsfreiheit kommen kann«,[114] also jegliche Form religiösen Lebens aus dem staatlichen Raum fernzuhalten sei, kann diese Fallgruppe ohne Probleme bewältigt werden. Kreuze an Gerichtswänden sind dann ebenso unzulässig wie Kopftücher von Lehrerinnen oder jegliche Unterstützung von Gebeten in Schulen.[115] Wenn jedoch der staatliche Raum für das Religiöse nicht strikt verschlossen bleibt, dann stellt sich für negative Neutralitätsverständnisse die Frage, wo die Grenze zwischen zulässigen nicht-institutionellen und neutralitätswidrigen institutionellen Verbindungen von Staat und Weltanschauungen verläuft. Dass solche inhaltlichen Grenzen im Einzelfall definiert werden müssen, ist an sich zwar keine konzeptionelle Schwachstelle, sondern typische juristische Arbeit. Die Schwäche der negativen Neutralitätskonzepte ist vielmehr, dass sie keinerlei Anhaltspunkte für solch eine Definition bieten. Ähnlich ist auch die Leistungsfähigkeit der negativen Neutralität im Hinblick auf die *gleichheitsrechtlichen Konfliktkonstellationen* einzuschätzen. Sofern ein strenges Berührungsverbot angenommen wird, sind die Ergebnisse einfach, weil es schon keinen Kontakt mit Religionen und Weltanschauungen geben darf, innerhalb dessen Gleichbehandlung geübt werden muss.[116] Sind hingegen Berührungen und insbesondere Fördermaßnahmen nicht pauschal ausgeschlossen, dann muss beantwortet werden, wie mit den gleichheitsrechtlichen Spannungen umzugehen ist, die in den rechtswissenschaftlichen Annäherungen beschrieben wurden.[117] Sofern die bisher entwickelten Ansätze negativer Neutralität diesbezüglich überhaupt Stellung beziehen, bleiben die jeweiligen Lösungen jedoch weitgehend vage und unterkomplex. Der letzten Fallkonstellation der religiös-weltanschaulichen Neutralität wiederum, den *ethischen Fragestellungen und gesellschaftlichen Praxen*, wird lediglich von *Fischer* und *Czermak* (bei diesem unter Bezugnahme auf *Huster*) begegnet. Sie verlangen, dass der Staat bei der Entscheidung über seine Maßnahmen ausschließlich säkulare Axiome zugrunde legt, womit sie die institutionelle Trennung um eine inhaltliche Dimension ergänzen. Für die anderen Vertreter einer negativen Neutralität bleibt diese fünfte Konfliktkonstellation verschlossen.

---

[114] *Renck*, Staatliche Religionsneutralität und Toleranz, JuS 1989, 451, 455.

[115] Das Ergebnis ist allerdings nur dann einfach, wenn es sich bei den fraglichen Handlungen oder Symbolen eindeutig um religiöse Maßnahmen handelt. Wenn jedoch – wie etwa im Rahmen der Diskussion um ein Kreuz an Schulwänden – vertreten wird, dass die fragliche Maßnahme nicht religiöser, sondern kultureller Natur sei, ist die Ergebnisfindung deutlich komplizierter (vgl. unten, 3. Kapitel, E. I.). Die Entscheidung darüber, ob eine Maßnahme religiöser Natur ist oder nicht, ist ihrerseits eine Herausforderung für Konzepte religiös-weltanschaulicher Neutralität (eingehend oben, 2. Kapitel, C. II. 3. a). Die negativen Neutralitätskonzepte haben bisher nicht die erforderliche inhaltliche Tiefe erreicht, um dieser Herausforderung aus sich heraus begründet begegnen zu können.

[116] Zu diesem Vorteil eines Trennungsmodells auch *Kokott*, Laizismus und Religionsfreiheit im öffentlichen Raum, Der Staat 44 (2005), 343, 352 f.

[117] Hierzu oben, 2. Kapitel, C. II. 3. b).

Die Leistungsdefizite der negativen Neutralitätsverständnisse lassen sich vor dem Hintergrund ihrer bereits mehrfach erwähnten historischen Wurzeln verstehen. Im Widerstand gegen die Koordinationslehre und im Kontext einer religiös noch weitgehend homogenen Gesellschaft ergibt die Fokussierung der negativen Neutralität auf die institutionelle Trennung von Staat und Kirche durchaus Sinn. Und dort, wo der Staat insbesondere zu den christlichen Großkirchen weiterhin in einer Nähebeziehung steht (finanzielle Kirchenförderung, Kirchenbaulasten, Rundfunkräte, theologische Fakultäten etc.), stellen die Stimmen negativer Neutralität auch heute einen wertvollen, kritischen Beitrag zum gesellschaftlichen und wissenschaftlichen Diskurs dar. Nur hat die religiös-weltanschauliche Pluralisierung der letzten Jahrzehnte die gesellschaftlichen Rahmenbedingungen in einer Weise verändert, die an vielen Stellen für die negative Neutralität schwer zu greifen ist. Insbesondere in freiheits- und gleichheitsrechtlicher Hinsicht sind differenziertere Lösungen erforderlich. Dies zeigt sich nicht nur an den Fortentwicklungen *Czermaks*, sondern auch bei anderen modernen Autoren, die zwar strukturell an einem negativen Neutralitätsverständnis ansetzen, aber dennoch punktuelle Öffnungen des Staates für den religiös-weltanschaulichen Pluralismus für erforderlich halten[118] oder aber von vornherein nur bezogen auf bestimmte Fallkonstellationen argumentieren.[119]

II. Positive Neutralität

Das Gegenstück zur negativen Neutralität ist in der klassischen Aufteilung der Neutralitätsverständnisse die sogenannte positive Neutralität, die teilweise auch als offen, hereinnehmend oder vorsorgend beschrieben wird.[120] Sie wird oft undifferenziert als herrschende Meinung und geltendes Recht dargestellt,[121] obwohl auch hier durchaus unterschiedliche Ansätze zu einem Meinungsstrang zusammengefasst sind und außerdem die praktische Übertragung nicht so einseitig ist wie damit suggeriert wird. Um diesen Meinungsstrang der positiven Neutralität nun in seiner Vielfältigkeit näher vorzustellen, bietet sich aus drei Gründen ein etwas anderes Vorgehen als bei der negativen Neutralität an. Der erste Grund ist, dass mit den negativen Neutralitätsverständnissen Bezugspunkte geschaffen wurden, zu denen die positiven Neutralitätsverständnisse gewinnbringend in Relation gesetzt werden können, außerdem sind die zentralen Topoi und Argumentationsmuster bereits bekannt, sodass es weniger um deren Einführung, son-

---

[118] So z. B. *Rathke*, Öffentliches Schulwesen und religiöse Vielfalt, 2005, S. 300 ff.; vgl. weiterhin *Mager*, in: v. Münch/Kunig, Art. 140 GG Rn. 24 ff., 36, 62 f., 96, 99.

[119] Beispielhaft *Goerlich*, Distanz und Neutralität im Lehrberuf, NJW 1999, 2929 ff., insb. 2931; *Halfmann*, Der Streit um die »Lehrerin mit Kopftuch«, NVwZ 2000, 862, 867.

[120] Siehe hierzu oben in diesem Abschnitt, 3. Kapitel, A. I.

[121] Beispielhaft *Vosgerau*, Freiheit des Glaubens und Systematik des Grundgesetzes, 2007, S. 108; *Ganz*, Das Tragen religiöser Symbole und Kleidung in der öffentlichen Schule in Deutschland, Frankreich und England, 2009, S. 43; *Janssen*, Aspekte des Status von Religionsgemeinschaften als Körperschaften des öffentlichen Rechts, 2017, S. 630; siehe auch BVerfGE 108, 282, 300 (dazu sogleich).

dern mehr um deren Gegenüberstellung gehen kann. Der zweite Grund besteht in der Vielzahl der Autoren, die sich über die Jahrzehnte für ein positives Neutralitätsverständnis ausgesprochen haben. Anders als bei den zahlenmäßig überschaubaren Vertretern der negativen Neutralität ist es nicht möglich, die Ansätze positiver Neutralität ebenfalls in einem umfassenden Sinne personenbezogen vorzustellen. Der dritte Grund liegt in der konzeptionellen Funktion der positiven Neutralität. Es wird sich zeigen, dass in der rechtswissenschaftlichen Diskussion im Ergebnis keine ausschließlich-positiven Neutralitätskonzepte vertreten werden. Sieht man von bloß schlagwortartigen Positionierungen ab, dann sind die Aspekte positiver Neutralität nicht bereits ein Endpunkt in sich, sondern sie sind Bestandteile differenzierterer religionsverfassungsrechtlicher Verständnisse.

In Anbetracht dieser Umstände soll als erstes näher auf die Abgrenzung von positiver und negativer Neutralität geblickt werden. Die Gegenüberstellung dieser beiden Meinungsstränge läuft Gefahr, eine umfassende Frontstellung zu suggerieren, die so nicht besteht. Es soll daher geklärt werden, wo die zentralen Unterschiede ansetzen, um die positive Neutralität gezielt von der negativen Neutralität abgrenzen zu können. Auf dieser Grundlage werden als zweites die konkreten Inhalte positiver Neutralitätsverständnisse vorgestellt, wobei sich drei Hauptströmungen identifizieren lassen, anhand derer das Meinungsspektrum strukturiert werden kann. Damit bei der auf diese Weise abstrahierten Darstellung der Inhalte die sie tragenden Argumente nicht verloren gehen, werden in einem dritten Schritt die Begründungen für positive Neutralität vor- und denen der negativen Neutralität gegenübergestellt. In einem vierten Schritt erfolgt dann wiederum eine Einordnung und Analyse der positiven Neutralitätskonzepte, wobei sich klären wird, warum es keine umfassenden religionsverfassungsrechtlichen Verständnisse geben kann, die ausschließlich auf positiver Neutralität basieren.

1. Zum Gegensatz von negativer und positiver Neutralität

»Die dem Staat gebotene religiös-weltanschauliche Neutralität ist indes nicht als eine distanzierende im Sinne einer strikten Trennung von Staat und Kirche, sondern als eine offene und übergreifende, die Glaubensfreiheit für alle Bekenntnisse gleichermaßen fördernde Haltung zu verstehen.«[122]

Es überrascht, wie oft in der religionsverfassungsrechtlichen Literatur an dieser Formulierung des Bundesverfassungsgerichts angeknüpft wird, um ein positives Neutralitätsverständnis zu erklären.[123] Dabei ist es natürlich nicht der Umstand,

---

122 BVerfGE 108, 282, 300.

123 Beispielhaft *Kokott*, in: Sachs, Art. 4 GG Rn. 6; *Hofmann*, in: Schmidt-Bleibtreu/Hofmann/Henneke, Art. 4 GG Rn. 52; *Isensee*, Staatsaufgaben, in: Isensee/Kirchhof (Hrsg.), HStR Bd. IV, 3. Aufl. 2006, S. 117, 150; *Papier*, Aktuelle Herausforderungen im Verhältnis zwischen Staat und Kirche unter besonderer Berücksichtigung der staatlichen Neutralitätspflicht, in: Pitschas/Uhle (Hrsg.), FS Scholz, 2007, 1123, 1127 f. Dieser Einstieg über eine Abgrenzung zu einem negativen Neutralitätsverständnis ist keine neue Entwicklung. Aus älterer Zeit siehe etwa *Kewenig*, Das Grundgesetz und die staatliche Förderung der Religionsgemeinschaften, in: Krautscheidt/Marré (Hrsg.), Essener Gespräche zum Thema Staat und Kirche (6), 1972, S. 9, 27 f.

dass das Bundesverfassungsgericht rezitiert wird, der verwundert – das Gericht ist im deutschen Verfassungsrecht ohnehin maßstabbildend und sein Einfluss kann bei einem verfassungsrechtlichen Grundsatz, den es selbst eingeführt hat, nur umso größer sein. Was verblüfft ist, dass es gerade diese Formulierung ist, die verwendet wird, um in die Darstellung der positiven Neutralität einzusteigen. Obwohl die negative, »distanzierende« Neutralität in der rechtswissenschaftlichen Literatur im Rang einer Randerscheinung verblieben ist, werden positive, »offene und übergreifende« Neutralitätsverständnisse oft nicht freistehend, sondern – wie in dem Zitat des Bundesverfassungsgerichts – in Abgrenzung zu der religionsverfassungsrechtlichen Mindermeinung beschrieben. Die Stimmen für ein positives Neutralitätsverständnis sind im deutschen Religionsverfassungsrecht so eindeutig in der Überzahl, dass eine defensiv-widersprechende Haltung eigentlich nicht erforderlich sein dürfte, um die eigene Position argumentativ zu festigen, und dennoch besteht immer wieder das Bedürfnis, zu erklären, was die religiös-weltanschauliche Neutralität *nicht* ist. Vielleicht erfolgt eine solche abgrenzende Beschreibung der positiven Neutralität – wie in dieser Arbeit – aus didaktischen Gründen, weil ein negatives Neutralitätsverständnis mit seiner scharfen Trennung von Staat und Religion einen klaren (und aus Trennungssystemen wie Frankreich oder den U.S.A. vertrauten) Fixpunkt bietet, anhand dessen die eigene Position erläutert werden kann. Vielleicht zeigt sich hier aber auch, wie stark der rechtswissenschaftliche Diskurs durch andere wissenschaftliche oder gesellschaftliche Debatten beeinflusst wird. Religionsdistanzierte Standpunkte sind z. B. in der politischen Philosophie[124] oder in der parlamentarischen Öffentlichkeit[125] traditionell deutlich präsenter als im deutschen Religionsverfassungsrecht. Es ist also gut möglich, dass es sich um den Versuch handelt, die eigene Darstellung der religionsverfassungsrechtlichen Ordnung de lege lata von politischen Positionen de lege ferenda abzugrenzen.[126] Vielleicht treffen auch beide Umstände zusammen. Der Völker- und Europarechtswissenschaftler *Joseph H. H. Weiler*, der u. a. wesentlich am Verfahren *Lautsi vs. Italien* vor der Großen Kammer des EGMR beteiligt war,[127] postuliert im Hinblick auf den staatlichen Umgang mit Religion:

---

[124] Siehe hierzu den Abschnitt oben, 2. Kapitel, B.

[125] Historisch sei erinnert an das Kirchenpapier der FDP »Freie Kirche im freien Staat« aus dem Jahr 1974, näher oben, 2. Kapitel, A. III. 3. b). Ein Beispiel aus neuerer Zeit ist eine Kleine Anfrage aus dem Jahr 2016, in welcher sich die Bundestagsfraktion DIE LINKE in tendenziöser Weise erkundigte, ob eine islamistische Organisation versuche, den deutschen »Laizismus« zu überwinden. Die Bundesregierung antwortete hierauf mit der soeben zitierten Passage aus BVerfGE 108, 282, 300 und stellte fest: »Das Grundgesetz begründet daher keinen laizistischen Auftrag. Insoweit stellt sich die Frage aus tatsächlichen Gründen nicht.«, siehe BT-Drs. 18/9635, S. 5, Frage und Antwort 20.

[126] Dies klingt an z. B. bei *Heinig*, »Säkularismus« und »Laizismus« als Anfragen an das säkulare Religionsrecht in Deutschland, in: ders., Die Verfassung der Religion, 2014, S. 146, 153, der (ohne konkreten Nachweis) eine Zunahme von »Stimmen, die auf eine striktere Trennung von Staat und Kirche, von Politik und Religion drängen« feststellt und im Folgenden auf religionskritische Tendenzen in den politischen Parteien eingeht.

[127] EGMR NVwZ 2011, 737.

»Der Einfluss, den die französische und die US-amerikanische Revolution auf unsere Politik- und Verfassungskultur nehmen, ist ein so dauerhafter und mächtiger, dass wir das Leitbild des amerikanischen ›Separationismus‹ und des französischen Laizismus leicht als normative Leitbilder verstehen, an denen jede Diskussion zu diesen Fragen zu messen sei.«[128]

Aus welchem Grund auch immer: Dadurch, dass klassischerweise zwischen negativer und positiver Neutralität unterschieden wird, und dadurch, dass positive Neutralität nicht selten in Abgrenzung zu negativer Neutralität beschrieben wird, kann der Eindruck entstehen, dass es sich bei diesen Alternativen um genaue Gegensätze handelt. Im vorhergehenden Abschnitt wurde herausgearbeitet, dass negative Neutralitätsverständnisse gedanklich auf dem »Prinzip der Nicht-Identifikation« beruhen und sich über eine scharfe Trennung von Staat und Religion definieren, wobei Berührungen von Staat und Religion – wenn überhaupt – bei strenger Beachtung des Gleichbehandlungsgebots als zulässig angesehen werden. Wäre positive Neutralität nun das exakte Gegenteil der negativen Neutralität, würde sie die gleichheitswidrige Identifikation mit einem bestimmten Bekenntnis bis hin zu exklusiven institutionellen Verbindungen legitimieren. Während die negative Neutralität zum Trennungssystem neigt, müsste die positive Neutralität zum Staatskirchensystem tendieren.

Dies ist nun der Punkt, wo sich die Schwäche der herkömmlichen Unterteilung in Trennungs-, Kooperations- und Staatskirchensysteme zeigt, die zu Beginn dieser Arbeit angedeutet worden war.[129] Nur weil die positive Neutralität von der (trennungssystemisch ausgerichteten) negativen Neutralität abweicht, muss sie nicht notwendigerweise einem Staatskirchensystem ähneln. Tatsächlich wird das »Prinzip der Nicht-Identifikation« von Autoren ganz unterschiedlicher religionsverfassungsrechtlicher Couleur bejahend in Bezug genommen[130] und die grundsätzliche organisatorische Trennung von Staat und Religion wird auch von Vertretern positiver Neutralität als zentraler Wesenszug des Grundge-

---

128 *Weiler*, Freiheit zur und Freiheit von der Religionsausübung: Das europäische Modell, in: Grundmann/Thiessen (Hrsg.), Religiöse Werte im Recht, 2017, S. 101.

129 Siehe oben, 1. Kapitel, B. Fn. 14.

130 Vgl. über die Jahre *Heckel*, Staat Kirche Kunst, 1968, S. 200; *Böckenförde*, Das Grundrecht der Gewissensfreiheit, VVDStRL 28 (1970), 33, 55 f., 84 (wobei *Böckenförde* einigen Begründungsaufwand betreibt, um *Krüger* ein offenes Neutralitätsverständnis in den Mund zu legen, siehe dort auch Fn. 69); *Kewenig*, Das Grundgesetz und die staatliche Förderung der Religionsgemeinschaften, in: Krautscheidt/Marré (Hrsg.), Essener Gespräche zum Thema Staat und Kirche (6), 1972, S. 9, 28; *Weber*, Die rechtliche Stellung der christlichen Kirchen im modernen demokratischen Staat, ZevKR 36 (1991), 253, 258; *Magen*, Körperschaftsstatus und Religionsfreiheit, 2004, S. 176; *Isensee*, Staatsaufgaben, in: Isensee/Kirchhof (Hrsg.), HStR Bd. IV, 3. Aufl. 2006, S. 117, 149; *Heinig*, Schlusswort – Verschleierte Neutralität, JZ 2010, 357, 359; *Herzog*, in: Maunz/Dürig, Art. 4 GG Rn. 71; *Möllers*, Grenzen der Ausdifferenzierung, in: Heinig/Walter (Hrsg.), Religionsverfassungsrechtliche Spannungsfelder, 2015, S. 9, 18; kritisch hingegen *Schlaich*, Neutralität als verfassungsrechtliches Prinzip, 1972, S. 186 f., 236 ff.; *Schlaich*, Radikale Trennung und Pluralismus (1975), in: Mikat (Hrsg.), Kirche und Staat in der neueren Entwicklung, 1980, S. 427, 437 ff.; *Uhle*, Freiheitlicher Verfassungsstaat und kulturelle Identität, 2004, S. 464 ff.; differenzierend *Scheuner*, Das System der Beziehungen von Staat und Kirchen im Grundgesetz, in: Friesenhahn/Scheuner (Hrsg.), HdbStKirchR Bd. I, 1974, S. 5, 63; *Hillgruber*, Staat und Religion, DVBl 1999, 1155, 1173 f.

setzes betont.[131] Zwar gibt es durchaus Meinungen, die dem deutschen Religionsverfassungsrecht eine singuläre Privilegierung des Christentums bzw. speziell der Großkirchen entnehmen wollen und sich damit einer Staatskirchenordnung strukturell zumindest annähern.[132] Diese Art der systemischen Begünstigung ist jedoch nicht unbedingt diejenige positive Neutralität, die in dem einleitenden Zitat des Bundesverfassungsgerichts als »offene und übergreifende, die Glaubensfreiheit für alle Bekenntnisse gleichermaßen fördernde Haltung« beschrieben wurde. Es zeigt sich: Die entscheidende Abgrenzung zwischen positiver und negativer Neutralität setzt nicht bei der Unterscheidung zwischen Trennungs- oder Staatskirchensystem an, sondern sie liegt in der Frage danach, wieviel Raum Religionen und Weltanschauungen ganz allgemein gewährt wird. Zum einen geht es um den Raum jenseits staatlicher Einflussnahme, wo das Selbstbestimmungsrecht der Religions- und Weltanschauungsgemeinschaften in voller Freiheit von staatlicher Kontrolle entfaltet werden kann, zum anderen und vor allem geht es aber darum, wie weit Religionen in den öffentlichen bzw. staatlichen Raum hineinwirken dürfen und inwieweit sie dabei vom Staat unterstützt werden dürfen bzw. müssen.

2. Meinungsspektrum positiver Neutralität

So wie sich im Rahmen der negativen Neutralität auf der einen Seite besonders strenge Ansichten finden, die jegliche Berührungen von Staat und Religion untersagen, und auf der anderen Seite moderatere Ansichten bestehen, die sogar eine (paritätische) Förderung von Religionen und Weltanschauungen für möglich erachten, weist auch die positive Neutralität ein gewisses Spektrum auf. Insofern lassen sich drei Grundtendenzen identifizieren: Zwei weiterreichende Formen positiver Neutralität, in deren Sinne der Staat zu grundsätzlicher Offenheit für Religion bzw. gar zu ihrer Förderung verpflichtet ist, und ein moderateres Neutralitätsverständnis, das nicht weit von den gemäßigten Formen negativer Neutralität entfernt ist und an dem sich daher die Grenze zwischen positiver und negativer Neutralität besonders feingliedrig ablesen lässt.

Wenn im Folgenden zunächst das moderate Verständnis positiver Neutralität und anschließend die inhaltlich anspruchsvolleren Ansätze vorgestellt werden, sollen die jeweiligen Interpretationslinien exemplarisch den Positionen bestimmter Autoren zugeordnet und teilweise Parallelen zu anderen Stimmen hergestellt werden. Anders als bei der negativen Neutralität kann es im Rahmen der positiven Neutralität allerdings nicht darum gehen, die Neutralitätskonzepte verschiedener Autoren umfassend nachzuzeichnen. Ein positives Neutralitätsverständnis wird, wie bereits angedeutet, in Reinform nicht vertreten; vielmehr dienen die hier dargestellten Varianten positiver Neutralität als Ausgangspunkte für nuancierte Inter-

---

[131] *Heckel*, Staat Kirche Kunst, 1968, S. 198 f.; *Weber*, Grundprobleme des Staatskirchenrechts, 1970, S. 68; *Listl/Hollerbach*, Das Verhältnis von Kirche und Staat in der Bundesrepublik Deutschland, in: Listl/Schmitz (Hrsg.), HdbKathKR, 2. Aufl. 1999, S. 1268, 1273; *Mager*, in: v. Münch/Kunig, Art. 140 GG Rn. 25; *Morlok*, in: Dreier, Art. 140 GG Rn. 37.

[132] Hierzu unten, 3. Kapitel, E.

pretationen des Religionsverfassungsrechts. Wo nun Bezugspunkte zu bestimmten Autoren hergestellt werden, handelt es sich also bewusst nur um Ausschnitte, die zu Illustrationszwecken verwendet werden. Das Ziel ist in erster Linie, einen geordneten Überblick darüber zu vermitteln, wie mit einer offen-positiven Ausrichtung über religiös-weltanschauliche Neutralität nachgedacht werden kann. Da somit nicht die Einzelmeinungen im Fokus stehen, ist es auch nicht erforderlich, die Argumente positiver Neutralitätskonzepte im Zusammenhang mit bestimmten Ansätzen vorzustellen; sie können stattdessen anschließend in einem separaten Abschnitt zusammengefasst und strukturiert dargestellt werden.

a) Wohlwollende Unverschlossenheit

Ein plastisches Beispiel für ein moderates Verständnis positiver Neutralität findet sich in dem Werk von *Hermann Weber*. Dessen (zum Großteil bereits Mitte der 1960er Jahre entwickelter) religionsverfassungsrechtlicher Ansatz weist starke Parallelen zu den späteren Interpretationen *Rencks* und *Czermaks* auf, die dementsprechend mit einer gewissen Sympathie auf *Weber* Bezug nahmen.[133] So entnimmt auch *Weber* dem Verbot der Staatskirche des Art. 140 GG i. V. m. Art. 137 Abs. 1 WRV ein striktes institutionelles Trennungsprinzip und betont, dass »Durchbrechungen« desselben nur auf Grundlage einer »besonderen verfassungsrechtlichen Legitimation« erfolgen dürften, »die sich nur aus ausdrücklichen Normierungen der Verfassung [...] oder aus der stillschweigenden Anerkennung traditioneller Rechtsgestaltung durch das Grundgesetz« ergeben könne.[134] Jenseits des Institutionellen seien Berührungen von Staat und Religion nicht ausgeschlossen, allerdings sei »religionsfördernde Betätigung des Staates nur paritätisch und in absoluter Neutralität« zulässig.[135] Diese Neutralität bedeute jedoch wiederum nicht, dass alle Religionen und Weltanschauungen im Ergebnis gleichzustellen seien, vielmehr gehe es darum, ihnen im Ansatz gleichberechtigt zu begegnen, wobei eine Differenzierung nach »Größe und sozialer Relevanz« zulässig sei.[136]

---

[133] Beispielhaft *Renck*, Verfassungsprobleme der theologischen Fakultäten, NVwZ 1996, 333, 334 Fn. 12; *Czermak*, Bewegung im Staatskirchenrecht, ZRP 1990, 475, 478 f. – Anders als *Renck* und *Czermak* hat *Weber* persönlich keinen religionsdistanzierten Hintergrund, sondern gehört der evangelischen Kirche an. Unabhängig davon war sein erklärtes Bestreben eine methodisch klare und uneinseitige juristische Interpretationsleistung, vgl. *Weber*, Grundprobleme des Staatskirchenrechts, 1970, S. 18 ff. (entspricht weitgehend *Weber*, Grundprobleme des Staatskirchenrechts, JuS 1967, 433, 434 ff.); anerkennend *Quaritsch*, Zurück zur juristischen Methode im Staatskirchenrecht, NJW 1967, 764, 765 f.

[134] *Weber*, Grundprobleme des Staatskirchenrechts, 1970, S. 68 f.; sowie allgemein zum Trennungsprinzip bereits *Weber*, Die Religionsgemeinschaften als Körperschaften des öffentlichen Rechts im System des Grundgesetzes, 1966, S. 32 ff.

[135] *Weber*, Grundprobleme des Staatskirchenrechts, 1970, S. 68; ähnlich über die Jahre *Weber*, Gelöste und ungelöste Probleme des Staatskirchenrechts, NJW 1983, 2541, 2543; *Weber*, Die rechtliche Stellung der christlichen Kirchen im modernen demokratischen Staat, ZevKR 36 (1991), 253, 258;

[136] Vgl. *Weber*, Änderungsbedarf im deutschen Religionsrecht?, NJW 2010, 2475, 2476; und *Weber*, Die rechtliche Stellung der christlichen Kirchen im modernen demokratischen Staat, ZevKR 36 (1991), 253, 260 f. Im Kontext der grundgesetzlich vorgesehenen »institutionellen Hilfen für die Grundrechtsverwirklichung von Religionsgemeinschaften« schränkt *Weber* diese Differenzierungsmöglichkeiten der Anwendungsneutralität dahingehend ein, dass »die Anfor-

Mit dieser Ausrichtung positioniert sich *Weber* gegen Verständnisse negativer Neutralität, die ein strenges Berührungsverbot aufstellen,[137] und er weicht auch von Ansichten ab, die wie *Keim* oder *von Zezschwitz* eine gleichmäßige Förderung zwar theoretisch zulassen, sie aber praktisch ausschließen, weil Gleichheit bei der Vielzahl der verschiedenen Religionen mit ihren unterschiedlichen Ausgangsbedingungen unmöglich hergestellt werden könne.[138] Diese Schritte sind jedoch auch *Renck* und *Czermak* gegangen. *Webers* Ansatz gleicht dem ihrigen in der Betonung strikter institutioneller Trennung und strenger Gleichbehandlung aller Religionen und Weltanschauungen. Darüber hinaus lehnt auch *Weber* eine Pflicht des Staates zur Förderung von Religion ab[139] und versteht die religionsnahen Bestimmungen des Grundgesetzes nicht dahingehend, dass der staatliche Raum grundsätzlich für Religion zu öffnen sei.[140]

Warum sind nun aber *Rencks* und im weiteren Sinne *Czermaks* Ansatz zu den negativen Neutralitätsverständnissen zu zählen, wohingegen *Weber* hier der positiven Neutralität zugerechnet wird? Der Unterschied zwischen diesen Verständnissen liegt letztlich nicht mehr auf formal-konzeptioneller Ebene, sondern ist subtiler. Der entscheidende Punkt ist nicht eine unmittelbare rechtliche Wertung, sondern die zugrundeliegende »Stimmung«, mit der Religion von rechtlicher Seite aus betrachtet wird. Beispielhaft lässt sich dies festmachen an der Art und Weise, wie über die strikte institutionelle Trennung von Staat und Religion gesprochen wird. Bei Vertretern negativer Neutralität folgt auf die Hervorhebung des Trennungsprinzips in der Regel die Betonung dessen, dass die durch das Grundgesetz vorgesehenen Berührungen von Staat und Religion singuläre Ausnahmen seien, die restriktiv gehandhabt werden müssten. Bei *Weber* hingegen folgt auf die Feststellung, dass im Grundgesetz ein »reines Trennungsprinzip« verwirklicht sei, die Aussage, dass dennoch

> »jeder Versuch einer Übertragung kirchenfeindlicher Trennungssysteme scheitern [muss], da die Trennung auf der formal-organisatorischen Ebene keine Religionsfeindschaft des Staates begründet, eine praktische Zusammenarbeit des Staates mit den Religionsgemeinschaften und die gegenseitige Achtung also nicht ausgeschlossen ist.«[141]

---

derungen fur solche Vergünstigungen (etwa hinsichtlich des Organisationsgrads und der Organisationsform der zu begünstigenden Gemeinschaften) nicht so formuliert werden dürfen, daß für islamische Gruppierungen von vornherein unübersteigbare Hürden für die Inanspruchnahme der Vergünstigung bestehen«, so *Weber*, Die Religionsfreiheit im nationalen und internationalen Verständnis, ZevKR 45 (2000), 109, 132.

[137] Explizit *Weber*, Gelöste und ungelöste Probleme des Staatskirchenrechts, NJW 1983, 2541, 2543; sowie *Weber*, Die rechtliche Stellung der christlichen Kirchen im modernen demokratischen Staat, ZevKR 36 (1991), 253, 258 und 262.

[138] Deutlich abgrenzend *Weber*, Änderungsbedarf im deutschen Religionsrecht?, NJW 2010, 2475, 2476.

[139] *Weber*, Gelöste und ungelöste Probleme des Staatskirchenrechts, NJW 1983, 2541, 2544; *Weber*, Die rechtliche Stellung der christlichen Kirchen im modernen demokratischen Staat, ZevKR 36 (1991), 253, 262.

[140] Vgl. z. B. *Weber*, Die Religionsfreiheit im nationalen und internationalen Verständnis, ZevKR 45 (2000), 109, 126 und Fn. 51.

[141] *Weber*, Die Religionsgemeinschaften als Körperschaften des öffentlichen Rechts im System des Grundgesetzes, 1966, S. 32f.

Noch deutlicher wird die Unbefangenheit im Umgang mit Religion in Passagen, in denen sich *Weber* gegen ein striktes Berührungsverbot ausspricht und ein Neutralitätsverständnis bevorzugt, das »keine Bedenken hat, dem Staat im Interesse der Freiheitsverwirklichung seiner Bürger auch eine Förderung von Religion und Religionsgemeinschaften zu ermöglichen, wenn sie nur in strikter Neutralität und Gleichheit« erfolge.[142] Auf rein inhaltlicher Ebene widerspricht dies nicht den Positionen von *Renck* und *Czermak*, aber der Ton ist ein anderer. Die Trennung von Staat und Religion bzw. die religiös-weltanschauliche Neutralität erscheint hier weniger als etwas, das gegen unvermeidbare Berührungen mit Religion verteidigt werden müsse, sondern eher als ein fester Rahmen für die Begegnung mit dem Religiösen.

Diese Feststellung ist selbst kein juristisches Argument oder etwas, woraus unmittelbare Schlussfolgerungen gezogen werden können, aber die unterschiedliche »Stimmung« kommt dort zum Tragen und hat dann eben doch rechtliche Konsequenzen, wo Ergebnisse nicht mehr zwingend sind. Dies zeigt sich z. B. bei den Fragen zum Kirchensteuereinzug, zu theologischen Fakultäten an staatlichen Universitäten und zu der praktischen Umsetzung der Anstalts- und Militärseelsorge. Diese Themen wurden von Vertretern negativer Neutralität typischerweise kritisch betrachtet, weil die tatsächliche Umsetzung über das Minimum an institutioneller Verbindung von Staat und Religionsgemeinschaften hinausgeht, welches erforderlich ist, um den Vorgaben des Grundgesetzes zu genügen. *Weber* ist hingegen eher geneigt, bei der Verfassungsinterpretation z. B. praktische Gesichtspunkte mit zu berücksichtigen und in deren Licht Berührungen von Staat und Religion, die auf das Grundgesetz zurückgeführt werden können, nicht minimalistisch zu interpretieren[143] – freilich ohne dabei unreflektiert die religiöse Seite einseitig zu begünstigen.[144]

Zusammengefasst lässt sich dieses Neutralitätsverständnis so beschreiben, dass durch strikte institutionelle Trennung und ein Gebot strenger Gleichbehandlung ein Rahmen geschaffen wird, innerhalb dessen keine spezifischen Vorgaben oder Verbote für den Umgang des Staates mit Religionen und Weltanschauungen bestehen. Der Staat darf Religionen unterstützend gegenübertreten,

---

[142] *Weber*, Gelöste und ungelöste Probleme des Staatskirchenrechts, NJW 1983, 2541, 2543; *Weber*, Die rechtliche Stellung der christlichen Kirchen im modernen demokratischen Staat, ZevKR 36 (1991), 253, 258.

[143] Eingehend zu den unterschiedlichen Themenbereichen und verschiedenen Interpretationsansätzen *Weber*, Die rechtliche Stellung der christlichen Kirchen im modernen demokratischen Staat, ZevKR 36 (1991), 253, 267 ff.; im Ergebnis ähnlich z. B. *Hollerbach*, Verträge zwischen Staat und Kirche in der Bundesrepublik Deutschland, 1965, S. 123.

[144] So vertritt *Weber* z. B. die Ansicht, dass das kirchliche Selbstbestimmungsrecht (insbesondere im Hinblick auf militante religiöse Gruppen) zu weit verstanden würde, siehe *Weber*, Die rechtliche Stellung der christlichen Kirchen im modernen demokratischen Staat, ZevKR 36 (1991), 253, 258 f.; oder er nähert sich einer Position *Rencks* an, indem er es für möglich hält, dass der Praxis der Staatskirchenverträge in den Bundesländern der ehemaligen DDR durch die veränderten religionssoziologischen Bedingungen die Legitimationsgrundlage entzogen werden könne, vgl. *Weber*, Neue Staatskirchenverträge mit der Katholischen Kirche in den neuen Bundesländern, in: Kästner/Nörr u. a. (Hrsg.), FS Heckel, 1999, S. 463, 493.

ohne es zu müssen; er ist nicht prinzipiell offen, aber auch nicht verschlossen; er ist nicht religiös oder antireligiös, aber er ist zumindest wohlwollend. Und dieser letztgenannte Aspekt ist entscheidend für die hier erstrebte Differenzierung zwischen den Neutralitätskonzepten. So simpel es klingen mag: Der grundlegende Unterschied zwischen einem negativen und einem positiven Neutralitätsverständnis ist, ob Religionen und Weltanschauungen mit einer negativen oder einer positiven Grundhaltung begegnet wird.

b) Grundsätzliche Offenheit

Während bei dem zuerst vorgestellten Ansatz positiver Neutralität die Abweichungen zu manchen negativen Neutralitätskonzepten sublim waren, sind die Kontraste bei den anderen Verständnissen deutlicher, weswegen sie pointierter vorgestellt werden können. So ist das folgende Neutralitätsverständnis einen erheblichen Schritt weiter von negativer Neutralität entfernt, weil es die religionsverfassungsrechtlichen Bestimmungen des Grundgesetzes nicht lediglich im Sinne eines wenig greifbaren Wohlwollens gegenüber Religionen und Weltanschauungen interpretiert. Stattdessen wird das Religionsverfassungsrecht gerade auf jene Weise gelesen, gegen die sich die Vertreter negativer Neutralitätskonzepte besonders gewehrt hatten. Die Religionsfreiheit des Art. 4 Abs. 1 und 2 GG wird nicht nur als »Freiheit vom Staat«, sondern auch als »Freiheit im Staat« gewertet, und die grundgesetzlich vorgesehenen Berührungen von Staat und Religion werden nicht als »Systemwidrigkeiten«, sondern als Ausdruck einer Grundhaltung verstanden.[145] Aus der Zusammenschau dieser Bestimmungen ergebe sich eine, wie *Hans Michael Heinig* formuliert, »konstitutionelle Präferenz für eine Religionspolitik, die den unterschiedlichen Religionen und Weltanschauungen [...] integrativ gegenübertritt«.[146] Die von der Verfassung gebotene Form der Neutralität führe dazu, dass nicht nur der gesellschaftliche, sondern sogar der staatliche Raum grundsätzlich offen sei für Formen religiösen Lebens – oder anders herum formuliert: Der Staat sei nur dann religiös-weltanschaulich neutral im Sinne des Grundgesetzes, wenn er Religionen und Weltanschauungen nicht pauschal aus dem staatlichen Bereich des öffentlichen Lebens ausschließt.[147] Vor dem Hintergrund dieser Offenheit wird zum Teil auch die Trennung von Staat und Kirche flexibler definiert als von den Vertretern negativer Neutralität und zwar insbe-

---

[145] Beispielhaft *Heckel*, Die Kirchen unter dem Grundgesetz, VVDStRL 26 (1968), 5, 28; *Heckel*, Religionsfreiheit im säkularen pluralistischen Verfassungsstaat, in: Ziemske (Hrsg.), FS Kriele, 1997, S. 281, 298 ff.; sowie *Heckel*, Religionsunterricht für Muslime?, JZ 1999, 741, 744.

[146] *Heinig*, »Säkularismus« und »Laizismus« als Anfragen an das säkulare Religionsrecht in Deutschland, in: ders., Die Verfassung der Religion, 2014, S. 146, 156.

[147] Beispielhaft statt vieler über die Jahre *Heckel*, Staat Kirche Kunst, 1968, S. 201 f.; *Kewenig*, Das Grundgesetz und die staatliche Förderung der Religionsgemeinschaften, in: Krautscheidt/Marré (Hrsg.), Essener Gespräche zum Thema Staat und Kirche (6), 1972, S. 9, 28; *Schlaich*, Radikale Trennung und Pluralismus (1975), in: Mikat (Hrsg.), Kirche und Staat in der neueren Entwicklung, 1980, S. 427, 441; *Brenner*, Staat und Religion, VVDStRL 59 (2000), 264, 272; *Heinig*, Das Religionsrecht zwischen der Sicherung freiheitlicher Vielfalt und der Abwehr fundamentalistischer Bedrohungen, in: ders., Die Verfassung der Religion, 2014, S. 22, 26.

sondere mit Blick auf die Bereiche der kultur- und sozialstaatlichen Fürsorge, wo Staat und Religionsgemeinschaften nicht selten in einer besonderen Nähebeziehung stehen. So betont *Martin Heckel* in expliziter Opposition zu *Fischer* wie *Weber*, das Trennungsgebot dürfe nicht »technisch verstanden und überspitzt werden i. S. eines generellen Verbots jeder institutionellen Verbindung von Staat und Kirche.«[148] Das Grundgesetz fordere nicht eine »äußere Bereichstrennung in getrennte kirchliche und staatliche Bereiche«, sondern eine »strikte Trennung ihrer Kompetenzen und Maßstäbe in den ›gemeinsamen Angelegenheiten‹.«[149]

c) *Pflicht zu positiver Religionspflege*

Das soeben vorgestellte Neutralitätskonzept hat eine Offenheit des Staates gefordert, die gewissermaßen passiv ist. Was darüber hinausgehende aktive Fördermaßnahmen (etwa finanzielle Unterstützungen) anbelangt, ist dieser Ansatz auf der Linie all jener Neutralitätsvorstellungen geblieben, die kein strenges Berührungsverbot aufstellen: Nichtinstitutionelle Förderungen sind erlaubt, solange sie gleichberechtigt erfolgen – sie sind jedoch nicht geboten.[150] Die dritte Form positiver Neutralität ist nun am weitesten von den Ansätzen negativer Neutralität entfernt, weil sie noch einen Schritt weiter geht und damit ein dezidiert religionsfreundliches Verständnis ist. Die zugrundeliegende Annahme ist, dass sich der Staat nicht trotz, sondern gerade durch »positive Religionspflege«[151] neutral verhalte. Der Staat wird nicht nur zu Offenheit, sondern sogar zu aktiver Förderung verpflichtet, die weiterhin gleichberechtigt erfolgen müsse.[152]

Klaus Obermayer hatte diesen Ansatz 1977 in seiner Schrift »Staat und Religion – Bekenntnisneutralität zwischen Traditionalismus und Nihilismus« bei-

---

[148] *Heckel*, Staat Kirche Kunst, 1968, S. 206 Fn. 651; ähnlich *Heckel*, Die Kirchen unter dem Grundgesetz, VVDStRL 26 (1968), 5, 38; sowie *Heckel*, Das Kreuz im öffentlichen Raum, DVBl 1996, 453, 471 f.; im Ergebnis ebenso z. B. *Scheuner*, Das System der Beziehungen von Staat und Kirchen im Grundgesetz, in: Friesenhahn/Scheuner (Hrsg.), HdbStKirchR Bd. I, 1974, S. 5, 63.

[149] *Heckel*, Religionsunterricht für Muslime?, JZ 1999, 741, 751, ähnlich 754.

[150] Es heißt dann, staatliche Förderung sei »nicht verboten« (z. B. *Kewenig*, Das Grundgesetz und die staatliche Förderung der Religionsgemeinschaften, in: Krautscheidt/Marré (Hrsg.), Essener Gespräche zum Thema Staat und Kirche (6), 1972, S. 9, 28; ähnlich *Unruh*, Religionsverfassungsrecht, 4. Aufl. 2018, S. 66) oder positive Religionspflege sei »zulässig«, der Staat »kann« u. a. finanzielle Unterstützung gewähren (z. B. *Hollerbach*, Verträge zwischen Staat und Kirche in der Bundesrepublik Deutschland, 1965, S. 123; ähnlich *Mückl*, Grundlagen des Staatskirchenrechts, in: Isensee/Kirchhof (Hrsg.), HStR Bd. VII, 3. Aufl. 2009, S. 711, 755).

[151] Dieser Begriff geht zurück auf *Melanchthons* Rede von der »cura religionis« und wurde in juristischer Hinsicht insbesondere von *Johannes Heckel* mit Blick auf den öffentlich-rechtlichen Körperschaftsstatus geprägt; speziell zum historischen Hintergrund siehe *J. Heckel*, Cura religionis, ius in sacra, ius circa sacra, in: Heckel (Hrsg.), FS Ulrich Stutz, 1938, S. 224, 225 ff.; zur Übertragung zudem *J. Heckel*, Melanchthon und das heutige deutsche Staatskirchenrecht, in: Jahrreiß/Jellinek u. a. (Hrsg.), FG E. Kaufmann, 1950, S. 83, 101 f.; weiterhin *J. Heckel*, Kirchengut und Staatsgewalt, in: Rechts- und Staatswissenschaftliche Fakultät der Universität Göttingen (Hrsg.), FS Smend, 1952, S. 103, 107.

[152] Zumindest für die staatlich kontrollierten Bereiche *Robbers*, Förderung der Kirchen durch den Staat, in: Listl/Pirson (Hrsg.), HdbStKirchR Bd. I, 2. Aufl. 1994, S. 867, 876; ähnlich *Starck*, in: v. Mangoldt/Klein/Starck, Art. 4 Abs. 1, 2 GG Rn. 27; unklar *Trapp*, Religiöse Neutralität und Rundfunkfreiheit, 2013, S. 173 gegenüber S. 82; kritisch hingegen *Magen*, in: Umbach/Clemens, Art. 140 GG Rn. 28; sowie *Mager*, in: v. Münch/Kunig, Art. 4 GG Rn. 29.

spielhaft zur Anwendung gebracht. Um die Auslegungsschwierigkeiten des Neutralitätsbegriffs zu überwinden, entwickelte er aus der Menschenwürdegarantie des Art. 1 Abs. 1 GG eine »Sinnverantwortung des Staates« als Leitbild der Verfassung.[153] Weil die transzendentale Wahrheitssuche von zentraler Bedeutung für die menschliche Existenz sei, müsse sich die religiös-weltanschauliche Neutralität darin erschöpfen, dass sich der Staat nicht auf ein bestimmtes Bekenntnis festlegen darf. Darüber hinaus sei jedoch staatliches Handeln erforderlich, um religiöse Freiheit in möglichst pluraler Form zu ermöglichen und so die Sinnsuche zu fördern.[154] *Obermayer* forderte: »Der Staat, der sich nicht für eine bestimmte Religion einsetzen darf, hat auf alle Fälle die Frage nach der Religion wachzuhalten und alle Initiativen zu ergreifen, um ihr im öffentlichen Dialog die erforderliche Aufmerksamkeit zu sichern.«[155] Konkrete (mitunter institutionelle) Folgen dieses Verständnisses seien z. B., dass »das Reden über Gott in öffentlichen Institutionen« nicht gegen die Verfassung verstoße, dass die Sinnfrage in Unterrichtsplänen zu beachten sei, dass theologische Fakultäten aufrecht erhalten und Einrichtungen, die sich mit der Sinnfrage auseinandersetzen, besonders gefördert werden müssten und dass der Staat angehalten sei, insbesondere im Bereich der Alten- und Krankenpflege mit den Religionsgemeinschaften zu kooperieren.[156]

3. Argumentationsführung zugunsten positiver Neutralität

Die Begründungen negativer Neutralitätsverständnisse fußten auf zwei Argumentationssträngen. Vorrangig wurde anhand des Normenmaterials des Grundgesetzes und dogmatischer Konstruktionen wie etwa dem Prinzip der Nicht-Identifikation argumentiert, also anhand genuin juristischer Inhalte. Diese wurden jedoch zusätzlich durch konsequentialistische, politische, ethische und epistemologische Argumente unterfüttert, die aus der politisch-philosophischen Debatte um Religion in der politischen Öffentlichkeit bekannt sind. Eine ähnliche Struktur weisen die Herleitungen positiver Neutralitätsverständnisse auf. So findet sich zum einen die argumentative Arbeit mit dem Normenmaterial des Grundgesetzes, die im Wesentlichen um zwei Aspekte kreist. Erstens werden die *religionsnahen Momente* des Religionsverfassungsrechts besonders hervorgehoben, das heißt sie werden nicht als singuläre Ausnahmen, sondern als kodifizierte Regelbeispiele gedeutet, die ein grundsätzliches Zugewandtsein des Staates zur Religion ausdrücken sollen. Der Gottesbezug in der Präambel, Religionsun-

---

153 *Obermayer*, Staat und Religion, 1977, S. 16 ff., deutlich S. 26; in neuerer Zeit zustimmend *Pirson*, Die Förderung der Kirche als Aufgabe des säkularen Staates, in: Marré/Schümmelfelder (Hrsg.), Essener Gespräche zum Thema Staat und Kirche (28), 1994, S. 83, 96 ff., 101; sowie *Thiel*, Der Erziehungsauftrag des Staates in der Schule, 2000, S. 103 f.

154 In diese Richtung auch *Scheuner*, Das System der Beziehungen von Staat und Kirchen im Grundgesetz, in: Friesenhahn/Scheuner (Hrsg.), HdbStKirchR Bd. I, 1974, S. 5, 62, der darauffolgend jedoch lediglich davon sprach, dass der Staat aktiv für den Erhalt und die Förderung von religiösen Kräften wirken »kann« (S. 63).

155 *Obermayer*, Staat und Religion, 1977, S. 23.

156 *Obermayer*, Staat und Religion, 1977, S. 26 ff.

terricht an staatlichen Schulen, der öffentlich-rechtliche Körperschaftsstaus für Religions- und Weltanschauungsgemeinschaften sowie Militär- und Anstaltsseelsorge werden als Symptome einer prinzipiellen, gegebenenfalls sogar fördernden Offenheit des Staates für religiöses Leben verstanden.[157] Doch es sind nicht nur die religionsnahen Momente des Religionsverfassungsrechts, die in diesem Sinne gedeutet werden. So vertrat *Konrad Hesse* die Ansicht, dass das Verbot, jemanden zur Teilnahme an religiösen Veranstaltungen zu zwingen (Art. 140 GG i. V. m. Art. 136 Abs. 4 WRV), im Umkehrschluss so gedeutet werden könne, dass staatlich veranstaltete religiöse Veranstaltungen ohne Teilnahmezwang zulässig seien.[158] Als zweites kreist die argumentative Arbeit mit dem Normenmaterial des Grundgesetzes um die religiösen Freiheitsrechte.[159] Zwar hatten auch Vertreter negativer Neutralitätsverständnisse mit der Religionsfreiheit argumentiert und – vergleichbar der antistaatlichen Motivation hinter dem US-amerikanischen Trennungssystem – vorgebracht, dass die Religionsfreiheit nur dann effektiv gegen den Staat verteidigt werden könne, wenn der Staat religiös möglichst limitiert sei. Die Argumentation der Vertreter positiver Neutralitätsverständnisse weist jedoch in die Gegenrichtung und betont, dass Religionsfreiheit nur dann wirksam zur Geltung kommen könne, wenn der Staat Räume bereitstellt und sichert, in denen sich diese Freiheit entfalten kann.[160] Gesteigert werde dieses Erfordernis öffentlicher Grundrechtsvorsorge durch die zunehmende gesellschaftliche Betätigung des Sozial- und Kulturstaats. Die Menschen begegneten dem Staat heutzutage nicht lediglich als dessen Bürgerinnen, sondern auch als dessen Schüler, Arbeitnehmerinnen und Patienten. Je mehr aber die menschliche Existenz im staatlich organisierten Rahmen stattfinde, desto kleiner werde der originär staatsfreie Raum. Diese Entwicklung verpflichte den Staat des Grundgesetzes, auch innerhalb der staatlichen Öffentlichkeit religiöse Freiheitsausübung zu ermöglichen.[161] An diese freiheitsrechtliche Argumentationsführung knüpft

---

[157] *Heinig*, Verschärfung oder Abschied von der Neutralität, JZ 2009, 1136, 1138; *Magen*, in: Umbach/Clemens, Art. 140 GG Rn. 25, 52 f.; kritisch *Huster*, Gleichheit statt Freiheit, in: Heinig/Walter (Hrsg.), Religionsverfassungsrechtliche Spannungsfelder, 2015, S. 203, 223.

[158] *Hesse*, Zur Frage der Vereinbarkeit eines Schulgebetes an öffentlichen Volksschulen mit Art. 4 I und II GG, ZevKR 25 (1980), 239, 244; dagegen *Rathke*, Öffentliches Schulwesen und religiöse Vielfalt, 2005, S. 301.

[159] In diesem Argumentationsstrang geht deutlich die »grundrechtlich ausgerichtete Interpretation des Religionsverfassungsrechts« auf, die aus den historischen Annäherungen als Gegenbewegung der zur Koordinationslehre der späten 1960er Jahre bekannt ist, vgl. oben, 2. Kapitel, A. III. 3. c).

[160] Insbesondere *Schlaich*, Neutralität als verfassungsrechtliches Prinzip, 1972, S. 244 ff.; *Schlaich*, Zur weltanschaulichen und konfessionellen Neutralität des Staates, in: Marré/Stüting (Hrsg.), Essener Gespräche zum Thema Staat und Kirche (4), 2. Aufl. 1973, S. 9, 19; *Schlaich*, Radikale Trennung und Pluralismus (1975), in: Mikat (Hrsg.), Kirche und Staat in der neueren Entwicklung, 1980, S. 427, 441 ff.; weiterhin etwa *Meyer-Teschendorf*, Religionsfreiheit in der Staatsschule, ZevKR 23 (1978), 202, 216 ff.; *Brenner*, Staat und Religion, VVDStRL 59 (2000), 264, 272; *Korioth*, in: Maunz/Dürig, Art. 140 GG Rn. 31.

[161] *Robbers*, Förderung der Kirchen durch den Staat, in: Listl/Pirson (Hrsg.), HdbStKirchR Bd. I, 2. Aufl. 1994, S. 867, 876; *Heckel*, Das Kreuz im öffentlichen Raum, DVBl 1996, 453, 471 f.; *Hesse*, Zur Frage der Vereinbarkeit eines Schulgebetes an öffentlichen Volksschulen mit Art. 4 I und II GG, ZevKR 25 (1980), 239, 248; *Kästner/Droege*, in: Stern/Becker, Art. 4 GG

noch eine weitere, sehr fallspezifische Begründung positiver Neutralitätsverständnisse an, die es erforderlich macht, etwas weiter auszuholen: Im Rahmen der dogmatischen Vorüberlegungen in den rechtswissenschaftlichen Annäherungen war bereits darauf hingewiesen worden, dass die religiös-weltanschauliche Neutralität des Staates in besonderer Weise geeignet ist, freiheitsrechtliche Spannungen hervorzurufen, weil Verwaltung und Gerichte trotz ihrer Neutralität verpflichtet sind, Wertungsentscheidungen über religiöse Sachverhalte zu treffen.[162] Oft sind es Vertreter positiver Neutralität, die sich dafür aussprechen, den Schutzbereich der Religionsfreiheit zu bestimmen, indem an das Selbstverständnis der Gläubigen angeknüpft wird. Dies wird damit begründet, dass nur auf diesem Weg eine wirklich neutrale Schutzbereichsdefinition möglich sei und Religionen nicht einer unzulässigen staatlichen Wertung unterworfen werden.[163] Sofern konkrete Maßstäbe für das »Wie« und den rechten Umfang der Berücksichtigung des religiösen Selbstverständnisses formuliert werden, tendieren positive Neutralitätsverständnisse dazu, die staatliche Kontrolle in der Form von objektiven Kriterien auf ein Minimum zu reduzieren und so dem Selbstverständnis der Gläubigen viel Einfluss zuzusprechen.[164] Die konkreten Lösungsvorschläge sind an dieser Stelle nicht so wichtig; was hier interessiert ist vielmehr, dass sich an dieser Diskussion etwas Zentrales über das Wesen der verschiedenen Neutralitätsverständnisse zeigt: Negative Neutralität entspricht nicht immer staatlicher Enthaltsamkeit in religiösen Fragen und positive Neutralität bedeutet nicht unbedingt, dass der Staat gestaltend in die religiöse Landschaft eingreift. Die entscheidende Abgrenzung besteht, so wird erneut deutlich, vielmehr darin, ob sich der Staat für religiöse Gehalte öffnet oder nicht. In diesem Sinne ist die Zurückhaltung des Staates bei der Inhaltsbestimmung religiöser Gehalte und die Inbezugnahme des religiösen Selbstverständnisses eine originär positiv-neutrale Haltung.

Rn. 167; *Link*, Die Schulgebetsentscheidung des Bundesverfassungsgerichts, JZ 1980, 564, 565; *Podlech*, Das Grundrecht der Gewissensfreiheit und die besonderen Gewaltverhältnisse, 1968, S. 85 ff. Grundlegend zu diesem Gedanken *Böckenförde*, Die Bedeutung der Unterscheidung von Staat und Gesellschaft im demokratischen Sozialstaat der Gegenwart, in: Böckenförde/Hoppe (Hrsg.), FG Hefermehl, 1972, S. 11, 23 ff.; sowie hierauf aufbauend und vertiefend *Böckenförde*, Die verfassungstheoretische Unterscheidung von Staat und Gesellschaft als Bedingung der individuellen Freiheit, 1973, S. 34 ff.; kritisch gegenüber dieser Argumentation hingegen *Weber*, Gelöste und ungelöste Probleme des Staatskirchenrechts, NJW 1983, 2541, 2544; sowie *Weber*, Die rechtliche Stellung der christlichen Kirchen im modernen demokratischen Staat, ZevKR 36 (1991), 253, 263.

[162] Vgl. oben, 2. Kapitel, C. II. 3. a).

[163] *Schlaich*, Neutralität als verfassungsrechtliches Prinzip, 1972, S. 198 ff.; *Weber*, Die Religionsfreiheit im nationalen und internationalen Verständnis, ZevKR 45 (2000), 109, 123; im Ergebnis ebenfalls *Heckel*, Religionsunterricht für Muslime?, JZ 1999, 741, 745; weiterhin *Munsonius*, Öffentliche Religion im säkularen Staat, 2016, S. 140.

[164] Beispielhaft *von Campenhausen/de Wall*, Staatskirchenrecht, 4. Aufl. 2006, S. 56; *Morlok*, in: Dreier, Art. 4 GG Rn. 60; *Palm*, Berechtigung und Aktualität des Böckenförde-Diktums, 2013, S. 52; *Schlaich*, Neutralität als verfassungsrechtliches Prinzip, 1972, S. 198 ff.; dagegen aus der Perspektive einer »distanzierenden Neutralität« *Muckel*, Religiöse Freiheit und staatliche Letztentscheidung, 1997, S. 77; weiterhin unter Verweis auf verfassungsrechtliche Anhaltspunkte, »deren Anwendung mit dem Gebot religiös-weltanschaulicher Neutralität vereinbar ist« *Muckel*, in: Berliner Kommentar, Art. 4 GG Rn. 12 f.

Die exegetische Arbeit an den Bestimmungen des Religionsverfassungsrechts wird von den Vertretern positiver Neutralität mittels konsequentialistischer bzw. politischer und ethischer Argumente unterstützt, die bereits aus den politisch-philosophischen Annäherungen bekannt sind. So wird zum einen die sozialkonstruktive Wirkung von Religion betont, auf die der Staat unmittelbar angewiesen sei. Nicht selten erinnern diese Stellungnahmen an den »meistzitierten Satz«[165] *Ernst-Wolfgang Böckenfördes*: »Der freiheitliche, säkularisierte Staat lebt von Voraussetzungen, die er selbst nicht garantieren kann« und dessen anschließender Übertragung: »So wäre denn noch einmal – mit Hegel – zu fragen, ob nicht auch der säkularisierte Staat letztlich aus jenen inneren Antrieben und Bindungskräften leben muß, die der religiöse Glaube seiner Bürger vermittelt.«[166] Antrieb und Bindung – das sind die zentralen Wirkungen, die von Vertretern positiver Neutralität den Religionen zugeschrieben werden: Bindung im Sinne einer sozialintegrativen Wirkung, die den gesellschaftlichen Zusammenhalt stärke,[167] und Antrieb in Form moralischer Motivation, die sich in einer gesellschafts- und staatsdienlichen Haltung äußere, auf die der Staat angewiesen sei.[168] Teilweise werden diese Argumente der politischen Philosophie auf das Grundgesetz zurückgeführt und vorgebracht, dass diese zweckdienliche Sichtweise auf Religion in den *religionsnahen Momenten* des Religionsverfassungsrechts aufgegangen sei und dem Grundgesetz somit eine »positive Bewertung des kirchlichen ›Dienstes‹ für die öffentliche Gesamtordnung« zugrunde liege.[169] Die andere

---

[165] Zu dieser Einschätzung des Autors selbst *Böckenförde*, Vorwort, in: ders., Der säkularisierte Staat, 2007, S. 7, 8; eingehend zur religionsverfassungsrechtlichen Bedeutung und Rezeption *Palm*, Berechtigung und Aktualität des Böckenförde-Diktums, 2013, S. 17 ff.

[166] *Böckenförde*, Die Entstehung des Staates als Vorgang der Säkularisation (1967), in: ders., Der säkularisierte Staat, 2007, S. 43, 70 f.; zum »Böckenförde-Diktum als Hintergrundannahme des klassischen Staatskirchenrechts in Deutschland« *Heinig*, Das Religionsrecht zwischen der Sicherung freiheitlicher Vielfalt und der Abwehr fundamentalistischer Bedrohungen, in: ders., Die Verfassung der Religion, 2014, S. 22, 26 f.; speziell im Hinblick auf das Neutralitätsgebot *Palm*, Berechtigung und Aktualität des Böckenförde-Diktums, 2013, S. 17 ff., 145 ff.

[167] *Mückl*, Grundlagen des Staatskirchenrechts, in: Isensee/Kirchhof (Hrsg.), HStR Bd. VII, 3. Aufl. 2009, S. 711, 755; unter Bezugnahme auf die Schulkreuz-Entscheidung des Bundesverfassungsgerichts *Starck*, in: v. Mangoldt/Klein/Starck, Art. 4 Abs. 1, 2 GG Rn. 29; einen etwas anderen Einschlag hat die Argumentation bei *Steiger*, Religion und Religionsfreiheit im neutralen Staat, in: Ziemske (Hrsg.), FS Kriele, 1997, S. 105, 121, für den religiöse Überzeugungen Mittel »gesellschaftlicher Kohärenz und Sinndeutung sind«, die der Staat selbst nicht gewährleisten kann.

[168] *Hofmann*, in: Schmidt-Bleibtreu/Hofmann/Henneke, Art. 140 GG Rn. 17; *Robbers*, Förderung der Kirchen durch den Staat, in: Listl/Pirson (Hrsg.), HdbStKirchR Bd. I, 2. Aufl. 1994, S. 867, 878 f.; skeptisch hingegen, inwiefern der religiös-weltanschauliche Staat überhaupt Maßstäbe entwickeln könne, um die gemeinwohlförderliche Wirkung von Religionen zu messen, *Magen*, Körperschaftsstatus und Religionsfreiheit, 2004, S. 179 ff.

[169] *Hollerbach*, Verträge zwischen Staat und Kirche in der Bundesrepublik Deutschland, 1965, S. 122; ähnlich *Kewenig*, Das Grundgesetz und die staatliche Förderung der Religionsgemeinschaften, in: Krautscheidt/Marré (Hrsg.), Essener Gespräche zum Thema Staat und Kirche (6), 1972, S. 9, 24 f.; sowie *Isensee*, Verfassungsrechtliche Erwartungen an die Kirche, in: Marré/Stüting (Hrsg.), Essener Gespräche zum Thema Staat und Kirche (25), 1991, S. 104, 123 ff.; dagegen *Weber*, Die rechtliche Stellung der christlichen Kirchen im modernen demokratischen Staat, ZevKR 36 (1991), 253, 259 f.

Argumentart, die teilweise verwendet wird, um die positivneutrale Deutung der Verfassung zu untermauern, ähnelt der zweiten inklusivistischen Spielart ethischer Argumente in der politischen Philosophie. Von Vertretern der negativen Neutralität war behauptet worden, dass es unethisch sei, areligiöse oder andersgläubige Bürgerinnen mit religiösen Gehalten zu konfrontieren oder sie über die allgemeine Steuerlast an der Förderung anderer Bekenntnisse zu beteiligen. Im Gegenzug wird von Seiten der positiven Neutralität vorgebracht, dass ein Ausschluss der Religionen von staatlichen Förderungen bzw. aus der staatlichen Öffentlichkeit die Religionen und ihre Gläubigen einseitig belasten würde und daher gerade nicht neutral sei.[170] Wie in der politisch-philosophischen Diskussion wird oftmals ein Vergleich zu anderen gesellschaftlichen Gruppen gezogen, für welche die staatliche Öffentlichkeit nicht verschlossen ist, und betont, dass eine Schlechterstellung religiöser Gruppen nicht gerechtfertigt wäre.[171]

4. Einordnungen und Analyse

a) Zur Verfassungsbindung

Die verschiedenen Strömungen positiver Neutralität sind, wie auch die meisten negativen Neutralitätsverständnisse, verfassungsgebundene Konzepte, weil sie alle vier Kernmomente des Religionsverfassungsrechts in sich aufnehmen und in Beziehung zueinander setzen. So bekennen sich auch die Vertreter positiver Neutralität zu der institutionellen Trennung von Staat und Kirche, auch wenn sie teilweise weniger starr verstanden wird; die religiös-weltanschauliche Neutralität wird jedenfalls nicht ohne ein *religionsdistanziertes Moment* definiert. Weiterhin wird das *gleichheitliche Moment* in allen Strömungen der positiven Neut-

[170] *Brenner*, Staat und Religion, VVDStRL 59 (2000), 264, 272; im Ergebnis bereits *Heckel*, Staat Kirche Kunst, 1968, S. 201 f.; deutlicher *Heckel*, Religionsfreiheit im säkularen pluralistischen Verfassungsstaat, in: Ziemske (Hrsg.), FS Kriele, 1997, S. 281, 300; *Heinig*, Das Religionsrecht zwischen der Sicherung freiheitlicher Vielfalt und der Abwehr fundamentalistischer Bedrohungen, in: ders., Die Verfassung der Religion, 2014, S. 22, 26; *Hillgruber*, Staat und Religion, DVBl 1999, 1155, 1174; insoweit zustimmend *Huster*, Die ethische Neutralität des Staates, 2002, S. 190, 202 f.; *Kästner*, in: Bonner Kommentar, Art. 140 GG Rn. 132; *Kewenig*, Das Grundgesetz und die staatliche Förderung der Religionsgemeinschaften, in: Krautscheidt/Marré (Hrsg.), Essener Gespräche zum Thema Staat und Kirche (6), 1972, S. 9, 24; *Meyer-Teschendorf*, Staat und Kirche im pluralistischen Gemeinwesen, 1979, S. 142 ff.; *Mückl*, Grundlagen des Staatskirchenrechts, in: Isensee/Kirchhof (Hrsg.), HStR Bd. VII, 3. Aufl. 2009, S. 711, 752; *Scheuner*, Das System der Beziehungen von Staat und Kirchen im Grundgesetz, in: Friesenhahn/Scheuner (Hrsg.), HdbStKirchR Bd. I, 1974, S. 5, 63; *Starck*, in: v. Mangoldt/Klein/Starck, Art. 4 Abs. 1, 2 GG Rn. 31; *Uhle*, Staat – Kirche – Kultur, 2004, S. 61; *Traulsen*, Neutralität, in: Heinig/Munsonius (Hrsg.), 100 Begriffe aus dem Staatskirchenrecht, 2. Aufl. 2015, S. 180, 182; *Weber*, Die rechtliche Stellung der christlichen Kirchen im modernen demokratischen Staat, ZevKR 36 (1991), 253, 264 f.; dagegen *Renck*, Verfassungsprobleme der christlichen Gemeinschaftsschule, NVwZ 1991, 116, 119 f.; *Holzke*, Die »Neutralität« des Staates in Fragen der Religion und Weltanschauung, NVwZ 2002, 903, 906; *von Zezschwitz*, Glaubensfreiheit und schulische Erziehung, JZ 1971, 11, 15.

[171] *Unruh*, in: v. Mangoldt/Klein/Starck, Art. 140 GG Rn. 20, 27; *Germann*, in: BeckOK GG, Art. 4 GG Rn. 83; *Kästner/Droege*, in: Stern/Becker, Art. 4 GG Rn. 61; *Preuß*, in: AK-GG, Art. 4 GG Rn. 28 f.; *Robbers*, Förderung der Kirchen durch den Staat, in: Listl/Pirson (Hrsg.), HdbStKirchR Bd. I, 2. Aufl. 1994, S. 867, 888.

ralität beachtet. Die verschiedenen Ansätze unterscheiden sich zwar darin, wie weitreichend die Hinwendung des Staates zu Religionen und Weltanschauungen gefordert wird, sie alle betonen aber, dass die Offenheit bzw. Förderung paritätisch erfolgen müsse. Von besonderer Bedeutung für die positive Neutralität sind darüber hinaus die religiösen Freiheitsrechte des *antistaatlichen Moments*, vor deren Hintergrund eine umfangreiche Ermöglichung religiöser Existenz gefordert wird. Außerdem dominieren die *religionsnahen Momente*, die als Ausdruck einer prinzipiellen Religionsfreundlichkeit des Staates interpretiert werden. Dem natürlichen Widerspruch, in dem die vier religionsverfassungsrechtlichen Momente in Teilen zueinander stehen,[172] wird somit dadurch begegnet, dass die religiösen Freiheitsrechte und die religionsnahen Momente besonders betont werden. Die verschiedenen Strömungen positiver Neutralität unterscheiden sich wiederum zwar darin, welche Konsequenzen sie aus dieser Gewichtung ziehen – bloß eine wohlwollende Unverschlossenheit, eine grundsätzliche Offenheit oder gar eine Pflicht zu positiver Religionspflege des Staates. Ihre Gemeinsamkeit haben die Strömungen aber in dem Grund für diese Bewertung der verschiedenen religionsverfassungsrechtlichen Momente. Die Religionsfreiheit und die religionsnahen Momente lassen sich nur dann so hoch gewichten, wenn in zweifacher Hinsicht positiv auf Religionen geblickt wird. Zum einen muss die religiös-weltanschauliche Dimension menschlicher Existenz als etwas unbedingt Schützenswertes verstanden werden. Neben dieser selbstzweckhaften Sichtweise muss Religion zum anderen aber auch aus gesellschaftlicher Perspektive positiv bewertet werden. Das kann, muss aber nicht, dazu führen, dass sogar ein Angewiesensein des Staates auf Religion behauptet wird, wie es bei manchen konsequentialistischen und politischen Argumenten der Fall ist. Entscheidend ist vor allem, dass Religion nicht als etwas gewertet wird, wovor der Staat und mit ihm die Gesellschaft prinzipiell geschützt werden müsse. Hierin liegt ein entscheidender Unterschied zu negativen Neutralitätskonzepten. Trotz etwaiger kirchenkritischer Rhetorik haben auch die Vertreter negativer Neutralität die Selbstzweckhaftigkeit der Religionsfreiheit anerkannt und betont. Aber erst durch die gesellschaftlich positive Bewertung praktizierter Religionsfreiheit entsteht jene Unbefangenheit, die zuvor als zugrundeliegende »Stimmung« der positiven Neutralitätskonzepte und deren Wesensmerkmal beschrieben wurde.

Durch die Linse der verschiedenen religionsverfassungsrechtlichen Momente betrachtet zeigt sich allerdings, dass es nicht allein dieser doppelt positive Blick auf Religionen und Weltanschauungen ist, der die hohe Gewichtung der *antistaatlichen* und *religionsnahen Momente* ermöglicht. Um für eine besondere Nähebeziehung von Staat und Religion einzutreten, bedarf es zudem eines in zweifacher Hinsicht positiven Blicks auf den Staat. Für das *antistaatliche Moment* muss angenommen werden können, dass religiöse Freiheit nicht bloß jenseits des Staates im rein privaten Raum gewährleistet werden kann, sondern dass »echte« Religionsfreiheit sogar innerhalb der staatlich organisierten Öffent-

---

[172] Siehe hierzu oben, 2. Kapitel, C. I. 3. c).

lichkeit möglich ist, weil der Staat zu der hierfür notwendigen Enthaltsamkeit in der Lage ist. Und im Hinblick auf die *religionsnahen Momente* muss angenommen werden können, dass der Staat in seinen freiheitlichen Grundsätzen gefestigt genug ist, um in der Nähe von Religion bestehen zu können, ohne korrumpiert zu werden.

Im Lichte dieser jeweils doppelt positiven Sichtweise auf sowohl den Staat als auch Religionen bzw. Weltanschauungen lässt sich der Unterschied zwischen positiver und negativer Neutralität nun nochmals mit anderer Schwerpunktsetzung formulieren. Aufgrund der *antistaatlichen* und der *religionsdistanzierten Momente* wird dem Religionsverfassungsrecht und damit auch der religiös-weltanschaulichen Neutralität gemeinhin ein ambivalenter Gehalt attestiert.[173] Auf der einen Seite besteht ein antistaatlicher Wesenszug, der die staatliche Macht über Religion limitiert, und auf der anderen Seite besteht ein etatistischer Wesenszug, der die Einflussnahme der gesellschaftlichen und vor allem religiösen Kräfte auf den Staat begrenzt. Verabsolutiert führen beide Wesenszüge zu einem Trennungssystem: Der antistaatliche Zug prägt das US-amerikanische Trennungssystem, der etatistische Zug prägt das französische Trennungssystem und auch die Ansätze negativer Neutralität im deutschen Religionsverfassungsrecht basieren auf antistaatlichen wie etatistischen Beweggründen. Positive Verständnisse religiös-weltanschaulicher Neutralität negieren die antistaatlichen und etatistischen Wesenszüge keineswegs, aber sie relativieren ihre Schärfe. Aufgrund der positiven Sichtweise auf Religion und Staat müssen der etatistische und der antistaatliche Wesenszug des Religionsverfassungsrechts nicht verabsolutiert werden, um ihre jeweilige Schutzwirkung in einem ausreichenden Maße entfalten zu können.

b) Zur Leistungsfähigkeit

Positive Neutralitätsverständnisse sind also verfassungsgebundene Konzepte, die ihre jeweiligen Ausformungen durch die Annahmen über den Staat und über Religionen erhalten, auf denen sie aufbauen. Doch wie steht es um die Leistungsfähigkeit dieser Ansätze? Dies ist nun der Punkt, an dem sich zeigt, warum im Ergebnis kein rein positives Neutralitätsverständnis vertreten wird. Negative Neutralitätsverständnisse – insbesondere die strikten – kamen in einigen Fallkonstellationen zu klaren Ergebnissen, weil sie die meisten Berührungen von Staat und Religion schlicht untersagen. Die positiven Neutralitätskonzepte hingegen können in ihrer Offenheit keine vergleichbar einfachen und eindeutigen Antworten geben, vielmehr bestehen erhebliche Abgrenzungsschwierigkeiten. Dies zeigt sich bereits bei dem ersten praktischen Anwendungsfeld der religiös-weltanschaulichen Neutralität, den Konfliktkonstellationen um die *Religionsfreiheit als klassischem Freiheitsgrundrecht*, wo es um Ausnahmen von staatlichen Ge- und

[173] *Schlaich*, Neutralität als verfassungsrechtliches Prinzip, 1972, S. 134; *Mückl*, Trennung und Kooperation – das gegenwärtige Staat-Kirche-Verhältnis in der Bundesrepublik Deutschland, in: Kämper/Thönnes (Hrsg.), Essener Gespräche zum Thema Staat und Kirche (40), 2007, S. 41, 56 f.; nochmals *Mückl*, in: Bonner Kommentar, Art. 4 GG Rn. 151; *Heckel*, Vom Religionskonflikt zur Ausgleichsordnung, 2007, S. 48.

Verboten geht. Ein positives Neutralitätsverständnis wird dahin tendieren, Ausnahmen zuzulassen, um so die Religionsausübung bestmöglich zu gewährleisten. Ob und wo es eine Grenze des Entgegenkommens und der Berücksichtigung religiöser Überzeugungen gibt, lässt sich indes nicht erklären, solange das Neutralitätsgebot in einem rein positiven Sinn dahingehend verstanden wird, dass dem Staat prinzipielle Offenheit für Religion geboten ist. Das gleiche Bild zeichnet sich bei den Fragen um die *institutionelle Abgrenzung* von Staat und Religionsgemeinschaften und um *konfligierende Religionsfreiheit im staatlichen Raum*. Ein positives Neutralitätsverständnis wird dem Einzug der Kirchensteuer durch den Staat nicht widersprechen, den Religionsgemeinschaften ein weitreichendes Selbstbestimmungsrecht zugestehen und annehmen, dass das gemeinsame Gebet von Schülern auch in einer staatlichen Schule möglich sein muss. Nur wird dieses Verständnis nicht erklären können, wo die Grenze zu einer unzulässigen institutionellen Verbindung überschritten wird, wann Arbeitnehmerinteressen das kirchliche Selbstverwaltungsrecht überwiegen und ob es auch ein Maximum staatlicher Religionsförderung im schulischen Bereich gibt, etwa wenn auch Lehrer an dem Gebet teilnehmen. Diese Abgrenzungsschwierigkeiten sind noch ausgeprägter bei *gleichheitsrechtlichen Konfliktlagen*. Hier bietet ein Neutralitätsverständnis, das sich vorrangig über seine Offenheit definiert, keine Anhaltspunkte für Differenzierungen – zumal für solche, die aufgrund der Begrenztheit staatlicher Ressourcen zu einem faktischen Ausschluss einzelner Bekenntnisse führen könnten. Ein ähnliches Bild zeigt sich bei dem fünften praktischen Anwendungsfeld religiöser Neutralität, das heißt den *ethischen Fragestellungen und gesellschaftlichen Praxen*. Im Hinblick auf die Gesetzgebung in diesen Angelegenheiten wird teilweise erklärt, dass auch in diesem Bereich der Öffentlichkeit die Glaubensüberzeugungen der Bürger – konkret also der Parlamentarierinnen – nicht ausgeklammert werden dürften. Religiöse Argumente müssten geäußert werden dürfen und den Abgeordneten sei es gestattet, sich bei den Abstimmungen durch ihre Glaubensüberzeugungen leiten zu lassen.[174] Religion dürfe somit ein bestimmender Faktor bei der demokratischen Gesetzgebung, also der gesellschaftlichen Selbstorganisation sein, womit die Frage aufkommt, wo die Grenze zur Staatskirche verläuft und inwieweit das religionsverfassungsrechtliche Trennungsmoment beachtet wird. Als Antwort hierauf wird teilweise betont, dass die in dieser Freiheit beschlossenen Gesetze »aus sich heraus vernünftig und sachgemäß« sein müssten.[175] Diese epistemologische Differenzierung ist aus den politisch-philosophischen Annäherungen bekannt und mag eine sinnvolle Grenzziehung darstellen, sie ergibt sich aber nicht ohne Weiteres aus einem positiven Neutralitätsverständnis. Im Lichte all dieser Abgrenzungsprobleme zeigt sich, dass ein

---

[174] *Unruh*, in: v. Mangoldt/Klein/Starck, Art. 140 GG Rn. 29; *Mager*, in: v. Münch/Kunig, Art. 4 GG Rn. 3; *Morlok*, Neutralität des Staates und religiöser Radikalismus, in: Masing/Jouanjan (Hrsg.), Weltanschauliche Neutralität, Meinungsfreiheit, Sicherungsverwahrung, 2013, S. 3, 15; *Schlaich*, Radikale Trennung und Pluralismus (1975), in: Mikat (Hrsg.), Kirche und Staat in der neueren Entwicklung, 1980, S. 427, 447 f.; *Starck*, in: v. Mangoldt/Klein/Starck, Art. 4 Abs. 1, 2 GG Rn. 22; *Waldhoff*, Neue Religionskonflikte und staatliche Neutralität, 2010, S. 50.

[175] *Schlaich*, Öffentlichkeit, nicht Privatisierung des kirchlichen Wirkens, RuG 1973, 138, 139.

Neutralitätsverständnis, das sich darin erschöpft, die grundsätzliche Offenheit bzw. gar eine Förderungspflicht des Staates für Religion zu postulieren, letztlich keinen wirklichen Ausgleich zwischen den verschiedenen Momenten des Religionsverfassungsrechts schafft. Die natürliche Spannung, in der das religionsdistanzierte Moment mit dem religionsnahen und dem antistaatlichen Moment steht,[176] erfährt keine Auflösung, wenn das Neutralitätsverständnis keine Begrenzung oder zumindest Begrenzungsmöglichkeit für die Offenheit des Staates formuliert. Ein ausschließlich positives Neutralitätsverständnis bietet keine greifbaren Anhaltspunkte für die praktisch notwendigen Grenzziehungen.

III. Erkenntnisse

Die Aufgliederung der Neutralitätsansätze hat gezeigt, welche Vielfalt an Interpretationen unter demselben Grundgesetz vertreten wird. Von einem strikten Berührungsverbot über die Zulässigkeit von Begegnungen von Staat und Religion – entweder nur außerhalb oder sogar innerhalb des staatlichen Raums – bis hin zu einer Verpflichtung auf Offenheit bzw. gar Förderung wird das volle Spektrum verfassungsrechtlicher Weisungsmöglichkeiten abgedeckt. Je nach Perspektive sind Verwobenheiten von Staat und Religion verboten, erlaubt oder geboten. Im Verlauf der Aufgliederung hat sich zudem gezeigt, worin die Kernunterschiede zwischen den Interpretationsansätzen bestehen. Auf inhaltlich-konzeptioneller Ebene unterscheiden sich die Ansätze darin, wie viel Raum Religionen und Weltanschauungen gewährt wird – sei es im Hinblick auf den Umfang des kirchlichen Selbstbestimmungsrechts, sei es bei der Beachtung des religiösen Selbstverständnisses oder beim Ausleben der positiven Religionsfreiheit im staatlichen Raum. Auf der tieferliegenden motivationalen Ebene unterscheiden sich die Ansätze darin, ob Religionen und Weltanschauungen mit einer positiven Aufgeschlossenheit oder einer negativen Distanz begegnet wird und ob dem Staat eine Nähe zur Religion zugetraut wird, ohne dass er übergriffig oder korrumpiert wird. Im Spiegel dieser Unterschiede zeigt sich praktisch, was bei den analytischen Fixpunkten als theoretische Prämisse aufgestellt worden war: In den verschiedenen Neutralitätsvorstellungen offenbaren sich die unterschiedlichsten Staats- bzw. Verfassungsverständnisse.[177]

Die Vor- und Gegenüberstellung der Ansätze lässt darüber hinaus erkennen, an welchen konkreten Argumenten die Meinungsverschiedenheiten ansetzen und woraus die Unklarheiten bei der Inhaltsbestimmung des Neutralitätsgebots resultieren. Im Rahmen originärer Verfassungsinterpretation ist das Verständnis der religionsnahen Grundgesetzbestimmungen die konzeptionelle Stellschraube: Sind Religionsunterricht, Körperschaftsstatus, Anstaltsseelsorge usw. bloß historisch gewachsene singuläre Besonderheiten oder sind sie Ausdruck einer reli-

---

[176] Hierzu oben 2. Kapitel, C. I. 3. c).

[177] Hierzu bereits *Schlaich*, Neutralität als verfassungsrechtliches Prinzip, 1972, S. 236; von negativ-neutraler Seite *Kleine*, Institutionalisierte Verfassungswidrigkeiten im Verhältnis von Staat und Kirchen unter dem Grundgesetz, 1993, S. 95, 151.

gionsfreundlichen Grundhaltung der Verfassung, die vor Berührungen von Staat und Religion nicht zurückschreckt? Weil die Verfassungshistorie hier keine eindeutigen Anhaltspunkte bietet,[178] wird weitgehend teleologisch diskutiert. Praktisch bedeutet das, dass anhand konsequentialistischer, ethischer und politischer Argumente darüber gestritten wird, ob Nähe von Staat und Religion etwas Gutes ist und daher von der Verfassung gewollt sein kann. Wie in der politisch-philosophischen Diskussion zeigt sich in der juristischen Debatte, dass Religion gleichermaßen als Ursprung der Menschenrechte und als Quelle von Hass, Krieg und Zerstörung dargestellt werden kann, dass sie sich sowohl als integrative Kraft wie auch als Konfliktschürer porträtieren lässt.[179] Neben diesen Charakterisierungen, die sich in ihrem Widerspruch gewissermaßen neutralisieren, sticht auch im rechtswissenschaftlichen Diskurs der »vernünftige Dissens« zwischen zwei für sich genommen plausiblen Standpunkten heraus: Wie bei den ethischen Argumenten der politischen Philosophie fragt sich im Hinblick auf die religiös-weltanschauliche Neutralität des Staates, ob sich der Staat neutral verhält, wenn er in religiösen Dingen strikte Enthaltsamkeit übt oder ob gerade darin eine nicht-neutrale Parteinahme zugunsten areligiöser Positionen liegen würde; bzw. anders herum gefragt: Kann der Staat Religionen wohlwollend begegnen, ohne areligiöse Bürgerinnen zu benachteiligen?[180] Eine letzte Antwort auf diese Frage gibt es nicht und in dieser unaufgelösten Spannung sind politische Philosophie und Rechtswissenschaft miteinander verbunden.

Die Unklarheiten bei der Bestimmung des Inhalts des Neutralitätsgebots resultieren jedoch nicht nur aus den inhaltlichen Meinungsverschiedenheiten zwischen den unterschiedlichen Ansätzen, sondern sie erwachsen auch individuell aus den konzeptionellen Schwächen der bisher vorgestellten Neutralitätsverständnisse. Dies betrifft zunächst die Frage nach dem normtheoretischen Charakter des Neutralitätsgebots.[181] Während strenge negative Verständnisse das Neutralitätsgebot unkompliziert als strikte Grenze im Sinne einer Rechtsregel verstehen konnten, die allenfalls durch explizite Anordnung des Grundgesetzes »durchbrochen« wird, ist die Einordnung schwieriger, sobald weitere Berührungen von Staat und Religion zugelassen werden. Sofern die Autoren überhaupt zum normtheoretischen Charakter des Neutralitätsgebots Stellung bezie-

---

[178] Siehe oben, 2. Kapitel, A. III. 1. m. w. N.

[179] Nur wenige Stimmen finden hier zu einer ausgeglichenen Beschreibung der sowohl sozialkonstruktiven als auch -destruktiven Seiten von Religion gleichermaßen; so allerdings an verschiedenen Stellen *Heinig*, Das Religionsrecht zwischen der Sicherung freiheitlicher Vielfalt und der Abwehr fundamentalistischer Bedrohungen, in: ders., Die Verfassung der Religion, 2014, S. 22, 28; *Heinig*, »Säkularismus« und »Laizismus« als Anfragen an das säkulare Religionsrecht in Deutschland, in: ders., Die Verfassung der Religion, 2014, S. 146, 160; sowie bereits eingehend zu beiden Seiten konsequentionalistischer und politischer Argumente *Heinig*, Öffentlich-rechtliche Religionsgesellschaften, 2003, S. 39 ff.; vgl. zudem *Möllers*, Grenzen der Ausdifferenzierung, in: Heinig/Walter (Hrsg.), Religionsverfassungsrechtliche Spannungsfelder, 2015, S. 9, 26.

[180] Die Zentralität dieser Frage für den juristischen Diskurs wird besonders anschaulich bei *Weiler*, Freiheit zur und Freiheit von der Religionsausübung: Das europäische Modell, in: Grundmann/Thiessen (Hrsg.), Religiöse Werte im Recht, 2017, S. 101, 105 ff.

[181] Siehe hierzu oben, 2. Kapitel, C. II. 1.

hen, wird oft lediglich ein objektiv-rechtlicher Gehalt festgestellt;[182] die Frage der Abwägungsfähigkeit z. B. bleibt weitgehend ungeklärt.[183] Vor dem Hintergrund der Abgrenzungsschwierigkeiten, die vor allem den positiven Neutralitätsverständnissen anhaften, wären aber gerade an dieser Stelle Klarstellungen hilfreich – ist der Staat strikt auf eine offene Neutralität verpflichtet oder kann das so verstandene Neutralitätsgebot gegebenenfalls Einschränkungen erfahren? Und auch dann, wenn das Neutralitätsgebot im Sinne einer Abwägungsvorgabe verstanden wird, bleibt der Aussagegehalt schwammig. »Positive« Neutralität bedeutet in diesem Fall, im Zweifel für Religion zu entscheiden, »negative« Neutralität das Gegenteil. Dabei wird allerdings nicht klar, wie weit diese Vorgabe reicht und was alles umfasst sein darf, weil die natürlichen Spannungen zwischen dem *religionsdistanzierten* und dem *religionsnahen* sowie dem *antistaat-*

---

[182] *Czermak*, Religions- und Weltanschauungsrecht, 2008, S. 91; *Geis*, Zur Zulässigkeit des Kreuzes in der Schule aus verfassungsrechtlicher Sicht, in: Brugger/Huster (Hrsg.), Der Streit um das Kreuz in der Schule, 1998, S. 41, 56; *Hollerbach*, Die Kirchen unter dem Grundgesetz, VVDStRL 26 (1968), 57, 62; *Kästner/Droege*, in: Stern/Becker, Art. 4 GG Rn. 176 ff.; *Kögl*, Religionsgeprägte Kleidung des Lehrers, 2006, S. 71; *Magen*, in: Umbach/Clemens, Art. 140 GG Rn. 27; *Pirson*, Religiöse Neutralität in der staatlichen Sozialhilfe, in: Ruland/Maydell u. a. (Hrsg.), FS Zacher, 1998, 743; *Preuß*, in: AK-GG, Art. 4 GG Rn. 12, 23c; *Starck*, in: v. Mangoldt/Klein/Starck, Art. 4 Abs. 1, 2 GG Rn. 22; *Vosgerau*, Freiheit des Glaubens und Systematik des Grundgesetzes, 2007, S. 205; *Weber*, Der öffentlich-rechtliche Körperschaftsstatus der Religionsgemeinschaften nach Art. 137 Abs. 5 WRV, in: Heinig/Walter (Hrsg.), Staatskirchenrecht oder Religionsverfassungsrecht?, 2007, S. 229, 237. Stimmen, die ein originäres subjektives Recht auf staatliche Neutralität feststellen, finden sich nur wenige, so aber z. B. *Bock*, Religionsfreiheit zwischen Skylla und Charybdis, AöR 123 (1998), 444, 475; und *Mager*, in: v. Münch/Kunig, Art. 4 GG Rn. 18. Zwar nicht für ein originäres subjektives Recht, aber für Subjektivierbarkeit des Neutralitätsgebots über einzelne Grundrechte *Giegerich*, Religionsfreiheit als Gleichheitsanspruch und Gleichheitsproblem, in: Grote/Marauhn (Hrsg.), Religionsfreiheit zwischen individueller Selbstbestimmung, Minderheitenschutz und Staatskirchenrecht, 2001, S. 241, 273; *Kokott*, in: Sachs, Art. 4 GG Rn. 29; *Magen*, in: Umbach/Clemens, Art. 140 GG Rn. 27; *Rux*, Positive und negative Bekenntnisfreiheit in der Schule, Der Staat 35 (1996), 523, 531; *Unruh*, Religionsverfassungsrecht, 4. Aufl. 2018, S. 66; i. Erg. ebenfalls *Rathke*, Öffentliches Schulwesen und religiöse Vielfalt, 2005, S. 307 ff. und insb. *Huster*, Die ethische Neutralität des Staates, 2002, S. 134 f.; 336 f.; 662 f. (näher hierzu unten, 3. Kapitel, F.). Dagegen *Ipsen*, Glaubensfreiheit als Beeinflussungsfreiheit?, in: Ziemske (Hrsg.), FS Kriele, 1997, S. 301, 319; sowie wohl auch *Zacharias*, Schutz vor religiösen Symbolen durch Art. 4 GG?, in: Muckel (Hrsg.), FS Rüfner, 2003, S. 987, 999 und Fn. 57 und S. 1004 ff.

[183] Eindeutige Stellungnahmen finden sich nur selten. Bejahend zur Abwägungsfähigkeit der staatlichen Neutralität wohl *von Campenhausen*, Der heutige Verfassungsstaat und die Religion, in: Listl/Pirson (Hrsg.), HdbStKirchR Bd. I, 2. Aufl. 1994, S. 47, 54 f.; *Korioth*, in: Maunz/Dürig, Art. 140 GG Rn. 29; *Mager*, in: v. Münch/Kunig, Art. 4 GG Rn. 25; *Nolte*, Das Kreuz mit dem Kreuz, JöR 48 (2000), 87, 109 ff. Nicht selten sind Stellungnahmen derselben Autoren widersprüchlich. So scheint sich *Morlok*, in: Dreier, Art. 140 GG Rn. 32 für die Abwägbarkeit des Neutralitätsgebots auszusprechen, in die Gegenrichtung aber *Morlok*, in: Dreier, Art. 4 GG Rn. 136, und deutlich kritisch (aber dennoch ohne eindeutige Positionierung) wiederum *Morlok*, Neutralität des Staates und religiöser Radikalismus, in: Masing/Jouanjan (Hrsg.), Weltanschauliche Neutralität, Meinungsfreiheit, Sicherungsverwahrung, 2013, S. 3, 13. Siehe weiterhin wohl für Abwägungsfähigkeit *Muckel*, in: Berliner Kommentar, Art. 4 GG Rn. 55 f., dann aber gegen eine Stellung als Rechtsprinzip *Muckel*, in: Berliner Kommentar, Art. 140 GG Rn. 33. Eindeutig gegen Abwägbarkeit des Neutralitätsgebots *Czermak*, Religions- und Weltanschauungsrecht, 2008, S. 93; sowie *Heinig*, Verschärfung oder Abschied von der Neutralität, JZ 2009, 1136, 1140. Insgesamt sehr differenziert zu verschiedenen Positionen *Huster*, Die ethische Neutralität des Staates, 2002, S. 658 ff.

lichen Moment des Religionsverfassungsrechts nicht aufgelöst werden.[184] Die verschiedenen Ansätze legen zwar einen Schwerpunkt auf bestimmte Momente, sie gewichten aber nicht so, dass es zu einem praktikablen Ausgleich der unterschiedlichen Aspekte kommt. Und nicht nur das, daneben besteht zusätzlich Unklarheit darüber, wie das *gleichheitsrechtliche Moment* mit Inhalt zu füllen ist. Es sind somit zwei wesentliche Fragen, die von keinem der bisher vorgestellten Konzepte abschließend beantwortet werden und die daher eine differenziertere Herangehensweise erforderlich machen.[185] Erstens: Wo und wie weit muss der religiös-weltanschaulich neutrale Staat Religionen und Weltanschauungen entgegenkommen bzw. wo und wie weit darf er es, ohne das *religionsdistanzierte Moment* zu vernachlässigen? Und zweitens: Wie wird dem *gleichheitsrechtlichen Moment* im Hinblick auf den religiös-weltanschaulichen Pluralismus genüge getan, also wie begegnet der Staat z. B. bei Fördermaßnahmen den verschiedenen Religionen und Weltanschauungen neutral?

B. Das klassische vermittelnde Konzept: Bereichsspezifische Ausgestaltung des Neutralitätsgebots

Die Defizite rein negativer und rein positiver Neutralitätsverständnisse beschäftigten die Rechtswissenschaft bereits seitdem die religiös-weltanschauliche Neutralität als Rechtsbegriff etabliert worden war. Insbesondere die erste Frage, die bei puristischen positiven Neutralitätsverständnissen unbeantwortet bleibt, also die Frage danach, wo und wie weit sich der Staat für Religion öffnen dürfe und müsse, bot Anstoß für weitere Auseinandersetzungen. Bereits 1972 wies *Schlaich* in seiner Monografie zum Neutralitätsgebot darauf hin, dass die Offenheit positiver Neutralitätskonzepte haltlos sei, wenn sie nicht begrenzt wird, und dass auf der Gegenseite der etatistische Zug negativer Neutralitätsverständnisse die pluralistische Freiheit zu ersticken drohe:

»›Pluralismus‹ darf nicht zu dem Titel werden, unter dem aus der Demokratie des einen Volkes die ›Beherrschung der allgemeinen Angelegenheiten durch zahllose besondere Gruppen‹ wird. Das *Offen-Sein* steht dem *Überwältigt-Werden* in der Tat sehr nahe! Das Staatsrecht des Grundgesetzes aber kann sich in seinem Grundansatz ebensowenig mit dem anderen Extrem begnügen: In erster Linie darauf zu sehen, daß dem Staat die *Souveränität* zur Entscheidung zukomme, daß das ›Daß‹ der Entscheidung über die Frage nach dem Inhalt und nach der Entscheidungskompetenz gestellt werde [...]. Heute geht es darum, aus mancherlei undifferenziertem aut-aut-Denken herauszukommen.«[186]

[184] Zu den natürlichen Spannungen zwischen diesen Momenten des Religionsverfassungsrechts oben, 2. Kapitel, C. I. 3. c).

[185] Restriktive negative Neutralitätsverständnisse vermeiden zwar die Auseinandersetzung mit der ersten Frage, da sie im Zweifel für eine begrenzende Auslegung und minimalistische praktische Ausgestaltung der Berührungen von Staat und Religion eintreten. Der zweiten Frage können aber auch sie nicht ausweichen.

[186] *Schlaich*, Neutralität als verfassungsrechtliches Prinzip, 1972, S. 260 f. (Hervorhebungen im Original).

Im Verlauf der bisherigen Darstellung wurde wiederholt darauf hingewiesen, dass positive und negative Neutralitätskonzepte kaum in Reinform vertreten werden. Dieser Umstand wurzelt in der Einsicht, die in dem Zitat von *Schlaich* zum Ausdruck gebracht wird: Ein Neutralitätsverständnis, das entweder positiv oder negativ ist, wird über seine konzeptionellen Schwächen nicht hinauskommen. Und so bietet sich eine differenzierte Herangehensweise an, durch welche Aspekte positiver und negativer Neutralität miteinander verbunden werden.

I. Inhaltliche Vorgaben

Das klassische und bis heute wohl einflussreichste Modell,[187] mit dem das begriffliche und konzeptionelle Gegeneinander von negativer und positiver Neutralität zum Ausgleich gebracht wird, wurde maßgeblich von *Böckenförde* geprägt und beworben.[188] Die zugrundeliegende Annahme ist, dass die Anwendungsbereiche der religiös-weltanschaulichen Neutralität zu vielfältig und zu eigentümlich seien, um mit einem eindimensionalen Neutralitätsbegriff arbeiten zu können.[189] »Neutralität als Rechtsbegriff kann deshalb nicht losgelöst von dem Bereich, dem gegenüber Neutralität gefordert ist oder in Frage steht, und nicht losgelöst von den verfassungsrechtlichen Konkretisierungen des Neutralitätsprinzips in diesem Bereich bestimmt werden.«[190] Die vom Grundgesetz geforderte Form der Neutralität müsse daher bereichsspezifisch formuliert werden. Zu diesem Zweck unterscheidet *Böckenförde* zwischen dem Bereich der Gesetzgebung, Rechtsprechung und vollziehenden Verwaltung, wo der Staat »ursprüngliche hoheitliche Entscheidungsfunktionen« ausübt, und gesellschaftlichen Lebensbereichen, die der Staat »ganz oder teilweise in seine Obhut nimmt, seiner Leitung unterstellt und evtl. selbst organisiert.«[191] Während im ersten Bereich eine distanziert-negative Neutralität geboten sei, die religiös-weltanschauliche Bezüge strikt vermeidet, sei im zweiten Bereich eine offen-positive Neutralität gefordert, deren Kern

---

[187] Allein aus heutiger Zeit im Sinne einer Bereichsdifferenzierung z. B. *Goerlich*, Säkularität – Religiosität – Egalität, in: Jäckel/Kotzur u. a. (Hrsg.), Zur zugewandten Säkularität, 2014, S. 235, 246; *Heckel*, Vom Religionskonflikt zur Ausgleichsordnung, 2007, S. 48 f.; *Kästner*, in: Bonner Kommentar, Art. 140 GG Rn. 115 f., 122; *Lanzerath*, Religiöse Kleidung und öffentlicher Dienst, 2003, S. 174 f.; *Morlok*, in: Dreier, Art. 4 GG Rn. 77 f., 147; *Muckel*, in: Berliner Kommentar, Art. 4 GG Rn. 56; *Papier*, Aktuelle Herausforderungen im Verhältnis zwischen Staat und Kirche unter besonderer Berücksichtigung der staatlichen Neutralitätspflicht, in: Pitschas/Uhle (Hrsg.), FS Scholz, 2007, 1123, 1127 f.; *Pottmeyer*, Religiöse Kleidung in der öffentlichen Schule in Deutschland und England, 2011, S. 41 f.; *Traulsen*, Neutralität, in: Heinig/Munsonius (Hrsg.), 100 Begriffe aus dem Staatskirchenrecht, 2. Aufl. 2015, S. 180 ff.

[188] Beispielhaft für werbende Stellungnahmen zu diesem Modell *Böckenförde*, Diskussionsbeitrag, VVDStRL 59 (2000), 315, 316; *Böckenförde*, Diskussionsbeitrag, in: Kämper/Thönnes (Hrsg.), Essener Gespräche zum Thema Staat und Kirche (40), 2007, S. 95 ff.

[189] Deutlich *Meyer-Teschendorf*, Religionsfreiheit in der Staatsschule, ZevKR 23 (1978), 202, 213.

[190] *Böckenförde*, Kreuze (Kruzifixe) in Gerichtssälen?, ZevKR 20 (1975), 119, 129; ähnlich zuvor schon *Böckenförde*, Vorläufige Bilanz im Streit um das Schulgebet, DÖV 1974, 253, 255.

[191] *Böckenförde*, Vorläufige Bilanz im Streit um das Schulgebet, DÖV 1974, 253, 255; ebenso etwa *Heckel*, Das Kreuz im öffentlichen Raum, DVBl 1996, 453, 472 f.

darin liege, dass Religion und Weltanschauung »als Ausdruck der Besonderheit und der Eigenart der Bürger, als tragende Lebensmächte für die Bürger anerkannt und demgemäß in ihrer Entfaltungsfreiheit geschützt sind.«[192] Diese Symbiose negativer und positiver Neutralität nimmt die bereits vorgestellten Argumentationsstrukturen der beiden Neutralitätsströmungen folgerichtig in sich auf: Bei Gesetzgebung, Rechtsprechung und vollziehender Verwaltung stehe der Staat an sich im Vordergrund, sodass hier die Anforderungen an seine Allgemeinheit im Sinne des Prinzips der Nicht-Identifikation besonders hoch seien.[193] Beim Militär, in staatlichen Schulen und Krankenhäusern hingegen verwirkliche sich nicht nur Staatlichkeit, sondern auch Gesellschaft, sodass hier – positiv – Raum für die Verwirklichung bürgerlicher Freiheitsrechte geschaffen werden müsse.[194]

Diese Unterscheidung zwischen dem staatlichen Kernbereich und dem Begegnungsbereich von Staat und Gesellschaft lässt sich mit *Heckel* um die Seite der Religionsgemeinschaften ergänzen. So solle den Religionen »in dem ureigensten Kernbereich des Dogmas, Gottesdienstes [und] kirchlichen Verfassungsrechts« volle Autonomie gewährt sein und dem Staat keine Eingriffsrechte zustehen. Wo die Religionsgemeinschaften jedoch über ihren Kernbereich hinaus in die Gesellschaft hineinwirken, werde die staatliche Ordnungsgewalt durch das religiöse Wirken nicht beschränkt.[195]

II. Einordnung und Analyse

Das bereichsspezifische Neutralitätsmodell verlangt somit die Anwendung negativer Neutralität in den jeweiligen Kernbereichen des Staates und der Religionsgemeinschaften. In dem dazwischenliegenden gesellschaftlichen Bereich hingegen werde der Staat einerseits nicht durch die Religion überlagert, andererseits verwirkliche er seine Neutralität gerade dadurch, dass er grundsätzlich offen ist für religiöses Leben, ja sogar aktiv Möglichkeiten für das Wirken der Religionen und Weltanschauungen schafft. Das bedeutet mit Blick auf die verschiedenen Momente des Religionsverfassungsrechts, dass im Kernbereich des Staates das

---

[192] *Böckenförde*, Kreuze (Kruzifixe) in Gerichtssälen?, ZevKR 20 (1975), 119, 131.

[193] *Böckenförde*, Das Grundrecht der Gewissensfreiheit, VVDStRL 28 (1970), 33, 55; *Böckenförde*, Vorläufige Bilanz im Streit um das Schulgebet, DÖV 1974, 253, 255; *Böckenförde*, Kreuze (Kruzifixe) in Gerichtssälen?, ZevKR 20 (1975), 119, 129; siehe auch *Muckel*, Religiöse Freiheit und staatliche Letztentscheidung, 1997, S. 76.

[194] *Böckenförde*, Vorläufige Bilanz im Streit um das Schulgebet, DÖV 1974, 253, 255 f.; *Böckenförde*, »Kopftuchstreit« auf dem richtigen Weg?, NJW 2001, 723, 725; *Morlok*, in: Dreier, Art. 4 GG Rn. 77 f., 147 differenziert auch innerhalb der jeweiligen Bereiche noch einmal danach, wie repräsentativ die jeweilige Stellung ist, sodass auch bei Sachbearbeitern des Behördenverkehrs ein offenes Neutralitätsverständnis gelten könne; für *Muckel*, Anmerkung zu BVerfG, Beschl. v. 27.6.2017 – 2 BvR 1333/17, NVwZ 2017, 1132, 1133, ist hingegen die öffentliche Zugänglichkeit – auch der Büros – und damit die potenzielle Sichtbarkeit entscheidend. Hier wird offensichtlich, dass es bei diesen Fragestellungen nicht unbedingt um die religiös-weltanschauliche Neutralität des Staates an sich, sondern um ein religiös-weltanschaulich neutrales Erscheinungsbild des Staates geht, was nicht unbedingt dasselbe ist; näher hierzu *Payandeh*, Das Kopftuch der Richterin aus verfassungsrechtlicher Perspektive, DÖV 2018, 482, 487 f.

[195] *Heckel*, Staat Kirche Kunst, 1968, S. 203.

religionsdistanzierte Moment und im Kernbereich der Religionen das *antistaatliche Moment* maximiert wird. Dazwischen dominiert das *religionsnahe Moment*, wobei die somit geforderte Nähe des Staates zur Religion anhand des *gleichheitlichen Moments* ausgestaltet wird. Folglich kommen alle Momente des Religionsverfassungsrechts zur Anwendung, sodass auch dieses vermittelnde, bereichsspezifische Neutralitätsmodell ein verfassungsmäßiges Neutralitätskonzept ist.

Was die Leistungsfähigkeit dieses Ansatzes anbetrifft, zeichnet sich ein vielschichtiges Bild. In den beiden Kernbereichen profitiert dieses Neutralitätskonzept von der inhaltlichen Klarheit, die ein strenges Neutralitätsverständnis bietet. Gleichzeitig wirken im gesellschaftlichen Bereich die Unbestimmtheiten und Abgrenzungsschwierigkeiten fort, die der positiven Neutralität attestiert worden sind. Besonders deutlich zeigt sich dies bei den Fällen *konfligierender Religionsfreiheit im öffentlichen Raum*. Ein Neutralitätskonzept, das für den Bereich der staatlich organisierten Öffentlichkeit pauschal festhält, dass hier »übergreifende Neutralität vorherrschend oder allein angebracht« sei,[196] bietet keine Anhaltspunkte für die Beantwortung der Frage, wie weit der Staat den Religionen und Weltanschauungen entgegenkommen darf und wieviel Öffnung zu viel wäre. Anders formuliert: Für den Bereich der staatlich organisierten Öffentlichkeit werden zwar das *religionsnahe* und das *gleichheitliche Moment* betont, es bleibt aber unklar, in welchem Sinne auch das *religionsdistanzierte Moment* Wirkung entfalten kann. Eine weitere Herausforderung für das bereichsspezifische Neutralitätsmodell liegt in der zugrundeliegenden Bereichsscheidung selbst. Hier entstehen Abgrenzungsschwierigkeiten, weil die Trennung zwischen den Bereichen nicht immer zwingend ist. Beispielhaft lässt sich dies am Fall eines Kreuzes an einer Schulwand verdeutlichen: Ist das Kreuz dem Bereich der formalen Schulorganisation zuzurechnen, gehört es also zur staatlich-hoheitlichen Organisationssphäre und damit dem Kernbereich der Staatlichkeit[197] – dann wäre das Kreuz von vornherein unzulässig. Oder ist das Kreuz Teil der Verwirklichung der gesellschaftlichen Freiheitsrechte, weil sich darin die positive Religionsfreiheit der christlichen Schüler und Lehrerinnen manifestiert[198] – dann wäre es das Kreuz zulässig, sofern im konkreten Fall auch den (näher zu bestimmenden) gleichheitlichen Anforderungen genüge getan wird.

Bei der bereichsspezifischen Ausgestaltung des Neutralitätsgebots wirken also manche Unbestimmtheiten fort, teilweise ergeben sich aus der Unterteilung in

---

[196] *Böckenförde*, Kreuze (Kruzifixe) in Gerichtssälen?, ZevKR 20 (1975), 119, 131.

[197] Beispielhaft in diesem Sinne *Böckenförde*, Diskussionsbeitrag, VVDStRL 59 (2000), 315, 318; *Muckel*, in: Berliner Kommentar, Art. 140 GG Rn. 35; weiterhin *Muckel*, Anmerkung zu BVerfG, Beschl. v. 27.6.2017 – 2 BvR 1333/17, NVwZ 2017, 1132, 1133; bei ähnlicher Argumentationsstruktur sogar für das Kopftuch einer muslimischen Lehrerin mit gleichem Ergebnis *Jestaedt*, Grundrechtsschutz vor staatlich aufgedrängter Ansicht, in: Isensee/Rees u. a. (Hrsg.), FS Listl, 1999, S. 259, 266; *Kästner*, Religiös akzentuierte Kleidung des Lehrpersonals staatlicher Schulen, in: Kästner/Nörr u. a. (Hrsg.), FS Heckel, 1999, S. 359, 369.

[198] In diese Richtung noch *Böckenförde*, Kreuze (Kruzifixe) in Gerichtssälen?, ZevKR 20 (1975), 119, 128; beispielhaft weiterhin *Geis*, Zur Zulässigkeit des Kreuzes in der Schule aus verfassungsrechtlicher Sicht, in: Brugger/Huster (Hrsg.), Der Streit um das Kreuz in der Schule, 1998, S. 41, 50; *Kästner*, Lernen unter dem Kreuz?, ZevKR 41 (1996), 241, 252.

verschiedene Bereiche neue Abgrenzungsschwierigkeiten. Gleichzeitig ermöglicht die Differenziertheit des Ansatzes feiner abgestimmte Lösungen, als dies bei einem pauschal negativen oder positiven Neutralitätsverständnis möglich ist. Die bereichsspezifische Perspektive unterscheidet nämlich nicht lediglich zwischen den Kernbereichen und der staatlich organisierter Öffentlichkeit, sondern sie verweist auch auf die Eigenheiten des speziellen Sachbereichs und seine individuelle verfassungsrechtliche Ummantelung, wie etwa die Vorschriften des Grundgesetzes zur Schule.[199] Auf diese Weise wird bei der konkreten Ausgestaltung der positiven Neutralität Raum gelassen, um die verschiedenen verfassungsrechtlich abgesicherten Interessen in Bezug zu nehmen, die in dem jeweiligen Bereich betroffen sind – im Fall der Schule also neben der positiven Religionsfreiheit etwa auch die negative Religionsfreiheit und das (religiöse) Erziehungsrecht der Eltern.[200] Und auch für den staatlichen Kernbereich ermöglicht die bereichsspezifische Sichtweise eine pointiertere Begründung der zu wählenden Neutralitätsform. So lässt sich die Anwendung eines besonders strengen Maßstabs im Kontext der Rechtsprechung nicht bloß mit allgemeinen staatstheoretischen Überlegungen zur Nicht-Identifikation, sondern auch mit der Unabhängigkeit der Richter nach Art. 97 GG begründen.[201]

Um die Stärken und Schwächen dieses Ansatzes weiter zu verdeutlichen, bietet es sich an, nochmals bei der Fallgruppe der *konfligierenden Religionsfreiheit im öffentlichen Raum* anzusetzen, denn hier wird besonders plastisch, welcher Begründungsaufwand betrieben werden muss, um an einem konkreten Ergebnis anzukommen.[202] So müssen in einem ersten Schritt die verschiedenen Bereiche voneinander abgegrenzt werden (wie beim eben angedeuteten Beispiel: Gehört das Kreuz an der Schulwand zum Kernbereich des Staates oder dem gesellschaftlichen Bereich?), dann muss geklärt werden, inwieweit der Schutzbereich der Religionsfreiheit eröffnet ist (ist das Kreuz von der positiven Religionsfreiheit der christlichen Schüler umfasst oder ist es in diesem Fall etwa als ein kulturelles Symbol anzusehen?) und zuletzt müssen die konfligierenden Interessenlagen zu einem angemessenen Ausgleich gebracht werden (welche Auflösung des Konflikts gebietet die Anwendung eines positiven Neutralitätsverständnisses

---

[199] Allgemein *Kästner*, Lernen unter dem Kreuz?, ZevKR 41 (1996), 241, 252f.; *Morlok*, in: Dreier, Art. 4 GG Rn. 147; *Morlok*, in: Dreier, Art. 140 GG Rn. 38; *Pottmeyer*, Religiöse Kleidung in der öffentlichen Schule in Deutschland und England, 2011, S. 41f.; speziell zur Frage des Schulgebets m. w. N. *Böckenförde*, Vorläufige Bilanz im Streit um das Schulgebet, DÖV 1974, 253, 256; zum Kopftuch einer Lehrerin *Böckenförde*, Bekenntnisfreiheit in einer pluralen Gesellschaft und die Neutralitätspflicht des Staates, Una Sancta 2005, 235, 247; *Droege*, Staatsleistungen an Religionsgemeinschaften im säkularen Kultur- und Sozialstaat, 2004, S. 384f.

[200] *Kästner*, Lernen unter dem Kreuz?, ZevKR 41 (1996), 241, 256ff.; *Meyer-Teschendorf*, Religionsfreiheit in der Staatsschule, ZevKR 23 (1978), 202, 216ff., 225f.

[201] *Muckel*, in: Berliner Kommentar, Art. 4 GG Rn. 56.

[202] Beispielhaft zur Ausgestaltung in der Schule *Pottmeyer*, Religiöse Kleidung in der öffentlichen Schule in Deutschland und England, 2011, S. 44ff.; zu Schule, Gerichtsbarkeit und Polizei *Lanzerath*, Religiöse Kleidung und öffentlicher Dienst, 2003, S. 183ff.; speziell im Hinblick auf die Interpretation von Symbolen *Röhrig*, Religiöse Symbole in staatlichen Einrichtungen als Grundrechtseingriffe, 2017; *Vollrath*, Religiöse Symbole, 2006; für die dahinterstehende Spannungslage siehe oben, 2. Kapitel, C. II. 3. a).

im gesellschaftlichen Bereich?). Es wird deutlich, dass die bereichsspezifische Lösung keine universell verwendbare Neutralitätsschablone ist, mittels derer jede Rechtsfrage auf eine eindeutige Lösung zugeschnitten werden kann, sondern es lassen sich in vielen Fällen mehrere Varianten denken, die sich kohärent innerhalb dieses Neutralitätsmodells begründen lassen. Diese Ergebnisoffenheit, diese verfassungsrechtliche Indetermination, ist an sich keineswegs als Schwäche zu sehen. Hierin liegt stattdessen die Einsicht, dass unterschiedliche Lebensbereiche und Konfliktkonstellationen mit ihren individuellen Interessenlagen und verfassungsrechtlichen Rahmenbedingungen verschiedene Lösungen erfordern können, die zu finden Gesetzgebung und Verwaltung aufgegeben ist. Die tatsächliche Schwäche dieses Neutralitätskonzepts ist vielmehr, dass unklar bleibt, was genau die dogmatische Funktion der Verpflichtung auf positive Neutralität im Bereich der staatlich organisierten Öffentlichkeit sein soll. Ist die positive Neutralität im Sinne eines Optimierungsgebots zu verstehen, sodass in der jeweiligen Situation so viel Raum für Religionen und Weltanschauungen geschaffen werden muss wie nur möglich? Oder verlangt positive Neutralität lediglich, dass der Staat in irgendeiner Form offen ist für die Glaubensüberzeugungen seiner Bürgerinnen – fordert die positive Neutralität also gewissermaßen einen religiösen Minimalbezug, der sicherstellt, dass die positive Religionsfreiheit nicht gänzlich auf den rein privaten Raum verwiesen ist? Oder bedeutet das Bekenntnis zur positiven Neutralität sogar nur, dass religiöse Bezüge im öffentlichen Raum grundsätzlich zulässig sind, ohne in irgendeiner Form geboten zu sein? Die konkrete Entscheidung nicht nur über das »wie«, sondern auch das »ob« stünde damit im gesetzgeberischen Ermessen.

Jenseits dieser Fragen ermöglicht das bereichsspezifische Neutralitätsmodell jedoch zum Teil sehr klare Lösungen. Naturgemäß lassen sich mit einem Modell, das auf einer Bereichsteilung basiert, die Konfliktkonstellationen um *institutionelle Abgrenzungen* besonders gut greifen. Sofern geklärt ist, ob eine Thematik dem gesellschaftlichen Wirkbereich oder aber dem religiösen Kernbereich zugerechnet werden muss,[203] ist die Frage, inwieweit der Staat regelnd eingreifen darf, bereits entschieden. Auch bei Fällen zur *Religionsfreiheit als Freiheitsrecht* erweist sich das bereichsspezifische Neutralitätskonzept als sehr leistungsfähig und es überrascht, dass in der rechtswissenschaftlichen Diskussion um Ausnahmen von Ge- oder Verboten aufgrund religiöser Überzeugungen nicht regelmäßig und konsequent mit diesem Stufenmodell argumentiert wird. Die Unterteilung in den staatsfreien Kernbereich des religiösen Ritus, den Mischbereich staatlich organisierter Öffentlichkeit und den Bereich staatlicher Hoheitstätigkeit bietet praktikable Anhaltspunkte für eine kohärente Abstufung. Demnach würde der religiös-weltanschaulich neutrale Staat desto eher gehalten sein, Befreiungen von Ge- oder Verboten zu gewähren, je stärker der Bezug einer

[203] Insbesondere beim kirchlichen Arbeitsrecht ist diese Frage nicht immer leicht zu beantworten, siehe hierzu m. w. N. nur *Kirchhof*, Der kirchliche Beitrag zu Freiheit und Demokratie, in: Kämper/Pfeffer (Hrsg.), Essener Gespräche zum Thema Staat und Kirche (48), 2015, S. 71, 79.

Handlung bzw. eines Unterlassens zum rituellen Kernbereich einer Religion ist. Auf der anderen Seite würde eine Nichtbeachtung religiöser Besonderheiten die Neutralität des Staates desto weniger in Frage stellen, je ausgeprägter der Zusammenhang zum Kernbereich staatlicher Hoheitstätigkeit ist (hierzu ließe sich auch das Kernstrafrecht zählen).[204] Für gesellschaftliche Bereiche wie Schulen oder öffentliche Krankenhäuser würde die bereichsspezifische Lösung bedeuten, dass die Religionsfreiheit hier kein »allgemeines Freiheitsgrundrecht« ist,[205] das den Staat daran hindert, allgemeinverbindliche Lösungen zu verfolgen; gleichzeitig wäre der Staat angehalten, die religiösen Besonderheiten der Bürgerinnen wohlwollend zu beachten. Wie weitreichend dieses Wohlwollen sein müsste, bleibt aufgrund der Unbestimmtheit der positiven Neutralität freilich nicht abschließend vorgegeben, so wie bereits hinsichtlich der Fallgruppe der konfligierenden Religionsfreiheit im öffentlichen Raum dargestellt wurde. Was wiederum die Fälle der *gleichheitsrechtlichen Konfliktlagen* anbelangt, bietet auch dieses Neutralitätskonzept keine Antworten aus sich heraus an, sondern muss auf externe Konzepte zur Gleichbehandlung von Religionen und Weltanschauungen verweisen.[206] Für die Fälle *ethischer Fragestellungen und gesellschaftlicher Praxen* ist entscheidend, welche Perspektive gewählt wird. Die Besonderheit dieser Fallgruppe ist ja, dass es bei ihr nicht wie bei den Konflikten um Religionsfreiheit als Freiheitsrecht darum geht, dass Ausnahmen von den allgemeinen Ge- oder Verbotsregelungen gewährt werden. Die entscheidende Frage ist vielmehr, inwieweit religiöse oder weltanschauliche Besonderheiten bereits bei der allgemeinen Entscheidung über die betroffenen Sachverhalte – also insbesondere im Rahmen der Gesetzgebung – Beachtung finden dürfen. Für die bereichsspezifische Betrachtungsweise bieten sich daher zwei Perspektiven an: Entweder wird auch bei dieser Fallgruppe auf den zu regelnden Lebensbereich geschaut oder aber der Fokus liegt bereits vorgelagert auf der Gesetzgebung bzw. exekutiven Entscheidung selbst, weil es um den Einfluss von Religionen und Weltanschauungen auf die staatliche Entscheidungsfindung geht. Sofern der erste Weg beschritten wird,

[204] Dieses Stufenmodell gerät allerdings an seine Grenzen, wo eine Handlung einerseits zum rituellen Kernbereich einer Religion gehört und andererseits mit dem Kernstrafrecht konfligiert. Im Fall ritueller Menschenopfern ist es einhellige Meinung, den Konflikt zugunsten der Wirksamkeit des Strafrechts aufzulösen, genauso wie bei sogenannten »Ehrenmorden«, die ohnehin schon nicht im strengen Sinne rituell, sondern kulturell motiviert sind, vgl. *Waldhoff*, Neue Religionskonflikte und staatliche Neutralität, 2010, S. 166 ff. Schwieriger ist die Entscheidung bei weniger gravierenden rituellen Handlungen, wie etwa der religiös motivierten Beschneidung von Jungen; zum verfassungsrechtlichen Hintergrund eingehend *Steiner*, Die religiös motivierte Knabenbeschneidung im Lichte des Strafrechts, 2014, S. 166. Die Brisanz dieser konkreten Frage hat sich für die Praxis dadurch aufgelöst, dass der Gesetzgeber sie durch die neu geschaffene Vorschrift § 1631d BGB zugunsten der betroffenen Religionsgemeinschaften aufgelöst hat, umfassend hierzu *Schulze*, Elternrecht und Beschneidung, 2017, S. 121 ff.

[205] Zu dieser Befürchtung *Kästner*, Hypertrophie des Grundrechts auf Religionsfreiheit, JZ 1998, 974, 977, vgl. weiterhin oben, 2. Kapitel, C. II. 3. a).

[206] Hierzu etwa *Droege*, Staatsleistungen an Religionsgemeinschaften im säkularen Kultur- und Sozialstaat, 2004, S. 386 ff.; umfassend *Schrooten*, Gleichheitssatz und Religionsgemeinschaften, 2015; *Heckel*, Gleichheit oder Privilegien?, 1993, S. 23 ff. und passim; außerdem *Perçin*, Die Kompatibilität des säkularen Staates mit dem Islam, 2013, S. 124 ff.

also auf den zu regelnden Lebensbereich abgestellt wird, könnte das bereichsspezifische Neutralitätsmodell durchaus zur Anwendung kommen. In diesem Fall wären z. B. Fragen des Lebensschutzes als Teil des Kernstrafrechts dem religionsfreien Kernbereich staatlich-hoheitlichen Handelns zuzuordnen, sodass religiöse Leitbilder hier keine Funktion entfalten dürften. Das Feiertags- und Eherecht hingegen könnten dem Bereich staatlich organisierter Öffentlichkeit zugeordnet werden, sodass an diesen Stellen religiös fundierte Vorstellungen der Gesellschaft die staatliche Gesetzgebung beeinflussen dürften. Wird hingegen von vornherein auf den Bereich der Gesetzgebung abgestellt, ergeben sich schwierigere Abgrenzungsprobleme. Auf der einen Seite gehört die Gesetzgebung eindeutig zum Kernbereich staatlich-hoheitlichen Handelns, was jegliche religiöse Beeinflussung verbieten würde. Auf der anderen Seite steht das freie Mandat nach Art. 38 Abs. 1 S. 2 GG, welches im Zusammenhang mit der bereichsspezifischen Betrachtungsweise ebenfalls Beachtung finden müsste und insbesondere durch seinen Gewissensbezug eine Inbezugnahme religiöser Überzeugungen durch die einzelnen Parlamentarierinnen möglich erscheinen lässt. Wie genau die Grenzziehung in diesem Fall vorzunehmen wäre, bleibt unklar, zumal nicht ersichtlich ist, dass diese Fallgruppe bisher überhaupt aus der Perspektive des bereichsspezifischen Neutralitätsmodells näher aufgearbeitet wurde.[207]

C. Zwischenspiel: Der Übergang von klassischen zu modernen Neutralitätskonzepten

Was ist dem Staat im Umgang mit Religionen und Weltanschauungen geboten, was ist erlaubt und was ist verboten? Bereits im 1. Kapitel wurde deutlich, dass die Antwortmöglichkeiten auf diese Ausgangsfrage vielfältig sind. Durch die historischen und politisch-philosophischen Annäherungen sowie durch die rechtstheoretischen Erwägungen im 2. Kapitel wurde anschließend versucht zu erklären, woraus diese Vielfalt denkbarer Konzepte entsteht. Darauf aufbauend haben die Ausführungen zu den negativen und positiven Neutralitätsverständnissen sowie zum vermittelnden, bereichsspezifischen Neutralitätsmodell gezeigt, in welcher konkreten Form sich die Vielfalt der Antwortmöglichkeiten manifestiert. Die Analyse der verschiedenen Ansätze hat allerdings noch etwas weiteres zum Vorschein gebracht: Die bisher vorgestellten Neutralitätskonzepte beantworten die Ausgangsfrage nicht nur unterschiedlich, sondern auch unzureichend.[208] So konnte am Ende der Gegenüberstellung der positiven und negativen Neutralitätskonzepte herausgearbeitet werden, dass sich der sehr allgemei-

---

[207] Von wissenschaftlicher Seite ist es im Wesentlichen der Ansatz von *Stefan Huster*, der aufgrund seiner Verknüpfungen mit dem Politischen Liberalismus von *Rawls* diese Fallgruppe beachtet und handhabbar macht; siehe hierzu unten, 3. Kapitel, F.

[208] Ausgenommen von diesem Urteil ist allenfalls ein streng negatives Neutralitätsverständnis, das mit seiner Forderung nach strikter Distanz zu eindeutigen Ergebnissen kommt. Die Vorbehalte liegen insofern auf einer anderen Ebene, vgl. oben, 3. Kapitel, A. 1. 5.

nen Ausgangsfrage zwei konkretere Fragen entnehmen lassen, die entscheidend und dennoch unbeantwortet sind. Erstens: Wo und wie weit muss bzw. darf der religiös-weltanschaulich neutrale Staat Religionen und Weltanschauungen entgegenkommen, ohne dass er das religionsdistanzierte Moment vernachlässigt? Und zweitens: Wie wird dem gleichheitsrechtlichen Moment im Kontakt mit den verschiedenen Religionen und Weltanschauungen Genüge getan? Die darauffolgende Analyse des bereichsspezifischen Neutralitätsmodells hat gezeigt, dass dieses vermittelnde Modell die Unbestimmtheiten zwar an manchen Punkten eliminieren kann, indem sie im religiösen und staatlichen Kernbereich ein streng negatives Neutralitätsverständnis verfolgt. Im dazwischenliegenden Bereich der staatlich organisierten Öffentlichkeit, also dort, wo ein positives Neutralitätsverständnis zur Anwendung kommen soll, wirken die Unklarheiten jedoch fort. Vor allem bei den multilateralen Konfliktlagen, das heißt den Fällen konfligierender Religionsfreiheit im öffentlichen Raum und bei gleichheitsrechtlichen Konflikten, offenbaren sich Leistungsdefizite, weil auch das bereichsspezifische Neutralitätskonzept keine abschließende Antwort auf die zwei Fragen zum staatlichen Entgegenkommen und zur Gleichbehandlung gibt.

Trotz dieser Leistungsdefizite war die bereichsspezifische Ausgestaltung des Neutralitätsgebots lange Zeit das in der Rechtswissenschaft vorherrschende Neutralitätsmodell. Retrospektiv mag dies verwundern, denn wie kann die religiös-weltanschauliche Neutralität als Rechtsbegriff eine so zentrale Stellung erlangt haben, ohne dass ihr vorrangiges Erklärungsmodell klare Leitlinien zum Umfang des staatlichen Entgegenkommens und der Gleichbehandlung anbietet? Die Antwort hierauf wurzelt in den soziokulturellen Rahmenbedingungen der Vergangenheit und lautet: Die Fragen, wie weit der Staat den Religionen entgegenkommen dürfe und wie er die verschiedenen Religionen gleich behandeln solle, stellten sich nicht. Oder genauer formuliert: Sie stellten sich nicht in einer Weise, die eine präzise Antwort erforderlich machte. In der alten Bundesrepublik waren die religionsverfassungsrechtlichen Konflikte, die sich im Bereich der staatlich organisierten Öffentlichkeit entwickelten, nicht besonders kompliziert. Die zu berücksichtigenden Interessen waren überschaubar; die Wellen, die eine konkrete Konfliktsituation schlug, ebenfalls.[209] Paradigmatisch ist insofern der Schulgebetsfall des Bundesverwaltungsgerichts aus den 1970er Jahren,[210] bei dem es um die Frage ging, ob die Länder an nicht-bekenntnisfreien Gemeinschaftsschulen die Organisation eines freiwilligen ökumenischen Gebets zulassen dürfen. Faktisch standen sich in dieser Konstellation nur die Interessen der Schülerinnen (bzw. deren Eltern) sowie der Lehrpersonen, die als Anhänger der christlichen Mehrheitsreligion an diesem Gebet teilnehmen wollten (oder ihm zumindest gleichgültig gegenüberstanden), und die Interessen derjenigen gegenüber, die sich durch dieses Gebet bedrängt fühlten. Ein positiv-neutraler Ausgleich dieser Interessen – also eine Lösung, die religiösem Leben in der Sphäre staatlich organisierter Öffentlichkeit jedenfalls wohlwollend gegenübersteht –

---

[209] Ähnlich *Di Fabio*, Gewissen, Glaube, Religion, 2008, S. 26.

[210] Vgl. BVerwGE 44, 196; im Anschluss BVerfGE 52, 223.

war unschwer zu finden: Das Gebet ist zulässig, sofern ihm jeder Schüler ohne weiteres ausweichen kann. Dieses Ergebnis war eingängig und praktikabel; nähere dogmatische Einordnungen des Neutralitätsgebots oder feingliedrige Abgrenzungen zu Minimal- und Maximalgrenzen staatlicher Religionsförderung waren nicht erforderlich.

Diese Art von praktikablen Ergebnissen ist heute in Anbetracht der religiös-weltanschaulichen Pluralisierung immer schwieriger zu finden. Illustrieren lässt sich dies anhand des zweiten Schulgebetsfalls des Bundesverwaltungsgerichts, der im neuen Jahrtausend angelegt ist.[211] In einem Berliner Gymnasium war es im Zusammenhang mit dem öffentlich vollzogenen Gebet einiger muslimischer Schüler wiederholt zu heftigen Streitigkeiten in der Schülerschaft gekommen, die den Schulbetrieb erheblich beeinträchtigten. Als die Schulleitung einen separaten Gebetsraum zur Verfügung stellen wollte, scheiterte dieses Vorhaben daran, dass unter den muslimischen Schülern konträre Vorstellungen darüber bestanden, gemäß welcher religiösen Lehrmeinung der Raum zu nutzen sei. Infolgedessen sah sich die Schulleitung dazu gezwungen, die Verrichtung des Gebets auf dem Schulgelände zu untersagen, weil nur so der Schulfrieden erhalten werden könne. Anders als beim ersten Schulgebetsfall konnten hier die verschiedenen Interessen – insbesondere die jeweiligen religiösen Freiheitsrechte der Schülerinnen und das staatliche Interesse an einem funktionierenden Schulbetrieb – nicht zu einem praktikablen Ausgleich gebracht werden.

Das bereichsspezifische Neutralitätsmodell hatte erklärt, dass im gesellschaftlichen Bereich, zu dem auch die staatliche Schule gehört, ein positives Neutralitätsverständnis zu Anwendung kommen solle. Religion dürfe den Staat nicht überlagern, dafür stehe der Staat den Religionen aber offen und wohlwollend gegenüber. Der zweite Schulgebetsfalls verdeutlicht nun, dass ein solcher Ausgleich nicht immer möglich ist. Im Gegenteil, mit *Stefan Muckel* ist festzustellen, dass es zunehmend Fälle gibt, »in denen der religiöse Pluralismus unserer Tage praktische Probleme hervorbringt, die nicht im früher gewohnten ›Sowohl-als-auch-Modus‹ gelöst werden können.«[212] Wo es aber nur eine ›Alles-oder-nichts-Lösung‹ geben kann, stellt sich im Hinblick auf die religiös-weltanschauliche Neutralität die Frage, welche Lösungsvariante mit ihr (noch) vereinbar ist. Verpflichtet ein positives Neutralitätsverständnis den Staat zu einer prinzipiellen Offenheit für Religion, selbst wenn dafür andere hochrangige Interessen geopfert werden müssen – konkret: Muss der Staat das Gebet in seiner Schule zulassen, selbst wenn dadurch der eigentliche Zweck der Institution, der Schulbetrieb, beeinträchtigt wird? Und wenn nein: Ist der Staat noch religiös-weltanschaulich neutral, wenn er Schüler erst zum Besuch der Schule verpflichtet und ihnen dann die Ausübung des Gebets untersagt?

Ohne dass es in dem konkreten Fall für die Lösung entscheidend war, deutet der zweite Schulgebetsfall noch etwas Zusätzliches an. Die bisher vorgestellten Neutralitätskonzepte konnten bei Fragen der Gleichbehandlung schlicht auf all-

[211] Vgl. BVerwGE 141, 223.
[212] *Muckel*, Religionsfreiheit gestern, heute, morgen, 2017, S. 22.

gemeine gleichheitsrechtliche Grundsätze verweisen. Religiös-weltanschauliche Neutralität erfordere, Gleiches gleich und Ungleiches ungleich zu behandeln, und sofern sich der Staat entschließe, Religionsgemeinschaften zu fördern, müsse diese Förderung allen in Frage kommenden Religionsgemeinschaften zugutekommen.[213] Dies war eine verhältnismäßig klare und simple Lösung, solange der Staat im Wesentlichen nur den beiden Volkskirchen gegenüberstand. Im Hinblick auf die nach Personenstärke überschaubaren übrigen Bekenntnisse ließen sich Versorgungsungleichheiten mit dem Hinweis rechtfertigen, dass dem Grundgesetz eine mehrstufige Parität entnommen werden könne, die zwischen korporierten und zivilrechtlich organisierten Religionsgemeinschaften differenziere;[214] an anderen Punkten ließ sich zwischen »gleichartiger« und »gleichwertiger« Behandlung unterscheiden.[215] Heute, wo sich das Primat der Volkskirchen immer mehr verliert und sich dafür zunehmend unterschiedliche Religionen und Weltanschauungen bzw. – noch feiner parzelliert – einzelne Lehrmeinungen gegenüberstehen, die alle prinzipiell gleichrangig sind, wird die Frage positiv-neutraler Gleichbehandlung zum Problem. Der zweite Schulgebetsfall weist auf die Begrenzungen eines Verständnisses hin, demzufolge der religiös-weltanschaulich neutrale Staat allen in Frage kommenden Religionen gleichermaßen offen gegenüberstehe. Was ist, wenn eine Vielzahl an unterschiedlichen Weltanschauungen, Religionen und Lehrmeinungen gleichen Zugang zu begrenzten staatlichen Ressourcen – etwa einem einzelnen Gebetsraum – begehrt und damit das staatliche Angebot überstrapaziert? Und es deutet sich noch eine zweite Frage an: Was ist, wenn die Öffnung für religiöses Leben nicht ausschließlich in den unkompliziert-gemeinschaftlichen Formen eines Mehrheits(kultur-)christentums verläuft (wie im ersten Schulgebetsfall), sondern Konflikte und gesellschaftliche Irritationen im Zusammenhang mit bestimmten religiösen Gruppen auftreten? Besonders groß ist die gleichheitsrechtliche Herausforderung, wenn die Konflikte und Irritationen nicht unbedingt mit der Religion *als Religion* zusammenhängen und damit streng genommen kein gleichheitsrechtliches Differenzierungsmerkmal darstellen, das die Religion »ungleich« zu anderen machen würde. Auch insofern ist der zweite Schulgebetsfall besonders illustrativ, denn das eigentliche Problem waren hier weder das Gebet oder die Glaubensüberzeugungen an sich, sondern der Umgang der Schüler mit ihren theologischen Differenzen. Intoleranz und Konfliktunfähigkeit sind jedoch keine genuin religiösen Erscheinungen und nicht selten müssen die Gründe für religionsnahe Konflikte dieser Art vorrangig in der Prägung und Erziehung der Beteiligten gesucht werden und nicht in der Religion als ihrem Anwendungsfeld. Ähnliches lässt

[213] *Scheuner*, Das System der Beziehungen von Staat und Kirchen im Grundgesetz, in: Friesenhahn/Scheuner (Hrsg.), HdbStKirchR Bd. I, 1974, S. 5, 58; *Weber*, Grundprobleme des Staatskirchenrechts, 1970, S. 68.

[214] Näher *Heckel*, Die religionsrechtliche Parität, in: Listl/Pirson (Hrsg.), HdbStKirchR Bd. I, 2. Aufl. 1994, S. 589, 615; *Heckel*, Gleichheit oder Privilegien?, 1993, S. 57 ff.

[215] *Heckel*, Das Gleichbehandlungsgebot im Hinblick auf die Religion, in: Listl/Pirson (Hrsg.), HdbStKirchR Bd. I, 2. Aufl. 1994, S. 623, 628 ff. und passim; *Heckel*, Gleichheit oder Privilegien?, 1993, S. 76 ff. und passim.

sich über etwaige Irritationen in der Mehrheitskultur über »fremde« Formen der Glaubensäußerung (Stichworte: Kopftuch, Minarett) sagen – auch hier ist die Religion mehr Projektionsfläche als Auslöser.[216] Für den religiös-weltanschaulich neutralen Staat stellt sich damit aber die Frage, inwieweit er solche Konflikte und Irritationen berücksichtigen und zum Anlass von Differenzierungen machen darf.

Die Bestimmung des Umfangs staatlichen Entgegenkommens und die Gleichbehandlung im religiös-weltanschaulich pluralen Umfeld sind die Punkte, an denen der Übergang von klassischen zu modernen Neutralitätsverständnissen erfolgt. Die Erkenntnis, dass ein Neutralitätsmodell hier präzise Stellung beziehen muss, unterscheidet Konzepte der – grob gesprochen – ersten 30 Jahre von denen seit Mitte der 1990er Jahren (zumindest den anspruchsvolleren unter ihnen). Diese Entwicklung erfolgte nicht in der Form eines Bruchs, sondern in der Form inhaltlicher Ausdifferenzierung. So wurde die Grundannahme des bereichsspezifischen Neutralitätsmodells zu dem Kernbereich des Staates und dem Kernbereich des religiösen Ritus lange Zeit nicht angezweifelt – dass dort jeweils ein strikt distanziertes Verständnis von Neutralität zur Anwendung kommen soll, stand weitgehend außer Frage. Tatsächlich wurde über diese äußeren Kernbereiche kaum mehr gesprochen und sie geraten erst jetzt wieder zunehmend in den Blick durch die Frage, ob muslimische Rechtsreferendarinnen, Staatsanwältinnen und Richterinnen im Gerichtssaal ein Kopftuch tragen dürfen.[217]

Der Fokus der Diskussion liegt mittlerweile auf dem dazwischenliegenden Mischbereich von Staat und Gesellschaft. Geschuldet ist diese Fokussierung zum einen der Sachlogik – im Bereich staatlich organisierter Öffentlichkeit ist das Aufeinandertreffen von Staat und Religion besonders kontrovers und diskussionswürdig. Zum anderen spiegelt sich darin eine Entwicklung, die wiederum mit den religionssoziologischen Veränderungen verbunden ist. Die religiös-weltanschauliche Neutralität des Staates wurde zunächst verwendet, um die Koordinationslehre zurückzuweisen und die Hoheitsstellung des Staates gegenüber den

---

[216] Zu beiden Aspekten *Rohe*, Der Islam in Deutschland, 2016, S. 259 ff.

[217] Kontradiktorisch *Eckertz-Höfer*, Kein Kopftuch auf der Richterbank, djbZ 2018, 1 ff. und *Sacksofsky*, Gegen ein Kopftuchverbot für Richterinnen, djbZ 2018, 8 ff.; besonders umfassend m. w. N. *Payandeh*, Das Kopftuch der Richterin aus verfassungsrechtlicher Perspektive, DÖV 2018, 482 ff.

Eine Frage mit Bezug zum staatlichen Kernbereich, die hingegen immer wieder auftauchte, aber nie besonders kontrovers diskutiert wurde, ist, inwiefern sich Parlamentsabgeordnete von ihren religiösen Überzeugungen leiten lassen dürfen und ob sie ihre inhaltlichen Positionen auch religiös begründen dürfen. Etwaige Stellungnahmen legten regelmäßig nahe, dass das freie Mandat beides erlaube, sofern daraus keine genuin religiösen Gesetze entstünden, die sich nur vor dem Hintergrund einer bestimmten Glaubensüberzeugung verstehen lassen und die in die Freiheitsrechte von Andersgläubigen eingreifen; vgl. etwa *Ladeur/Augsberg*, Toleranz-Religion-Recht, 2007, S. 71; *Hillgruber*, Kommentar, in: Dreier (Hrsg.), Säkularisierung und Sakralität, 2013, S. 119, 125; *Stein*, Vorpolitische Grundlagen des liberalen Rechtsstaats oder: Braucht der Staat Religion?, in: Ebner/Kraneis u. a. (Hrsg.), Staat und Religion, 2014, S. 25, 40; *Schlaich*, Konfessionalität – Säkularität – Offenheit (1985), in: Heckel/Heun (Hrsg.), Klaus Schlaich – Gesammelte Aufsätze, 1997, S. 423.

Kirchen festzuschreiben – hierfür war die Abgrenzung der jeweiligen Hoheitsbereiche entscheidend.[218] In der heutigen Diskussion um das Neutralitätsgebot offenbart sich nun die Überwindung dieses binären Institutionendenkens und die endgültige Hinwendung zu einer Perspektive gesellschaftlicher Pluralität – einer Pluralität, die den Staat vor allem im Rahmen der durch ihn organisierten Öffentlichkeit betrifft.

D. Moderne vermittelnde Konzepte

In der rechtswissenschaftlichen Literatur finden sich heute zwei vermittelnde Konzepte, anhand derer erklärt wird, wie weit sich der Staat für Religionen und Weltanschauungen öffnen darf bzw. muss. Die Konzepte navigieren zwischen Aspekten positiver und negativer Neutralität, wobei sie sich beide (zumeist implizit) in das klassische vermittelnde Konzept einfügen, indem sie lediglich die Art der Offenheit des Staates im gesellschaftlichen Bereich näher bestimmen. Da Rahmenbedingungen und Parameter somit bereits bekannt sind, lassen sich die zwei Konzepte vergleichsweise pointiert vorstellen.

I. Neutralität als Abwägungsvorgabe

Es soll nicht unbemerkt bleiben, dass *Böckenförde* die Herausforderungen der religiös-weltanschaulichen Pluralisierung durchaus erkannte und in späteren Stellungnahmen differenzierter formuliert, als es noch in seinen früheren Feststellungen geschah, denen zufolge im gesellschaftlichen Bereich pauschal ein positiv-offenes Neutralitätsverständnis angewendet werden müsse.[219] Die abgestufte Deutung des Neutralitätsgebots, die stattdessen maßgeblich sei, wurde dann am prägnantesten von *Heinig* formuliert, wobei der erste Teil seiner Beschreibung in dieser Arbeit bereits Erwähnung gefunden hat. So ergebe sich aus den religionsverfassungsrechtlichen Bestimmungen des Grundgesetzes eine »konstitutionelle Präferenz für eine Religionspolitik, die den unterschiedlichen Religionen und Weltanschauungen [...] integrativ gegenübertritt«, die sich aber – und hier zeigt sich der differenzierte Charakter dieses Neutralitätsverständnisses – die Möglichkeit von Abschottung und Ausgrenzung vorbehält, »wenn sich Religions- und Weltanschauungskonflikte so verfestigt haben, dass ohne solche Maßnahmen der Frieden und die Funktionsfähigkeit staatlicher Institutionen gefährdet wären.«[220] Der Staat müsse also nicht um jeden Preis und in jedem Fall

[218] Siehe hierzu oben, 2. Kapitel, A. III. 4.

[219] Vgl. etwa *Böckenförde*, Diskussionsbeitrag, VVDStRL 59 (2000), 315, 318; *Böckenförde*, »Kopftuchstreit« auf dem richtigen Weg?, NJW 2001, 723, 726, 728; angedeutet auch bei *Böckenförde*, Bekenntnisfreiheit in einer pluralen Gesellschaft und die Neutralitätspflicht des Staates, Una Sancta 2005, 235, 247; vgl. zudem *Böckenförde*, Der säkularisierte Staat, in: ders., Der säkularisierte Staat, 2007, S. 11, 34.

[220] *Heinig*, »Säkularismus« und »Laizismus« als Anfragen an das säkulare Religionsrecht in Deutschland, in: ders., Die Verfassung der Religion, 2014, S. 146, 156; ähnlich *Heinig*, Verschär-

Raum für religiöses Leben bieten, sondern er könne seine Neutralität auch durch gleichmäßige Distanz wahren. Allerdings sei Offenheit die Regel, ein Ausschluss des Religiösen hingegen die Ausnahme, bei der besonders begründet werden müsse, warum der Staat in diesem konkreten Fall seine Neutralität nur negativ wahren könne.[221] *Heinig* sieht entsprechende Gründe gegeben, wenn sich – wie im zweiten Schulfall – die Konfliktlage nicht anderweitig auflösen lasse und Interessen von Verfassungsrang bedroht seien;[222] *Böckenförde* betont zusätzlich, dass die dadurch entstehenden Gefahren hinreichend konkret sein müssen, was eine Einzelfallbetrachtung erforderlich mache.[223]

Der bedeutende Unterschied dieses Neutralitätsverständnisses zum klassischen vermittelnden Konzept und noch vielmehr zu einfachen positiven Neutralitätskonzepten besteht also darin, welche Verbindlichkeit die Offenheit des Staates im Bereich der staatlich organisierten Öffentlichkeit hat. Dieses moderne Neutralitätsverständnis kann die Eindeutigkeit nicht mittragen, die in der vielzitierten Erklärung des Bundesverfassungsgerichts unterstellt wird, der zufolge »die dem Staat gebotene religiös-weltanschauliche Neutralität [...] nicht als distanzierende im Sinne einer strikten Trennung von Staat und Kirche, sondern als eine offene und übergreifende, die Glaubensfreiheit für alle Bekenntnisse gleichermaßen fördernde Haltung zu verstehen« sei.[224] Stattdessen wird dieses Neutralitätsverständnis betonen müssen, dass in den Kernbereichen des Staates und der Religionsgemeinschaften im Gegenteil eine distanzierende Neutralität zur Anwendung komme und darüber hinaus auch in dem dazwischenliegenden Bereich negative Neutralität erforderlich sein könne, wenngleich unter restriktiven Voraussetzungen. Die Offenheit des Staates für Religionen und Weltanschauungen ist nicht kategorisch, sondern idealistisch – unter geeigneten Bedingungen hat der Staat offen zu sein. Rechtsdogmatisch gesprochen handelt es sich bei der religiös-weltanschaulichen Neutralität des Staates somit um eine Abwägungsvorgabe, die für den gesellschaftlichen Bereich ein Entgegenkommen des Staates gegenüber den Religionen fordert, solange und soweit keine gewichtigen

fung oder Abschied von der Neutralität, JZ 2009, 1136, 1140; auch als »verfassungstheoretischen Regelvorrang für eine Konzeption offen-pluraler Neutralität des Staates in Religionsdingen« bezeichnend *Heinig*, Das Religionsrecht zwischen der Sicherung freiheitlicher Vielfalt und der Abwehr fundamentalistischer Bedrohungen, in: ders., Die Verfassung der Religion, 2014, S. 22, 24; bzw. als »Regelvorrang der Permeabilität der staatlichen Sphäre für die Religionen der Bürger«, *Heinig*, Diskussionsbeitrag, in: Kämper/Thönnes (Hrsg.), Essener Gespräche zum Thema Staat und Kirche (40), 2007, S. 92. Kritisch hierzu *Huster*, Gleichheit statt Freiheit, in: Heinig/Walter (Hrsg.), Religionsverfassungsrechtliche Spannungsfelder, 2015, S. 203, 228.

[221] Zur Begründungslast *Heinig*, Das Religionsrecht zwischen der Sicherung freiheitlicher Vielfalt und der Abwehr fundamentalistischer Bedrohungen, in: ders., Die Verfassung der Religion, 2014, S. 22, 26; *Heinig*, Verschärfung oder Abschied von der Neutralität, JZ 2009, 1136, 1138; sowie ähnlich *Germann*, in: BeckOK GG, Art. 4 GG Rn. 83.

[222] *Heinig*, »Säkularismus« und »Laizismus« als Anfragen an das säkulare Religionsrecht in Deutschland, in: ders., Die Verfassung der Religion, 2014, S. 146, 156.

[223] *Böckenförde*, »Kopftuchstreit« auf dem richtigen Weg?, NJW 2001, 723, 728; *Böckenförde*, Bekenntnisfreiheit in einer pluralen Gesellschaft und die Neutralitätspflicht des Staates, Una Sancta 2005, 235, 247.

[224] BVerfGE 108, 282, 300, hierzu oben, 3. Kapitel, A. II. 1.

Gründe entgegenstehen, wobei mit Erfordernissen wie »nicht anderweitig auflösbar« (*Heinig*) und »hinreichend konkrete Gefahr« (*Böckenförde*) zusätzlich klare Grenzen gezogen werden, innerhalb derer negative Neutralität zulässig ist. Auf diese Weise sind die *Fälle konfligierender Religionsfreiheit im öffentlichen Raum* besser zu greifen als mit klassischen Neutralitätskonzepten. Bei den positiven Neutralitätsverständnissen und ebenso bei dem klassischen vermittelnden Modell blieb fraglich, welcher Grad des Entgegenkommens genau erforderlich sei. Das moderne Modell der Neutralität als Abwägungsvorgabe antwortet nun: So viel, wie im Hinblick auf die konkrete Interessenlage zumutbar, wobei ein kompletter Ausschluss des Religiösen nur in Ausnahmesituationen zulässig ist. Die Innovation dieses Neutralitätsverständnisses bleibt jedoch auf die *Fälle der konfligierenden Religionsfreiheit im öffentlichen Raum* beschränkt; darüber hinaus stellt es keine Änderung gegenüber dem klassischen vermittelnden Modell dar.

II. Gleichheitszentrierte Inhaltsbestimmung des Neutralitätsgebots

Das zweite moderne vermittelnde Neutralitätsmodell setzt ebenfalls an der Frage nach der Offenheit des Staates für Religionen und Weltanschauungen an, nur verzichtet es darauf, der Verfassung eine grundsätzliche Wertung oder auch nur eine Idealvorgabe zu entnehmen. Stattdessen wird der Vorgabegehalt des Grundgesetzes auf die einzelnen expliziten Bestimmungen reduziert: Die religionsverfassungsrechtlichen Normierungen würden positiv einen Minimalgehalt staatlichen Entgegenkommens formulieren (Religionsunterricht, Körperschaftsstatus usw.) sowie negativ eine Maximalgrenze festsetzen (Verbot der Staatskirche/Prinzip der Nicht-Identifikation). Dazwischen bestehe ein Ermessenspielraum, den die staatlichen Funktionsträgerinnen in freier Entscheidung ausschöpfen könnten, eine »konstitutionelle Präferenz« bestehe nicht.[225]

Die Grundstruktur dieses vermittelnden Neutralitätskonzepts ist bereits aus dem Abschnitt zu *Gerhard Czermak* bekannt, welcher ausgehend von einem negativen Neutralitätsansatz bei einer solchen Zwischenposition angelangt war.[226] Das Neutralitätsgebot ist nach diesem Verständnis frei von religionsnahen Verpflichtungen, die über die ausdrücklichen Bestimmungen des Grundgesetzes hinausgehen. Stattdessen bedeutet Neutralität des Staates in erster Linie einen gleichberechtigten Umgang mit den verschiedenen Religionen und Weltanschauungen, wobei diese Gleichberechtigung ebenso in gleichmäßiger Förderung wie in gleichmäßiger Nichtbeachtung bestehen könne. Der Unterschied zu positiven Neutralitätsmodellen sowie dem klassischen vermittelnden Neutralitätskonzept besteht somit darin, dass die Offenheit des Staates für Religionen und Weltan-

[225] In diesem Sinne etwa *Droege*, Staatsleistungen an Religionsgemeinschaften im säkularen Kultur- und Sozialstaat, 2004, S. 385; *Hennig*, Muslimische Gesellschaften im Religionsverfassungsrecht, 2010, S. 82 f.; *Holzke*, Die »Neutralität« des Staates in Fragen der Religion und Weltanschauung, NVwZ 2002, 903, 911 ff.; *Towfigh*, Die rechtliche Verfassung von Religionsgemeinschaften, 2006, S. 32; wohl auch *Herzog*, in: Maunz/Dürig, Art. 4 GG Rn. 110; unklar *Jarass*, in: Jarass/Pieroth, Art. 4 GG Rn. 5.

[226] Siehe oben, 3. Kapitel, A. I. 4.

schauungen nicht kategorisch ist, sondern potenziell – der Staat kann sich verschließen, er kann sich aber auch öffnen.

Die Stärke dieses Neutralitätsverständnisses liegt wie bei dem Verständnis von Neutralität als Abwägungsvorgabe insbesondere darin, dass die *Fälle der konfligierenden Religionsfreiheit im öffentlichen Raum* verfassungsrechtlich erfasst werden können. Staatliche Maßnahmen sind demnach im Hinblick auf das Neutralitätsgebot zulässig, sofern den expliziten Ge- und Verboten der Verfassung Genüge getan wird und solange der Umgang mit Religionen und Weltanschauungen gleichberechtigt erfolgt. Der weitreichende Ermessensspielraum, den dieses Neutralitätsverständnis zur Verfügung stellt, kann in Anbetracht der Konstitutionalisierung der Rechtsordnung als eine Wiederbevollmächtigung des demokratischen Gesetzgebers gelobt werden.[227] Es kann auch hervorgehoben werden, dass dieses gleichheitszentrierte Neutralitätsverständnis viel Flexibilität lässt, um auf die komplizierten und in ihrem Umfang noch unüberschaubaren Konfliktlagen der religiösen Pluralisierung zu reagieren. Gleichzeitig ermöglicht dieses Neutralitätskonzept aber auch einen weitreichenden Ausschluss religiösen Lebens aus dem Bereich der staatlich organisierten Öffentlichkeit, womit sich dieser Ansatz all jener Kritik gegenübersieht, die den negativen Neutralitätskonzepten entgegengebracht wird.[228] Darüber hinaus bestehen konzeptionelle Anfragen an diese Art des Neutralitätsverständnisses: Wie sinnvoll ist es noch, die religiös-weltanschauliche Neutralität als Rechtsbegriff zu verwenden, wenn diesem Begriff keine grundsätzliche Leitfunktion mehr zugeschrieben wird, sondern seine inhaltliche Bedeutung lediglich auf die einzelnen Verfassungsbestimmungen reduziert wird? Bedarf es des Neutralitätsbegriffs noch, wenn sich seine wesentliche Aussage in dem verfassungstextlich sichtbaren Gleichberechtigungsgrundsatz erschöpft? Vor dem Hintergrund dieser Fragen zeigt sich, dass viele der zeitgenössischen Stellungnahmen zu diesem Ansatz verhältnismäßig oberflächlich bleiben. Wenn diesen Fragen zum Sinn der Verwendung des Neutralitätsbegriffs jedoch vertiefend nachgegangen wird, dann führt dies in eine Thematik, die bereits früh in der Entwicklungsgeschichte der religiös-weltanschaulichen Neutralität erkannt, allerdings selten eingehend behandelt wurde. Weil dadurch noch eine ganz andere Dimension der Neutralitätsdebatte eröffnet wird, soll das Thema der Sinnhaftigkeit des Neutralitätsgebots an späterer Stelle näher behandelt werden.[229] Für die an dieser Stelle verfolgten Zwecke genügt es jedenfalls festzuhalten, dass manche Stimmen in der Literatur die Frage danach, wie weit sich der Staat für Religionen

[227] Hierzu oben, 2. Kapitel, C. I. 1.; dennoch gegen ein gleichheitszentriertes Neutralitätsmodell allerdings *Böckenförde*, Diskussionsbeitrag, VVDStRL 65 (2006), 100, 101; *Germann*, in: BeckOK GG, Art. 4 GG Rn. 83.

[228] Hierzu oben, 3. Kapitel, A. II. 3. Allerdings muss diese Sichtweise nicht zwingend dazu führen, dass ein weitgehender Ausschluss religiösen Lebens aus der Öffentlichkeit für möglich gehalten wird. Einige Autoren, die dem Neutralitätsgebot keinen weiterführenden Gehalt und somit dem Staat einen breiten Gestaltungsspielraum zuschreiben, betonen wiederum die positive Religionsfreiheit in besonderer Weise. Dies hat zur Folge, dass der Verfassung eine starke Offenheit für Religion entnommen wird – Verständnissen positiver Neutralität nicht unähnlich. Vgl. diesbezüglich *Möllers*, Religiöse Freiheit als Gefahr?, VVDStRL 68 (2009), 47, 69, 87.

[229] Ausführlich unten, 3. Kapitel, G.

und Weltanschauungen öffnen darf bzw. muss, dadurch lösen wollen, der Gesetzgebung und der Verwaltung einen weiten Handlungsspielraum einzuräumen.

E. Die Möglichkeit neutralitätskonformer Privilegierungen

Die soeben vorgestellten vermittelnden Neutralitätskonzepte behandeln die Frage, wie weit sich der religiös-weltanschaulich neutrale Staat für Religion öffnen darf bzw. muss. Aber selbst wenn diese Frage beantwortet wird, muss sich weiterhin der zweiten Frage zugewendet werden, die an das Neutralitätsgebot gerichtet wird. Die Darstellung des klassischen vermittelnden Neutralitätskonzepts war mit einem Zitat von *Klaus Schlaich* eingeleitet worden und es spricht für die Weitsicht *Schlaichs*, dass auch in den nächsten Abschnitt mit seinen Worten eingeführt werden kann. Sofern der Staat nicht ein radikales Trennungssystem verfolgt, muss nämlich eine Antwort auf folgende Frage gegeben werden: »Wie soll der Staat mit der Vielzahl von Weltanschauungen und Religionen und deren Organisationen umgehen, sie fördern, ohne deren Inhalt zu bewerten, ohne die einen zu privilegieren, die andern zu benachteiligen?«[230]

Die Tiefe dieses Satzes von 1975 erkennen wir als Rechtsgemeinschaft heute, im Lichte einer religiös-weltanschaulich noch deutlicher ausdifferenzierten Gesellschaft, umso klarer. Wir sehen, dass manche Religionen von säkularen Ge- und Verboten härter getroffen werden als andere (Schächten, Beschneidung), und wir beobachten, dass staatliche Angebote, die prinzipiell allen Religionsgemeinschaften offenstehen, nur für einige von ihnen interessant oder aufgrund der rechtlichen Voraussetzungen überhaupt möglich sind (Körperschaftsstatus, Religionsunterricht). Wir nehmen die Diskrepanz wahr, die zwischen den beiden Tatsachen besteht, dass auf der einen Seite die Religionsgemeinschaften von unterschiedlicher Größe und auch in ihrem Wirken von unterschiedlichem gesellschaftlichem Einfluss sind (Caritas, Diakonie) und dass auf der anderen Seite für den einzelnen Gläubigen sein Bekenntnis die einzige Wahrheit darstellt und damit individuell betrachtet überragend einflussreich ist. Die Vielfalt der religiösen Bekenntnisse und Weltanschauungen verdeutlicht uns die Schwierigkeiten »gerechter« Zuteilungen: Während Finanzen noch einigermaßen breit gestreut werden können, sind andere Ressourcen und Angebote schwerer teilbar und der Zahl nach begrenzt (Räumlichkeiten, Sendezeiten, Sitze im Rundfunkrat). Vor allem aber erkennen wir uns in der Begegnung mit nichtchristlichen Religionen und antireligiösen Bestrebungen selbst: Wie stark doch die Symbiose von Kultur und christlicher Religion in Deutschland ist (Feiertage, Symbole und Formulierungen, bildende Künste und Musik, gegebenenfalls bestimmte Wertvorstellungen)[231] und wie in

[230] *Schlaich*, Radikale Trennung und Pluralismus (1975), in: Mikat (Hrsg.), Kirche und Staat in der neueren Entwicklung, 1980, S. 427, 442.

[231] *Welker*, Theologie und Recht, Der Staat 49 (2010), 573, 574, etwa betont »grundlegende normative Zusammenhänge von Recht, Religion und humaner Moral in den abendländischen Überlieferungen und Kulturen«.

dieser Verflochtenheit auch unser Rechtssystem geformt und geprägt wurde.[232] Und vielleicht bemerkt dabei der eine oder die andere (möglicherweise sogar von einer säkularen Warte aus), wie vertraut und lieb manche religiösen Ausdrucksformen geworden sind (Glockengeläut, Weihnachtslieder oder der Pater, der im Ordensgewand Religionsunterricht erteilt), während andere Ausdrucksformen fremd und vielleicht sogar bedrohlich erscheinen.[233]

Vor diesem Hintergrund lässt sich erahnen, warum jeder Umgang des Staates mit Religion aus irgendeinem Blickwinkel als Privilegierung dargestellt werden kann. Dementsprechend wird auch die Vermutung unlauterer Motive – in die eine oder in die andere Richtung – oft nicht fernliegen. Aber wie lässt sich dies beurteilen? Wenn sich z. B. viele staatliche Feiertage an christlichen Festen orientieren, ist dies zweifelsohne eine faktische Begünstigung christlicher Bekenntnisse – die Frage ist nur, ob dies eine hinzunehmende kulturelle Tatsache oder eine unlautere strukturkonservative Privilegierung des Christentums ist.[234] Diese potenzielle Mehrdeutigkeit hat Auswirkungen auf die konkrete Form der aktuellen Neutralitätsdebatte. Wenn heute im Hinblick auf das Neutralitätsgebot darüber gestritten wird, dass staatliches Handeln unterschiedliche Auswirkungen auf die verschiedenen Bekenntnisse und Weltanschauungen hat, dann wird eigentlich nicht danach gefragt, wie Privilegierungen vermieden werden könnten (dass irgendeine religiöse, weltanschauliche oder areligiöse Gruppe begünstigt wird, scheint im Ergebnis unumgänglich zu sein), sondern es wird vielmehr danach gefragt, inwiefern die Möglichkeit zu Privilegierungen besteht, die neutralitätskonform sind. Insofern lassen sich vier verschiedene Strömungen erkennen. Der kontroverseste Ansatz sieht eine bevorzugte Behandlung derjenigen Bekenntnisse vor, die bestimmte staats- und/oder kulturstabilisierende Leistungen erbringen. Ein weiterer Ansatz verweist für eine Gewichtung der unterschiedlichen Religionen und Weltanschauungen auf ihre Verbreitung und gesellschaftliche Relevanz. Diese beiden Ansätze verwenden der Theorie nach dynamische Verweisungen, die eine neutralitätskonforme Privilegierung aller Bekenntnisse ermöglichen, sofern sie die entsprechenden Voraussetzungen erfüllen. Faktisch

---

232 Die Untersuchungen zu diesem Themenfeld aus den letzten Jahren sind zahlreich und mannigfaltig. Beispielhaft zum Strafrecht *Müller*, Religion und Strafrecht, 2008, S. 73; *Gutmann*, Christliche Imprägnierung des Strafgesetzbuchs?, in: Dreier/Hilgendorf (Hrsg.), Kulturelle Identität als Grund und Grenze des Rechts, 2008, S. 295 ff.; *Saliger*, Was schützt der liberale Rechtsstaat?, in: Siep/Gutmann u. a. (Hrsg.), Von der religiösen zur säkularen Begründung staatlicher Normen, 2012, S. 183 ff.; *Fateh-Moghadam*, Die religiös-weltanschauliche Neutralität des Strafrechts, 2019, S. 51 ff.; zum Zivilrecht *Rückert*, Christliche Imprägnierung des BGB?, in: Dreier/Hilgendorf (Hrsg.), Kulturelle Identität als Grund und Grenze des Rechts, 2008, S. 263 ff.; *Löwenstein*, Christliche Werte im Bürgerlichen Recht, 2018, S. 62 ff.; zum Verfassungsrecht *Stein*, Himmlische Quellen und irdisches Recht, 2007, insb. S. 266 ff.; zu Menschenrechten bereits in sich sehr ausgeglichen und darüber hinaus mit umfassenden Nachweisen *Wittreck*, Christentum und Menschenrechte, 2013.

233 In diesem Sinne *Weiler*, Freiheit zur und Freiheit von der Religionsausübung: Das europäische Modell, in: Grundmann/Thiessen (Hrsg.), Religiöse Werte im Recht, 2017, S. 101, 103.

234 Eingehend zur Diskussion mit Blick auf den Islam *Heinemann*, Grundgesetzliche Vorgaben bei der staatlichen Anerkennung von Feiertagen, 2004, S. 203 ff.; allgemein *Huber*, Feiertagsschutz für Minderheiten, 2007, S. 137.

kommen die Bezugnahmen aber bis auf Weiteres statischen Verweisungen auf das Christentum als Mehrheitsreligion und dabei insbesondere den Großkirchen gleich. Daher sollen diesen zwei Ansätzen noch zwei weitere Verständnisse gegenübergestellt werden, die zwar nur geringe Verbreitung gefunden haben, die aber eine gezielte Privilegierung von Minderheitsreligionen für möglich erachten. Der eine Ansatz sieht die Förderung strukturschwacher Bekenntnisse vor, um so im Sinne einer positiven Religionspflege den Gläubigen ihre Religionsausübung zu vereinfachen. Der letzte Ansatz steht dem zuerst genannten nahe: So soll insbesondere die Förderung solcher Minderheitsbekenntnisse zulässig sein, die der Mehrheitskultur besonders zugewandt sind.

Bevor die einzelnen Ansätze vorgestellt werden, bietet es sich an, darauf hinzuweisen, welche praktischen Anwendungsfelder bei der Diskussion um neutralitätskonforme Privilegierungen besonders im Fokus stehen. In der Einleitung dieses Abschnitts ist unter anderem der Punkt angeklungen, dass manche Religionen von bestimmten säkularen Rechtsnormen stärker beeinträchtigt werden als andere. Damit ist jene Fallgruppe angesprochen, bei der es um die *Religionsfreiheit als Freiheitsrecht* geht. Für die rechtswissenschaftliche Diskussion über neutralitätskonforme Privilegierungen ist diese Fallgruppe allerdings nur von nachgelagerter Bedeutung. Wenn etwa – um ein plakatives Musterbeispiel zu verwenden[235] – eine okkulte Vereinigung, die Menschenopfer praktizieren will, durch das strafrechtliche Tötungsverbot stärker in ihrer Glaubenspraxis beeinträchtigt wird als andere Religionen, wird die Befürchtung einer neutralitätswidrigen Privilegierung recht schnell und wirksam entkräftet: Das Tötungsverbot diene der Verwirklichung des Grundrechts auf Leben, womit die Benachteiligung menschenopfernder Kulte unmittelbar auf die Verfassung rückführbar sei. Die Verfassung aber dürfe sich für das Leben und damit im Ergebnis gegen Menschenopfer aussprechen, sie »darf sich ›Neutralitätsverstöße‹ erlauben, da es keinen ihr vorausgelagerten verfassungsrechtlich relevanten Neutralitätsbegriff geben kann.«[236] Die Frage nach der Möglichkeit neutralitätskonformer Privile-

---

[235] Vgl. z. B. *Hillgruber*, Staat und Religion, 2007, S. 53 f.

[236] *Waldhoff*, Was bedeutet religiös-weltanschauliche Neutralität des Staates?, in: Honecker (Hrsg.), Gleichheit der Religionen im Grundgesetz?, 2011, S. 17, 18 m. w. N. (konkret ausgeführt aber nur im Hinblick auf den Sonntagsschutz in der Verfassung); vgl. schon aus früherer Zeit im Hinblick auf unterschiedliche Auswirkungen auf Religionsgemeinschaften trotz religiös-weltanschaulicher Neutralität z. B. *Meyer-Scheu*, Grundgesetz und Parität von Kirchen und Religionsgemeinschaften, 1970, S. 242 ff.; zum Menschenopferbeispiel *Hillgruber*, Staat und Religion, 2007, S. 53 f.; *Hillgruber*, Mythos Neutralität, in: Thomas (Hrsg.), Glaube und Gesellschaft, 2009, S. 175, 181 f.; i. Erg. ähnlich *Augsberg*, Die Entstehung des neutralen Staates als Vorgang der Säkularisation, ZevKR 53 (2008), 445, 454.

Auch die dieser Fallgruppe nachgelagerte Frage, ob in bestimmten Fällen immerhin Ausnahmeregelungen von staatlichen Ge- und Verboten zulässig sind, um die Religionsausübung zu ermöglichen, oder ob in solchen Befreiungen nicht wiederum eine unzulässige Privilegierung der jeweiligen Religion zu sehen sei, wird nur selten diskutiert. Ausnahmen finden sich bei *Christian Hillgruber* in verschiedenen Stellungnahmen, vgl. *Hillgruber*, Staat und Religion, 2007, S. 51 f.; *Hillgruber*, Mythos Neutralität, in: Thomas (Hrsg.), Glaube und Gesellschaft, 2009, S. 175, 180 f.; *Hillgruber*, Religion als Chance für eine wertegetragene Demokratie, in: Kempen/Naumann (Hrsg.), Demokratie und Religion, 2011, S. 77, 81 f.

gierungen wird kontroverser im Hinblick auf multilaterale Konfliktkonstellationen diskutiert, also dort, wo es zu einer direkten Gegenüberstellung verschiedener Religions- bzw. Weltanschauungsgemeinschaften kommt. Naturgemäß sind vor allem die originär *gleichheitsrechtlichen Konfliktlagen* von Bedeutung, wo es um den Zugang zu staatlichen Förderungen geht. Diskussionspunkt sind aber auch die Fälle *konfligierender Religionsfreiheit im öffentlichen Raum*, wo sich die Frage stellt, inwieweit die Konflikte (generell) zugunsten einer (bestimmten) Religion oder Weltanschauung oder aber der säkularen Seite aufgelöst werden dürfen. Darüber hinaus klingt an einigen Stellen auch die Fallgruppe der *ethischen Fragestellungen und gesellschaftlichen Praxen* an.

I. Die »Hierarchisierungsmodelle« als Privilegierungsmaßstab

1. Inhaltliche Vorgaben

Der Kerngedanke des ersten Ansatzes ist, dass es dem Staat nicht nur erlaubt, sondern sogar geboten sei, zwischen den verschiedenen Religionen zu differenzieren und sie gewissermaßen zu klassifizieren, weswegen die dahingehenden Erklärungsansätze von *Heinig* als »Hierarchisierungsmodelle« tituliert werden.[237] Die bedeutendsten Stellungnahmen der jüngeren Vergangenheit stammen aus den Federn von *Christian Hillgruber*, *Josef Isensee*, *Paul Kirchhof*, *Arnd Uhle* sowie *Karl-Heinz Ladeur* und *Ino Augsberg* und wenngleich sich ihre Ausführungen in den Ansätzen und in den praktischen Details teilweise unterscheiden, lassen sich doch einige zentrale Leitlinien erkennen und zusammenfassen. Der erste Punkt ist der Sache nach nicht entscheidend, inhaltlich aber besonders illustrativ: In einer auffälligen Parallele nehmen fast alle Autoren in ihren Ausführungen irgendwann Bezug auf die bereits erwähnte Äußerung *Böckenfördes*, dass der »freiheitliche, säkularisierte Staat [...] von Voraussetzungen [lebt], die er selbst nicht garantieren kann.«[238] Das sei zwar richtig, heißt es dann unisono, allerdings bedeute diese Feststellung nicht, dass der Staat seine garantieunfähigen Voraussetzungen nicht immerhin »pflegen und fördern« könne bzw. sogar müsse.[239]

---

[237] *Heinig*, Ordnung der Freiheit, in: ders., Die Verfassung der Religion, 2014, S. 3, 9.

[238] *Böckenförde*, Die Entstehung des Staates als Vorgang der Säkularisation (1967), in: ders., Der säkularisierte Staat, 2007, S. 43, 71.

[239] *Hillgruber*, Staat und Religion, 2007, S. 72; *Hillgruber*, Der öffentlich-rechtliche Körperschaftsstatus nach Art. 137 Abs. 5 WRV, in: Heinig/Walter (Hrsg.), Staatskirchenrecht oder Religionsverfassungsrecht?, 2007, S. 213, 222; *Isensee*, Verfassungsrechtliche Erwartungen an die Kirche, in: Marré/Stüting (Hrsg.), Essener Gespräche zum Thema Staat und Kirche (25), 1991, S. 104, 123; *Kirchhof*, Die Freiheit der Religionen und ihr unterschiedlicher Beitrag zu einem freien Gemeinwesen, in: Kämper/Krautscheidt (Hrsg.), Essener Gespräche zum Thema Staat und Kirche (39), 2005, S. 105, 109, 116; *Kirchhof*, Der kirchliche Beitrag zu Freiheit und Demokratie, in: Kämper/Pfeffer (Hrsg.), Essener Gespräche zum Thema Staat und Kirche (48), 2015, S. 71, 78; *Kirchhof*, Freiheit ohne innere Bindung?, in: Nass/Spindler u. a. (Hrsg.), FS Ockenfels, 2017, S. 19, 28; *Uhle*, Freiheitlicher Verfassungsstaat und kulturelle Identität, 2004, S. 419, 514; *Uhle*, Innere Integration, in: Isensee/Kirchhof (Hrsg.), HStR Bd. IV, 3. Aufl. 2006, S. 531, 550, 556; *Uhle*, Verfassungsvoraussetzungen, in: Kube/Mellinghoff u. a. (Hrsg.), FS Kirchhof, Bd. I, 2013, S. 149, 157; kritisch zu dieser Deutung des Böckenförde-Diktums *Stein*, Vorpolitische

Diese also garantieunfähigen, aber förderungsbedürftigen Voraussetzungen bestehen den Autoren zufolge z. B. in einer besonderen »Freiheitsfähigkeit« der Bürgerinnen und Bürger, das heißt einer in bestimmten moralischen Überzeugungen verwurzelten Kompetenz, die Freiheiten des Grundgesetzes in dessen Sinne auszuleben (*Kirchhof*),[240] in einem Bestand von »gemeinsamem Wissen«, das aus geteilten »Gedanken, Verhaltensmustern, Werten, Verfahren etc.« der Gesellschaft besteht (*Ladeur/Augsberg*),[241] in einer verbindenden »geistigen Infrastruktur des Gemeinwesens«, insbesondere einem bürgerlichen Verantwortungsbewusstsein (*Hillgruber*),[242] oder – kurz gesprochen – in der »kulturellen Identität« (*Isensee*, *Uhle*).[243] Die gängige Argumentationsweise ist dann, dass der Grundrechtsstaat zwar die Religionsfreiheit unterschiedslos gewährleiste und deswegen keinesfalls die verschiedenen Religionen mit unterschiedlichen Ge- und Verboten belegen dürfe. Was allerdings zulässig sei, ist eine differenzierende Behandlung im Bereich staatlicher Förderungen.[244] Im Fokus steht dabei in erster Linie der Körperschaftsstatus, betroffen sind aber im Ergebnis alle Formen staatlicher Zuwendungen, wozu auch die Möglichkeit der Grundrechtsentfaltung in der staatlich organisierten Öffentlichkeit gehört – gegebenenfalls dürfe daher das Kopftuch anders behandelt werden als das Kreuz oder der Ordenshabit.[245]

Grundlagen des liberalen Rechtsstaats oder: Braucht der Staat Religion?, in: Ebner/Kraneis u. a. (Hrsg.), Staat und Religion, 2014, S. 25, 31 f.; *Heinig*, Verschärfung oder Abschied von der Neutralität, JZ 2009, 1136, 1139.; eingehend *Palm*, Berechtigung und Aktualität des Böckenförde-Diktums, 2013, S. 61 ff. und passim.

[240] *Kirchhof*, Die Freiheit der Religionen und ihr unterschiedlicher Beitrag zu einem freien Gemeinwesen, in: Kämper/Krautscheidt (Hrsg.), Essener Gespräche zum Thema Staat und Kirche (39), 2005, S. 105, 111; *Kirchhof*, Freiheit ohne innere Bindung?, in: Nass/Spindler u. a. (Hrsg.), FS Ockenfels, 2017, S. 19, 29.

[241] *Ladeur/Augsberg*, Toleranz-Religion-Recht, 2007, S. 53; *Ladeur/Augsberg*, Der Mythos vom neutralen Staat, JZ 2007, 12, 17.

[242] *Hillgruber*, Staat und Religion, 2007, S. 64 f.

[243] *Isensee*, Verfassungsrechtliche Erwartungen an die Kirche, in: Marré/Stüting (Hrsg.), Essener Gespräche zum Thema Staat und Kirche (25), 1991, S. 104, 1067 f.; *Isensee*, Private islamische Bekenntnisschulen, in: Muckel (Hrsg.), FS Rüfner, 2003, S. 355, 377; *Uhle*, Freiheitlicher Verfassungsstaat und kulturelle Identität, 2004, S. 7 ff.; spezifisch zum Religionsverfassungsrecht *Uhle*, Staat – Kirche – Kultur, 2004, insb. S. 139.

[244] *Augsberg*, Soziale Integration durch Religionsfreiheit?, in: Heinig/Walter (Hrsg.), Religionsverfassungsrechtliche Spannungsfelder, 2015, S. 113, 128; *Hillgruber*, Staat und Religion, 2007, S. 68 f.; *Hillgruber*, Mythos Neutralität, in: Thomas (Hrsg.), Glaube und Gesellschaft, 2009, S. 175, 190; *Kirchhof*, Der Staat als Organisationsform politischer Herrschaft und rechtlicher Bindung, DVBl 1999, 637, 651; *Kirchhof*, Die Freiheit der Religionen und ihr unterschiedlicher Beitrag zu einem freien Gemeinwesen, in: Kämper/Krautscheidt (Hrsg.), Essener Gespräche zum Thema Staat und Kirche (39), 2005, S. 105, 116; *Uhle*, Staat – Kirche – Kultur, 2004, S. 144, 147, 156; theoretisch näher untermauert bei *Uhle*, Freiheitlicher Verfassungsstaat und kulturelle Identität, 2004, S. 510 ff.; *Uhle*, Innere Integration, in: Isensee/Kirchhof (Hrsg.), HStR Bd. IV, 3. Aufl. 2006, S. 531 ff.; ebenso z. B. *Heusch*, Erstes Statement, in: Gröhe/Kannengießer (Hrsg.), Wertentscheidungen als Grundlage der Rechtsordnung, 2007, S. 43, 51. Für einen älteren Ansatz dieser Art von Argumentationsführung vgl. *Tiling*, Die Kirche in der pluralistischen Gesellschaft, ZevKR 14 (1968/69), 238, 247. Gegen eine Differenzierung im Bereich der Förderungen statt vieler *Unruh*, in: v. Mangoldt/Klein/Starck, Art. 140 GG Rn. 25.

[245] Beispielhaft für eine Entfaltung der Argumente anhand des Körperschaftsstatus *Hillgruber*, Der Körperschaftsstatus der Religionsgemeinschaften, NVwZ 2001, 1347 ff.; *Hillgru-*

Damit ist bereits ein Kernthema der Hierarchisierungsmodelle angedeutet. Ihre Hinwendung zu den garantieunfähigen, aber förderungsbedürftigen Verfassungsvoraussetzungen erfolgt unter dem Eindruck der religiösen Pluralisierung und vor allem im Hinblick auf die zunehmende Präsenz des Islam.[246] Wenn erklärt wird, dass der Staat im Rahmen seiner Förderungen diejenigen Bekenntnisse bevorzugt behandeln dürfe, die bestimmte staats- bzw. kulturstabilisierende Leistungen erbringen, dann wird schnell klar, dass damit das Christentum bzw. konkret die christlichen Großkirchen gemeint sind. So wird betont, dass das Christentum – anders als der Islam – die Trennung von geistlichem und weltlichem Machtanspruchs vollzogen habe,[247] ja sogar (trotz der anfänglichen dies-

ber, Der öffentlich-rechtliche Körperschaftsstatus nach Art. 137 Abs. 5 WRV, in: Heinig/Walter (Hrsg.), Staatskirchenrecht oder Religionsverfassungsrecht?, 2007, S. 213 ff.; *Kirchhof*, Die Kirchen und Religionsgemeinschaften als Körperschaften des öffentlichen Rechts, in: Listl/Pirson (Hrsg.), HdbStKirchR Bd. I, 2. Aufl. 1994, S. 651 ff.; *Uhle*, Ein »rätselhafter Ehrentitel«?, in: Depenheuer/Heintzen u. a. (Hrsg.), FS Isensee, 2007, S. 1033 ff. Explizit dazu, dass es der Sache nach aber nicht nur um die institutionellen Regelungen des Religionsverfassungsrechts gehe *Uhle*, Staat – Kirche – Kultur, 2004, S. 147 Fn. 38. Dezidiert dagegen *Weber*, Der öffentlich-rechtliche Körperschaftsstatus der Religionsgemeinschaften nach Art. 137 Abs. 5 WRV, in: Heinig/Walter (Hrsg.), Staatskirchenrecht oder Religionsverfassungsrecht?, 2007, S. 229, 231 f. Beispielhaft für eine Differenzierung bei religiösen Symbolen *Kokott*, Laizismus und Religionsfreiheit im öffentlichen Raum, Der Staat 44 (2005), 343, 356; besonders scharf *Isensee*, Diskussionsbeitrag, in: Kämper/Krautscheidt (Hrsg.), Essener Gespräche zum Thema Staat und Kirche (39), 2005, S. 135, 137 f. (»grobe Beleidigung des Christentums«); in Anknüpfung an Art. 16 Abs. 1 der Landesverfassung Baden-Württembergs ebenfalls *Kästner*, Religiös akzentuierte Kleidung des Lehrpersonals staatlicher Schulen, in: Kästner/Nörr u. a. (Hrsg.), FS Heckel, 1999, S. 359, 367 f.

[246] *Hillgruber*, Der deutsche Kulturstaat und der muslimische Kulturimport, JZ 1999, 538 ff.; *Isensee*, Integration mit Migrationshintergrund, JZ 2010, 317 ff.; *Ladeur/Augsberg*, Toleranz-Religion-Recht, 2007, S. 72 ff., 92; *Uhle*, Staat – Kirche – Kultur, 2004, S. 158 ff.; *Uhle*, Die Integration des Islam in das Staatskirchenrecht der Gegenwart, in: Heinig/Walter (Hrsg.), Staatskirchenrecht oder Religionsverfassungsrecht?, 2007, S. 299 ff. insb. S. 326 ff.; besonders deutlich zudem *Schachtschneider*, Grenzen der Religionsfreiheit am Beispiel des Islam, 2. Aufl. 2011, S. 120.

[247] *Hillgruber*, Staat und Religion, 2007, S. 84; *Isensee*, Ein versteckter Dissens, in: Nass/Spindler u. a. (Hrsg.), FS Ockenfels, 2017, S. 104, 112 ff.; *Uhle*, Staat – Kirche – Kultur, 2004, S. 158 ff.; *Uhle*, Die Integration des Islam in das Staatskirchenrecht der Gegenwart, in: Heinig/Walter (Hrsg.), Staatskirchenrecht oder Religionsverfassungsrecht?, 2007, S. 299, 333.

Im Lichte dieses Arguments irritiert es, wenn einige dieser Autoren bedauern, dass dem Islam in Deutschland die volle Religionsfreiheit zugestanden wird, obwohl dem Christentum in vielen muslimischen Ländern nicht die gleiche Freiheit zukommt; vgl. *Hillgruber*, Der deutsche Kulturstaat und der muslimische Kulturimport, JZ 1999, 538, 541; *Isensee*, Die Zukunftsfähigkeit des deutschen Staatskirchenrechts, in: Isensee/Rees u. a. (Hrsg.), FS Listl, 1999, S. 67, 86; *Isensee*, Integration mit Migrationshintergrund, JZ 2010, 317, 321. Diese Aussage zum Grundrechtsschutz für Muslime irritiert aus juristischer Perspektive, denn individueller Grundrechtsschutz ist der Idee nach in keiner Weise an Gegenleistungen geknüpft (zumal von fremden Staaten!) – oder um mit *Böckenförde* zu sprechen: »Religionsfreiheit als Menschenrecht [steht] nicht unter einem Kulturvorbehalt«, vgl. *Böckenförde*, Der säkularisierte Staat, in: ders., Der säkularisierte Staat, 2007, S. 11, 34; ebenfalls dagegen *Ladeur/Augsberg*, Toleranz-Religion-Recht, 2007, S. 131. Es ist widersprüchlich, wenn dem Islam vorgeworfen wird, sich nicht vorbehaltlos zu den Menschenrechten zu bekennen, und gleichzeitig die Vorbehaltlosigkeit des deutschen Grundrechtsschutzes bedauert wird. Die Aussage irritiert aber auch aus theologischer Perspektive: Zentrale Leitgedanken des Christentums, um dessen Verteidigung es *Hillgruber* und bezüglichen Animosität) Quelle der Aufklärung und der Menschenrechte sei,[248] und dass sich somit auch im Grundgesetz viele christliche Gehalte manifestiert hätten,[249] wenn nicht sogar der christliche Glaube als religiöse Grundlage des Grundgesetzes angesehen wird, weil die Verfassung Gott »kennt und bejaht«.[250]

Mit Blick auf die konkrete Argumentationsführung hat *Fabian Wittreck* herausgearbeitet, dass sich innerhalb der »Hierarchisierungsmodelle« zwei unterschiedliche Begründungsstränge identifizieren lassen.[251] Entweder werden die Wirkungen des Christentums *als Religion* betrachtet und ihm wird ein sozialintegrativer Effekt zugeschrieben, der – zumindest im Hinblick auf die Bedürfnisse der deutschen Verfassungsordnung – anderen Religionen überlegen sei (diese Betonung der ethischen Ressourcen von Religion entspricht strukturell den politischen Argumenten der Inklusivisten, die aus der politisch-philosophischen Diskussion bekannt sind). Oder aber der Religion wird eine Funktion *als Kulturgut* zugeschrieben, da bestimmte, ursprünglich religiöse Gehalte (Werte, Traditionen usw.) vollständig säkularisiert in der deutschen Kultur bzw. Verfassungsordnung aufgegangen seien. Dies habe zur Folge, dass einige Formen und Ausdrucksweisen des Glaubens (Symbole, Feiertage, Architektur o. ä.) auch losgelöst von ihrer ursprünglichen Bedeutung allein auf ihre säkularisierten Gehalte hin gedeutet werden können. Das Kreuz stehe dann nicht mehr bzw. nicht nur für das Opfer Jesu Christi, sondern ganz allgemein für Werte des Grundgesetzes, wie etwa die Menschenwürde.[252]

Isensee doch geht, sind einfältige Nachgiebigkeit (Mt 5, 38–42 – »Wenn dich jemand auf deine rechte Backe schlägt, biete ihm auch die andere dar«); fürsorgliche Zuwendung auch zum Feind (Lk 10, 25–37 – der barmherzige Samariter), ja sogar die nicht-aufrechnende Liebe bis in den Tod (Röm 5, 10 – »Denn wir sind mit Gott versöhnt worden durch den Tod seines Sohnes, als wir noch Feinde waren«).

[248] *Hillgruber*, Staat und Religion, DVBl 1999, 1155, 1178; *Hillgruber*, Staat und Religion, 2007, S. 52 f.; *Isensee*, Verfassungsrechtliche Erwartungen an die Kirche, in: Marré/Stüting (Hrsg.), Essener Gespräche zum Thema Staat und Kirche (25), 1991, S. 104, 140; *Isensee*, Christliches Erbe im organisierten Europa, JZ 2015, 745, 752 f.; *Uhle*, Christentum und Verfassungsstaat, in: Nass/Spindler u. a. (Hrsg.), FS Ockenfels, 2017, S. 193, 200 ff.; siehe auch *Di Fabio*, Gewissen, Glaube, Religion, 2008, S. 79 ff.; skeptisch jedoch *Augsberg*, Die Entstehung des neutralen Staates als Vorgang der Säkularisation, ZevKR 53 (2008), 445, 449. Für eine differenzierte Aufarbeitung dieser Frage mit vielen Quellen vgl. *Wittreck*, Christentum und Menschenrechte, 2013.

[249] *Isensee*, Staatsaufgaben, in: Isensee/Kirchhof (Hrsg.), HStR Bd. IV, 3. Aufl. 2006, S. 117, 150; ähnlich, wenngleich als »Kräfte und Resultate in einem universalen Zivilisationsprozeß«, *Di Fabio*, Staat und Kirche, in: Kämper/Thönnes (Hrsg.), Essener Gespräche zum Thema Staat und Kirche (42), 2008, S. 129, 142 f.

[250] *Hillgruber*, Staat und Religion, DVBl 1999, 1155, 1174; *Hillgruber*, Staat und Religion, 2007, S. 58; *Hillgruber*, Mythos Neutralität, in: Thomas (Hrsg.), Glaube und Gesellschaft, 2009, S. 175, 183; kritisch etwa *Huster*, Die ethische Neutralität des Staates, 2002, S. 209.

[251] *Wittreck*, Perspektiven der Religionsfreiheit in Deutschland, in: Ebner/Kraneis u. a. (Hrsg.), Staat und Religion, 2014, S. 73, 98.

[252] Dieses Verständnis des Kreuzes als »sinnvariierendem Symbol« wird von einer Vielzahl von Autoren vertreten, die nicht durchweg dem Lager der Hierarchisierungsmodelle zuzurechnen sind; vgl. statt vieler *Heckel*, Das Kreuz im öffentlichen Raum, DVBl 1996, 453, 466 f. (»Kultur- und Glaubenssymbol«); ebenso *von Campenhausen*, Religionsfreiheit, in: Isensee/Kirchhof (Hrsg.), HStR Bd. VII, 3. Aufl. 2009, S. 597, 659; weiterhin *Kästner*, in: Bonner Kommentar,

Diese Unterscheidung zwischen den beiden Begründungssträngen wird im Rahmen der theoretischen Ausführungen der genannten Autoren allerdings selten kenntlich gemacht; oft werden die ethischen Leistungen des Christentums gemeinsam mit seinen kulturellen Manifestationen betont.[253] Dennoch ist es hilfreich, zwischen diesen beiden Strängen zu differenzieren, denn in der Übertragung auf die Praxis ist es ergebnisrelevant, welche der beiden Begründungsvarianten besonders hervorgehoben wird. Sieht man in dem Kreuz an der Schulwand oder im Gericht ein genuin religiöses Symbol, dann kann sich ein Konflikt mit der negativen Religionsfreiheit derjenigen ergeben, die zum Anblick des Kreuzes gezwungen werden.[254] Die besondere sozialintegrative Funktion der christlichen Religion mag dann ein Argument sein, um diesen Konflikt zugunsten der positiven Religionsfreiheit derer aufzulösen, die »unter dem Kreuz« lernen und arbeiten wollen. Sieht man in dem Kreuz hingegen vor allem ein »Staatssymbol«, das z. B. den Glauben des Grundgesetzes an die Menschenwürde zum Ausdruck bringt, und gerade nicht ein religiöses Symbol, dann kann sich bereits im Ansatz kein Konflikt mit der negativen Religionsfreiheit der Betroffenen ergeben.[255]

Der Grundgedanke der Hierarchisierungsmodelle ist also, dass bestimmte religiöse Überzeugungen vom Staat besonders gefördert werden dürfen, weil sie in ihren sozialethischen Wirkungen bzw. aufgrund ihrer kulturellen Verankerung die Verfassungsvoraussetzungen in besonderer Weise stützen. Doch wie kann eine solche privilegierte Behandlung noch neutralitätskonform sein? In der Formulierung unterscheiden sich die Autoren an dieser Stelle etwas voneinan-

---

Art. 140 GG Rn. 132 («Bekenntnis zur christlich-abendländischen Tradition«); zum Staatssymbol *Hillgruber*, Mythos Neutralität, in: Thomas (Hrsg.), Glaube und Gesellschaft, 2009, S. 175, 189; *Hillgruber*, Kommentar, in: Dreier (Hrsg.), Säkularisierung und Sakralität, 2013, S. 119, 123; sowie bereits *Isensee*, Bildersturm durch Verfassungsinterpretation, ZRP 1996, 10, 14 f.; speziell zur Deutung des Kreuzes auf die Menschenwürde hin *Pirson*, Anm. zu BVerfG, Beschl. v. 16.5.1995 – 1 BvR 1087/91 (Kruzifix), BayVBl. 1995, 755, 756.

[253] Beispielhaft *Hillgruber*, Staat und Religion, 2007, S. 63 und 75; *Hillgruber*, Der öffentlich-rechtliche Körperschaftsstatus nach Art. 137 Abs. 5 WRV, in: Heinig/Walter (Hrsg.), Staatskirchenrecht oder Religionsverfassungsrecht?, 2007, S. 213, 217 und 222; *Isensee*, Wiederentdeckung deutscher Identitat, in: Grote/Härtel u. a. (Hrsg.), FS Starck, 2007, S. 55, 65; *Kirchhof*, Die Kirchen und Religionsgemeinschaften als Körperschaften des öffentlichen Rechts, in: Listl/Pirson (Hrsg.), HdbStKirchR Bd. I, 2. Aufl. 1994, S. 651, 666 f.; *Uhle*, Freiheitlicher Verfassungsstaat und kulturelle Identität, 2004, S. 454 ff. Teilweise kann die Vermischung dieser Ebenen auch als eine Immunisierungsstrategie gedeutet werden, so z. B. in Auseinandersetzung mit dem heutigen Art. 7 Abs. 4 BayEUG, vgl. *Huster*, Die ethische Neutralität des Staates, 2002, S. 244.

[254] Jedenfalls dann, wenn die hiervon umfasste Freiheit »kultischen Handlungen eines nicht geteilten Glaubens fernzubleiben« mit dem Bundesverfassungsgericht dahingehend verstanden wird, dass sie sich »auch auf Riten oder Symbole, in denen ein Glaube oder eine Religion sich darstellen«, bezieht, vgl. BVerfGE 93, 1, 15; anders z. B. *Vollrath*, Religiöse Symbole, 2006, S. 230.; zur Kritik weiterhin *Nolte*, Das Kreuz mit dem Kreuz, JöR 48 (2000), 87, 100 f.

[255] *Hillgruber*, Demokratie und Wahrheit?, in: Nass/Spindler u. a. (Hrsg.), FS Ockenfels, 2017, S. 138, 148; *Czermak*, Das bayerische Kruzifix-Gesetz und die Entscheidung des BayVerfGH vom 1.8.1997, DÖV 1998, 107, 108; *Renck*, Der Bayerische Verfassungsgerichtshof und das Schulkreuz-Gesetz, NJW 1999, 994, 995; ein anderes Ergebnis ist dann nur möglich, wenn auf das subjektive Verständnis des Empfängers, also z. B. einer Schülerin, abgestellt wird, vgl. hierzu *Vollrath*, Religiöse Symbole, 2006, S. 67.

der. Teilweise wird erklärt, die privilegierte Behandlung bewege sich vollkommen im Rahmen des Neutralitätsgebots,[256] teilweise wird begrifflich differenziert: Die Neutralität bestehe nur im Rahmen der »kulturellen Bindungen«,[257] oder anders, der Staat sei »neutral, aber nicht wertneutral«.[258] Welche Formulierung auch immer gewählt sein mag – im Kern lautet die inhaltliche Begründung, dass nicht der religiöse Glaube als solcher, sondern seine sozialen Konsequenzen und die Übereinstimmung seiner Ausformungen mit fundamentalen Verfassungsprinzipien beurteilt werde (was teilweise auch als »Identitäts-« oder »Kulturvorbehalt« beschrieben wird).[259] Zu diesen fundamentalen Verfassungsprinzipien zählen die meisten Autoren die Säkularität im Sinne einer grundsätzlichen Unterscheidung von Staat und Religion, weiterhin werden in der Regel auch die religiös-weltanschauliche Neutralität des Staates, Parität, Toleranz und Religionsfreiheit genannt.[260] Darüber hinaus wird von einigen Autoren die Förderungswürdigkeit von Bekenntnissen hervorgehoben, die »bestimmte Vorstellungen von Menschenwürde, Freiheit, Gleichheit etc. stärken«,[261] oder – noch spezifischer – Ehe, demokratische Wahl, Gleichberechtigung von Mann und

---

[256] *Isensee*, Private islamische Bekenntnisschulen, in: Muckel (Hrsg.), FS Rüfner, 2003, S. 355, 378; *Kirchhof*, Die Kirchen und Religionsgemeinschaften als Körperschaften des öffentlichen Rechts, in: Listl/Pirson (Hrsg.), HdbStKirchR Bd. I, 2. Aufl. 1994, S. 651, 666.

[257] *Uhle*, Freiheitlicher Verfassungsstaat und kulturelle Identität, 2004, S. 515; *Uhle*, Innere Integration, in: Isensee/Kirchhof (Hrsg.), HStR Bd. IV, 3. Aufl. 2006, S. 531, 579.

[258] *Di Fabio*, Gewissen, Glaube, Religion, 2008, S. 31; ähnlich *Hillgruber*, Staat und Religion, 2007, S. 49 ff.; *Hillgruber*, Mythos Neutralität, in: Thomas (Hrsg.), Glaube und Gesellschaft, 2009, S. 175, 179; gegen ein Neutralitätsverständnis im klassischen Sinne, aber für eine »Neutralität zweiter Ordnung« *Augsberg*, Die Entstehung des neutralen Staates als Vorgang der Säkularisation, ZevKR 53 (2008), 445, 454.

[259] *Hillgruber*, Staat und Religion, 2007, S. 54 f.; *Hillgruber*, Wie viel Christentum braucht, wie viel Christentum verträgt der Staat des Grundgesetzes?, in: Kirchhof/Papier u. a. (Hrsg.), FS Merten, 2007, S. 23, 31; *Uhle*, Die Integration des Islam in das Staatskirchenrecht der Gegenwart, in: Heinig/Walter (Hrsg.), Staatskirchenrecht oder Religionsverfassungsrecht?, 2007, S. 299, 324; zum Identitätsvorbehalt *Uhle*, Staat – Kirche – Kultur, 2004, S. 140, 143; *Uhle*, Freiheitlicher Verfassungsstaat und kulturelle Identität, 2004, S. 517; speziell zum Kulturvorbehalt *Hillgruber*, Der deutsche Kulturstaat und der muslimische Kulturimport, JZ 1999, 538, 547; *Isensee*, Private islamische Bekenntnisschulen, in: Muckel (Hrsg.), FS Rüfner, 2003, S. 355, 378.

[260] *Augsberg*, Die Entstehung des neutralen Staates als Vorgang der Säkularisation, ZevKR 53 (2008), 445, 454; *Hillgruber*, Der deutsche Kulturstaat und der muslimische Kulturimport, JZ 1999, 538, 546; *Isensee*, Die Zukunftsfähigkeit des deutschen Staatskirchenrechts, in: Isensee/Rees u. a. (Hrsg.), FS Listl, 1999, S. 67, 85; *Kirchhof*, Die Kirchen und Religionsgemeinschaften als Körperschaften des öffentlichen Rechts, in: Listl/Pirson (Hrsg.), HdbStKirchR Bd. I, 2. Aufl. 1994, S. 651, 683; *Uhle*, Staat – Kirche – Kultur, 2004, S. 141, 146 f.; *Uhle*, Freiheitlicher Verfassungsstaat und kulturelle Identität, 2004, S. 457 Fn. 410; insofern auch *Di Fabio*, Die Kultur der Freiheit, 2005, S. 174 f.; jedoch einschränkend *Di Fabio*, Diskussionsbeitrag, in: Kämper/Thönnes (Hrsg.), Essener Gespräche zum Thema Staat und Kirche (42), 2008, S. 155, 156 f.; pointiert dagegen *Heinig*, Diskussionsbeitrag, in: Gröhe/Kannengießer (Hrsg.), Wertentscheidungen als Grundlage der Rechtsordnung, 2007, S. 71 ff.; vermittelnd *Korioth*, Vom institutionellen Staatskirchenrecht zum grundrechtlichen Religionsverfassungsrecht?, in: Brenner/Huber u. a. (Hrsg.), FS Badura, 2004, S. 727, 743.

[261] *Uhle*, Freiheitlicher Verfassungsstaat und kulturelle Identität, 2004, S. 462; ähnlich *Uhle*, Die Integration des Islam in das Staatskirchenrecht der Gegenwart, in: Heinig/Walter (Hrsg.), Staatskirchenrecht oder Religionsverfassungsrecht?, 2007, S. 299, 321 f.

Frau, Eigentum, Nächstenliebe und Friede unterstützen.[262] Diese gesellschaftlichen Auswirkungen seien der Sache nach unabhängig vom Wahrheitsanspruch der jeweiligen Bekenntnisse und könnten theoretisch von allen Religionen in Anspruch genommen werden, womit Gleichheit im Angebot bestehe.[263] Sofern die Förderungsvoraussetzungen von manchen Bekenntnissen Anpassungsleistungen verlangen, zu denen diese nicht bereit sind, sei dies (auch neutralitätstechnisch) hinnehmbar, denn betroffen seien ohnehin nur die gewissermaßen überobligatorischen Förderleistungen des Staates. Das grundrechtliche Mindestmaß an Freiheitssicherung werde nicht begrenzt, da die Religionsfreiheit unabhängig von den Anpassungsleistungen unterschiedslos gewährleistet bleibe.[264]

An dieser Stelle offenbart sich nun eine entscheidende Weichenstellung, die den Weg zu den Hierarchisierungsmodellen erst möglich macht. Im Rahmen der historischen Annäherungen war dargelegt worden, dass als Reaktion auf die Koordinationslehre in den späten 1960er Jahren eine Interpretationslinie entstand, die das Religionsverfassungsrecht mehr im Lichte der Grundrechte deutete.[265] Die vielfältigen institutionellen Bestimmungen des Grundgesetzes dienen demnach nicht lediglich der Koordination von Staat und Kirche, sondern seien – zumindest auch bzw. sogar wesentlich – Regelungen, mittels derer die Religionsfreiheit zur Geltung kommen solle. In den Folgejahren gewann diese grundrechtliche Deutung zunehmend an Einfluss und dies ist mit ein Grund dafür, dass sich heutzutage viele Stimmen gegen die Verwendung des institutionell anklingenden Begriffs »Staatskirchenrecht« aussprechen.[266] In den Hierarchisierungsmodellen kommt nun im Gegenzug eine neue Betonung der institutionellen Sichtweise auf das Religionsverfassungsrecht zum Tragen. Körperschaftsstatus, Religionsunterricht und sonstige »Förderungen« von Religion durch den Staat werden nicht als eine Form der Grundrechtsvorsorge gedeutet, das heißt, sie dienen nicht unmittelbar der – grundsätzlich unterschiedslosen – religiösen Freiheit der Gläubigen, sondern sie werden als Form der staatlichen Selbstvorsorge verstanden, das heißt, die Förderungen sind im Ergebnis dazu bestimmt, dem Staat zu dienen, und so gesehen mag der Nutzen verschiedener Religionen und Weltanschauungen durch-

[262] *Kirchhof*, Die Freiheit der Religionen und ihr unterschiedlicher Beitrag zu einem freien Gemeinwesen, in: Kämper/Krautscheidt (Hrsg.), Essener Gespräche zum Thema Staat und Kirche (39), 2005, S. 105, 114; ähnlich *Heusch*, Erstes Statement, in: Gröhe/Kannengießer (Hrsg.), Wertentscheidungen als Grundlage der Rechtsordnung, 2007, S. 43, 53.

[263] *Uhle*, Staat – Kirche – Kultur, 2004, S. 140, 142 f., 146 f.; *Uhle*, Freiheitlicher Verfassungsstaat und kulturelle Identität, 2004, S. 457 f.; 462 ff.; *Uhle*, Ein »rätselhafter Ehrentitel«?, in: Depenheuer/Heintzen u. a. (Hrsg.), FS Isensee, 2007, S. 1033, 1051, 1054; *Uhle*, Die Integration des Islam in das Staatskirchenrecht der Gegenwart, in: Heinig/Walter (Hrsg.), Staatskirchenrecht oder Religionsverfassungsrecht?, 2007, S. 299, 323.

[264] *Hillgruber*, Der Körperschaftsstatus der Religionsgemeinschaften, NVwZ 2001, 1347, 1352 f.; *Kirchhof*, Die Freiheit der Religionen und ihr unterschiedlicher Beitrag zu einem freien Gemeinwesen, in: Kämper/Krautscheidt (Hrsg.), Essener Gespräche zum Thema Staat und Kirche (39), 2005, S. 105, 115 f.

[265] Siehe oben, 2. Kapitel, A. III. 3. c).

[266] Eingehend oben, 1. Kapitel, B. in Fn. 13.

aus variieren.[267] Anders formuliert, um eine weitere historische Verbindungslinie aufzuzeigen: Den Hierarchisierungsmodellen liegt die Vorstellung zugrunde, dass Religion nicht nur als Freiheitsausübung von verfassungsrechtlicher Bedeutung ist, sondern dass den Religionen als Institutionen (also jedenfalls den christlichen Großkirchen) auch eine gesellschaftliche Verantwortung zugesprochen wird,[268] womit eine gewisse Kontinuität zur Koordinationslehre besteht. Gleichwohl darf diese Kontinuität nicht überbewertet werden, denn von der Koordinationslehre unterscheiden sich die Hierarchisierungsmodelle wiederum insofern, als dass die gemeinsame gesellschaftliche Verantwortung von Staat und Religionen nicht zu einer institutionellen Gleichrangigkeit von Staat und Kirchen führt – vielmehr wird die gesellschaftliche Verantwortung der Religionen für den Staat in Anspruch genommen und ihm damit gewissermaßen unterstellt.

Damit lassen sich die neutralitätsspezifischen Grundaussagen der Hierarchisierungsmodelle folgendermaßen verallgemeinern und zusammenfassen: Privilegierungen von Religionen und Weltanschauungen, die bestimmte staats- und/oder kulturstabilisierende Leistungen erbringen, seien mit dem Gebot religiös-weltanschaulicher Neutralität vereinbar, weil es mit keinem der Bestandteile des Neutralitätsgebots zu einem Konflikt komme. Das *antistaatliche Moment* (insbesondere in Form der negativen Religionsfreiheit) sei nicht betroffen, weil die Fördermaßnahmen entweder bereits in der rein säkularen Form des Kulturstaats erfolgen (Kreuz als bloßes Kultursymbol) oder zumindest, weil sie auf der institutionellen Ebene angesiedelt sind, die vorrangig dem Staat und nicht der Religionsfreiheit diene. Auf dieser institutionellen Ebene bestehe auch kein Widerspruch zum *gleichheitlichen Moment* des Neutralitätsgebots, denn die Privilegierungen stellen keine ungerechtfertigte Ungleichbehandlung von wesentlich Gleichem dar. Je nach Sichtweise mangelt es entweder an einer Ungleichbehandlung, weil Angebotsgleichheit bestehe, oder die Religionen und Weltanschauungen seien nicht »wesentlich Gleiches«, weil sie unterschiedliche gesellschaftliche Auswirkungen haben. Und selbst wenn in der Privilegierung eine Ungleichbehandlung von wesentlich Gleichem gesehen wird, sei die Ungleichbehandlung

[267] *Hillgruber*, Der Körperschaftsstatus der Religionsgemeinschaften, NVwZ 2001, 1347, 1350; *Hillgruber*, Staat und Religion, 2007, S. 71 f., 75 ff.; *Hillgruber*, Mythos Neutralität, in: Thomas (Hrsg.), Glaube und Gesellschaft, 2009, S. 175, 191 f.; *Kirchhof*, Die Kirchen und Religionsgemeinschaften als Körperschaften des öffentlichen Rechts, in: Listl/Pirson (Hrsg.), HdbStKirchR Bd. I, 2. Aufl. 1994, S. 651, 665; *Uhle*, Staat – Kirche – Kultur, 2004, S. 129 ff.; *Uhle*, Ein »rätselhafter Ehrentitel«?, in: Depenheuer/Heintzen u. a. (Hrsg.), FS Isensee, 2007, S. 1033, 1045 ff.; *Uhle*, Die Integration des Islam in das Staatskirchenrecht der Gegenwart, in: Heinig/Walter (Hrsg.), Staatskirchenrecht oder Religionsverfassungsrecht?, 2007, S. 299, 320; i.Erg. ähnlich *Ladeur/Augsberg*, Toleranz-Religion-Recht, 2007, 84; sowie *Di Fabio*, Gewissen, Glaube, Religion, 2008, S. 112; weiterhin *Hofmann*, in: Schmidt-Bleibtreu/Hofmann/Henneke, Art. 140 GG Rn. 39 f.; *Muckel*, Das deutsche Staatskirchenrecht als Rahmen für den Auftrag der Kirchen im freiheitlichen Verfassungsstaat, in: Kämper/Pfeffer (Hrsg.), Essener Gespräche zum Thema Staat und Kirche (48), 2015, S. 107, 108 ff.; vgl. hierzu auch *Huster*, Die ethische Neutralität des Staates, 2002, S. 206; *Heckel*, Religionsunterricht für Muslime?, JZ 1999, 741, 748.

[268] *Kirchhof*, Die Freiheit der Religionen und ihr unterschiedlicher Beitrag zu einem freien Gemeinwesen, in: Kämper/Krautscheidt (Hrsg.), Essener Gespräche zum Thema Staat und Kirche (39), 2005, S. 105, 112.

durch den Zweck der Förderungen – die staatliche Selbstvorsorge – gerechtfertigt. Zuletzt bestehe auch mit dem *religionsdistanzierten Moment* des Neutralitätsgebots kein Konflikt, denn diesem Moment wird insbesondere durch das Verbot der Staatskirche Ausdruck verliehen und die Förderungsbedingungen seien offen formuliert (Anerkennung tragender Verfassungsprinzipien usw.), womit sie gerade nicht auf eine spezifische »Staatsreligion« hindeuten.

2. Einordnung und Analyse

Wie kann der »traditionellen Sonderrolle von Religion und Kirche«, die das Grundgesetz zum Ausdruck bringt, in einem religiös-weltanschaulich neutralen Staat genügt werden? Die Hierarchisierungsmodelle erscheinen als Lösung dieses »verfassungsrechtlichen Rätsels«.[269] Mit ihnen ist es möglich, die fördernde Religionsoffenheit des Staates trotz begrenzter Ressourcen beizubehalten und auch die kulturhistorische Verbundenheit mit dem Christentum anzuerkennen, ohne einen Widerspruch zum Neutralitätsgebot zu begründen. Den Vertretern der Hierarchisierungsmodelle gelingt es nämlich, die Parameter für staatliche Privilegierungen so zu formulieren, dass sie sich mit den verschiedenen Wirkdimensionen des Neutralitätsgebots vereinbaren lassen. Auch wenn sie dafür einen hohen Begründungsaufwand betreiben müssen, können die Hierarchisierungsmodelle für sich in Anspruch nehmen, nicht in Widerspruch zur Verfassung formuliert und darüber hinaus – jedenfalls in ihrem Anwendungsbereich – leistungsfähiger als andere Konzepte zu sein. Etwaige Vorbehalte gegenüber diesen Modellen setzen daher nicht unmittelbar an ihrer generellen Leistungsfähigkeit oder prinzipiellen Verfassungskonformität an, sondern tiefer- und weitergehend, nämlich an ihrer Konstruktion, ihrer Leistungsfähigkeit im Detail und ihren mittelbaren Konsequenzen.

Der erste Einwand, der an der Konstruktion der Hierarchisierungsmodelle ansetzt, ist rechtstheoretischer Natur. So weist *Stefan Huster* darauf hin, dass die Hierarchisierungsmodelle auf zwei voneinander zu trennenden Prämissen aufbauen: Zum einen der These, dass der Staat auf eine bestimmte Religion als ethische Ressource oder zur kulturellen Selbstvergewisserung angewiesen sei, und zum anderen der Prämisse, dass die Privilegierung dieser Religion gerechtfertigt sei. Die erste Prämisse ist eine sozialwissenschaftliche Behauptung, die auf entsprechende Argumente aus der politischen Philosophie gestützt werden mag und gegebenenfalls empirisch überprüft werden kann. Die zweite Prämisse ist hingegen eine normative Aussage, die auf eine entsprechende Legitimationsgrundlage gestützt werden muss. Die Gefahr der Hierarchisierungsmodelle ist nun, dass diese beiden Prämissen unzulässigerweise miteinander verbunden werden und die erste Prämisse als Rechtfertigung der zweiten Prämisse verwendet wird: Der Staat dürfe bzw. müsse bestimmte Bekenntnisse besonders fördern, *weil* er auf sie angewiesen ist. Doch selbst wenn die erste Prämisse zutrifft und bestimmte Bekenntnisse unentbehrlichen Verfassungsvoraussetzungen dienen, ergibt sich

[269] Für die Formulierungen vom »verfassungsrechtlichen Rätsel« und der »Sonderrolle« im neutralen Staat siehe *Badura*, Das Grundgesetz vor der Frage des religiösen und weltanschaulichen Pluralismus, in: Baadte/Rauscher (Hrsg.), Religion, Recht und Politik, 1997, S. 39, 41.

daraus noch nicht die Richtigkeit der zweiten Prämisse, denn nicht praktische Bedürfnisse, sondern die Verfassung gibt die Befugnisse des Staates vor – und Verfassungsvoraussetzungen sind selbst kein Verfassungsrecht.[270]

Mit diesem rechtstheoretischen Einwand setzt sich aus der Gruppe der Vertreter der Hierarchisierungsmodelle *Arnd Uhle* am intensivsten auseinander. Es sei zwar zutreffend, so *Uhle*, dass Verfassungsvoraussetzungen außerhalb der Verfassung liegen, jedoch bedeute dies nicht, dass »Verfassungsvoraussetzungen unter keinen Umständen Gegenstand verfassungsdogmatischer Folgerungen sein könnten.« Tatsächlich könnten sie »mittelbare normative Bedeutung« entfalten, wenn sich im positiven Verfassungsrecht eine Anordnung finden lässt, die auf die Wirksamkeit dieser Verfassungsvoraussetzungen abzielt. Als eine solche Anordnung, als »entscheidenden Transmissionsriemen, über den Verfassungsvoraussetzungen unter der Geltung des Grundgesetzes eine derartige mittelbare normative Relevanz erlangen«, identifiziert *Uhle* das »Staatsziel der Vitalität und Dauerhaftigkeit der freiheitlichen Verfassungsordnung«, welches im Verfassungsrecht an vielzähligen Stellen zum Ausdruck gebracht werde.[271] So zeige sich dieses Staatsziel an Bestimmungen, die auf den Bestand der Verfassung gerichtet sind (wehrhafte Demokratie, Notstandsverfassung, Widerstandsfall, die sogenannte Ewigkeitsklausel); es erschöpfe sich jedoch nicht lediglich in der Krisenbewältigung, sondern umfasse auch die Krisenprävention und positive Freiheitsgestaltung, wofür es einer »inneren Integration« des Staates bedürfe – und in diesem Sinne seien insbesondere auch die institutionellen Regelungen des Religionsverfassungsrechts darauf gerichtet, ein vitales Verfassungsleben dauerhaft zu gewährleisten.[272] Vor diesem teleologischen Hintergrund betrachtet sei es ein Verfassungsgebot, bei staatlichen Förderungen zu differenzieren und nur solche Religionen und Weltanschauungen zu unterstützen, die dem Staatsziel in besonderer Weise dienlich sind, weil sie die »kulturelle Identität« stabilisieren, indem sie sich zu »konstitutiven Grundsätzen« wie Religionsfreiheit, Trennung von Staat und Kirche, Neutralität und Parität bekennen.[273]

---

[270] Vgl. zu dieser Analyse des Arguments *Huster*, Die ethische Neutralität des Staates, 2002, S. 200; ähnliche Anklänge bei *Heinig*, Zweites Statement, in: Gröhe/Kannengießer (Hrsg.), Wertentscheidungen als Grundlage der Rechtsordnung, 2007, S. 59, 65. Konkret dagegen, dass es für einen »generellen Kulturvorbehalt« Anhaltspunkte im Grundgesetz gebe, *Huster*, Kultur im Verfassungsstaat, VVDStRL 65 (2006), 53, 69f.; *Kästner*, in: Bonner Kommentar, Art. 140 GG Rn. 141; *Morlok*, in: Dreier, 3. Aufl. 2013, Art. 4 GG Rn. 165; *Winter*, Staatskirchenrecht der Bundesrepublik Deutschland, 2. Aufl. 2008, S. 96; sowie *Palm*, Berechtigung und Aktualität des Böckenförde-Diktums, 2013, S. 72ff.

[271] *Uhle*, Verfassungsvoraussetzungen, in: Kube/Mellinghoff u. a. (Hrsg.), FS Kirchhof, Bd. I, 2013, S. 149, 152ff.; *Kirchhof* z. B. sieht Religion sogar unmittelbar als Verfassungsvoraussetzung an, die über den Gottesbezug der Präambel positivrechtlich anschlussfähig sei, vgl. *Kirchhof*, Die Freiheit der Religionen und ihr unterschiedlicher Beitrag zu einem freien Gemeinwesen, in: Kämper/Krautscheidt (Hrsg.), Essener Gespräche zum Thema Staat und Kirche (39), 2005, S. 105, 116f.

[272] *Uhle*, Innere Integration, in: Isensee/Kirchhof (Hrsg.), HStR Bd. IV, 3. Aufl. 2006, S. 531, 558ff.; *Uhle*, Freiheitlicher Verfassungsstaat und kulturelle Identität, 2004, S. 517.

[273] *Uhle*, Staat – Kirche – Kultur, 2004, S. 141 f.; *Uhle*, Freiheitlicher Verfassungsstaat und kulturelle Identität, 2004, S. 457; *Uhle*, Innere Integration, in: Isensee/Kirchhof (Hrsg.), HStR

Selbst wenn auf diesem Weg eine verfassungstheoretische Verbindung zwischen den beiden Prämissen der Hierarchisierungsmodelle hergestellt sein mag,[274] ergibt sich gleichzeitig ein neuer Punkt, an dem die Konstruktion der Hierarchisierungsmodelle kritisch hinterfragt werden kann. Wenn bestimmten Verfassungsvoraussetzungen, die als solche gerade nicht verfassungstextlich greifbar sind, mittelbare normative Relevanz zugesprochen wird, dann wird ein hochgradig unbestimmtes und damit rechtsunsicheres Feld betreten.[275] Der Begriff der Kultur ist so vielschichtig und die Übergänge von Recht zu Kultur sind so schwer zu greifen, dass teilweise überlegt wird, inwiefern Kultur überhaupt als rechtsdogmatischer Maßstab verwendet werden darf.[276] Und selbst wenn der Gedanke der kulturellen Identität auf konkrete soziale Ordnungsvorstellungen runtergebrochen wird, etwa – im Sinne *Kirchhofs* – auf Ehe, demokratische Wahl, Gleichberechtigung von Mann und Frau, Eigentum, Nächstenliebe und Friede, ist damit nur ein scheinbarer Bestimmtheitsgewinn verbunden. In der Geschichte der Bundesrepublik hat sich gezeigt, wie wandlungsfähig z. B. Konzepte wie Ehe und Gleichberechtigung sind.[277] Man mag in diesen Wandlungen einen Ausdruck gerade derjenigen kulturellen Freiheit sehen, die das Grundgesetz garantieren soll, oder man mag darin eine Form kulturellen Verfalls sehen, der mithilfe stabilisierender Kräfte hätte verhindert werden sollen. Für das hier in Frage stehende Neutralitätsverständnis bleibt jedenfalls unklar, anhand welchen Maßstabs insofern eine Abgrenzung vorgenommen werden kann, die dem

Bd. IV, 3. Aufl. 2006, S. 531, 563; ähnlich zur Differenzierungspflicht *Kirchhof*, Die Freiheit der Religionen und ihr unterschiedlicher Beitrag zu einem freien Gemeinwesen, in: Kämper/Krautscheidt (Hrsg.), Essener Gespräche zum Thema Staat und Kirche (39), 2005, S. 105, 114; vgl. auch *Ladeur/Augsberg*, Toleranz-Religion-Recht, 2007, S. 85, 129.

[274] Dagegen, Verfassungsvoraussetzungen und -erwartungen zu dogmatisieren, *Möllers*, Staat als Argument, 2000, S. 256 ff.; speziell zum Religionsverfassungsrecht *Möllers*, Religiöse Freiheit als Gefahr?, VVDStRL 68 (2009), 47, 51 f.; *Heckel*, Zur Zukunftsfähigkeit des deutschen »Staatskirchenrechts« oder »Religionsverfassungsrechts«?, AöR 134 (2009), 309, 342 f.; *Waldhoff*, Die Zukunft des Staatskirchenrechts, in: Kämper/Thönnes (Hrsg.), Essener Gespräche zum Thema Staat und Kirche (42), 2008, S. 55, 91 f.; i. Erg. ebenfalls *Fritsche*, Der Kulturbegriff im Religionsverfassungsrecht, 2015, S. 274, 282 ff.

[275] Sehr scharf in diesem Sinne *Heinig*, Diskussionsbeitrag, in: Gröhe/Kannengießer (Hrsg.), Wertentscheidungen als Grundlage der Rechtsordnung, 2007, S. 75 ff.

[276] So *Waldhoff*, Neue Religionskonflikte und staatliche Neutralität, 2010, S. 49; siehe auch *Möllers*, Demokratie – Zumutungen und Versprechen, 2. Aufl. 2009, S. 52; *Möllers*, Pluralität der Kulturen als Herausforderung an das Verfassungsrecht?, in: Dreier/Hilgendorf (Hrsg.), Kulturelle Identität als Grund und Grenze des Rechts, 2008, S. 223 ff.; sehr differenziert *Droege*, Prekäre Leitfunktion christlicher Tradition in Zeiten kultureller Differenz?, KritV 84 (2001), 466, 475 ff.; im Sinne einer »Kulturneutralität« *Fritsche*, Der Kulturbegriff im Religionsverfassungsrecht, 2015, S. 286.

[277] Zur Ehe überblicksartig *Blome*, Die Geschlechterverschiedenheit der Ehegatten, NVwZ 2017, 1658 ff.; zur Wandelbarkeit von Gleichheitsvorstellungen *Di Fabio*, Die Kultur der Freiheit, 2005, S. 179. Vor dem Hintergrund der Offenheit des deutschen Erb- und Familienrechts für unterschiedliche Gleichheitsvorstellungen warnt *Wittreck* davor, ein bestimmtes formales Gleichheitsbild als rechtlichen Maßstab zu betrachten, siehe *Wittreck*, Religiöse Paralleljustiz im Rechtsstaat?, in: Willems/Reuter u. a. (Hrsg.), Ordnungen religiöser Pluralität, 2016, S. 446, 460 f.

Belastungstest allgemein vermittelbarer Verfassungsinterpretation standhält.[278] Welches – um im Bilde zu bleiben – Verständnis von Ehe und Gleichberechtigung ist denn Inhalt der kulturellen Identität der Bundesrepublik Deutschland? Ist es das Mehrheitsverständnis aus dem Jahr 1949 oder 2019? Ist eine Region demoskopisch relevanter: Berlin-Prenzlauer Berg oder die oberfränkische Provinz? Selbst wenn auf diese Fragen eine Antwort gegeben würde, käme man zu dem Anschlussproblem, dass die Volkskirchen – deren Kongruenz mit der kulturellen Identität ja unterstellt wird – z. B. im Hinblick auf Ehe bisweilen stark divergierende Ansichten vertreten (Stichworte Scheidung, Wiederheirat, gleichgeschlechtliche Ehe). Diese kurzen Andeutungen lassen das Kernproblem der Hierarchisierungsmodelle erkennen: Es wird keine nachvollziehbare Erklärung bereitgestellt, wie in einer pluralistischen Gesellschaftsordnung die konkreten und nicht bloß schlagwortartigen Inhalte der kulturellen Identität bestimmt und die Übereinstimmung religiöser Gemeinschaften mit ihnen überprüft werden soll. Im Lichte dieses Defizits verkehren sich die Klarstellungen, die hier für das Neutralitätsgebot möglich scheinen, in ihr Gegenteil und verstärken die Unbestimmtheiten, die dem Neutralitätsgebot ohnehin schon innewohnen. Der Deutungsoffenheit der Neutralität wird nicht abgeholfen, sondern sie wird mit einem Begriff kultureller Identität verbunden, der ebenfalls deutungsoffen und zudem noch weniger verfassungsrechtlich greifbar ist.

Ein weiterer Kritikpunkt setzt an dem faktischen Zuschnitt der Hierarchisierungsmodelle auf das Christentum und einer Inkohärenz in der Begründung an. Ausgangspunkt der Hierarchisierungsmodelle ist, wie bereits ausgeführt, dass nach der Konzeption des Grundgesetzes die institutionellen Religionsförderungen letztlich dem Staat zu dienen bestimmt seien. Dementsprechend dürften nur solche Bekenntnisse in den Genuss staatlicher Unterstützung kommen, die das kulturelle Fundament der Bundesrepublik festigen, weil sie sich zu bestimmten Grundregeln wie etwa Religionsfreiheit oder Gleichberechtigung bekennen. In der Übertragung auf konkrete Fallgestaltungen führt dies in der Regel zu der Forderung, dass muslimische Religionsgemeinschaften von den institutionellen Begünstigungen des Religionsverfassungsrechts ausgenommen werden müssten, weil der Islam die Trennung von Staat und Religion sowie die Religionsfreiheit nicht anerkenne,[279] oder dass das muslimische Kopftuch im öffentlichen Dienst

[278] Ähnlich *Heinig*, Diskussionsbeitrag, in: Gröhe/Kannengießer (Hrsg.), Wertentscheidungen als Grundlage der Rechtsordnung, 2007, S. 75, 76.

[279] *Hillgruber*, Staat und Religion, 2007, S. 84; eingehend und durchaus skeptisch zum Verhältnis vom Islam und Menschenrechten *Scheel*, Die Religionsfreiheit im Blickwinkel des Völkerrechts, des islamischen und ägyptischen Rechts, 2007, S. 94 ff.; differenziert zur Trennung von Staat und Religion *Matyssek*, Zum Problem der Trennung von Religion und Politik im Islam, in: Muckel (Hrsg.), Der Islam im öffentlichen Recht des säkularen Verfassungsstaates, 2008, S. 158 ff. (im Ergebnis unentschieden: »Eine pauschale Aussage darüber, ob Muslime eine Trennung von Religion und Politik akzeptieren können, ist nicht möglich«, S. 232); für empirische Daten zu Muslimen in Deutschland vgl. *Perçin*, Die Kompatibilität des säkularen Staates mit dem Islam, 2013, S. 42; für eine Darstellung verschiedener Kategorien typischer Grundhaltungen zur geltenden Rechtsordnung von Muslimen in Deutschland *Rohe*, Das islamische Recht, 3. Aufl. 2011, S. 385 ff.

nicht zugelassen werden dürfe, weil es ein gleichheitswidriges Frauenbild symbolisiere.[280] Dass diese Argumentationsstruktur nicht kohärent ist, zeigt sich mit Blick auf die Katholische Kirche, die erst Mitte der 1960er Jahre mit dem Zweiten Vatikanischen Konzil die Religionsfreiheit anerkannte und ihren weltlichen Machtanspruch relativierte. Wenn das Religionsverfassungsrecht tatsächlich so konzipiert worden sei, dass die staatlichen Begünstigungen nur für solche Bekenntnisse in Frage kommen, die sich für die Trennung von Staat und Kirche sowie die Religionsfreiheit aussprechen, dann hätte die Katholischen Kirche nicht Körperschaft öffentlichen Rechts sein dürfen.[281] Ähnliche Brüche in der Begründungslogik zeigen sich, wenn zwar das Kopftuch untersagt sein solle, aber das Priestergewand nicht beanstandet wird, obwohl es nur Männern vorbehalten ist.[282] Diese unterschiedliche Behandlung von Islam und Christentum legt entweder eine voreingenommene, gegebenenfalls gar manipulative Handhabung der Hierarchisierungsmodelle nahe.[283] Oder aber – das soll nicht ausgeschlossen sein – es bestehen tatsächlich feine, aber entscheidende Unterschiede zwischen der vorkonziliaren Katholischen Kirche und »dem« Islam im Hinblick auf die Religionsfreiheit; vielleicht bestehen auch grundlegende theologische und soziologische Unterschiede bei den religiösen Bekleidungsregeln und Geschlechterverständnissen – dann zeigt sich hier aber erneut die fehlende Trennschärfe der Hierarchisierungsmodelle, ohne welche die differenzierende Behandlung nicht nachvollziehbar wird.

Ein weiteres Problem der Hierarchisierungsmodelle besteht weniger in ihren unmittelbaren Ergebnissen als vielmehr darin, wie ihre Begründung aufgenommen wird. Während diejenigen, die nur eine lose, mehr oder weniger rein kulturelle Bindung zu den christlichen Großkirchen haben, vielleicht keinen Anstoß an der Herleitung der Privilegierungen nehmen, trifft dies gegebenenfalls auf praktizierende Gläubige nicht zu, selbst wenn ihr Bekenntnis bevorzugt behan-

---

[280] *Vosgerau*, Freiheit des Glaubens und Systematik des Grundgesetzes, 2007, S. 112; *Heusch*, Diskussionsbeitrag, in: Gröhe/Kannengießer (Hrsg.), Wertentscheidungen als Grundlage der Rechtsordnung, 2007, S. 83; aufgrund der vielfältigen Deutungsmöglichkeiten des Kopftuchs gegen eine solche »Verkürzung« etwa *Huster*, Der Grundsatz der religiös-weltanschaulichen Neutralität des Staates, 2004, S. 21; für eine Unterscheidung zwischen Kopftuch und Kreuz, nicht aufgrund des Frauenbildes, sondern soweit der Islam die Unterscheidung zwischen Staat und Religion nicht abschließend vollzogen habe, *Augsberg*, Die Entstehung des neutralen Staates als Vorgang der Säkularisation, ZevKR 53 (2008), 445, 454; als Beispiel für eine gegenteilige Ansicht, die das Kopftuch gerade als ein emanzipatorisches Symbol deutet, *Sacksofsky*, Die Kopftuch-Entscheidung, NJW 2003, 3297, 3299.

[281] *Heinig*, Ordnung der Freiheit, in: ders., Die Verfassung der Religion, 2014, S. 3, 20; ähnlich *Böckenförde*, Diskussionsbeitrag, VVDStRL 59 (2000), 315, 317; zum vorkonziliaren Verhältnis der katholischen Kirche zu den Menschenrechten siehe auch *Wittreck*, Christentum und Menschenrechte, 2013, S. 12; ähnliche Argumentation mit Blick auf die evangelischen Kirchen *Brenner*, Staat und Religion, VVDStRL 59 (2000), 264, 287. Für die christlichen Kirchen insgesamt *Dreier*, Staat ohne Gott, 2018, S. 129 f.

[282] Für eine Unterscheidung jedoch *Kokott*, Laizismus und Religionsfreiheit im öffentlichen Raum, Der Staat 44 (2005), 343, 356; *Isensee*, Diskussionsbeitrag, in: Kämper/Krautscheidt (Hrsg.), Essener Gespräche zum Thema Staat und Kirche (39), 2005, S. 135, 137.

[283] *Heinig*, Diskussionsbeitrag, in: Gröhe/Kannengießer (Hrsg.), Wertentscheidungen als Grundlage der Rechtsordnung, 2007, S. 75 ff.

delt wird. So wird mit Rücksicht auf diese Gruppe kritisiert, dass Religion nicht als Selbstzweck bzw. – konkreter – als gelebte Gottesbeziehung, sondern als ethische Ressource dargestellt und damit gewissermaßen objektiviert und benutzt wird.[284] Zwar begrenzt diese zweckmäßige Sichtweise auf Religion die Gläubigen nicht in ihrer Glaubenspraxis,[285] aber eine gewisse Irritation ist dennoch wahrnehmbar. Noch deutlicher ist die Kritik an dem Begründungsstrang, der christliche Symbole und Glaubensinhalte in säkulare Kulturgüter umdeutet. Wenn das Kreuz an der Wand nicht als zentrales Symbol des Christentums, sondern als Repräsentation vager kultureller Werte oder einer gemeinsamen historischen Entwicklung behandelt wird, dann komme dies einer »Verhöhnung« des Glaubens gleich.[286] Darüber hinaus werden die Hierarchisierungsmodelle auch mit Rücksicht auf die nicht-privilegierten Religionen und religionslose Bürgerinnen kritisiert. Die faktische Besserstellung der christlichen Großkirchen schließe erhebliche Bevölkerungsteile aus und führe damit zu einer »Polarisierung und Abgrenzung«,[287] wodurch sie gerade nicht die beabsichtigte integrative Wirkung hätte.[288] Damit laufen die Hierarchisierungsmodelle Gefahr, als eine elitär-konservatorische Bestrebung wahrgenommen zu werden, die mit den Mitteln der Verfassungsinterpretation versucht, eine Wirklichkeit festzuhalten, die sich von der Lebensrealität eines Großteils der Bevölkerung so weit entfernt hat, dass sie droht, in das Gegenteil umzuschlagen, und letztlich zu einer Laizisierung der religionsverfassungsrechtlichen Praxis führt. Die Erklärung dieser Befürchtung, dass die religionsverfassungsrechtliche Praxis laizisiert wird, ist gleichzeitig das Resümee dieses Abschnitts: Die Suche nach einer Möglichkeit neutralitätskonformer Privilegierung ist ein Versuch, der binären Option auszuweichen, entwe-

[284] Hierzu bereits *Pirson*, Die Förderung der Kirche als Aufgabe des säkularen Staates, in: Marré/Schümmelfelder (Hrsg.), Essener Gespräche zum Thema Staat und Kirche (28), 1994, S. 83, 91 f.; siehe auch *Möllers*, Religiöse Freiheit als Gefahr?, VVDStRL 68 (2009), 47, 63.

[285] *Isensee*, Verfassungsrechtliche Erwartungen an die Kirche, in: Marré/Stüting (Hrsg.), Essener Gespräche zum Thema Staat und Kirche (25), 1991, S. 104, 122; insofern ebenfalls *Pirson*, Die Förderung der Kirche als Aufgabe des säkularen Staates, in: Marré/Schümmelfelder (Hrsg.), Essener Gespräche zum Thema Staat und Kirche (28), 1994, S. 83, 93 f.

[286] *Wittreck*, Perspektiven der Religionsfreiheit in Deutschland, in: Ebner/Kraneis u. a. (Hrsg.), Staat und Religion, 2014, S. 73, 99; mit Hinweis darauf, dass es »eine in der Tendenz schizophrene Folge ist«, wenn christliche Symbole auf ihre Rolle als Kulturgut reduziert werden, jedoch die Symbole anderer Religionen als genuin religiöse Zeichen anerkannt bleiben, *Waldhoff*, Neue Religionskonflikte und staatliche Neutralität, 2010, S. 124; ähnlich *Möllers*, Grenzen der Ausdifferenzierung, in: Heinig/Walter (Hrsg.), Religionsverfassungsrechtliche Spannungsfelder, 2015, S. 9, 23; *Winter*, Staatskirchenrecht der Bundesrepublik Deutschland, 2. Aufl. 2008, S. 93; weniger scharf in der Formulierung, aber i. Erg. ebenso BVerfGE 93, 1, 20.

[287] *Tanner*, Bekenntnis zum Grundgesetz?, in: Bräcklein/Meyer u. a. (Hrsg.), FS Renesse, 2005, S. 97, 104; ähnlich *Hilgendorf*, Religion, Recht und Staat, in: Hilgendorf (Hrsg.), FS Albert, 2006, S. 359, 379 f.

[288] Deutlich *Heinig*, Öffentlich-rechtliche Religionsgesellschaften, 2003, S. 37 f.; sowie *Heinig*, Eigenwert des Religionsverfassungsrechts, in: ders., Die Verfassung der Religion, 2014, S. 43, 54. Mit gleichem Ergebnis für die Gegenseite, nämlich dass eine allseitig-gleichmäßige wohlwollende Neutralität zu Überforderungen führe und darin ende, dass religiöses Leben insgesamt eingedämmt wird, *Di Fabio*, Gewissen, Glaube, Religion, 2008, 28. – Gegen eine homogene Religionssoziologie als Integrationsfaktor bereits *Krüger*, Allgemeine Staatslehre, 2. Aufl. 1966, S. 178 f.

der alle Religionen gleichmäßig ausschließen oder gleichmäßig fördern zu müssen. Die Hierarchisierungsmodelle fügen daher der binären Option eine weitere Möglichkeit hinzu: Die Förderung der kulturellen Grundlagen. Im Hinblick auf das Neutralitätsgebot erfolgt damit jedoch keine Klärung und Entspannung, vielmehr wird ein weiteres Spannungsverhältnis entfaltet, das »zwischen christlich-abendländisch geprägter kultureller Identität einerseits und dem Postulat einer weltanschaulich-religiösen Neutralität des Staates andererseits oszilliert«,[289] und das offenbar nicht abschließend aufgelöst werden kann. Wenn das Christentum auf seine kulturelle bzw. staatsdienliche Funktion reduziert und damit gleichzeitig privilegiert wird, führt dies zu Irritationen bei gläubigen Christen, Gläubigen anderer Religionen und bei Religionslosen gleichermaßen, und damit steht das, was zunächst wie ein Erfolg für den Fortbestand des Religiösen in der Öffentlichkeit aussieht, auf wackeligem Boden. Nicht nur im politisch-gesellschaftlichen Diskurs,[290] sondern auch in der Rechtswissenschaft findet sich daher die Befürchtung, dass, wenn man das Kreuz nicht aufgeben, gleichzeitig aber das Kopftuch nicht zulassen möchte, im Ergebnis der gesellschaftliche Druck steigt, alle Äußerungen religiöser Art auszuschließen, selbst wenn dadurch Teile der traditionellen Mehrheitskultur betroffen sind.[291]

II. Privilegierung nach gesellschaftlicher Relevanz

1. Inhaltliche Vorgaben

Der zweite Ansatz, der Möglichkeiten neutralitätskonformer Privilegierungen beschreibt, weist zunächst eine gewisse Deckungsgleichheit mit den soeben vorgestellten Hierarchisierungsmodellen auf. So heißt es, der Staat dürfe zwischen den Religionen und Weltanschauungen zwar nicht hinsichtlich des grundrechtlichen Schutzumfangs unterscheiden, auf leistungsstaatlicher Ebene seien Differenzierungen jedoch möglich, wobei nicht an der religiös-weltanschaulichen Lehre an sich angeknüpft werden dürfe, sondern lediglich an äußeren Umständen. Während diese äußeren Umstände für die Hierarchisierungsmodelle in bestimmten staatsdienlichen Effekten bestehen, ist nach dem zweiten Ansatz hingegen die gesellschaftliche Relevanz der Religionen und Weltanschauungen der entscheidende Maßstab. Wie dieser Maßstab konkret bemessen wird, unterscheidet sich bei den jeweiligen Autoren; zum Teil wird der Fokus vornehmlich

---

[289] *Schwarz*, Das christlich-abendländische Fundament des Grundgesetzes als Topos der Verfassungsinterpretation, in: Grote/Härtel u. a. (Hrsg.), FS Starck, 2007, S. 419, 421.

[290] So kommentierte Bundespräsident *Johannes Rau* die erste Kopftuchentscheidung des Bundesverfassungsgerichts mit den Worten: »Ich fürchte nämlich, dass ein Kopftuchverbot der erste Schritt in einen laizistischen Staat ist, der religiöse Zeichen und Symbole aus dem öffentlichen Leben verbannt. Ich will das nicht.«, zit. nach *Kokott*, Laizismus und Religionsfreiheit im öffentlichen Raum, Der Staat 44 (2005), 343, 351.

[291] *Heinig*, Zweites Statement, in: Gröhe/Kannengießer (Hrsg.), Wertentscheidungen als Grundlage der Rechtsordnung, 2007, S. 59, 65; i. Erg. ähnlich *von Campenhausen*, Offene Fragen im Verhältnis von Staat und Kirche am Ende des 20. Jahrhunderts, in: Marré/Schümmelfelder u. a. (Hrsg.), Essener Gespräche zum Thema Staat und Kirche (34), 2000, S. 105, 130f.

auf die Mitgliederzahlen gelegt,[292] zum Teil werden auch andere Kriterien zur Bewertung der Religions- und Weltanschauungsgemeinschaften herangezogen, wie etwa »der Grad ihrer öffentlichen Wirksamkeit, ihre kultur- und sozialpolitische Stellung in der Gesellschaft und auch ihr Status als Körperschaft des öffentlichen Rechts«.[293] Um den Unterschied zu den Hierarchisierungsmodellen an dieser Stelle ganz deutlich zu machen: Wenn im Hinblick auf die gesellschaftliche Relevanz von »kulturpolitischer Stellung« gesprochen wird, dann sind damit Beiträge der Religionen etwa zu Wissenschaft und Kunst gemeint, nicht der »Kulturvorbehalt« im Sinne einer Mindestübereinstimmung mit bestimmten kulturellen Werten – es geht um »kulturbildend«, nicht um »kulturkompatibel«.

Indem an die gesellschaftliche Relevanz der Bekenntnisse angeknüpft wird, lassen sich insbesondere die *Fallgruppen um gesellschaftliche Praxen* und *Fragen der gleichberechtigten Teilhabe* an staatlichen Angeboten weitgehend handhabbar machen. Z. B. lässt sich auf diese Weise der Sonntagsschutz aus Art. 140 GG i. V. m. Art. 139 WRV auch über seinen Verfassungsrang hinaus rechtfertigen. Wenn staatlicherseits ein Ruhetag festgesetzt werden soll, der allgemeinverbindlich ist (und hierfür spricht der ganz säkulare Gedanke der »Sozialsynchronisation«), dann scheint es praktikabel und insofern neutralitätskonform, sich an dem traditionellen Wochenverständnis der Mehrheitsgesellschaft zu orientieren;[294] ähnliches gilt für die allgemeinverbindliche Festsetzung der christlichen Feiertage.[295] Ebenso lässt sich begründen, dass Religionsunterricht an staatlichen Schulen nur durch solche Religionsgemeinschaften gestaltet werden darf, die verbreitet genug sind, dass ein entsprechendes Interesse in der Schülerschaft besteht, und die zudem strukturell ausreichend verfestigt sind, um eine wissenschaftliche Ausbildung des Lehrpersonals zu garantieren.[296] Über die gesellschaftliche Relevanz lässt sich zudem erklären, warum Rundfunkräte mit Vertreterinnen der christlichen Großkirchen besetzt sind, in der Regel jedoch nicht mit Vertretern anderer, das heißt kleinerer Religionen und Bekenntnisse.[297]

---

[292] *Unruh*, in: v. Mangoldt/Klein/Starck, Art. 140 GG Rn. 34; *Trapp*, Religiöse Neutralität und Rundfunkfreiheit, 2013, S. 200; *Unruh*, Religionsverfassungsrecht, 4. Aufl. 2018, S. 75 f.; besonders scharf für eine streng proportionale Mittelzuwendung *Weiß*, Gleichheit oder Privilegien?, KritV 83 (2000), 104, 136 ff.

[293] *Robbers*, Förderung der Kirchen durch den Staat, in: Listl/Pirson (Hrsg.), HdbStKirchR Bd. I, 2. Aufl. 1994, S. 867, 880; ähnlich *Heckel*, Das Gleichbehandlungsgebot im Hinblick auf die Religion, in: Listl/Pirson (Hrsg.), HdbStKirchR Bd. I, 2. Aufl. 1994, S. 623, 647; *Kästner*, in: Bonner Kommentar, Art. 140 GG Rn. 139; *Mager*, in: v. Münch/Kunig, Art. 4 GG Rn. 3; zu den Schwierigkeiten bei der Bestimmung der gesellschaftlichen Relevanz *Schrooten*, Gleichheitssatz und Religionsgemeinschaften, 2015, S. 232 f.

[294] *Heinig*, Verschärfung oder Abschied von der Neutralität, JZ 2009, 1136, 1140; insoweit übereinstimmend m. w. N. *Huster*, Die ethische Neutralität des Staates, 2002, S. 192 Fn. 245.

[295] I. Erg. *Dietlein*, Das Feiertagsrecht in Zeiten des religiösen Wandels, in: Muckel (Hrsg.), FS Rüfner, 2003, S. 131, 146; wohl auch *Mager*, in: v. Münch/Kunig, Art. 140 GG Rn. 82; zudem *Rohe*, Der Islam in Deutschland, 2016, S. 209.

[296] *Heckel*, Das Gleichbehandlungsgebot im Hinblick auf die Religion, in: Listl/Pirson (Hrsg.), HdbStKirchR Bd. I, 2. Aufl. 1994, S. 623, 647.

[297] Näher *Hahn*, in: Beck'scher Kommentar zum Rundfunkrecht, Anhang zu §§ 11e, 11f RStV – Überblick über das Aufsichtssystem des öffentlich-rechtlichen Rundfunks Rn. 5; eine Sonderstellung nehmen insofern die jüdischen Gemeinden ein, die trotz ihrer vergleichsweise

2. Einordnung und Analyse

In dogmatischer Hinsicht besticht dieser Ansatz dadurch, dass er unkomplizierter ist als die Hierarchisierungsmodelle, die einen erheblichen Begründungsaufwand betreiben müssen, um die normative Wirksamkeit der in Bezug genommenen Verfassungsvoraussetzungen herzustellen. Der Gedanke der gesellschaftlichen Relevanz findet sich demgegenüber explizit im Religionsverfassungsrecht, wo Art. 140 GG i. V. m. Art. 137 Abs. 5 S. 2 WRV die Verleihung des Körperschaftsstatus von der Mitgliederzahl abhängig macht,[298] und auch darüber hinaus scheint eine gewisse Verbreitung und strukturelle Verfestigung der Bekenntnisse eine Voraussetzung zu sein, die in der Natur der Sache liegt, wie etwa bei der Möglichkeit, Religionsunterricht zu gestalten.[299]

Mit Blick auf das Neutralitätsgebot können sich jedoch an einer anderen Stelle kritische Rückfragen ergeben. In Anbetracht der religionssoziologischen Strukturen in Deutschland kommt auch die Orientierung an der gesellschaftlichen Relevanz bis auf Weiteres einem Verweis auf die christlichen Großkirchen gleich. Dieser Umstand ist zwar an sich nicht unbedingt neutralitätswidrig, vielmehr ist es ja gerade die Kernaussage dieses Ansatzes, dass die privilegierte Behandlung einer Religion neutralitätskonform sei, wenn dies in Verhältnis zu ihrer besonderen gesellschaftlichen Relevanz steht. Insofern offenbart sich eine gedankliche Parallele zur staatlichen Parteienfinanzierung, wo sich die Mittelzuteilung an der »Verwurzelung in der Gesellschaft« orientiert[300] und wo sich neue Parteien ihre Rolle in der Gesellschaft erst erarbeiten müssen, bevor sie an den staatlichen Leistungen teilhaben können.[301] Der Staat sei demnach gerade deswegen neutral, weil er die gesellschaftlichen Präferenzen nur nachvollzieht und nicht voraussetzt. Vor diesem Hintergrund könnte es neutralitätstechnisch also legitim sein, wenn mitgliederschwächere Bekenntnisse bei Teilhabefragen weniger oder gegebenenfalls gar nicht berücksichtigt werden. Für den Islam als Katalysator dieser Debatte um neutralitätskonforme Privilegierungen bedeutet diese Sichtweise zwar, vorerst die Rolle des abgeschlagenen Dritten hinter den christlichen Großkirchen einzunehmen. Allerdings ist die Orientierung an der gesellschaftlichen Relevanz für den Islam in zweierlei Hinsicht entgegenkommender als die Hierarchisierungsmodelle. Zum einen deutet die bisherige gesellschaftliche Entwicklung – kontinuierlicher Wachstum muslimischer Bevölkerungsgruppen, Mitglie-

---

geringen Mitgliederzahl in Rundfunkräten besonders berücksichtigt werden, vgl. etwa § 17 Abs. 1 Nr. 3 NDR-Staatsvertrag. Grund für diese rundfunkrechtliche Privilegierung ist die historische Sonderstellung des Judentums im Lichte des Holocausts, vgl. *Demel*, Gebrochene Normalität, 2011, S. 316 ff., insb. S. 328 ff.; *Trapp*, Religiöse Neutralität und Rundfunkfreiheit, 2013, S. 179; sowie *Schrooten*, Gleichheitssatz und Religionsgemeinschaften, 2015, S. 275.

298 *Schrooten*, Gleichheitssatz und Religionsgemeinschaften, 2015, S. 229.

299 *Heckel*, Das Gleichbehandlungsgebot im Hinblick auf die Religion, in: Listl/Pirson (Hrsg.), HdbStKirchR Bd. I, 2. Aufl. 1994, S. 623, 647.

300 BVerfGE 85, 264, 292; zur konkreten Bemessung vgl. § 18 PartG.

301 Zu dieser Parallele *Ladeur/Augsberg*, Der Mythos vom neutralen Staat, JZ 2007, 12, 17, die den »qualitativ-funktionalen Aspekt« der Hierarchisierungsmodelle (gesellschaftliche Leistungen bestimmter Religionen) mit einem »quantitativen Aspekt« verbinden (Mehrheitsreligion als prägendstes Bekenntnis).

derverlust der Großkirchen – auf eine zügige Zunahme der gesellschaftlichen Relevanz des Islam hin.[302] Dass der Islam durch einen organischen Wachstumsprozess relevanter wird, erscheint somit deutlich wahrscheinlicher und einfacher als die inhaltlichen Anpassungsleistungen, welche die Hierarchisierungsmodelle im Ergebnis abverlangen würden.[303] Zum anderen erlaubt die Orientierung an der gesellschaftlichen Relevanz zwischen den verschiedenen Bekenntnissen in einer Weise abzustufen, die den Hierarchisierungsmodellen mit ihrer binären Bewertungsstruktur »kulturförderlich / nicht-kulturförderlich« unmöglich ist. Wenn Förderungen entsprechend der gesellschaftlichen Relevanz zugewiesen werden, kann der Islam an staatlichen Zuwendungen in einem Umfang partizipieren, der zwar nicht den christlichen Großkirchen gleichkommt, der jedoch bei der durchaus signifikanten Zahl von Muslimen in Deutschland auch nicht geringfügig bleibt. Problematisch an diesem Ansatz zur neutralitätskonformen Privilegierung ist somit nicht an sich, dass die gesellschaftliche Relevanz als Maßstab verwendet wird; etwaige Kritik zielt vielmehr darauf, wie die gesellschaftliche Relevanz gemessen wird. Wenn die Mitgliederzahlen als Orientierungspunkt gewählt werden, führt dies im Ergebnis zu einer Privilegierung solcher Bekenntnisse, die mitgliedschaftlich organisiert sind und entweder eine hierarchische oder zumindest eine verbandschaftliche Struktur aufweisen. Während dies auf die christlichen Großkirchen ohne Weiteres zutrifft, ist dem Islam eine solche Tendenz zur Uniformisierung eher fremd.[304] Besonders deutlich werden die unterschiedlichen Auswirkungen beim Körperschaftsstatus, der aufgrund des Mitgliedererfordernisses aus Art. 140 GG i. V. m. Art. 137 Abs. 5 S. 2 GG für viele muslimische Vereinigung (zumindest derzeit) faktisch unerreichbar ist,[305]

---

[302] Für eine Prognose der Entwicklung des Islam in Europa vgl. *Pew Research Center*, Europe's Growing Muslim Population, 2017, wobei für Deutschland – je nach Immigrationsrate – für das Jahr 2050 ein muslimischer Bevölkerungsanteil von 8,7 % bis 19,7 % vermutet wird (S. 8–10).

[303] So geht z. B. auch *Uhle* davon aus, dass der Islam »jedenfalls bis auf absehbare Zeit« nicht aus sich heraus die kulturstärkenden Leistungen erbringen wird, die von den Hierarchisierungsmodellen verlangt werden, vgl. *Uhle*, Staat – Kirche – Kultur, 2004, S. 165; *Uhle*, Die Integration des Islam in das Staatskirchenrecht der Gegenwart, in: Heinig/Walter (Hrsg.), Staatskirchenrecht oder Religionsverfassungsrecht?, 2007, S. 299, 335; *Uhle*, Ein »rätselhafter Ehrentitel«?, in: Depenheuer/Heintzen u. a. (Hrsg.), FS Isensee, 2007, S. 1033, 1056.

[304] Vgl. *Heinig*, Öffentlich-rechtliche Religionsgesellschaften, 2003, S. 68. Natürlich haben sich in Deutschland mittlerweile auch bundesweit agierende muslimische Vereinigungen herausgebildet. Allerdings handelt es sich um mindestens 13 verschiedene Gruppierungen, die selbst zusammengenommen nur einen überschaubaren Anteil der Muslime in Deutschland mitgliedschaftlich in sich vereinigen. Darüber hinaus besteht innerhalb der größeren muslimischen Organisationen oft »kein scharf abgrenzbares religiöses Profil« und ein »erhebliches Maß an Binnenpluralität«, vgl. *Rohe*, Der Islam in Deutschland, 2016, S. 122. Dagegen, in diesem »gerade aus religiösen Gründen« unverzichtbaren Erfordernis der verfestigten Selbstorganisation eine strukturelle Benachteiligung des Islam zu sehen, *Heckel*, Zur Zukunftsfähigkeit des deutschen »Staatskirchenrechts« oder »Religionsverfassungsrechts«?, AöR 134 (2009), 309, 349 f.

[305] *Ladeur/Augsberg*, Toleranz-Religion-Recht, 2007, S. 95 f.; *Lindner*, Körperchaftsstatus für Muslime?, ZevKR 48 (2003), 178, 187; *Muckel/Tillmanns*, Die religionsverfassungsrechtlichen Rahmenbedingungen für den Islam, in: Muckel (Hrsg.), Der Islam im öffentlichen Recht des säkularen Verfassungsstaates, 2008, S. 234, 253 f.; *Perçin*, Die Kompatibilität des säkularen Staates mit dem Islam, 2013, S. 100 f.; 130; zu den ersten muslimischen Vereinigungen, die mittlerweile den Körperschaftsstatus erlangt haben, siehe *Rohe*, Der Islam in Deutschland, 2016, S. 203.

und sie lassen sich auch wieder am Beispiel des Religionsunterrichts erkennen: Wenn als Voraussetzung eine gewisse Verbreitung des Bekenntnisses und eine einheitliche, wissenschaftlich kohärente Lehrerausbildung gefordert wird, dann ist dies für den in sich eher parzellierten Islam schwer zu erfüllen.[306] Die Beurteilungen dieser unterschiedlichen Auswirkungen gehen stark auseinander. Manche Autoren sehen hierin eine natürliche Konsequenz dessen, dass das deutsche Religionsverfassungsrecht historisch gewachsen ist und dabei vor allem die Katholische und die Evangelische Kirche prägend waren. Diese strukturelle Ausrichtung sei somit Teil des Religionsverfassungsrechts und daher neutralitätskonform.[307] Andere verlangen hingegen von einem religiös-weltanschaulich neutralen Staat, auf die unterschiedlichen strukturellen Voraussetzungen der Religionen Rücksicht zu nehmen und ihnen entgegenzukommen.[308]

Unabhängig davon, wie diese unterschiedlichen Auswirkungen auf die Religionen und Weltanschauungen neutralitätstechnisch bewertet werden, weist der Ansatz dort einige praxisrelevante Leistungsschwächen auf, wo ohne nähere Umschreibungen auf die gesellschaftliche Relevanz verwiesen wird. Die Herausforderung ist erneut, wie bei konkreten Förderungen zwischen den Religionen abzugrenzen ist. Zum einen bestehen Unklarheiten, wie die gesellschaftliche Relevanz praktisch bemessen werden kann. Bezugspunkte wie die »öffentliche Wirksamkeit« oder die »kulturpolitische Stellung« sind schwer zu greifen und selbst wenn mit den Mitgliedszahlen ein scheinbarer klarer Vergleichswert verwendet wird, ergeben sich, wie gesagt, Schwierigkeiten z. B. im Hinblick auf die muslimischen Bekenntnisse, die nicht im traditionell deutschen Sinne mitgliedschaftlich organisiert sind.[309] Zusätzlich wäre zu klären, wie spezifisch die Bezugsgruppe zu

[306] *Kloepfer*, Der Islam in Deutschland als Verfassungsfrage, DÖV 2006, 45, 50; *Muckel/Tillmanns*, Die religionsverfassungsrechtlichen Rahmenbedingungen für den Islam, in: Muckel (Hrsg.), Der Islam im öffentlichen Recht des säkularen Verfassungsstaates, 2008, S. 234, 266 f.; *Perçin*, Die Kompatibilität des säkularen Staates mit dem Islam, 2013, S. 123; zu den strukturellen Nachteilen für Minderheitsreligionen vgl. bereits *Pirson*, Religiöse Minderheiten nach der Rechtsordnung der Bundesrepublik Deutschland, in: Neumann/Fischer (Hrsg.), Toleranz und Repression, 1987, S. 99, 114 ff.; grundsätzlich skeptisch dazu, ob ausschließlich »kirchlich strukturierte Personenmehrheiten fähig sind, einen Lehrplan zu erstellen« *Renck*, Islamischer Religionsunterricht, NWVBl. 2001, 425.

[307] *Hillgruber*, Der deutsche Kulturstaat und der muslimische Kulturimport, JZ 1999, 538, 546; *Isensee*, Die Zukunftsfähigkeit des deutschen Staatskirchenrechts, in: Isensee/Rees u. a. (Hrsg.), FS Listl, 1999, S. 67, 85; *Isensee*, Private islamische Bekenntnisschulen, in: Muckel (Hrsg.), FS Rüfner, 2003, S. 355, 377; *Isensee*, Integration mit Migrationshintergrund, JZ 2010, 317, 321; *Trapp*, Religiöse Neutralität und Rundfunkfreiheit, 2013, S. 196 ff.; *Renck* tritt dafür ein, solchen Religionsgemeinschaften, die zu klein sind, um Religionsunterricht anbieten zu können, stattdessen entsprechende finanzielle Hilfen zukommen zu lassen, vgl. *Renck*, Die unvollkommene Parität, DÖV 2002, 56, 65.

[308] *Brenner*, Staat und Religion, VVDStRL 59 (2000), 264, 286; *Morlok*, in: Dreier, 3. Aufl. 2013, Art. 4 GG Rn. 165; *Weber*, Die Religionsfreiheit im nationalen und internationalen Verständnis, ZevKR 45 (2000), 109, 132; ähnlich *Di Fabio*, Die Kultur der Freiheit, 2005, S. 178; für eine »wechselseitige Anpassung zwischen Islam und Rechtsordnung« auch *Kloepfer*, Der Islam in Deutschland als Verfassungsfrage, DÖV 2006, 45, 54.

[309] Hierzu *Trapp*, Religiöse Neutralität und Rundfunkfreiheit, 2013, S. 202. Zwar steigen sowohl die Zahlen der mitgliedschaftlich organisierten muslimischen Organisationen sowie die Mitgliederzahlen insgesamt, jedoch waren 2009 weiterhin nur ca. 22 % der Sunniten und ledig-

bestimmen ist, wenn von »gesellschaftlicher Relevanz« gesprochen wird – geht es im jeweiligen Fall um die *gesamt*gesellschaftliche Relevanz, die Relevanz in einem speziellen Bundesland, in einer Gemeinde oder gar die Relevanz in einer einzelnen Schulklasse? Konkret gefragt: Wenn sich dafür ausgesprochen wird, dass in Schulräumen ein Kreuz hängen soll, weil es das Symbol der Mehrheitsreligion ist[310] – dürfte dies auch für eine Schulklasse verlangt werden, in der hauptsächlich atheistische oder muslimische Schülerinnen sitzen, das Christentum speziell hier also nicht besonders relevant ist? Zum anderen bleibt teilweise ungewiss, wie der Grad gesellschaftlicher Relevanz akkurat in der Förderung abgebildet werden kann. Während finanzielle Zuwendungen vergleichsweise unproblematisch zugeteilt werden können,[311] sind proportionale Zuteilungen schwieriger bei staatlichen Angeboten, die weniger leicht teilbar sind. So würden in plural besetzten Gremien, innerhalb derer nur wenige Sitze für Vertreter religiöser Gemeinschaften vorgesehen sind, bei streng proportionaler Handhabung bis auf weiteres nur die christlichen Großkirchen beachtet werden können und andere »gesellschaftlich relevante« Gruppen außen vor bleiben müssen. Ähnliche Herausforderungen ergeben sich im Hinblick auf staatliche Feiertage. Wenn sich die religiös-weltanschauliche Neutralität dadurch verwirklicht, dass bei der Verteilung der Feiertage an der gesellschaftlichen Relevanz der Religionen angeknüpft wird, dann fragt sich, ab welchem Punkt auch Feiertage von kleineren Religionen hinzugefügt werden müssen bzw. – falls die Gesamtzahl der Feiertage nicht anwachsen soll – christliche Feiertage z. B. durch muslimische Feiertage zu ersetzen sind.[312] Auch hier könnte die Antwort in einer streng proportionalen Verteilung liegen – aber muss sie das? Wäre es z. B. auch neutralitätskonform, wenn Förderungen nicht proportional, sondern absolut zugeteilt werden, wenn – im übertragenen Sinne – nicht ein Verhältniswahl- sondern ein Mehrheitswahlsystem verwendet wird? Um zum obigen Beispiel zurückzukehren: So wird z. B. vereinzelt vertreten, dass in deutschen Schulen das christliche Kreuz (verstanden als genuin religiöses Symbol) hängen darf, ohne dass die Symbole anderer Religionen ebenfalls aufgehängt werden müssen, weil das Kreuz das Symbol der Mehrheitsreligion sei.[313]

---

lich 10 % der Schiiten und Aleviten Mitglied in einem religiösen Verein, vgl. *Rohe*, Der Islam in Deutschland, 2016, S. 119.

[310] *Starck*, in: v. Mangoldt/Klein/Starck, Art. 4 Abs. 1, 2 GG Rn. 25; in diese Richtung ebenfalls *Hillgruber*, Staat und Religion, DVBl 1999, 1155, 1174 f.

[311] Zu den hier praktisch bestehenden Problemen BVerfGE 123, 148 ff.; insofern eingehend im Hinblick auf das Neutralitätsgebot *Sydow*, Moderator im Glaubensstreit: Der neutrale Staat in ungewohnter Rolle, JZ 2009, 1141, 1145; sowie *Huster*, Gleichheit statt Freiheit, in: Heinig/Walter (Hrsg.), Religionsverfassungsrechtliche Spannungsfelder, 2015, S. 203, 219 ff.

[312] Für eine »angemessene Berücksichtigung« anderer Bekenntnisse etwa *Preuß*, in: AK-GG, Art. 140 GG Rn. 69. Zur Berechnung der Angemessenheit *Dietlein*, Das Feiertagsrecht in Zeiten des religiösen Wandels, in: Muckel (Hrsg.), FS Rüfner, 2003, S. 131, 145 f. (»schwierige und bislang kaum gelöste Folgeprobleme«). Gegen eine solche Pflicht zur Anpassung der geltenden Feiertagsregelungen (explizit auch vor dem Hintergrund der religiös weltanschaulichen Neutralität), weil auch die christlich fundierten Feiertage heutzutage »überwiegend in einer säkularen Funktion« seien, *Rohe*, Der Islam in Deutschland, 2016, S. 208.

[313] So *Flume*, Das »Kruzifixurteil« und seine Berechtigung, NJW 1995, 2904, 2905; *Starck*, in: v. Mangoldt/Klein/Starck, Art. 4 Abs. 1, 2 GG Rn. 25. Dagegen *Huster*, Die religiös-weltan-

Die vorangegangenen Ausführungen sollten verdeutlichen, dass auch dann, wenn die gesellschaftliche Relevanz als Maßstab für neutralitätskonforme Privilegierungen verwendet wird, nicht ohne Weiteres ein eindeutiges Ergebnis vorgegeben ist; vielmehr lassen sich die verschiedenen Ergebnisvarianten selbst wiederum unter Neutralitätsgesichtspunkten kritisieren. Sofern nicht ergänzende Parameter definiert werden, vermag auch der Verweis auf die gesellschaftliche Relevanz nicht die Abgrenzungsprobleme zu lösen, die für *die Fallgruppen der gesellschaftlichen Praxen* und *Fragen der gleichberechtigten Teilhabe* an staatlichen Angeboten erkennbar sind. Darüber hinaus bestehen Schwierigkeiten im Hinblick auf die bisher nur angedeutete Fallgruppe der *konfligierenden Religionsfreiheit im öffentlichen Raum*. So wurde eingangs beschrieben, dass der hier vorgestellte Ansatz auf dem Grundgedanken basiert, dass es zulässig sei, Religionen und Weltanschauungen auf leistungsstaatlicher Ebene gemäß ihrer gesellschaftlichen Relevanz zu privilegieren, solange der grundrechtliche Schutzumfang für alle gleich bleibe. Dieser Grundgedanke droht in grundrechtlich bedenklicher Weise unterlaufen zu werden, sofern es als eine »Leistung« des Staates angesehen wird, seinen Glauben auch im Rahmen der staatlich organisierten Öffentlichkeit darstellen zu können. Genauso wie es mit dem Verweis auf die gesellschaftliche Relevanz theoretisch möglich wäre, zu begründen, dass ausschließlich das christliche Kreuz an der Schulwand hängen dürfe, wäre es bei entsprechender Argumentation möglich, das Kopftuch der Lehrerin zugunsten der christlichen »Mehrheitsgesellschaft« zu untersagen und gleichzeitig die Kreuzkette zuzulassen. Anders als bei den Hierarchisierungsmodellen, die das Religionsverfassungsrecht insofern nicht grundrechtlich, sondern institutionell deuten, würde es sich in diesem Fall nicht um eine Nebenfolge der staatlichen Selbstvorsorge, sondern um eine offene und pauschale Abwertung der Religionsfreiheit einer Minderheit zugunsten der Religionsfreiheit der Mehrheit handeln. Und damit würde ein zentrales Wesensmerkmal der Grundrechte im demokratischen Staat, nämlich der Schutz von Minderheiten gegenüber der Mehrheitsgesellschaft,[314] im Kern pervertiert werden. Dieser Hinweis soll keinesfalls unterstellen, dass es das Anliegen der Vertreter dieses Ansatzes sei, den Minderheitenschutz zu unterlaufen; es soll jedoch darauf hingewiesen werden, dass für eine Privilegierung anhand der gesellschaftlichen Relevanz bisher keine übereinstimmende und tragfähige Dogmatik ersichtlich ist, die eine solche Verwendung ausschließt.

---

schauliche Neutralität des Staates, in: Brugger/Huster (Hrsg.), Der Streit um das Kreuz in der Schule, 1998, S. 69, 92.

[314] Vgl. *Huster*, Die ethische Neutralität des Staates, 2002, S. 165 f.; *Heinig*, Öffentlich-rechtliche Religionsgesellschaften, 2003, S. 64; hingegen kritisch zum Grundrechtschutz als Recht der Minderheit und des Einzelnen auch gegen die demokratische Mehrheitsentscheidung *Di Fabio*, Gewissen, Glaube, Religion, 2008, S. 60.

III. Privilegierung kleinerer Bekenntnisgemeinschaften zur Herstellung gleicher Ausgangsbedingungen

Die beiden Modelle, die zuerst vorgestellt wurden, führen im Ergebnis zu einer Privilegierung der christlichen Großkirchen, entweder weil sie konform sind mit einem bestimmten Bild kultureller Identität, dem das Grundgesetz verpflichtet sei, oder weil sie die größte gesellschaftliche Relevanz vorweisen können. Diesen beiden Modellen sollen nun zwei Ansätze gegenübergestellt werden, die auf eine Privilegierung von Minderheitsbekenntnissen hinauslaufen. Zwar werden beide Ansätze nur sehr sporadisch vertreten, doch dienen sie im wissenschaftlichen Diskurs verschiedentlich als negativer Abgrenzungspunkt; zudem eignen sie sich, um das gesamte Spektrum denkmöglicher Privilegierungsmodelle aufzuzeigen, weswegen sie zumindest kurz angedeutet werden sollen.

Der erste Ansatz dieser Richtung wurzelt in dem Bewusstsein, dass die verschiedenen Religionen und Weltanschauungen von staatlichen Begrenzungen und Förderungen unterschiedlich stark betroffen sind. Die Umgangsmöglichkeiten mit diesem Umstand sind bereits mehrfach angeklungen: So wäre es möglich, dass sich der Staat bei Förderungen im religiösen Kontext darauf beschränkt, allen Religionen und Weltanschauungen identische Angebote bei identischen Anforderungen zu machen (Angebotsgleichheit). Alternativ könnte der Staat seine Förderungen so ausgestalten, dass ihre beeinträchtigenden bzw. unterstützenden Auswirkungen für alle Religionen und Weltanschauungen identisch sind (Ergebnis- bzw. Wirkungsgleichheit). Konkret ist diese Unterscheidung zwischen Angebots- und Ergebnisgleichheit unter anderem von *Martin Heckel* bekannt, der zwischen »Formal-« und »Materialparität« differenziert und für eine ausbalancierte Anwendung dieser beiden Paritätsformen eintritt.[315] Wenn aber – so ist an dieser Stelle das Gedankenspiel – gerade kein ausbalancierter Gleichheitsmaßstab angewendet wird, sondern staatliche Neutralität ausschließlich Ergebnisgleichheit voraussetzen würde, ergibt sich ein sehr spezielles Bild im Hinblick auf staatliche Fördermaßnahmen. Dann könnte der Staat im Rahmen seiner Förderungen dazu verpflichtet sein, strukturelle Unterschiede zwischen den Religionen proaktiv auszugleichen, was auch bedeuten könnte, kleinere und finanzschwächere Bekenntnisgemeinschaften überproportional zu fördern.

Hier ist sogleich darauf hinzuweisen, dass in der religionsverfassungsrechtlichen Debatte in Deutschland diese reine Form der Ergebnisgleichheit, wonach eine besondere Förderung kleinerer Religionsgemeinschaften erforderlich sei, nicht ernstzunehmend vertreten wird. Lediglich eine Stellungnahme *Ludwig Rencks* deutet in diese Richtung, der zufolge die ungleich stärkere Förderung der christlichen Großkirchen die Chancengleichheit der Religionen verletze, wohingegen eine »proportional stärkere Förderung kleinerer Bekenntnisgemein-

---

[315] *Heckel*, Das Gleichbehandlungsgebot im Hinblick auf die Religion, in: Listl/Pirson (Hrsg.), HdbStKirchR Bd. I, 2. Aufl. 1994, S. 623, 627; siehe bereits oben, 2. Kapitel, C. II. 3. b).

schaften« verfassungsrechtlich zumindest möglich sei.[316] Tatsächlich mangelt es an entschiedenen Vertretern dieser Ansicht und trotzdem finden sich in der jüngeren Literatur verschiedentlich Stellungnahmen gegen eine solche Form von »affirmative action«, die Minderheitsreligionen bei der strukturellen Verfestigung unterstützt.[317] Diese »Gegenstimmen« dürften folglich eher als eine Auseinandersetzung mit dem abstrakten Gedanken strikter Ergebnisgleichheit und entsprechenden Neutralitätskonzepten der (vorrangig angloamerikanischen) politischen Philosophie zu verstehen sein und weniger als Äußerungen in einem kontradiktorischen juristischen Diskurs.[318] Darüber hinaus sind sie ein besonders zugespitzter Bestandteil der größeren Diskussion darüber, inwieweit Rücksichtnahme auf die spezifischen Besonderheiten der verschiedenen Religionen erforderlich ist.[319] In ihrer Zugespitztheit treffen sie die insofern erhobenen Einwände besonders hart. So sprechen gegen eine strikte Ergebnisgleichheit zum einen die positivrechtlichen Eigenheiten des Religionsverfassungsrechts, die – z. B. im Hinblick auf den Körperschaftsstatus gemäß Art. 140 GG i. V. m. Art. 137 Abs. 5 S. 2 WRV-Differenzierungen zwischen den Religionsgemeinschaften zulassen, ohne dass entsprechende Ausgleichsmechanismen vorgesehen sind.[320] Zum anderen ist strikte Wirkungsgleichheit faktisch nicht umsetzbar, da es vor dem Hintergrund der unüberschaubaren Vielzahl an Religionsgemeinschaften utopisch erscheint, allen gleichermaßen gerecht zu werden und selbst die kleinsten Weltanschauungsgemeinschaften auf das Niveau der christlichen Großkirchen zu heben.[321]

---

[316] *Renck*, Die unvollkommene Parität, DÖV 2002, 56, 67; in eine ähnliche Richtung argumentiert auch *Christian Hillgruber*, der sich zwar insgesamt dagegen wehrt, staatliche Förderungen gemäß der Größe der Religionsgemeinschaften zuzuweisen, der dann jedoch einwendet, dass es – wenn man sich schon an der Größe orientiert – sinnvoller wäre, Förderungen als »Existenzgründerhilfe« für Religionsgemeinschaften zu vergeben, die noch im Aufbau sind, und nicht als »Erfolgsprämie«, vgl. *Hillgruber*, Staat und Religion, 2007, S. 70f. sowie *Hillgruber*, Mythos Neutralität, in: Thomas (Hrsg.), Glaube und Gesellschaft, 2009, S. 175, 191.

[317] *Ladeur/Augsberg*, Toleranz-Religion-Recht, 2007, S. 67; *Mückl*, Grundlagen des Staatskirchenrechts, in: Isensee/Kirchhof (Hrsg.), HStR Bd. VII, 3. Aufl. 2009, S. 711, 757.

[318] Für eine Verbindung von Neutralitätskonzepten und U.S.-amerikanischem Recht sowie den Parallelen zu affirmative action-Maßnahmen *Laycock*, Formal, Substantive and Disaggregated Neutrality Towards Religion, DePaul Law Review 39 (1990), 993ff.; vgl. darüber hinaus die vielfältigen Nachweise bei *Huster*, Der Grundsatz der religiös-weltanschaulichen Neutralität des Staates, 2004, S. 13 Fn. 21.

[319] Eingehend zur Diskussion um die Möglichkeit von Ergebnisgleichheit m. w. N. *Huster*, Die ethische Neutralität des Staates, 2002, S. 98, 190ff.

[320] *Heckel*, Die religionsrechtliche Parität, in: Listl/Pirson (Hrsg.), HdbStKirchR Bd. I, 2. Aufl. 1994, S. 589, 601ff.; *Kästner*, in: Bonner Kommentar, Art. 140 GG Rn. 138; *Trapp*, Religiöse Neutralität und Rundfunkfreiheit, 2013, S. 198f.

[321] Deutlich im Hinblick auf die Vielzahl der Religions- und Weltanschauungsgemeinschaften *Huster*, Die ethische Neutralität des Staates, 2002, S. 193; im Ergebnis ebenfalls *Sydow*, Moderator im Glaubensstreit: Der neutrale Staat in ungewohnter Rolle, JZ 2009, 1141, 1148; siehe auch *Di Fabio*, Die Kultur der Freiheit, 2005, S. 107ff.; *Kokott*, Laizismus und Religionsfreiheit im öffentlichen Raum, Der Staat 44 (2005), 343, 363 Fn. 85; *Wiedemann*, Der Streit um das Schulkreuz in Deutschland und Italien, 2012, S. 270. Für *Wolfgang Keim* – bekannt von den negativen Neutralitätskonzepten – war die Unmöglichkeit solcher allseits gleichmäßigen Förderungen der Grund dafür, dem Staat die Förderung von Religions- und Weltanschauungsgemeinschaften insgesamt zu untersagen, *Keim*, Schule und Religion, 2. Aufl. 1969, S. 129f.; siehe hierzu oben, 3. Kapitel, A. I. 2.

IV. Privilegierung kleinerer Bekenntnisgemeinschaften zu Integrationszwecken

Der Ausgangspunkt des zweiten Ansatzes, der die Privilegierung speziell von Minderheitsbekenntnissen ermöglicht, ähnelt den Hierarchisierungsmodellen: Staatliche Förderungen sollen solchen Bekenntnisgemeinschaften zugutekommen, die einen hohen Grad an Übereinstimmung mit bestimmten Werten des Grundgesetzes aufweisen. Anders als bei den Hierarchisierungsmodellen richten sich die Förderungen jedoch nicht notwendigerweise an diejenigen Gemeinschaften, die insgesamt die höchste inhaltliche Deckungsgleichheit mit dem Grundgesetz aufweisen oder – gesamtgesellschaftlich betrachtet – den stärksten sozialintegrativen Effekt entfalten. Stattdessen richten sich die Privilegierungen vorrangig an Minderheitsreligionen und dort speziell an die Gruppierungen, die als besonders verfassungskompatibel eingeschätzt werden. Konkret geht es natürlich wieder um den Islam und die Frage, inwieweit es neutralitätstechnisch möglich sei, dass staatlicherseits vorrangig liberale und demokratiefreundliche Strömungen unterstützt werden, um so die Ausformung eines »aufgeklärten« oder »europäischen« Islam anzuregen.

Auch dieser Ansatz hat in rechtswissenschaftlichen Kreisen keine lautstarken Befürworter.[322] Die dennoch gelegentlich auftretende Kritik an solchen Privilegierungen scheint hingegen eine Reaktion auf bestimmte Bestrebungen in der Politik zu sein, vorrangig die Nähe zu progressiveren Varianten des Islam zu suchen.[323] Aufgrund der inhaltlichen Parallelen lassen sich die strukturbezogenen Kritikpunkte, die gegen die Hierarchisierungsmodelle vorgebracht wurden, auf diese Form der Minderheitsprivilegierung übertragen. Die Abgrenzung zu einer neutralitätstechnisch bedenklichen Identifikation des Staates scheint in diesem Fall sogar noch schwieriger, da nicht einmal auf eine kulturhistorische Verbundenheit verwiesen werden kann, sondern bewusst in den Konstituierungsprozess einer »zugezogenen« Religion eingegriffen wird, indem bestimmte Strömungen

---

[322] So ist es z. B. inhaltlich etwas anderes, wenn *Juliane Kokott* »Reflexionsfähigkeit und Kommunikationsbereitschaft als Voraussetzung der Kooperation von Staat und Religion« erachtet und erklärt, dass »ein ›europäischer‹, aufgeklärter Islam, vertreten durch eine den Kirchen vergleichbare muslimische Religionsgemeinschaft« wie die christlichen Großkirchen behandelt werden müsse, siehe *Kokott*, Laizismus und Religionsfreiheit im öffentlichen Raum, Der Staat 44 (2005), 343, 354. Je nachdem, welche Bedeutung den Attributen »europäisch« und »aufgeklärt« zugeschrieben wird, kann sich diese Aussage mit den Hierarchisierungsmodellen decken, weil bestimmte Bedingungen formuliert werden, die bereits erfüllt sein müssen, um Förderungen zu erhalten. Das hier vorgestellte Modell neutralitätskonformer Privilegierung setzt jedoch schon früher an und zielt inhaltlich auf den Aufbau einer solchen Form des Islam. Schon eher in diese Richtung geht der Vorschlag von *Ladeur* und *Augsberg*, bei der Interpretation von religiösen Geboten diejenige Lehrmeinung zugrunde zu legen, die am ehesten mit einer säkularen Verfassungsordnung kompatibel ist, vgl. *Ladeur/Augsberg*, Toleranz-Religion-Recht, 2007, S. 130; dagegen (nach umfassender Auseinandersetzung mit dem theologischen Binnenpluralismus von Religionen) *Wittreck*, Religionsfreiheit als Rationalisierungsverbot, Der Staat 42 (2003), 529, 550.

[323] So *Mückl*, Grundlagen des Staatskirchenrechts, in: Isensee/Kirchhof (Hrsg.), HStR Bd. VII, 3. Aufl. 2009, S. 711, 752; siehe weiterhin zur Kritik dieses Ansatzes *Trapp*, Religiöse Neutralität und Rundfunkfreiheit, 2013, S. 83, 176; sowie bereits *Isensee*, Die Zukunftsfähigkeit des deutschen Staatskirchenrechts, in: Isensee/Rees u. a. (Hrsg.), FS Listl, 1999, S. 67, 87.

ausgewählt und durch staatliche Kooperationen gezielt gefördert werden. Darüber hinaus könnten solche gezielten Förderungen in Konflikt mit dem Selbstorganisationsrecht aus Art. 140 GG i. V. m. Art. 137 Abs. 3 S. 1 WRV geraten, je nachdem, wie mit dem Begriff der »Religionsgesellschaft« im Hinblick auf die besonderen organisatorischen Strukturen des Islam umgegangen wird.[324]

F. Das Modell der Begründungsneutralität nach Stefan Huster

»Die theoretisch zweifelsohne gehaltvollste Gesamtkonzeption«[325] und »eine imposante und stringente Deutung von Neutralität«[326] wurde von *Stefan Huster* erarbeitet. Der theoretische Gehalt und die Imposanz dieses Konzepts entstehen dadurch, dass *Huster* sein Neutralitätsverständnis in bewusster und komplexer Auseinandersetzung mit der politischen Philosophie entwickelt; seine Stringenz erweist sich darin, dass es sich – im Gegensatz zu anderen Neutralitätsverständnissen – dogmatisch recht präzise verorten lässt und die verschiedenen Wirkungsfelder des Neutralitätsgrundsatzes klar abgrenzbar macht.

I. Inhaltliche Vorgaben

Husters Bestreben ist es, eine »verfassungsgemäße Neutralitätstheorie« zu entwickeln, wobei er – wie auch diese Arbeit[327] – davon ausgeht, dass ein solches Neutralitätsverständnis einerseits an den verfassungsrechtlichen Normbestand angebunden sein müsse, andererseits aber auch nicht ohne theoretische Rückbindung auskommen könne.[328] Der Ausgangspunkt für die Suche nach einer solchen theoretischen Rückbindung ist für *Huster* die philosophische Unterscheidung zwischen »dem Rechten« und »dem Guten«. Während »das Rechte« die grundlegenden staatlichen Regeln umfasse, die den Schutz und die friedliche Koexistenz verschiedener Überzeugungen und Lebensformen gewährleisten und daher für alle Bürgerinnen gleichermaßen verbindlich sein müssen, beschreibe »das Gute« die Vorstellungen der Bürger, wie die Freiheit innerhalb dieses Kerns des staatlichen Rechts ausgefüllt werden solle.[329] In modernen freiheitlichen Gesellschaften bestehe allerdings eine Vielfalt an Vorstellungen über »das Gute«, sodass ein diesbezüglicher Konsens ausgeschlossen sei.[330] Die entscheidende Frage sei nun,

---

324 Hierzu wiederum *Trapp*, Religiöse Neutralität und Rundfunkfreiheit, 2013, S. 86; vertiefend zu Differenzierungen unter dem Begriff der Religionsgesellschaft *Heinig*, Öffentlich-rechtliche Religionsgesellschaften, 2003, S. 68 ff.; *Schrooten*, Gleichheitssatz und Religionsgemeinschaften, 2015, S. 129 ff.

325 *Heinig*, Verschärfung oder Abschied von der Neutralität, JZ 2009, 1136, 1138.

326 *Morlok*, Neutralität des Staates und religiöser Radikalismus, in: Masing/Jouanjan (Hrsg.), Weltanschauliche Neutralität, Meinungsfreiheit, Sicherungsverwahrung, 2013, S. 3, 14.

327 Vgl. oben, 2. Kapitel, C. I. 2.

328 *Huster*, Die ethische Neutralität des Staates, 2002, S. 43.

329 *Huster*, Die ethische Neutralität des Staates, 2002, S. 11.

330 *Huster*, Die ethische Neutralität des Staates, 2002, S. 5; vgl. ferner S. 86.

was die Verfassung für den Umgang mit diesem »ethischen Pluralismus« gebiete. Die Antwort hierauf findet *Huster* im politischen Liberalismus Rawl'scher Prägung, den er im Grundgesetz verankert sieht.[331] Insbesondere aus der freiheitssichernden Dimension der Grundrechte und aus den Gleichheitsrechten ergebe sich das Erfordernis reziproker Rechtfertigung – nur solche staatlichen Maßnahmen seien legitim, die gegenüber allen Bürgerinnen gleichermaßen gerechtfertigt werden könnten.[332] Gepaart mit der praktischen Erkenntnis, dass sich die verschiedenen Konzeptionen über »das Gute« – konkret also Religionen und Weltanschauungen – nicht abschließend beweisen ließen (*Huster* bezeichnet dies als »politischen Skeptizismus«),[333] folge aus dem liberalen Legitimitätsprinzip, dass staatliche Maßnahmen nicht auf die Annahme gestützt werden dürften, »daß eine bestimmte Weltanschauung oder Lebensform intrinsisch besser oder schlechter ist als eine andere.«[334] Im Kern geht es also um die Grundforderung des politischen Liberalismus, dass der Staat durch die Begründung seiner Handlungen allen Bürgern die gleiche Achtung und den gleichen Respekt entgegenbringen solle.[335] Weil diese Forderung staatliches Wirken im Allgemeinen betrifft, beschränkt sich *Huster* nicht auf den Normenbestand und den Anwendungsbereich des Religionsverfassungsrechts, das heißt, er formuliert nicht lediglich ein »enges« Neutralitätsverständnis, das sich alleine auf das Verhältnis des Staates zu den religiös-weltanschaulichen Bekenntnissen bezieht, sondern er formuliert ein »weites« Neutralitätskonzept, das sich auf staatliches Wirken in allen Lebensbereichen mit ethischen Bezügen erstreckt.[336] Dementsprechend spricht *Huster* auch nicht von der »religiös-weltanschaulichen«, sondern von einer »ethischen

[331] *Huster*, Die ethische Neutralität des Staates, 2002, S. 80.; einschränkend hingegen *Brugger*, Zum Verhältnis von Neutralitätsliberalismus und liberalem Kommunitarismus, in: Brugger/Huster (Hrsg.), Der Streit um das Kreuz in der Schule, 1998, S. 109, 116. *Fritsche*, Der Kulturbegriff im Religionsverfassungsrecht, 2015, S. 162 ordnet die ethische Neutralität fälschlicherweise »theoriegeschichtlich bei Habermas ein«. Erklärend soll zusätzlich angemerkt werden, dass *Huster* natürlich nicht unterstellt, das Grundgesetz sei bewusst in Anlehnung an den politischen Liberalismus von *Rawls* konzipiert worden. Es geht vielmehr darum, dass der politische Liberalismus eine funktionale theoretische Grundlage darstelle, um die Bestimmungen des Grundgesetzes zueinander in Beziehung zu setzen und zu gewichten. Insofern verfängt die Kritik von *Heinig* nicht, dass »die Väter und Mütter des Grundgesetzes Rawls und Co. nicht gelesen haben«, vgl. *Heinig*, Schlusswort – Verschleierte Neutralität, JZ 2010, 357, 358.

[332] *Huster*, Die ethische Neutralität des Staates, 2002, S. 85, dezidiert zur Herleitung aus Gleichheitsnormen und nicht nur Freiheitsrechten S. 89, zum Recht auf Rechtfertigung aus den Grundrechten wiederum S. 652 f.

[333] *Huster*, Die ethische Neutralität des Staates, 2002, S. 86.

[334] *Huster*, Die ethische Neutralität des Staates, 2002, S. 88.

[335] Vgl. *Huster*, Die ethische Neutralität des Staates, 2002, S. 89 ff.; ebenfalls *Huster*, Der Grundsatz der religiös-weltanschaulichen Neutralität des Staates, 2004, S. 8. Näher zudem oben, 2. Kapitel, B. II. 4. a). Für *Huster* stellt damit die staatliche Neutralität nicht lediglich ein strategisches Mittel der Friedenssicherung dar, wie es etwa die die Grundannahme der Säkularisationsthese war (vgl. oben, 2. Kapitel, A. II. 2.), sondern ein Grundgebot liberaler Staatlichkeit; vgl. zu dieser Abgrenzung *Huster*, Die ethische Neutralität des Staates, 2002, S. 47 ff., 80 ff.

[336] Vgl. *Huster*, Die ethische Neutralität des Staates, 2002, S. 34; sowie bereits *Huster*, Die religiös-weltanschauliche Neutralität des Staates, in: Brugger/Huster (Hrsg.), Der Streit um das Kreuz in der Schule, 1998, S. 69, 74.

Neutralität des Staates«,[337] die der Staat praktisch verwirkliche, indem er darauf verzichtet, seine Maßnahmen – ob sie nun einen direkten religiös-weltanschaulichen Bezug haben oder nicht – unter Rückgriff auf ethische Überzeugungen bzw. umfassende Vorstellungen von »dem Guten« zu begründen.[338]

In dieser Forderung nach Begründungsneutralität liegt eine Absage an jegliche Form der Wirkungsneutralität. Sofern der Staat seine Maßnahmen ohne eine ethische Präferenzbekundung begründen könne, sei es hinnehmbar und nicht neutralitätswidrig, wenn sich die Maßnahmen unterschiedlich intensiv auf die verschiedenen Bekenntnisse und Weltanschauungen auswirken. Solange eine absichtliche Diskriminierung in Form gezielter Abwertungen ausgeschlossen werde, liege es im Verantwortungsbereich der Bekenntnisse und Weltanschauungen, sich mit der bestehenden Ordnung zu arrangieren.[339] Religiösen Bürgerinnen bleibe es unbenommen, im politischen Verfahren dafür einzutreten, dass ihre religiösen Bedürfnisse Beachtung finden; ein von vornherein bestehender Anspruch hierauf bestehe gegenüber dem neutral begründeten Recht jedoch nicht.[340] Um es beispielhaft zu verdeutlichen: Muslime und Jüdinnen dürften nach dieser Sichtweise darauf hinwirken, dass in öffentlichen Mensen bei nichtvegetarischen Gerichten aus Gründen der gegenseitigen Rücksichtnahme auf Schweinefleisch verzichtet wird – ein Anspruch hierauf, weil sich der Staat ansonsten neutralitätswidrig verhielte, bestünde jedoch gerade nicht.

In dieser Fokussierung auf die Begründung und nicht auf die Auswirkungen zeigt sich auch die dogmatische Funktion, die dem Neutralitätsgebot nach *Huster* zukommt. Die Frage, ob eine staatliche Maßnahme manche Bürger in ihrem religiösen Glauben zu sehr beeinträchtigt, sei ausschließlich eine Frage des Grundrechts auf Religionsfreiheit und müsse insofern auf der Ebene der Verhältnismäßigkeit gelöst werden. Das Neutralitätsgebot hingegen stehe zwar in enger Beziehung zum Grundsatz der Verhältnismäßigkeit, sei aber von ihm zu unterscheiden: Während der Verhältnismäßigkeitsgrundsatz vor Eingriffen schütze, die zu intensiv sind, gewähre der Neutralitätsgrundsatz Schutz vor Eingriffen, die »aus falschen Gründen« erfolgen.[341] Vor diesem Hintergrund sei der Neutralitätsgrundsatz – wie auch der Verhältnismäßigkeitsgrundsatz, dessen Grundrechtsschutz er ergänze – »kein Prinzip im normtheoretischen Sinne«, sondern

[337] So schon der Titel der Arbeit, inhaltlich eingehend etwa *Huster*, Die ethische Neutralität des Staates, 2002, S. 14, 34 f., 88.

[338] *Huster*, Die ethische Neutralität des Staates, 2002, S. 98.

[339] *Huster*, Die ethische Neutralität des Staates, 2002, S. 98 ff.; speziell zum Arrangieren innerhalb der bestehenden Ordnung auch *Huster*, Der Grundsatz der religiös-weltanschaulichen Neutralität des Staates, 2004, S. 13; sowie *Huster*, Die Bedeutung des Neutralitätsgebotes für die verfassungstheoretische und verfassungsrechtliche Einordnung des Religionsrechts, in: Heinig/Walter (Hrsg.), Staatskirchenrecht oder Religionsverfassungsrecht?, 2007, S. 107, 114 ff.

[340] *Huster*, Der Grundsatz der religiös-weltanschaulichen Neutralität des Staates, 2004, S. 14.

[341] *Huster*, Die ethische Neutralität des Staates, 2002, S. 657.

stelle eine strikte Grenze staatlicher Handlungsfreiheit dar,[342] die als Bestandteil der Freiheitsrechte subjektivrechtlich bewährt sei.[343]

Für den religiös-weltanschaulichen Bereich hat diese funktionelle Spezialisierung von *Husters* Begründungsneutralität die Konsequenz, dass sie im Ergebnis den Ansätzen einer gleichheitszentrierten Bestimmung des Neutralitätsgebots nahesteht.[344] Weil *Huster* die Bestimmungen des Grundgesetzes, die explizit Berührungen von Staat und Religion vorsehen, als »spezielle Regelungen [...], die ersichtlich Ausnahmecharakter haben und deshalb keine Analogie zulassen«,[345] betrachtet und das Neutralitätsgebot ausschließlich über den negativen Freiheitsbegriff der Grundrechte sowie die Gleichheitsrechte bestimmt, ist die Begründungsneutralität genauso mit einer offen-positiven Haltung des Staates kompatibel wie mit einer distanziert-negativen Religionspolitik. Im Rahmen dessen, was sich ethisch neutral begründen lässt, sei es eine Frage der »politischen Klugheit« und insofern dem Ermessen der staatlichen Funktionsträger unterstellt, inwieweit sich der Staat für religiös-weltanschauliche Bezüge öffnen solle.[346] Beispielhaft lässt sich dies am Fall der Ausstattung von Schulräumen mit religiösen Symbolen verdeutlichen. Während *Huster* es für unvereinbar mit der Begründungsneutralität erachtet, ausschließlich das christliche Kreuz aufzuhängen, sei der komplette Verzicht auf religiöse Symbole nur eine von mehreren ethisch neutralen Lösungsvarianten. So sei es gleichermaßen denkbar, Schulräume mit den Symbolen aller Religionen und Weltanschauungen auszustatten, die über ein Identifikationssymbol verfügen, oder die Entscheidung über die anzubringenden Symbole an die jeweils betroffenen Eltern und Schülerinnen zu delegieren, wobei auch eine paritätische Gewichtung möglich sei, solange nicht alleine das Symbol der Mehrheit Beachtung finde.[347]

---

[342] *Huster*, Die ethische Neutralität des Staates, 2002, S. 658; ebenso bereits *Huster*, Die religiös-weltanschauliche Neutralität des Staates, in: Brugger/Huster (Hrsg.), Der Streit um das Kreuz in der Schule, 1998, S. 69, 87.

[343] *Huster*, Die ethische Neutralität des Staates, 2002, S. 662; vgl. weiterhin *Huster*, Gleichheit statt Freiheit, in: Heinig/Walter (Hrsg.), Religionsverfassungsrechtliche Spannungsfelder, 2015, S. 203, 209.

[344] Vgl. oben, 3. Kapitel, D. II.

[345] *Huster*, Der Grundsatz der religiös-weltanschaulichen Neutralität des Staates, 2004, S. 18; weiterhin *Huster*, Kultur im Verfassungsstaat, VVDStRL 65 (2006), 53, 71; *Huster*, Erwiderung – Neutralität ohne Inhalt?, JZ 2010, 354, 357; *Huster*, Die Bedeutung des Neutralitätsgebotes für die verfassungstheoretische und verfassungsrechtliche Einordnung des Religionsrechts, in: Heinig/Walter (Hrsg.), Staatskirchenrecht oder Religionsverfassungsrecht?, 2007, S. 107, 120; *Huster*, Gleichheit statt Freiheit, in: Heinig/Walter (Hrsg.), Religionsverfassungsrechtliche Spannungsfelder, 2015, S. 203, 226.

[346] *Huster*, Die ethische Neutralität des Staates, 2002, S. 120 Fn. 292; *Huster*, Der Grundsatz der religiös-weltanschaulichen Neutralität des Staates, 2004, S. 19; *Huster*, Kultur im Verfassungsstaat, VVDStRL 65 (2006), 53, 70; sowie *Huster*, Die Bedeutung des Neutralitätsgebotes für die verfassungstheoretische und verfassungsrechtliche Einordnung des Religionsrechts, in: Heinig/Walter (Hrsg.), Staatskirchenrecht oder Religionsverfassungsrecht?, 2007, S. 107, 116 ff.

[347] *Huster*, Die religiös-weltanschauliche Neutralität des Staates, in: Brugger/Huster (Hrsg.), Der Streit um das Kreuz in der Schule, 1998, S. 69, 90; *Huster*, Die ethische Neutralität des Staates, 2002, S. 235 ff.

In ihrer konzeptionellen Weite wirkt die Begründungsneutralität – anders als andere Neutralitätsverständnisse – über den genuin religiös-weltanschaulichen Bereich hinaus, nämlich auch auf sonstige ethisch relevante Fragestellungen. Beispielhaft entfaltet *Huster* die Konsequenzen der Begründungsneutralität unter anderem anhand des Eherechts. So stellt er vor dem Hintergrund der tatsächlichen Entkopplung von Ehe und Familie (das heißt, der wachsenden Zahl von kinderlosen Ehen einerseits und nichtehelichen Partnerschaften mit Kindern andererseits)[348] fest, dass der besondere Schutz und die sonstigen Privilegierungen der Ehe nicht mehr durch ihre Reproduktionsfunktion gerechtfertigt werden könnten, sondern alleine noch durch die »Solidarfunktion der ehelichen Lebensgemeinschaft«.[349] Folglich müsse überlegt werden, inwiefern die ehebezogenen Förderungsleistungen nicht auch anderen Formen menschlichen Zusammenlebens offenstehen müssten, in denen in gleicher Weise Solidarität gelebt wird, da sich die alleinige Besserstellung der Ehe ansonsten nicht rechtfertigen lasse.[350] In Anbetracht der vielfältigen Eheleitbilder, die in der Gesellschaft vorzufinden seien und die bereits dazu geführt hätten, dass die inhaltliche Ausgestaltung der Ehe den Ehepartnern überlassen wurde, gerieten zudem auch grundlegende Strukturprinzipien der Ehe in Begründungsnot. So könne die grundsätzliche Unauflöslichkeit der Ehe letztlich nur über ethische Erwägungen begründet werden, über die in der Bevölkerung jedoch keine Einigkeit zu erzielen sei, sodass der ethisch neutrale Staat entweder die Scheidungsvoraussetzungen zu reduzieren oder ein pluralistisches Eherecht vorzuhalten habe, in dessen Rahmen die Bürger ihre individuellen Eheverständnisse ausleben könnten.[351]

Im Rahmen dieser praktischen Anwendungen der Begründungsneutralität bietet es sich an, darauf hinzuweisen, dass *Husters* Arbeit zur ethischen Neutralität zwar den eingehendsten und komplexesten Versuch darstellt, den politischen Liberalismus für die deutsche Rechtswissenschaft fruchtbar zu machen, allerdings nicht den einzigen und auch nicht den ersten. Z. B. fragte *Norbert Hoerster* bereits Anfang der 1990er Jahre in einer Untersuchung zum Schwangerschaftsabbruchsverbot des § 218 StGB danach, ob »es rationale, [für] jedermann nachvollziehbare Gründe für ein Verbot der Abtreibung durch Sozialmoral und Rechtsordnung« gebe.[352] *Hoerster* identifizierte als einzige rationale Begründung für ein absolutes Lebensrecht, dass das jeweilige Lebewesen über ein individuelles Interesse an seinem Überleben verfüge.[353] Ein solches Überlebensin-

---

[348] *Huster*, Die ethische Neutralität des Staates, 2002, S. 505. Daneben wird auch (im Vergleich zu Art. 119 WRV) die verfassungsrechtliche Entkoppelung von Ehe und Familie thematisiert.

[349] Hierzu aus der Rechtsprechung des Bundesverfassungsgerichts BVerfGE 121, 199 ff.; 124, 199, 224 ff.; 133, 59, 88 ff.; 133, 377, 410 ff.

[350] *Huster*, Die ethische Neutralität des Staates, 2002, S. 449; eingehend auch *Huster*, Die Unterscheidung von politischen Zielen und verfassungsrechtlichen Argumenten, in: Hiebaum/Koller (Hrsg.), Politische Ziele und juristische Argumentation, 2003, S. 47, 63 ff.

[351] *Huster*, Die ethische Neutralität des Staates, 2002, S. 556.

[352] *Hoerster*, Abtreibung im säkularen Staat, 2. Aufl. 1995, S. 9.

[353] *Hoerster*, Abtreibung im säkularen Staat, 2. Aufl. 1995, S. 69.

teresse setze wiederum ein Ichbewusstsein voraus und nach wissenschaftlichem Kenntnisstand entwickele sich diese Form personaler Existenz beim Menschen erst einige Wochen nach der Geburt.[354] Demzufolge könne ein Lebensrecht für menschliche Föten nicht »auf rationaler, weltanschaulich neutraler Basis«,[355] sondern nur unter Bezugnahme auf religiöse Grundannahmen (Beseeltheit/Gottesebenbildlichkeit des Menschen) gerechtfertigt werden – Annahmen, die »in einem säkularen Staat nicht zur Grundlage des Strafrechts gemacht werden« dürften, sodass § 218 StGB ersatzlos zu streichen sei.[356] Auch ohne eine entsprechende Bezeichnung verfolgte somit bereits *Hoerster* gewissermaßen[357] einen Ansatz von Begründungsneutralität. Wenn im Folgenden dieses Neutralitätskonzept näher eingeordnet und analysiert wird, sollen aufgrund ihrer Ausgefeiltheit schwerpunktmäßig *Husters* Ausführungen in den Blick genommen werden, aber auch *Hoersters* Argumentation wird punktuell wieder aufgegriffen.

II. Einordnung und Analyse

1. Zur Verfassungsbindung

Obwohl es *Husters* erklärtes Ziel war, ein verfassungsgemäßes Neutralitätskonzept zu entwickeln,[358] lässt sich der in dieser Arbeit entwickelte religionsverfassungsrechtliche Maßstab[359] nicht passgenau auf die ethische Neutralität im Sinne *Husters* anwenden. Dies hat seinen Grund in dem bereits beschriebenen Umstand, dass *Huster* ein »weites« Neutralitätsverständnis entwickelt hat, das über den direkten Anwendungsbereich des Religionsverfassungsrechts hinauswirkt,[360] weswegen er sein Konzept auch nicht gezielt am Religionsverfassungsrecht ausgerichtet hat. Dennoch lassen sich die meisten Momente eines verfassungsgemäßen »engen« Neutralitätskonzepts, wie sie in dieser Arbeit herausgearbeitet wurden, auch bei *Husters* Begründungsneutralität finden. Indem *Huster* den negativen Freiheitbegriff der Grundrechte (also auch der Religionsfreiheit nach

---

[354] *Hoerster*, Abtreibung im säkularen Staat, 2. Aufl. 1995, S. 79. Für Neugeborene, die noch nicht über ein Ichbewußtsein verfügen und für die nach dieser Ansicht noch kein Lebensrecht begründet werden kann, verlangt *Hoerster* jedoch aus praktischen Erwägungen (insb. Beweislage im Rahmen der Strafverfolgung) strafrechtlich bewährten Lebensschutz, vgl. S. 128 ff.

[355] So bereits die Vorwegnahme des Ergebnisses in der Einleitung, siehe *Hoerster*, Abtreibung im säkularen Staat, 2. Aufl. 1995, S. 10.

[356] *Hoerster*, Abtreibung im säkularen Staat, 2. Aufl. 1995, S. 145.

[357] Bei genauerer Betrachtung zeigt sich an dieser Einordnung ein Widerspruch. *Hoerster* fordert zwar, wie soeben zitiert, »rational[e], weltanschaulich neutral[e]« Begründungen (vgl. hierzu Fn. 355). Gleichzeitig bestimmt er aber die Rationalität der Begründungen entlang seines utilitaristischen Weltbildes, indem er nur solche Begründungen zulässt, die sich auf konkrete menschliche Interessen zurückführen lassen. Hierin liegt eine Verengung auf ein bestimmtes ethisches Verständnis, die mit der ethischen Neutralität *Husters* an sich nicht kompatibel ist. Es wird sich allerdings im Verlauf der weiteren Untersuchung zeigen, dass der hier angedeutete Widerspruch keine Besonderheit, sondern ein Grundproblem der Begründungsneutralität ist, siehe in diesem Abschnitt unten, 3. Kapitel, F. II. 4. f).

[358] Vgl. erneut *Huster*, Die ethische Neutralität des Staates, 2002, S. 43 sowie S. 84.

[359] Vgl. oben, 2. Kapitel, C. I. 3. b).

[360] Vgl. erneut *Huster*, Die ethische Neutralität des Staates, 2002, S. 34.

Art. 4 GG) und die Gleichheitsrechte zur Grundlage der Begründungsneutralität erklärt, werden das *antistaatliche* und das *gleichheitliche Moment* abgebildet. Auch das *religionsnahe Moment* des Religionsverfassungsrechts wird beachtet, indem die grundgesetzlich vorgesehenen Berührungspunkte von Staat und Religion der Sache nach anerkannt und als Ausnahmeregelungen ohne Analogiefähigkeit beschrieben werden. Allein das *religionsdistanzierte Moment* (das heißt das Verbot der Staatskirche) findet keine gezielte Beachtung, was jedoch strukturelle Gründe hat: Die Begründungsneutralität wirkt auf der inhaltlichen Ebene normativer Rechtfertigung und hat keine unmittelbare institutionelle Dimension. Allerdings dürfte das religionsdistanzierte Moment dadurch mitverwirklicht sein, dass eine staatskirchenartige Sonderstellung eines Bekenntnisses nicht neutral begründet werden könnte und auch eine gleichberechtigte Sonderstellung mehrerer/aller Religionen und Weltanschauungen inhaltlich dadurch begrenzt sein dürfte, dass die Religionen und Weltanschauungen im Kontext staatlicher Einflussnahme ebenfalls an die Begründungsneutralität gebunden wären.

2. Zur Leistungsfähigkeit

Die Tatsache, dass die Begründungsneutralität nicht auf institutionelle Fragestellungen ausgerichtet ist, zeigt sich auch im Hinblick auf die praktischen Konfliktkonstellationen, in denen die religiös-weltanschauliche Neutralität des Staates zum Tragen kommt, denn es ist nicht ersichtlich, wie die Begründungsneutralität für *institutionelle Abgrenzungen* zwischen dem Hoheitsbereich des Staates und dem Bereich des kirchlichen Selbstverwaltungsrechts dienlich sein könnte. Bei den anderen Konstellationen hingegen scheint die Begründungsneutralität durchaus in der Lage zu sein, eindeutige Ergebnisse zu generieren; entweder weil sie selber das taugliche Instrumentarium für präzise Unterscheidungen bereithält oder weil sie für die entsprechenden Konstellationen keine Zuständigkeit beansprucht und zielgenau auf andere dogmatische Instrumente verweist. So lassen sich *gleichheitsrechtliche Konfliktlagen* ohne Weiteres mit der Begründungsneutralität fassen: Solange der Staat sein Handeln ethisch neutral rechtfertigt, darf seine Tätigkeit auch auf religiös-weltanschaulichem Gebiet fördernde bzw. begrenzende Wirkungen entfalten und wenn trotz der neutralen Begründung manche Bekenntnisse stärker betroffen sind als andere (im positiven wie im negativen Sinne), ist dies kein neutralitätsrelevanter Umstand, da gerade keine Wirkungsneutralität gefordert ist. Ähnliches gilt für den Bereich *ethischer Fragestellungen oder gesellschaftlicher Praxen*: Staatliche Entscheidungen müssen ethisch neutral begründet werden und wenn dies zu Ergebnissen führt, die mit manchen Bekenntnissen eher konform sind als mit anderen, dann ist dies verfassungsrechtlich zulässig. Was Fälle anbelangt, die um die *Religionsfreiheit als Freiheitsrecht* gelagert sind, hat die Begründungsneutralität ausschließlich die Funktion, Eingriffe aus diskriminierenden Gründen zu verhindern; die darüber hinausgehende Frage, in welchem Maß der Staat religiöse Freiheit einschränken darf, wird hingegen nicht als ein Thema des Neutralitätsgebots, sondern allein des Verhältnismäßigkeitsgrundsatzes gesehen. Ähnlich ist die Lage bei *konfligierender Religionsfreiheit im öffentlichen Raum*: Während es im Rahmen der

Begründungsneutralität grundsätzlich dem Staat überlassen bleibt, inwieweit er den öffentlichen Raum überhaupt für Religion öffnen möchte, ist die Auflösung etwaiger Konflikte vor allem eine Frage der Verhältnismäßigkeit, solange nur gewährleistet bleibt, dass die Entscheidung nicht gezielt diskriminierend ist.

3. Zwischenfazit

Die bisherigen Untersuchungen scheinen nahezulegen, dass es sich bei *Husters* Begründungsneutralität um ein verfassungsgebundenes und – abgesehen von der Frage der institutionellen Abgrenzung – leistungsfähiges Konzept handelt. Die Einschätzungen innerhalb des juristischen Diskurses gehen an diesem Punkt jedoch auseinander. Zum Teil erhält die Begründungsneutralität deutlichen Zuspruch, weil grundgesetzliche Wertungen konsequent und praktikabel umgesetzt würden.[361] Gleichzeitig stößt dieser Ansatz mit gegenteiliger Begründung auf Ablehnung: Im Ergebnis sei die Begründungsneutralität *Husters* doch nicht verfassungsgemäß, weil Religions- und Weltanschauungsgemeinschaften in ihrem öffentlichen Wirken unzulässig begrenzt und außerdem Prozesse der demokratischen Meinungsbildung und Entscheidungsfindung inakkurat dargestellt würden.[362] Die Kritik wird noch grundsätzlicher: *Husters* Neutralitätskonzept sei nicht wirklich an der Verfassung orientiert, vielmehr diktiere ein verfassungstheoretisch hergeleitetes Verständnis von Neutralität den Umgang mit den Einzelnormen des Grundgesetzes. So schreibt *Hans Michael Heinig*:

»Was sich an Normbestand des Grundgesetzes nicht nahtlos in seine [Husters] Neutralitätskonzeption einfügt – also alles über Religionsfreiheit und Diskriminierungsverbot hinaus – wird von ihm marginalisiert und zur Regelwidrigkeit erklärt («Ausnahmeregelungen»). Dem entspricht die Grundanlage der Husterschen Verfassungstheorie: Die

---

[361] *Czermak*, Religions- und Weltanschauungsrecht, 2008, S. 37 ff.; siehe auch *Hauschild*, Die Christlichkeit der Schulen, 2010, S. 33 ff.; zumindest in Teilen zustimmend *Morlok*, in: Dreier, Art. 4 GG Rn. 163; sowie *Waldhoff*, Neue Religionskonflikte und staatliche Neutralität, 2010, S. 47 f.; im Ergebnis ablehnend, aber die Versiertheit der Konzeption anerkennend, *Germann*, in: BeckOK GG, Art. 4 GG Rn. 83.

Nach *Husters* Einschätzung hat das Bundesverwaltungsgericht seinen Entscheidungen »Krabat« (BVerwG NJW 2014, 804 ff.) und »Burkini« (BVerwGE 147, 362 ff.) ein Neutralitätsverständnis zugrunde gelegt, welches der Begründungsneutralität entspricht, vgl. *Huster*, Erziehungsauftrag des Staates und Erziehungsrecht der Eltern im Konflikt, in: Weilert/Hildmann (Hrsg.), Religion in der Schule, 2018, S. 155, 165 ff.; gegen diese Deutung jedoch *Jestaedt*, Abschichten – eine tragfähige Alternative zum Abwägen?, in: Weilert/Hildmann (Hrsg.), Religion in der Schule, 2018, S. 171, 177 f.

[362] Zum Vorwurf der unzulässigen Begrenzung des öffentlichen Wirkens von Religionen und Weltanschauungen etwa *Unruh*, in: v. Mangoldt/Klein/Starck, Art. 140 GG Rn. 25, 29; *Heinig*, Ordnung der Freiheit, in: ders., Die Verfassung der Religion, 2014, S. 3, 11 f. (»Hier wird zunächst der Einfluss der Religion auf die Politik stark begrenzt, um sodann den Einfluss der Politik auf die Religion zu entgrenzen«); darüber hinaus *Heinig*, Verschärfung oder Abschied von der Neutralität, JZ 2009, 1136, 1138, dort auch zum Vorwurf einer fehlerhaften Darstellung der demokratischen Meinungsbildung und Entscheidungsfindung. Zu diesem Punkt vor allem *Möllers*, Grenzen der Ausdifferenzierung, in: Heinig/Walter (Hrsg.), Religionsverfassungsrechtliche Spannungsfelder, 2015, S. 9, 113 ff.; darüber hinaus Andeutungen bei *Mager*, in: v. Münch/Kunig, Art. 4 GG Rn. 3; *Starck*, in: v. Mangoldt/Klein/Starck, Art. 4 Abs. 1, 2 GG Rn. 22.

konkrete Verfassung wird gleichsam zersetzt zwischen philosophisch begründeten Prinzipien einerseits und vom Gesetzgeber pragmatisch zu lösenden Problemen andererseits, zu denen die Verfassung laut Huster nichts zu sagen hat. Zwischen ethischem Universalismus und Politik bleibt für Eigenart und Leistungen des Verfassungsrechts kein Raum.«[363]

Ergebnis dieser Art der Verfassungsinterpretation sei sogar, so *Heinig*, dass *Husters* Neutralitätskonzept in verfassungswidriger Weise »passgenau den Forderungen des aggressiv-kämpferischen, weltanschaulich motivierten Laizismus« entspreche.[364]

Wie erklärt sich eine derart konträre Beurteilung eines juristischen Konzepts? Normalerweise dürfte die Antwort darin zu finden sein, dass eine der beiden Sichtweisen fehlerhaft ist: Entweder werden bei der positiven Einschätzung des Konzepts Schwächen übersehen oder die Kritik ist unangebracht, weil attestierte Schwächen tatsächlich nicht bestehen. Im Fall der Begründungsneutralität scheint beides zusammenzutreffen: *Husters* Modell wird vielfach falsch verstanden oder verkürzt dargestellt, sodass einige der typischen Kritikpunkte einer näheren Betrachtung nicht standhalten. Das gleiche gilt aber auch für die Begründungsneutralität selbst – bei näherer Betrachtung verliert dieser Ansatz einiges von der Überzeugungskraft, die aus seiner scheinbaren Klarheit und Geradlinigkeit erwächst. Eine vertiefende Analyse soll helfen, beide Aspekte nachvollziehbar zu machen.

4. Vertiefende Analyse

a) Pauschalausschluss von Religionen und Weltanschauungen aus der Öffentlichkeit?

Ein grundlegender Kritikpunkt am Konzept der ethischen Neutralität formuliert jene Sorge, die schon aus den Darstellungen zur politischen Philosophie bekannt ist, nämlich dass durch die Anwendung der liberalen Begründungsforderung Religionen und Weltanschauungen pauschal und in diskriminierender Weise aus dem Bereich des Öffentlichen ausgeschlossen werden.[365] Dass diese Sorge im Hinblick auf die Begründungsneutralität verfehlt und derartige Behauptungen inakkurat sind, ist bereits anhand des Beispiels vom Schweinefleisch in öffentlichen Mensen illustriert worden. *Huster* fordert gerade keinen Pauschalausschluss, sondern betont vielmehr, dass Religionen und Weltanschauungen im Rahmen des demokratischen Prozesses dafür werben dürfen, dass ihre Bedürfnisse Beachtung finden, auch wenn diese dezidiert religiös-weltanschaulicher Natur sind.[366] Dies ist kein Widerspruch zu den Grundsätzen der Begründungsneutralität, sondern dogmatisch folgerichtig. Wenn sich eine religiöse Gruppe – so der Beispielsfall – dafür einsetzt, dass in öffentlichen Mensen auch

---

[363] *Heinig*, Schlusswort – Verschleierte Neutralität, JZ 2010, 357, 358.

[364] *Heinig*, Schlusswort – Verschleierte Neutralität, JZ 2010, 357, 358.

[365] Hierzu erneut *Heinig*, Verschärfung oder Abschied von der Neutralität, JZ 2009, 1136, 1138; sowie die Nachweise soeben in Fn. 362.

[366] Gegen diese Kritik mit eigenen Worten auch *Huster*, Erwiderung – Neutralität ohne Inhalt?, JZ 2010, 354, 356.

nichtvegetarische Gerichte ohne Schweinefleisch angeboten werden, wird die ethische Neutralität nämlich nicht berührt. Nach *Husters* Verständnis dient das Neutralitätsgebot mit seiner Forderung nach neutralen Begründungen dazu, vor ethisch diskriminierenden Freiheitseingriffen zu schützen, und es lässt sich kein Freiheitsrecht denken, dass durch die rücksichtsvolle Konzeption eines Speiseplanes einer öffentlichen Mensa beeinträchtigt wäre.[367] Kurzum: Solange keine Freiheitsbegrenzungen intendiert sind, dürfen öffentliche Maßnahmen auch auf Grundlage genuin religiös-weltanschaulicher Motivation gefordert werden.

Etwas differenzierter sind die Konsequenzen der Begründungsneutralität, wo es tatsächlich um rechtfertigungsbedürftige Freiheitseinschränkungen geht. Für diesen Bereich überträgt *Huster* die exklusivistische Forderung nach einem »differenzierten Selbst«, der zufolge zwischen der privaten und der öffentlichen Existenz unterschieden werden müsse, aus der politischen Philosophie in die Rechtswissenschaft. Da Grundrechtseingriffe nur durch eine ethisch neutrale Begründung gerechtfertigt werden könnten, seien religiöse Bürgerinnen – wie alle anderen auch – dazu angehalten, auf religiös-weltanschauliche Argumente zu verzichten, wenn sie sich öffentlich für bestimmte staatliche Maßnahmen einsetzen.[368] Allerdings formuliert *Huster* diese Forderung nach einem differenzierten Selbst nicht als eine zwangsbewehrte, sondern lediglich als eine »vorrechtliche« Pflicht, denn aufgrund der Kommunikationsgrundrechte könne und solle den Bürgerinnen nicht verboten werden, ihre Meinungen – und seien sie politischer Natur – auch mit religiösen Begründungen darzulegen.[369] Das bedeutet, dass auch insofern kein Ausschluss der Religionen aus der Öffentlichkeit erfolgt, weil das Einbringen religiös-weltanschaulicher Argumente in den politischen Diskurs praktisch nicht unterbunden wird. *Husters* Forderung nach einem differenzierten Selbst ist lediglich ein rechtlich unverbindlicher Reflex pragmatischer Natur, der daraus folgt, dass staatliche Maßnahmen ohnehin nicht auf den vorgebrachten religiösen Argumenten aufbauen dürften.

Auch auf der Rechtsfolgenseite müssen die ethisch neutral begründeten Entscheidungen des Staates nicht dazu führen, dass der öffentliche Raum für Religionen und Weltanschauungen verschlossen wird. Es wurde bereits beschrieben, dass *Huster* sowohl einen negativ-distanzierten als auch einen positiv-offenen Umgang des Staates mit Religionen und Weltanschauungen für kompatibel mit dem Neutralitätsgebot erachtet.[370] Von laizistischen Verfassungskonzepten unterscheide sich das Grundgesetz, so betont *Huster*, also zwar nicht dadurch,

---

[367] Ein anderes Ergebnis wäre allenfalls dann denkbar, wenn dem Neutralitätsgebot über seine grundrechtliche Verankerung eine objektivrechtliche Dimension beigemessen wird, was *Huster* jedoch offenlässt, vgl. *Huster*, Die ethische Neutralität des Staates, 2002, S. 663. Aber selbst wenn die objektivrechtliche Dimension bejaht wird, dürfte der Beispielsfall dem Erfordernis einer neutralen Begründung genügen.

[368] *Huster*, Die ethische Neutralität des Staates, 2002, S. 96.

[369] *Huster*, Die ethische Neutralität des Staates, 2002, S. 686.

[370] Eingehend *Huster*, Gleichheit statt Freiheit, in: Heinig/Walter (Hrsg.), Religionsverfassungsrechtliche Spannungsfelder, 2015, S. 203, 226; speziell in Auseinandersetzung mit der Kritik *Huster*, Erwiderung – Neutralität ohne Inhalt?, JZ 2010, 354, 356.

dass es eine Trennung verbiete, aber dadurch, dass es eine Trennung nicht gebiete.[371] Die Entscheidung darüber, wie weit sich der staatliche Raum für Religionen und Weltanschauungen öffnen solle, liege somit im Ermessen des demokratischen Gesetzgebers und der Verwaltung, was auch bedeute, dass insbesondere bei einem entsprechenden Interesse der Bevölkerungsmehrheit eine sehr weitgehende Öffnung für religiöse Belange denkbar sei, solange dies auf nicht diskriminierende Weise erfolge.[372] Religionen können und dürfen nach *Husters* Neutralitätsverständnis also selbst im staatlichen Raum zur Entfaltung kommen.

Zusammengefasst werden Religionen und Weltanschauungen durch die Begründungsneutralität nicht gehindert, sich im demokratischen Prozess dafür einzusetzen, dass ihre Bedürfnisse berücksichtigt werden, sie werden auch nicht daran gehindert, politische Forderungen sowohl öffentlich als auch religiös zu begründen (wenngleich diesen Begründungen keine Erfolgsaussichten zukommen), und der öffentliche Raum ist nicht pauschal verschlossen für religiös-weltanschauliches Leben – vielmehr wird sogar eine sehr starke Öffnung für möglich gehalten. Aus diesem Blickwinkel erweckt die ethische Neutralität *Husters* nicht den Eindruck, dass sich in ihr der aggressiv-kämpferische, weltanschaulich motivierte Laizismus verwirkliche.

b) Geringe Leistungsfähigkeit mangels praktischen Anwendungsbereichs?

Ein weiterer Kritikpunkt, der gelegentlich geäußert wird, betrifft speziell die praktische Leistungsfähigkeit der Begründungsneutralität. In einer modernen, weitgehend säkularisierten Gesellschaft, so lautet die Kritik, würden Parteien, Politiker, ja selbst religiöse Vereinigungen ihre politischen Forderungen ohnehin nicht mehr religiös begründen; der Sorge, dass eine Glaubensgemeinschaft einen etwaigen göttlichen Willen zum Staatsgesetz erheben könnte, stehe keine ernstzunehmende konkrete Gefahr gegenüber und somit verbleibe für die ethische Neutralität kaum ein Anwendungsbereich.[373] Mit dieser Kritik wird die Begründungsneutralität jedoch konzeptionell verkürzt dargestellt. So ist sich *Huster* bewusst, dass in der religionsrechtlichen Praxis weniger solche Fälle relevant sind, in denen religiöse Partikularinteressen kodifiziert werden sollen, sondern vielmehr jene Fälle überwiegen, wo Gläubige durch die säkulare Rechtsordnung beschränkt werden.[374] Zwar wird in den letztgenannten Fällen oftmals kein Konflikt mit der Begründungsneutralität zu erkennen sein, weil säkulare Gesetze regelmäßig ethisch neutral begründet werden, allerdings folgt aus die-

---

[371] *Huster*, Die ethische Neutralität des Staates, 2002, S. 353.

[372] *Huster*, Erwiderung – Neutralität ohne Inhalt?, JZ 2010, 354, 355.

[373] Vgl. etwa *Trapp*, Religiöse Neutralität und Rundfunkfreiheit, 2013, S. 174; dazu, dass das Recht und seine Anwendung weitgehend säkularisiert sind, bereits *Heckel*, Das Gleichbehandlungsgebot im Hinblick auf die Religion, in: Listl/Pirson (Hrsg.), HdbStKirchR Bd. I, 2. Aufl. 1994, S. 623, 647 ff. Vgl. für die allgemeine Zustimmung zum Erfordernis nichtreligiöser Begründungen beispielhaft *Schlaich*, Konfessionalität – Säkularität – Offenheit (1985), in: Heckel/Heun (Hrsg.), Klaus Schlaich – Gesammelte Aufsätze, 1997, S. 423, 433; *Mager*, in: v. Münch/Kunig, Art. 4 GG Rn. 37; *Dreier*, Säkularisierung und Sakralität, 2013, S. 25 f.

[374] *Huster*, Der Grundsatz der religiös-weltanschaulichen Neutralität des Staates, 2004, S. 9.

sem Umstand keineswegs, dass das Konzept der ethischen Neutralität insofern bedeutungslos ist. Es ist vielmehr die Stärke dieses Neutralitätsverständnisses, dass es erklärt, wo das Neutralitätsgebot gerade nicht einschlägig ist und dadurch präzisere dogmatische Zuordnungen ermöglicht als andere Modelle. Indem die Bedeutung des Neutralitätsgebots darauf begrenzt wird, eine ethisch neutrale Begründung staatlicher Maßnahmen sicherzustellen, wird dieser Rechtsbegriff inhaltlich konkretisiert und gleichzeitig funktionell entlastet, weil alles darüber Hinausgehende entweder dem Verhältnismäßigkeitsgrundsatz zugeordnet werden kann oder als verfassungsrechtlich unbedenklich eingeordnet wird.[375]

Darüber hinaus mag zwar der *religions*verfassungsrechtliche Bereich, in dem die Begründungsneutralität regulierend relevant wird, verhältnismäßig klein sein, doch wirkt dieses »weite« Neutralitätskonzept auch in andere Rechtsbereiche mit ethischem Bezug hinein, so z. B. das Straf-, Familien- oder Umweltrecht. Auch für diese Bereiche wird nicht unterstellt, dass regelmäßig originär religiöse Gesetzgebung stattfinde oder zu befürchten sei – die bereits angeführten Beispiele vom Ehe- und Abtreibungsrecht haben jedoch verdeutlicht, dass sich für diese Fälle begründet behaupten lässt, dass die gegenwärtige Rechtslage auf bestimmten ethischen Prämissen beruht, sodass auch insofern ein Anwendungsbereich der ethischen Neutralität gegeben ist.

c) Begründungserfordernis als mangelhafter Schutzmechanismus

Auch bei näherer Betrachtung scheint es bisher also weder so, als würde die Begründungsneutralität Religionen und Weltanschauungen in unzulässiger Weise marginalisieren, noch als würde der Anwendungsbereich verfehlt. Die Begründungsneutralität weist jedoch an einer anderen Stelle eine Schwäche auf und überraschenderweise wird diese Schwachstelle von der herkömmlichen Kritik allenfalls teilweise erfasst, obwohl sie am Kern dieses Neutralitätsverständnisses angesiedelt ist, nämlich der neutralen Begründung staatlicher Maßnahmen. So wird in den Ausführungen *Husters* zum einen nicht deutlich, *wessen* Begründung eigentlich neutral sein solle.[376] Ist z. B. für die Neutralitätskonformität eines Gesetzes entscheidend, dass der historische Gesetzgeber eine ethisch neutrale Begründung wählte, oder genügt es, wenn dieses Gesetz durch die heutigen Organträger in ethisch neutraler Weise gedeutet wird? Konkret gefragt: Müsste ein Gesetz, das ursprünglich etwa unter Zugrundelegung christlicher Wertvorstellungen erlassen worden ist, aber heutzutage ganz säkular erklärt wird, aufgehoben werden – gegebenenfalls um es anschließend mit gleichem Gesetzestext, aber mit geänderter Begründung erneut zu erlassen? Verkompliziert wird diese Frage dadurch, dass der Gesetzgeber verfassungsrechtlich nicht verpflichtet ist,

[375] Zur Entlastung des Neutralitätsgebots (und auch des Art. 4 GG) siehe *Huster*, Der Grundsatz der religiös-weltanschaulichen Neutralität des Staates, 2004, S. 11; sowie *Huster*, Gleichheit statt Freiheit, in: Heinig/Walter (Hrsg.), Religionsverfassungsrechtliche Spannungsfelder, 2015, S. 203, 211 f.

[376] Ähnlich auch *Dreier*, Staat ohne Gott, 2018, S. 107.

»offizielle« Gründe für ein Gesetz anzugeben.[377] Oder geht es vielleicht nicht um eine tatsächliche Begründung, sondern um die hypothetische Begründbarkeit; reicht es also aus, dass sich eine neutrale Begründung denken lässt, sodass nur solche Gesetze neutralitätswidrig sind, für die ausschließlich eine ethische Erklärung gefunden werden kann?[378] *Husters* Überprüfung des geltenden Eherechts scheint in eben diese Richtung zu deuten, denn es werden weder historische noch moderne Stellungnahmen des Staates untersucht; stattdessen wird abstrakt danach gefragt, ob das geltende Eherecht ohne Rückgriff auf ethische Überzeugungen begründet werden kann. Wenn es aber so ist, dass es alleine um die hypothetische Begründbarkeit und nicht um eine – von wem auch immer – konkret gegebene Begründung geht, dann stellt sich doch wieder die Frage, wie leistungsfähig die Begründungsneutralität in der Praxis ist, denn *irgendeine* ethisch neutrale Begründung dürfte sich in der Regel finden lassen.[379] *Huster* erkennt diesen Einwand und argumentiert, dass sich vieles, aber nicht alles begründen lasse und dass außerdem dort, wo der Staat eine neutrale politische Begründung reklamiere, immerhin überprüft werden könne, ob die fragliche Maßnahme der Begründung praktisch entspreche.[380] Wie weit diese Verteidigung trägt, darf allerdings bezweifelt werden. Im besten Fall verlangt dieses Verständnis von Neutralität dem Gesetzgeber nämlich lediglich eine geschickte Konstruktion ab, um diskriminierende Bestrebungen neutral zu verpacken. Wenn es z. B. das eigentliche Ziel ist, muslimischen Lehrerinnen das Tragen eines Kopftuchs im Unterricht zu untersagen, jedoch Nonnen, die Religionsunterricht erteilen, ihre Ordenstracht tragen dürfen sollen, dann könnte geregelt werden, dass jegliche »persönlichen Glaubenssymbole« unzulässig seien, externe Dozentinnen jedoch ihre »Berufskleidung« anbehalten dürften, um sie von der Pflicht, Ersatzklei-

---

[377] Eine Begründungspflicht für den Gesetzgebungsprozess ergibt sich nicht aus dem Grundgesetz; Begründungen von Gesetzesentwürfen sind lediglich durch die Geschäftsordnung des Bundestages (§ 76 Abs. 2 GOBT) sowie die Gemeinsame Geschäftsordnung der Bundesministerien (§ 43 GGO) vorgesehen. Eingehend *Waldhoff*, »Der Gesetzgeber schuldet nichts als das Gesetz«, in: Depenheuer/Heintzen u. a. (Hrsg.), FS Isensee, 2007, S. 325 ff. Vgl. ferner die Kritik bei *Möllers*, Religiöse Freiheit als Gefahr?, VVDStRL 68 (2009), 47, 58; sowie *Möllers*, Demokratie und Recht, in: Brunkhorst/Kreide u. a. (Hrsg.), Habermas-Handbuch, 2009, S. 254, 260. Zu den Voraussetzungen eines produktiven Gebrauchs von Gesetzesmaterialien siehe allerdings *Wischmeyer*, Der »Wille des Gesetzgebers«, JZ 2015, 957 ff.

[378] In diese Richtung *Dreier*, Staat ohne Gott, 2018, S. 108. Dies würde im Übrigen auch dem Vorgehen des Bundesverfassungsgerichts bei der Überprüfung der Zweckmäßigkeit eines Gesetzes entsprechen, vgl. BVerfGE 48, 227, 237: »Der Umstand, daß der Gesetzgeber sich möglicherweise über die Gründe […] keine volle Klarheit verschafft hat, schließt es allerdings nicht aus, daß es vernünftige und sachliche Gründe für diese Regelung gibt. Nicht die subjektive Willkür des Gesetzgebers führt zur Feststellung der Verfassungswidrigkeit, sondern nur die objektive, d. h. die tatsächliche und eindeutige Unangemessenheit der gesetzlichen Maßnahme im Verhältnis zu der tatsächlichen Situation«. Vgl. weiterhin BVerfGE 2, 266, 281; 75, 246, 268.

[379] Ähnlich *Hillgruber*, Kommentar, in: Dreier (Hrsg.), Säkularisierung und Sakralität, 2013, S. 119, 125. Eine weitere Frage ist, wie mit dem Fall umzugehen wäre, dass ein Gesetz durch den Gesetzgeber tatsächlich nicht-neutral begründet wird, sich aber eine ethisch neutrale Begründung denken lässt. Wäre dann die gleiche Achtung aller Bürger, um die es *Huster* geht, gegeben oder nicht?

[380] *Huster*, Die ethische Neutralität des Staates, 2002, S. 665.

dung bereitzuhalten, zu entlasten – dass die unterschiedlichen Bekenntnisse insofern unterschiedlich getroffen würden, wäre nach der Begründungsneutralität unerheblich, da ja keine Wirkungsneutralität gefordert ist. Im schlechtesten Fall würde die Begründungsneutralität sogar eine direkte Benachteiligung einzelner Bekenntnisse ermöglichen (etwa ein Gesetz, durch welches ausschließlich und explizit das Tragen eines muslimischen Kopftuchs durch Lehrerinnen untersagt wird), weil sich selbst für offenkundige Ungleichbehandlungen ethisch neutrale Gründe denken lassen. In diesem Sinne stellen nämlich z. B. auch die Hierarchisierungsmodelle Versuche einer begründungsneutralen Differenzierung zwischen den verschiedenen Bekenntnissen dar, denn sie knüpfen erklärtermaßen nicht an der religiösen Lehre, sondern an den jeweiligen gesellschaftlichen Auswirkungen an.[381] Man mag die Hierarchisierungsmodelle für nicht besonders überzeugend halten – das ändert jedoch nichts daran, dass sie der Sache nach eine ethisch neutrale Begründung für Differenzierungen darstellen und solange die Begründungsneutralität nicht mehr als *irgendeine* Begründung dieser Art fordert, also keinen zusätzlichen Rationalitäts- bzw. Qualitätsmaßstab bereithält, würden auch derart begründete Maßnahmen dem Neutralitätsgebot standhalten.

Der an dieser Stelle entwickelte Kritikpunkt lässt sich folgendermaßen zusammenfassen und pointieren: In ihrer Dissertation verwirft *Gabriele Britz* die Idee einer Begründungneutralität, weil es für die Betroffenen unerheblich sei, ob »ihre Vorstellungen vom guten Leben gezielt oder bloß aufgrund eines nicht intendierten Nebeneffekts durchkreuzt« werden.[382] Mit Blick auf das liberale Kernanliegen – die staatliche Achtung aller Bürgerinnen und Bürger als Freie und Gleiche – kann *Huster* diesem Einwand entgegnen, dass es sehr wohl einen Unterschied mache, ob die Betroffenen nur zufällig beeinträchtigt werden, oder ob dies mit einer gezielten negativen Bewertung ihrer Überzeugung vom »Guten« verbunden ist.[383] Wenn sich nun aber zeigt, dass eine etwaige Begründung insofern kein zuverlässiges Differenzierungskriterium darstellt, kommt die Begründungsneutralität selbst in Begründungsnot, denn – um das Zitat von *Britz* zu paraphrasieren – für die Betroffenen ist es unerheblich, ob ihre Vorstellungen vom guten Leben unverhohlen oder unter dem Deckmantel einer vermeintlich neutralen Begründung diskriminiert werden. Erheblich ist für die Betroffenen hingegen die Tatsache, *dass* sie diskriminiert werden, und hiervor scheint ein Mechanismus, der ausschließlich auf die Begründung der Maßnahme gerichtet ist und die Wirkungen gänzlich ausblendet, nicht ausreichend zu schützen.

---

[381] Vgl. oben, 3. Kapitel, E. I.

[382] *Britz*, Kulturelle Rechte und Verfassung, 2000, S. 233 Fn. 280, ähnlich *Britz*, Der Einfluß christlicher Tradition auf die Rechtsauslegung als verfassungsrechtliches Gleichheitsproblem?, JZ 2000, 1127, 1128; siehe auch *Jestaedt*, Abschichten – eine tragfähige Alternative zum Abwägen?, in: Weilert/Hildmann (Hrsg.), Religion in der Schule, 2018, S. 171, 174 f.

[383] *Huster*, Die ethische Neutralität des Staates, 2002, S. 100.

d) Praktischer Exkurs zur Umgehbarkeit der Begründungsneutralität: Die Batson Challenge

Der soeben formulierte Vorbehalt gegenüber der Begründungsneutralität ist nicht lediglich theoretischer Natur, sondern kann auch anhand eines Beispiels aus der juristischen Praxis nachgezeichnet werden. In der Entscheidung *Batson v. Kentucky* des United States Supreme Court aus dem Jahr 1986[384] wurde über die sogenannte peremptory challenge geurteilt – die Möglichkeit von Verfahrensparteien, bei der Zusammenstellung einer Jury eine gewisse (je nach Bundesstaat und Verfahrenstyp variierende) Anzahl potenzieller Jury-Mitglieder ohne bestimmten Anlass und ohne Begründung abzulehnen.[385] In dem Ausgangsverfahren, das dieser Entscheidung zugrunde lag, hatte die Staatsanwaltschaft die peremptory challenge so eingesetzt, dass die Jury ausschließlich aus weißen Mitgliedern bestand; der Angeklagte hingegen war Afro-Amerikaner. Infolge seiner Verurteilung rügte der Angeklagte vor dem Supreme Court erfolgreich eine Verletzung der Equal Protection Clause des 14. Zusatzartikels der US-Verfassung, weil die Auswahl der Jurymitglieder unzulässigerweise an deren Hautfarbe orientiert gewesen sei. Im Rahmen dieser Entscheidung entwickelte der Supreme Court ein dreischrittiges Testverfahren, das als »Batson Challenge« bekannt wurde und in dessen Zentrum die Begründungsneutralität steht. Sofern die Verteidigung bei der Juryauswahl vermutet, dass die Staatsanwaltschaft ihre peremptory challenges mit Blick auf die Hautfarbe der Jurykandidaten ausübt, darf sie einen Anscheinsbeweis erbringen, indem sie die diskriminierende Juryauswahl kohärent darlegt. Sofern dies gelingt, obliegt es der Staatsanwaltschaft, einen neutralen, also einen nicht auf die Hautfarbe bezogenen Grund für die Ablehnung der Jurykandidatin anzugeben. In einem dritten Schritt muss dann wiederum die Verteidigung darlegen, dass entgegen der Begründung der Staatsanwaltschaft die Juryauswahl doch böswillig diskriminierend erfolgte.[386]

Die Batson Challenge erhielt für ihr Anliegen allgemeine Zustimmung. Was jedoch ihre praktische Wirksamkeit anbelangt, wiesen verschiedene empirische Untersuchungen ihre weitgehende Ineffektivität nach,[387] sodass die einzige Möglichkeit zur Vermeidung diskriminierender Juryauswahl vielfach darin gesehen

---

[384] 476 U.S., 79.

[385] Insofern abzugrenzen von der sogenannten challenge for cause, dem (zusätzlichen und zahlenmäßig unbeschränkten) Recht, Jury-Mitglieder aufgrund mangelnder Eignung (d. h. aus konkreten Gründen) abzulehnen; vgl. *Melilli*, Batson in Practice, Notre Dame Law Review 71 (1995–96), 447.

[386] 476 U.S., 79, 96; näher *Marder*, Batson v. Kentucky, Kentucky Law Journal 105 (2016–2017), 621, 629.

[387] Vgl. die Darstellungen über die Jahre (allesamt in ernüchtertem Ton) *Melilli*, Batson in Practice, Notre Dame Law Review 71 (1995–96), 447, 459 und passim; *Grosso/O'Brien*, A Stubborn Legacy: The Overwhelming Importance of Race in Jury Selection in 173 Post-Batson North Carolina Capital Trials, Iowa Law Review 97 (2011–2012), 1531, 1540f. und passim; *Politt/Warren*, Thirty Years of Disappointment: North Carolina's Remarkable Appellate Batson Record, North Carolina Law Review 94 (2015–2016), 1957ff.; für Nachweise zu anderen Staaten siehe zudem *Marder*, Batson v. Kentucky, Kentucky Law Journal 105 (2016–2017), 621, 632.

wird, die peremptory challenge abzuschaffen.[388] Als Grund für die mangelnde Wirksamkeit wird durchgehend betont, dass es für eine aufmerksame Staatsanwaltschaft keine Hürde darstelle, eine neutrale Begründung zu formulieren.[389] Symptomatisch ist insofern, dass sich in der juristischen Fachliteratur diverse Anleitungen für Reaktionsmöglichkeiten auf eine Batson Challenge finden lassen, inklusive von Begründungen, die bereits von der Rechtsprechung als neutral anerkannt wurden.[390] Und so verdeutlicht die Batson Challenge, dass die Begründungsneutralität eine rein formelle und zudem verhältnismäßig leicht zu überwindende Hürde darstellt, die kaum zu materiellen Erfolgen führt. *Jeffrey S. Brand* fasste dieses Ergebnis acht Jahre nach der Entscheidung zusammen und die moderne Forschung gibt keinen Anlass anzunehmen, dass ein weiteres Vierteljahrhundert später eine andere Einschätzung geboten wäre: »Batson and the cases which followed merely heightened the rhetoric of equality and inclusion, but did little to bring those goals to fruition.«[391]

e) Überschreiten der Forderung nach lediglich einer neutralen Begründung

Die Begründungsneutralität scheint somit praktisch nicht geeignet, diskriminierende Bestrebungen zu unterbinden, weil sich immer irgendeine neutrale Begründung finden lässt. Doch was bedeutet das für die praktischen Beispiele, die von *Huster* und *Hoerster* für neutralitätswidrige Gesetzgebung angeführt werden, also die Unscheidbarkeit der Ehe und das Verbot von Schwangerschaftsabbrüchen? Es lassen sich drei Szenarien denken: Entweder es gibt doch – anders als soeben behauptet – bestimmte Fallkonstellationen, in denen es nicht möglich ist, auch nur irgendeine ethisch neutrale Begründungsmöglichkeit zu finden, und zu dieser speziellen Gruppe gehören die Unscheidbarkeit der Ehe und das Verbot von Schwangerschaftsabbrüchen. Oder es lässt sich auch in diesen Fällen irgendeine neutrale Begründung denken, was bedeuten würde, dass *Huster* und *Hoerster* die Begründungsneutralität unpräzise angewendet haben.

---

388 So bereits Justice *Marshall* in seinem Sondervotum zur Entscheidung Batson v. Kentucky, 476 U.S., 79, 102 f.; weiterhin *Melilli*, Batson in Practice, Notre Dame Law Review 71 (1995–96), 447, 502; *Marder*, Batson v. Kentucky, Kentucky Law Journal 105 (2016–2017), 621, 634. m. w. N.; tendenziell auch *Page*, Batsons's Blind-Spot, Boston University Law Review 85 (2005), 155, 245 f.; sowie *Campbell*, Challenges Under Batson, Souther University Law Review 40 (2012–2013), 551, 573.

389 *Grosso/O'Brien*, A Stubborn Legacy: The Overwhelming Importance of Race in Jury Selection in 173 Post-Batson North Carolina Capital Trials, Ioaw Law Review 97 (2011–2012), 1531, 1540; *Marder*, Batson Revisited, Iowa Law Review 97 (2011–2012), 1585, 1588 ff.; *Campbell*, Challenges Under Batson, Souther University Law Review 40 (2012–2013), 551, 566 f.; zusätzlich vermutet *Antony Page*, dass selbst gutgläubige Staatsanwälte aufgrund unbewusster Stereotype mitunter aus nicht-neutralen Gründen handeln, vgl. *Page*, Batsons's Blind-Spot, Boston University Law Review 85 (2005), 155, 159 f.; eingehend zum psychologischen Hintergrund 180 ff.

390 Beispielhaft *Dykes*, Articulation of Non-Race Based Reasons for Peremptory Challenges After Batson v. Kentucky, American Journal of Trial Advocacy 17 (1993–1994), 245; *Stong*, A User's Guide to Peremptory Challenges, The Pracical Litigator 1998, 5; *Johnson/Stone II.*, Batson Challanges: How To Be Better Prepared Than Your Opponent, The Pracical Litigator 1996, 15 ff.

391 *Brand*, The Supreme Court, Equal Protection and Jury Selection, Wisconsin Law Review 1994, 511, 574.

Oder aber, als dritte und verbindende Möglichkeit: Es lassen sich zwar ethisch neutrale Begründungen für die Unscheidbarkeit der Ehe und das Verbot von Schwangerschaftsabbrüchen denken und dennoch sind sie nicht neutral im Sinne der Begründungsneutralität, weil sich zeigt, dass die Begründungsneutralität doch voraussetzungsvoller ist, als bisher ersichtlich wurde. Um an diesem Punkt für Klarheit zu sorgen, ist eine nähere Auseinandersetzung mit den Beispielsfällen unumgänglich, wobei es sich anbietet, vor allem auf *Husters* Beispiel zur Unscheidbarkeit der Ehe einzugehen.

Bei der Konzeption des Eherechts solle sich der Staat, so führt *Huster* aus, nicht an einzelnen Leitbildern von Ehe orientieren, bloß weil diese einem bestimmten moralischen Ideal entsprechen.[392] Im Sinne der Begründungsneutralität dürfe der Staat vielmehr ausschließlich Regelungen erlassen, die durch ethisch neutrale Gründe gerechtfertigt werden können, wofür theoretisch auch das gesellschaftliche Bedürfnis nach menschlicher Reproduktion in Frage komme.[393] Im Hinblick auf die grundsätzliche Unscheidbarkeit der Ehe vertritt *Huster* allerdings die Meinung, dass dieser Grundsatz sachlich nicht (mehr) auf die Reproduktion gestützt werden könne, weil es auch (bzw. sogar zunehmend) Ehen gebe, die kinderlos bleiben, und weil Kinder auch (bzw. sogar zunehmend) außerhalb von Ehen geboren werden. Diese Umstände führen *Huster* zu der Einschätzung, dass »die These, die Ehe sei auf die Familie angelegt, wohl nur noch als Beschwörung eines ethischen Ideals, nicht aber als Beschreibung eines tatsächlichen Zustands gelten« könne.[394] Folglich sei im ethisch neutralen Staat die grundsätzliche Unscheidbarkeit der Ehe nicht mehr zu rechtfertigen, sodass entweder die Scheidungsvoraussetzungen abgebaut oder ein pluralistisches Eherecht institutionalisiert werden müsse.[395]

Diese Argumentationsführung überzeugt aus zwei Gründen nicht und regt daher an, die ethische Neutralität vertiefend zu hinterfragen. Zum einen ist – insoweit ganz unabhängig von der inhaltlichen Richtigkeit der Aussage zur Entkopplung von Ehe und Reproduktion – nicht nachvollziehbar, wieso *einzelne* Gegenbeispiele und statistische *Entwicklungen* dazu führen sollen, eine Begründung rational zu entwerten. *Huster* argumentiert, dass die menschliche Reproduktion nicht als Begründung für die Unscheidbarkeit der Ehe angeführt werden könne, weil es auch Ehen ohne Kinder oder Kinder ohne Ehen gibt und weil diese Fälle statistisch zunehmen. Eine logische Parallele zu dieser Argumentationslinie bestünde darin, zu behaupten, dass die Geschwindigkeitsbegrenzung im Straßenverkehr »nur noch Beschwörung eines ethischen Ideals« sein könne, weil viele Geschwindigkeitsüberschreitungen keinen Unfall zur Folge haben, weil es auch Unfälle ohne Geschwindigkeitsüberschreitung gibt und weil außerdem die Verkehrstotenstatistik rückläufig ist. Hier ist offensichtlich, dass selbst wenn

[392] *Huster*, Die ethische Neutralität des Staates, 2002, S. 550f.; so bereits auch schon *Schlaich*, Neutralität als verfassungsrechtliches Prinzip, 1972, S. 133.

[393] *Huster*, Die ethische Neutralität des Staates, 2002, S. 635, deutlich auch in der Gegenüberstellung auf S. 684.

[394] *Huster*, Die ethische Neutralität des Staates, 2002, S. 552.

[395] *Huster*, Die ethische Neutralität des Staates, 2002, S. 556ff.; resümierend S. 564ff.

das Gegenbeispiel und die statistische Entwicklung zutreffend sein sollten, sich Geschwindigkeitsbegrenzungen im Straßenverkehr weiterhin über die Vermeidung von Unfällen rational rechtfertigen lassen, weil sich eine positive inhaltliche Verknüpfung zwischen Geschwindigkeitsbegrenzungen und Unfallvermeidung annehmen lässt. Für die rationale Rechtfertigung der grundsätzlichen Unscheidbarkeit der Ehe gilt dasselbe: Es geht nicht darum, ob es auch Ehen ohne Kinder oder Kinder ohne Ehen gibt. Entscheidend ist allein die Frage, ob sich eine positive inhaltliche Verknüpfung zwischen Unscheidbarkeit und Reproduktion annehmen lässt oder nicht.

Diese Erkenntnis führt nahtlos zum zweiten Mangel von *Husters* Argument, der auf der inhaltlichen Ebene angesiedelt ist. Wenn es nach der ethischen Neutralität *allein* darum ginge, dass sich staatliche Maßnahmen auf eine neutrale Begründung stützen lassen, müsste es – im Sinne einer basalen Rationalitätskontrolle – ausreichen, dass die Begründung in tatsächlicher Hinsicht nicht komplett abwegig ist. Bezogen auf das Eherecht würde das bedeuten, dass die Unscheidbarkeit der Ehe nur dann nicht durch bevölkerungspolitische Erwägungen gerechtfertigt werden könnte, wenn ein positiver Zusammenhang zwischen Unscheidbarkeit und Reproduktion ausgeschlossen ist. Schon eine bloß potenzielle positive Verknüpfung müsste für eine grundsätzlich rationale Rechtfertigung ausreichen. Nach der Geburtenstatistik scheint dieser Maßstab erfüllt:[396] Im Jahr 2016 wurden immerhin 65,2 % der Kinder in einer Ehe geboren. Wenn im Sinne *Husters* behauptet wird, dass die anderen 34,8 % belegen würden, dass eheliche Verbundenheit für die Reproduktion unerheblich sei, dann ist diese Argumentation verkürzt, denn tatsächlich wird damit nur belegt, dass eine Ehe keine *notwendige* Bedingung für Reproduktion ist; dass eine Ehe positive Auswirkungen auf die Entscheidung zur Reproduktion haben kann, wird damit keinesfalls widerlegt. Wenn zudem die Geburtenverteilung detailliert beachtet wird, drängt sich sogar das Gegenteil auf: Während von den erstgeborenen Kindern einer Frau lediglich 57,1 % in einer Ehe geboren wurden, waren es unter den Zweitgeborenen 72,6 %; beim dritten Kind lag der Anteil sogar bei 74,2 %.[397] Dies legt den Schluss nahe, dass die eheliche Verbundenheit mit einem Partner positive Auswirkungen auf die Entscheidung einer Frau haben kann, mehrere Kinder zu bekommen – eine mathematisch zwingende Voraussetzung für die nachhaltige Reproduktion einer Gesellschaft. Vor diesem Hintergrund erscheint es sogar wahrscheinlich, dass entgegen *Husters* Argumentation gerade die Dauerhaftigkeit der ehelichen Verbindung und der damit einhergehende Gewinn an (zumindest gefühlter) Planungssicherheit ein wesentlicher Faktor für die langfristige Familienplanung und mehrfache Reproduktion ist. Mit bevölkerunspoli-

---

[396] Für die folgenden Ausführungen vgl. *Statistisches Bundesamt*, Geburtenfolge der Lebendgeborenen, 2017.

[397] In den sogenannten neuen Bundesländern werden insgesamt zwar nur 41,4 % der Kinder in Ehen geboren, der beschriebene Effekt zeigt sich hier allerdings sogar noch intensiver. Während von den erstgeborenen Kindern nur 30,7 % in einer Ehe geboren werden, sind es bei den Zweitgeborenen 48,7 %, bei den Drittgeborenen sogar 54,6 %.

tischen Erwägungen lässt sich – das sei hier nur kurz angemerkt – ebenfalls gegen *Hoersters* Standpunkt zum Schwangerschaftsabbruchsrecht argumentieren: Auch wenn angenommen wird, dass Schwangerschaftsabbrüche niemals gänzlich unterbunden werden können, ist es nicht ausgeschlossen, dass ein Verbot doch zumindest eine geringfügig vorteilhafte Auswirkung auf die Bevölkerungsentwicklung hat – so gesehen wäre auch ein Schwangerschaftsabbruchsverbot ethisch neutral zu rechtfertigen.[398]

Mit den bisherigen Ausführungen soll keineswegs ausgedrückt werden, dass die Reproduktionsförderung ein *gutes* Argument ist, um die Unscheidbarkeit von Ehe oder das Verbot von Schwangerschaftsabbrüchen zu rechtfertigen; es sollte lediglich gezeigt werden, dass bevölkerungspolitische Erwägungen im Rahmen der Begründungsneutralität ein *zulässiges* Argument darstellen müssten. Diese Unterscheidung ist der Kernpunkt des hier angestrebten Arguments: Wenn es für die Neutralitätskonformität einer staatlichen Maßnahme bereits ausreichen würde, dass sie sich auf *irgendeine* zulässige Begründung stützen lässt, hätten die Unscheidbarkeit der Ehe und das Schwangerschaftsabbruchsverbot zwar als »politisch unkluge Entscheidungen« oder – im Sinne der dogmatischen Untergliederung *Husters* – als »unverhältnismäßige Eingriffe« in grundrechtliche Positionen verworfen werden können, nicht aber als neutralitätswidrig, was jedoch genau das war, was *Huster* und *Hoerster* taten.

Die ethische Neutralität scheint also doch höhere Anforderungen zu stellen, als lediglich das Vorhandensein irgendeiner neutralen Begründung. Insofern ließe sich überlegen, ob der Begründungsneutralität ein eigener Qualitätsmaßstab inhärent ist, sodass nur solche Gründe als rechtfertigungstauglich anerkannt werden, die einen gewissen Grad an Überzeugungskraft aufweisen. Allerdings wurde ein solcher Maßstab weder von *Huster* benannt, noch lässt sich erkennen, wie er gebildet werden könnte. Das »beste« Argument wird die Begründungsneutralität nicht verlangen können: Aus praktischen Gesichtspunkten, weil bereits unklar ist, wie dies bemessen werden sollte, und aus demokratietheoretischen Erwägungen, da dem Gesetzgeber sonst jegliche Handlungsfreiheit genommen und er darauf beschränkt wäre, allein die bestbegründete Entscheidung nachzuvollziehen. Wenn aber stattdessen prinzipiell vielzählige Argumente

---

[398] So haben im Verlauf der Geschichte dezidiert areligiöse Gesellschaftsordnungen sehr scharfe Schwangerschaftsabbruchsgesetze aus bevölkerungspolitischen Erwägungen eingeführt. Beispiele sind der deutsche Nationalsozialismus (vgl. *Behren*, Die Geschichte des § 218 StGB, 2004, S. 326 ff.) sowie Rumänien, wo 1984 die ohnehin schon strikten Abtreibungsgesetze mit dem Ziel verschärft worden waren, die Geburtenrate von 14.3/1.000 auf 19–21/1.000 zu heben (*Tietze/Henshaw*, Induced abortion, 6. Aufl. 1986, S. 23). *Hoerster* hingegen hält die Rechtfertigung eines Verbots von Schwangerschaftsabbrüchen über bevölkerungspolitische Erwägungen nicht für stichhaltig, weil – arithmetisch betrachtet – Schwangerschaften untereinander austauschbar seien, sodass für die Bevölkerungsentwicklung ein bestimmter Fötus nicht wichtiger sei als ein Fötus, der stattdessen gezeugt werden könne, vgl. *Hoerster*, Abtreibung im säkularen Staat, 2. Aufl. 1995, S. 105. Tatsächlich ist aber – bei rein logischer Betrachtung, durch welche die verstörende Natur dieses Argumentationsstrangs leider fortgeführt werden muss – eine Schwangerschaft, die sich schon materialisiert hat, für die Bevölkerungsplanung zweckmäßiger als eine bloß hypothetische Alternativschwangerschaft.

rechtfertigungsfähig sind, ist wiederum unklar, wo die Grenze zu Argumenten verläuft, die zwar neutral, aber nicht mehr rechtfertigungsfähig sind. Auch hier scheint dieser Gedankengang die Gefahr in sich zu tragen, die demokratischen Deliberations- und Entscheidungsprozesse zu unterwandern, deren Sinn und Zweck gerade auch darin gesehen werden kann, die Qualität von Begründungen zu überprüfen.[399]

Vor diesem Hintergrund vertieft sich die Vermutung, dass es der ethischen Neutralität letztlich nicht allein um die Begründung, sondern doch auch um das Ergebnis geht. Worin dieses Ergebnis bestehen soll, deutet *Huster* gegen Ende der Passage zur Unscheidbarkeit der Ehe an:

»Zum anderen hängt diese Entwicklung [das heißt die Minimalisierung der institutionellen Vorgaben und der Anforderungen, die aus dem Grundsatz der Lebenslänglichkeit der Ehe folgen] mit dem Neutralitätsgebot zusammen: Wenn unterschiedliche Ehevorstellungen existieren, so ist es in einem Gemeinwesen, das maßgeblich auf dem Gedanken der individuellen Freiheit beruht, nur in engen Grenzen zu rechtfertigen, daß jemand aufgrund eines bestimmten Leitbildes an seiner Ehe festgehalten wird, obwohl er dieses Leitbild nicht akzeptiert. Der Zwang zur allgemeinen Rechtfertigung eines verbindlichen Eheleitbildes führt dazu, daß man sich im Rahmen des verfassungsrechtlich noch Vertretbaren auf den kleinsten gemeinsamen Nenner einigt.«[400]

Das Gewicht insbesondere des letzten Satzes kann nicht überschätzt werden. Spätestens hier zeigt sich, dass *Huster* nicht von einer reinen Begründungsneutralität spricht. Zwar beruft er sich im Lichte des Neutralitätsgebots auf den »Zwang zur allgemeinen Rechtfertigung«, womit er sich scheinbar weiterhin auf Linie des liberalen Legitimitätsprinzips bewegt; tatsächlich übersteigert er dessen Anforderungen aber erheblich, indem er eine Einigung »auf den kleinsten gemeinsamen Nenner« fordert. Die epistemologisch untermauerte Forderung nach reziproker Rechtfertigung, wie sie aus der politischen Philosophie bekannt ist, zielt aber gerade nicht auf einen *tatsächlichen* Konsens, sondern verlangt lediglich die *hypothetische* Zustimmungsfähigkeit von Gründen, also genau das, was eine reine Begründungsneutralität wäre.[401] Würde es für *Huster* ausreichen, dass der Staat seine Bürgerinnen und Bürger dadurch gleichmäßig achtet, dass er ihnen für seine Maßnahmen Begründungen gibt, die sie ohne Rückgriff auf religiöse oder weltanschauliche Konzepte nachvollziehen können, dann wäre die Unscheidbarkeit der Ehe, wie gezeigt, im Hinblick auf eine reine Begründungsneutralität unproblematisch. Was *Huster* jedoch verlangt, ist nicht nur Begründungsneutralität, sondern ethische Vollkompatibilität. Der Staat wird in seiner Handlungsfreiheit nicht nur auf das beschränkt, was sich ethisch neutral rechtfertigen lässt, sondern er wird inhaltlich auf den Minimalkonsens der ethischen Vorstellungen aller Betroffenen verpflichtet. Wenn aber die Regulierungsmöglichkeiten des Staates in ethisch umstrittenen Bereichen derart limitiert wer-

---

[399] *Papadopoulos/Warin*, Are innovative, participatory and deliberative procedures in policy making democratic and effective?, EJPR 2007, 445, 450.

[400] *Huster*, Die ethische Neutralität des Staates, 2002, S. 563.

[401] Vgl. oben, 2. Kapitel, B. II. 4. b).

den, weitet sich automatisch der Bereich des Unregulierten. *Huster* ist insofern zuzustimmen, dass hierdurch bei individueller Betrachtung keine Freiheitsbeeinträchtigung erfolgt – niemand wird zu Schwangerschaftsabbrüchen oder zur Auflösung einer Ehe gezwungen, nur weil die staatliche Regelungsdichte heruntergefahren wird. Allerdings wird dem Staat – über die Anforderungen einer reinen Begründungsneutralität hinausgehend – die Möglichkeit genommen, in diesen ethisch umstrittenen Bereichen regulierend tätig zu werden, selbst wenn er dafür neutrale Gründe anführen kann.[402] Damit verkehrt sich das ursprünglich erklärte Anliegen der ethischen Neutralität in ihr Gegenteil: Sie ist nicht lediglich ein Schutzmechanismus davor, dass religiös-weltanschauliche Dogmen zur Leitlinie staatlichen Handelns werden, sondern sie ist auch ein Mittel, um sicherzustellen, dass undogmatische Freiheitsvorstellungen bei ethischen Fragestellungen nicht durch staatliche Maßnahmen beeinträchtigt werden, selbst wenn es dafür gute und vor allem neutrale Gründe geben sollte. Während ethisch anspruchsvolle Religionen und Weltanschauungen potenziell starken Einschränkungen unterliegen, werden ethisch freigiebige Positionen zur äußersten Grenze staatlicher Handlungsfähigkeit erklärt. Hier offenbart sich ein Widerspruch zu der ursprünglichen Äußerung *Husters*, dass bei neutral begründeten Maßnahmen die beeinträchtigten ethischen Vorstellungen zu Anpassungsleistungen verpflichtet sind.[403] Die Anpassungsforderung trifft nach *Husters* Konzept nämlich einseitig die ethisch anspruchsvollen Weltbilder und es ist dieser Widerspruch, der es im Ergebnis doch rechtfertigen mag, mit *Heinig* der ethischen Neutralität vorzuwerfen, dass sie »passgenau den Forderungen des aggressiv-kämpferischen, weltanschaulich motivierten Laizismus« entspreche.[404]

[402] *Schlaich* scheint bereits 1972 die Gefahr dieser Verselbständigung der Neutralitätsforderung erkannt zu haben und führte dies interessanterweise gerade im Hinblick auf das Eherecht aus: »Diese Weite des Art. 4 GG verbietet es dem Staat, die Bürger in weltanschaulich geprägte Institutionen zu zwingen. Von daher ist beispielsweise das säkulare Eherecht gefordert. Aber auch hier muß ›Neutralität‹ ihre ausgleichende Wirkung entfalten können. ›Säkularität‹ des Staates darf nicht – so wenig wie die Trennung von Staat und Kirche – zum Selbstzweck (und damit zur Ideologie) werden, der den Staat mehr beschränkte, als es die Freiheit der Bürger erfordert. Neutralität läßt dem Staat die Freiheit eigener Wertung: Daraus folgt – um nur einen wesentlichen Punkt zu nennen –, daß dem Staat Institutionen und Regelungen, die mehr oder weniger zufällig in der Begründung und Zielsetzung mit kirchlichen oder theologischen Vorstellungen übereinstimmen oder historisch übereingestimmt haben, nicht verwehrt sind.«, vgl. *Schlaich*, Neutralität als verfassungsrechtliches Prinzip, 1972, S. 213; sowie bereits auf S. 203: »Die neutrale Konzeption und Interpretation der Ehe zwingt nicht dazu, sie notwendig und von Gesetzes wegen zur bloß pragmatischen, ›metaphysiklosen‹ Ehe zu degradieren«.

[403] *Huster*, Der Grundsatz der religiös-weltanschaulichen Neutralität des Staates, 2004, S. 13. *Huster* scheint es für unwahrscheinlich zu erachten, dass eine neutrale Begründung auch zu Ergebnissen führen kann, die sich mit den Forderungen einer ethisch anspruchsvollen Position decken; vgl. auch *Huster*, Die religiös-weltanschauliche Neutralität des Staates, in: Brugger/Huster (Hrsg.), Der Streit um das Kreuz in der Schule, 1998, S. 69, 95 f.

[404] *Heinig*, Schlusswort – Verschleierte Neutralität, JZ 2010, 357, 358; ähnlich *Fritsche*, Der Kulturbegriff im Religionsverfassungsrecht, 2015, S. 161.

f) Tatsächliche Unmöglichkeit ethisch neutraler Argumente

Zu Beginn dieses Abschnitts wurden die Begriffe »ethische Neutralität« und »Begründungsneutralität« noch synonym verwendet; bei näherer Betrachtung hat sich nun gezeigt, dass *Husters* ethische Neutralität tatsächlich über eine reine Begründungsneutralität hinausreicht. Diese überschießende Tendenz der ethischen Neutralität soll bei dem nun folgenden, abschließenden Punkt allerdings ausgeklammert und erneut speziell auf die Begründungsneutralität geblickt werden, die trotz allem ein Kerngehalt des Huster'schen Neutralitätskonzepts ist.

Es wurde bereits aufgezeigt, dass die Begründungsneutralität praktisch kaum in der Lage ist, zu greifbaren Abgrenzungen zu kommen, weil sich immer irgendein ethisch neutrales Argument finden lässt. Ruft man sich die inklusivistische Kritik an der epistemologisch begründeten Ausschlussforderung in Erinnerung,[405] dann lässt sich zudem eine fast konträr anmutende Kritik an der Begründungsneutralität formulieren. Die Gegenüberstellung in den politisch-philosophischen Annäherungen hatte gezeigt, dass die Forderung, politische Positionen nicht mit religiös-weltanschaulichen, sondern ausschließlich mit säkularen Gründen zu untermauern, das Rechtfertigungsproblem erkenntnistheoretisch lediglich auf eine höhere Ebene verlagert, weil eine wirklich freistehende moralische Letztbegründung in keinem Fall möglich ist.[406] Gleiches lässt sich auch bei *Husters* Neutralitätskonzept beobachten. Die Forderung, dass staatliche Maßnahmen ohne Rückgriff auf ethische Überzeugungen bzw. umfassende Vorstellungen von »dem Guten« zu begründen sind, mag auf den ersten Blick recht eingängig erscheinen, tatsächlich ist die Unterscheidung zwischen ethisch neutralen und nichtneutralen Begründungen aber problematisch. So wird z. B. die menschliche Reproduktion, die *Huster* als ein legitimes, ethisch neutrales Argument zählen lässt, ja erst dadurch zu einem Argument, dass sie mit der Erwartung verknüpft wird, dass es gesellschaftlich »gut« sei, wenn Nachkommen gezeugt werden. Nun kann es aber sein, dass sich hinter dieser Erwartung genau jene Art von religiösem Dogmatismus verbirgt, der durch die Begründungsneutralität eigentlich abgewehrt werden sollte (1. Mose 9, 7: »Seid fruchtbar und vermehret euch«). Oder aber diese Erwartung hat z. B. einen sozialökonomischen Hintergrund, weil die sozialen Sicherungssysteme eine nachwachsende Generation an Beitragszahlern voraussetzen; sie könnte auch den simplen Hintergrund haben, dass ohne Reproduktion die menschliche Rasse aussterben würde. Wie dem auch sei: Selbst solche scheinbar neutralen Erwartungen setzen wiederum voraus, dass es aus irgendeinem Grund »gut« sei, wenn z. B. Altersarmut verhindert oder der Fortbestand der Menschheit gesichert wird.[407] Diese gedankliche Reduktion lässt

---

[405] Siehe oben, 2. Kapitel, B. II. 4. b).

[406] *Husters* Verteidigung gegen den Vorwurf der Unmöglichkeit neutraler Begründungen bleibt insofern zu oberflächlich, vgl. *Huster*, Die religiös-weltanschauliche Neutralität des Staates, in: Brugger/Huster (Hrsg.), Der Streit um das Kreuz in der Schule, 1998, S. 69, 94.

[407] Ein ähnliches Beispiel ist die Wirtschaftsverfassung. *Huster* arbeitet heraus, dass die »wirtschaftspolitische Neutralität des Grundgesetzes« dem Gesetzgeber einen Gestaltungsspielraum bei der Festsetzung eines Wirtschaftsmodells eröffnet, wohingegen die religiös-weltanschauliche Neutralität des Staates verhindern solle, »daß Mehrheitsüberzeugungen Allge-

sich beliebig fortführen und am Ende steht immer eine mehr oder weniger elaborierte weltanschauliche Prämisse. Die Kritik am Konzept der Begründungsneutralität lässt sich daher folgendermaßen zusammenfassen: Es gibt immer irgendeinen neutralen Grund – und gleichzeitig gibt es niemals einen wirklich neutralen Grund.

Zwingend notwendig ist dieses Urteil jedoch nicht. Die gedankliche Reduktion, mit der die Begründungsneutralität soeben ad absurdum geführt wurde, kann aufgehalten werden. Erforderlich ist dafür ein eindeutiger Referenzpunkt, der als legitim anerkannt wird; ein Argument, das nicht weiter hinterfragt werden muss. Im demokratischen Verfassungsstaat wird diese Funktion typischerweise durch den Volkswillen und die Verfassung ausgefüllt. Ein bestimmter Wert »gilt« und eine Institution »ist«, entweder weil die Verfassung dies bestimmt oder – im Rahmen der Verfassung – weil das Volk dies in autonomer (und gegebenenfalls delegierter) Herrschaft »so will«. Insofern könnte z. B. die Verhinderung von Altersarmut als Selbstzweck ein zulässiges Anliegen und neutrales Argument darstellen – die Frage, ob dies »gut« ist, muss dann nicht mehr beantwortet werden.

Diese Möglichkeit, die Begründungsneutralität inhaltlich zu retten, wird von *Huster* allerdings verpasst, weil er bereits den Prozess der demokratischen Willensbildung umfänglich dem Neutralitätsgebot unterstellt (Stichwort: differenziertes Selbst) und vor allem, weil er die Fähigkeit der Verfassung zur Letztbegründung untergräbt. Auch diesbezüglich ist das Beispiel des Eherechts besonders illustrativ: Wenn nicht nur die inhaltliche Ausgestaltung der Ehe den Partnern überlassen wird, sondern auch die elementaren Strukturprinzipien dieses Instituts an die individuellen Vorstellungen der Bürgerinnen und Bürger veräußert werden, weil die ethische Neutralität allgemeine Akzeptanz der Strukturprinzipien verlangt, bleibt von Art. 6 Abs. 1 Var. 1 GG nicht viel mehr als ein Gebot, dass es irgendetwas geben soll, was man Ehe nennt.[408] Noch deutlicher wird dieser Substanzverlust der Verfassung bei *Hoerster*, der die »Zugehörigkeit zur menschlichen Spezies« als selbständiges rechtliches Argument verwirft, weil es eine willkürliche Unterscheidung darstelle.[409] Dass das Grundgesetz selbst in Art. 1 Abs. 1 S. 1 diesem willkürlichen »Speziesmus« folgt, ist für *Hoerster* nicht von Interesse; vielmehr müsse nach einem »einsichtigen Grund für die Einräumung eines Lebensrechtes« gesucht werden, um zu bestimmen, für wen die Rechte aus Art. 1 und 2 GG gelten sollen.[410]

---

meinverbindlichkeit erlangen«, vgl. *Huster*, Die ethische Neutralität des Staates, 2002, S. 32 f. Ein Spannungsfeld zwischen diesen beiden vermeintlich getrennten Neutralitätsgrundsätzen entsteht jedoch, wenn die Sozialstaatsidee – ein Pfeiler der sozialen Marktwirtschaft – mit *Udo Di Fabio* als Vorstellung des »guten« und »richtigen Lebens«, als »Versuch, den abendländischen Traum von der gerechten Gesellschaft zu verwirklichen« gedeutet wird; vgl. *Di Fabio*, Die Kultur der Freiheit, 2005, S. 51. Skeptisch zu einer Differenzierung zwischen originär religiösen-weltanschaulichen Thematiken und der Wirtschaftspolitik *Möllers*, Grenzen der Ausdifferenzierung, in: Heinig/Walter (Hrsg.), Religionsverfassungsrechtliche Spannungsfelder, 2015, S. 9, 16.

[408] Zur Unverfügbarkeit der Strukturprinzipien vgl. BVerfGE 105, 313, 345; sowie *Badura*, in: Maunz/Dürig, Art. 6 Rn. 33 f., jeweils m. w. N.

[409] *Hoerster*, Abtreibung im säkularen Staat, 2. Aufl. 1995, S. 57.

[410] *Hoerster*, Abtreibung im säkularen Staat, 2. Aufl. 1995, S. 59.

An diesen Beispielen zeigt sich, wie radikal die Folgen der Begründungsneutralität sind, wenn auch die Verfassung an ihr gemessen wird. Tatsächlich erscheint die Begründungsneutralität als eigene Methode der Verfassungsinterpretation: Nicht Geschichte, Zweck oder Systematik, ja nicht einmal unbedingt der Wortlaut sind maßgebliche Verständnishilfen für die Bestimmungen des Grundgesetzes, sondern vor allem die Rekonstruierbarkeit neutraler Begründungen. Dies ist jedoch – wie gezeigt – ein problematisches Kriterium, weil eine trennscharfe Abgrenzung zwischen neutralen und nicht-neutralen Begründungen unmöglich ist. Wo die Verfassung nicht mehr als ein historisches Faktum und als Manifestation konkreter Werte, sondern als ethisch neutrales Vernunftgebilde verstanden wird, da erlangt derjenige, der die Deutungshoheit über das Neutralitätskriterium innehat, auch die Deutungshoheit über die Verfassung.[411] Und so betrachtet verfängt doch auch *Heinigs* anderer Kritikpunkt, wonach »die konkrete Verfassung [...] zwischen philosophisch begründeten Prinzipien einerseits und vom Gesetzgeber pragmatisch zu lösenden Problemen andererseits« zersetzt wird.[412]

g) Erkenntnisse

Die Ergebnisse der vertiefenden Analyse lassen sich folgendermaßen zusammenfassen: Einige der Hauptkritikpunkte an *Husters* Konzept der ethischen Neutralität sind unberechtigt. Weder werden Religionen und Weltanschauungen pauschal aus demokratischen Prozessen ausgeschlossen, noch besteht nur ein geringer praktischer Anwendungsbereich; tatsächlich werden mit den zugrundeliegenden dogmatischen Zuordnungen – insbesondere der Unterscheidung zwischen Verhältnismäßigkeits- und Neutralitätsgrundsatz – nicht nur ein breites Feld möglicher Fallgestaltungen abgedeckt, sondern auch zielführende Abgrenzungen ermöglicht. Die praktische Schwachstelle des Neutralitätskonzepts ist jedoch, dass das Erfordernis einer neutralen Begründung als Abgrenzungskriterium problematisch ist und insofern zu erheblichen inhaltlichen Unsicherheiten führt. Diese Unsicherheiten vermeidet *Huster* zwar ein Stück weit dadurch, dass er über eine reine Begründungsneutralität hinausgeht und für ethisch umstrittene Bereiche verlangt, dass die Ergebnisse mit allen betroffenen Vorstellungen kompatibel sind. Allerdings wird auf diese Weise der Spielraum des demokratischen Gesetzgebers erheblich begrenzt und gleichzeitig werden sehr freiheitliche ethische Ordnungsvorstellungen einseitig privilegiert.

---

[411] Vgl. insofern auch die Kritik bei *Möllers*, Grenzen der Ausdifferenzierung, in: Heinig/Walter (Hrsg.), Religionsverfassungsrechtliche Spannungsfelder, 2015, S. 9, 14.

[412] *Heinig*, Schlusswort – Verschleierte Neutralität, JZ 2010, 357, 358.

G. Die religiös-weltanschauliche Neutralität als Grundsatz ohne eigenen Gehalt

I. Grundlinien der kritischen Hinterfragung des Neutralitätsbegriffs

Nicht nur um einzelne Neutralitätskonzepte, sondern auch um die Sinnhaftigkeit des Rechtsbegriffs an sich wird gestritten. So wird z. B. auf die Interpretationsbedürftigkeit des Begriffs hingewiesen, die es dem Interpreten ermögliche, ihn mit bestimmten (selbstgewählten) Inhalten anzureichern, oder es wird die Vielfalt der (möglichen) Neutralitätsverständnisse hervorgehoben, die in der Diskussion eher zu Verwirrung als zu inhaltlicher Klarstellung beitragen, und beides wird zum Anlass genommen, um dafür einzutreten, den Begriff doch besser nicht mehr zu verwenden.[413] Zwar sind beide Einwände inhaltlich durch die bisherigen Darstellungen in dieser Arbeit bestätigt worden, allerdings ist die Konsequenz – der Verzicht auf den Rechtsbegriff zur Bereinigung des juristischen Diskurses – alles andere als zwingend, zumal das Wesen des juristischen Diskurses doch gerade darin besteht, über verschiedene Verständnisse von interpretationsbedürftigen Begriffen zu streiten. Etwas gewichtiger ist hingegen eine Kritiklinie, die an der grundsätzlichen Möglichkeit religiös-weltanschaulicher Neutralität ansetzt. Weil das Grundgesetz eine Werteordnung aufstelle,[414] die zudem – so wird teilweise hervorgehoben – auf bestimmte Wertvorstellungen christlich-abendländischer Provenienz zurückgeführt werden könne, sei religiös-weltanschauliche Neutralität »nicht möglich«,[415] »illusionär«,[416] ein »Mythos«,[417] ja gegebenenfalls sogar »bewusste Heuchelei«.[418] Soweit mit diesen Hinweisen lediglich gemeint ist, dass die staatliche Ordnung mit manchen Religionen und Weltanschauungen kompatibler ist als mit anderen, liegt hierin bei differenzierter Betrachtung kein Grund, um die Verwendung des Neutralitätsbegriffs aufzugeben. *Gerhard Czermak* formuliert treffend:

»Die Leugnung der Möglichkeit konsequenter Neutralität beruht aber günstigstenfalls auf einem Missverständnis. Es gibt im ideologischen Bereich kein unparteiliches Verhalten an sich, sondern nur auf einer Basis, von der aus die Position zu den übrigen Beteiligten ›neutral‹ bestimmt wird. Diese Basis ist für die gesamte öffentliche Hand das GG, genauer, die Ideologie des GG, wie sie sich aus seinen tragenden und absolut unverzichtbaren Regeln

---

[413] *Holzke*, Die »Neutralität« des Staates in Fragen der Religion und Weltanschauung, NVwZ 2002, 903ff., insb. 911ff.; zur Gefahr der Selbstermächtigung des Interpreten bereits *Schlaich*, Neutralität als verfassungsrechtliches Prinzip, 1972, S. 147; näher auch oben, 1. Kapitel, C.

[414] *Bohn*, Religion vs. Rechtsstaat, oder: wenn die Neutralität endet, in: Bohrmann/Küenzlen (Hrsg.), Religion im säkularen Verfassungsstaat, 2012, S. 137, 139.

[415] *Berger*, Das Kreuz als öffentliches Symbol, in: Brugger/Huster (Hrsg.), Der Streit um das Kreuz in der Schule, 1998, S. 165, 171.

[416] *Pannenberg*, Grundlagen der Ethik, 1996, S. 140.

[417] *Ladeur/Augsberg*, Der Mythos vom neutralen Staat, JZ 2007, 12ff.; *Hillgruber*, Mythos Neutralität, in: Thomas (Hrsg.), Glaube und Gesellschaft, 2009, S. 175ff.

[418] *Pannenberg*, Christlicher Glaube und Gesellschaft, in: Hommes (Hrsg.), Gesellschaft ohne Christentum?, 1974, S. 109, 116.

und Grundsätzen ergibt [...]. Auf dieser Basis kann sich ›der Staat‹ sehr wohl neutral gegenüber den Religions- und Weltanschauungsgemeinschaften verhalten, soweit sich diese innerhalb des verfassungsrechtlichen Rahmens bewegen.«[419]

Tatsächlich werden viele der schärfsten Stellungnahmen gegen eine staatliche Neutralität nicht von Juristen, sondern von Theologen formuliert (z. B. *Berger* und *Pannenberg*), oder zumindest aus der Sorge heraus, dass der Neutralitätsbegriff verwendet wird, um die grundgesetzliche Werteordnung zu unterwandern (so etwa *Ladeur* und *Augsberg* sowie *Hillgruber*). Beide Hintergründe sprechen jedoch nicht dagegen, die religiös-weltanschauliche Neutralität als einen dezidiert verfassungsrechtlichen Begriff und bewusst im Sinne des Grundgesetzes zu verwenden.[420]

Wenngleich die soweit vorgestellten Kritiklinien am Neutralitätsgebot für sich genommen nicht überzeugen, entfalten ihre Kernaussagen doch eine andere Wirkmacht, wenn sie mit Zweifeln an dem inhaltlichen Gehalt des Neutralitätsgebots verbunden werden. Dies ist nun die Stelle, an der auf das Konzept der »gleichheitszentrierten Inhaltsbestimmung des Neutralitätsgebots« zurückgekommen werden muss. Die Idee dieses Verständnisses ist, dass die religiös-weltanschauliche Neutralität keinen Inhalt habe, der über die expliziten religionsverfassungsrechtlichen Regelungen hinausgeht. Diese Regelungen würden einen Rahmen zeichnen, innerhalb dessen der Staat frei sei, seine Religionspolitik zu verwirklichen, und neutral wären seine Maßnahmen, solange keine Religion oder Weltanschauung diskriminiert wird. Die Grundzüge dieses Neutralitätskonzepts wurden bereits im Rahmen der »modernen vermittelnden Konzepte« vorgestellt, da dieses Verständnis in den letzten Jahren an Zustimmung gewann. Grund hierfür ist, dass dieses Konzept flexible und differenzierte Antwortmöglichkeiten auf die Frage ermöglicht, wie weit sich der Staat für Religion öffnen dürfe und müsse, und diese Flexibilität und Differenziertheit wird gerade in Zeiten religiöser Pluralität als hilfreich empfunden.[421] Der Gewinn an Zustimmung geht allerdings mit einer gewissen Verflachung der dogmatischen Durchdringung einher; nur wenige Autoren dieser Linie führen diesen Ansatz gedanklich zuende. Wo dies aber geschieht, da ergeben sich tiefgreifende Folgen für das Verständnis und den Gebrauch des Neutralitätsgebots. Im Folgenden soll daher dieser Ansatz näher untersucht und die möglichen Konsequenzen vorgestellt werden.

II. Ausgangsthese: Rechtsbegriff ohne eigenen Inhalt

In der Soraya-Entscheidung führte das Bundesverfassungsgericht im Hinblick auf die Bindung der Rechtsprechung an »Gesetz und Recht« nach Art. 20 Abs. 3 GG aus:

---

[419] *Czermak*, Religions- und Weltanschauungsrecht, 2008, S. 88.

[420] Entsprechend differenziert z. B. *Germann*, in: BeckOK GG, Art. 4 GG Rn. 81; *Morlok*, in: Dreier, Art. 4 GG Rn. 162; *Muckel*, Religiöse Freiheit und staatliche Letztentscheidung, 1997, S. 81; *Waldhoff*, Neue Religionskonflikte und staatliche Neutralität, 2010, S. 44, 48 ff.

[421] Siehe oben, 3. Kapitel, D. II.

»Das Recht ist nicht mit der Gesamtheit der geschriebenen Gesetze identisch. Gegenüber den positiven Satzungen der Staatsgewalt kann unter Umständen ein Mehr an Recht bestehen, das seine Quelle in der verfassungsmäßigen Rechtsordnung als einem Sinnganzen besitzt und dem geschriebenen Gesetz gegenüber als Korrektiv zu wirken vermag; es zu finden und in Entscheidungen zu verwirklichen, ist Aufgabe der Rechtsprechung.«[422]

Diejenigen, die eine gleichheitszentrierte Inhaltsbestimmung des Neutralitätsgebots vornehmen, bezweifeln (entweder explizit oder aber zumindest im Ergebnis), dass die Rechtsprechung mit der religiös-weltanschaulichen Neutralität ein solches »Mehr an Recht« gefunden hat, denn mit dem Neutralitätsbegriff werde ja gerade kein Inhalt ausgedrückt, der sich nicht ohnehin schon aus den einzelnen positivrechtlichen Bestimmungen des Grundgesetzes ergibt. Auch wenn diese Position[423] in den letzten Jahren an Zustimmung gewann,[424] ist sie tatsächlich nicht neu.[425] Die praktische Anbindung dieser Sichtweise hat *Schlaich* schon Anfang der 1970er Jahre anhand der Entscheidung des Bundesverfassungsgerichts zur Kirchenbausteuer[426] beispielhaft verdeutlicht. So hätte das Gericht dieselbe Entscheidung ohne Rückgriff auf das Neutralitätsgebot und alleine anhand der speziellen Vorschriften der Verfassung treffen können: Direkt aus Art. 140 GG i. V. m. Art. 137 Abs. 1 WRV ergebe sich, dass staatskirchenrecht-

---

422 BVerfGE 34, 269, 287.

423 *Huster* erkennt zwei verschiedene Versionen der Position, die sich gegen einen eigenen Gehalt der religiös-weltanschaulichen Neutralität ausspricht. Die »schwache Version« weise lediglich darauf hin, dass der Neutralitätsbegriff nicht losgelöst bestimmt werden dürfe, sondern an die positivrechtlichen Aussagen der Verfassung rückgekoppelt werden müsse. Die »starke Version« hingegen verneine einen eigenen dogmatischen Gehalt des Neutralitätsgebots insgesamt, vgl. *Huster*, Die ethische Neutralität des Staates, 2002, S. 41. Der Hinweis auf die notwendige Verfassungsbindung, wie er der schwachen Version zugerechnet wird, entspricht dem verfassungstheoretischen Verständnis, das *Huster* zur Grundlage seiner Arbeit erklärt (auch wenn ihm vorgeworfen wird, sein Neutralitätsverständnis der Verfassung vorzulagern), und das im Übrigen auch in dieser Arbeit als Grunderfordernis für eine verfassungsgebundenes Neutralitätskonzept beschrieben wird (vgl. oben, 2. Kapitel, C. I. 3.). Allerdings stellt *Huster* das Gewicht der starken Version etwas verkürzt dar: Es werden lediglich zwei Beiträge dieser Version zugeordnet und z. B. *Schlaich* wird der schwachen Version zugerechnet, obwohl er das Neutralitätsprinzip gerade nicht normativ verstanden wissen wollte (wörtlich *Schlaich*, Neutralität als verfassungsrechtliches Prinzip, 1972, S. 223 Fn. 25; inhaltlich S. 218 ff., beachte die Ausnahme auf S. 228 f.; näher sogleich).

424 Vgl. neben den im Folgenden genannten Personen z. B. *Isak*, Das Selbstverständnis der Kirchen und Religionsgemeinschaften und seine Bedeutung für die Auslegung staatlichen Rechts, 1994, S. 196; *Merten*, Der »Kruzifix-Beschluß« des Bundesverfassungsgerichts aus grundrechtsdogmatischer Sicht, in: Burmeister (Hrsg.), FS Stern, 1997, S. 987, 1008; *Trapp*, Religiöse Neutralität und Rundfunkfreiheit, 2013, S. 80. Siehe auch *Böckenförde*, »Kopftuchstreit« auf dem richtigen Weg?, NJW 2001, 723, 725 Fn. 17 und 726 (anders noch *Böckenförde*, Kreuze (Kruzifixe) in Gerichtssälen?, ZevKR 20 (1975), 119, 128 f.); kritisch hingegen *Magen*, in: Umbach/Clemens, Art. 140 GG Rn. 27; wohl auch *Kästner*, in: Bonner Kommentar, Art. 140 GG Rn. 155; und *Morlok*, Neutralität des Staates und religiöser Radikalismus, in: Masing/Jouanjan (Hrsg.), Weltanschauliche Neutralität, Meinungsfreiheit, Sicherungsverwahrung, 2013, S. 3, 16; deutlich *Nolte*, Das Kreuz mit dem Kreuz, JöR 48 (2000), 87, 112.

425 Vgl. zur Debatte auch schon *Scheuner*, Die Religionsfreiheit im Grundgesetz, DÖV 1967, 585, 588; mit starkem Fokus auf dem allgemeinen Gleichheitssatz *Maunz*, Die religiöse Neutralität des Staates, ArchKathKirchR 1970, 427, 441 f.

426 BVerfGE 19, 206.

liche Rechtsformen untersagt sind; bereits Art. 3 und 140 GG i. V. m. Art. 137 Abs. 3, 5, 7 WRV verhindere die Privilegierung einzelner Bekenntnisse und auch das Verbot der Kirchensteuer zulasten juristischer Personen hätte alleine anhand von Art. 2 Abs. 1 GG begründet werden können.[427]

Bei der Frage, ob das Neutralitätsgebot einen selbständigen Gehalt hat, geht es aber nicht lediglich um die richtige Anknüpfung einer Begründung, sondern auch um die Weite der objektivrechtlichen Bindung des Staates bei religiös-weltanschaulichen Konflikten.[428] Sofern die religiös-weltanschauliche Neutralität des Staates als ein eigenständiges, objektivrechtliches Gebot verstanden wird, ist alles staatliche Handeln diesem Gebot unterstellt. Wenn der Aussagegehalt des Neutralitätsgebots hingegen auf die positivrechtlichen Bestimmungen des Grundgesetzes reduziert wird, ist die verfassungsrechtliche Kontrolldichte deutlich geschmälert. Um es an einem Beispiel zu verdeutlichen: In Kreuzen an den Wänden staatlicher Schulen könnte – so haben die bisherigen Darstellungen gezeigt – mit guten Gründen ein Verstoß gegen ein objektivrechtliches Neutralitätsgebot gesehen werden. Wird hingegen ein solches objektivrechtliches Gebot abgelehnt, dann können Schulkreuze nur in zwei Fällen als verfassungswidrig angesehen werden: Entweder, wenn es subjektiv Betroffene gibt, die in ihrer negativen Religionsfreiheit verletzt sind bzw. die eine Ungleichbehandlung rügen können, weil sie in ihrem Wunsch nach religiöser Selbstdarstellung benachteiligt wurden. Oder ein Verfassungsverstoß kann angenommen werden, wenn das Aufhängen der Kreuze so gedeutet wird, dass hierin bereits die Schwelle zum Staatskirchentum überschritten werde. Wird aber kein ein Verstoß gegen Art. 140 GG i. V. m. Art. 137 Abs. 1 WRV angenommen und gibt es keine subjektiv Betroffenen – weil alle fraglichen Schüler, Lehrer und Eltern dem Kreuz wohlwollend oder zumindest gleichgültig gegenüberstehen – lassen sich keine verfassungsrechtlichen Vorbehalte begründen. Diese Lücke in der verfassungsrechtlichen Kontrolle bedeutet – positiv gewendet – eine inhaltliche Kompetenzerweiterung des demokratischen Gesetzgebers: Alles ist erlaubt, was nicht explizit verboten ist; nichts ist geboten, es sei denn, es steht so im Grundgesetz.

Dies führt nun wiederum zu der eingangs dargestellten Kritik: Welchen Mehrwert vermittelt der Neutralitätsbegriff, wenn ihm kein eigener Inhalt und keine eigene dogmatische Funktion zukommen, gleichzeitig aber die Verfassung und die Entscheidungen des Gesetzgebers – und sei es »nur« aus Laien- bzw. Betroffenenperspektive – gerade nicht als neutral wahrgenommen werden und der Begriff daher (sowie aufgrund seiner Vieldeutigkeit) eher für Irritationen sorgt? In der Literatur werden zwei mögliche Antworten formuliert.

---

[427] So *Schlaich*, Neutralität als verfassungsrechtliches Prinzip, 1972, S. 192.

[428] Eingehend hierzu und zur Debatte um dieses Neutralitätsverständnis insgesamt *Nolte*, Das Kreuz mit dem Kreuz, JöR 48 (2000), 87, 104.

III. Erste mögliche Konsequenz: Abschied von der religiös-weltanschaulichen Neutralität als Rechtbegriff

Die erste mögliche Konsequenz dieser Sichtweise ist, die Verwendung der religiös-weltanschaulichen Neutralität als Rechtsbegriff gänzlich aufzugeben. Obwohl es schon früher Stimmen gab, die dem Neutralitätsgebot einen eigenständigen Gehalt absprachen, wurde diese Möglichkeit nahezu nie angedacht.[429] Erst Anfang des neuen Jahrtausends entfaltete *Frank Holzke* in einem Zeitschriftenbeitrag diese Idee und stützte seine Ausführungen hauptsächlich auf praktische Kritikpunkte: Der Neutralitätsbegriff sorge für mehr Verwirrung als Klarheit, weswegen Fälle mit religiös-weltanschaulichem Bezug besser anhand des positiven Verfassungsrechts gelöst werden sollten, was ohnehin gut möglich sei.[430] Dieser Vorstoß *Holzkes* fand jedoch kaum Widerhall in der wissenschaftlichen Debatte.[431] Erst einige Jahre später war es *Christoph Möllers*, der sich an prominenter Stelle ebenfalls dafür aussprach, die religiös-weltanschauliche Neutralität als Rechtsbegriff zu verabschieden.[432] Auch für *Möllers* sind die praktischen Kritikpunkte von Gewicht. So betont er, dass ein vereinheitlichender Neutralitätsbegriff in einer religiös pluralen Gesellschaft keinen inhaltlichen Konsens hervorbringen könne und stattdessen eine ausdifferenzierte, fallorientierte Aufgliederung durch Verwaltung und Gerichte zielführender sei.[433] Diese praktische Anknüpfung erreicht jedoch eine andere Tiefe als die von *Holzke*, da *Möllers* sie mit einer weitergehenden Hinterfragung des dogmatischen Konstrukts verbindet. So kritisiert *Möllers* vor allem die Verobjektivierung eines subjektiven Rechts, die nicht nur Gefahr laufe, »die auf dem Spiel stehenden individuellen und politischen Geltungsansprüche im Namen eines abstrakten Prinzips unangemessen aufzulösen«,[434] sondern auch paternalisierend wirke und vor allem »wie eine Legitimationsstrategie zugunsten der christlichen Mehrheitsreligion durch Teile der Verfassungsrechtswissenschaft« erscheine.[435] Was allerdings hinter diesen praktischen Einwänden mit dogmatischer Anknüpfung steht, sind demokratietheoretische Erwägungen: *Möllers* geht es letztlich auch um die Ver-

[429] Exotische Ausnahme insofern *Scheffler*, Diskussionsbeitrag, in: Marré/Stüting (Hrsg.), Essener Gespräche zum Thema Staat und Kirche (4), 2. Aufl. 1973, S. 56ff.; dazu, dass trotz der Kritik bisher »alle Stimmen« an dem Neutralitätsgebot festhalten, *Holzke*, Die »Neutralität« des Staates in Fragen der Religion und Weltanschauung, NVwZ 2002, 903, 910.

[430] *Holzke*, Die »Neutralität« des Staates in Fragen der Religion und Weltanschauung, NVwZ 2002, 903, 911.

[431] In kritischer Auseinandersetzung etwa *Czermak*, Zur Rede von der religiös-weltanschaulichen Neutralität des Staates, NVwZ 2003, 949, 952.

[432] Angedeutet bereits bei *Möllers*, Religiöse Freiheit als Gefahr?, VVDStRL 68 (2009), 47, 58; und *Möllers*, Diskussionsbeitrag, VVDStRL (68) 2009, 115; pointiert dann bei *Möllers*, Grenzen der Ausdifferenzierung, in: Heinig/Walter (Hrsg.), Religionsverfassungsrechtliche Spannungsfelder, 2015, S. 9, 11.

[433] *Möllers*, Grenzen der Ausdifferenzierung, in: Heinig/Walter (Hrsg.), Religionsverfassungsrechtliche Spannungsfelder, 2015, S. 9, 21.

[434] *Möllers*, Religiöse Freiheit als Gefahr?, VVDStRL 68 (2009), 47, 58.

[435] *Möllers*, Grenzen der Ausdifferenzierung, in: Heinig/Walter (Hrsg.), Religionsverfassungsrechtliche Spannungsfelder, 2015, S. 9, 21.

teidigung des Voluntarismus demokratischer Selbstorganisation,[436] der durch die Verwendung eines objektivrechtlichen Neutralitätsbegriff, dessen Inhalt gerade nicht demokratisch legitimiert sei, unzulässig eingeschränkt werde.[437] Relevant sei dies etwa – hier wird eine deutliche Abgrenzung zu *Huster* formuliert – bei der Frage, wie weit Religion Teil des politischen Prozesses sein dürfe. So betont *Möllers* in Übereinstimmung mit der Analyse der konsequentialistischen und der politischen Argumente aus der politischen Philosophie,[438] dass »es für den Beitrag von Religion zur Politik keine generell positiv oder negativ zu bewertende Erwartung geben kann«.[439] Nun lege weder der Verfassungstext selbst eine klare Entscheidung diesbezüglich nahe, noch lasse sich durch einen Rechtsvergleich mit anderen demokratischen Staaten eine verfassungstheoretisch zwingende Lösung ermitteln. Folglich sei es normativ wie empirisch überzeugender, die Frage nach der praktischen Ausgestaltung der Beziehung von Staat und Religion dem demokratischen Prozess nicht durch einen aufgeladenen Neutralitätsbegriff vorzuenthalten, sondern sie der Politik vielmehr anzubefehlen.[440]

IV. Zweite mögliche Konsequenz: Beibehaltung der religiös-weltanschaulichen Neutralität als heuristischen Begriff

Die fortwährende Verwendung der religiös-weltanschauliche Neutralität durch das Bundesverfassungsgericht macht diesen Rechtsbegriff zu einem feststehenden Bestandteil der deutschen Verfassungsrealität und so überrascht es nicht, dass nur wenige Autoren den Schritt gehen, sich von diesem Begriff zu verabschieden. Die meisten, die im Neutralitätsgebot keinen zusätzlichen Gehalt ausgedrückt sehen, belassen es bei einer simplen Feststellung des begrenzten Aussagegehalts und gehen nicht auf die Frage ein, welchen Sinn der Begriff dann überhaupt noch habe. Sofern sich doch auf diese Frage eingelassen wird, ist nach wie vor die Habilitationsschrift von *Schlaich* die inhaltliche Referenz und der begriffsbildende Ausgangspunkt.[441] So hatte *Schlaich* betont, dass an dem Neutralitätsbegriff festgehalten werden solle, obwohl eine einheitliche Definition nicht möglich sei. Zwar sei es zutreffend, dass einem »Pauschalbegriff« wie Neutralität eine gewisse Gefahr innewohne, weil der Begriff im Wege der Interpretation einseitig aufgeladen werden könne, doch überwögen letztlich seine Vor-

---

[436] Eingehend *Möllers*, Die drei Gewalten, 2008, S. 63 ff.

[437] *Möllers*, Religiöse Freiheit als Gefahr?, VVDStRL 68 (2009), 47, 56 ff.; *Möllers*, Grenzen der Ausdifferenzierung, in: Heinig/Walter (Hrsg.), Religionsverfassungsrechtliche Spannungsfelder, 2015, S. 9, 13.

[438] Siehe oben, 2. Kapitel, B. II.

[439] *Möllers*, Grenzen der Ausdifferenzierung, in: Heinig/Walter (Hrsg.), Religionsverfassungsrechtliche Spannungsfelder, 2015, S. 9, 26.

[440] *Möllers*, Grenzen der Ausdifferenzierung, in: Heinig/Walter (Hrsg.), Religionsverfassungsrechtliche Spannungsfelder, 2015, S. 9, 28.

[441] Vgl. *Heinig*, Verschärfung oder Abschied von der Neutralität, JZ 2009, 1136, 1140; siehe auch *Palm*, Berechtigung und Aktualität des Böckenförde-Diktums, 2013, S. 41, die jedoch im Widerspruch hierzu später eine »positive« Neutralität vertritt, »welche die staatliche Förderung religiöser Aktivitäten umfasst und ein Leitprinzip der Verfassung darstellt« (S. 54).

teile.[442] Zunächst entfalte der Begriff Neutralität ganz allgemein, das heißt sogar losgelöst vom konkreten Rechtsbereich, eine gewisse Integrationswirkung: Auch wenn kein Konsens darüber bestehe, was es heißt, dass der Staat neutral ist, so bestehe doch immerhin Einigkeit darüber, dass der Staat neutral sein müsse.[443] Zwar habe sich in manchen Rechtsbereichen die Verwendung des Neutralitätsbegriffs derart verdichtet, dass sogar eine selbständige »Anwendung« der Neutralität möglich erscheine (insbesondere der weitgehende Gleichlauf von Neutralität und Parität im Religionsverfassungsrecht sei ein Beispiel hierfür), doch werde insofern eigentlich nur den ohnehin schon ausdrucksstarken gleichheitsrechtlichen Vorgaben des Grundgesetzes gefolgt.[444] Der tatsächliche Mehrwert des Neutralitätsbegriffs bestehe vielmehr darin, dass mit ihm auf die konkreten verfassungsrechtlichen Maßstäbe verwiesen wird, die in dem jeweiligen Sachbereich verbindlich sind, und dort komme der Neutralität eine heuristische Funktion zu: »Neutralität regt zum Weiterdenken an, zur Offenlegung und Sinnerhellung dessen, was in der Verfassung und in anderen Normen bereits angelegt ist.«[445] Dabei entfalte der Neutralitätsbegriff eine zweiseitige Wirkung: Zum einen sei es mit ihm möglich, die konkreten Einzelregelungen in das Ganze der Verfassung einzuordnen, und zum anderen könne das verfassungstheoretische Vorverständnis an den konkreten Normbestand rückgekoppelt werden. Die gängige Betonung des säkularen und religiös-indifferenten Charakters des Staates nahm *Schlaich* zum Anlass, um diese Wechselwirkung beispielhaft zu verdeutlichen:

»›Neutralität‹ verwehrt es, den ›säkularen Staat‹ als vorgegebenes normatives (!) Modell oder als zugrundeliegendes Konstitutionsprinzip des Grundgesetzes zu nehmen, um (!) dann von diesem Grundsatz aus einzelne Verfassungsbestimmungen hinwegzuinterpretieren. Das – ja durchaus zutreffende – Vorverständnis des Staates als eines säkularen muß sich in gleichem Maße vom Verfassungstext korrigieren lassen, wie es seinerseits das Textverständnis beeinflußt. Neutralität vermittelt zwischen Staatsverständnis, Grundgesetz und geschichtlich gewordener Verfassungswirklichkeit, indem sie den neutralen Ausgleich der verschiedenen Schichten gebietet, wo es dieses Ausgleichs bedarf.«[446]

In diesem Sinne könne Neutralität also – je nach Sachbereich – etatistische wie auch antistaatliche Züge annehmen, was erneut verdeutliche, dass ein generalisierender Maßstab mit diesem Begriff gerade nicht gebildet werden könne. Die Ausgangsfrage dieser Arbeit – was dem Staat im religiös-weltanschaulichen Bereich geboten, erlaubt und verboten ist – wird mit diesem Neutralitätsverständnis also nicht beantwortet, sondern dem Staat vielmehr als ständige Aufgabe gestellt. *Schlaich* fasste zusammen:

---

[442] *Schlaich*, Neutralität als verfassungsrechtliches Prinzip, 1972, S. 218, zwischenresümierend S. 226.
[443] *Schlaich*, Neutralität als verfassungsrechtliches Prinzip, 1972, S. 226.
[444] *Schlaich*, Neutralität als verfassungsrechtliches Prinzip, 1972, S. 226.
[445] *Schlaich*, Neutralität als verfassungsrechtliches Prinzip, 1972, S. 230. *Heinig* gelingt eine Zusammenfassung dieses Gedankens, indem er die religiös-weltanschauliche Neutralität nun als »Reflexionsbegriff« bezeichnet, vgl. Heinig, Säkularer Staat – viele Religionen, 2018, S. 25 f.
[446] *Schlaich*, Neutralität als verfassungsrechtliches Prinzip, 1972, S. 232.

»Darin liegt die Spannung begründet zwischen der Wertordnung der Grundrechte und der Wertgebundenheit des Staates einerseits und der Wertoffenheit des freiheitlich-demokratischen Staates andererseits. Die Spannung zwischen diesen beiden Sätzen will ausgehalten, nicht ›gelöst‹ sein.«[447]

V. Parallelen und Konsequenzen

Die beiden Möglichkeiten, mit einem Neutralitätsgebot umzugehen, in dem kein eigener Gehalt gesehen wird, weisen zwei Parallelen auf. Ob der Neutralitätsbegriff nun aufgegeben oder als heuristische Hilfe beibehalten wird – beiden Ansätzen liegt zunächst die Einsicht zugrunde, dass eine verfassungsrechtliche Pauschalantwort auf die Frage nach dem Verhältnis von Staat und Religion nicht möglich ist. In der jeweiligen Ausrichtung sind selbstverständlich klare Unterschiede zu erkennen: Während *Möllers* stärker die Rolle des demokratischen Gesetzgebers betont, führte *Schlaichs* Verwendung des Neutralitätsbegriffs eher in eine reflektierte Interpretationsarbeit an der Verfassung hinein. Gemeinsam ist den beiden Ansätzen aber, dass sie die religiös-weltanschauliche Frage als etwas Unabgeschlossenes und dauerhaft Aufgegebenes einordnen, insbesondere in einem pluralistischen Gemeinwesen. Gleichzeitig – und das ist die zweite Parallele – führen beide Ansichten nicht zu einer verfassungsrechtlichen Haltlosigkeit und Beliebigkeit. Auch wenn beide Konsequenzen auf ihre jeweils eigene Art flexibler sind als inhaltlich voll determinierte Neutralitätskonzepte, verweisen sie doch auf die werthaltigen Einzelbestimmungen der Verfassung, denen bei entsprechender Interpretation und Gewichtung bestimmte Grundaussagen entnommen werden können. Vor diesem Hintergrund ist es z. B. möglich, dass sowohl *Schlaich* als auch *Möllers* aus dem Grundgesetz eine weitgehende Offenheit des Staates für Religionen und Weltanschauungen herauslesen. So betonte *Schlaich*, dass insbesondere die Religions- und Weltanschauungsfreiheit nach Art. 4 GG erfordere, dass religiöse Auffassungen im politischen Verfahren »zu Wort und Geltung kommen, wenn sie sich nur der allgemeinen demokratischen Entscheidungsbildung unterwerfen«, und dass Kirchen und Religionsgesellschaften in gleicher Weise an öffentlichen Förderungen partizipieren müssten wie säkulare Anliegen.[448] *Möllers* hebt wiederum die Nähe der Religionsausübung zur Menschenwürde hervor, aufgrund derer dem Grundgesetz die Entscheidung für eine öffentliche Rolle der Religion zu entnehmen sei, ja er sieht sogar »die Stärke des deutschen Religionsrechts in einem offensiven, Öffentlichkeit vertrauenden Umgang mit Religion.«[449] Es zeigt sich also, dass es nicht zu einem konturlosen Religionsverfassungsrecht führen muss, wenn in dem Neutralitätsgebot kein eigener Gehalt gesehen wird. Stattdessen kann die Bezugnahme auf explizite religionsverfassungsrechtliche Bestimmungen wie etwa Art. 4 GG dazu genutzt werden, bestimmte Inhalte zu aktivieren, die nach anderen Verständnissen direkt mit dem Neutralitätsbegriff verbunden werden.

---

447 *Schlaich*, Neutralität als verfassungsrechtliches Prinzip, 1972, S. 263.
448 *Schlaich*, Neutralität als verfassungsrechtliches Prinzip, 1972, S. 214.
449 *Möllers*, Religiöse Freiheit als Gefahr?, VVDStRL 68 (2009), 47, 69.

Kapitel 4

Erkenntnisse, praktischer Mehrwehrt und Ausblick

A. Erkenntnisse

Einer Arbeit wie dieser tut es gut, wenn die Komplexität ihres Themas abschließend durch eine Reflexion und Destillation der wesentlichen Erkenntnisse aufgefangen wird. Bei der Überlegung, worin diese wesentlichen Erkenntnisse bestehen, fällt zunächst die Darstellung der unterschiedlichen Neutralitätskonzepte in den Blick, die verdeutlicht hat, wie groß die Diversität, ja zum Teil die Gegensätzlichkeit dessen ist, was ausgedrückt wird, wenn auf das Neutralitätsgebot bezuggenommen wird. Dabei wäre es jedoch verkürzt, bereits die Vielfältigkeit der Deutungsmöglichkeiten als eine Erkenntnis dieser Arbeit zu porträtieren. Im einleitenden Kapitel wurde darauf hingewiesen, dass in den Fachkreisen der Rechtswissenschaft schon lange ein grundsätzliches Bewusstsein dafür besteht, dass der Neutralitätsbegriff deutungsoffen und seine Verwendung uneinheitlich ist. Das eigentliche Problem mit der religiös-weltanschaulichen Neutralität des Staates ist vielmehr, dass dieses grundsätzliche Bewusstsein kaum zu Konsequenzen im juristischen Diskurs geführt hat. Ein unreflektierter und/oder undifferenzierter Umgang mit dem Neutralitätsbegriff droht nach wie vor, die gravierenden Unterschiede der verschiedenen Deutungen zu verdunkeln und Missverständnisse hervorzurufen. Vor diesem Hintergrund sind wesentliche Erkenntnisse dieser Arbeit darin zu sehen, dass die Meinungslandschaft zum Neutralitätsgebot, deren Differenziertheit schon zuvor bekannt war, nun strukturiert aufgearbeitet und geordnet wurde. Für den zukünftigen wissenschaftlichen Diskurs und insbesondere auch die Rechtspraxis mag dies den vorrangigen Mehrwert dieser Arbeit darstellen (näher sogleich).

Daneben wurden Erkenntnisse erzielt, die zu einem tieferen Verständnis des Verhältnisses von Staat und Religion beitragen und für ein weiterführendes Nachdenken über dieses Thema hilfreich sein können. Durch die Einbindung der verschiedenen Neutralitätskonzepte in die normativen und dogmatischen Rahmenbedingungen, durch die Anknüpfung an den historischen Wurzeln und durch die Verbindung mit der Paralleldiskussion in der politischen Philosophie wurde etwas Wesentliches deutlich: Die Diversität der Neutralitätsverständnisse ist nicht einem Fehler im juristischen Diskurs geschuldet, sondern sie ist dem Thema an sich inhärent – in der Deutungsoffenheit des Neutralitätsbegriffs spiegelt sich der Facettenreichtum des Verhältnisses von Staat und Religion. Die kontradiktorische Argumentationsführung in der Darstellung des Diskurses in der politischen Philosophie lässt die Ambivalenz des Religiösen besonders plastisch werden: Religion ist Bekenntnis und gleichzeitig Kulturerscheinung; sie ist eine

Dimension bürgerschaftlichen Engagements und potenzielle Quelle von Gewalt; sie ist etwas, das vereint, und genauso etwas, das trennt, aber anhand dessen nicht differenziert werden darf; sie ist etwas, das sich nicht ganz greifen lässt, aber dem staatlicherseits dennoch begegnet werden muss. Diese Spannungen lassen sich in der Entwicklung des Religionsverfassungsrechts wiederfinden, wo sich sowohl Tendenzen einer Beanspruchung der Religion durch den Staat zeigten als auch religiöse Strömungen, die weltliche Machtansprüche gegenüber dem Staat geltend machten. Daneben bestanden religiöse wie auch areligiöse Bestrebungen, die für eine konsequente Distanz zwischen Staat und Religion eintraten, entweder zum Schutz der Religion oder um der Freiheit der Andersgläubigen Willen. Diese Spannungen, die aus der Ambivalenz des Religiösen entstehen, lassen sich auch im Grundgesetz wiederfinden. Die Verfassung formt eine Religionsordnung, die sowohl von einem *religionsdistanzierten* als auch einem *religionsnahen Moment* geprägt ist; daneben stehen das *gleichheitliche* und das *antistaatliche Moment*, deren interne Spannungen im Rahmen rechtswissenschaftlichen Annäherungen näher herausgearbeitet wurden. Wenn die religiös-weltanschauliche Neutralität – wie auch in dieser Arbeit – als zentrale Strukturbestimmung des deutschen Religionsverfassungsrechts verstanden wird, dann überrascht es in Anbetracht dieser Hintergründe nicht, wenn sich auch in dem Neutralitätsbegriff vielschichtige und bisweilen gegensätzliche Deutungen wiederfinden. Es ist allerdings nicht nur die Ambivalenz des Religiösen, die diese Spannungen bedingt. Insbesondere die Gegenüberstellung der positiven und negativen Neutralitätsverständnisse hat verdeutlicht, dass die Verhältnisbestimmung von Staat und Religion nicht nur durch die Beurteilung von Religion, sondern auch durch die Beurteilung des Staates beeinflusst wird – inwieweit der Staat als Institution gesehen wird, vor der die Religionen geschützt werden müssen, und inwiefern auch der Staat vor den Weltanschauungen geschützt werden müsse, weil er durch sie korrumpiert werden könne. Und noch eine weitere Tatsache wurde im Verlauf der Untersuchung deutlich: Diese Spannungen im Verhältnis von Staat und Religion, die sich im Religionsverfassungsrecht wahrnehmen lassen, können rational nicht aufgelöst werden. Vor allem die Darstellung der Debatte in der politischen Philosophie hat dies illustriert. Auf juristischer Ebene mag man zwar im Wege der Verfassungsinterpretation zu dem Ergebnis kommen, dass eine bestimmte Sichtweise auf Religionen und den Staat vom Verfassungsgeber intendiert sei. Dabei muss jedoch beachtet werden, wie heikel manche Anknüpfungen an Sachzusammenhänge sind, die insbesondere im Kontext teleologischer Interpretation zur Anwendung kommen. So bietet z. B. ein einseitiger Verweis auf bestimmte Eigenschaften von Religionen – etwa eine sozialintegrative Funktion – keine ausreichende argumentative Grundlage, um eine bestimmte Interpretation der Verfassung als alternativlos darzustellen, weil Religion mit guten Gründen auch eine desintegrative Funktion attestiert werden kann. Das bedeutet, dass wenn sich ein Neutralitätskonzept im Spannungsfeld der Beziehung von Staat und Religion positioniert, sich hierin ein theoretisches Vorverständnis offenbart, mit dem notwendigerweise bestimmte Stellungnahmen und Schwerpunktsetzungen hinsichtlich der Ambivalenz des Religiösen und zum Verständnis des Staates verbunden sind. Auch dies ist – wie in den rechtswissenschaftlichen Annäherungen herausgearbeitet wurde – keine neue Erkenntnis, jedoch eine Einsicht, die in der Rhetorik des religionsverfassungsrechtlichen Diskurses manchmal unterzugehen droht.

Im Wissen um diese Spannungen in der Bestimmung des Verhältnisses von Staat und Religionen kann zudem die Debatte um die religiös-weltanschauliche Neutralität bewusster eingeordnet werden. Die Vielfalt der Deutungsmöglichkeiten des Neutralitätsbegriffs ist nämlich auch nicht insofern ein Zufall, als dass sie – sozusagen – schlichtweg automatisch den Sachgegebenheiten entspränge, sondern es sind konkrete Interessen und Ordnungsvorstellungen, denen in den jeweiligen Neutralitätskonzepten Ausdruck verliehen wird. Während in den ersten Jahrzehnten des Neutralitätsbegriffs hauptsächlich über die Frage diskutiert wurde, wie ausgeprägt die institutionellen Verbindungen zwischen dem Staat und den Volkskirchen sein dürfen, wird heute um den Umgang des Staates mit den veränderten religionssoziologischen Voraussetzungen gerungen. Im Hinblick auf eine religiös pluralisierte Gesellschaft wird nun darüber gestritten, wie weit die Religionen in den öffentlichen Raum hineinwirken dürfen und wie der Staat der Vielzahl unterschiedlicher Weltanschauungen begegnen kann. Der religiös-weltanschaulichen Neutralität kommt dabei nach ihrer heutigen Verwendung eine Schlüsselstellung zu und die verschiedenen Vorstellungen davon, wie der Staat mit den veränderten Rahmenbedingungen umgehen soll, manifestieren sich in unterschiedlichen Neutralitätsverständnissen. Vor diesem Hintergrund erscheint es angebracht, die »Neukalibrierung des verfassungsrechtlichen Neutralitätsprinzips«,[1] wie sie in der religionsverfassungsrechtlichen Diskussion derzeit zu beobachten ist, tatsächlich als Streit über eine inhaltliche Neuausrichtung des Religionsverfassungsrechts zu verstehen. Auf diese Weise wird die Brisanz dieses Themas adäquat beschrieben und gleichzeitig wird das Ringen um das Neutralitätsgebot in die Reihe historischer Grundsatzdebatten des Religionsverfassungsrechts eingeordnet. Schon zweimal wurde in der Geschichte dieses Rechtsgebiets anhand eines deutungsoffenen Begriffs über seine grundsätzliche Ausrichtung gestritten – im 19. Jahrhundert anhand des kirchlichen Selbstbestimmungsrechts und in den Anfangsjahren der Bundesrepublik anhand des öffentlich-rechtlichen Körperschaftsstatus.

Die nähere Betrachtung der verschiedenen Standpunkte in diesem Streit hat darüber hinaus gezeigt, dass sich die unterschiedlichen Neutralitätsverständnisse – mit nur punktuellen Ausnahmen – als verfassungsgebundene Konzepte verstehen lassen. Von diesen – nach hiesigem Verständnis – daher verfassungsrechtlich grundsätzlich möglichen Ansätzen ist jedoch keiner besonders dominant in dem Sinne, dass er auf eine durchweg überzeugende Herleitung gestützt werden kann, dogmatisch belastbar und kongruent ist und zudem mittels seiner Leistungsfähigkeit überzeugt. Insbesondere die Hierarchisierungsmodelle müssen einen erheblichen Begründungsaufwand betreiben, um die mittelbare Gel-

[1] *Groh*, Bundesverfassungsgericht und Religion, in: Anter/Frick (Hrsg.), Politik, Recht und Religion, 2019, S. 159, 160.

tung von Verfassungsvoraussetzungen herzuleiten. *Husters* ethische Neutralität übersteigert die Anforderungen des politischen Liberalismus und ist dadurch im Detail auf sehr freiheitliche ethische Ordnungsvorstellungen zugeschnitten; viele Ansätze bieten keine Antwort auf die Fragen nach dem normtheoretischen Charakter und dem Verhältnis des Neutralitätsgebots zu anderen Grundsätzen des Religionsverfassungsrechts; ein Erfordernis neutraler Begründungen erweist sich als praktisch wenig tauglich, weil es durch scheinneutrale Begründungen unterwandert werden kann, gleichzeitig ist Ergebnisneutralität praktisch nicht umsetzbar; zuletzt weisen alle Neutralitätskonzepte gewisse Abgrenzungsschwierigkeiten und Leistungsdefizite auf, was seinen Grund teilweise darin hat, dass sie nur auf bestimmte Themen zugeschnitten sind, nämlich vor allem entweder die Frage neutralitätskonformer Privilegierungen oder aber den Grad der Öffnung des Staates für religiöses Wirken. Diese inhaltliche und qualitative Fragmentierung der verschiedenen Erklärungsansätze zum Neutralitätsgebot führt dazu, dass in der juristischen Diskussion mitunter verschiedene Konzepte miteinander kombiniert werden, um eine umfassende Handhabung religionsverfassungsrechtlicher Fragestellungen zu ermöglichen. Exemplarisch ist dies anhand des Konzepts von *Czermak* vorgestellt worden, der ausgehend von einem negativen Neutralitätsverständnis im Ergebnis ein bereichsspezifisches Verständnis vertritt, wobei in Zweifelsfällen das Neutralitätsgebot gleichheitszentriert zu bestimmen sei und bei ethischen Fragestellungen die Begründungsneutralität zur Anwendung kommen solle.[2]

Insbesondere die Leistungsschwächen der verschiedenen modernen Neutralitätsverständnisse führen nun noch einmal zurück zur Ambivalenz des Religiösen. Die Tatsache, dass die Neutralitätskonzepte ihre Thematik – das Verhältnis von Staat und Religion – jeweils nur unzureichend erfassen, hängt zumindest auch damit zusammen, dass Religionen und Weltanschauungen in ihrem Wesen und in ihren Ausformungen, in ihrer individuellen und in ihrer kollektiven Praktizierung so vielschichtig und divers sind. Die neuen religiösen Herausforderungen durch die gesellschaftliche Pluralisierung zeigen in nie dagewesener Weise die Auslegungs- und Anwendungsunsicherheiten des Rechts im Zusammenhang mit Religion auf. Wenn nun im Rahmen der Verfassung darum gerungen wird, Religionen und Weltanschauungen gerade in ihrer Ambivalenz angemessen zu erfassen und ihnen zu begegnen, dann lässt sich dies (mit *Wolfgang Welsch* gesprochen) als ein postmodernes Unterfangen beschreiben – postmodern nicht im Sinne einer billigen Beliebigkeit, sondern im Sinne einer »neuen Sensibilität für Problemlagen« im Angesicht »radikaler Pluralität«.[3] Liest man die unterschiedlichen Neutralitätskonzepte zusammen, dann lässt sich darin eine Wahrnehmung für die Verschiedenheit der Erlebnisdimensionen im Zusammenhang mit Religion erkennen, die es in der Rechtswissenschaft noch vor wenigen

[2] Für weitere Beispiele siehe etwa *Droege*, Staatsleistungen an Religionsgemeinschaften im säkularen Kultur- und Sozialstaat, 2004, S. 376 ff.; *Morlok*, in: Dreier, Art. 4 GG Rn. 136 f., 161 ff.

[3] Vgl. zu den hier angesprochenen Punkten *Welsch*, Unsere postmoderne Moderne, 5. Aufl. 1997, S. 2, 7, 62.

Jahrzehnten in dieser Form nicht gab. Dieser Gedanke soll natürlich nicht darüber hinwegtäuschen, dass die einzelnen Konzepte jeweils für sich mit durchaus sehr spezifischen Zuweisungen an Religionen und Weltanschauungen arbeiten – Religion wird positiv oder negativ gesehen, primär als Kulturgut oder als Bekenntnis gehandhabt, als mehr oder weniger rational zugänglich eingestuft.[4] Für die zukünftige Auseinandersetzung mit dem Verhältnis von Staat und Religionen – und dies mag nun als abschließende Erkenntnis über diese Arbeit hinausreichen – könnte es weiterführend sein, jenes Bewusstsein für die Vielschichtigkeit und Verschiedenheit des Religiösen, das im Gesamtreservoir der verschiedenen Neutralitätsvorstellungen bereits vorhanden ist, weiter zu verfolgen. Als Vergleichspunkt kann insofern der Ansatz von *Habermas* dienen, der in den politisch-philosophischen Annäherungen vorgestellt worden ist. *Habermas* versucht, das argumentative Patt, das sich in der Debatte um Religion in der politischen Öffentlichkeit ergeben hat, zu überwinden, indem er exklusivistische und inklusivistische Standpunkte miteinander verbindet. Auf der einen Seite werden den Religionen rationale Gehalte und ein potenzieller gesellschaftlicher Mehrwert zugesprochen, auf der anderen Seite werden Religionen aber auch nicht banalisiert, das heißt, die epistemische Sonderstellung religiöser Überzeugungen wird anerkannt und auch die Gefahren des Religiösen werden gesehen. Natürlich ist der Ansatz von *Habermas* aufgrund der Disziplinverschiedenheit nicht auf die juristische Interpretation des Neutralitätsgebots übertragbar, aber die zugrundeliegende Idee mag hilfreich sein. Auch die Rechtswissenschaft ist nicht dazu verpflichtet, die Ambivalenz des Religiösen aufzulösen, indem sie Religion entweder als etwas »positives« oder »negatives« einordnet und dementsprechend das Neutralitätsgebot ausfüllt. Insofern sind vermittelnde Konzepte oder die Kombination verschiedener Neutralitätskonzepte nicht einfach nur eine pragmatische Antwort auf komplizierte Fallgestaltungen, sondern sie scheinen tatsächlich dem Entscheidungsgegenstand angemessener zu sein, weil sie die Ambivalenz des Religiösen besser erfassen.

B. Praktischer Mehrwert

Eine Ausgangsthese dieser Arbeit war, dass der Streit über eine inhaltliche Neuausrichtung des Religionsverfassungsrechts nicht immer offen geführt wird, wodurch der Eindruck zu entstehen droht, dass der Sache nach Einigkeit besteht. Die Darstellung der rechtswissenschaftlichen Konzepte im 3. Kapitel hat nun gezeigt, wie vielfältig die Verständnisse sind, die sich hinter dem Neutralitätsbegriff verbergen. Im religionsverfassungsrechtlichen Diskurs kann es dementspre-

[4] Eine Sonderstellung nimmt insofern das moderne vermittelnde Neutralitätskonzept ein, welches das Neutralitätsgebot im Sinne einer Abwägungsvorgabe versteht. Dieses Modell begegnet Religionen und Weltanschauungen zunächst mit einer positiven Offenheit, behält sich aber aufgrund der problematischen Aspekte von Religion Einschränkungsmöglichkeiten vor; vgl. oben, 3. Kapitel, D. I.

chend vorkommen, dass sich zwei Meinungen in scheinbar identischer Form auf die religiös-weltanschauliche Neutralität des Staates beziehen, dabei aber ganz unterschiedliche Gehalte voraussetzen. Der praktische Mehrwert dieser Arbeit ist daher vor allem darin zu sehen, dass durch die Strukturierung und Analyse der verschiedenen Neutralitätskonzepte ein Instrumentarium geschaffen wurde, mit dem die Unterschiede in den Neutralitätsvorstellungen erkannt, begriffen und benannt werden können. Stellungnahmen zum verfassungsrechtlichen Verhältnis von Staat und Religionen sind nur selten mit einer Selbsteinordnung bzw. einer Abgrenzung zu anderen Verständnissen verbunden. Die hier vorgenommene Aufgliederung der verschiedenen Meinungsstränge mit ihren Einordnungen und Analysen ermöglicht es nun, selbst unpräzise formulierte oder bloß hintergründige Neutralitätskonzepte einer dieser Sichtweisen zuzuordnen. Der Nutzen besteht insofern nicht lediglich in einer selbstzweckhaften Systematisierung des Diskurses, sondern vor allem ermöglicht es die Zuordnung einer Stellungnahme zu einem bestimmten Neutralitätskonzept, auch implizit gebliebene Gehalte sichtbar zu machen. Im Endeffekt geht es also um Transparenz und Beherrschbarkeit einer schwer zugänglichen und komplexen Debatte.

Die Bedeutung dieses Anliegens reicht über den rein theoretischen Diskurs hinaus, hinein bis in den unmittelbar praktischen Bereich der Rechtsprechung. Hier bedarf es allerdings einer differenzierenden und aufmerksamen Betrachtungsweise. Im einleitenden Kapitel war bereits darauf hingewiesen worden, dass die Verwendung des Neutralitätsgebots in der Rechtsprechung vielfach oberflächlich bleibt. Wo dies der Fall ist, können die hiesigen Darstellungen als ein Angebot dienen, mittels dessen die Verwendung der religiös-weltanschaulichen Neutralität als Rechtsbegriff überdacht, vertieft und ausdifferenziert werden kann. Wo hingegen bereits inhaltlich mit dem Neutralitätsgebot gearbeitet wird, kann ein Bewusstsein für die verschiedenen Neutralitätsverständnisse und ihre Implikationen förderlich sein, um Missverständnisse zu vermeiden. Besonders illustrativ ist insofern die zweite Entscheidung des Bundesverfassungsgerichts zum muslimischen Kopftuch einer Lehrerin aus dem Jahr 2015, die mit sechs zu zwei Stimmen ergangen ist. Bei genauer Betrachtung zeigt sich nämlich, dass in den Entscheidungsgründen und der abweichenden Meinung unterschiedliche Neutralitätsverständnisse zugrunde gelegt wurden. Es lohnt sich daher, die im Hinblick auf das Neutralitätsgebot zentralen Passagen näher vorzustellen, um so den praktischen Mehrwert dieser Arbeit greifbar werden zu lassen.

Die Begründung der Mehrheitsentscheidung beginnt damit, dass das Interesse der Lehrerin, ein Kopftuch zu tragen, dem Schutz der Glaubens- und Bekenntnisfreiheit aus Art. 4 Abs. 1 und 2 GG zugeordnet und anschließend in Opposition zu verschiedenen anderen Interessen von Verfassungsrang gesetzt wird, unter anderem auch dem staatlichen Erziehungsauftrag aus Art. 7 Abs. 1 GG, der »unter Wahrung der Pflicht zu weltanschaulich-religiöser Neutralität zu erfüllen« sei.[5] Die Inhaltsbestimmung des Neutralitätsgebots wird sodann mit der

[5] BVerfGE 138, 296, 327 ff., Zitat von S. 338.

hergebrachten Formel eingeleitet, der zufolge die religiös-weltanschauliche Neutralität »nicht als eine distanzierende im Sinne einer strikten Trennung von Staat und Kirche [...], sondern als eine offene und übergreifende, die Glaubensfreiheit für alle Bekenntnisse gleichermaßen fördernde Haltung« zu verstehen sei.[6] Wie sich diese offene und übergreifende Haltung auswirkt, wird gleich im darauffolgenden Satz expliziert: »Art. 4 Abs. 1 und 2 GG gebietet auch im positiven Sinn, den Raum für die aktive Betätigung der Glaubensüberzeugung und die Verwirklichung der autonomen Persönlichkeit auf weltanschaulich-religiösem Gebiet zu sichern«.[7] An dieser Stelle liegt ein gewisser Bruch in der Argumentationsstruktur vor: Der Absatz wurde eingeleitet mit einer Erklärung zum Neutralitätsgebot und wird fortgesetzt mit Ausführungen zur Glaubens- und Bekenntnisfreiheit. Dies ist ein Beispiel für die bereits angedeuteten Tendenzen des Bundesverfassungsgerichts, das Neutralitätsgebot insbesondere bei Art. 4 Abs. 1 und 2 GG zu verorten und konkrete Entscheidungen nicht aus diesem allgemeinen Verfassungsgrundsatz abzuleiten, sondern eine Konfliktlage zwischen konkreten Verfassungsgütern – z. B. der positiven und negativen Religionsfreiheit – zu konstruieren, die anschließend durch Abwägung gelöst wird.[8] Abstrahiert man aber von dieser Konstruktionsfrage und konzentriert sich auf die inhaltlichen Anordnungen, die an dieser Stelle der Entscheidungsgründe getroffen werden, dann sticht die Formulierung hervor, nach der es verfassungsrechtlich »geboten« sei, Raum für die Glaubensbetätigung zu sichern. Hiermit wird ein religionsverfassungsrechtliches Verständnis etabliert, welches der positiven Neutralität im Sinne einer grundsätzlichen Offenheit des Staates für Religion entspricht. Das Bundesverfassungsgericht konkretisiert dies im Hinblick auf das in Frage stehende Kopftuch der Lehrerin folgendermaßen:

> »Weil Bezüge zu verschiedenen Religionen und Weltanschauungen bei der Gestaltung der öffentlichen Schule möglich sind, ist für sich genommen auch die bloß am äußeren Erscheinungsbild hervortretende Sichtbarkeit religiöser oder weltanschaulicher Zugehörigkeit einzelner Lehrkräfte – unabhängig davon, welche Religion oder Weltanschauung im Einzelfall betroffen ist – durch die dem Staat gebotene weltanschaulich-religiöse Neutralität nicht ohne Weiteres ausgeschlossen. In dieser Offenheit bewahrt der freiheitliche Staat des Grundgesetzes seine religiöse und weltanschauliche Neutralität«.[9]

Mit diesen Ausführungen betont das Bundesverfassungsgericht nochmals die grundsätzliche Offenheit des Staates für Religion als Ausformung des Neutralitätsgebots. Gleichzeitig wird durch den Hinweis, dass die religiös-weltanschauliche Neutralität das Tragen eines Kopftuchs durch eine Lehrerin »nicht ohne Weiteres« ausschließt, auf eine Ausnahmemöglichkeit hingewiesen. Worin eine solche Ausnahme von der grundsätzlichen Offenheit des Staates bestehen kann, wird in den Entscheidungsgründen folgendermaßen beschrieben:

---

[6] BVerfGE 138, 296, 339.
[7] BVerfGE 138, 296, 339.
[8] *Dreier*, Staat ohne Gott, 2018, S. 137 f.; vgl. auch oben, 2. Kapitel, C. II. 1.
[9] BVerfGE 138, 296, 340.

»Anders verhält es sich dann, wenn das äußere Erscheinungsbild von Lehrkräften zu einer hinreichend konkreten Gefährdung oder Störung des Schulfriedens oder der staatlichen Neutralität führt oder wesentlich dazu beiträgt. Dies wäre etwa in einer Situation denkbar, in der – insbesondere von älteren Schülern oder Eltern – über die Frage des richtigen religiösen Verhaltens sehr kontroverse Positionen mit Nachdruck vertreten und in einer Weise in die Schule hineingetragen würden, welche die schulischen Abläufe und die Erfüllung des staatlichen Erziehungsauftrags ernsthaft beeinträchtigte, sofern die Sichtbarkeit religiöser Überzeugungen und Bekleidungspraktiken diesen Konflikt erzeugte oder schürte.«[10]

Auch hier lässt sich wieder eine nicht stringente Verwendung des Neutralitätsgebots beobachten. So scheint es zirkelschlüssig, dass das religiös beeinflusste »äußere Erscheinungsbild von Lehrkräften« zu einer »Gefährdung oder Störung« der staatlichen Neutralität führen könne, wo doch soeben festgestellt worden war, dass sich die staatliche Neutralität gerade durch die Offenheit des Staates für religiös beeinflusstes Verhalten verwirkliche. Klar und nachvollziehbar ist jedoch der Fall der »hinreichend konkreten Gefährdung oder Störung des Schulfriedens«, der zudem beispielhaft ausformuliert wird. Es wird deutlich, dass nach der Deutung der Senatsmehrheit die grundsätzliche Offenheit des Staates soweit gilt, bis es zu einer Konfliktlage mit anderen Interessen von Verfassungsrang kommt, die nicht anderweitig aufgelöst werden kann. Sieht man über den unpräzisen Umgang mit dem Neutralitätsgebot hinweg, dann zeigt sich, dass im Ergebnis ein religionsverfassungsrechtliches Verständnis zugrunde gelegt wird, welches dem modernen vermittelnden Neutralitätskonzept entspricht, demzufolge die religiös-weltanschauliche Neutralität als Abwägungsvorgabe zu verstehen sei. Konkret entspricht es der Variante *Böckenfördes*, weil zur Einschränkbarkeit der grundsätzlichen Offenheit des Staates für religiöses Verhalten eine hinreichend konkrete Gefährdungslage gefordert wird.[11]

Es ist gerade diese Deutung des Religionsverfassungsrechts im Sinne einer »konstitutionellen Präferenz«[12] zugunsten einer Offenheit des Staates, die nur im Ausnahmefall beschränkt werden kann, gegen die sich die abweichende Meinung des Richters *Schluckebier* und der Richterin *Hermanns* wendet. Die Vorgegebenheit von Abwägungsentscheidungen, so lautet ihre Kritik, beschneide »den Spielraum des Landesschulgesetzgebers bei der Ausgestaltung des multipolaren Grundrechtsverhältnisses« in nicht akzeptabler Weise.[13] Es gehöre vielmehr zur demokratisch begründeten Kompetenz des Gesetzgebers, einen angemessenen und schonenden Ausgleich zwischen den in Konflikt stehenden verfassungsrechtlichen Positionen zu bestimmen.[14] Damit gehe eine »weitgehende Gestaltungsfreiheit« einher, die – so stellt die abweichende Meinung in Anlehnung an

---

10 BVerfGE 138, 296, 341.

11 Vgl. oben, 3. Kapitel, D. I.

12 *Heinig*, »Säkularismus« und »Laizismus« als Anfragen an das säkulare Religionsrecht in Deutschland, in: ders., Die Verfassung der Religion, 2014, S. 146, 156.

13 BVerfGE 138, 296, 359f.

14 BVerfGE 138, 296, 362.

die erste Kopftuchentscheidung des Bundesverfassungsgerichts aus dem Jahr 2003[15] fest – es dem Gesetzgeber erlaube,

»der staatlichen Neutralität im schulischen Bereich eine striktere und mehr als bisher distanzierende Bedeutung beizumessen und demgemäß auch durch das äußere Erscheinungsbild einer Lehrkraft vermittelte religiöse Bezüge von den Schülern grundsätzlich fernzuhalten, um Konflikte mit Schülern, Eltern oder anderen Lehrkräften von vornherein zu vermeiden. Es ist demnach zunächst Sache des Landesgesetzgebers, darüber zu befinden, wie er den schonenden Ausgleich bei der Gestaltung des Erziehungsauftrags im multipolaren Grundrechtsverhältnis der Schule findet. Dabei kann er religiöse Bezüge in der bekenntnisoffenen Gemeinschaftsschule in weitgehendem Maße zulassen; er kann sie aber auch – abgesehen von der Garantie des Religionsunterrichts (Art. 7 Abs. 3 GG) – weitgehend aus der Schule heraushalten. Entscheidet sich der Landesgesetzgeber – etwa in Ansehung wachsender kultureller und religiöser Vielfalt – für eine Beschränkung des zulässigen Ausmaßes religiöser Bezüge in der Gemeinschaftsschule, so steht es ihm – gerade bezogen auf das Verhalten seiner Pädagogen – offen, schon vorbeugend möglichen Beeinflussungen der Schülerinnen und Schüler entgegenzuwirken, um nicht fernliegende Konflikte zwischen Pädagogen und Schülern sowie deren Eltern, aber auch innerhalb der Schülerschaft von vornherein zu vermeiden.«[16]

Der abweichenden Meinung liegt somit eine Deutung der religionsverfassungsrechtlichen Vorgaben zugrunde, der zufolge die religionsnahen Bestimmungen des Grundgesetzes einen Minimalgehalt staatlicher Offenheit für Religion normieren – im Rahmen der Schule geschieht dies durch den in Bezug genommenen Art. 7 Abs. 3 GG. Entsprechend kann angenommen werden, dass die abweichende Meinung das Verbot der Staatskirche nach Art. 137 Abs. 1 WRV i. V. m. Art. 140 GG als Maximalgrenze verstehen wird. Den dazwischenliegenden Raum habe der Staat auf neutrale Weise zu füllen, wobei es dem gesetzgeberischen Ermessen anheimgestellt wird, inwieweit dies durch eine »positive« Offenheit oder eine »negative« Verschlossenheit geschehen soll. Inhaltliche Vorgaben für den Grad der Offenheit des Staates sind dem Neutralitätsgebot also nicht zu entnehmen, das heißt, die staatliche Neutralität bestimmt lediglich die Art und Weise, wie der vom Gesetzgeber bestimmte Grad der Offenheit umzusetzen ist. Damit entspricht die Sichtweise der abweichenden Meinung passgenau dem modernen vermittelnden Konzept, welches eine gleichheitszentrierte Inhaltsbestimmung des Neutralitätsgebots vornimmt.[17]

Wenn – wie auch in dieser Arbeit vorgeschlagen – die religiös-weltanschauliche Neutralität als Schlüsselbegriff des Religionsverfassungsrechts verstanden wird, dann verwundert es nicht, wenn unterschiedliche Beurteilungen eines religionsrechtlichen Falls auf unterschiedliche Neutralitätsverständnisse rückführbar sind. Die kurze Untersuchung der zweiten Entscheidung zum Kopftuch einer Lehrerin sollte daher vor allem illustrieren, wie zielgenau sich die Deutungsvarianten der Mehrheitsentscheidung und der abweichenden Meinung bestimmten Neutralitätskonzepten zuordnen lassen. Für die zukünftige Behand-

---

[15] BVerfGE 108, 282.
[16] BVerfGE 138, 296, 362.
[17] Vgl. oben, 3. Kapitel, D. II.

lung religionsverfassungsrechtlicher Fragestellungen mag es somit hilfreich sein, direkt auf die unterschiedlichen Neutralitätskonzepte bezugzunehmen. Losgelöst von der Frage, wie die religiös-weltanschauliche Neutralität inhaltlich konkret zu bestimmen ist, wird vor dem Hintergrund der hier vorgestellten Entscheidung jedenfalls deutlich, dass dem Rechtsbegriff eine heuristische Funktion zukommen kann. Sowohl die Begründung der Mehrheitsentscheidung als auch die abweichende Meinung verlieren nämlich viel von ihrer Streitkraft, weil ihre Kernaussagen in der Komplexität der verfassungsrechtlichen Vorgaben und der betroffenen Interessen nur schwer greifbar sind. Eine auf das Neutralitätsgebot zentrierte Argumentation würde insofern helfen, die Diskussion zu fokussieren und die widerstreitenden Ansichten voneinander abgrenzbar zu machen. Zudem würde die bewusste Orientierung an Neutralitätskonzepten es ermöglichen, auf ein in der Rechtswissenschaft bereits erarbeitetes Repertoire dogmatischer Strukturen zurückzugreifen.

Für die individuelle Gerichtsentscheidung mag es zwar dennoch ausreichend sein, einzelfallbezogen nach einem Ausgleich der jeweils betroffenen Interessen zu suchen. Im Hinblick auf die sich andeutenden Herausforderungen im Religionsverfassungsrecht (näher sogleich) könnte es jedoch förderlich sein, inhaltlich an einem umfassenden religionsverfassungsrechtlichen Konzept anzuknüpfen, um kohärente und – insbesondere gegenüber einer pluralistischen Gesellschaftsordnung[18] – vermittelbare Ergebnisse zu formulieren. Hiergegen lässt sich zwar einwenden, dass die Verpflichtung auf ein geschlossenes verfassungsrechtliches Konzept oder ein bestimmtes theoretisches Verständnis der praktischen Arbeit von Gerichten – und zwar auch dem Bundesverfassungsgericht – nicht entspricht, zumal die Flexibilität, die aus einem souveränen Umgang mit theoretischen Argumenten und Konzepten folgt, als notwendig für eine zukunftsoffene und einzelfalladäquate Rechtsanwendung gesehen werden kann.[19] Das bedeutet jedoch nicht, dass die Anbindung an Theorien und Konzepte gänzlich ausgeschlossen ist. So greift das Bundesverfassungsgericht durchaus auf z. B. staatstheoretische Überlegungen zurück, »wo die normativen Parameter dies fordern oder zulassen und die Überlegungen einen Rationalitätsgewinn versprechen«.[20] Vor diesem Hintergrund scheint es nicht ausgeschlossen, dass es dem Bundesverfassungsgericht in vergleichbarer Weise gelingen würde, die Ressourcen aus dem rechtswissenschaftlichen Diskurs zum Neutralitätsgebot für die Rechtsprechung fruchtbar zu machen, ohne sich dem Diktat eines vorgefertigten Konzepts zu unterwerfen.

[18] Zu Artikulationsproblemen insbesondere gegenüber der muslimischen Minderheit *Bock*, Der Islam in der aktuellen Entscheidungspraxis des Öffentlichen Rechts, NVwZ 2007, 1250, 1256.

[19] Eingehend im Hinblick auf das Bundesverfassungsgericht und den Umgang mit staatstheoretischen Argumenten *Voßkuhle*, Die Staatstheorie des Bundesverfassungsgerichts, in: Voßkuhle/Bumke u. a. (Hrsg.), Verabschiedung und Wiederentdeckung des Staates im Spannungsfeld der Disziplinen, 2013, S. 371 ff.

[20] *Voßkuhle*, Die Staatstheorie des Bundesverfassungsgerichts, in: Voßkuhle/Bumke u. a. (Hrsg.), Verabschiedung und Wiederentdeckung des Staates im Spannungsfeld der Disziplinen, 2013, S. 371, 382.

C. Ausblick

Die sozialphilosophische Säkularisierungsthese, der zufolge die gesellschaftliche und politische Relevanz von Religionen im Wege zunehmender Modernisierung immer weiter abnehmen und allenfalls eine rein private Bedeutung verbleiben würde,[21] scheint aus heutiger Perspektive nicht zuzutreffen. Im Gegenteil, derzeit scheint es wahrscheinlich, dass Religionen und Weltanschauungen nicht nur weiterhin einen festen Platz in der Gesellschaft haben werden, sondern ihre politische Brisanz sogar zunehmen wird.[22] Die heutige, in der deutschen Geschichte beispiellose Pluralität der religiös-weltanschaulichen Lebensentwürfe, die mit dem weiteren Wachstum des Islam noch verfestigt wird, lässt sich als Bereicherung wahrnehmen, sie ist aber auch nicht frei von Spannungen. Es sind diese Spannungen, aufgrund derer das Religionsverfassungsrecht weiterhin ein gesellschaftlich besonders heikles Rechtsgebiet sein wird. So lassen sich für alle der fünf typischen Konfliktkonstellationen weitere Streitthemen erahnen. Besonders drängend scheinen nach wie vor die *Fälle der konfligierenden Religionsfreiheit im öffentlichen Raum* zu sein. Für den Bereich der staatlich organisierten Öffentlichkeit wurde zwar nach den Entscheidungen des Bundesverfassungsgerichts zum Kopftuch von Lehrerinnen[23] und nachfolgend Erzieherinnen an öffentlichen Kindertagesstätten[24] der einstweilige Status quo erreicht.[25] Es zeichnet sich jedoch ab, dass bald der Kernbereich der Staatlichkeit neu behandelt werden wird. Die fortschreitende Integration und gesellschaftliche Etablierung von Muslimen führt selbstverständlich dazu, dass auch Ämter, die der staatlich-hoheitlichen Organisationssphäre zuzurechnen sind, von gläubigen Muslimas angestrebt werden. Es scheint somit nur eine Frage der Zeit zu sein, bis es zu Beschwerden von Richterinnen oder Staatsanwältinnen kommt, die aus religiöser Überzeugung ein Kopftuch tragen wollen und dadurch mit den pauschalen

---

[21] Vgl. oben, 1. Kapitel, A. Fn. 4.

[22] Zur religionssoziologischen Entwicklung siehe m. w. N. oben, 1. Kapitel, A.

[23] BVerfGE 108, 282; 138, 296.

[24] BVerfG NJW 2017, 381 ff.

[25] Es sollte jedoch beachtet werden, dass die zweite Entscheidung zum Kopftuch von Lehrerinnen und die Entscheidung zum Kopftuch von Erzieherinnen an öffentlichen Kindertagesstätten vom Ersten Senat respektive der 2. Kammer des Ersten Senats erlassen wurden, wohingegen für die erste Entscheidung zum Kopftuch von Lehrerinnen der Zweite Senat zuständig war. Aufgrund der inhaltlichen Unterschiede könnten die späteren beiden Entscheidungen auch als Abweichung und nicht als Fortentwicklung der vom Ersten Senat begonnenen Rechtsprechung zum Kopftuch gedeutet werden. So betrachtet scheint der aktuelle Status quo nicht notwendigerweise ein Endpunkt in der höchstrichterlichen Behandlung des Kopftuchs in öffentlichen Schulen und Kitas zu sein. Für die Kritik daran, dass der Erste Senat darauf verzichtet hatte, zur grundsätzlichen Klärung das Plenum nach § 16 Abs. 1 BVerfGG anzurufen *Franzius*, Vom Kopftuch I zum Kopftuch II, Der Staat 54 (2015), 435, 447 ff.; *Volkmann*, Dimensionen des Kopftuchstreits, JA 2015, 1083, 1090; a. A., weil keine Abweichung von tragenden Gründen vorgelegen habe, *Hong*, Ein Gericht oder zwei Gerichte?, Der Staat 54 (2015), 409, 414 ff., 419 ff., 427; ebenfalls dagegen *Sacksofsky*, Kopftuch als Gefahr – ein dogmatischer Irrweg, DVBl 2015, 801, 807. Daher für eine Klärung durch das Plenum nun im Rahmen der Frage nach dem Kopftuch von Rechtsreferendarinnen *Eckertz-Höfer*, Kein Kopftuch auf der Richterbank?, DVBl 2018, 537, 540.

Verboten in den »Neutralitätsgesetzen« verschiedener Bundesländer in Konflikt geraten.[26] Fälle muslimischer Rechtsreferendarinnen, die im Rahmen ihrer Tätigkeit bei Gericht ein Kopftuch tragen wollten, haben die Rechtsprechung bereits beschäftigt.[27] Eine abschließende Entscheidung durch das Bundesverfassungsgericht steht noch aus; das Gericht hatte jedoch im Rahmen der Ablehnung einer einstweiligen Verfügung festgestellt, dass die »offene und übergreifende« Form der Neutralität »insbesondere auch für den vom Staat garantierten und gewährleisteten Bereich der Justiz« gilt.[28] Sollte dieser Gedanke in der Hauptsacheentscheidung weiterverfolgt werden, würde das klassische vermittelnde Neutralitätskonzept – die bereichsspezifische Deutung des Neutralitätsgrundsatzes – grundsätzlich in Frage gestellt.[29]

Auch die *Religionsfreiheit als Freiheitsrecht* wird weiterhin Entscheidungsbedarf hervorrufen, wo glaubensgeleitetes Verhalten mit staatlichen Ge- und Verboten kollidiert. Klassischerweise ist insofern insbesondere der Bereich staatlicher Pflichtschulen kontrovers, gegebenfalls auch das Strafrecht.[30] Zukünftig könnten auch verschiedene Gesichtsverhüllungsverbote, die in den letzten Jahren erlassen wurden, Bedeutung erlangen;[31] darüber hinaus erscheint es möglich, dass bisher unauffällig gebliebene Bereiche relevant werden, so etwa gerichtlich durchgesetzte Verpflichtungen zu Zinszahlungen, die mit dem muslimischen Zinsverbot kollidieren könnten.[32]

Fragen der *institutionellen Abgrenzung* könnten ebenfalls in neuer Form beachtet werden. In der Politik finden sich nämlich speziell im Hinblick auf den Islam einige Bestrebungen positiver Religionspflege. Wenn ohne eine substantielle institutionelle Verdichtung des parzellierten Islam Lehrstühle für Islamische Theologie an staatlichen Universitäten eingerichtet werden, wenn muslimischer Religionsunterricht an Schulen etabliert wird und wenn mit der Deutschen Islamkonferenz versucht wird, eine Dialogplattform zwischen dem deutschen Staat und dem Islam zu schaffen, dann wird eine durchaus ehrenwerte Motivation zum Ausdruck gebracht: Die muslimischen Bürgerinnen und Bürger

---

[26] Siehe z. B. § 1 des Gesetzes zu Artikel 29 der Verfassung von Berlin; Art. 11 Abs. 2 Bayerisches Richter- und Staatsanwaltschaftsgesetz; § 45 Hessisches Beamtengesetz.

[27] Eingehend zur Thematik und zur Behandlung in der Rechtsprechung *Payandeh*, Das Kopftuch der Richterin aus verfassungsrechtlicher Perspektive, DÖV 2018, 482 ff.; *Eckertz-Höfer*, Kein Kopftuch auf der Richterbank?, DVBl 2018, 537, 538 ff.

[28] BVerfG NJW 2017, 2333, 2335 f., Rn. 47 f. Beachte aber im – potenziellen – Widerspruch hierzu Rn. 49: »Die richterliche Tätigkeit erfordert daher unbedingte Neutralität gegenüber den Verfahrensbeteiligten«. Näher zu der »stilistisch wie inhaltlich so eigentümlichen« Begründung des Gerichts *Augsberg*, Ist religiöse Identität ein Problem für das Recht?, in: Anter/Frick (Hrsg.), Politik, Recht und Religion, 2019, S. 31, 37 ff.

[29] *Häberle*, Vor einer »Kopftuch III« Entscheidung des Bundesverfassungsgerichts, DVBl 2018, 1263, 1265.

[30] Überblicksartig zu den Konstellationen *Bock*, Der Islam in der aktuellen Entscheidungspraxis des Öffentlichen Rechts, NVwZ 2007, 1250, 1251 ff.; eingehend *Waldhoff*, Neue Religionskonflikte und staatliche Neutralität, 2010, S. 108 ff., 158 ff.

[31] So z. B. für den Straßenverkehr nach § 23 Abs. 4 StVO; in bayerischen Schulen nach Art. 56 Abs. 4 S. 2 BayEUG; für die Stimmabgabe bei einer Wahl vgl. zudem § 56 Abs. 1a BWO.

[32] Vgl. *Wittreck*, Religionsfreiheit als Rationalisierungsverbot, Der Staat 42 (2003), 529, 551 f.

sollen mit ihrer Religion ernstgenommen und gleichberechtigt in das deutsche religionsverfassungsrechtliche System integriert werden. Dies mag auf muslimischer Seite weitgehend positiv aufgenommen werden, es kann aber auch zu Irritationen führen, weil diese staatlichen Initiativen mit gewissen Differenzierungen verbunden sind: Wer darf die Muslime gegenüber dem Staat im Rahmen der Islamkonferenz repräsentieren? Wer darf den schulischen Unterricht gestalten? Wer wird auf einen Lehrstuhl berufen?[33] Die Entscheidungen können Auswirkungen auf binnenreligiöse Prozesse haben – insbesondere im Bildungsbereich ist dies aufgrund der Anleitungs- und Multiplikationsfunktion der Lehrenden evident – und so kann sich die Frage stellen, ob und wann die Grenze zum religiösen Selbstverwaltungsrecht überschritten wird.

Das fortschreitende Anwachsen des Islam wird darüber hinaus vermutlich zu weiteren *gleichheitsrechtlichen Konflikten* führen. Insbesondere der Körperschaftsstatus, staatliche Förderleistungen und die Beteiligung in plural besetzten Gremien scheinen geeignet, vermehrt zu Kontroversen zu führen, je stärker sich die Zahlen der Muslime und der Christen in Deutschland annähern. Auch die Fallgruppe *ethischer Fragestellungen und gesellschaftlicher Praxen* kann insofern berührt werden, etwa im Hinblick auf die Festsetzung eines muslimischen Fests als anerkanntem Feiertag.

All diese Beispiele verdeutlichen, dass auch der Rechtsbegriff der religiös-weltanschaulichen Neutralität weiterhin von überragender praktischer Relevanz sein wird. Jede der berührten Fragestellungen setzt ein Bewusstsein dafür voraus, was von Verfassungs wegen geboten, erlaubt und verboten ist. Damit soll freilich nicht unterstellt werden, dass die jeweiligen Konflikte ausschließlich mit Hilfe des Neutralitätsgebots gelöst werden können. Wo es möglich ist, besteht die gesellschaftlich vorzugswürde Vorgehensweise darin, die Konflikte auf politischer Ebene und in der Rechtsanwendung zu entschärfen. Ein Beispiel, wo dies derzeit zu gelingen scheint, ist das Bestattungsrecht. Dieser naturgemäß religiös beladene und kulturell geprägte Rechtsbereich galt zu Beginn des 21. Jahrhunderts als besonders konfliktträchtig, weil die deutsche Rechtsordnung nicht auf die besonderen Bedürfnisse des Islam eingestellt war, wie z. B. die religiösen Gebote der Bestattung innerhalb von 24 Stunden und der sarglosen Beerdigung.[34] Darüber hinaus wurden christliche Ordnungsvorstellungen einseitig privilegiert, so z. B. über die Erstattungsfähigkeit »erforderlicher« Beerdigungskosten nach § 74 SGB XII (ehemals § 15 BSHG), wobei sich die Erforderlichkeit

[33] Beispielhaft der Streit um die Besetzung des Leitungspostens des Zentrums für Islamische Theologie in Münster *Horstkotte*, Muslimische Verbände wollen Theologen Khorchide absetzen, ZEIT-Online, 17.12.2013; zur Diskussion um die Zusammensetzung der Deutschen Islamkonferenz *Sadigh*, »Muslime müssen selbst den deutschen Islam formen« – Interview mit Ahmad Mansour, ZEIT-Online, 27.9.2016.

[34] Eingehend *Gartner*, Der Islam im religionsneutralen Staat, 2006, S. 261 ff., 280 ff.; *Zacharias*, Islamisches und deutsches Bestattungsrecht im Widerstreit, ZevKR 48 (2003), 149 ff.; überblicksartig *Hertlein*, Der rechtliche Rahmen für Bestattungen nach islamischen Vorschriften, NVwZ 2001, 890 f.; vgl. zudem *Morlok*, in: Dreier, Art. 4 GG Rn. 140; *Mückl*, in: Bonner Kommentar, Art. 4 GG Rn. 142.

nicht an religiösen Partikularbedürfnissen orientierte, sondern am Maßstab eines »ortsüblich angemessenen Begräbnisses« bestimmt wurde. Insofern wurden »die jeweils herrschenden Lebensgewohnheiten« als maßgeblich angesehen, sodass ein Holzkreuz – nicht als religiöses, wohl aber als inkulturiertes Symbol – erstattungsfähig war, anders als die Leichenwäsche nach islamischer Tradition.[35] In den vergangenen Jahren wurden die verschiedenen Konfliktpunkte jedoch in Teilen bereits abgebaut. So haben viele Landesgesetzgeber die Bestattungsgesetze angepasst, sodass sie mit den muslimischen Bedürfnissen konform sind, und zum Teil auch muslimischen Religionsgesellschaften die Möglichkeit eröffnet, eigene kommunale Friedhöfe zu betreiben.[36] Darüber hinaus ist die Auslegung des § 74 SGB XII deutlich erweitert worden, sodass sie sich nun daran orientiert, was nach dem religiösen Verständnis des Verstorbenen als erforderlich betrachtet werden muss.[37]

Die zunehmende religiös-weltanschauliche Pluralisierung muss also nicht unweigerlich zu sich verhärtenden Konfliktlinien führen, sondern es darf gehofft werden, dass das neue gesellschaftliche Bewusstsein für die Vielfältigkeit religiöser Erscheinungsformen zu mehr Entgegenkommen und gegenseitiger Akzeptanz führt. Weil sich der Rechtsstaat auf den Erfolg solcher innergesellschaftlicher Prozesse allerdings nicht verlassen kann und darf, wird es dennoch erforderlich sein, ein Verständnis dafür zu entwickeln bzw. zu vertiefen, was als Kerngehalt der religionsverfassungsrechtlichen Identität der Bundesrepublik Deutschland zu verstehen ist und wie dieser Kerngehalt artikuliert werden kann. Gleichzeitig wird auch ein Bewusstsein dafür benötigt, was die dynamischen Bestandteile der Rechtsordnung sind und wie sich zielgerichtet über ihre praktische Umsetzung streiten lässt. Der Rechtsbegriff der religiös-weltanschaulichen Neutralität scheint hierfür trotz aller Irritationspotenziale der vielversprechendste Anknüpfungspunkt zu sein.

Zum Abschluss dieses Ausblicks und damit auch dieser Arbeit soll ein letzter Gedanke zur religiös-weltanschaulichen Neutralität formuliert werden, der über die typischen Anwendungsfelder des Rechtsbegriffs hinausreicht. Die Bewusstwerdung über die religionsverfassungsrechtliche Identität des Grundgesetzes, die aus der Auseinandersetzung mit dem Neutralitätsgebot erwächst, scheint zusätzlich im Hinblick auf zwei aktuelle gesellschaftliche Phänomene besonders drängend. Zum einen sind dies religiöse Ordnungsvorstellungen, insbesondere Familien- und erbrechtlicher Natur, die über die staatlichen Regelungen hinausgehen oder ihnen sogar widersprechen und die durch eine religiöse Paralleljus-

---

[35] Eingehend m. w. N. *Britz*, Der Einfluß christlicher Tradition auf die Rechtsauslegung als verfassungsrechtliches Gleichheitsproblem?, JZ 2000, 1127, 1128 f.; siehe auch *Droege*, Staatsleistungen an Religionsgemeinschaften im säkularen Kultur- und Sozialstaat, 2004, S. 397 f.; *Zacharias*, Islamisches und deutsches Bestattungsrecht im Widerstreit, ZevKR 48 (2003), 149, 150 f.

[36] Vgl. beispielhaft §§ 1 Abs. 5, 13 Abs. 2 BestG-NRW; 10a, 18 Abs. 2 BestG-Berlin (beachte jedoch § 21); 36, 39 Abs. 1 BestG-BW.

[37] BSG NVwZ-RR 2012, 352, 355; *Busse*, in: Gesamtkommentar Sozialrechtsberatung, 2. Aufl. 2018, § 74 SGB XII Rn. 8; *Kaiser*, in: BeckOK Sozialrecht, § 74 SGB XII Rn. 10.

tiz umgesetzt werden. Auch insofern ist der Islam von besonderer Bedeutung,[38] denn bevor es zu einem signifikanten Anwachsen dieser Religion kam, ließen sich entsprechende Erscheinungen im Islam oder in anderen Religionen als randständige Erscheinungen weitgehend ignorieren. Historisch betrachtet waren die Herausforderungen für das deutsche Religionsverfassungsrecht im Hinblick auf religiöse Hoheitsansprüche anders gelagert: Das Verbot der Staatskirche aus Art. 137 Abs. 1 WRV i. V. m. Art. 140 GG war eine Antwort auf überkommene Verbindungen von staatlicher und religiöser Macht und im Kontext der Koordinationslehre wurde darüber gestritten, inwiefern die christlichen Großkirchen als Institutionen im Rahmen ihrer Angelegenheiten vom staatlichen Hoheitsanspruch ausgenommen sind. Heute hingegen sieht sich der Staat parallelen Rechtsordnungen gegenüber, die gegenüber einer beachtenswerten Zahl von Bürgerinnen und Bürgern Regelungshoheit beanspruchen und sich dabei inhaltlich nicht auf den religiösen Binnenbereich beschränken. Hier ergeben sich anspruchsvolle Rechtsfragen nach Schutzpflichten und Eingriffsrechten des Staates,[39] vor allem aber zeigt sich eine Spannungslage zwischen Autorität und Autonomie, die den Staat in seinem Innersten herausfordert.[40] Natürlich wird die staatliche Macht nicht unmittelbar geschmälert, nur weil religiöse Gruppen eigene Ordnungsvorstellungen haben – es ist weiterhin der Staat, der bestimmt (und die Rechtsfolgen gegebenenfalls mit Zwang durchsetzt), wann eine rechtskräftige Ehe zustande gekommen ist, wer das Sorgerecht hat und auch, wann Sanktionsmechanismen der Bekenntnisgemeinschaften strafrechtlich relevant werden.[41] Trotzdem stellt religiöse Gerichtsbarkeit eine »Irritation für das System des modernen Verfassungsstaates« dar,[42] denn es wird eine Ordnung aufgestellt und durchgesetzt, die bewusst neben die staatliche Autorität tritt; eine Konkurrenzordnung, die aber gleichzeitig auch eine Äußerung derjenigen (religiösen) Freiheit ist, die der Staat gewährleisten will und soll. Dies führt nun zurück zum Thema dieser Arbeit:

---

[38] Eingehend zum Islam *Bauwens*, Religiöse Paralleljustiz, 2016, S. 56, mit historischen Ausführungen zum Judentum und zum Christentum *Hötte*, Religiöse Schiedsgerichtsbarkeit, 2013, S. 13 ff., zur praktischen Lage in den U.S.A. S. 73 ff.

[39] *Bauwens*, Religiöse Paralleljustiz, 2016, S. 104 ff.

[40] Darin offenbart sich eine Dimension im Verhältnis von Recht und Religion, die der lange Zeit religiös-weltanschaulich weitgehend homogen gebliebenen Bundesrepublik in dieser Form noch vergleichsweise fremd ist, die aber in der internationalen »Law and Religion«-Forschung schon länger beobachtet und bearbeitet wird. Einführend *Ferrari*, Introduction: The challenge of law and religion, in: Ferrari (Hrsg.), Routledge handbook of law and religion, 2015, S. 1 ff.; mit Schwerpunkt auf dem Familienrecht insgesamt *Mair*, A religious revival in family law, in: Ferrari (Hrsg.), Routledge handbook of law and religion, 2015, S. 245 ff.; *Menski*, Plurality-Conscious Rebalancing of Family Law Regulation in Europe, in: Shah/Foblets u. a. (Hrsg.), Family, religion and law, 2014, S. 29 ff.; speziell zum Eherecht *Bix*, Pluralism and Decentralization in Marriage Regulation, in: Nichols (Hrsg.), Marriage and divorce in a multicultural context, 2012, S. 60 ff.; zum Erziehungsrecht *Jänterä-Jareborg*, The Child in the Intersection between Society, Family, Faith and Culture, in: Jänterä-Jareborg (Hrsg.), The child's interests in conflict, 2016, S. 1 ff.

[41] *Wittreck*, Paralleljustiz in ethnischen Minderheiten?, in: Deixler-Hübner/Schauer (Hrsg.), Migration, Familie und Vermögen, 2014, S. 91, 110.

[42] *Wittreck*, Paralleljustiz in ethnischen Minderheiten?, in: Deixler-Hübner/Schauer (Hrsg.), Migration, Familie und Vermögen, 2014, S. 91, 119.

Die Irritation des Verfassungsstaates durch religiöse Paralleljustiz muss eingeordnet werden, ihr muss begegnet werden und sie muss ausgehalten werden. All dies ist nur möglich im Bewusstsein um die religionsverfassungsrechtliche Identität des Grundgesetzes und so erlangt auch hier die religiös-weltanschauliche Neutralität des Staates Bedeutung.

Das andere gesellschaftliche Phänomen, welches eine Auseinandersetzung mit dem Neutralitätsgebot zusätzlich drängend macht, ist die Inanspruchnahme des Christentums für nationalistische und fremdenfeindliche Bestrebungen. Für diese Zwecke wird der christliche Glaube nicht selten als Wurzel und Wesensmerkmal der verfassungsmäßigen Ordnung Deutschlands stilisiert und in Opposition insbesondere zum Islam gesetzt.[43] Dabei droht nicht nur ein entstellender Umgang mit dem Christentum als Religion, sondern auch mit der deutschen Verfassungsordnung, die – wie in dieser Arbeit gesehen – tatsächlich durch einen sehr differenzierten und vielschichtigen Umgang mit Religionen geprägt ist. Es ist daher richtig, wenn von christlicher Seite gegen diese Vereinnahmung vorgegangen wird,[44] und genauso notwendig ist es, dass von Seiten des Religionsverfassungsrechts die Stimme erhoben wird. Die religiös-weltanschauliche Neutralität des Staates als Identitätsmerkmal des Grundgesetzes, als Ausdruck der spezifisch deutschen religionsverfassungsrechtlichen Geschichte und als Topos des gesellschaftlichen Nachdenkens über das Verhältnis von Staat und Religion ist auch insofern ein geeigneter und ausdrucksstarker Bezugspunkt.

---

[43] Vgl. etwa *Alternative für Deutschland* (AfD), Grundsatzprogramm vom Bundesparteitag 2016, Abschnitt 7.2; *Nationaldemokratische Partei Deutschlands* (NPD), Islambroschüre, 2016, insb. Abschnitt 5.

[44] Beispielhaft als Reaktion auf PEGIDA von evangelischer Seite *Pohl*, »Das Gegenteil von Christentum« – Interview mit EKD-Vorsitzendem Heinrich Bedford-Strohm, taz-online, 22.12.2014; als Reaktion auf die AfD von katholischer Seite *Frankfurter Allgemeine Zeitung*, Kardinal Marx zieht Trennlinie zwischen Christen und AfD, FAZ-online, 15.1.2017.

Literaturverzeichnis

Alexy, Robert, Zum Begriff des Rechtsprinzips, in: Krawietz, Werner/Opalek, Kazimierz/Paczenik, Aleksander/Schramm, Alfred (Hrsg.), Argumentation und Hermeneutik in der Jurisprudenz – Rechtstheorie Beiheft 1, Berlin 1979, S. 59–87.

– Rechtsregeln und Rechtsprinzipien, in: MacCormick, Neil/Panou, Stavros/Lombardi Vallauri, Luigi (Hrsg.), Geltungs- und Erkenntnisbedingungen im modernen Rechtsdenken – ARSP Beiheft 25, Stuttgart 1985, S. 13–29.

– Theorie der Grundrechte, Frankfurt am Main 1986.

– Zur Struktur der Rechtsprinzipien, in: Schilcher, Bernd/Koller, Peter/Funk, Bernd-Christian (Hrsg.), Regeln, Prinzipien und Elemente in System des Rechts, Wien 2000, S. 31–52.

Alternative für Deutschland (AfD), Grundsatzprogramm vom Bundesparteitag 2016, https://cdn.afd.tools/wp-content/uploads/sites/111/2018/01/Programm_AfD_Druck_Online_190118.pdf (geprüft am 16.1.2020).

Anschütz, Gerhard, Die Verfassungs-Urkunde für den Preußischen Staat, Bd. 1 – Ein Kommentar für Wissenschaft und Praxis, Berlin 1912.

Aries, Wolf Dieter, Das Kreuz in der Schule aus islamischer Sicht, in: Brugger, Winfried/Huster, Stefan (Hrsg.), Der Streit um das Kreuz in der Schule – Zur religiös-weltanschaulichen Neutralität des Staates, Baden-Baden 1998, S. 191–201.

Assmann, Jan, Monotheismus und die Sprache der Gewalt, in: Walter, Peter (Hrsg.), Das Gewaltpotential des Monotheismus und der dreieine Gott, Freiburg im Breisgau 2005, S. 18–38.

– Die mosaische Unterscheidung oder der Preis des Monotheismus, München 2008.

Audi, Robert, The Place of Religious Argument in a Free and Democratic Society, San Diego Law Review 30 (1993), S. 677–702.

– Wolterstorff on Religion, Politics, and the Liberal State, in: ders./Wolterstorff, Nicholas (Hrsg.), Religion in the Public Square – The Place of Religious Convictions in Political Debate, Lanham 1997, S. 121–144.

– Religious commitment and secular reason, Cambridge 2000.

– Natural Reason, Religious Conviction, and the Justification of Coercion in Democratic Societies, Journal of Law, Philosophy and Culture IV (2009), S. 1–28.

– Democratic authority and the separation of church and state, Oxford 2011.

– Secular and Religious Foundations of Normative Standards: Liberalism, Naturalism, and Rationalism in Political Philosophy, in: Siep, Ludwig/Gutmann, Thomas/Jakl, Bernhard/Städtler, Michael (Hrsg.), Von der religiösen zur säkularen Begründung staatlicher Normen – Zum Verhältnis von Religion und Politik in der Philosophie der Neuzeit und in rechtssystematischen Fragen der Gegenwart, Tübingen 2012, S. 33–59.

Augsberg, Ino, Die Entstehung des neutralen Staates als Vorgang der Säkularisation, ZevKR 53 (2008), S. 445–455.

– Soziale Integration durch Religionsfreiheit? – Zur Neubestimmung des Religionsverfassungsrechts im Verständnishorizont eines reflexiven Rechtspluralismus, in: Heinig, Hans Michael/Walter, Christian (Hrsg.), Religionsverfassungsrechtliche Spannungsfelder, Tübingen 2015, S. 113–129.

– Ist religiöse Identität ein Problem für das Recht? in: Anter, Andreas/Frick, Verena (Hrsg.), Politik, Recht und Religion, Tübingen 2019, S. 31–48.

Bachof, Otto, Verfassungswidrige Verfassungsnormen?, Tübingen 1951.

Bäcker, Carsten, Theologische Fakultäten und das Neutralitätsgebot, Der Staat 48 (2009), S. 327–353.

Bader, Veit-Michael, Secularism or democracy? – Associational governance of religious diversity, Amsterdam 2007.

Badura, Peter, Der Schutz von Religion und Weltanschauung durch das Grundgesetz – Verfassungsfragen zur Existenz und Tätigkeit der neuen »Jugendreligionen«, Tübingen 1989.

– Das Grundgesetz vor der Frage des religiösen und weltanschaulichen Pluralismus, in: Baadte, Günter/Rauscher, Anton (Hrsg.), Religion, Recht und Politik, Graz 1997, S. 39–63.

Baldus, Manfred, Die religiös-weltanschauliche Neutralität des Staates – Bedeutung, Begründung, Aktualität, in: Anter, Andreas/Frick, Verena (Hrsg.), Politik, Recht und Religion, Tübingen 2019, S. 219–232.

Barth, Ulrich, Religion in der Moderne, Tübingen 2003.

Bauwens, Kathrin, Religiöse Paralleljustiz – Zulässigkeit und Grenzen informeller Streitschlichtung und Streitentscheidung unter Muslimen in Deutschland, Berlin 2016.

Beck, Susanne, Die Suggestion einzig richtiger Entscheidungen im Recht – notwendig oder vermeidbar?, in: Schuhr, Jan C. (Hrsg.), Rechtssicherheit durch Rechtswissenschaft, Tübingen 2014, S. 11–32.

v. Behren, Dirk, Die Geschichte des § 218 StGB, Tübingen 2004.

Berger, Klaus, Das Kreuz als öffentliches Symbol, in: Brugger, Winfried/Huster, Stefan (Hrsg.), Der Streit um das Kreuz in der Schule – Zur religiös-weltanschaulichen Neutralität des Staates, Baden-Baden 1998, S. 165–172.

Berger, Peter L., Zur Dialektik von Religion und Gesellschaft – Elemente einer soziologischen Theorie, Frankfurt am Main 1973.

Beseler, Georg, Redebeitrag, in: Wigard, Franz (Hrsg.), Stenographischer Bericht über die Verhandlungen der deutschen constitierenden Nationalversammlung Bd. 3, Frankfurt am Main 1848, S. 1951–1955.

Bethge, Eberhard, Rezension zu Dieter Lorenz: Das Drittsendungsrecht der Kirchen, DVBl 1989, S. 579.

Beulke, Eckart, Bonner Grundgesetz und die Parität der Kirchen, ZevKR 6 (1957/58), S. 127–153.

Bielefeldt, Heiner, Muslime im säkularen Rechtsstaat – Integrationschancen durch Religionsfreiheit, Bielefeld 2003.

– Menschenrechte in der Einwanderungsgesellschaft – Plädoyer für einen aufgeklärten Multikulturalismus, Bielefeld 2007.

Binder, Reinhart/Vesting, Thomas (Hrsg.), Beck'scher Kommentar zum Rundfunkrecht – Rundfunkstaatsvertrag, Jugendmedienschutz-Staatsvertrag, Rundfunkbeitragsstaatsvertrag, Rundfunkfinanzierungsstaatsvertrag, 4. Auflage, München 2018.

Bix, Brian H., Pluralism and Decentralization in Marriage Regulation, in: Nichols, Joel A. (Hrsg.), Marriage and divorce in a multicultural context – Multi-tiered marriage and the boundaries of civil law and religion, New York 2012, S. 60–77.

Blome, Thomas, Die Geschlechterverschiedenheit der Ehegatten – Kerngehalt der Ehe nach Art. 6 I GG?, NVwZ 2017, S. 1658–1663.

Bock, Wolfgang, Das für alle geltende Gesetz und die kirchliche Selbstbestimmung – Eine verfassungsrechtliche Untersuchung am Beispiel des Amtsrechts der evangelischen Kirchen, Tübingen 1996.

– Religionsfreiheit zwischen Skylla und Charybdis, AöR 123 (1998), S. 444–475.

- Der Islam in der aktuellen Entscheidungspraxis des Öffentlichen Rechts, NVwZ 2007, S. 1250–1257.

Böckenförde, Ernst-Wolfgang, Das Grundrecht der Gewissensfreiheit, VVDStRL 28 (1970), S. 33–88.
- Die Bedeutung der Unterscheidung von Staat und Gesellschaft im demokratischen Sozialstaat der Gegenwart, in: ders./Hoppe, Werner (Hrsg.), FG Hefermehl – Rechtsfragen der Gegenwart, Stuttgart 1972, S. 11–36.
- Die verfassungstheoretische Unterscheidung von Staat und Gesellschaft als Bedingung der individuellen Freiheit, Opladen 1973.
- Vorläufige Bilanz im Streit um das Schulgebet, DÖV 1974, S. 253–257.
- Kreuze (Kruzifixe) in Gerichtssälen? – Zum Verhältnis von staatlicher Selbstdarstellung und religiös weltanschaulicher Neutralität des Staates, ZevKR 20 (1975), S. 119–147.
- Diskussionsbeitrag, VVDStRL 59 (2000), S. 315–319.
- »Kopftuchstreit« auf dem richtigen Weg?, NJW 2001, S. 723–728.
- Schutzbereich, Eingriff, verfassungsimmanente Schranken – Zur Kritik gegenwärtiger Grundrechtsdogmatik, Der Staat 42 (2003), S. 165–192.
- Als Christ im Amt eines Verfassungsrichters (1999), in: ders., Kirche und christlicher Glaube in den Herausforderungen der Zeit – Beiträge zur politisch-theologischen Verfassungsgeschichte 1957–2002, Münster 2004, S. 415–424.
- Bekenntnisfreiheit in einer pluralen Gesellschaft und die Neutralitätspflicht des Staates, Una Sancta 2005, S. 235–249.
- Diskussionsbeitrag, VVDStRL 65 (2006), S. 100–101.
- Vorwort, in: ders., Der säkularisierte Staat – Sein Charakter, seine Rechtfertigung und seine Probleme im 21. Jahrhundert, München 2007, S. 7–10.
- Der säkularisierte Staat – Sein Charakter, seine Rechtfertigung und seine Probleme im 21. Jahrhundert, in: ders. (Hrsg.), Der säkularisierte Staat – Sein Charakter, seine Rechtfertigung und seine Probleme im 21. Jahrhundert, München 2007, S. 11–41.
- Die Entstehung des Staates als Vorgang der Säkularisation (1967), in: ders. (Hrsg.), Der säkularisierte Staat – Sein Charakter, seine Rechtfertigung und seine Probleme im 21. Jahrhundert, München 2007, S. 43–72.
- Diskussionsbeitrag, in: Kämper, Burkhard/Thönnes, Hans-Werner (Hrsg.), Essener Gespräche zum Thema Staat und Kirche (40) – Die Trennung von Staat und Kirche – Modelle und Wirklichkeit in Europa, Münster 2007, S. 95.
- Einleitung zur Textausgabe der »Erklärung über die Religionsfreiheit«, in: Gabriel, Karl/Spiess, Christian/Winkler, Katja (Hrsg.), Die Anerkennung der Religionsfreiheit auf dem Zweiten Vatikanischen Konzil – Texte zur Interpretation eines Lernprozesses, Paderborn 2013, S. 170–184.

Boettcher, James W., The Moral Status of Public Reason, The Journal of Political Philosophy 20 (2012), S. 156–177.

ders./Harmon, Jonathan, Introduction: Religion and the public sphere, Philosophy & Social Criticism 35 (2009), S. 5–22.

Bohn, Jochen, Religion vs. Rechtsstaat, oder: wenn die Neutralität endet – Ein skeptischer Ausblick, in: Bohrmann, Thomas/Küenzlen, Gottfried (Hrsg.), Religion im säkularen Verfassungsstaat, Berlin 2012, S. 137–140.

Bonhoeffer, Dietrich, Ethik – Werkausgabe Bd. 6, 2. Auflage, München 1998.

Borggreve, Fabio, Wissenschaftliche Positionen zum Staatskirchenrecht in der frühen Bundesrepublik Deutschland (1949–1969), Frankfurt am Main 2015.

Borgolte, Michael, Wie Europa seine Vielfalt fand – Über die mittelalterlichen Wurzeln für die Pluralität der Werte, in: Joas, Hans/Wiegandt, Klaus (Hrsg.), Die kulturellen Werte Europas, Frankfurt am Main 2005, S. 117–163.

Bornemann, Elias, Religiöse Pluralität und demokratischer Rechtsstaat – Die pluralistischen Demokratietheorien Robert A. Dahls und Ernst Fraenkels im aktuellen religionssoziologischen Kontext, in: Grundmann, Stefan/Thiessen, Jan (Hrsg.), Religiöse Werte im Recht – Tradition, Rezeption, Transformation, Tübingen 2017, S. 87–99.
Borowski, Martin, Die Glaubens- und Gewissensfreiheit des Grundgesetzes, Tübingen 2006.
– Grundrechte als Prinzipien, 2. Auflage, Baden-Baden 2007.
Brand, Jeffrey S., The Supreme Court, Equal Protection and Jury Selection – Denying that Race Still Matters, Wisconsin Law Review 1994, S. 511–630.
Brenner, Michael, Staat und Religion, VVDStRL 59 (2000), S. 264–300.
Breul, Martin, Öffentliche Gründe und die »Doktrin der Selbstbeschränkung« – Eine Kritik des liberalen Legitimitätsargumentes, in: Appel, Kurt/Guanzini, Isabella/Walser, Angelika (Hrsg.), Europa mit oder ohne Religion? – Der Beitrag der Religion zum gegenwärtigen und künftigen Europa, Göttingen 2014, S. 57–67.
– Religion in der politischen Öffentlichkeit – Zum Verhältnis von religiösen Überzeugungen und öffentlicher Rechtfertigung, Paderborn 2015.
Britz, Gabriele, Kulturelle Rechte und Verfassung – Über den rechtlichen Umgang mit kultureller Differenz, Tübingen 2000.
– Der Einfluß christlicher Tradition auf die Rechtsauslegung als verfassungsrechtliches Gleichheitsproblem? – Zu den praktischen Grenzen religiöser Neutralität im säkularen Staat, JZ 2000, S. 1127–1133.
Brocker, Manfred/Hildebrandt, Mathias (Hrsg.), Friedensstiftende Religionen? – Religion und die Deeskalation politischer Konflikte, Wiesbaden 2008.
Brugger, Winfried, Zum Verhältnis von Neutralitätsliberalismus und liberalem Kommunitarismus – Dargestellt am Streit über das Kreuz in der Schule, in: ders./Huster, Stefan (Hrsg.), Der Streit um das Kreuz in der Schule – Zur religiös-weltanschaulichen Neutralität des Staates, Baden-Baden 1998, S. 109–153.
– Trennung, Gleichheit, Nähe – Drei Staat-Kirche-Modelle, in: Reuter, Astrid/Kippenberg, Hans G. (Hrsg.), Religionskonflikte im Verfassungsstaat, Göttingen 2010, S. 119–143.
ders./Huster, Stefan, Einleitung, in: Brugger, Winfried/Huster, Stefan (Hrsg.), Der Streit um das Kreuz in der Schule – Zur religiös-weltanschaulichen Neutralität des Staates, Baden-Baden 1998, S. 7–12.
Bumke, Christian, Der Grundrechtsvorbehalt – Untersuchungen über die Begrenzung und Ausgestaltung der Grundrechte, Baden-Baden 1998.
– Ausgestaltung von Grundrechten – Grundlagen und Grundzüge einer Dogmatik der Grundrechtsausgestaltung unter besonderer Berücksichtigung der Vertragsfreiheit, Tübingen 2009.
– Der Grundsatz der Verhältnismäßigkeit – Beispiel für eine rechtsimmanente Innovation im Recht, in: Hoffmann-Riem, Wolfgang (Hrsg.), Innovationen im Recht, Baden-Baden 2016, S. 117–146.
– Rechtsdogmatik – Eine Disziplin und ihre Arbeitsweise, einschließlich einer Studie über das rechtsdogmatische Arbeiten Friedrich Carl von Savignys, Tübingen 2017.
Busse, Elmar Wolfgang Walter, Das Prinzip staatlicher Neutralität und die Freiheit der Religionsausübung – Eine Analyse der Rechtsprechung zum ethisch-religiösen Neutralitätsgebot, Frankfurt am Main 2013.
v. Campenhausen, Axel Frhr., Grundgesetz und Kirche – Anmerkungen zu den Auseinandersetzungen des Staatskirchenrechts, BayVBl. 1968, S. 221–225.
– Literaturübersicht zum Kirchenrecht und Staatskirchenrecht – Zweiter Teil, in: Mikat, Paul (Hrsg.), Kirche und Staat in der neueren Entwicklung, Darmstadt 1980, S. 67–120.
– Rezension zu Fischer, Trennung von Staat und Kirche, 3. Auflage, ZevKR 32 (1987), S. 237–239.

– Der heutige Verfassungsstaat und die Religion, in: Listl, Joseph/Pirson, Dietrich (Hrsg.), Handbuch des Staatskirchenrechts der Bundesrepublik Deutschland (HdbStKirchR) Bd. I, 2. Auflage, Berlin 1994, S. 47–84.
– Staatskirchenrecht – Ein Studienbuch, 3. Auflage, München 1996.
– Rezension zu Kleine, Markus: Institutionalisierte Verfassungswidrigkeiten im Verhältnis von Staat und Kirche unter dem Grundgesetz, ZevKR 43 (1998), S. 536–539.
– Zum Stand des Staatskirchenrechts in Deutschland, BayVBl. 1999, S. 65–70.
– Offene Fragen im Verhältnis von Staat und Kirche am Ende des 20. Jahrhunderts, in: Marré, Heiner/Schümmelfelder, Dieter/Kämper, Burkhard (Hrsg.), Essener Gespräche zum Thema Staat und Kirche (34) – Das Staat-Kirche-Verhältnis in Deutschland an der Schwelle zum 21. Jahrhundert, Münster 2000, S. 105–145.
– Religionsfreiheit, in: Isensee, Josef/Kirchhof, Paul (Hrsg.), Handbuch des Staatsrechts der Bundesrepublik Deutschland (HStR) Bd. VI, 2. Auflage, Heidelberg 2001, S. 369–434.
– Die Trennung von Staat und Kirche in Deutschland und das kirchliche Selbstbestimmungsrecht, ZevKR 47 (2002), S. 359–368.
– Religionsfreiheit, in: Isensee, Josef/Kirchhof, Paul (Hrsg.), Handbuch des Staatsrechts der Bundesrepublik Deutschland (HStR) Bd. VII, 3. Auflage, Heidelberg 2009, S. 597–662.

ders./de Wall, Heinrich, Staatskirchenrecht – Eine systematische Darstellung des Religionsverfassungsrechts in Deutschland und Europa: ein Studienbuch, 4. Auflage, München 2006.

Casanova, José, Chancen und Gefahren öffentlicher Religion – Ost- und Westeuropa im Vergleich, in: Kallscheuer, Otto/Brague, Rémi (Hrsg.), Das Europa der Religionen – Ein Kontinent zwischen Säkularisierung und Fundamentalismus, Frankfurt am Main 1996, S. 181–212.
– Europas Angst vor der Religion, Berlin 2009.

Cavanaugh, William T., The Myth of Religious Violence – Secular ideology and the roots of modern conflict, Oxford 2009.

Cavuldak, Ahmet, Gemeinwohl und Seelenheil – Die Legitimität der Trennung von Religion und Politik in der Demokratie, Bielefeld 2015.

Classen, Claus Dieter, Religionsfreiheit und Staatskirchenrecht in der Grundrechtsordnung – Zur besonderen Bedeutung der religionsverfassungsrechtlichen Garantien im Lichte der allgemeinen Grundrechtsdogmatik, Tübingen 2003.

Cooke, Maeve, Die Stellung der Religion bei Jürgen Habermas, in: Dethloff, Klaus/Nagl, Ludwig/Wolfram, Friedrich (Hrsg.), Religion, Moderne, Postmoderne – Philosophisch-theologische Erkundungen, Berlin 2002, S. 99–120.
– Violating Neutrality? – Religious Validity Claims and Democratic Legitimacy, in: Calhoun, Craig J./Mendieta, Eduardo/VanAntwerpen, Jonathan (Hrsg.), Habermas and Religion, Cambridge 2013, S. 249–276.

Cornils, Matthias, Die Ausgestaltung der Grundrechte – Untersuchungen zur Grundrechtsbindung des Ausgestaltungsgesetzgebers, Tübingen 2005.

Czermak, Gerhard, Schule und Weltanschauungsfreiheit – Zur verfassungsrechtlichen Zulässigkeit der Arten öffentlicher Volksschulgestaltung in weltanschaulicher Hinsicht. Zugleich ein Beitrag zur Auslegung des Art. 4 des Grundgesetzes, Augsburg 1972.
– Bewegung im Staatskirchenrecht, ZRP 1990, S. 475–479.
– Verfassungsbruch als Erziehungsmittel? – Zur schulischen Zwangsmission in Bayern, KJ 25 (1992), S. 46–63.
– Zur Entwicklung und Gegenwartslage des sogenannten Staatskirchenrechts – Ein Überblick unter dem Aspekt der Religionsfreiheit, der weltanschaulichen Neutralität

und der Trennung von Staat und Kirche, in: ders. (Hrsg.), Staat und Weltanschauung, Berlin 1993, S. 249–354.
- Der Kruzifix-Beschluß des Bundesverfassungsgerichts, seine Ursachen und seine Bedeutung, NJW 1995, S. 3348–3353.
- Rezension zu Listl/Pirson (Hrsg.), Handbuch des Staatskirchenrechts der Bundesrepublik Deutschland, 2. Aufl., Bd. I, KJ 28 (1995), S. 121–123.
- Anmerkung zu BayVGH, Beschl. v. 6.7.1995 (Ethikunterricht), BayVBl. 1996, S. 406–408.
- Das Pflicht-Ersatzfach Ethikunterricht als Problem der Religionsfreiheit, des Elternrechts und der Gleichheitsrechte, NVwZ 1996, S. 450–455.
- Der Kruzifix-Beschluß des BVerfG – ein kulturwidriges Dokument? – Anmerkungen zur Entscheidungskritik Michael Brenners, ThürVBl. 1996, S. 241–245.
- Der Kruzifix-Beschluß zwischen Neutralität und Glaubensförderung sowie als Spielball der Emotionen – Zu den Attacken von Reis und Petermann gegen Neumann sowie zum Beitrag von Hammen, ZRP 1996, S. 201–205.
- Crux bavarica – Der BayVerfGH, das BVerfG, das Kreuz im Klassenzimmer und die religiös-weltanschauliche Neutralität, KJ 30 (1997), S. 490–495.
- Rezension zu Listl/Pirson (Hrsg.), Handbuch des Staatskirchenrechts der Bundesrepublik Deutschland, 2. Aufl., Bd. II, KJ 30 (1997), S. 120–123.
- Das bayerische Kruzifix-Gesetz und die Entscheidung des BayVerfGH vom 1.8.1997 – Religionsverfassungsrecht im Spannungsverhältnis von Bundesrecht, Landesrecht und Verfassungskultur, DÖV 1998, S. 107–114.
- Zur Ethikunterricht-Entscheidung des Bundesverwaltungsgerichts vom 17.6.1998, DÖV 1999, S. 725–730.
- Zur Unzulässigkeit des Kreuzes in der Schule aus verfassungsrechtlicher Sicht, in: Brugger, Winfried/Huster, Stefan (Hrsg.), Der Streit um das Kreuz in der Schule – Zur religiös-weltanschaulichen Neutralität des Staates, Baden-Baden 1998, S. 13–40.
- »Gott« im Grundgesetz?, NJW 1999, S. 1300–1303.
- »Religions(verfassungs)recht« oder »Staatskirchenrecht«?, NVwZ 1999, S. 743–744.
- Das System der Religionsverfassung des Grundgesetzes, KJ 33 (2000), S. 229–247.
- Rechtsnatur und Legitimation der Verträge zwischen Staat und Religionsgemeinschaften, Der Staat 39 (2000), S. 69–85.
- Religionsverfassungsrecht im Wandel, NVwZ 2000, S. 896–898.
- Das Religionsverfassungsrecht im Spiegel der Tatsachen – Kritische Hinweise zum Verhältnis von Verfassungsrecht und Verfassungswirklichkeit, ZRP 2001, S. 565–570.
- Öffentliche Schule, Religion und Weltanschauung in Geschichte und Gegenwart der Bundesrepublik Deutschland – Eine Rückschau unter dem Aspekt der individuellen Religionsfreiheit und Neutralität, in: Muckel, Stefan (Hrsg.), FS Rüfner – Kirche und Religion im sozialen Rechtsstaat, Berlin 2003, S. 79–109.
- Zur Rede von der religiös-weltanschaulichen Neutralität des Staates, NVwZ 2003, S. 949–953.
- Kopftuch, Neutralität und Ideologie – Das Kopftuch-Urteil des BVerfG im ideologischen Streit, NVwZ 2004, S. 943–946.
- Kirchensteuerrecht in kritischer Sicht – Hauptgesichtspunkte einer ideologisch heiklen Materie, KJ 39 (2006), S. 418–429.
- Religions- und Weltanschauungsrecht – Eine Einführung, Berlin 2008.
- Das System des Weltanschauungsrechts im Grundgesetz, in: Neumann, Jacqueline/Czermak, Gerhard/Merkel, Reinhard/Putzke, Holm (Hrsg.), Aktuellen Entwicklungen im Weltanschauungsrecht, 2019, S. 23–59.

ders./Hilgendorf, Eric, Religions- und Weltanschauungsrecht – Eine Einführung, 2. Auflage, Berlin 2018.

de Wall, Heinrich, Zum subjektiven Recht der Kirchen auf den Sonntagsschutz, NVwZ 2000, S. 857–862.

– Neue Entwicklungen im Europäischen Staatskirchenrecht, ZevKR 47 (2002), S. 205–219.

– Die Entwicklung des Staatskirchenrechts nach der Säkularisation von 1803, in: Decot, Rolf (Hrsg.), Kontinuität und Innovation um 1803 – Säkularisation als Transformationsprozess: Kirche, Theologie, Kultur, Staat, Mainz 2005, S. 5–20.

– Neutralität in der Schule – Am Beispiel des Kopftuchs der Lehrerin, in: Weilert, A. Katarina/Hildmann, Philipp W. (Hrsg.), Religion in der Schule – Zwischen individuellem Freiheitsrecht und staatlicher Neutralitätsverpflichtung, Tübingen 2018, S. 141–155.

Debus, Anne, Das Verfassungsprinzip der Toleranz – unter besonderer Berücksichtigung der Rechtsprechung des Bundesverfassungsgerichtes, Frankfurt am Main 1999.

Demel, Michael, Gebrochene Normalität – Die staatskirchenrechtliche Stellung der jüdischen Gemeinden in Deutschland, Tübingen 2011.

Denninger, Erhard, Rezension zu E. Fischer, Trennung von Staat und Kirche, Theologica Practica 2 (1967), S. 168–176.

– Verfassungsrechtliche Schlüsselbegriffe, in: Broda, Christian/Deutsch, Erwin/Schreiber, Hans-Ludwig/Vogel, Hans-Jochen (Hrsg.), FS Wassermann, 1985, S. 279–298.

– Der Einzelne und das allgemeine Gesetz, KJ 28 (1995), S. 425–438.

ders./Hoffmann-Riem, Wolfgang/Schneider, Hans-Peter/Stein, Eckehart (Hrsg.), AK-GG – Kommentar zum Grundgesetz für die Bundesrepublik Deutschland, Reihe Alternativkommentare, 3. Auflage 2001.

Depenheuer, Otto, Wahrheit oder Frieden? – Die fundamentalistische Herausforderung des modernen Staates, in: Marré, Heiner/Schümmelfelder, Dieter/Kämper, Burkhard (Hrsg.), Essener Gespräche zum Thema Staat und Kirche (33) – Fundamentalismus als Herausforderung an Staat, Kirche und Gesellschaft, Münster 1999, S. 5–35.

Deutsche Bischofskonferenz, Katholische Kirche in Deutschland – Zahlen und Fakten 2017/18, https://www.dbk.de/fileadmin/redaktion/Zahlen%20und%20Fakten/Kirchliche%20Statistik/Allgemein_-_Zahlen_und_Fakten/AH299_Zahlen-und-Fakten-2017-2018_web.pdf (geprüft am 16.1.2020).

Di Fabio, Udo, Die Kultur der Freiheit, München 2005.

– Diskussionsbeitrag, in: Kämper, Burkhard/Thönnes, Hans-Werner (Hrsg.), Essener Gespräche zum Thema Staat und Kirche (42) – Die Verfassungsordnung für Religion und Kirche in Anfechtung und Bewährung, Münster 2008, S. 155–157.

– Gewissen, Glaube, Religion – Wandelt sich die Religionsfreiheit?, Berlin 2008.

– Staat und Kirche – Christentum und Rechtskultur als Grundlage des Staatskirchenrechts, in: Kämper, Burkhard/Thönnes, Hans-Werner (Hrsg.), Essener Gespräche zum Thema Staat und Kirche (42) – Die Verfassungsordnung für Religion und Kirche in Anfechtung und Bewährung, Münster 2008, S. 129–144.

– Begegnung mit dem Absoluten – Die Politik akzeptiert das Sperrige der Religion – und die Gläubigen müssen die Bedingungen des Verfassungsstaates achten, Frankfurter Allgemeine Zeitung vom 22.12.2016, S. 6.

Dietlein, Johannes, Das Feiertagsrecht in Zeiten des religiösen Wandels, in: Muckel, Stefan (Hrsg.), FS Rüfner – Kirche und Religion im sozialen Rechtsstaat, Berlin 2003, S. 131–146.

Dirksen, Gesa, Das deutsche Staatskirchenrecht – Freiheitsordnung oder Fehlentwicklung?, Frankfurt am Main 2003.

Doe, Norman/Nicholson, Joanna, Das Verhältnis von Gesellschaft, Staat und Kirche in Großbritannien, in: Kämper, Burkhard/Schlagheck, Michael (Hrsg.), Zwischen nationaler Identität und europäischer Harmonisierung – Zur Grundspannung des zukünftigen Verhältnisses von Gesellschaft, Staat und Kirche in Europa, Berlin 2002, S. 59–84.

v. Doemming, Klaus-Berto/Füsslein, Rudolf Werner/Matz, Werner, Entstehungsgeschichte der Artikel des Grundgesetzes, JöR 1 (1951), S. 1–926.
Dreier, Horst, Kanonistik und Konfessionalisierung – Marksteine auf dem Weg zum Staat, JZ 2002, S. 1–13.
– Religion und Verfassungsstaat im Kampf der Kulturen, in: ders./Hilgendorf, Eric (Hrsg.), Kulturelle Identität als Grund und Grenze des Rechts, Stuttgart 2008, S. 11–28.
– Säkularisierung und Sakralität – Zum Selbstverständnis des modernen Verfassungsstaates, Tübingen 2013.
– Staat ohne Gott – Religion in der säkularen Moderne, München 2018.
– (Hrsg.), Dreier – Grundgesetz – Kommentar, Bd. I, 3. Auflage, Tübingen 2013; Bd. 3, 3. Auflage, Tübingen 2018.
Dreier, Ralf, Was ist und wozu Allgemeine Rechtstheorie?, Tübingen 1975.
Droege, Michael, Prekäre Leitfunktion christlicher Tradition in Zeiten kultureller Differenz? – Der Kulturauftrag im Verfassungsstaat und die Kirchen, KritV 84 (2001), S. 466–489.
– Staatsleistungen an Religionsgemeinschaften im säkularen Kultur- und Sozialstaat, Berlin 2004.
– Atheismus im bundesdeutschen Religionsverfassungsrecht, in: Faber, Richard/Lanwerd, Susanne (Hrsg.), Atheismus – Ideologie, Philosophie oder Mentalität?, Würzburg 2006, S. 225–249.
Dworkin, Ronald, Taking rights seriously, London 2004.
– Religion without god, Cambridge 2013.
– Gerechtigkeit für Igel, Berlin 2014.
Dykes, Douglas Blake, Articulation of Non-Race Based Reasons for Peremptory Challenges After Batson v. Kentucky, American Journal of Trial Advocacy 17 (1993–1994), S. 245–267.
Eberle, Christopher J., Religious Conviction in Liberal Politics, Cambridge 2002.
Ebers, Godhard Josef, Staat und Kirche im neuen Deutschland, München 1930
Eckertz-Höfer, Marion, Kein Kopftuch auf der Richterbank?, DVBl 2018, S. 537–545.
– Kein Kopftuch auf der Richterbank, djbZ 2018, S. 1–3.
Ehmann, Frank/Karmanski, Carsten/Kuhn-Zuber, Gabriele (Hrsg.), Gesamtkommentar Sozialrechtsberatung, 2. Auflage, Baden-Baden 2018.
El Idrissi, Asmaa, Der juridische Umgang mit religiöser Fremdheit, Baden-Baden 2018.
Engelhardt, Hans, Staat und Religion, Lutherische Monatshefte 4 (1965), S. 556–562.
Engi, Lorenz, Die religiöse und ethische Neutralität des Staates – Theoretischer Hintergrund, dogmatischer Gehalt und praktische Bedeutung eines Grundsatzes des schweizerischen Staatsrechts, Zürich 2017.
Ennuschat, Jörg, »Gott« und Grundgesetz – Zur Bedeutung der Präambel für das Verhältnis des Staates zu Religion und Religionsgemeinschaften, NJW 1998, S. 953–957.
Epping, Volker/Hillgruber, Christian (Hrsg.), BeckOK GG – Grundgesetz, 41. Edition (15.5.2019), München 2019.
Esch, Tabea Mariga, »Freie Kirche im freien Staat« – Das Kirchenpapier der FDP im kirchenpolitischen Kontext der Jahre 1966 bis 1974, Tübingen 2011.
Esser, Josef, Grundsatz und Norm – in der richterlichen Fortbildung des Privatrechts, Tübingen 1956.
– Vorverständnis und Methodenwahl in der Rechtsfindung – Rationalitätsgarantien in der richterlichen Entscheidungspraxis, Frankfurt am Main 1970.
Evangelische Kirche in Deutschland, Gezählt 2018 – Zahlen und Fakten zum kirchlichen Leben, https://archiv.ekd.de/download/gezaehlt_zahlen_und_fakten_2018.pdf (geprüft am 16.1.2020).
Faber, Richard/Hager, Frithjof (Hrsg.), Rückkehr der Religion oder säkulare Kultur? – Kultur- und Religionssoziologie heute, Würzburg 2008.

Fateh-Moghadam, Bijan, Die religiös-weltanschauliche Neutralität des Strafrechts – Zur strafrechtlichen Beobachtung religiöser Pluralität, Tübingen 2019.
Faust, Florian, Digitale Wirtschaft – Analoges Recht – Braucht das BGB ein Update? – Verhandlungen des 71. Deutschen Juristentages – Bd. I: Gutachten / Teil A, München 2016.
Ferrari, Silvio, Introduction: The challenge of law and religion, in: ders. (Hrsg.), Routledge handbook of law and religion, Abingdon 2015, S. 1–15.
Fischer, Erwin, Trennung von Staat und Kirche – Die Gefährdung der Religionsfreiheit in der Bundesrepublik, München 1964.
– Bekenntnis- oder Gemeinschaftsschule? – Die Antwort des Grundgesetzes, München 1966.
– Anmerkung zu BVerfG, Beschl. v. 17.7.1973 (Mit Kreuz ausgestatteter Gerichtssaal), NJW 1974, S. 1185–1186.
– Was das Grundgesetz nicht erlaubt, ist verfassungswidrig, RuG 1973, S. 142–143.
– Das Verhältnis von Staat und Kirche in der Rechtsprechung des Bundesverwaltungsgerichts, in: Bachof, Otto/Heigl, Ludwig/Redeker, Konrad (Hrsg.), FG Bundesverwaltungsgericht – Verwaltungsrecht zwischen Freiheit, Teilhabe und Bindung – Festgabe aus Anlass des 25jährigen Bestehens des Bundesverwaltungsgerichts, München 1978, S. 183–200.
– Trennung von Staat und Kirche – Die Gefährdung der Religions- und Weltanschauungsfreiheit in der Bundesrepublik, 3. Auflage, Frankfurt am Main 1984.
– Teilnahme an konfessionsfremdem Religionsunterricht, NJW 1988, S. 879–880.
– Das Bundesverfassungsgericht und das Gebot der Trennung von Staat und Kirche, KJ 22 (1989), S. 295–307.
– Volkskirche ade! – Trennung von Staat und Kirche: die Gefährdung – Religions- und Weltanschauungsfreiheit in der Bundesrepublik Deutschland, 4. Auflage, Berlin 1993.
Fischer, Karsten, Die Zukunft einer Provokation: Religion im liberalen Staat, Berlin 2009.
– Religionspolitische Governance im weltanschaulich neutralen Verfassungsstaat – Eine Problemskizze, in: Voßkuhle, Andreas/Bumke, Christian/Meinel, Florian (Hrsg.), Verabschiedung und Wiederentdeckung des Staates im Spannungsfeld der Disziplinen – Beihefte zu »Der Staat«, Heft 21, Berlin 2013, S. 125–154.
Fischer, Kristian/Groß, Thomas, Die Schrankendogmatik der Religionsfreiheit, DÖV 2003, S. 932–939.
Flume, Werner, Das »Kruzifixurteil« und seine Berechtigung, NJW 1995, S. 2904–2905.
Forschungsgruppe Weltanschauungen in Deutschland, Kirchenaustritte evangelische und katholische Kirche, https://fowid.de/meldung/kirchenaustritte-evangelische-und-katholische-kirche (geprüft am 16.1.2020).
Frankfurter Allgemeine Zeitung, Kardinal Marx zieht Trennlinie zwischen Christen und AfD, 15.1.2017, https://www.faz.net/aktuell/politik/inland/kardinal-marx-zieht-trennlinie-zwischen-christen-und-afd-14659933.html (geprüft am 16.1.2020).
Franzius, Claudio, Vom Kopftuch I zum Kopftuch II, Der Staat 54 (2015), S. 435–452.
Friauf, Karl Heinrich/Höfling, Wolfram (Hrsg.), Berliner Kommentar – Grundgesetz, 60. Lieferung (März 2019), Berlin 2019.
Fritsch, Matthias, Sources of Morality in Habermas's Recent Work on Religion and Freedom, in: Calhoun, Craig J./Mendieta, Eduardo/VanAntwerpen, Jonathan (Hrsg.), Habermas and Religion, Cambridge 2013, S. 277–300.
Fritsche, Thomas, Der Kulturbegriff im Religionsverfassungsrecht, Berlin 2015.
Fuß, Ernst-Werner, Kirche und Staat unter dem Grundgesetz, DÖV 1961, S. 734–740.
Ganz, Sarah, Das Tragen religiöser Symbole und Kleidung in der öffentlichen Schule in Deutschland, Frankreich und England – Eine rechtsvergleichende Untersuchung unter Berücksichtigung der EMRK, Berlin 2009.

Gartner, Barbara, Der Islam im religionsneutralen Staat – Die Problematik des muslimischen Kopftuchs in der Schule, des koedukativen Sport- und Schwimmunterrichts, des Gebetsrufs des Muezzins, des Schächtens nach islamischem Ritus, des islamischen Religionsunterrichts und des muslimischen Bestattungswesens in Österreich und Deutschland, Frankfurt am Main 2006.

Geiger, Willi, Die Rechtsprechung des Bundesverfassungsgerichts zum kirchlichen Selbstbestimmungsrecht, ZevKR 26 (1981), S. 156–174.

Geis, Max-Emanuel, Zur Zulässigkeit des Kreuzes in der Schule aus verfassungsrechtlicher Sicht, in: Brugger, Winfried/Huster, Stefan (Hrsg.), Der Streit um das Kreuz in der Schule – Zur religiös-weltanschaulichen Neutralität des Staates, Baden-Baden 1998, S. 41–58.

Giegerich, Thomas, Religionsfreiheit als Gleichheitsanspruch und Gleichheitsproblem, in: Grote, Rainer/Marauhn, Thilo (Hrsg.), Religionsfreiheit zwischen individueller Selbstbestimmung, Minderheitenschutz und Staatskirchenrecht – Völker- und verfassungsrechtliche Perspektiven, Berlin 2001, S. 241–310.

Giese, Friedrich, Diskussionsbeitrag, VVDStRL 11 (1952), S. 229–231.

Giesen, Richard/Kreikebohm, Ralf/Rolfs, Christian/Udsching, Peter (Hrsg.), BeckOK Sozialrecht, 55. Edition (1.12.2019), München 2018.

Goerlich, Helmut, Distanz und Neutralität im Lehrberuf – Zum Kopftuch und anderen religiösen Symbolen, NJW 1999, S. 2929–2933.

– Säkularität – Religiosität – Egalität – in einer nicht nur auf die Grenzen verfasster Rechte fixierten Perspektive, in: Jäckel, Liv/Kotzur, Markus/Zimmermann, Ralph/Goerlich, Helmut (Hrsg.), Zur zugewandten Säkularität – Beiträge auf dem Weg dahin, Berlin 2014, S. 235–252.

Graf, Friedrich Wilhelm, Die Wiederkehr der Götter – Religion in der modernen Kultur, München 2007.

Graf, Tilman, Ethik und Moral im Grundgesetz – Grenzen der Moralisierung des Verfassungsrechts, Berlin 2017.

Gray, Kevin W., Rawls and the Problem of Honour, Philosophia 40 (2012), S. 213–222.

Greenawalt, Kent, On Public Reason, Chicago-Kent Law Review 69 (1993–1994), S. 669–689.

– Establishing Religious Ideas: Evolution, Creationism, and Intelligent Design, Notre Dame Journal of Law, Ethics & Public Policy 17 (2003), S. 321–397.

– On Religion and Politics in Liberal Democracies, in: Schmidt, Thomas M. (Hrsg.), Religion in der pluralistischen Öffentlichkeit, Würzburg 2008, S. 51–66.

Groh, Kathrin, Bundesverfassungsgericht und Religion, in: Anter, Andreas/Frick, Verena (Hrsg.), Politik, Recht und Religion, Tübingen 2019, S. 159–178.

Grosso, Catharine M./O'Brien, Barbara, A Stubborn Legacy: The Overwhelming Importance of Race in Jury Selection in 173 Post-Batson North Carolina Capital Trials, Iowa Law Review 97 (2011–2012), S. 1531–1557.

Grotefeld, Stefan, Selbstbeschränkung als Bürgerpflicht? – Religiöse Überzeugungen, politische Deliberation und Gesetzgebung, in: Bondolfi, Alberto/Grotefeld, Stefan (Hrsg.), Ethik und Gesetzgebung – Probleme, Lösungsversuche, Konzepte, Stuttgart 2000, S. 65–90.

– Religiöse Überzeugungen im liberalen Staat – Protestantische Ethik und die Anforderungen öffentlicher Vernunft, Stuttgart 2006.

Grundmann, Siegfried, Laizistische Tendenzen im deutschen Staatskirchenrecht?, in: Aland, Kurt/Schneemelcher, Wilhelm (Hrsg.), FS Kunst – Kirche und Staat, Berlin 1967, S. 126–134.

Grzeszick, Bernd, Verfassungstheoretische Grundlagen des Verhältnisses von Staat und Religion, in: Heinig, Hans Michael/Walter, Christian (Hrsg.), Staatskirchenrecht oder Religionsverfassungsrecht? – Ein begriffspolitischer Grundsatzstreit, Tübingen 2007, S. 131–152.

Gullo, Peter, Religions- und Ethikunterricht im Kulturstaat, Berlin 2003.
Gurlit, Elke, Begriff, Bedeutung und Arten des Verwaltungsvertrages, in: Ehlers, Dirk/Pünder, Hermann (Hrsg.), Allgemeines Verwaltungsrecht, 15. Auflage, Berlin 2016, 731–736.
Gusy, Christoph, Kopftuch – Laizismus – Neutralität, KritV 87 (2004), S. 153–170.
– Brauchen wir eine juristische Staatslehre?, JöR 55 (2007), S. 41–72.
Gutmann, Thomas, Christliche Imprägnierung des Strafgesetzbuchs?, in: Dreier, Horst/Hilgendorf, Eric (Hrsg.), Kulturelle Identität als Grund und Grenze des Rechts, Stuttgart 2008, S. 295–314.
Häberle, Lothar, Religionsfreiheit und Toleranz – Herausforderungen durch Islam, Relativismus und Säkularismus, Der Staat 57 (2018), S. 35–76.
– Vor einer »Kopftuch III« Entscheidung des Bundesverfassungsgerichts – Nach der öffentlichen Schule nun in der Justiz – oder in beidem?, DVBl 2018, S. 1263–1268.
– Anmerkung zu BVerfGE 19, 129, DVBl 1966, S. 216–219.
Habermas, Jürgen, Motive nachmetaphysischen Denkens, in: ders., Nachmetaphysisches Denken – Philosophische Aufsätze, Frankfurt am Main 1989, S. 35–60.
– Theorie des kommunikativen Handelns, Bd. 2, Frankfurt am Main 1995.
– Reconciliation Through the Public Use of Reason – Remarks on John Rawl's Political Liberalism, The Journal of Philosophy 92 (1995), S. 109–131.
– Glauben und Wissen – Friedenspreis des Deutschen Buchhandels 2001, Frankfurt am Main 2001.
– Die Grenze zwischen Glauben und Wissen – Zur Wirkungsgeschichte und aktuellen Bedeutung von Kants Religionsphilosophie, in: Nagl-Docekal, Herta/Langthaler, Rudolf (Hrsg.), Recht – Geschichte – Religion – Die Bedeutung Kants für die Gegenwart, Berlin 2004, S. 141–160.
– Einleitung, in: ders., Zwischen Naturalismus und Religion – Philosophische Aufsätze, Frankfurt am Main 2005, S. 7–14.
– Religion in der Öffentlichkeit – Kognitive Voraussetzungen für den öffentlichen Vernunftgebrauch religiöser und säkularer Bürger, in: ders., Zwischen Naturalismus und Religion – Philosophische Aufsätze, Frankfurt am Main 2005, S. 119–154.
– Kulturelle Gleichbehandlung – und die Grenzen des Postmodernen Liberalismus, in: ders., Zwischen Naturalismus und Religion – Philosophische Aufsätze, Frankfurt am Main 2005, S. 279–323.
– Die öffentliche Stimme der Religion – Säkularer Staat und Glaubenspluralismus, Blätter für deutsche und internationale Politik 2007, S. 1441–1446.
– Ein Bewußtsein von dem, was fehlt, in: Reder, Michael/Schmidt, Josef (Hrsg.), Ein Bewußtsein von dem, was fehlt – Eine Diskussion mit Jürgen Habermas, Frankfurt am Main 2008, S. 26–36.
– Eine Replik, in: Reder, Michael/Schmidt, Josef (Hrsg.), Ein Bewußtsein von dem, was fehlt – Eine Diskussion mit Jürgen Habermas, Frankfurt am Main 2008, S. 94–107.
– Einleitung, in: ders., Kritik der Vernunft – Philosophische Texte – Bd. 5, Frankfurt am Main 2009, S. 9–32.
– Vorpolitische Grundlagen des demokratischen Rechtsstaates?, in: Schuller, Florian (Hrsg.), Dialektik der Säkularisierung – Über Vernunft und Religion, 8. Auflage, Freiburg im Breisgau 2011, S. 15–38.
– Ein neues Interesse der Philosophie an Religion – Ein Interview von Eduardo Mendieta, in: ders., Nachmetaphysisches Denken II, Berlin 2012, S. 96–119.
– Religion in der Öffentlichkeit der »postsäkularen« Gesellschaft, in: ders., Nachmetaphysisches Denken II, Berlin 2012, 308–322.
– Politik und Religion, in: Graf, Friedrich Wilhelm/Meier, Heinrich (Hrsg.), Politik und Religion – Zur Diagnose der Gegenwart, München 2013, S. 287–300.

– Reply to My Critics, in: Calhoun, Craig J./Mendieta, Eduardo/VanAntwerpen, Jonathan (Hrsg.), Habermas and Religion, Cambridge 2013, S. 347–390.
– Faktizität und Geltung – Beiträge zur Diskurstheorie des Rechts und des demokratischen Rechtsstaats, 5. Auflage, Frankfurt am Main 2014.
– Auch eine Geschichte der Philosophie, Bd. 1 – Die okzidentale Konstellation von Glauben und Wissen, Berlin 2019.

Halfmann, Ralf, Der Streit um die »Lehrerin mit Kopftuch« – Die Religionsfreiheit von Beamten im Konflikt mit dem religiös-weltanschaulichen Neutralitätsgebot des Staates, NVwZ 2000, S. 862–868.

Hahn, Thomas, Staat und Kirche im deutschen Naturrecht – Das natürliche Kirchenrecht des 18. und 19. Jahrhunderts (ca. 1680 bis ca. 1850), Tübingen 2012.

Harari, Yuval Noah, Homo Deus – Eine Geschichte von Morgen, München 2017.

Heckel, Johannes, Cura religionis, ius in sacra, ius circa sacra, in: ders. (Hrsg.), FS Ulrich Stutz – Kirchenrechtliche Abhandlungen – 117. und 118. Heft, Stuttgart 1938, S. 224–298.
– Melanchthon und das heutige deutsche Staatskirchenrecht, in: Jahrreiß, Hermann/Jellinek, Walter/Laun, Rudolf von/Smend, Rudolf (Hrsg.), FG E. Kaufmann – Um Recht und Gerechtigkeit, Stuttgart 1950, S. 83–102.
– Kirchengut und Staatsgewalt – Ein Beitrag zur Geschichte und Ordnung des heutigen gesamtdeutschen Staatskirchenrechts, in: Rechts- und Staatswissenschaftliche Fakultät der Universität Göttingen (Hrsg.), FS Smend – Rechtsprobleme in Staat und Kirche, Göttingen 1952, S. 103–144.

Heckel, Martin, Die Kirchen unter dem Grundgesetz, VVDStRL 26 (1968), S. 5–56.
– Staat Kirche Kunst – Rechtsfragen kirchlicher Kulturdenkmäler, Tübingen 1968.
– Korollarien zur Säkularisierung, Heidelberg 1981.
– Das Säkularisierungsproblem in der Entwicklung des deutschen Staatskirchenrechts, in: Dilcher, Gerhard/Staff, Ilse (Hrsg.), Christentum und modernes Recht – Beiträge zum Problem der Säkularisation, Frankfurt am Main 1984, S. 35–95.
– Kulturkampfaspekte – Der Kulturkampf als Lehrstück modernen Staatskirchenrechts, in: Schwab, Dieter/Giesen, Dieter/Listl, Joseph/Strätz, Hans-Wolfgang (Hrsg.), FS Mikat – Staat, Kirche, Wissenschaft in einer pluralistischen Gesellschaft, Berlin 1989, S. 545–578.
– Art. 3 III GG – Aspekte des Besonderen Gleichheitssatzes, in: Maurer, Hartmut (Hrsg.), FS Dürig – Das Akzeptierte Grundgesetz, München 1990, S. 241–268.
– Gleichheit oder Privilegien? – Der allgemeine und der besondere Gleichheitssatz im Staatskirchenrecht, Tübingen 1993.
– Das Gleichbehandlungsgebot im Hinblick auf die Religion, in: Listl, Joseph/Pirson, Dietrich (Hrsg.), Handbuch des Staatskirchenrechts der Bundesrepublik Deutschland (HdbStKirchR) Bd. I, 2. Auflage, Berlin 1994, S. 623–650.
– Die religionsrechtliche Parität, in: Listl, Joseph/Pirson, Dietrich (Hrsg.), Handbuch des Staatskirchenrechts der Bundesrepublik Deutschland (HdbStKirchR) Bd. I, 2. Auflage, Berlin 1994, S. 589–622.
– Das Kreuz im öffentlichen Raum – Zum »Kruzifix-Beschluß« des Bundesverfassungsgerichts, DVBl 1996, S. 453–482.
– Religionsfreiheit im säkularen pluralistischen Verfassungsstaat, in: Ziemske, Burkhardt (Hrsg.), FS Kriele, München 1997, S. 281–300.
– Kontinuität und Wandlung des deutschen Staatskirchenrechts unter den Herausforderungen der Moderne, ZevKR 44 (1999), S. 340–384.
– Religionsunterricht für Muslime? – Kulturelle Integration unter Wahrung der religiösen Identität – Ein Beispiel für die komplementäre Natur der Religionsfreiheit, JZ 1999, S. 741–758.
– Schlußwort, JZ 2000, S. 563–564.

– Religionsfreiheit und Staatskirchenrecht in der Rechtsprechung des Bundesverfassungsgerichts, in: Badura, Peter/Dreier, Horst (Hrsg.), Festschrift 50 Jahre Bundesverfassungsgericht, Bd. 2, Tübingen 2001, S. 379–420.
– Vom Religionskonflikt zur Ausgleichsordnung – Der Sonderweg des deutschen Staatskirchenrechts vom Augsburger Religionsfrieden 1555 bis zur Gegenwart, München 2007.
– Zur Zukunftsfähigkeit des deutschen »Staatskirchenrechts« oder »Religionsverfassungsrechts«?, AöR 134 (2009), S. 309–390.

Heinemann, Jan, Grundgesetzliche Vorgaben bei der staatlichen Anerkennung von Feiertagen, Frankfurt am Main 2004.

Heinig, Hans Michael, Öffentlich-rechtliche Religionsgesellschaften – Studien zur Rechtsstellung der nach Art. 137 Abs. 5 WRV korporierten Religionsgesellschaften in Deutschland und in der Europäischen Union, Berlin 2003.
– Zweites Statement, in: Gröhe, Hermann/Kannengießer, Christoph (Hrsg.), Wertentscheidungen als Grundlage der Rechtsordnung, Berlin 2007, S. 59–66.
– Diskussionsbeitrag, in: Gröhe, Hermann/Kannengießer, Christoph (Hrsg.), Wertentscheidungen als Grundlage der Rechtsordnung, Berlin 2007, S. 71.
– Diskussionsbeitrag, in: Gröhe, Hermann/Kannengießer, Christoph (Hrsg.), Wertentscheidungen als Grundlage der Rechtsordnung, Berlin 2007, S. 75–76.
– Diskussionsbeitrag, in: Kämper, Burkhard/Thönnes, Hans-Werner (Hrsg.), Essener Gespräche zum Thema Staat und Kirche (40) – Die Trennung von Staat und Kirche – Modelle und Wirklichkeit in Europa, Münster 2007, S. 92–93.
– Verschärfung oder Abschied von der Neutralität – Zwei verfehlte Alternativen in der Debatte um den herkömmlichen Grundsatz religiös-weltanschaulicher Neutralität, JZ 2009, S. 1136–1140.
– Schlusswort – Verschleierte Neutralität, JZ 2010, S. 357–360.
– Ordnung der Freiheit – Das Staatskirchenrecht vor neuen Herausforderungen, in: ders., Die Verfassung der Religion – Beiträge zum Religionsverfassungsrecht, Tübingen 2014, S. 3–21.
– Das Religionsrecht zwischen der Sicherung freiheitlicher Vielfalt und der Abwehr fundamentalistischer Bedrohungen, in: ders., Die Verfassung der Religion – Beiträge zum Religionsverfassungsrecht, Tübingen 2014, S. 22–42.
– Eigenwert des Religionsverfassungsrechts, in: ders., Die Verfassung der Religion – Beiträge zum Religionsverfassungsrecht, Tübingen 2014, S. 43–65.
– »Säkularismus« und »Laizismus« als Anfragen an das säkulare Religionsrecht in Deutschland, in: ders., Die Verfassung der Religion – Beiträge zum Religionsverfassungsrecht, Tübingen 2014, S. 146–161.
– Die Göttinger Wissenschaft vom Staatskirchenrecht 1945–1969 – Von der Koordinationslehre zu freien Kirchen unter dem Grundgesetz, in: ders., Die Verfassung der Religion – Beiträge zum Religionsverfassungsrecht, Tübingen 2014, S. 425–455.
– Prekäre Ordnungen – Historische Prägungen des Religionsrechts in Deutschland, Tübingen 2018.
– Säkularer Staat – viele Religionen – Religionspolitische Herausforderungen der Gegenwart, Hamburg 2018.

ders./Morlok, Martin, Von Schafen und Kopftüchern – Das Grundrecht auf Religionsfreiheit in Deutschland vor den Herausforderungen religiöser Pluralisierung, JZ 2003, S. 777–785.

Heinold, Alexander, Die Prinzipientheorie bei Ronald Dworkin und Robert Alexy, Berlin 2011.

Hempelmann, Reinhard/Kandel, Johannes, Religionen und Gewalt – Konflikt- und Friedenspotentiale in den Weltreligionen, Göttingen 2006.

Hennig, Wiebke, Muslimische Gesellschaften im Religionsverfassungsrecht – Die Kooperation des Staates mit muslimischen Gemeinschaften im Lichte der Religionsfreiheit, der Gleichheitssätze und des Verbots der Staatskirche, Baden-Baden 2010.

Hense, Ansgar, Glockenläuten und Uhrenschlag – Der Gebrauch von Kirchenglocken in der kirchlichen und staatlichen Rechtsordnung, Berlin 1998.

– Staatskirchenrecht oder Religionsverfassungsrecht – Mehr als ein Streit um Begriffe?, in: Haratsch, Andreas/Janz, Norbert/Rademacher, Sonja/Schmahl, Stefanie/Weiß, Norman (Hrsg.), Religion und Weltanschauung im säkularen Staat, Stuttgart 2001, S. 9–48.

Hertlein, Katja, Der rechtliche Rahmen für Bestattungen nach islamischen Vorschriften, NVwZ 2001, S. 890–891.

Herzog, Roman, Formen staatlicher Gesetzgebung in weltanschaulich umstrittenen Bereichen, in: Spanner, Hans/Lerche, Peter/Zacher, Hans/Badura, Peter/v. Campenhausen, Axel Frhr. (Hrsg.), FG Maunz, München 1971, S. 145–156.

ders./Scholz, Rupert/Herdegen, Matthias/Klein, Hans H. (Hrsg.), Maunz/Dürig – Grundgesetz, 88. Lieferung (August 2019), München 2019.

Hesse, Konrad, Der Rechtsschutz durch staatliche Gerichte im kirchlichen Bereich – Zugleich ein Beitrag zur Frage des rechtlichen Verhältnisses von Staat und Kirche in der Gegenwart, Göttingen 1956.

– Freie Kirche im demokratischen Gemeinwesen – Zur Gegenwartslage des Verhältnisses von Staat und Kirche in der Bundesrepublik, ZevKR 11 (1964/65), S. 337–362.

– Zur Frage der Vereinbarkeit eines Schulgebetes an öffentlichen Volksschulen mit Art. 4 I und II GG, ZevKR 25 (1980), S. 239–259.

– Grundzüge des Verfassungsrechts der Bundesrepublik Deutschland, 20. Auflage, Heidelberg 1999.

Heun, Werner, Die Trennung von Staat und Kirche in den Vereinigten Staaten von Amerika, in: Kästner, Karl-Hermann/Nörr, Knut Wolfgang/Schlaich, Klaus (Hrsg.), FS Heckel, Tübingen 1999, S. 341–359.

Heusch, Andreas, Erstes Statement, in: Gröhe, Hermann/Kannengießer, Christoph (Hrsg.), Wertentscheidungen als Grundlage der Rechtsordnung, St. Augustin, Berlin 2007, S. 43–57.

Hildebrandt, Mathias/Brocker, Manfred (Hrsg.), Unfriedliche Religionen? – Das politische Gewalt- und Konfliktpotenzial von Religionen, Wiesbaden 2005.

Hilgendorf, Eric, Religion, Recht und Staat – Zur Notwendigkeit einer Zähmung der Religionen durch das Recht, in: ders. (Hrsg.), FS Albert – Wissenschaft, Religion und Recht, Berlin 2006, S. 359–383.

Hillgruber, Christian, Der deutsche Kulturstaat und der muslimische Kulturimport – Die Antwort des Grundgesetzes auf eine religiöse Herausforderung, JZ 1999, S. 538–547.

– Staat und Religion, DVBl 1999, S. 1155–1178.

– Der Körperschaftsstatus der Religionsgemeinschaften – Objektives Grundverhältnis und subjektives Grundrecht, NVwZ 2001, S. 1347–1355.

– Der öffentlich-rechtliche Körperschaftsstatus nach Art. 137 Abs. 5 WRV, in: Heinig, Hans Michael/Walter, Christian (Hrsg.), Staatskirchenrecht oder Religionsverfassungsrecht? – Ein begriffspolitischer Grundsatzstreit, Tübingen 2007, S. 213–227.

– Staat und Religion – Überlegungen zur Säkularität, zur Neutralität und zum religiösweltanschaulichen Fundament des modernen Staates, Paderborn 2007.

– Wie viel Christentum braucht, wie viel Christentum verträgt der Staat des Grundgesetzes?, in: Kirchhof, Ferdinand/Papier, Hans-Jürgen/Schäffer, Heinz (Hrsg.), FS Merten – Rechtsstaat und Grundrechte, Heidelberg 2007, S. 23–37.

– Mythos Neutralität – Überlegungen zum religiös-weltanschaulichen Fundament des modernen Staates, in: Thomas, Hans (Hrsg.), Glaube und Gesellschaft – Gefährden unbedingte Überzeugungen die Demokratie?, Darmstadt 2009, S. 175–200.

– Religion als Chance für eine wertegetragene Demokratie – In welchem Maße braucht die moderne Demokratie die integrative Kraft der Religion?, in: Kempen, Bernhard/Naumann, Kolja (Hrsg.), Demokratie und Religion, Frankfurt am Main 2011, S. 77–94.
– Kommentar, in: Dreier, Horst (Hrsg.), Säkularisierung und Sakralität, Tübingen 2013, S. 119–133.
– Demokratie und Wahrheit?, in: Nass, Elmar/Spindler, Wolfgang H./Zabel, Johannes H. (Hrsg.), FS Ockenfels – Kultur des Gemeinwohls, Trier 2017, S. 138–153.
Hinschius, Paul, Staat und Kirche, in: Marquardsen, Heinrich (Hrsg.), Marquardsen's Handbuch des oeffentlichen Rechts, 1883, S. 189–374.
Hitchens, Christopher, God is not great – How religion poisons everything, New York 2009.
Hoerster, Norbert, Abtreibung im säkularen Staat – Argumente gegen den § 218, 2. Auflage, Frankfurt am Main 1995.
Hoffmann-Riem, Wolfgang, »Außerjuridisches« Wissen, Alltagstheorien und Heuristiken im Verwaltungsrecht, Die Verwaltung 49 (2016), S. 1–23.
– Innovation und Recht – Recht und Innovation – Recht im Ensemble seiner Kontexte, Tübingen 2016.
Höfling, Wolfram, Offene Grundrechtsinterpretation – Grundrechtsauslegung zwischen amtl. Interpretationsmonopol u. privater Konkretisierungskompetenz, Berlin 1987.
Hofmann, Hans/Henneke, Hans-Günter (Hrsg.), Schmidt-Bleibtreu/Hofmann/Henneke – Kommentar zum Grundgesetz, 14. Auflage, Köln 2017.
Hollerbach, Alexander, Verträge zwischen Staat und Kirche in der Bundesrepublik Deutschland, Frankfurt am Main 1965.
– Trennung von Staat und Kirche?, Hochland 58 (1965/66), S. 63–67.
– Die Kirchen unter dem Grundgesetz, VVDStRL 26 (1968), S. 57–106.
– Staatskirchenrecht oder Religionsrecht? – Begriffs- und problemgeschichtliche Notizen, in: Aymans, Winfried/Geringer, Karl-Theodor (Hrsg.), FS Schmitz – Iuri canonico promovendo, Regensburg 1994, S. 869–888.
– Die verfassungsrechtlichen Grundlagen des Staatskirchenrechts, in: Friesenhahn, Ernst/Scheuner, Ulrich (Hrsg.), Handbuch des Staatskirchenrechts der Bundesrepublik Deutschland (HdbStKirchR) Bd. I, Berlin 1974, S. 215–265.
Holzke, Frank, Die »Neutralität« des Staates in Fragen der Religion und Weltanschauung, NVwZ 2002, S. 903–913.
Hömig, Dieter (Hrsg.), Hömig/Wolff – Grundgesetz für die Bundesrepublik Deutschland – Handkommentar, 12. Auflage, Baden-Baden 2018.
Honecker, Martin, Die Barmer Theologische Erklärung und ihre Wirkungsgeschichte, Wiesbaden 1995.
Hong, Matthias, Ein Gericht oder zwei Gerichte? – Der Kopftuch-Beschluss, das Plenumsverfahren und der Grundsatz der »stare decisis«, Der Staat 54 (2015), S. 409–434.
Horstkotte, Hermann, Muslimische Verbände wollen Theologen Khorchide absetzen, 17.12.2013, https://www.zeit.de/studium/hochschule/2013-12/khorchide-muenster-universitaet-theologie (geprüft am 16.1.2020).
Hötte, Franziska, Religiöse Schiedsgerichtsbarkeit – Angloamerikanische Rechtspraxis, Perspektive für Deutschland, Tübingen 2013.
Huber, Andreas M., Feiertagsschutz für Minderheiten, Frankfurt am Main 2007.
Huber, Ernst Rudolf/Huber, Wolfgang, Staat und Kirche im 19. und 20. Jahrhundert Bd. 1 – Dokumente zur Geschichte des deutschen Staatskirchenrechts – Staat und Kirche vom Ausgang des alten Reichs bis zum Vorabend der bürgerlichen Revolution 1973
ders./Huber, Wolfgang, Staat und Kirche im 19. und 20. Jahrhundert Bd. 2 – Staat und Kirche im Zeitalter des Hochkonstitutionalismus und des Kulturkampfs 1848–1890, Berlin 1976.

Huber, Peter-Michael/Voßkuhle, Andreas (Hrsg.), v. Mangoldt/Klein/Starck – Grundgesetz – Kommentar, 7. Auflage, München 2018.
Huber, Wolfgang, Kirche und Öffentlichkeit, Stuttgart 1973.
Hufen, Friedhelm, Entstehung und Entwicklung der Grundrechte, NJW 1999, S. 1504–1510.
Huster, Stefan, Die religiös-weltanschauliche Neutralität des Staates – Das Kreuz in der Schule aus liberaler Sicht, in: Brugger, Winfried/Huster, Stefan (Hrsg.), Der Streit um das Kreuz in der Schule – Zur religiös-weltanschaulichen Neutralität des Staates, Baden-Baden 1998, S. 69–108.
– Die ethische Neutralität des Staates – Eine liberale Interpretation der Verfassung, Tübingen 2002; 2. Auflage Tübingen 2017.
– Die Unterscheidung von politischen Zielen und verfassungsrechtlichen Argumenten – Eine Untersuchung am Beispiel des Ehe- und Familienschutzes im deutschen Verfassungsrecht, in: Hiebaum, Christian/Koller, Peter (Hrsg.), Politische Ziele und juristische Argumentation – Symposium der Internationalen Vereinigung für Rechts- und Sozialphilosophie 11. bis 12. Oktober 2002 in Graz, Stuttgart 2003, S. 47–69.
– Der Grundsatz der religiös-weltanschaulichen Neutralität des Staates – Gehalt und Grenzen: Vortrag, gehalten vor der Juristischen Gesellschaft zu Berlin am 19. Mai 2004, Berlin 2004.
– Kultur im Verfassungsstaat, VVDStRL 65 (2006), S. 53–82.
– Die Bedeutung des Neutralitätsgebotes für die verfassungstheoretische und verfassungsrechtliche Einordnung des Religionsrechts, in: Heinig, Hans Michael/Walter, Christian (Hrsg.), Staatskirchenrecht oder Religionsverfassungsrecht? – Ein begriffspolitischer Grundsatzstreit, Tübingen 2007, S. 107–130.
– Erwiderung – Neutralität ohne Inhalt?, JZ 2010, S. 354–357.
– Gleichheit statt Freiheit – Die Verschiebung der Argumentationsgewichte im Religionsverfassungsrecht unter der Bedingung des Pluralismus, in: Heinig, Hans Michael/Walter, Christian (Hrsg.), Religionsverfassungsrechtliche Spannungsfelder, Tübingen 2015, S. 203–232.
– Erziehungsauftrag des Staates und Erziehungsrecht der Eltern im Konflikt, in: Weilert, A. Katarina/Hildmann, Philipp W. (Hrsg.), Religion in der Schule – Zwischen individuellem Freiheitsrecht und staatlicher Neutralitätsverpflichtung, Tübingen 2018, S. 155–170.
Ipsen, Jörn, Glaubensfreiheit als Beeinflussungsfreiheit? – Anmerkungen zum »Kruzifix-Beschluß« des Bundesverfassungsgerichts, in: Ziemske, Burkhardt (Hrsg.), FS Kriele, München 1997, S. 301–319.
Isak, Axel, Das Selbstverständnis der Kirchen und Religionsgemeinschaften und seine Bedeutung für die Auslegung staatlichen Rechts, Berlin 1994.
Isensee, Josef, Die katholische Kritik an den Menschenrechten – Der liberale Freiheitsentwurf in der Sicht der Päpste des 19. Jahrhunderts, in: Böckenförde, Ernst-Wolfgang/Spaemann, Robert (Hrsg.), Menschenrechte und Menschenwürde – Historische Voraussetzungen, säkulare Gestalt, christliches Verständnis, Stuttgart 1987, S. 138–174.
– Verfassungsrechtliche Erwartungen an die Kirche, in: Marré, Heiner/Stüting, Johannes (Hrsg.), Essener Gespräche zum Thema Staat und Kirche (25), Münster 1991, S. 104–146.
– Bildersturm durch Verfassungsinterpretation, ZRP 1996, S. 10–15.
– Die Zukunftsfähigkeit des deutschen Staatskirchenrechts – Gegenwärtige Legitimationsprobleme, in: ders/Rees, Wilhelm/Rüfner, Wolfgang (Hrsg.), FS Listl, Berlin 1999, S. 67–90.
– Private islamische Bekenntnisschulen – Zur Ausnahme vom Verfassungsprinzip der für alle gemeinsamen Grundschule, in: Muckel, Stefan (Hrsg.), FS Rüfner – Kirche und Religion im sozialen Rechtsstaat, Berlin 2003, S. 355–380.

– Diskussionsbeitrag, in: Kämper, Burkhard/Krautscheidt, Joseph (Hrsg.), Essener Gespräche zum Thema Staat und Kirche (39) – Religionen in Deutschland und das Staatskirchenrecht, Münster 2005, S. 135–138.
– Staatsaufgaben, in: ders./Kirchhof, Paul (Hrsg.), Handbuch des Staatsrechts der Bundesrepublik Deutschland (HStR) Bd. IV, 3. Auflage, Heidelberg 2006, S. 117–161.
– Wiederentdeckung deutscher Identität – Verfassungstheoretische Anmerkungen zur Leitkultur, in: Grote, Rainer/Härtel, Ines/Hain, Karl-E./Schmidt, Thorsten Ingo/Schmitz, Thomas/Schuppert, Gunnar Folke/Winterhoff, Christian (Hrsg.), FS Starck – Die Ordnung der Freiheit, Tübingen 2007, S. 55–72.
– Integration mit Migrationshintergrund – Verfassungsrechtliche Daten, JZ 2010, S. 317–327.
– Christliches Erbe im organisierten Europa – Phobie und Legitimationschance, JZ 2015, S. 745–754.
– Ein versteckter Dissens – Der unvollständige Ausgleich der katholischen Kirche mit der menschenrechtlichen Moderne, in: Nass, Elmar/Spindler, Wolfgang H./Zabel, Johannes H. (Hrsg.), FS Ockenfels – Kultur des Gemeinwohls, Trier 2017, S. 104–137.
Jakab, András, Prinzipien, Rechtstheorie 37 (2006), S. 49–65.
Janssen, Achim, Aspekte des Status von Religionsgemeinschaften als Körperschaften des öffentlichen Rechts – Ausgewählte Fragestellungen des Körperschaftsstatus in der Rechtspraxis, Berlin 2017.
Jänterä-Jareborg, Maarit, The Child in the Intersection between Society, Family, Faith and Culture, in: dies. (Hrsg.), The child's interests in conflict – The intersections between society, family, faith and culture, Cambridge 2016, S. 1–30.
Janz, Norbert/Rademacher, Sonja, Islam und Religionsfreiheit – Die religiöse und weltanschauliche Neutralität des Staates auf dem Prüfstand, NVwZ 1999, S. 706–713.
Jarass, Hans D./Pieroth, Bodo (Hrsg.), Jarass/Pieroth – Grundgesetz für die Bundesrepublik Deutschland – Kommentar, 15. Auflage, München 2018.
Jaspers, Karl, Vom Ursprung und Ziel der Geschichte, München 1949.
Jeand'Heur, Bernd/Korioth, Stefan, Grundzüge des Staatskirchenrechts – Kurzlehrbuch, Stuttgart 2000.
Jestaedt, Matthias, Grundrechtsentfaltung im Gesetz – Studien zur Interdependenz von Grundrechtsdogmatik und Rechtsgewinnungstheorie, Tübingen 1999.
– Grundrechtsschutz vor staatlich aufgedrängter Ansicht – Das Kopftuch der Lehrerin als Exempel, in: Isensee, Josef/Rees, Wilhelm/Rüfner, Wolfgang (Hrsg.), FS Listl, Berlin 1999, S. 259–298.
– Abschichten – eine tragfähige Alternative zum Abwägen? – Ein Kommentar zu den Thesen Stefan Husters, in: Weilert, A. Katarina/Hildmann, Philipp W. (Hrsg.), Religion in der Schule – Zwischen individuellem Freiheitsrecht und staatlicher Neutralitätsverpflichtung, Tübingen 2018, S. 171–182.
ders./Lepsius, Oliver (Hrsg.), Verhältnismäßigkeit – Zur Tragfähigkeit eines verfassungsrechtlichen Schlüsselkonzepts, Tübingen 2016.
Joas, Hans, Die säkulare Option – Ihr Aufstieg und ihre Folgen, DZPhil 57 (2009), S. 293–300.
Johnson, Harry S./Stone II., Dwight W., Batson Challenges: How To Be Better Prepared Than Your Opponent, The Practical Litigator 1996, S. 15–22.
Juergensmeyer, Mark, Die Globalisierung religiöser Gewalt – Von christlichen Milizen bis al-Quaida, Hamburg.
Jurina, Josef, Der Rechtsstatus der Kirchen und Religionsgemeinschaften im Bereich ihrer eigenen Angelegenheiten, Berlin 1972.
Kahl, Wolfgang/Waldhoff, Christian/Walter, Christian (Hrsg.), Bonner Kommentar – Grundgesetz, 201. Ergänzungslieferung (November 2019), Heidelberg 2019.

Kallscheuer, Otto, Die Trennung von Politik und Religion und ihre »Globalisierung« in der Moderne, APuZ 42–43 / 2002, S. 3–5.

Kästner, Karl-Hermann, Staatliche Justizhoheit und religiöse Freiheit – Über die Frage nach der staatlichen Kompetenz zur Rechtsschutzgewährung im Wirkungsbereich der Kirchen und Religionsgemeinschaften, Tübingen 1991.

– Lernen unter dem Kreuz? – Zur Zulässigkeit religiöser Symbole in staatlichen Schulen nach der Entscheidung des BVerfG vom 16. Mai 1995, ZevKR 41 (1996), S. 241–272.

– Hypertrophie des Grundrechts auf Religionsfreiheit, JZ 1998, S. 974–982.

– Religiös akzentuierte Kleidung des Lehrpersonals staatlicher Schulen – Verfassungsrechtliche Erwägungen zum Wunsch einer Muslimin, den Dienst als Lehrerin an öffentlichen Schulen des Landes Baden-Württemberg aus religiösen Gründen ausschließlich mit Kopftuch zu versehen, in: ders./Nörr, Knut Wolfgang/Schlaich, Klaus (Hrsg.), FS Heckel, Tübingen 1999, S. 359–372.

Kaufmann, Franz-Xaver, Kirchen, Religion und sozialer Wandel in Deutschland, in: Ebner, Katharina/Kraneis, Tosan/Minkner, Martin/Neuefeind, Yvonne/Wolff, Daniel (Hrsg.), Staat und Religion – Neue Anfragen an eine vermeintlich eingespielte Beziehung, Tübingen 2014, S. 7–20.

Keim, Wolfgang, Schule und Religion – Die religiös-weltanschauliche Neutralität des Staates und die Verbreitung religiösen Gedankenguts mit Hilfe des Schulwesens in den Vereinigten Staaten von Amerika und in Deutschland, 2. Auflage, Frankfurt am Main 1969.

Keller, Timothy J., The Reason for God – Belief in an Age of Skepticism, London 2008.

Kewenig, Wilhelm, Das Grundgesetz und die staatliche Förderung der Religionsgemeinschaften, in: Krautscheidt, Joseph/Marré, Heiner (Hrsg.), Essener Gespräche zum Thema Staat und Kirche (6), Münster (Westf.) 1972, S. 9–35.

Kierkegaard, Søren, Philosophische Brosamen und Unwissenschaftliche Nachschrift, 4. Auflage, München 2005.

Kingreen, Thorsten, Vorrang und Vorbehalt der Verfassung, in: Isensee, Josef/Kirchhof, Paul (Hrsg.), Handbuch des Staatsrechts der Bundesrepublik Deutschland (HStR) Bd. XII, 3. Auflage, Heidelberg 2014, S. 293–325.

ders./Poscher, Ralf, Grundrechte – Staatsrecht II, 33. Auflage, Heidelberg 2017.

Kippenberg, Hans Gerhard, Gewalt als Gottesdienst – Religionskriege im Zeitalter der Globalisierung, München 2008.

Kirchhof, Paul, Die Kirchen und Religionsgemeinschaften als Körperschaften des öffentlichen Rechts, in: Listl, Joseph/Pirson, Dietrich (Hrsg.), Handbuch des Staatskirchenrechts der Bundesrepublik Deutschland (HdbStKirchR) Bd. I, 2. Auflage, Berlin 1994, S. 651–687.

– Die Freiheit der Religionen und ihr unterschiedlicher Beitrag zu einem freien Gemeinwesen, in: Kämper, Burkhard/Krautscheidt, Joseph (Hrsg.), Essener Gespräche zum Thema Staat und Kirche (39) – Religionen in Deutschland und das Staatskirchenrecht, Münster 2005, S. 105–121.

– Der kirchliche Beitrag zu Freiheit und Demokratie, in: Kämper, Burkhard/Pfeffer, Klaus (Hrsg.), Essener Gespräche zum Thema Staat und Kirche (48) – Der kirchliche Auftrag zur Mitgestaltung unserer freiheitlichen Demokratie, Münster 2015, S. 71–90.

– Freiheit ohne innere Bindung?, in: Nass, Elmar/Spindler, Wolfgang H./Zabel, Johannes H. (Hrsg.), FS Ockenfels – Kultur des Gemeinwohls, Trier 2017, S. 19–36.

Kleine, Markus, Institutionalisierte Verfassungswidrigkeiten im Verhältnis von Staat und Kirchen unter dem Grundgesetz – Ein Beitrag zur juristischen Methodik im Staatskirchenrecht, Baden-Baden 1993.

Kloepfer, Michael, Der Islam in Deutschland als Verfassungsfrage, DÖV 2006, S. 45–55.

Koenig, Matthias, Religiöse Pluralität und Demokratie in Europa, in: Meyer, Lidwina (Hrsg.), Recht, Religion, Politik – Auf dem Weg zu einer Anerkennung des Islam in Deutschland, Rehburg-Loccum 2007, S. 167–180.

Kögl, Michael, Religionsgeprägte Kleidung des Lehrers – Eine Betrachtung der Neutralitätspflicht des Staates und der Religionsfreiheit im Sonderstatusverhältnis, Frankfurt am Main 2006.

Kokott, Juliane, Laizismus und Religionsfreiheit im öffentlichen Raum, Der Staat 44 (2005), S. 343–365.

Koller, Peter, Theorie des Rechts – Eine Einführung, 2. Auflage, Wien 1997.

Korioth, Stefan, Vom institutionellen Staatskirchenrecht zum grundrechtlichen Religionsverfassungsrecht? – Chancen und Gefahren eines Bedeutungswandels des Art. 140 GG, in: Brenner, Michael/Huber, Peter M./Möstl, Markus (Hrsg.), FS Badura – Der Staat des Grundgesetzes – Kontinuität und Wandel, Tübingen 2004, S. 727–748.

– Die Entwicklung der Rechtsformen von Religionsgemeinschaften in Deutschland im 19. und 20. Jahrhundert, in: Kippenberg, Hans Gerhard/Schuppert, Gunnar Folke (Hrsg.), Die verrechtlichte Religion – Der Öffentlichkeitsstatus von Religionsgemeinschaften, Tübingen 2005, S. 109–140.

– Die Entwicklung des Staatskirchenrechts in Deutschland seit der Reformation, in: Heinig, Hans Michael/Walter, Christian (Hrsg.), Staatskirchenrecht oder Religionsverfassungsrecht? – Ein begriffspolitischer Grundsatzstreit, Tübingen 2007, S. 39–69.

Körtner, Ulrich H. J., Wiederkehr der Religion? – Das Christentum zwischen neuer Spiritualität und Gottvergessenheit, Gütersloh 2006.

Krings, Günter, Von strikter Trennung zu wohlwollender Neutralität – Staat und Kirche in den Vereinigten Staaten und die gewandelte Auslegung der religious clauses der US-Verfassung, ZevKR 45 (2000), S. 505–537.

Krüger, Herbert, Rezension zu Hesse, Konrad: Der Rechtsschutz durch staatliche Gerichte im kirchlichen Bereich, ZevKR 6 (1957/58), S. 72–82.

– Die Rechtswirkungen der strukturellen und geistigen Umgestaltung des Deutschen Staates nach 1945 auf das Reichskonkordat von 1933, in: Giese, Friedrich/v. d. Heydte, Friedrich August Frhr. (Hrsg.), Der Konkordatsprozeß, Teilband 3, München 1958, S. 1052–1093.

– Allgemeine Staatslehre, 2. Auflage, Stuttgart 1966.

Küenzlen, Gottfried, Die Wiederkehr der Religion – Lage und Schicksal in der säkularen Moderne, München 2003.

Kupke, Arne, Die Entwicklung des deutschen »Religionsverfassungsrechts« nach der Wiedervereinigung – insbesondere in den Neuen Bundesländern, Berlin 2004.

Ladeur, Karl-Heinz/Augsberg, Ino, Toleranz-Religion-Recht – Die Herausforderung des »neutralen« Staates durch neue Formen der Religiosität in der postmodernen Gesellschaft, Tübingen 2007.

ders./Augsberg, Ino, Der Mythos vom neutralen Staat, JZ 2007, S. 12–18.

Lafont, Christina, Religion and the Public Sphere – What are the Deliberative Obligations of Democratic Citizenship?, in: Calhoun, Craig J./Mendieta, Eduardo/VanAntwerpen, Jonathan (Hrsg.), Habermas and Religion, Cambridge 2013, S. 230–248.

Landau, Peter, Die Entstehung des neueren Staatskirchenrechts in der deutschen Rechtswissenschaft der zweiten Hälfte des 19. Jahrhunderts, in: Schieder, Wolfgang (Hrsg.), Religion und Gesellschaft im 19. Jahrhundert, Stuttgart 1993, S. 29–61.

Lanzerath, Sonja, Religiöse Kleidung und öffentlicher Dienst – Zur Zulässigkeit dienstrechtlicher Bekleidungsverbote in Schule, Gerichtsbarkeit und Polizei, Frankfurt am Main 2003.

v. Laun, Rudolf, Der Staatsrechtslehrer und die Politik, AöR 43 (1922), 145–199.

Laycock, Douglas, Formal, Substantive and Disaggregated Neutrality Towards Religion, DePaul Law Review 39 (1990), S. 993–1018.

Lecheler, Helmut, Die Rechtsstellung der Bekenntnisgemeinschaften im Schulrecht – Erwiderung auf Renck, BayVBl. 1994, 39ff., BayVBl. 1994, S. 41–43.

Leiter, Brian, Why Tolerate Religion?, Princeton 2014.

Lenz, Sebastian/Leydecker, Philipp, Kollidierendes Verfassungsrecht – Verfassungsrechtliche Maßstäbe der Einschränkbarkeit vorbehaltloser Grundrechte, DÖV 2005, S. 841–850.

Lepsius, Oliver, Die maßstabsetzende Gewalt, in: Jestaedt, Matthias/Lepsius, Oliver/Möllers, Christoph/Schönberger, Christoph, Das entgrenzte Gericht – Eine kritische Bilanz nach sechzig Jahren Bundesverfassungsgericht, Berlin 2011, S. 159–279.

Liermann, Hans, Das evangelische Konkordat, AöR 52 (1927), S. 381–431.

Lindner, Berend, Körperschaftsstatus für Muslime?, ZevKR 48 (2003), S. 178–188.

Link, Christoph, Die Schulgebetsentscheidung des Bundesverfassungsgerichts, JZ 1980, S. 564–566.

– Kirchliche Rechtsgeschichte – Kirche, Staat und Recht in der europäischen Geschichte von den Anfängen bis ins 21. Jahrhundert, 3. Auflage, München 2017.

Lipphardt, Hanns-Rudolf, Die Gleichheit der politischen Parteien vor der öffentlichen Gewalt – Kritische Studie zur Wahl- und Parteienrechtsjudikatur des Bundesverfassungsgerichts, Berlin 1975.

Listl, Joseph, Die Lehre der Kirche über das Verhältnis von Kirche und Staat, in: ders./Schmitz, Heribert (Hrsg.), Handbuch des katholischen Kirchenrechts (HdbKathKR), 2. Auflage, Regensburg 1999, S. 1239–1255.

ders./Hollerbach, Alexander, Grundmodelle einer möglichen Zuordnung von Kirche und Staat, in: Listl, Joseph/Schmitz, Heribert (Hrsg.), Handbuch des katholischen Kirchenrechts (HdbKathKR), 2. Auflage, Regensburg 1999, S. 1256–1267.

ders./Hollerbach, Alexander, Das Verhältnis von Kirche und Staat in der Bundesrepublik Deutschland, in: Listl, Joseph/Schmitz, Heribert (Hrsg.), Handbuch des katholischen Kirchenrechts (HdbKathKR), 2. Auflage, Regensburg 1999, S. 1268–1293.

v. Löwenstein, Clara, Christliche Werte im Bürgerlichen Recht – Exemplarisch illustriert anhand ausgewählter Einzelnormen, Berlin 2018.

Lübbe, Hermann, Säkularisierung – Geschichte eines ideenpolitischen Begriffs, Freiburg im Breisgau 1965.

MacCulloch, Diarmaid, Die Reformation – 1490–1700, München 2010.

Magen, Stefan, Körperschaftsstatus und Religionsfreiheit – Zur Bedeutung des Art. 137 Abs. 5 WRV im Kontext des Grundgesetzes, Tübingen 2004.

Mahrenholz, Ernst Gottfried, Die Kirchen in der Gesellschaft der Bundesrepublik, Hannover 1969.

Maier, Hans, Kirche – Staat – Gesellschaft – Historisch-politische Bemerkungen zu ihrem Verhältnis, in: Krautscheidt, Joseph/Marré, Heiner (Hrsg.), Essener Gespräche zum Thema Staat und Kirche (1), Münster 1969, S. 12–38.

– Staat und Kirche in der Bundesrepublik Deutschland – Die politischen und gesellschaftlichen Grundlagen, in: Listl, Joseph/Pirson, Dietrich (Hrsg.), Handbuch des Staatskirchenrechts der Bundesrepublik Deutschland (HdbStKirchR) Bd. I, 2. Auflage, Berlin 1994, S. 85–110.

Mair, Jane, A religious revival in family law, in: Ferrari, Silvio (Hrsg.), Routledge handbook of law and religion, Abingdon 2015, S. 245–258.

Maly, Sebastian, Die Rolle der Religion in der postsäkularen Gesellschaft – Zur Religionsphilosophie von Jürgen Habermas, Theologie und Philosophie 80 (2005), S. 546–565.

Marder, Nancy S., Batson Revisited, Iowa Law Review 97 (2011–2012), S. 1585–1612.

– Batson v. Kentucky – Reflections Inspired by a Podcast, Kentucky Law Journal 105 (2016–2017), S. 621–649.

Marsch, Wolf-Dieter, Theologiegeschichte demokratischen Denkens, in: ders. (Hrsg.), Die Freiheit planen – Christlicher Glaube und demokratisches Bewußtsein, Göttingen 1971, S. 129–172.

Matyssek, Ulf, Zum Problem der Trennung von Religion und Politik im Islam, in: Muckel, Stefan (Hrsg.), Der Islam im öffentlichen Recht des säkularen Verfassungsstaates, Berlin 2008, S. 158–233.

Maunz, Theodor, Die religiöse Neutralität des Staates, ArchKathKirchR 1970, S. 427–442.

– Die Kooperation von Staat und Kirche, BayVBl. 1988, S. 231–234.

Maurer, Hartmut, Die Schranken der Religionsfreiheit, ZevKR 49 (2004), S. 311–332.

May, Hans, Religion und die Zukunft der Demokratie, Berlin 2008.

McCarthy, Thomas, The Burdens of Modernized Faith and Postmetaphysical Reason in Habermas's »Unfinished Project of Enlightenment«, in: Calhoun, Craig J./Mendieta, Eduardo/VanAntwerpen, Jonathan (Hrsg.), Habermas and Religion, Cambridge 2013, S. 115–131.

McClean, David, State and Church in the United Kingdom, in: Robbers, Gerhard (Hrsg.), State and Church in the European Union, 2. Auflage, Baden-Baden 2005, S. 553–576.

McConnell, Michael W., Five Reasons to Reject the Claim That Religious Arguments Should Be Excluded from Democratic Deliberation, Utah Law Review 1999, S. 639–657.

Melilli, Kenneth J., Batson in Practice – What We have Learned About Batson and Peremptory Challenges, Notre Dame Law Review 71 (1995–96), S. 447–503.

Mendieta, Eduardo, Religion in Habermas's Work, in: Calhoun, Craig J./Mendieta, Eduardo/VanAntwerpen, Jonathan (Hrsg.), Habermas and Religion, Cambridge 2013, S. 391–409.

Menski, Werner, Plurality-Conscious Rebalancing of Family Law Regulation in Europe, in: Shah, Prakash/Foblets, Marie-Claire/Rohe, Mathias (Hrsg.), Family, religion and law – Cultural encounters in Europe, Farnham 2014, S. 29–48.

Merk, Wilhelm, Diskussionsbeitrag, VVDStRL 11 (1952), S. 232–235.

Merkel, Angela, Rede bei der Internationalen Parlamentarierkonferenz zur Religionsfreiheit am Mittwoch, den 14. September 2016, https://www.bundesregierung.de/breg-de/aktuelles/rede-von-bundeskanzlerin-merkel-bei-der-internationalen-parlamentarier konferenz-zur-religionsfreiheit-am-mittwoch-den-14-september-2016-465716 (geprüft am 16.1.2020).

Merten, Detlef, Der »Kruzifix-Beschluß« des Bundesverfassungsgerichts aus grundrechtsdogmatischer Sicht, in: Burmeister, Joachim H. (Hrsg.), FS Stern – Verfassungsstaatlichkeit, München 1997, S. 987–1010.

Meyer-Scheu, Hansjosef, Grundgesetz und Parität von Kirchen und Religionsgemeinschaften, Mainz 1970.

Meyer-Teschendorf, Klaus G., Religionsfreiheit in der Staatsschule – Das Schulgebet als Prüfstein für staatliche Neutralität und Nicht-Identifikation, ZevKR 23 (1978), S. 202–230.

– Staat und Kirche im pluralistischen Gemeinwesen – Verfassungstheoretische Vorverständnisse von Staat, Kirche und Gesellschaft in der staatskirchenrechtlichen Diskussion der Gegenwart, Tübingen 1979.

– Der Körperschaftsstatus der Kirchen – Zur Systemadäquanz des Art. 137 V WRV im pluralistischen Gemeinwesen des Grundgesetzes, in: Mikat, Paul (Hrsg.), Kirche und Staat in der neueren Entwicklung, Darmstadt 1980, S. 498–552.

Mikat, Paul, Kirchen und Religionsgemeinschaften, in: Bettermann, Karl August/Nipperdey, Hans Carl/Scheuner, Ulrich (Hrsg.), Die Grundrechte, Bd. 4.1 – Handbuch der Theorie und Praxis der Grundrechte, Berlin 1960, S. 111–244.

– Das Verhältnis von Kirche und Staat im Lande Nordrhein-Westfalen in Geschichte und Gegenwart, Wiesbaden 1966.

– Kirche und Staat in nachkonziliarer Sicht, in: Listl, Joseph (Hrsg.), Paul Mikat – Religionsrechtliche Schriften – Abhandlungen zum Staatskirchenrecht und Eherecht, Berlin 1974, S. 217–235.

– Das Verhältnis von Kirche und Staat nach der Lehre der katholischen Kirche, in: Listl, Joseph/Pirson, Dietrich (Hrsg.), Handbuch des Staatskirchenrechts der Bundesrepublik Deutschland (HdbStKirchR) Bd. I, 2. Auflage, Berlin 1994, S. 111–155.
Misera-Lang, Kathrin, Dogmatische Grundlagen der Einschränkbarkeit vorbehaltloser Freiheitsgrundrechte, Frankfurt am Main 1999.
Möllers, Christoph, Staat als Argument, München 2000.
– Die drei Gewalten – Legitimation der Gewaltengliederung in Verfassungsstaat, europäischer Integration und Internationalisierung, Weilerswist 2008.
– Pluralität der Kulturen als Herausforderung an das Verfassungsrecht?, in: Dreier, Horst/Hilgendorf, Eric (Hrsg.), Kulturelle Identität als Grund und Grenze des Rechts, Stuttgart 2008, S. 223–244.
– Demokratie – Zumutungen und Versprechen, 2. Auflage, Berlin 2009.
– Demokratie und Recht, in: Brunkhorst, Hauke/Kreide, Regina/Lafont, Christina (Hrsg.), Habermas-Handbuch, Stuttgart 2009, S. 254–263.
– Religiöse Freiheit als Gefahr?, VVDStRL 68 (2009), S. 47–93.
– Diskussionsbeitrag, VVDStRL (68) 2009, S. 115–118.
– Grenzen der Ausdifferenzierung – Zum Zusammenhang von Religion und Politik im Demokratischen Rechtsstaat, in: Heinig, Hans Michael/Walter, Christian (Hrsg.), Religionsverfassungsrechtliche Spannungsfelder, Tübingen 2015, S. 9–34.
Mommsen, Theodor, Die Grundrechte des deutschen Volkes – mit Belehrungen und Erläuterungen – Neudruck der anonymen Erstausgabe von 1849, Frankfurt am Main 1969.
Morlok, Martin, Selbstverständnis als Rechtskriterium, Tübingen 1993.
– Reflexionsdefizite in der deutschen Staatsrechtslehre, in: Schulze-Fielitz, Helmuth (Hrsg.), Staatsrechtslehre als Wissenschaft – Die Verwaltung / Beiheft Nr. 7, Berlin 2007, S. 49–80.
– Neutralität des Staates und religiöser Radikalismus, in: Masing, Johannes/Jouanjan, Olivier (Hrsg.), Weltanschauliche Neutralität, Meinungsfreiheit, Sicherungsverwahrung, Tübingen 2013, S. 3–20.
Morsey, Rudolf, Der Kulturkampf – Bismarcks Präventivkrieg gegen das Zentrum und die katholische Kirche, in: Marré, Heiner/Schümmelfelder, Dieter/Kämper, Burkhard (Hrsg.), Essener Gespräche zum Thema Staat und Kirche (34) – Das Staat-Kirche-Verhältnis in Deutschland an der Schwelle zum 21. Jahrhundert, Münster 2000, S. 5–28.
Mosbacher, Wolfgang, Sonntagsschutz und Ladenschluß – Der verfassungsrechtliche Rahmen für den Ladenschluß an Sonn- und Feiertagen und seine subjektiv-rechtliche Dimension, Berlin 2007.
Muckel, Stefan, Religiöse Freiheit und staatliche Letztentscheidung – Die verfassungsrechtlichen Garantien religiöser Freiheit unter veränderten gesellschaftlichen Verhältnissen, Berlin 1997.
– Religionsfreiheit gestern, heute, morgen, Baden-Baden 2017.
– Anmerkung zu BVerfG, Beschl. v. 27.6.2017 – 2 BvR 1333/17, NVwZ 2017, S. 1132–1133.
ders./Tillmanns, Reiner, Die religionsverfassungsrechtlichen Rahmenbedingungen für den Islam, in: Muckel, Stefan (Hrsg.), Der Islam im öffentlichen Recht des säkularen Verfassungsstaates, Berlin 2008, S. 234–272.
Mückl, Stefan, Europäisierung des Staatskirchenrechts, Baden-Baden 2005.
– Trennung und Kooperation – das gegenwärtige Staat-Kirche-Verhältnis in der Bundesrepublik Deutschland, in: Kämper, Burkhard/Thönnes, Hans-Werner (Hrsg.), Essener Gespräche zum Thema Staat und Kirche (40) – Die Trennung von Staat und Kirche – Modelle und Wirklichkeit in Europa, Münster 2007, S. 41–83.
– Grundlagen des Staatskirchenrechts, in: Isensee, Josef/Kirchhof, Paul (Hrsg.), Handbuch des Staatsrechts der Bundesrepublik Deutschland (HStR) Bd. VII, 3. Auflage, Heidelberg 2009, S. 711–791.

Müller, Jochen, Religion und Strafrecht – Christliche Einflüsse auf Normenbestand, Dogmatik und Argumentationsstrukturen des deutschen Strafrechts, Berlin 2008.
Müller-Doohm, Stefan, Jürgen Habermas – Eine Biographie, Berlin 2014.
Müller-Volbehr, Jörg, Staatskirchenrecht an der Jahrtausendwende – Bestandsaufnahme und Ausblick, ZevKR 44 (1999), S. 385–412.
v. Münch, Ingo/Kunig, Philip (Hrsg.), v. Münch/Kunig, 6. Auflage, München 2012.
Münkler, Herfried, Heil, Herrschaft, Bürgerschaft: Das Christentum im politischen Denken der frühen Neuzeit, in: Schröder, Richard/Zachhuber, Johannes (Hrsg.), Was hat uns das Christentum gebracht? – Versuch einer Bilanz nach zwei Jahrtausenden: eine interdisziplinäre Vorlesungsreihe, Münster 2005, S. 117–136.
Munsonius, Hendrik, Öffentliche Religion im säkularen Staat, Tübingen 2016.
Nationaldemokratische Partei Deutschlands (NPD), Islambroschüre, 2016, https://npd.de/Islambroschuere_NPD.pdf (geprüft am 16.1.2020).
Neumann, Jacqueline/Schmidt-Salomon, Michael, Was ist »Weltanschauungsrecht«, in: Neumann, Jacqueline/Czermak, Gerhard/Merkel, Reinhard/Putzke, Holm (Hrsg.), Aktuellen Entwicklungen im Weltanschauungsrecht, 2019, S. 13–25.
Nolte, Achim, Das Kreuz mit dem Kreuz – Hintergründe und Kritik am Urteil des Bundesverwaltungsgerichts vom 21. April 1999, JöR 48 (2000), S. 87–116.
Nolte, Paul, Religion und Bürgergesellschaft – Brauchen wir einen religionsfreundlichen Staat?, Berlin 2009.
– Religion als zivilgesellschaftliche Ressource – Integration und Konflikt seit den 1950er Jahren – das Beispiel der Bundesrepublik, in: Arens, Edmund (Hrsg.), Integration durch Religion? – Geschichtliche Befunde, gesellschaftliche Analysen, rechtliche Perspektiven, Baden-Baden 2014, S. 133–154.
Oberdorfer, Bernd/Waldmann, Peter (Hrsg.), Die Ambivalenz des Religiösen – Religionen als Friedensstifter und Gewalterzeuger, Freiburg im Breisgau 2008.
Obermayer, Klaus, Staatskirchenrecht im Wandel, DÖV 1967, S. 9–17.
– Staat und Religion – Bekenntnisneutralität zwischen Traditionalismus und Nihilismus, Berlin 1977.
Page, Antony, Batsons's Blind-Spot – Unconscious Stereotyping and the Peremptory Challenge, Boston University Law Review 85 (2005), S. 155–262.
Palm, Julia, Berechtigung und Aktualität des Böckenförde-Diktums – Eine Überprüfung vor dem Hintergrund der religiös-weltanschaulichen Neutralität des Staates: Möglichkeiten des Staates zur Pflege seiner Voraussetzungen durch Werterziehung in der öffentlichen Schule, Frankfurt am Main 2013.
Pannenberg, Wolfhart, Christlicher Glaube und Gesellschaft, in: Hommes, Ulrich (Hrsg.), Gesellschaft ohne Christentum? – Zum Beitrag der Christen für die Erhaltung der Freiheit, Düsseldorf 1974, S. 109–123.
– Grundlagen der Ethik – Philosophisch-theologische Perspektiven, Göttingen 1996.
Papadopoulos, Yannis/Warin, Philippe, Are innovative, participatory and deliberative procedures in policy making democratic and effective?, EJPR 2007, S. 445–472.
Pape, Robert Anthony, Dying to win – Why suicide terrorists do it, London 2006.
Papier, Hans-Jürgen, Aktuelle Herausforderungen im Verhältnis zwischen Staat und Kirche unter besonderer Berücksichtigung der staatlichen Neutralitätspflicht, in: Pitschas, Rainer/Uhle, Arnd (Hrsg.), FS Scholz – Wege gelebter Verfassung in Recht und Politik, Berlin 2007, 1123–1140.
Pascua, José Antonio Ramos, Die Grundlage rechtlicher Geltung von Prinzipien – Eine Gegenüberstellung von Dworkin und Esser, in: Orsi, Guiseppe/Seelmann, Kurt/Smid, Stefan/Steinvorth, Ulrich (Hrsg.), Prinzipien des Rechts, Frankfurt am Main 1996, S. 7–34.
Payandeh, Mehrdad, Judikative Rechtserzeugung – Theorie, Dogmatik und Methodik der Wirkungen von Präjudizien, Tübingen 2017.

– Das Kopftuch der Richterin aus verfassungsrechtlicher Perspektive, DÖV 2018, 482–488.
– Grenzen des Selbstbestimmungsrechts von Religionsgemeinschaften – Gerichtliche Überprüfbarkeit und inhaltliche Voraussetzungen für das Erfordernis konfessioneller Zugehörigkeit für Beschäftigungsverhältnisse einer Religionsgemeinschaft, JuS 2018, S. 593–596.
Perçin, Müjgan, Die Kompatibilität des säkularen Staates mit dem Islam – Am Beispiel der Türkei unter besonderer Berücksichtigung des deutschen Religionsverfassungsrechts, Berlin 2013.
Perry, Michael J., Morality, politics and law – a bicentennial essay, New York 1988.
– Religion in Politics – Constitutional and Moral Perspectives, New York 1997.
– Christians, the Bible and Same-Sex Unions: An Argument for Political Self-Restraint, Wake Forest Law Review 36 (2001), S. 449–485.
– Under God? – Religious faith and liberal democracy, New York 2003.
Peters, Hans, Die Gegenwartslage des Staatskirchenrechts, VVDStRL 11 (1952), S. 177–214.
Peters, Michaela, Grundrechte als Regeln und Prinzipien, ZÖR 51 (1996), S. 159–182.
Petersen, Niels, Verhältnismäßigkeit als Rationalitätskontrolle – Eine rechtsempirische Studie verfassungsrechtlicher Rechtsprechung zu den Freiheitsgrundrechten, Tübingen 2015.
Pew Research Center, Europe's Growing Muslim Population 2017, https://assets.pewresearch.org/wp-content/uploads/sites/11/2017/11/06105637/FULL-REPORT-FOR-WEB-POSTING.pdf (geprüft am 16.1.2020).
Philippi, Klaus, Die Genese des »Kreisauer Kreises«, Berlin 2013.
Pirson, Dietrich, Religiöse Minderheiten nach der Rechtsordnung der Bundesrepublik Deutschland, in: Neumann, Johannes/Fischer, Michael W. (Hrsg.), Toleranz und Repression – Zur Lage religiöser Minderheiten in modernen Gesellschaften, Frankfurt am Main 1987, S. 99–118.
– Die Förderung der Kirche als Aufgabe des säkularen Staates, in: Marré, Heiner/Schümmelfelder, Dieter (Hrsg.), Essener Gespräche zum Thema Staat und Kirche (28) – Die staatliche Förderung von Gesellschaft und Kirche, Münster 1994, S. 83–102.
– Die geschichtlichen Wurzeln des deutschen Staatskirchenrechts, in: Listl, Joseph/Pirson, Dietrich (Hrsg.), Handbuch des Staatskirchenrechts der Bundesrepublik Deutschland (HdbStKirchR) Bd. I, 2. Auflage, Berlin 1994, S. 3–46.
– Anm. zu BVerfG, Beschl. v. 16.5.1995 – 1 BvR 1087/91 (Kruzifix), BayVBl. 1995, S. 755–758.
– Religiöse Neutralität in der staatlichen Sozialhilfe, in: Ruland, Franz/Maydell, Bernd von/Papier, Hans-Jürgen (Hrsg.), FS Zacher – Verfassung, Theorie und Praxis des Sozialstaats, Heidelberg 1998, S. 743–754.
Podlech, Adalbert, Das Grundrecht der Gewissensfreiheit und die besonderen Gewaltverhältnisse, Berlin 1968.
Pohl, Ines, »Das Gegenteil von Christentum« – Interview mit EKD-Vorsitzendem Heinrich Bedford-Strohm, 22.12.2014, http://www.taz.de/!5025598 (geprüft am 16.1.2020).
Politt, Daniel R./Warren, Brittany P., Thirty Years of Disappointment: North Carolina's Remarkable Appellate Batson Record, North Carolina Law Review 94 (2015–2016), S. 1957–1995.
Polke, Christian, Öffentliche Religion in der Demokratie – Eine Untersuchung zur weltanschaulichen Neutralität des Staates, Leipzig 2009.
Poscher, Ralf, Insights, Errors and Self-Misconceptions of the Theory of Principles, Ratio Juris 2009, 425–454.
– Hermeneutics, jurisprudence and law, in: Malpas, Jeff/Gander, Hans-Helmuth (Hrsg.), The routledge companion to hermeneutics, New York 2015, S. 451–465.

– The hermeneutic character of legal construction, in: Glanert, Simone/Girard, Fabien (Hrsg.), Law's hermeneutics – Other investigations, Oxon 2017, S. 207–228.
Pottmeyer, Maria, Religiöse Kleidung in der öffentlichen Schule in Deutschland und England – Staatliche Neutralität und individuelle Rechte im Rechtsvergleich, Tübingen 2011.
Preuß, Hugo, Wortmeldung, in: Verhandlungen der verfassungsgebenden Nationalversammlung Bd. 336 – Anlagen zu den stenographischen Berichten, Berlin 1920, S. 198–199.
Quaritsch, Helmut, Kirchen und Staat (Teil 1) – Verfassungs- und staatstheoretische Probleme der staatskirchenrechtlichen Lehre der Gegenwart, Der Staat 1 (1962), S. 175–197.
– Kirchen und Staat (Teil 2) – Verfassungs- und staatstheoretische Probleme der staatskirchenrechtlichen Lehre der Gegenwart, Der Staat 1 (1962), 289–320.
– Neues und Altes über das Verhältnis von Kirchen und Staat, Der Staat 5 (1966), S. 451–474.
– Zurück zur juristischen Methode im Staatskirchenrecht, NJW 1967, S. 764–766.
Rademacher, Sonja, Das Kreuz mit dem Kopftuch – Wieviel religiöse Symbolik verträgt der neutrale Staat?, Baden-Baden 2005.
Rathke, Carola, Öffentliches Schulwesen und religiöse Vielfalt – Zugleich ein Beitrag zur Dogmatik von Art. 4 Abs. 1 und 2 GG, Art. 7 Abs. 1 GG und der staatlichen Pflicht zu weltanschaulich-religiöser Neutralität, Berlin 2005.
Ratzinger, Joseph, Was die Welt zusammenhält – Vorpolitische moralische Grundlagen eines freiheitlichen Staates, in: Schuller, Florian (Hrsg.), Dialektik der Säkularisierung – Über Vernunft und Religion, 8. Auflage, Freiburg im Breisgau 2011, S. 39–60.
Rawls, John, Political Liberalism – Reply to Habermas, The Journal of Philosophy 92 (1995), S. 132–180.
– Politischer Liberalismus, Frankfurt am Main 1998.
– Nochmals: Die Idee der öffentlichen Vernunft, in: ders., Das Recht der Völker, Berlin 2002, S. 165–218.
– Political Liberalism, New York 2005.
– Über meine Religion, in: Nagel, Thomas (Hrsg.), John Rawls – Über Sünde, Glaube und Religion, Berlin 2010, S. 301–314.
Reder, Michael, Wie weit können Glaube und Vernunft unterschieden werden? – Religionsphilosophische und ethische Anmerkungen, in: ders./Schmidt, Josef (Hrsg.), Ein Bewußtsein von dem, was fehlt – Eine Diskussion mit Jürgen Habermas, Frankfurt am Main 2008, S. 51–68.
– Religion in säkularer Gesellschaft – Über die neue Aufmerksamkeit für Religion in der politischen Philosophie, 2. Auflage, München 2014.
Reimer, Franz, Verfassungsprinzipien – Ein Normtyp im Grundgesetz, Berlin 2001.
Reinhard, Wolfgang, Geschichte der Staatsgewalt – Eine vergleichende Verfassungsgeschichte Europas von den Anfängen bis zur Gegenwart, 3. Auflage, München 2002.
Renck, Ludwig, Anmerkung zu BVerfG, Beschl. v. 16.10.1979 (Schulgebet), BayVBl. 1980, S. 338–339.
– Sonderurlaub für Veranstaltungen von Bekenntnisgemeinschaften, NVwZ 1987, S. 669–671.
– Die Trennung von Staat und Kirche, BayVBl. 1988, S. 225–231.
– Religionsfreiheit und das Bildungsziel der Ehrfurcht vor Gott, NJW 1989, S. 2442–2445.
– Staatliche Religionsneutralität und Toleranz – BVerfGE 35, 66 und 52, 233, JuS 1989, S. 451–455.
– Grundfragen des Rechts der res sacra, DÖV 1990, S. 333–336.
– Res Sacra und Sachgebrauch, NVwZ 1990, S. 38–40.
– Anmerkung zu VG Regensburg, Beschl. v. 1.3.1991 (Schulkreuz), BayVBl. 1991, S. 346–347.
– Verfassungsprobleme der christlichen Gemeinschaftsschule, NVwZ 1991, S. 116–120.

- Bekenntnisfreiheit und kirchliche Friedhöfe, DÖV 1992, S. 485–488.
- Probleme der Rechtsangleichung im Staatskirchenrecht, ThürVBl. 1992, S. 177–181.
- Verfassungsprobleme des Ethikunterrichts, BayVBl. 1992, S. 519–522.
- Zur grundrechtlichen Bedeutung von Art. 7 III GG, NVwZ 1992, S. 1171–1172.
- Bestandsschutz für kirchliche Feiertage?, NVwZ 1993, S. 648–650.
- Privatschulen und Religionsunterricht, BayVBl. 1993, S. 169–171.
- Rechtsfragen des Religionsunterrichts an den öffentlichen Schulen der neuen Bundesländer, ThürVBl. 1993, S. 102–106.
- Rechtsprobleme der Benutzung kirchlicher Friedhöfe, DÖV 1993, S. 517–523.
- Religionsunterricht in den neuen Bundesländern, LKV 1993, S. 88–89.
- Aktuelle Probleme der christlichen Gemeinschaftsschule – dargestellt am Beispiel des bayerischen Schulrechts, KJ 27 (1994), S. 488–500.
- Die Rechtsstellung der Bekenntnisgemeinschaften im Schulrecht, BayVBl. 1994, S. 39–41.
- Nochmals: Verfassungswidriger Ethikunterricht? – Eine Erwiderung auf Schockenhoff, BayVBl. 1993, 737 ff., BayVBl. 1994, S. 432–433.
- Rechtsfragen des Religionsunterrichts im bekenntnisneutralen Staat, DÖV 1994, S. 27–32.
- Staatskirchenrecht in den neuen Bundesländern – dargestellt am Beispiel Thüringens, ThürVBl. 1994, S. 182–185.
- Über positive und negative Bekenntnisfreiheit, NVwZ 1994, S. 544–547.
- Bemerkungen zu den sog. Staatskirchenverträgen, ThürVBl. 1995, S. 31–37.
- Die Bischofsernennung in den Konkordaten, BayVBl. 1995, S. 682–684.
- Rezension zu Markus Kleine, Institutionalisierte Verfassungswidrigkeiten im Verhältnis von Staat und Kirche unter dem Grundgesetz, BayVBl. 1995, S. 224.
- Bemerkungen zum Schulkreuzgesetz, BayVBl. 1996, S. 492–493.
- Positive und negative Bekenntnisfreiheit und Glaubens- oder Rechtsstaat, ZRP 1996, S. 205–206.
- Probleme des Thüringer Staatskirchenrechts, ThürVBl. 1996, S. 73–76.
- Staatliche und kirchliche Eheschließung, NJW 1996, 907–908.
- Überlegungen zum Rechtsgrund der res sacrae, BayVBl. 1996, S. 264–268.
- Verfassungsprobleme der theologischen Fakultäten, NVwZ 1996, S. 333–339.
- Zum rechtlichen Gehalt der Kruzifixdebatte, ZRP 1996, S. 16–20.
- Bekenntnisfreiheit und Kirchenasyl, NJW 1997, S. 2089–2092.
- Das Problem eines Grundrechts auf Bekenntnisunterricht, ThürVBl. 1997, S. 97–99.
- Der sogenannte Rang der Kirchenverträge, DÖV 1997, S. 929–938.
- Art. 141 GG und die neuen Bundesländer, ThürVBl. 1999, S. 149–152.
- Bekenntnisunterricht und Ethikunterricht, NVwZ 1999, S. 713–716.
- Bekenntnisunterricht und Ethikunterricht, NVwZ 1999, S. 713–716.
- Der Bayerische Verfassungsgerichtshof und das Schulkreuz-Gesetz, NJW 1999, S. 994–999.
- Staatliche Grundrechtsvorsorge und Bekenntnisunterricht, ZRP 1999, S. 137–139.
- Zum Stand des Bekenntnisverfassungsrechts in der Bundesrepublik, BayVBl. 1999, S. 70–77.
- Bekenntnisverfassungsrecht und kirchliches Drittsendungsrecht, NVwZ 2000, S. 868–874.
- Erwiderung: Bekenntnisunterricht – Ein Gebot der Bekenntnisfreiheit?, JZ 2000, S. 561–563.
- Zur Auslegung von Art. 137 Abs. 2 BV, BayVBl. 2000, S. 305–306.
- Der Name der Kirche, NVwZ 2001, S. 859–863.
- Islamischer Religionsunterricht – wann endlich? (Anmerkung zu VG Düsseldorf, NVWBl. 2001, 112), NWVBl. 2001, S. 425–426.

– Kommunale Kirchenbaulastverträge und Wegfall der cura religionis, DÖV 2001, S. 103–109.
– Nochmals: Bestandsprobleme kommunaler Kirchenbaulastverträge, BayVBl. 2001, S. 513–518.
– Das Bundesverfassungsgericht und der Brandenburger Schulstreit, ZRP 2002, S. 316–318.
– Das Schulkreuz und die Lehrer, NVwZ 2002, S. 955–957.
– Die unvollkommene Parität, DÖV 2002, S. 56–67.
– Institutionell garantierter Bekenntnisunterricht?, ZRP 2003, S. 137–139.
– Patronate der öffentlichen Hand, DÖV 2003, S. 526–533.
– Wissenschaftsfreiheit und theologische Fakultäten, in: Muckel, Stefan (Hrsg.), FS Rüfner – Kirche und Religion im sozialen Rechtsstaat, Berlin 2003, S. 711–726.
– Bemerkungen zum Konkordat des Landes Brandenburg mit dem Hl. Stuhl, LKV 2004, S. 250–254.
– Kirchensteuer und Kirchenaustritt, BayVBl. 2004, S. 132–136.
– Achristliches Schulrecht in Brandenburg?, LKV 2005, S. 297–299.
– Die Katholische Kirche und ihr Namensrecht, NJW 2005, S. 1470–1472.
– Staatsleistungen an die Bekenntnisgemeinschaften, LKV 2005, S. 146–151.
– Die Garantie der Staatsleistungen an die Kirchen und die Rechtsprechung des Bayerischen Verwaltungsgerichtshofs, BayVBl. 2006, S. 135–138.
– Ethik- und staatlicher Bekenntnisunterricht in Berlin, LKV 2006, S. 210–212.
– Rechtsstellungsgesetze für Bekenntnisgemeinschaften, ZRP 2006, S. 87–90.
– Subventionierende gemeindliche Kirchenbaulasten, NVwZ 2007, S. 1383–1386.

Reuter, Astrid, Säkularität und Religionsfreiheit – Ein doppeltes Dilemma, Leviathan 35 (2007), S. 178–192.
– Religion in der verrechtlichten Gesellschaft – Rechtskonflikte und öffentliche Kontroversen um Religion als Grenzarbeiten am religiösen Feld, Göttingen 2014.

Riesebrodt, Martin, Die Rückkehr der Religionen – Fundamentalismus und der »Kampf der Kulturen«, 2. Auflage, München 2001.

Rippe, Klaus Peter, Pluralismus – Einige Klärungsversuche zu einem inflationär gebrauchten Begriff, ETHICA 4 (1996), S. 289–317.

Robbers, Gerhard, Förderung der Kirchen durch den Staat, in: Listl, Joseph/Pirson, Dietrich (Hrsg.), Handbuch des Staatskirchenrechts der Bundesrepublik Deutschland (HdbStKirchR) Bd. I, 2. Auflage, Berlin 1994, S. 867–890.
– Das Verhältnis von Staat und Kirche in Europa, ZevKR 42 (1997), S. 122–129.
– Das Verhältnis von Staat und Kirche in rechtsvergleichender Sicht, in: Brugger, Winfried/Huster, Stefan (Hrsg.), Der Streit um das Kreuz in der Schule – Zur religiös-weltanschaulichen Neutralität des Staates, Baden-Baden 1998, S. 59–68.
– Staat und Religion, VVDStRL 59 (2000), S. 231–263.

Roellecke, Gerd, Staatsrechtslehre und Politische Situation der Bundesrepublik im Spiegel der Schriften von Konrad Hesse und Günter Dürig, Der Staat 26 (1987), S. 95–102.

Rohe, Mathias, Das islamische Recht – Geschichte und Gegenwart, 3. Auflage, München 2011.
– Der Islam in Deutschland – Eine Bestandsaufnahme, München 2016.

Röhl, Klaus F./Röhl, Hans Christian, Allgemeine Rechtslehre – Ein Lehrbuch, 3. Auflage, Köln 2008.

Röhrig, Sarah, Religiöse Symbole in staatlichen Einrichtungen als Grundrechtseingriffe, Tübingen 2017.

Rollenfitsch, Michael, Aktive Toleranz in der streitbaren Demokratie, in: Kästner, Karl-Hermann/Nörr, Knut Wolfgang/Schlaich, Klaus (Hrsg.), FS Heckel, Tübingen 1999, S. 427–462.

Rorty, Richard, Religion As Conversation-stopper, in: ders., Philosophy and Social Hope, 3. Auflage, London 1999, S. 168–174.
– Religion in the Public Square – A Reconsideration, Journal of Religious Ethics 31 (2003), S. 141–149.
Rousseau, Jean-Jacques, Brief an Christophe de Beaumont, in: Ritter, Henning (Hrsg.), Jean-Jacques Rousseau – Schriften, Bd. 1, München 1978, S. 497–589.
Rückert, Joachim, Christliche Imprägnierung des BGB?, in: Dreier, Horst/Hilgendorf, Eric (Hrsg.), Kulturelle Identität als Grund und Grenze des Rechts, Stuttgart 2008, S. 263–294.
Rux, Johannes, Positive und negative Bekenntnisfreiheit in der Schule, Der Staat 35 (1996), S. 523–550.
Sachs, Michael (Hrsg.), Sachs – Grundgesetz – Kommentar, 8. Auflage, München 2018.
Sacksofsky, Ute, Die Kopftuch-Entscheidung – Von der religiösen zur föderalen Vielfalt, NJW 2003, S. 3297–3301.
– Religiöse Freiheit als Gefahr?, VVDStRL 68 (2009), S. 7–46.
– Kopftuch als Gefahr – ein dogmatischer Irrweg, DVBl 2015, S. 801–808.
– Gegen ein Kopftuchverbot für Richterinnen, djbZ 2018, S. 8–10.
Sadigh, Parvin, »Muslime müssen selbst den deutschen Islam formen« – Interview mit Ahmad Mansour, 27.9.2016, https://www.zeit.de/gesellschaft/zeitgeschehen/2016-09/islamkonferenz-ahmad-mansour-bilanz/komplettansicht (geprüft am 16.1.2020).
Sailer, Christian, Grenzen öffentlichrechtlicher Kirchenmacht – Zur verfassungsrechtlichen Bewältigung einer neuen Inquisitionsbewegung, ZRP 1999, S. 455–459.
– Die staatliche Finanzierung der Kirchen und das Grundgesetz, ZRP 2001, S. 80–87.
Saliger, Frank, Was schützt der liberale Rechtsstaat?, in: Siep, Ludwig/Gutmann, Thomas/Jakl, Bernhard/Städtler, Michael (Hrsg.), Von der religiösen zur säkularen Begründung staatlicher Normen – Zum Verhältnis von Religion und Politik in der Philosophie der Neuzeit und in rechtssystematischen Fragen der Gegenwart, Tübingen 2012, S. 183–216.
Sandel, Michael J., Was man für Geld nicht kaufen kann – Die moralischen Grenzen des Marktes, Berlin 2012.
Schachtschneider, Karl Albrecht, Grenzen der Religionsfreiheit am Beispiel des Islam, 2. Auflage, Berlin 2011.
Schaefer, Jan Philipp, Die religiöse Neutralität des Staates im öffentlichen Raum – Dargestellt am Beispiel des Gebetsraums im Schulgebäude, in: VerwArch 103 (2012), S. 136–164.
Scheel, Holger, Die Religionsfreiheit im Blickwinkel des Völkerrechts, des islamischen und ägyptischen Rechts, Berlin 2007.
Scheffler, Gerhard, Diskussionsbeitrag, in: Marré, Heiner/Stüting, Johannes (Hrsg.), Essener Gespräche zum Thema Staat und Kirche (4), 2. Auflage, Münster 1973, S. 56–57.
Scherer, Georg, Religion als anthropologisches Phänomen in ihrer Bedeutung für Staat und Gesellschaft, in: Krautscheidt, Joseph/Marré, Heiner (Hrsg.), Essener Gespräche zum Thema Staat und Kirche (2) – Kirche, Staat und Gesellschaft aus religionsphilosophischer, theologischer und staatskirchenrechtlicher Sicht, Münster 1969, S. 12–31.
Scherzberg, Arno, Grundrechtsschutz und »Eingriffsintensität« – Das Ausmaß individueller Grundrechtsbetroffenheit als materiellrechtliche und kompetenzielle Determinante der verfassungsgerichtlichen Kontrolle der Fachgerichtsbarkeit im Rahmen der Urteilsverfassungsbeschwerde, Berlin 1989.
Scheuner, Ulrich, Die staatskirchenrechtliche Tragweite des niedersächsischen Kirchenvertrages von Kloster Loccum, ZevKR 6 (1957/58), S. 1–37.
– Die Religionsfreiheit im Grundgesetz, DÖV 1967, S. 585–593.
– Das System der Beziehungen von Staat und Kirchen im Grundgesetz – Zur Entwicklung des Staatskirchenrechts, in: Friesenhahn, Ernst/Scheuner, Ulrich (Hrsg.), Hand-

buch des Staatskirchenrechts der Bundesrepublik Deutschland (HdbStKirchR) Bd. I, Berlin 1974, S. 5–86.
Schieder, Rolf, Sind Religionen gefährlich? – Religionspolitische Perspektiven für das 21. Jahrhundert, 2. Auflage, Berlin 2011.
Schier, Katia, Die Bestandskraft staatskirchenrechtlicher Verträge, Berlin 2009.
Schlaich, Klaus, Neutralität als verfassungsrechtliches Prinzip – Vornehmlich im Kulturverfassungs- und Staatskirchenrecht, Tübingen 1972.
– Öffentlichkeit, nicht Privatisierung des kirchlichen Wirkens, RuG 1973, S. 138–142.
– Zur weltanschaulichen und konfessionellen Neutralität des Staates – Eine staatsrechtliche Problemskizze, in: Marré, Heiner/Stüting, Johannes (Hrsg.), Essener Gespräche zum Thema Staat und Kirche (4), 2. Auflage, Münster 1973, S. 9–44.
– Radikale Trennung und Pluralismus (1975) – zwei Modelle der weltanschaulichen Neutralität des Staates, in: Mikat, Paul (Hrsg.), Kirche und Staat in der neueren Entwicklung, Darmstadt 1980, S. 427–451.
– Konfessionalität – Säkularität – Offenheit (1985) – Der christliche Glaube und der freiheitlich-demokratische Verfassungsstaat, in: Heckel, Martin/Heun, Werner (Hrsg.), Klaus Schlaich – Gesammelte Aufsätze – Kirche und Staat von der Reformation bis zum Grundgesetz, Tübingen 1997, S. 423–447.
Schlink, Bernhard, Zwischen Säkularisation und Multikulturalität, in: Stober, Rolf (Hrsg.), FS Roellecke – Recht und Recht, Stuttgart 1997, S. 301–316.
– Der Grundsatz der Verhältnismäßigkeit, in: Badura, Peter/Dreier, Horst (Hrsg.), Festschrift 50 Jahre Bundesverfassungsgericht, Bd. 2, Tübingen 2001, S. 445–466.
Schmidt, Manfred G., Demokratietheorien – Eine Einführung, 5. Auflage, Wiesbaden 2010.
Schmidt, Thomas M., Vernünftiger Pluralismus – gerechtfertigte Überzeugungen – Religiöser Glaube in einer pluralistischen Gesellschaft, in: ders./Lutz-Bachmann, Matthias (Hrsg.), Religion und Kulturkritik, Darmstadt 2006, S. 35–52.
Schmidt-Eichstaedt, Gerd, Kirchen als Körperschaften des öffentlichen Rechts? – Eine Überprüfung des öffentlich-rechtlichen Status von Religions- und Weltanschauungsgemeinschaften, Köln 1975.
Schmidt-Jortzig, Edzard, Bedingungen der Religionsfreiheit im toleranzverpflichteten Staat, in: Hoyer, Andreas/Hattenhauer, Hans/Meyer-Pritzl, Rudolf/Schubert, Werner (Hrsg.), GS Eckert, Baden-Baden 2008, S. 823–834.
Schmitt, Carl, Das Zeitalter der Neutralisierungen und Entpolitisierungen, in: ders., Der Begriff des Politischen, Berlin 1963, S. 79–95.
– Übersicht über die verschiedenen Bedeutungen und Funktionen des Begriffs der innerpolitischen Neutralität des Staates, Corolarium 1, in: ders., Der Begriff des Politischen, Berlin 1963, S. 97–101.
Schnädelbach, Herbert, Religion in der modernen Welt – Vorträge, Abhandlungen, Streitschriften, 2. Auflage, Frankfurt am Main 2009.
Schneedorf, Andreas, Diskriminierungsschutz nach dem EuGH – Bröckelt das Fundament des kirchlichen Arbeitsrechts?, NJW 2019, S. 177–181.
Schoch, Friedrich, Die Grundrechtsdogmatik vor den Herausforderungen einer multikonfessionellen Gesellschaft, in: Bohnert, Joachim/Gramm, Christof/Kindhäuser, Urs/Lege, Joachim/Rinken, Alfred/Robbers, Gerhard (Hrsg.), FS Hollerbach – Verfassung – Philosophie – Kirche, Berlin 2001, S. 149–168.
Schoen, Paul, Die Rechtsgrundlagen der Verträge zwischen Staat und Kirche und der Verträge der Kirchen untereinander, AöR 60 (1932), S. 317–363.
Schrooten, Jost-Benjamin, Gleichheitssatz und Religionsgemeinschaften – Die gleichheitsrechtliche Behandlung von Religionsgemeinschaften nach den Bestimmungen des Grundgesetzes, der EMRK und der EU-Grundrechte-Charta unter besonderer Berücksichtigung ihrer Organisationsformen, Tübingen 2015.

Schuller, Florian, Vorwort, in: ders. (Hrsg.), Dialektik der Säkularisierung – Über Vernunft und Religion, 8. Auflage, Freiburg im Breisgau 2011, S. 7–14.
Schulze, Hendrik, Elternrecht und Beschneidung, Berlin 2017.
Schuppert, Gunnar Folke, Governance und Rechtsetzung – Grundfragen einer modernen Regelungswissenschaft, Baden-Baden 2011.
– Governance of diversity – Zum Umgang mit kultureller und religiöser Pluralität in säkularen Gesellschaften, Frankfurt am Main 2017.
ders./Bumke, Christian, Die Konstitutionalisierung der Rechtsordnung – Überlegungen zum Verhältnis von verfassungsrechtlicher Ausstrahlungswirkung und Eigenständigkeit der »einfachen« Rechts, Baden-Baden 2000.
Schwarz, Kyrill-Alexander, Das christlich-abendländische Fundament des Grundgesetzes als Topos der Verfassungsinterpretation, in: Grote, Rainer/Härtel, Ines/Hain, Karl-E./Schmidt, Thorsten Ingo/Schmitz, Thomas/Schuppert, Gunnar Folke/Winterhoff, Christian (Hrsg.), FS Starck – Die Ordnung der Freiheit, Tübingen 2007, S. 419–434.
Schwarzschild, Maimon, Religion and Public Debate in a Liberal Society – Always Oil and Water or Sometimes More Like Rum and Coca-Cola?, San Diego Law Review 30 (1993), S. 903–915.
Schweitzer, Michael, Neutralität – Völkerrechtliche Begriffsbildung und Ausgestaltung, in: Brunner, Otto/Conze, Werner/Koselleck, Reinhardt (Hrsg.), Geschichtliche Grundbegriffe – Historisches Lexikon zur politisch-sozialen Sprache in Deutschland, Stuttgart 1978, S. 317–337.
Seeger, Bernhard, Europäische Integration und Säkularisierung von Staat und Politik, Baden-Baden 2008.
Sieckmann, Jan-Reinard, Regelmodelle und Prinzipienmodelle des Rechtssystems, Baden-Baden 1990.
– Recht als normatives System – Die Prinzipientheorie des Rechts, Baden-Baden 2009.
– Zur Prinzipientheorie Robert Alexys – Gemeinsamkeiten und Differenzen, in: Klatt, Matthias (Hrsg.), Prinzipientheorie und Theorie der Abwägung, Tübingen 2013, S. 271–295.
Siedenburg, Philipp, Die kommunikative Kraft der richterlichen Begründung – Zur Argumentationsfigur der einzig richtigen Entscheidung, Baden-Baden 2016.
Sloterdijk, Peter, Gottes Eifer – Vom Kampf der drei Monotheismen, Frankfurt am Main 2007.
Smend, Rudolf, Staat und Kirche nach dem Bonner Grundgesetz, ZevKR 1 (1951), S. 4–14.
Solum, Lawrence B., Faith and Justice, DePaul Law Review 39 (1990), S. 1083–1106.
– Constructing an Ideal of Public Reason, San Diego Law Review 30 (1993), 729–762.
Stahl, Friedrich Julius, Der christliche Staat und sein Verhältnis zu Deismus und Judenthum – Eine durch die Verhandlungen des Vereinigten Landtags hervorgerufene Abhandlung, Berlin 1847.
Starck, Christian, Staat und Religion, JZ 2000, S. 1–9.
Statistisches Bundesamt, Geburtenfolge der Lebendgeborenen – Lebendgeborene nach der Geburtenfolge in der bestehenden Ehe und nach der Geburtenfolge aller lebend geborenen Kinder der Frau 2017, https://www.destatis.de/DE/Themen/Gesellschaft-Umwelt/Bevoelkerung/Geburten/Tabellen/geburtenfolge-lebendgeborene.html (geprüft am 16.1.2020).
– Statistisches Jahrbuch für die Bundesrepublik Deutschland 1967, Stuttgart 1967.
– Statistisches Jahrbuch für die Bundesrepublik Deutschland 1972, Stuttgart 1972.
– Statistisches Jahrbuch für die Bundesrepublik Deutschland 1989, Stuttgart 1989.
Steiger, Heinhard, Zur innenpolitischen Neutralität des Staates, in: Kaulbach, Friedrich/Krawietz, Werner/Schelsky, Helmut (Hrsg.), FS Schelsky – Recht und Gesellschaft, Berlin 1978, S. 659–680.

– Diskussionsbeitrag, VVDStRL 48 (1990), S. 132–134.
– Religion und Religionsfreiheit im neutralen Staat, in: Ziemske, Burkhardt (Hrsg.), FS Kriele, München 1997, S. 105–122.
Stein, Tine, Himmlische Quellen und irdisches Recht – Religiöse Voraussetzungen des freiheitlichen Verfassungsstaates, Frankfurt am Main 2007.
– Vorpolitische Grundlagen des liberalen Rechtsstaats oder: Braucht der Staat Religion?, in: Ebner, Katharina/Kraneis, Tosan/Minkner, Martin/Neuefeind, Yvonne/Wolff, Daniel (Hrsg.), Staat und Religion – Neue Anfragen an eine vermeintlich eingespielte Beziehung, Tübingen 2014, S. 25–43.
Steinberg, Rudolf, Religiöse Symbole im säkularen Staat – Kann das multireligiöse Deutschland von der französischen Laïcité lernen?, Der Staat 56 (2017), S. 157–192.
Steiner, Nicole, Die religiös motivierte Knabenbeschneidung im Lichte des Strafrechts – Zugleich ein Beitrag zu Möglichkeiten und Grenzen elterlicher Einwilligung, Berlin 2014.
Stern, Klaus, Die Grundrechtskollisionen (§ 82), in: Stern, Klaus (Hrsg.), Das Staatsrecht der Bundesrepublik Deutschland, Bd. III/2 – Allgemeine Lehren der Grundrechte, München 1994, S. 602–689.
ders./Becker, Florian (Hrsg.), Stern/Becker – Grundrechte-Kommentar, 3. Auflage, Köln 2019.
Stolleis, Michael, Rezension zu Fischer, Erwin, Trennung von Staat und Kirche, 2. Aufl., ZEE 17 (1973), S. 59–60.
– Eine neue Bilanz des Staatskirchenrechts – Zugleich Besprechung des Ersten Bandes der Zweiten Auflage des Handbuchs des Staatskirchenrechts der Bundesrepublik Deutschland, ZevKR 41 (1996), S. 435–442.
Stolzenberg, Nomi Maya, The Return of Religion: The Rise, Decline, and Possible Resurrection of Legal Secularism, in: Sarat, Austin/Ewick, Patricia (Hrsg.), The handbook of law and society, Chichester 2015, S. 274–290.
Stong, Elizabeth S., A User's Guide to Peremptory Challenges, The Pracical Litigator 1998, S. 5–14.
Stout, Jeffrey, Religious Reasons in Political Argument, in: Cuneo, Terence (Hrsg.), Religion in the liberal polity, Notre Dame 2005, S. 157–172.
– Democracy and Tradition, Princeton 2009.
Sullivan, Winnifred Fallers, The Impossibility of Religious Freedom, Princeton 2011.
Sydow, Gernot, Moderator im Glaubensstreit: Der neutrale Staat in ungewohnter Rolle, JZ 2009, S. 1141–1148.
Tanner, Klaus, Bekenntnis zum Grundgesetz? – Vom indirekten Gottesbezug der Verfassung, in: Bräcklein, Susann/Meyer, Jürgen/Scherf, Henning (Hrsg.), FS Renesse – Politisches Denken ist, Frankfurt am Main 2005, S. 97–106.
Taylor, Charles, Drei Formen des Säkularismus, in: Kallscheuer, Otto/Brague, Rémi (Hrsg.), Das Europa der Religionen – Ein Kontinent zwischen Säkularisierung und Fundamentalismus, Frankfurt am Main 1996, S. 217–246.
– A secular age, Cambridge, Massachusetts 2008.
– Die Bedeutung des Säkularismus, in: Forst, Rainer/Hartmann, Martin/Jaeggi, Rahel/Saar, Martin (Hrsg.), Sozialphilosophie und Kritik, Frankfurt am Main 2009, S. 672–696.
– Diskussion – Jürgen Habermas und Charles Taylor, in: Mendieta, Eduardo/VanAntwerpen, Jonathan (Hrsg.), Religion und Öffentlichkeit, Berlin 2012, S. 89–101.
Thiel, Markus, Der Erziehungsauftrag des Staates in der Schule – Grundlagen und Grenzen staatlicher Erziehungstätigkeit im öffentlichen Schulwesen, Berlin 2000.
Thiemann, Ronald F., Religion in Public Life – A Dilemma for Democracy, Washington, DC 1996.
Tietze, Christopher/Henshaw, Stanley K., Induced abortion – A world review, 6. Auflage, New York 1986.

v. Tiling, Peter, Die Kirche in der pluralistischen Gesellschaft, ZevKR 14 (1968/69), S. 238–277.
Toft, Monica Duffy, God's century – Resurgent religion and global politics, New York 2011.
Trapp, Dan Bastian, Religiöse Neutralität und Rundfunkfreiheit – Drittsendungsrechte für Religionsgemeinschaften, Tübingen 2013.
Traulsen, Christian, Neutralität, in: Heinig, Hans Michael/Munsonius, Hendrik (Hrsg.), 100 Begriffe aus dem Staatskirchenrecht, 2. Auflage, Tübingen 2015, S. 180–182.
Triebel, Matthias, Das europäische Religionsrecht – Am Beispiel der arbeitsrechtlichen Anti-Diskriminierungsrichtlinie 2000/78/EG, Frankfurt am Main 2005.
Uhle, Arnd, Freiheitlicher Verfassungsstaat und kulturelle Identität, Tübingen 2004.
– Staat – Kirche – Kultur, Berlin 2004.
– Innere Integration, in: Isensee, Josef/Kirchhof, Paul (Hrsg.), Handbuch des Staatsrechts der Bundesrepublik Deutschland (HStR) Bd. IV, 3. Auflage, Heidelberg 2006, S. 531–587.
– Die Integration des Islam in das Staatskirchenrecht der Gegenwart, in: Heinig, Hans Michael/Walter, Christian (Hrsg.), Staatskirchenrecht oder Religionsverfassungsrecht? – Ein begriffspolitischer Grundsatzstreit, Tübingen 2007, S. 299–338.
– Ein »rätselhafter Ehrentitel«? – Die dogmatischen Konturen des Art. 140 GG i. V. m. Art. 137 Abs. 5 WRV und die Zukunftsfähigkeit des deutschen Staatskirchenrechts, in: Depenheuer, Otto/Heintzen, Markus/Jestaedt, Matthias/Axer, Peter (Hrsg.), FS Isensee – Staat im Wort, Heidelberg 2007, S. 1033–1057.
– Verfassungsvoraussetzungen, in: Kube, Hanno/Mellinghoff, Rudolf/Morgenthaler, Gerd/Palm, Ulrich/Puhl, Thomas/Seiler, Christian (Hrsg.), FS Kirchhof, Bd. I – Leitgedanken des Rechts – Staat und Bürger, Heidelberg 2013, S. 149–158.
Umbach, Dieter C./Clemens, Thomas (Hrsg.), Umbach/Clemens – Grundgesetz – Mitarbeiterkommentar und Handbuch, Heidelberg 2002.
v. Ungern-Sternberg, Antje, Religionsfreiheit in Europa – Die Freiheit individueller Religionsausübung in Großbritannien, Frankreich und Deutschland: ein Vergleich, Tübingen 2008.
Unruh, Peter, Religionsverfassungsrecht, 4. Auflage, Baden-Baden 2018.
Vesting, Thomas, Gegenstandsadäquate Rechtsgewinnungstheorie – Eine Alternative zum Abwägungspragmatismus des Bundesdeutschen Verfassungsrechts, Der Staat 41 (2002), S. 73–90.
Vogt, Andreas, Der Gottesbezug in der Präambel des Grundgesetzes – Historische Grundlagen und juristische Interpretation, Hamburg 2007.
Volkmann, Uwe, Grund und Grenzen der Toleranz, Der Staat 39 (2000), S. 325–353.
– Dimensionen des Kopftuchstreits, JA 2015, S. 1083–1094.
Vollrath, Benjamin, Religiöse Symbole – Zur Zulässigkeit religiöser Symbole in staatlichen Einrichtungen in der Bundesrepublik Deutschland und den U.S.A, Baden-Baden 2006.
Vöneky, Silja, Recht, Moral und Ethik – Grundlagen und Grenzen demokratischer Legitimation für Ethikgremien, Tübingen 2010.
Vosgerau, Ulrich, Freiheit des Glaubens und Systematik des Grundgesetzes – Zum Gewährleistungsgehalt schrankenvorbehaltloser Grundrechte am Beispiel der Glaubens- und Gewissensfreiheit, Berlin 2007.
Voßkuhle, Andreas, Die politischen Dimensionen der Staatsrechtslehre, in: Schulze-Fielitz, Helmuth (Hrsg.), Staatsrechtslehre als Wissenschaft – Die Verwaltung / Beiheft Nr. 7, Berlin 2007, S. 135–158.
– Die Staatstheorie des Bundesverfassungsgerichts, in: ders./Bumke, Christian/Meinel, Florian (Hrsg.), Verabschiedung und Wiederentdeckung des Staates im Spannungsfeld der Disziplinen – Beihefte zu »Der Staat«, Heft 21, Berlin 2013, S. 371–386.

Wahedi, Sohail, Abstraction from the Religious Dimension, Buffalo Human Rights Law Review 24 (2017–2018), S. 1–44.
Wahnschaffe, Thies, Zur Neutralitätspflicht staatlicher Hoheitsträger gegenüber Organisationen ohne Parteienstatus, NVwZ 2016, S. 1767–1771.
Waldhoff, Christian, »Der Gesetzgeber schuldet nichts als das Gesetz« – Zu alten und neuen Begründungspflichten des parlamentarischen Gesetzgebers, in: Depenheuer, Otto/Heintzen, Markus/Jestaedt, Matthias/Axer, Peter (Hrsg.), FS Isensee – Staat im Wort, Heidelberg 2007, S. 325–343.
– Staatskirchenrecht oder Religionsverfassungsrecht – Einwirkungen des Völker- und Europarechts, in: Heinig, Hans Michael/Walter, Christian (Hrsg.), Staatskirchenrecht oder Religionsverfassungsrecht? – Ein begriffspolitischer Grundsatzstreit, Tübingen 2007, S. 251–282.
– Die Zukunft des Staatskirchenrechts, in: Kämper, Burkhard/Thönnes, Hans-Werner (Hrsg.), Essener Gespräche zum Thema Staat und Kirche (42) – Die Verfassungsordnung für Religion und Kirche in Anfechtung und Bewährung, Münster 2008, S. 55–106.
– Neue Religionskonflikte und staatliche Neutralität – Erfordern weltanschauliche und religiöse Entwicklungen Antworten des Staates? – Verhandlungen des 68. Deutschen Juristentages – Band I: Gutachten / Teil D, München 2010.
– Was bedeutet religiös-weltanschauliche Neutralität des Staates?, in: Honecker, Martin (Hrsg.), Gleichheit der Religionen im Grundgesetz?, Paderborn 2011, S. 17–29.
Walter, Christian, Die »wall of separation between church and state« in den Vereinigten Staaten von Amerika – Stationen einer Rechtsprechung zwischen historischem Mythos, richterlichem Idealismus und pragmatischer Grundrechtsdurchsetzung, in: Grabenwarter, Christoph/Lüdecke, Norbert (Hrsg.), Standpunkte im Kirchen und Staatskirchenrecht – Ergebnisse eines interdisziplinären Seminars, Würzburg 2002, S. 235–275.
– Religionsverfassungsrecht in vergleichender und internationaler Perspektive, Tübingen 2006.
– Einleitung, in: Heinig, Hans Michael/Walter, Christian (Hrsg.), Staatskirchenrecht oder Religionsverfassungsrecht? – Ein begriffspolitischer Grundsatzstreit, Tübingen 2007, S. 1–4.
– Die Verschiedenheit der Religionen und ihre gleiche Freiheit unter dem Grundgesetz, in: Mellinghoff, Rudolf/Palm, Ulrich (Hrsg.), Gleichheit im Verfassungsstaat – Symposium aus Anlass des 65. Geburtstages von Paul Kirchhof, Heidelberg 2008, S. 113–132.
Weber, Hermann, Die Religionsgemeinschaften als Körperschaften des öffentlichen Rechts im System des Grundgesetzes, Berlin 1966.
– Grundprobleme des Staatskirchenrechts, JuS 1967, S. 433–444.
– Grundprobleme des Staatskirchenrechts, Bad Homburg 1970.
– Gelöste und ungelöste Probleme des Staatskirchenrechts, NJW 1983, S. 2541–2554.
– Die rechtliche Stellung der christlichen Kirchen im modernen demokratischen Staat – Staatskirchenrechtliche Aspekte, ZevKR 36 (1991), S. 253–275.
– Neue Staatskirchenverträge mit der Katholischen Kirche in den neuen Bundesländern, in: Kästner, Karl-Hermann/Nörr, Knut Wolfgang/Schlaich, Klaus (Hrsg.), FS Heckel, Tübingen 1999, S. 463–493.
– Die Religionsfreiheit im nationalen und internationalen Verständnis, ZevKR 45 (2000), S. 109–156.
– Der öffentlich-rechtliche Körperschaftsstatus der Religionsgemeinschaften nach Art. 137 Abs. 5 WRV, in: Heinig, Hans Michael/Walter, Christian (Hrsg.), Staatskirchenrecht oder Religionsverfassungsrecht? – Ein begriffspolitischer Grundsatzstreit, Tübingen 2007, S. 229–247.
– Änderungsbedarf im deutschen Religionsrecht?, NJW 2010, S. 2475–2480.
– Religionsrecht und Religionspolitik der EU, NVwZ 2011, S. 1485–1492.

Weber, Max, Brief an Ferdinand Tönnies vom 19. Februar 1909, in: Lepsius, M. Rainer/Mommsen, Wolfgang J. (Hrsg.), Max Weber Gesamtausgabe Abt. II Bd. 6 – Briefe 1909–1910, Tübingen 1994, S. 63–66.
Weber, Werner, Die Gegenwartslage des Staatskirchenrechts, VVDStRL 11 (1952), 153–176.
Weiler, Joseph H. H., Freiheit zur und Freiheit von der Religionsausübung: Das europäische Modell, in: Grundmann, Stefan/Thiessen, Jan (Hrsg.), Religiöse Werte im Recht – Tradition, Rezeption, Transformation, Tübingen 2017, S. 101–113.
Weingardt, Markus A., Religion Macht Frieden – Das Friedenspotential von Religionen in politischen Gewaltkonflikten, Stuttgart 2007.
Weiß, Wolfgang, Gleichheit oder Privilegien? – Zur Stellung öffentlich-rechtlicher Religionsgemeinschaften, KritV 83 (2000), S. 104–141.
Weithman, Paul J., Religion and the obligations of citizenship, Cambridge 2006.
Welker, Michael, Theologie und Recht, Der Staat 49 (2010), S. 573–585.
Welsch, Wolfgang, Unsere postmoderne Moderne, 5. Auflage, Berlin 1997.
Wertenbruch, Wilhelm, Grundgesetz und Menschenwürde – Ein kritischer Beitrag zur Verfassungswirklichkeit, Köln 1958.
Wiedemann, Richard, Der Streit um das Schulkreuz in Deutschland und Italien – Weltanschaulich-religiöse Neutralität und laicità des Staates im Vergleich, Berlin 2012.
Wiese, Kirsten, Lehrerinnen mit Kopftuch – Zur Zulässigkeit eines religiösen und geschlechtsspezifischen Symbols im Staatsdienst, Berlin 2008.
Willems, Ulrich, Religion als Privatsache? – Eine kritische Auseinandersetzung mit dem liberalen Prinzip einer strikten Trennung von Politik und Religion, in: Minkenberg, Michael/Willems, Ulrich (Hrsg.), Politik und Religion, Wiesbaden 2003, S. 88–115.
– Religionsfreiheit und Religionspolitik im Zeitalter religiöser und kultureller Pluralität – Ein Plädoyer für einen neuen religionspolitischen modus vivendi und modus procedendi, in: Bogner, Daniel/Heimbach-Steins, Marianne (Hrsg.), Freiheit – Gleichheit – Religion – Orientierungen moderner Religionspolitik, Würzburg 2012, S. 131–151.
Wilms, Heinrich, Selbstverständnis und Definitionsmacht bei Grundrechten – Dargestellt am Beispiel der Glaubensfreiheit, in: Ziemske, Burkhardt/Langheid, Theo/Wilms, Heinrich/Haverkate, Görg (Hrsg.), FS Kriele – Staatsphilosophie und Rechtspolitik, München 1997, S. 341–356.
Wimmer, Reiner, Kann Religion vernünftig sein? – Zur Metakritik an Kants kritischer Religionsphilosophie, in: Nagl-Docekal, Herta/Langthaler, Rudolf (Hrsg.), Recht – Geschichte – Religion – Die Bedeutung Kants für die Gegenwart, Berlin 2004, S. 173–194.
Winandy, Julien, Normativität im Konflikt – Zum Verhältnis von religiösen Überzeugungen und politischen Entscheidungen, Baden-Baden 2014.
Winter, Jörg, Staatskirchenrecht der Bundesrepublik Deutschland, 2. Auflage, Köln 2008.
Wischmeyer, Thomas, Der »Wille des Gesetzgebers« – Zur Rolle der Gesetzesmaterialien in der Rechtsanwendung, JZ 2015, S. 957–966.
Wittekind, Friedrich, Welche Religionsgemeinschaften sollen Körperschaften öffentlichen Rechts sein? – Die Entstehung des modernen deutschen Staatskirchenrechts in den Verhandlungen über die Weimarer Reichsverfassung, in: Brakelmann, Günter/Friedrich, Norbert/Jähnischen, Traugott (Hrsg.), Auf dem Weg zum Grundgesetz – Beiträge zum Verfassungsverständnis des neuzeitlichen Protestantismus, Münster 1999, S. 77–97.
Wittreck, Fabian, Religionsfreiheit als Rationalisierungsverbot – Anmerkungen aus Anlaß der Schächtentscheidung des Bundesverfassungsgerichts, Der Staat 42 (2003), S. 529–555.
– Religionsverfassungsrecht als Kompass einer modernen Religionspolitik?, in: Bogner, Daniel/Heimbach-Steins, Marianne (Hrsg.), Freiheit – Gleichheit – Religion – Orientierungen moderner Religionspolitik, Würzburg 2012, S. 53–76.
– Christentum und Menschenrechte – Schöpfungs- oder Lernprozeß?, Tübingen 2013.

– Paralleljustiz in ethnischen Minderheiten? – Die bundesdeutsche Perspektive, in: Deixler-Hübner, Astrid/Schauer, Martin (Hrsg.), Migration, Familie und Vermögen – Vom europäischen Erbrecht bis zu binationalen Ehen, Wien 2014, S. 91–120.
– Perspektiven der Religionsfreiheit in Deutschland, in: Ebner, Katharina/Kraneis, Tosan/Minkner, Martin/Neuefeind, Yvonne/Wolff, Daniel (Hrsg.), Staat und Religion – Neue Anfragen an eine vermeintlich eingespielte Beziehung, Tübingen 2014, S. 73–103.
– Religion unter Verdacht – Wohin entwickelt sich der Islam?, Freiburg im Breisgau 2015.
– Religiöse Paralleljustiz im Rechtsstaat?, in: Willems, Ulrich/Reuter, Astrid/Gerster, Daniel (Hrsg.), Ordnungen religiöser Pluralität – Wirklichkeit – Wahrnehmung – Gestaltung, Frankfurt am Main 2016, S. 446–499.

Wolterstorff, Nicholas, The Role of Religion in Decision and Discussion of Political Issues, in: Audi, Robert/Wolterstorff, Nicholas (Hrsg.), Religion in the Public Square – The Place of Religious Convictions in Political Debate, Lanham 1997, S. 67–120.
– Why We Should Reject What Liberalism Tells Us about Speaking and Acting in Public for Religious Reasons, in: Weithman, Paul J. (Hrsg.), Religion and contemporary liberalism, Notre Dame 1997, S. 162–181.
– An Engagement with Rorty, Journal of Religious Ethics 31 (2003), S. 129–139.
– The Paradoxical Role of Coercion in the Theory of Political Liberalism, Journal of Law, Philosophy and Culture I (2007), S. 135–158.
– An Engagement with Jürgen Habermas on Postmetaphysical Philosophy, Religion, and Political Dialogue, in: Calhoun, Craig J./Mendieta, Eduardo/VanAntwerpen, Jonathan (Hrsg.), Habermas and Religion, Cambridge 2013, S. 92–115.

Yates, Melissa, Rawls and Habermas on religion in the public sphere, Philosophy & Social Criticism 33 (2007), S. 880–891.

Zacharias, Diana, Islamisches und deutsches Bestattungsrecht im Widerstreit, ZevKR 48 (2003), S. 149–177.
– Schutz vor religiösen Symbolen durch Art. 4 GG? – Ein Beitrag zu den negativen religiösen Freiheitsrechten, in: Muckel, Stefan (Hrsg.), FS Rüfner – Kirche und Religion im sozialen Rechtsstaat, Berlin 2003, S. 987–999.

v. Zezschwitz, Friedrich, Staatliche Neutralitätspflicht und Schulgebet, JZ 1966, S. 337–344.
– Glaubensfreiheit und schulische Erziehung – Staat oder Eltern?, JZ 1971, S. 11–16.
– Staatliche Kirchenhoheit, religiöse und weltanschauliche Neutralität, Indifferenzgebot, Identifikationsverbot, RuG 1973, S. 134–138.

Ziegler, Janine, Das Kopftuchverbot in Deutschland und Frankreich – Ein Beitrag zur Interpretation der deutschen und französischen Islam-Politik, Paderborn 2011.

Zimmermann, Reinhard, Kulturelle Prägung des Erbrechts?, JZ 2016, S. 321–332.

Zippelius, Reinhold, Kirche und Staat und die Einheit der Staatsgewalt, ZevKR 9 (1962/63), S. 42–68.

Rechtsprechungsverzeichnis

Bundesverfassungsgericht

Beschl. v. 7.5.1953 – 1 BvL 104/52, BVerfGE 2, 266, *Notaufnahme.*
Beschl. v. 8.11.1960 – 1 BvR 69/56, BVerfGE 12, 1, *Glaubensabwerbung.*
Beschl. v. 28.4.1965 – 1 BvR 346/61, BVerfGE 19, 1, *Neuapostoliker.*
Urt. v. 14.12.1965 – 1 BvR 413/60, BVerfGE 19, 206, *Kirchenbausteuer.*
Beschl. v. 5.3.1968 – 1 BvR 579/67, BVerfGE 23, 127, *Zeugen Jehovas.*
Beschl. v. 16.10.1968 – 1 BvR 241/66, BVerfGE 24, 236, *Aktion Rumpelkammer.*
Beschl. v. 31.3.1971 – 1 BvR 744/67, BVerfGE 30, 415, *Kirchenmitgliedschaftsrecht.*
Beschl. v. 19.10.1971 – 1 BvR 387/65, BVerfGE 32, 98, *Gesundbeter.*
Beschl. v. 14.2.1973 – 1 BvR 112/65, BVerfGE 34, 269, *Soraya.*
Beschl. v. 17.7.1973 – 1 BvR 308/69, BVerfGE 35, 366, *Kreuz im Gerichtssaal.*
Beschl. v. 17.12.1975 – 1 BvR 63/68, BVerfGE 41, 29, *Simultanschule.*
Beschl. v. 17.12.1975 – 1 BvR 428/69, BVerfGE 41, 65, *Gemeinsame Schule.*
Beschl. v. 17.12.1975 – 1 BvR 548/68, BVerfGE 41, 88, *Gemeinschaftsschule.*
Beschl. v. 8.2.1977 – 1 BvR 329/71, 217, 2237/73 und 199, 217/74, BVerfGE 44, 37, *Überlegungsfrist bei Kirchenaustritt.*
Beschl. v. 26.4.1978 – 1 BvL 29/76, BVerfGE 48, 227, *Lohnfortzahlung.*
Beschl. v. 16.10.1979 – 1 BvR 647/70 und 7/74, BVerfGE 52, 223, *Schulgebet.*
Beschl. v. 5.5.1987 – 1 BvR 724/81, 1 BvR 1000/81, 1 BvR 1015/81, 1 BvL 16/82, 1 BvL 5/84, BVerfGE 75, 246, *Rechtsbeistand.*
Beschl. v. 15.8.1989 – 1 BvR 881/89, NJW 1989, 3269, *Warnung vor Jugendsekten.*
Urt. v. 9.4.1992 – 2 BvE 2/89, BVerfGE 85, 264, *Parteienfinanzierung II.*
Beschl. v. 16.5.1995 – 1 BvR 1087/91, BVerfGE 93, 1, *Kruzifix.*
Urt. v. 20.9.2000 – 2 BvR 1500/97, BVerfGE 102, 370, *Körperschaftsstatus der Zeugen Jehovas I.*
Urt. v. 17.7.2002 – 1 BvF 1, 2/01, BVerfGE 105, 313, *Lebenspartnerschaftsgesetz.*
Urt. v. 24.12.2003 – 2 BvR 1436/02, BVerfGE 108, 282, *Kopftuch I.*
Beschl. v. 27.5.2008 – 1 BvL 10/05, BVerfGE 121, *Transsexuellengesetz.*
Beschl. v. 28.10.2008 – 1 BvR 462/06, BVerfGE 122, 89, *Lüdemann-Beschluss.*
Urt. v. 30.6.2009 – 2 BvE 2, 5/08, 2 BvR 1010, 1022, 1259/08, 182/09, BVerfGE 123, 267, *Lissabon.*
Beschl. v. 12.5.2009 – 2 BvR 890/06, BVerfGE 123, 148, *Mittelvergabe an Religionsgemeinschaften.*
Beschl. v. 7.7.2009 – 1 BvR 1164/07, BVerfGE 124, 199, *Eingetragene Lebenspartnerschaft / Betriebsrente.*
Urt. v. 1.12.2009 – 1 BvR 2857, 2858/07, BVerfGE 125, 39, *Adventssonntage in Berlin.*
Urt. v. 19.2.2013 – 1 BvL 1/11, 1 BvR 3247/09, BVerfGE 133, 59, *Sukzessivadoption.*
Beschl. v. 7.5.2013 – 2 BvR 909/06, 2 BvR 1981/06, 2 BvR 288/07, BVerfGE 133, 377, *Ehegattensplitting.*
Beschl. v. 21.1.2015 – 1 BvR 471/10, 1 BvR 1181/10, BVerfGE 138, 296, *Kopftuch II.*

Beschl. v. 18.10.2016 – 1 BvR 354/11, NJW 2017, 381–386, *Kopftuchverbot an öffentlichen Kindergärten.*

Ablehnung des Erlasses einer Einstweiligen Anordnung v. 27.6.2017 – 2 BvR 1333/17, NJW 2017, 2333, *Kopftuchverbot für Rechtsreferendarinnen in Hessen – Ablehnung des Erlasses einer Einstweiligen Anordnung.*

Bundesverwaltungsgericht

Urt. v. 30.11.1973 – VII C 59.72, BVerwGE 44, 196, *Schulgebet I.*

Urt. v. 25.8.1993 – 6 C 8/91, BVerwGE 94, 82, *Schwimmunterricht I.*

Urt. v. 23.11.2000 – 3 C 40/99, BVerwGE 112, 227, *Schächten II.*

Urt. v. 21.12.2000 – 3 C 20/00, BVerwGE 112, 314, *Rastafarianismus.*

Urt. v. 4.7.2002 – 2 C 21/01, BVerwGE 116, 359, *Kopftuch I.*

Urt. v. 30.11.2011 – 6 C 20/10, BVerwGE 141, 223, *Schulgebet II.*

Urt. v. 11.9.2013 – 6 C 12/12, NJW 2014, 804, *Krabat.*

Urt. v. 11.9.2013 – 6 C 25/12, BVerwGE 147, 362, *Schwimmunterricht II.*

Bundesgerichtshof

Urt. v. 17.12.1956 – III ZR 89/55, BGHZ 22, 383, *Amtshaftung für Kirchenbeamte.*

Urt. v. 16.3.1961 – III ZR 17/60, BGHZ 34, 372, *Rechtsweg für kirchenrechtliche Ansprüche.*

Urt. v. 19.9.1966 – III ZR 199/64, BGHZ 46, 96, *Zuständigkeit für vermögensrechtliche Ansprüche von Pfarrern.*

Bundessozialgericht

Urt. v. 25.8.2011 – B 8 SO 20/10 R, NVwZ-RR 2012, 352, *Umfang der Übernahme von Bestattungskosten.*

Europäischer Gerichtshof für Menschenrechte

Urt. v. 10.11.2005 – 44774/98, NVwZ 2005, 1389, *Sahin v. Türkei.*

Urt. v. 18.3.2011 – 30814/06, NVwwZ 2011, 737, *Lautsi u. a. v. Italien II.*

United States Supreme Court

Urt. v. 30.4.1986 – No. 84-6263, 476 U.S. 79, *Batson v. Kentucky (1986).*

Sachverzeichnis

Jus Ecclesiasticum

Beiträge zum evangelischen Kirchenrecht
und zum Staatskirchenrecht

Herausgegeben von
Axel Frhr. von Campenhausen
Michael Dröge · Michael Frisch
Michael Germann · Martin Heckel
Hans Michael Heinig · Christoph Link
Gerhard Tröger · Heinrich de Wall

Geschäftsführender Herausgeber
Heinrich de Wall

Die Schriftenreihe *Jus Ecclesiasticum. Beiträge zum evangelischen Kirchenrecht und Staatskirchenrecht* (JusEccl) widmet sich der Erforschung von Grundsatzproblemen und Sonderfragen des modernen Religionsrechts in einer pluralistischen Gesellschaft, das einerseits in den Religionsgemeinschaften – besonders in den evangelischen Kirchen, ihren Zusammenschlüssen und ihren ökumenischen Verbindungen – und andererseits im freiheitlich-demokratischen Kultur- und Sozialstaat entstand und gilt. Die Reihe sucht besonders die differenzierten Zusammenhänge und Unterschiede zwischen der Rechtsgeschichte und dem Rechtssystem, den theologischen und den juristischen Prinzipien, den geistesgeschichtlichen Ursprüngen und rechtsvergleichenden Gegenbildern, der Theorie und der Praxis dieser Rechtsgebiete zu klären.

ISSN: 0449-4393
Zitiervorschlag: JusEccl

Alle lieferbaren Bände finden Sie unter *www.mohrsiebeck.com/juseccl*

Mohr Siebeck
www.mohrsiebeck.com